여성법전

사단법인 김해여성회
여성법전 편찬위원회 편

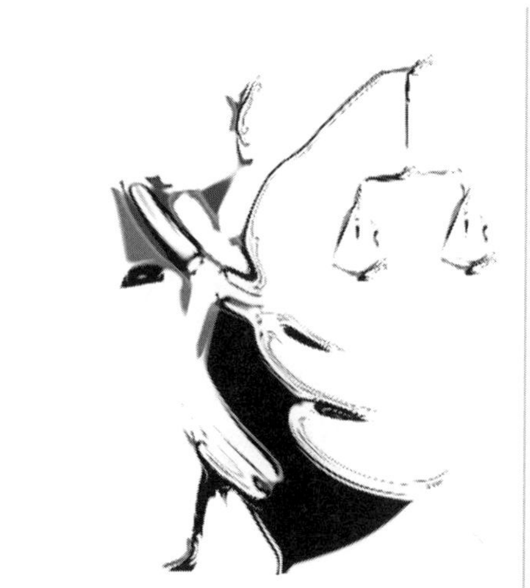

新 潮 社

'여성법전'을 발간하며

"여성의 권리는 곧 인권이다"
– 「베이징여성선언」(1995)

오래 전의 작은 생각을 실천하게 되었다. 여성인권을 위하여 깨어 있는 여성, 변화하는 여성, 실천하는 여성, 그리고 함께 하는 여성회를 줄곧 외쳤던 〈사단법인 김해여성회〉(이하 김해여성회)가 그 오래 전에 품었던 '여성법전'을 드디어 발간하게 된 것이다.

이제 창립 10년을 맞이한 〈김해여성회〉는 출범 당시부터 지역여성들을 대상으로 하는 '법률아카데미'라는 강좌를 매년 개최해왔다. 여성의 안에서 밖까지, 여성의 머리부터 발끝까지, 여성의 과거에서 미래까지, 그리고 오롯이 혼자 존재하는 여성에서 모두 함께 살아가는 여성에 이르기까지 여러 곳에서 불거지는 많은 인생사와 사회갈등을 토론하는 데 필요한 귀중한 교재가 절실했다. 아는 것이 필요했고, 법이 필요했고, 마침내 권력이 필요했다. 그 가운데 '여성법전'이 필요하다는 목소리가 조금씩 드러나게 되었다.

하지만 '여성법전'은 주민들이나 회원들에게만 필요했던 것이 아니었다. 〈김해여성회〉를 비롯하여 그 재정이 빈약한 시민사회단체들의 활동가들은 회원들의 십시일반에 그저 미안할 뿐이었다. 권력의 따뜻함을 경계하면서도 국가나 지자체 등의 사업공모에 수없이 들이댄다. 성공보다는 실패에 익숙하지만 그 좌절의 틈도 없이 다시 시도한다. 이제 활동가들에게도 '여성법전'은 하나의 무기가 될 것이라고 믿었다. 〈김해여성회〉의 활동가들은 오래 전부터 '마녀들의 법 사냥'(마법사)이라는 소모임을 꾸려 스스로 법률공부의 신이 되었다. 사법시험만이 법률공부의 진수가 아님을 이들이 보여주었다. 마법사의 꿈과 실천은 〈가정폭력상담소〉의 밑거름이 되었듯이 〈김해여성회〉에서 결코 멈추지 않을 것이다. 늘 깨어나 변화를 실천하려는 마법사의 용기는 여성운동의 모든 활동가들에게 힘을 실어줄 것이다. 그 무기가 다름 아닌 '여성법전' 인 셈이다.

'여성법전'을 발간하겠다는 작은 꿈은 그리 쉬운 일이 아니었다. 미천한 역량에 늘 반비례하는 사업과 조직의 욕심에 '여성법전' 의 꿈은 언제나 뒷전이었다. 그러다가 기회가 왔다. 이제는 미룰 수 없는 그 무엇인가의 무거움이 우리 모두에게 다가왔다. 〈김해여성회〉 창립 10주년을 기념하여 '여성법전' 을 발간함으로써, 여기에서 미래를 향한 '여성' 의 힘을 얻고자 하였다. 〈김해여성회 창립 10주년 기념사업 추진위원회〉가 정기총회를 거쳐 구성되고 그 가운데 하나의 주요 사업으로서 '여성법전발간사업' 이 선정되었다.

'여성법전'이라는 이름의 법률모음집이 이미 시중에 몇 권이 나와 있었다. 하지만 모두 일회성 발간에 그쳤고, 그 내용이나 열정이 '여성' 이라는 이름을 제시하기에는 아쉬움이 많았다. 여성과 관련된 국내외의 법령을 일정한 기준에 따라 나열하는 편집은 흥미롭지 않았다. 이미 초고속 인터넷사회에서 법령이나 판례를 검색해서 그 지식을 얻는 정도는 식은 죽 먹기보다 쉬운 일이다. 그 형태는 법전이지만 그 흐름은 여성의 이야기가 되어야 한다고 생각하였다. 여성이 중심이 된 고통과 차별, 그리고 배반의 이야기가 배어 있어야 한다고 생각하였다. 마침내 여성의 위대한 탄생에서 시작하여 그 성장, 아픔, 일상, 이별과 만남, 연대, 기쁨과 외로움, 그리고 죽음에 이르는 여성의 일대기를 중심으로 이 책의 제2부에서 제7부까지를 구성하면서, 관련된 주요 법령을 소개하고 중요한 헌법재판소 판례나 대법원 내지 하급심의 판례를 적절하게 인용하는 편집을 하게 되었다. 특히 '여성은 누구인가?' 라는 도전적 물음을 던지는 제1부에서는 이 '여성법전' 의 공통분모에 해당하는 국내외의 기본법, 즉 대한민국헌법과 여성발전기본법, 그리고 승인된 국제규범을 소개하였다. 아울러 현재 여성운동의 보편적 좌표로 이해되는 1995년 제4차 세계여성회의의 열매인 '베이징여성선언' 을 실었다. 자유, 평등, 평화, 생명 그리고 생존과 공생을 위한 여성들의 권리는 곧 인권이라는 선언문의 의지를 지지하고 싶다. 남성과 같고자 했던 그 먼 운동, 그리고 남성과의 차이를 지키고 확산하려는 운동을 모두 지지한다. 아울러 우리는 지역의 일상적 처지와 아픔, 그리고 분노를 함께 하면서 소외받는 모든 이들과 더불어 변화를 실천하는 운동을 지향할 것이다.

창립 이후 현재까지 〈김해여성회〉를 지탱해온 이사들, 전문위원들, 회원들, 그리고 지역주민들이 이 '여성법전'의 주인공들이다. 창립 10주년 기념사업을 준비하는 데 시간과 노력을 아끼지 않은 이정아 이사장, 김정희 전 이사장, 정혜영 전 회장, 김수찬 이사, 유용숙 전 사무국장, 박희숙 전 사무국장, 이소영 회장, 여명옥 부회장, 하경숙 사무국장, 노은경 선생, 이영임 선생, 오용주 선생, 박지현 선생, 그리고 〈가정폭력상담소〉의 김상희 전 소장, 김희경 소장과 박미애 선생께 감사드린다. 무엇보다도 '여성법전'의 글씨 하나하나에 정성을 다한 김소진 선생(인제대 법학과 박사과정 수료)과 김수정 선생(인제대 법학과 박사과정 수료)에게 고맙다는 말을 하지 않을 수 없다. 그리고 흔쾌히 우리의 작은 꿈을 이룰 수 있게 해 준 신조사의 이명재 사장님과 송일근 주간님을 비롯한 여러 선생님들께 감사드린다.

우리 '여성법전'은 이제야 그 시작을 세상에 알리는 것에 지나지 않는다고 감히 생각한다. 다소의 허점이 있더라도 우리의 모자람이라고 생각하며 끊임없이 그 틈을 메우겠다. 그리고 하나의 희망을 던져본다. 소외 없는 인권의 지평이 이 세상에 가득하기를 …

2010년 4월 어느 날

〈사단법인 김해여성회 여성법전 편찬위원회〉를 대표하여

고 영 남(인제대학교 법학과 교수)

차 례

제1부 여성은 누구인가?

제1장 베이징여성선언

제2장 국내기본법

제3장 국 제 법

제2부 여성과 출생

제1장 출생신고

제2장 친 족

제3장 낙 태

제4장 혼인외 출생

제5장 입 양

제3부 여성과 유년기

제1장 기 본 법

제 2 장 보육 · 교육

제 3 장 보건의료

제 4 장 아동의 보호

제 4 부 여성과 청소년기

제 1 장 기 본 법

제 2 장 교 육

제 3 장 청소년의 보호

제 4 장 성매매 · 성폭행

제 5 장 청소년과 노동

제5부 여성과 청 · 장년기

제 1 장 혼 인

제 2 장 이 혼

제 3 장 모성보호

제 4 장 육아와 양육

제 5 장 노동과 고용평등

제 6 장 직장 내 성희롱

제 7 장 여성의 자립과 경제활동

제 8 장 정치참여—공직자선거

제 6 부 여성과 노년기

제 1 장 여성과 노인복지

제 2 장 부 양

제 3 장 건 강

제7부 여성과 죽음

제1장 호스피스

제2장 존 엄 사

제3장 장 례

제4장 상속과 유언

≪일러두기≫

1. 법령에 대하여

가. 이 책의 법령들은 2010년 3월 20일 이전에 공포된 것이다.

나. 각 주제마다 소개되는 법률이나 시행령 등은 그 전체를 싣지 않고 이 책의 주제와 관련이 있는 조문만 싣는 것을 원칙으로 한다. 예를 들어 가장 중요한 법률인 「민법」의 경우 친족, 혼인, 이혼, 부양, 상속과 유언 등의 주제편제에 따라 여러 곳에 나누어 실려 있다.

다. 법령은 아래처럼 그 명칭, 그 개정의 공포일과 개정규모를 간단하게 표기한다. 예를 들어 법률 제10127호로 일부 조문이 개정되어 2010년 3월 17일 공포된 「노인장기요양보험법」은 다음과 같이 표기된다.
◊노인장기요양보험법◊〈법률 제10127호, 2010. 3. 17, 일부개정〉

라. 법령에 따라 실리는 조항이 개정된 경우 각 조항마다 그 개정의 역사를 〈개정 2009. 2. 3〉식으로 표기된다.

마. 〈개정 2010. 1. 18〉 등 공포일이 최근이어서 그 시행일을 표기해야 하는데 조문의 수가 적은 경우 각 조문마다 공포일 다음에 〈시행 2010. 3.19〉처럼 그 시행일을 표기한다. 다만 조문의 수가 많을 때는 별도로 부칙을 게시함과 동시에 (2010년 3월 19일)처럼 그 시행일을 구체적으로 병기한다.

바. 자세한 법령을 보려면 '국가법령정보센터' (www.law.go.kr) 또는 '종합법률정보' (glaw.scourt.go.kr)에서 검색한다.

2. 판례에 대하여

가. 헌법재판소의 주요 결정을 [헌법재판소 판례]라는 명칭으로써 헌법이나 법령의 관련 조문 아래에 싣는다.

나. 대법원이나 하급심의 주요 판례 등을 [대법원 판례], [하급심 판례] 등의 명칭을 가지고 관련 법령의 조문 아래에 싣는다.

다. 판례는 '종합법률정보' (glaw.scourt.go.kr)에서 검색한다.

제 1 부

여성은 누구인가?

제 1 장 베이징여성선언

◇ 베이징여성선언 ◇
(Women Beijing Declaration)[1)]

우리, 제4차 세계여성회의에 참가하고 있는 정부들은 유엔창립 50주년을 맞는 1995년 9월 여기 베이징에 모여, 모든 인류를 위하여 전 세계의 모든 여성을 위한 평등 · 발전 · 평화의 목적을 증진하기로 결정하고, 전 세계 모든 여성의 목소리를 인정하며 여성과 그들의 역할 및 환경의 다양성에 주목하는 한편, 앞서 길을 닦아놓은 여성들에게 경의를 표하고, 세계의 청소년에 존재하는 희망에 의해 고취되며, 여성의 지위가 지난 10년 간 다소 중요한 측면에서는 진전을 보았으나 그 진행이 고르지 못하였으며, 남녀간의 불평등이 여전히 존재하고 있고, 주요 장애요인은 만인의 행복에 심각한 결과를 초래하며 아직도 잔존하고 있음을 인지하며, 또한 이러한 상황이 세계의 대다수 사람들, 특히 여성과 아동의 삶에 영향을 미치고 있는 국내적인 또는 국제적인 영역 모두에서 연유하는 빈곤에 의해 악화되고 있음을 인지하며, 이러한 압박과 장애 요인들을 표명하고, 그리하여 전 세계 여성의 발전과 힘의 증진에 진일보하는데 우리 자신을 전적으로 헌신하며, 이는 현재에 그리고 우리를 차세기로 이끌고 가기 위해 결단, 희망, 협력

---

1) 문장마다 1번부터 38번까지 번호가 부기된 원문을 약간 편집한 것임(영문에 관해서는 http://www.un.org/womenwatch/daw/beijing/platform/declar.htm). '베이징여성선언'과 '행동강령'을 채택한 <제4차 세계여성회의>는 1995년 9월 중국 베이징에서 한국을 포함한 189개국 정부대표, 2600여 민간단체(NGO)의 대표들, 3,000 이상의 여성단체들이 참석한 가운데 개최되었음. 베이징 세계여성회의는 멕시코시티(1975년), 코펜하겐(1980년), 나이로비(1985년)에서 개최되었던 기존 세계여성회의 주요 결의안의 이행상황을 검토하고, 긴급사항에 대한 행동조치의 수립을 목적으로 개최되었음.

및 결속의 정신에 입각한 즉각적인 행동을 필요로 한다는 것에 동의한다.

우리는 다음에 대한 우리의 공약을 재확인한다.

1. 유엔 헌장에 천명된 남녀평등권과 인간 고유의 존엄성 및 기타 목표와 원칙을 재확인하고, 세계인권선언과 기타 국제인권문서, 여성에 대한 폭력철폐선언과 발전에 관한 권리뿐 아니라 특히 여성차별철폐협약과 아동권리협약을 재확인한다.

2. 양도할 수 없고, 완전하며, 불가분한 모든 인권의 한 부분으로서의 여성과 여아의 인권과 기본적인 자유에 대한 완전한 이행을 도모한다.

3. 앞서 평등, 발전, 평화의 달성을 목표로 열렸던 유엔회의들과 정상회의들 —1985년 나이로비 여성에 관한, 1990년 뉴욕의 아동에 관한, 1992년 리우 환경의 개발에 관한, 1993년 비엔나 인권에 관한, 1994년 카이로 인구와 개발에 관한, 그리고 1995년 코펜하겐 사회개발에 관한 회의들—에서 도달했던 합의와 진전을 재확인한다.

4. 나이로비 여성발전미래전략의 완전하고도 효과적인 이행을 성취한다.

5. 사상, 양심, 종교와 믿음의 자유에 대한 권리를 포함한 여성의 힘의 증진과 발전에 대한 우리의 공약을 재확인하고, 그리하여 개인적으로나 사회공동체적으로 여성과 남성 모두에게 도덕적, 윤리적, 정신적, 지적 요구를 충족시키며, 사회에서 그들의 잠재력을 실현시킬 수 있는 가능성을 보장해주고, 그들의 욕구에 따라 그들의 삶을 엮어 나갈 수 있도록 보장한다.

우리는 다음을 확신한다.

1. 사회 전반에 걸쳐 평등에 기초한 여성의 힘의 증진과 완전한

참여는 의사결정과정과 권력에의 접근을 포함하여 평등, 발전, 평화를 이룩하는 데 중요하다.

2. 여성의 권리는 곧 인권이다.

3. 평등권, 자원에 대한 기회와 접근, 남녀에 의한 가족에 대한 책임의 공유와 그들 사이의 조화로운 동반자적 관계는 민주주의를 공고히 할 뿐 아니라 그들 자신의 행복과 그들 가족의 행복에 필수적이다.

4. 지속적인 경제성장, 사회개발, 환경보호 및 사회정의에 근거한 빈곤의 근절은 경제, 사회개발 및 기회균등에 여성의 개입과 인간 중심적이고 지속가능한 개발에 남녀 공히 수혜자와 시혜자로서 완전하고 동등한 참여를 필요로 한다.

5. 모든 여성들이 그들 건강의 모든 측면, 특히 출산을 조정하는 그들의 권리에 대한 명확한 인식과 재확인은 여성의 힘을 증진하는 데 근본적인 것이다.

6. 지방, 국가, 지역 및 세계적인 평화는 성취될 수 있으며 이는 모든 차원의 리더십, 분쟁해결 및 영속적인 평화 증진에 원동력인 여성의 발전과 뗄 수 없이 연관되어 있다.

7. 여성의 완전한 참여로 개발정책과 프로그램을 포함한 모든 차원에서 여성의 힘의 증진과 발전을 촉진할 효과적이고 효율적이며 상호보완적인 성인지 정책과 프로그램을 입안하고, 이행하며, 모니터 하는 일이 필수적이다.

8. 그들의 자율성이 전적으로 존중되는 가운데 정부와 협력 하에 이루어지는 시민사회의 모든 활동주체들, 특히 여성그룹 및 네트워크, 기타 비정부기구들 및 지역사회단체들의 참여와 기여는 행동강령의 효과적인 이행과 조치에 중요하다.

9. 행동강령의 이행은 정부와 국제사회로부터의 공약을 필요로 한다. 회의 중에 취한 공약을 포함하여, 행동을 위한 국가·국제적인 공약을 함으로써 정부와 국제사회는 여성의 힘의 증진과 발전

을 위한 우선적인 조치를 택할 필요성을 인식하게 된다.

우리는 다음을 결정한다.

1. 금세기 말까지 나이로비 여성발전미래전략의 목표를 달성하기 위한 노력과 행동을 증대한다.

2. 여성과 여아에 의한 모든 인권과 기본적인 자유의 완전한 향유를 도모하고 이러한 권리와 자유의 침해에 대해서는 효과적인 조치를 취한다.

3. 여성과 여아에 대한 모든 형태의 차별을 철폐하기 위하여 필요한 모든 조치를 취하고, 양성평등과 여성의 발전 및 힘의 증진을 가로막는 모든 장애물을 제거한다.

4. 평등을 향한 모든 조치에 남성이 전적으로 참여하도록 촉진한다.

5. 고용을 포함한 여성의 경제적 자립을 증진하고, 경제구조변화를 통하여 빈곤의 구조적 요인들을 표명하고, 농촌지역 여성을 포함한 모든 여성이 생산적인 자원, 기회와 공공서비스에 중대한 발전주체로서 평등하게 접근하도록 도모함으로써 빈곤에 대한 여성의 지속적이고 늘어나는 부담을 근절한다.

6. 기초교육의 제공, 평생교육, 문화와 훈련, 소녀와 여성을 위한 1차보건의료를 통하여 지속적인 경제성장을 포함한 인간 중심적 지속가능한 개발을 증진한다.

7. 여성발전에 평화를 도모하기 위하여 적극적으로 진일보하고, 평화운동에 여성이 벌여온 선도적인 역할을 인식하면서 엄격하고 유효한 국제통제 하에 있는 지역의 전반적이고 완전한 무장해제를 향하여 적극적으로 활동하고, 모든 상황에서 핵무장해제와 핵무기확산금지에 기여할 수 있는 보편적이고, 다자적이며, 효과적으로 확인가능한 포괄적인 핵실험금지 조약의 결론에 대한 협상을 지지한다.

8. 여성과 소녀에 대한 모든 형태의 폭력을 방지하고 철폐한다.

9. 교육과 보건의료에 여성과 남성의 동등한 접근과 대우를 도모하고 교육뿐 아니라 여성의 성, 재생산 관련 건강을 증진한다.

10. 여성과 소녀의 모든 인권을 증진하고 보호한다.

11. 인종, 연령, 언어, 종족, 문화, 종교와 장애로 인하여 혹은 그들이 토착민이라는 이유로 힘의 증진이나 발전을 가로막고 있는 다수의 장애에 직면하는 모든 여성과 소녀를 위하여 모든 인권과 기본적인 자유의 동등한 향유를 도모하려는 노력을 강화한다.

12. 여성과 특히 소녀를 보호하기 위하여 인도주의적인 법률을 포함한 국제법의 존중을 도모한다.

13. 모든 연령층의 소녀와 여성의 전면적인 잠재력을 개발하고, 만인을 위하여 더 좋은 세상을 이룩하는 데 그들의 완전하고 평등한 참여를 도모하며, 발전과정에 그들의 역할을 강화한다.

우리는 다음을 결정한다.

1. 자원에의 동등한 접근이 가져다주는 이익을 누릴 수 있도록 특히 국제협력에 의하여 그들의 능력을 강화하는 것을 포함하여, 여성과 소녀의 발전과 힘의 증진에 진일보하는 방법으로 토지, 신용, 과학과 기술, 직업훈련, 정보, 대중매체와 시장을 포함한 경제적인 자원에 여성의 동등한 접근을 도모한다.

2. 정부측, 국제기구 및 모든 차원의 기관들로부터의 강력한 공약을 필요로 하는 행동강령의 성공을 도모한다. 우리는 경제발전, 사회발전 및 환경보호가 지속가능한 개발의 상호의존적이며 상호보완적인 요소임을 깊이 확신하며, 이는 만인을 위해 더 높은 삶의 질을 이룩하려는 우리들의 노력을 위한 기틀이다. 빈곤층 특히 가난한 삶을 살고 있는 여성이 환경적인 자원을 지속적으로 유용할 수 있도록 그들의 힘을 증진시켜야 함을 인지하는 공정한 사회개발은 지속가능한 개발에 필요한 초석이다. 우리는 또한 지속

가능한 개발이라는 맥락에서 폭넓게 기반을 둔 지속적인 경제성장이 사회개발과 사회정의를 유지하는 데 필요하다는 것을 인식한다. 행동강령의 성공은 또한 모든 가능한 자금기제들이 개발도상국에 제공하는 새롭고 추가된 자원뿐 아니라 국가 및 국제수준의 자원의 적절한 동원을 필요로 한다. 자금기제는 여성발전을 위한 다자, 양자 및 사적 자원: 국가, 소지역, 지역 및 국제기관의 역량을 강화하기 위한 재정자원: 평등권, 평등한 책임과 평등한 기회에 대한 공약 및 국가, 지역, 국제기구와 정책결정과정에 여성과 남성의 평등한 참여에 대한 공약: 세계의 여성에 대한 책임을 지는 기제의 설립과 강화 등을 포함한다.

3. 지속적인 국제협력과 지원을 필요로 하는 경제전환기에 있는 국가들의 행동강령에 대한 성공 또는 도모한다.

4. 우리는 우리 자신이 정부로서 성 관점이 우리의 모든 정책과 프로그램에 반영되도록 도모하면서 다음의 행동강령을 이행할 것을 가결하며 공약한다. 우리는 유엔체제, 지역 국제기관, 기타 관련지역, 국제기관과 비정부기구뿐 아니라 모든 여성과 남성이 그들의 자율성을 존중하면서, 정부와 협력하여, 시민사회의 모든 부문과 행동강령의 이행에 전적으로 개입하고 기여하도록 촉구한다.

1995년 9월

제 2 장 국내기본법

◇ 대한민국헌법 ◇ 〈헌법 제10호, 1987. 10. 29, 전부개정〉

제 1 조 ① **대한민국은 민주공화국이다.**
② **대한민국의 주권은 국민에게 있고, 모든 권력은 국민으로부터 나온다.**

[헌법재판소 판례] **국민주권주의의 최고 가치규범성**
우리 헌법의 전문과 본문의 전체에 담겨 있는 최고 이념은 국민주권주의와 자유민주주에 입각한 입헌민주헌법의 본질적 기본원리에 기초하고 있다. 기타 헌법상의 제 원칙도 여기에서 연유되는 것이므로 이는 헌법전을 비롯한 모든 법령해석의 기준이 되고, 입법형성권 행사의 한계와 정책결정의 방향을 제시하며, 나아가 모든 국가기관과 국민이 존중하고 지켜가야 하는 최고의 가치규범이다(헌재 1989. 9. 8, 88헌가6).

[헌법재판소 판례] **헌법상 국민의 인간상(人間像)**
헌법상의 인간상은 자기결정권을 지닌 창의적이고 성숙한 개체로서의 국민이다. 우리 국민은 자신이 스스로 선택한 인생관 · 사회관을 바탕으로 사회공동체 안에서 각자의 생활을 자신의 책임 아래 스스로 결정하고 형성하는 민주시민이다(헌재 1998. 5, 28, 96헌가5).

[헌법재판소 판례] **국민적 합의에 바탕한 국가권력의 조직**
헌법 제1조는 '대한민국은 민주공화국이다', '대한민국의 주권은 국민에게 있고, 모든 권력은 국민으로부터 나온다'고 하여 국민적 합의로 국가권력을 조직하고 그 국민의 기본권을 최대한으로 보장한다는 국민주권론의 원칙을 채택하여 국민에게 선언하고, 헌법 전문은 각인의 기회를 균등히 보장하고 자유민주적 기본질서를 더욱 확고히 하는 헌법을 국민이 제정하고 그 헌법을 국민투표에 의하여 개정한다고 밝히고 있다. 헌법은 국민적 합의에 의해 제정된 국민생활의 최

고 도덕규범이며 정치생활의 가치규범으로서 정치와 사회질서의 지침을 제공하고 있기 때문에 민주사회에서는 헌법의 규범을 준수하고 그 권위를 보존하는 것을 기본으로 한다(헌재 1989. 9. 8, 88헌가6).

[헌법재판소 판례] **민주주의와 적법절차**
인간의 정치적 예지의 산물이라 할 민주주의는 수단 내지 절차의 존중이지 목적만을 제일의(第一義)로 하는 것이 아니다. 적법절차가 무시되는 조치라면 추구하는 목적과 관계없이 공권력의 남용이요, 자의밖에는 될 수 없으며 합헌화될 수 없다(헌재 1993. 7. 29, 89헌마31).

[헌법재판소 판례] **민주주의의 본질과 지방의회의 구성방법**
민주주의의 본질은 국가권력의 형성 및 행사의 근거를 국민적 합의에 두므로 지방자치가 진실로 민주정치의 발전에 기여할 수 있기 위하여서는 무엇보다도 지방의회의 구성이 당해 지역주민 각계각층의 의견이 민주적이고도 합리적으로 수렴된 유루(遺漏) 없는 합의에 의하여 이루어질 수 있도록 제도화되어야 할 필요가 있다(헌재 1991. 3. 11, 91헌마21; 헌재 1999. 11. 25, 99헌바28).

[헌법재판소 판례] **선거의 의미와 정당화 요건**
대의제 민주주의에 바탕을 둔 우리 헌법의 통치구조에서 선거제도는 국민의 주권행사 내지 참정권행사의 과정으로서 국가권력의 창출과 국가 내에서 행사되는 모든 권력의 정당성을 국민의 정치적인 합의에 근거하게 하는 통치기구의 조직원리이다. 따라서 선거에서 모든 국민이 평등하게 참여할 수 있는 기회를 보장하는 것은 필수 불가결한 요소이며(헌재 1996. 3. 28, 96헌마9 · 77 · 84 · 90(병합)). 이에 따라 헌법은 평등선거의 원칙과 선거운동의 균등한 기회의 보장을 규정하고 있다(헌재 1996. 8. 29, 96헌마99). … 선거는 당락을 결정하여 당선자를 가리기 위한 제도만은 아니다. 선거는 이를 통하여 국민의 다양한 정치적 의사가 표출되는 장이고, 입후보자는 국민의 정치적 의사를 형성하고 이를 전달하는 데 기여한다. 이러한 선거과정을 통하여 정치적 욕구를 배출함으로써 민주사회의 평화가 유지되기도 한다. 그렇다고 할 때 낙선한 후보자라고 하여 결과적으로 '난립후보'라고 보아 제재를 가하는 것은 민주주의의 본질에 위배된다. 비록 오늘은 소수의견에 그쳐 낙선하였더라도 그가 진실하게 선거과정에 참여하였다면 그 소수의견도 존중하는 것이 민주주의의 전제인 다원주의 및 소수자보호의 정신에 충실한 것이다. … 선거는 주권자인 국민이 그 주권을 행사하는 통로이므로 선거제도는 첫째, 국민의 의사를 제대로 반영하고, 둘째, 국민의 자유로운 선택을 보장하여야 하고, 셋

째, 정당의 공직선거 후보자의 결정과정이 민주적이어야 하며, 그렇지 않으면 민주주의원리 나아가 국민주권의 원리에 부합한다고 볼 수 없다(헌재 2001. 7. 19, 2000헌마91 등).

제 2 조 ① 대한민국의 국민이 되는 요건은 법률로 정한다.
② 국가는 법률이 정하는 바에 의하여 재외국민을 보호할 의무를 진다.

[헌법재판소 판례] **헌법사항으로서의 국적**
국적은 국가와 그의 구성원간의 법적 유대(法的 紐帶)이고 보호와 복종관계를 뜻하므로 이를 분리하여 생각할 수 없다. 즉 국적은 국가의 생성과 더불어 발생하고 국가의 소멸은 바로 국적의 상실 사유인 것이다. 국적은 성문의 법령을 통해서가 아니라 국가의 생성과 더불어 존재하는 것이므로, 헌법의 위임에 따라 국적법이 제정되나 그 내용은 국가의 구성요소인 국민의 범위를 구체화, 현실화하는 헌법사항을 규율하고 있는 것이다(헌재 2000. 8. 31, 97헌가12).

[헌법재판소 판례] **이민자의 재외국민으로서의 기본권**
'이민'이라 함은 우리나라 국민이 생업에 종사하기 위하여 외국에 이주하거나 외국인과의 혼인 및 연고관계로 인하여 이주하는 자를 의미하는데(해외이주법 제2조 제1항) 실제는 국외에서 직장을 구하여 외화를 벌어들이기 위하여 편의상 이민의 절차를 밟는 경우가 적지 아니하며 이러한 경우에는 국적법 제12조 소정의 사유에 의하여 국적을 상실하지 않는 한, 대한민국의 재외국민으로서의 기본권을 의연 향유한다(헌재 1993. 12. 23, 89헌마189).

제 6 조 ① 헌법에 의하여 체결·공포된 조약과 일반적으로 승인된 국제법규는 국내법과 같은 효력을 가진다.
② 외국인은 국제법과 조약이 정하는 바에 의하여 그 지위가 보장된다.

[헌법재판소 판례] **사실상 노무에 종사하는 공무원을 제외한 나머지 공무원의 노동운동과 공무 이외의 일을 위한 집단행위를 금지하는 지방공무원법 제58조 제1항의 규정이 국제법규를 위반한 것인지 여부**
국제인권규약들은 권리의 본질을 침해하지 아니하는 한 국내의 민주적인 대의절차에 따라 필요한 범위 안에서 근로기본권에 대한 법률

에 의한 제한은 용인하고 있으므로 공무원의 근로3권을 제한하는 지방공무원법 제58조 제1항과 정면으로 배치되는 것은 아니고, 그 밖에 청구인들이 거론하는 국제노동기구의 제87호 협약(결사의 자유 및 단결권 보장에 관한 협약) 등 근로기본권에 관한 국제법상의 선언, 협약 및 권고 등은 우리나라가 비준한 바 없거나 권고적 효력만을 가지고 있으므로 위 법률조항에 대한 위헌성 심사의 척도가 될 수 없다(헌재 2005. 10. 27, 2003헌바50 등의 다수의견. 재판관 전효숙과 조대현의 반대의견 : 세계인권선언이나 국제인권규약들, 공무원의 근로기본권에 관한 국제노동기구의 관련협약들 및 국제기구의 권고들은 비록 우리나라가 비준한 바 없다거나 유보되었다든지 권고적 효력만 있다는 등 직접적인 구속력이 없다고 하더라도 고도로 추상화된 헌법 규정의 의미나 내용 및 적용범위를 해석하는 데 중요한 지침이 될 수 있으므로, 이러한 점을 존중하여 근로기본권에 관한 헌법 조항들을 해석하여 보더라도 공무원의 근로기본권을 극도로 제한하고 있는 위 법률조항들은 헌법에 부합될 수 없다).

제 7 조 ① 공무원은 국민전체에 대한 봉사자이며, 국민에 대하여 책임을 진다.
② 공무원의 신분과 정치적 중립성은 법률이 정하는 바에 의하여 보장된다.

[헌법재판소 판례] **직업공무원제도**
제7조는 직업공무원제도가 국민주권원리에 바탕을 둔 민주적이고 법치주의적인 공직제도임을 천명하고 정권담당자에 따라 영향을 받지 않는 것은 물론, 같은 정권하에서도 정당한 이유 없이 해임당하지 않는 것을 불가결의 요건으로 하는 직업공무원제도의 확립을 내용으로 하는 입법의 원리를 지시하고 있는 것으로서 법률로서 관계규정을 마련함에 있어서도 헌법의 위와 같은 기속적 방향(羈束的 方向) 제시에 따라 공무원의 신분보장이라는 본질적 내용이 침해되지 않는 범위 내라는 입법의 한계가 확정되어진 것이다(헌재 1989. 12. 18, 89헌마32 등).

[헌법재판소 판례] **공무원의 정치적 중립**
공무원이 집권세력의 논공행상의 제물이 되는 엽관제도를 지양하고 정권교체에 따른 국가작용의 중단과 혼란을 예방함과 동시에 동일한 정권하에서도 정당한 이유 없이 해임되지 아니하도록 신분을 보장하여 일관성 있는 공무수행을 유지하게 함으로써 안정적이고 능률적인 정책집행을 보장하려는 민주적이고 법치국가적인 공직구조에 관한 제도, 즉 직업공무원제도를 규정한 것이다(헌재 1989. 12. 18, 89헌마

32; 헌재 1990. 6. 25, 89헌마220; 헌재 1998. 4. 30, 96헌마7).

[헌법재판소 판례] **대통령이 공직선거및선거부정방지법(이하 '공선법') 제9조의 '공무원'에 해당하는지 여부**
공선법 제9조의 '공무원'이란, 헌법상 공무원의 정치적 중립성을 실현하기 위하여 선거에서의 중립의무가 부과되어야 하는 모든 공무원 즉, 구체적으로 '자유선거원칙'과 '선거에서의 정당의 기회균등'을 위협할 수 있는 모든 공무원을 의미한다. 그런데 사실상 모든 공무원이 그 직무의 행사를 통하여 선거에 부당한 영향력을 행사할 수 있는 지위에 있으므로, 여기서의 공무원이란 원칙적으로 국가와 지방자치단체의 모든 공무원, 즉 좁은 의미의 직업공무원은 물론이고, 적극적인 정치활동을 통하여 국가에 봉사하는 정치적 공무원을 포함한다. 다만, 국회의원과 지방의회의원은 정당의 대표자이자 선거운동의 주체로서의 지위로 말미암아 선거에서의 정치적 중립성이 요구될 수 없으므로, 공선법 제9조의 '공무원'에 해당하지 않는다. 따라서 선거에서의 정치적 중립성은 행정부와 사법부의 모든 공직자에게 해당하는 공무원의 기본적 의무이다. 더욱이, 대통령은 행정부의 수반으로서 공정한 선거가 실시될 수 있도록 총괄·감독해야 할 의무가 있으므로, 당연히 선거에서의 중립의무를 지는 공직자에 해당하는 것이고, 이로써 공선법 제9조의 '공무원'에 포함된다(헌재 2004. 5. 14, 2004헌나1).

[헌법재판소 판례] **기자회견에서 특정정당을 지지한 대통령의 발언이 공무원의 정치적 중립의무에 위반되는지 여부**
대통령이 특정정당을 일방적으로 지지하는 발언을 함으로써 국민의 의사형성과정에 영향을 미친다면, 정당과 후보자들에 대한 정당한 평가를 기초로 하는 국민의 자유로운 의사형성과정에 개입하여 이를 왜곡시키는 것이며, 동시에 지난 수년간 국민의 신뢰를 얻기 위하여 꾸준히 지속해 온 정당과 후보자의 정치적 활동의 의미를 반감시킴으로써 의회민주주의를 크게 훼손시키는 것이다. 그런데 이 부분 대통령의 발언은 그 직무집행에 있어서 반복하여 특정정당에 대한 자신의 지지를 적극적으로 표명하고, 나아가 국민들에게 직접 그 정당에 대한 지지를 호소하는 내용이라 할 수 있다. 따라서 선거에 임박한 시기이기 때문에 공무원의 정치적 중립성이 어느 때보다도 요청되는 때에, 공정한 선거관리의 궁극적 책임을 지는 대통령이 기자회견에서 전 국민을 상대로, 대통령직의 정치적 비중과 영향력을 이용하여 특정정당을 지지하는 발언을 한 것은 대통령의 지위를 이용하여 선거에 대한 부당한 영향력을 행사하고 이로써 선거의 결과에 영

향을 미치는 행위를 한 것이므로 선거에서의 중립의무를 위반하였다 (헌재 2004. 5. 14, 2004헌나1).

제 9 조 국가는 전통문화의 계승·발전과 민족문화의 창달에 노력하여야 한다.

[헌법재판소 판례] **문화국가의 조건**
혼인과 가족의 보호는 헌법이 지향하는 자유민주적 문화국가의 필수적인 전제조건이다. 개별성·고유성·다양성으로 표현되는 문화는 사회의 자율영역을 바탕으로 하고, 사회의 자율영역은 무엇보다도 바로 가정으로부터 출발하기 때문이다. 헌법은 가족제도를 특별히 보장함으로써, 양심의 자유, 종교의 자유, 언론의 자유, 학문과 예술의 자유와 같이 문화국가의 성립을 위하여 불가결한 기본권의 보장과 함께, 견해와 사상의 다양성을 그 본질로 하는 문화국가를 실현하기 위한 필수적인 조건을 규정한 것이다. 따라서 헌법은 제36조 제1항에서 혼인과 가정생활을 보장함으로써 가족의 자율영역이 국가의 간섭에 의하여 획일화·평준화되고 이념화되는 것으로부터 보호하고자 하는 것이다(헌재 2000. 4. 27, 98헌가16 등).

[헌법재판소 판례] **전통의 정당성**
헌법 전문과 헌법 제9조에서 말하는 '전통', '전통문화'란 역사성과 시대성을 띤 개념으로서 헌법의 가치질서, 인류의 보편가치, 정의와 인도정신 등을 고려하여 오늘날의 의미로 포착하여야 하며, 가족제도에 관한 전통·전통문화란 적어도 그것이 가족제도에 관한 헌법이념인 개인의 존엄과 양성의 평등에 반하는 것이어서는 안 된다는 한계가 도출되므로, 전래의 어떤 가족제도가 헌법 제36조 제1항이 요구하는 개인의 존엄과 양성평등에 반한다면 헌법 제9조를 근거로 그 헌법적 정당성을 주장할 수는 없다(헌재 2005. 2. 3, 2001헌가9 등).

제10조 모든 국민은 인간으로서의 존엄과 가치를 가지며, 행복을 추구할 권리를 가진다. 국가는 개인이 가지는 불가침의 기본적 인권을 확인하고 이를 보장할 의무를 진다.

[헌법재판소 판례] **외국인의 기본권 향유**
국민과 유사한 지위에 있는 '외국인'은 원칙적으로 기본권의 주체가 될 수 있다(헌재 1994. 12. 29, 93헌마120). 청구인들이 침해되었다고

주장하는 인간의 존엄과 가치, 행복추구권은 대체로 '인간의 권리'로서 외국인도 주체가 될 수 있다고 보아야 하고, 평등권도 인간의 권리로서 참정권 등에 대한 성질상의 제한 및 상호주의에 따른 제한이 있을 수 있을 뿐이다. (재외동포법 사건에서) 청구인들이 주장하는 바는 대한민국 국민과의 관계가 아닌, 외국국적의 동포들 사이에 재외동포법의 수혜대상에서 차별하는 것이 평등권 침해라는 것으로서 성질상 위와 같은 제한을 받는 것이 아니고 상호주의가 문제되는 것도 아니므로, 청구인들에게 기본권주체성을 인정함에 아무런 문제가 없다(헌재 2001. 11. 29, 99헌마494).

[헌법재판소 판례] **간통죄의 위헌 여부(합헌)**
형법 제241조(간통)는 혼인관계를 보호하고, 사회질서를 유지하기 위하여 간통 및 상간행위를 제재하는 것으로 정당한 입법목적 달성을 위한 적절한 수단이다. 다만 '형벌'의 제재 규정이 지나친 것인지 문제되나, 이는 기본적으로 입법형성의 자유에 속한다. 간통이 사회질서를 해치고 타인의 권리를 침해하는 경우에 해당한다고 보는 우리의 법의식 및 간통 및 상간행위에 대한 사전예방의 강한 요청에 비추어 간통 및 상간행위를 형사처벌하기로 한 입법자의 판단이 자의적인 것이라 할 수 없고, 이 사건 법률조항으로 인하여 침해되는 사익은 특정한 관계에서의 성행위 제한으로 경미함에 비하여 달성되는 공익은 높은 중요성이 있어 법익균형성 역시 인정되므로 이 사건 법률조항이 과잉금지원칙에 위배하여 개인의 성적 자기결정권, 사생활의 비밀과 자유를 침해한다고 볼 수 없다. 한편 이 사건 법률조항은 법정형으로 징역형만을 규정하고 있으나 지나치게 과중한 형벌을 규정하고 있다고 보기 어렵다(헌재 2008.10.30, 2007헌가17 재판관 이강국, 재판관 이공현, 재판관 조대현의 합헌의견. 재판관 김종대, 재판관 이동흡, 재판관 목영준의 위헌의견: 이 사건 법률조항은 과잉금지원칙에 위반하여 개인의 성적(性的) 자기결정권과 사생활의 비밀과 자유를 제한하는 것으로 위헌이다. 오늘날 성(性)에 대한 국민 일반의 법감정이 변하고 있고, 도덕적으로 비난받을 만한 행위 모두를 형사처벌의 대상으로 삼는 것은 바람직하지 아니하며, 간통 및 상간행위의 형사처벌이 일부일처제와 가정보호·부부간의 성적 성실의무 보호·여성의 보호에 실효적인 기능을 하지도 못한다는 점 등을 고려할 때 이 사건 법률조항의 수단의 적절성 및 피해의 최소성을 인정하기 어렵다. 또한 이 사건 법률조항은 개인의 내밀한 성생활의 영역을 형사처벌의 대상으로 삼아 국민의 성적 자기결정권 등 기본권을 지나치게 제한하여 법익균형성을 상실한 것이다).

[헌법재판소 판례] **성적 자기결정권과 혼인상대방 결정의 자유**
개인의 인격권·행복추구권에는 개인의 자기운명결정권을 그 전제로

하고 있으며, 이 자기운명결정권에는 성적(性的) 자기결정권 특히 혼인의 자유와 혼인에 있어서 상대방을 결정할 수 있는 자유가 포함되어 있다(헌재 1990. 9. 10, 89헌마82; 헌재 1997. 7. 16, 95헌가6 등).

[헌법재판소 판례] **혼인빙자간음죄의 위헌성**

형법 제304조(혼인빙자등에 의한 간음)는 남녀평등의 사회를 지향하고 실현해야 할 국가의 헌법적 의무(헌법 제36조 제1항)에 반하는 것이자, 여성을 유아시(幼兒視)함으로써 여성을 보호한다는 미명 아래 사실상 국가 스스로가 여성의 성적 자기결정권을 부인하는 것이 되므로, 이 사건 법률조항이 보호하고자 하는 여성의 성적 자기결정권은 여성의 존엄과 가치에 역행하는 것이다. 결혼과 성에 관한 국민의 법의식에 많은 변화가 생겨나 여성의 착오에 의한 혼전 성관계를 형사법률이 적극적으로 보호해야 할 필요성은 이미 미미해졌고, 성인이 어떤 종류의 성행위와 사랑을 하건, 그것은 원칙적으로 개인의 자유 영역에 속하고, 다만 그것이 외부에 표출되어 명백히 사회에 해악을 끼칠 때에만 법률이 이를 규제하면 충분하며, 사생활에 대한 비범죄화 경향이 현대 형법의 추세이고, 세계적으로도 혼인빙자간음죄를 폐지해 가는 추세이며 일본, 독일, 프랑스 등에도 혼인빙자간음죄에 대한 처벌규정이 없는 점, 기타 국가 형벌로서의 처단기능의 약화, 형사처벌로 인한 부작용 대두의 점 등을 고려하면, 그 목적을 달성하기 위하여 혼인빙자간음행위를 형사처벌하는 것은 수단의 적절성과 피해의 최소성을 갖추지 못하였다. 이 사건 법률조항은 개인의 내밀한 성생활의 영역을 형사처벌의 대상으로 삼음으로써 남성의 성적 자기결정권과 사생활의 비밀과 자유라는 기본권을 지나치게 제한하는 것인 반면, 이로 인하여 추구되는 공익은 오늘날 보호의 실효성이 현격히 저하된 음행의 상습 없는 부녀들만의 '성행위 동기의 착오의 보호'로서 그것이 침해되는 기본권보다 중대하다고는 볼 수 없으므로, 법익의 균형성도 상실하였다. 결국 이 사건 법률조항은 목적의 정당성, 수단의 적절성 및 피해최소성을 갖추지 못하였고 법익의 균형성도 이루지 못하였으므로, 헌법 제37조 제2항의 과잉금지원칙을 위반하여 남성의 성적 자기결정권 및 사생활의 비밀과 자유를 과잉제한하는 것으로 헌법에 위반된다(헌재 2009. 11. 26, 2008헌바58. 위헌의견 있음).

[헌법재판소 판례] **청소년 성매수자의 신상공개와 일반적 인격권**

신상공개제도는 해당 범죄인의 신상과 범죄행위를 일반에게 공개함으로써 어린이나 청소년대상 성범죄행위에 대하여 일반 국민에게 경각심을 주어 유사한 범죄를 예방하고 이를 통하여 청소년을 보호하기 위한 것으로 그 목적이 정당하고, 청소년 성매수자의 일반적 인격권과 사생활의 비밀의 자유가 제한되는 정도를 살펴보면, 청소년의성보호에관한법률 제20조 제2항은 "성명, 연령, 직업 등의 신상과 범죄사실의 요지"를 공개하도록 규정하고 있는바, 이는 이미 공개된 형사재판에서 유죄가 확정된 형사판결이라는 공적 기록의 내용 중 일부를 국가가 공익 목적으로 공개하는 것으로 공개된 형사재판에서 밝혀진 범죄인들의 신상과 전과를 일반인이 알게 된다고 하여 그들의 인격권 내지 사생활의 비밀을 침해하는 것이라고 단정하기는 어렵다. 또한, 신상과 범죄사실이 공개되는 범죄인들은 이미 국가의 형벌권 행사로 인하여 해당 기본권의 제한 여지를 일반인보다는 더 넓게 받고 있다. 청소년 성매수 범죄자들이 자신의 신상과 범죄사실이 공개됨으로써 수치심을 느끼고 명예가 훼손된다고 하더라도 그 보장 정도에 있어서 일반인과는 차이를 둘 수밖에 없어, 그들의 인격권과 사생활의 비밀의 자유도 그것이 본질적인 부분이 아닌 한 넓게 제한될 여지가 있다. 그렇다면 청소년 성매수자의 일반적 인격권과 사생활의 비밀의 자유가 제한되는 정도가 청소년 성보호라는 공익적 요청에 비해 크다고 할 수 없으므로 결국 법 제20조 제2항 제1호의 신상공개는 해당 범죄인들의 일반적 인격권, 사생활의 비밀의 자유를 과잉금지의 원칙에 위배하여 침해한 것이라 할 수 없다(헌재 2003. 6. 26, 2002헌가14).

[헌법재판소 판례] **성(姓)의 변경을 허용할 것인가?**
입양이나 재혼 등과 같이 가족관계의 변동과 새로운 가족관계의 형성에 있어서 구체적인 사정들에 따라서는 양부 또는 계부 성으로의 변경이 개인의 인격적 이익과 매우 밀접한 관계를 가짐에도 부성의 사용만을 강요하여 성의 변경을 허용하지 않는 것은 개인의 인격권을 침해한다(헌재 2005. 12. 22, 2003헌가5 등).

[헌법재판소 판례] **포괄적 의미의 자유권적 성격**
헌법 제10조의 행복추구권은 국민이 행복을 추구하기 위하여 필요한 급부를 국가에게 적극적으로 요구할 수 있는 것을 내용으로 하는 것이 아니라, 국민이 행복을 추구하기 위한 활동을 국가권력의 간섭없이 자유롭게 할 수 있다는 포괄적인 의미의 자유권으로서의 성격을 가지므로 국민에 대한 일정한 보상금의 수급기준을 정하고 있는 국가유공자예우등에관한법률 제9조가 행복추구권을 침해한다고 할 수 없다(헌재 1995. 7. 21, 93헌가14; 헌재 2000. 6. 1, 98헌마216; 헌재 2002. 12. 18, 2001헌마546).

[헌법재판소 판례] **일반적 행동자유권의 유형**
일반적 행동자유권에는 적극적으로 자유롭게 행동을 하는 것은 물론 소극적으로 행동을 하지 않을 자유 즉 부작위의 자유도 포함된다(헌재 1991. 6. 3, 89헌마204). 행복추구권은 일반적인 행동자유권과 개성의 자유로운 발현권을 포함하며 또한 일반적인 행동자유권에는 당사자 자신이 자유롭게 계약을 체결할 수 있고 원하지 않는 계약을 체결하지 않을 자유인 이른바 계약자유의 원칙이 포함된다(헌재 2001. 2. 22, 99헌마365; 헌재 2002. 1. 31, 2000헌바35).

[헌법재판소 판례] **행복추구권에서 파생되는 소비자의 자기결정권**
행복추구권에서 '자기결정권'이 파생된다. 소비자는 물품 및 용역의 구입 · 사용에 있어서 거래의 상대방, 구입장소, 가격, 거래조건 등을 자유롭게 선택할 권리를 가진다. 소비자가 시장기능을 통하여 생산의 종류, 양과 방향을 결정하는 소비자주권의 사고가 바탕을 이루는 자유시장경제에서는 경쟁이 강화되면 될수록 소비자는 그의 욕구를 보다 유리하게 시장에서 충족시킬 수 있고, 자신의 구매결정을 통하여 경쟁과정에 영향을 미칠 수 있기 때문에 경쟁은 또한 소비자보호의 포기할 수 없는 중요 구성부분이다(헌재 1996. 12. 26, 96헌가18).

제11조 ① 모든 국민은 법 앞에 평등하다. 누구든지 성별 · 종교 또는 사회적 신분에 의하여 정치적 · 경제적 · 사회적 · 문화적 생활의 모든 영역에 있어서 차별을 받지 아니한다.
② 사회적 특수계급의 제도는 인정되지 아니하며, 어떠한 형태로도 이를 창설할 수 없다.

[헌법재판소 판례] **평등권의 지위**
평등의 원칙은 국민의 기본권보장에 관한 우리 헌법의 최고원리로서 국가가 입법을 하거나 법을 해석 및 집행함에 있어 따라야 할 기준인 동시에, 국가에 대하여 합리적 이유 없이 불평등한 대우를 하지 말 것과 평등한 대우를 요구할 수 있는 모든 국민의 권리이다(헌재 2001. 8. 30, 99헌바92 등).

[헌법재판소 판례] **불합리한 차별의 금지**
평등의 원칙은 일체의 차별적 대우를 부정하는 절대적 평등을 의미하는 것이 아니라 입법과 법의 적용에 있어서 합리적 근거 없는 차별을 하여서는 안 된다는 상대적 평등을 뜻한다. 따라서 합리적 근거 있는 차별 내지 불평등은 평등의 원칙에 반하는 것이 아니다. 그

리고 합리적 근거 있는 차별인지 여부는 그 차별이 인간의 존엄성 존중이라는 헌법원리에 반하지 아니하면서 정당한 입법목적을 달성하기 위하여 필요하고도 적정한 것인가를 기준으로 판단되어야 한다(헌재 1994. 2. 24, 92헌바43). (또한) 차별을 두는 입법은 그 차별에 의하여 달성하려고 하는 목적과 그 목적을 달성하기 위한 차별을 두기 마련인데, 국민의 기본권에 관한 차별에 있어서 합리적 근거에 의한 차별이라고 하기 위하여서는 우선 그 차별의 목적이 헌법에 합치하는 정당한 목적이어야 하고 다음으로 차별의 기준이 목적의 실현을 위하여 실질적인 관계가 있어야 하며 차별의 정도 또한 적정한 것이어야 한다(헌재 1996. 8. 29, 93헌바57).

[헌법재판소 판례] **단계적 제도개선과 평등원칙**
헌법상 평등의 원칙은 국가가 언제 어디서 어떤 계층을 대상으로 하여 기본권에 관한 상황이나 제도의 개선을 시작할 것인지를 선택하는 것을 방해하지는 않는다. 말하자면 국가는 합리적인 기준에 따라 능력이 허용하는 범위 내에서 법적 가치의 상향적인 구현을 위한 제도의 단계적 개선을 추진할 수 있는 길을 선택할 수 있어야 한다. 그것이 허용되지 않는다면 모든 사항과 계층을 대상으로 하여 동시에 제도의 개선을 추진하는 예외적인 경우를 제외하고는 어떠한 제도의 개선도 평등의 원칙 때문에 그 시행이 불가능하다는 결과에 이르게 되어 불합리할 뿐만 아니라 평등의 원칙이 실현하고자 하는 가치와도 어긋나기 때문이다(헌재 1990. 6. 25, 89헌마107).

[헌법재판소 판례] **평등원칙의 기능적 의미**
헌법재판소와 입법자는 모두 헌법에 기속되나, 그 기속의 성질은 서로 다르다. 헌법은 입법자와 같이 적극적으로 형성적 활동을 하는 국가기관에게는 행위의 지침이자 한계인 행위규범을 의미하나 헌법재판소에게는 다른 국가기관의 행위의 합헌성을 심사하는 기준으로서의 재판규범, 즉 통제규범을 의미한다. 평등원칙은 행위규범으로서 입법자에게, 객관적으로 같은 것은 같게 다른 것은 다르게, 규범의 대상을 실질적으로 평등하게 규율할 것을 요구하고 있다. 그러나 헌법재판소의 심사기준이 되는 통제규범으로서의 평등원칙은 단지 자의적인 입법의 금지기준만을 의미하게 되므로 헌법재판소는 입법자의 결정에서 차별을 정당화할 수 있는 합리적인 이유를 찾아볼 수 없는 경우에만 평등원칙의 위반을 선언하게 된다. 즉 헌법에 따른 입법자의 평등실현의무는 헌법재판소에 대하여는 단지 자의금지원칙으로 그 의미가 한정 축소된다. 따라서 헌법재판소가 행하는 규범에 대한 심사는 그것이 가장 합리적이고 타당한 수단인가에 있지 아니

하고 단지 입법자의 정치적 형성이 헌법적 한계 내에 머물고 있는가 하는 것에 국한시켜야 하며, 그럼으로써 입법자의 형성의 자유와 민주국가의 권력분립적 기능질서가 보장될 수 있다(헌재 1997. 1. 16, 90헌마110). (따라서) 제1항의 규범적 의미는 '법 적용의 평등'에서 끝나지 않고, 더 나아가 입법자에 대해서도 그가 입법을 통해서 권리와 의무를 분배함에 있어서 적용할 가치평가의 기준을 정당화할 것을 요구하는 '법 제정의 평등'을 포함한다. 따라서 평등원칙은 입법자가 법률을 제정함에 있어서 법적 효과를 달리 부여하기 위하여 선택한 차별의 기준이 객관적으로 정당화될 수 없을 때에는 그 기준을 법적 차별의 근거로 삼는 것을 금지한다. 이때 입법자가 헌법 제11조 제1항의 평등원칙에 어느 정도로 구속되는가는 그 규율대상과 차별기준의 특성을 고려하여 구체적으로 결정된다(헌재 2000. 8. 31, 97헌가12).

[헌법재판소 판례] **평등원칙의 자의성 심사기준**
일반적으로 자의금지원칙에 관한 심사요건은 ① 본질적으로 동일한 것을 다르게 취급하고 있는지에 관련된 차별취급의 존재 여부와, ② 이러한 차별취급이 존재한다면 이를 자의적인 것으로 볼 수 있는지 여부라고 할 수 있다. 한편, ①의 요건에 관련하여 두 개의 비교집단이 본질적으로 동일한가의 판단은 일반적으로 관련 헌법규정과 당해 법규정의 의미와 목적에 달려 있고, ②의 요건에 관련하여 차별취급의 자의성은 합리적인 이유가 결여된 것을 의미하므로, 차별대우를 정당화하는 객관적이고 합리적인 이유가 존재한다면 차별대우는 자의적인 것이 아니게 된다(헌재 2003. 1. 30, 2001헌바64).

[헌법재판소 판례] **엄격한 심사척도의 적용범위**
헌법에서 특별히 평등을 요구하고 있는 경우 엄격한 심사척도가 적용될 수 있다. 헌법이 스스로 차별의 근거로 삼아서는 안 되는 기준을 제시하거나 차별을 특히 금지하고 있는 영역을 제시하고 있다면 그러한 기준을 근거로 한 차별이나 그러한 영역에서의 차별에 대하여 엄격하게 심사하는 것이 정당화된다. 다음으로 차별적 취급으로 인하여 관련기본권에 대한 중대한 제한을 초래하게 된다면 입법형성권은 축소되어 보다 엄격한 심사척도가 적용되어야 할 것이다. … 엄격한 심사를 한다는 것은 자의금지원칙에 따른 심사, 즉 합리적 이유의 유무를 심사하는 것에 그치지 아니하고 비례성원칙에 따른 심사, 즉 차별취급의 목적과 수단간에 엄격한 비례관계가 성립하는지를 기준으로 한 심사를 행함을 의미한다(헌재 1999. 12. 23, 98헌마363; 헌재 2002. 4. 25, 98헌마425 등).

[헌법재판소 판례] **배우자에 대한 채무명의 없이 부부공유인 유체동산에 대한 집행을 허용하는 규정**
부부공유 유체동산은 그 대부분이 부부의 공동생활을 영위하는 데 필요하여 일상가사의 범주 내에서 취득한 것으로 볼 수도 있으므로 부부 일방의 채무명의만을 가지고 압류한다고 하더라도 이미 위에서 본 부부간의 특수한 관계에 비추어 볼 때 합리적인 근거가 있다 할 것이다. 이는 일반 공유자들이 공유계약에 의하여 공유물을 공동소유하는 것과는 서로 다른 것이므로 결국 평등한 것을 자의적으로 불평등하게 취급한 것으로 볼 수 없으므로 그 차별에 정당한 근거가 있다 할 것이다. 따라서 배우자에 대한 채무명의 없이 배우자공유인 유체동산에 대한 집행을 할 수 있도록 규정하고 있는 민사소송법 제527조의 2는 비록 채무자 아닌 배우자에 대하여 부부공유 유체동산의 공유지분에 관해 채무명의에 기하지 아니한 채 강제집행을 수인하게 하는 결과를 초래하였다 하더라도 부부관계, 재산소유 및 점유관계의 특수성 등에 따른 합리적 근거가 있다 할 것이므로 헌법 제11조에 규정한 평등의 원칙에 위반되지 아니한다(헌재 1999. 3. 25, 96헌바34).

[헌법재판소 판례] **18세 미만의 노래연습장 출입금지**
노래연습장에 대하여 18세 미만자의 출입을 금지하고 있는 것은 노래연습장의 환경적 특성이나 청소년의 정신적 · 신체적 성숙정도 등을 고려한 것으로서, 이러한 제한이 노래연습장의 업자를 합리적 이유 없이 자의적으로 차별하는 것이라고는 할 수 없다(헌재 1996. 2. 29, 94헌마13).

제12조 ① 모든 국민은 신체의 자유를 가진다. 누구든지 법률에 의하지 아니하고는 체포 · 구속 · 압수 · 수색 또는 심문을 받지 아니하며, 법률과 적법한 절차에 의하지 아니하고는 처벌 · 보안처분 또는 강제노역을 받지 아니한다.
② 모든 국민은 고문을 받지 아니하며, 형사상 자기에게 불리한 진술을 강요당하지 아니한다.
③ 체포 · 구속 · 압수 또는 수색을 할 때에는 적법한 절차에 따라 검사의 신청에 의하여 법관이 발부한 영장을 제시하여야 한다. 다만, 현행범인인 경우와 장기 3년 이상의 형에 해당하는 죄를 범하고 도피 또는 증거인멸의 염려가 있을 때에는 사후에 영장을 청

구할 수 있다.
④ 누구든지 체포 또는 구속을 당한 때에는 즉시 변호인의 조력을 받을 권리를 가진다. 다만, 형사피고인이 스스로 변호인을 구할 수 없을 때에는 법률이 정하는 바에 의하여 국가가 변호인을 붙인다.
⑤ 누구든지 체포 또는 구속의 이유와 변호인의 조력을 받을 권리가 있음을 고지 받지 아니하고는 체포 또는 구속을 당하지 아니한다. 체포 또는 구속을 당한 자의 가족 등 법률이 정하는 자에게는 그 이유와 일시 · 장소가 지체없이 통지되어야 한다.
⑥ 누구든지 체포 또는 구속을 당한 때에는 적부의 심사를 법원에 청구할 권리를 가진다.
⑦ 피고인의 자백이 고문 · 폭행 · 협박 · 구속의 부당한 장기화 또는 기망 기타의 방법에 의하여 자의로 진술된 것이 아니라고 인정될 때 또는 정식재판에 있어서 피고인의 자백이 그에게 불리한 유일한 증거일 때에는 이를 유죄의 증거로 삼거나 이를 이유로 처벌할 수 없다.

[헌법재판소 판례] **모든 기본권의 전제로서 신체의 자유**
신체의 자유는 정신적 자유와 더불어 헌법이념의 핵심인 인간의 존엄과 가치를 구현하기 위한 가장 기본적인 자유로서 모든 기본권보장의 전제조건이다(헌재 1992. 4. 14, 90헌마82). (또한) 이러한 보장은 신체의 안정성이 외부로부터의 물리적인 힘이나 정신적인 위험으로부터 침해당하지 아니할 자유와 신체활동을 임의적이고 자율적으로 할 수 있는 자유를 말하는 것이다(헌재 1992. 12. 24, 92헌가8).

[헌법재판소 판례] **적법절차 원칙과 그 확대**
현행 헌법에 규정된 적법절차의 원칙을 어떻게 해석할 것인가에 대하여 표현의 차이는 있지만 대체적으로 적법절차의 원칙이 독자적인 헌법원리의 하나로 수용되고 있으며 이는 절차의 적법성뿐만 아니라 절차의 적정성까지 보장되어야 한다는 뜻으로 이해하는 것이 마땅하다. 다시 말하면 형식적인 절차뿐만 아니라 실체적 법률내용이 합리성과 정당성을 갖춘 것이어야 한다는 실질적인 의미로 확대해석하고 있다. 이러한 적법절차의 원리가 형사절차 이외 행정절차에도 적용되는가에 관하여 우리 헌법재판소는 이 적법절차의 원칙의 적용범위를 형사소송절차에 국한하지 않고 모든 국가작용에 대하여 문제된 법률의 실체적 내용이 합리성과 정당성을 갖추고 있는지 여부를 판

단하는 기준으로 적용된다고 판시하고 있다(헌재 1992. 12. 24. 92헌가8; 헌재 1998. 5. 28. 96헌바4).

제13조 ① **모든 국민은 행위시의 법률에 의하여 범죄를 구성하지 아니하는 행위로 소추되지 아니하며, 동일한 범죄에 대하여 거듭 처벌받지 아니한다.**

② 모든 국민은 소급입법에 의하여 참정권의 제한을 받거나 재산권을 박탈당하지 아니한다.

③ 모든 국민은 자기의 행위가 아닌 친족의 행위로 인하여 불이익한 처우를 받지 아니한다.

[헌법재판소 판례] **죄형법정주의와 위임입법의 한계**

죄형법정주의는 범죄의 구성요건과 그에 대한 형벌의 내용을 국민의 대표로 구성된 입법부가 성문의 법률로 정하도록 함으로써 국가형벌권의 자의적(恣意的)인 행사로부터 개인의 자유와 권리를 보장하려는 법치국가형법의 기본원칙으로서, 형벌법규의 보장적 기능을 수행하는 것이다(헌재 1995. 9. 28. 93헌바50). (따라서) 법률에 의한 처벌법규의 위임은, 헌법이 특히 인권을 최대한으로 보장하기 위하여 죄형법정주의와 적법절차를 규정하고, 법률(형식적 의미의)에 의한 처벌을 특별히 강조하고 있는 기본권보장 우위사상에 비추어 바람직스럽지 못한 일이므로, 그 요건과 범위가 보다 엄격하게 제한적으로 적용되어야 한다. 따라서 처벌법규의 위임은 특히 긴급한 필요가 있거나 미리 법률로써 자세히 정할 수 없는 부득이한 사정이 있는 경우에 한정되어야 하고 이러한 경우일지라도 법률에서 범죄의 구성요건은 처벌대상인 행위가 어떠한 것일 것이라고 이를 예측할 수 있을 정도로 구체적으로 정하고 형벌의 종류 및 그 상한과 폭을 명백히 규정하여야 한다(헌재 1991. 7. 8. 91헌가4; 헌재 1999. 2. 25. 97헌바3).

제14조 모든 국민은 거주 · 이전의 자유를 가진다.

[헌법재판소 판례] **거주 · 이전의 자유의 기능과 내용**

거주 · 이전의 자유는 국가의 간섭 없이 자유롭게 거주와 체류지를 정할 수 있는 자유로서 정치 · 경제 · 사회 · 문화 등 모든 생활영역에서 개성신장을 촉진함으로써 헌법상 보장되고 있는 다른 기본권들의 실효성을 증대시켜주는 기능을 한다. 구체적으로는 국내에서 체류지와 거주지를 자유롭게 정할 수 있는 자유영역뿐 아니라 나아가 국외에서 체류지와 거주지를 자유롭게 정할 수 있는 '해외여행 및 해외이주의 자유'를 포함하고 덧붙여 대한민국의 국적을 이탈할 수 있는 '국적변경의 자유' 등도 그 내용에 포섭된다고 보아야 한다. 따라서 해외여행 및 해외이주의 자유는 필연적으로 외국에서 체류 또는 거주하기 위해서 대한민국을 떠날 수 있는 '출국의 자유'와 외국체류 또는 거주를 중단하고 다시 대한민국으로 돌아올 수 있는 '입국의 자유'를 포함한다(헌재 2004. 10. 28, 2003헌가18).

第15조 모든 국민은 직업선택의 자유를 가진다.

[헌법재판소 판례] **직업의 자유와 그 한계**
직업선택의 자유는 자기가 선택한 직업에 종사하여 이를 영위하고 언제든지 임의로 그것을 전환할 수 있는 자유로서 민주주의·자본주의 사회에서는 매우 중요한 기본권의 하나로 인식되고 있는 것이다. 왜냐하면 직업선택의 자유는 근세 시민사회의 출범과 함께 비로소 쟁취된 기본권으로서 중세 봉건적 신분사회에서는 인정될 수 없었던 것이며 현대사회에서도 공산주의 국가에서는 원칙적으로 인정되지 않는 기본권이기 때문이다(헌재 1993. 5. 13, 92헌마80). 직업의 자유는 자신이 원하는 직업 내지 직종을 자유롭게 선택하는 직업선택의 자유와 그가 선택한 직업을 자유롭게 수행할 수 있는 직업수행의 자유를 포함하는 개념이다. 이러한 직업의 선택 혹은 수행의 자유는 각자의 생활의 기본적 수요를 충족시키는 방편이 되고 또한 개성신장의 바탕이 된다는 점에서 행복추구권과도 밀접한 관련을 갖는다(헌재 1997. 10. 30, 96헌마109 등). (또한) 직업선택의 자유는 직업 '선택'의 자유만이 아니라 직업과 관련된 종합적이고 포괄적인 직업의 자유를 보장하는 것이다. 또한 직업의 자유는 독립적 형태의 직업활동뿐만 아니라 고용된 형태의 종속적인 직업활동도 보장한다. 따라서 직업선택의 자유는 직장선택의 자유를 포함한다(헌재 2002. 11. 28, 2001헌바50). (그러나) 직업선택의 자유는 자신이 원하는 직업 내지 직종을 자유롭게 선택하고, 선택한 직업을 자유롭게 수행할 수 있음을 그 내용으로 하는 것이지, 특정인에게 배타적·우월적인 직업선택권이나 독점적인 직업활동의 자유까지 보장하는 것은 아니다(헌재 2001. 9. 27, 2000헌마152).

[헌법재판소 판례] **직업의 자유와 기업 활동**
직업의 자유는 영업의 자유와 기업의 자유를 포함하고, 이러한 영업

및 기업의 자유를 근거로 원칙적으로 누구나가 자유롭게 경쟁에 참여할 수 있다. 경쟁의 자유는 기본권의 주체가 직업의 자유를 실제로 행사하는 데에서 나오는 결과이므로 당연히 직업의 자유에 의하여 보장되고, 다른 기업과의 경쟁에서 국가의 간섭이나 방해를 받지 않고 기업활동을 할 수 있는 자유를 의미한다(헌재 1996. 12. 26, 96헌가18). 직업선택의 자유는 기업의 설립과 경영의 자유를 의미하는 기업의 자유를 포함한다(헌재 1998. 10. 29, 97헌마345). (또한) 법인의 설립은 그 자체가 간접적인 직업선택의 방법이다(헌재 1996. 4. 25, 92헌바47).

제16조 모든 국민은 주거의 자유를 침해받지 아니한다. 주거에 대한 압수나 수색을 할 때에는 검사의 신청에 의하여 법관이 발부한 영장을 제시하여야 한다.

제17조 모든 국민은 사생활의 비밀과 자유를 침해받지 아니한다.

[헌법재판소 판례] **사생활의 자유의 의미**
사생활의 자유는 사회공동체의 일반적인 생활규범의 범위 내에서 사생활을 자유롭게 형성해 나가고 그 설계 및 내용에 대해서 외부로부터 간섭을 받지 아니할 권리라고 할 수 있다(헌재 2002. 3. 28, 2000헌마53).

제18조 모든 국민은 통신의 비밀을 침해받지 아니한다.

제19조 모든 국민은 양심의 자유를 가진다.

[헌법재판소 판례] **헌법이 보장하는 양심**
양심은 옳고 그른 것에 대한 판단을 추구하는 가치적 · 도덕적 마음가짐으로, 개인의 소신에 따른 다양성이 보장되어야 하고 그 형성과 변경에 외부적 개입과 억압에 의한 강요가 있어서는 안 되는 인간의 윤리적 내심영역이다(헌재 2002. 1. 31, 2001헌바43). 보호되어야 할 양심에는 세계관 · 인생관 · 주의 · 신조 등은 물론, 이에 이르지 아니하여도 보다 널리 개인의 인격형성에 관계되는 내심에 있어서의 가치적 · 윤리적 판단도 포함될 수 있다. 그러나 단순한 사실관계의 확인과 같

이 가치적 · 윤리적 판단이 개입될 여지가 없는 경우는 물론, 법률해석에 관하여 여러 견해가 갈리는 경우처럼 다소의 가치관련성을 가진다고 하더라도 개인의 인격형성과는 관계가 없는 사사로운 사유나 의견 등은 그 보호대상이 아니다(헌재 2002. 1. 31, 2001헌바43).

[헌법재판소 판례] **양심의 자유**

헌법 제19조가 보호하고 있는 양심의 자유는 양심형성의 자유와 양심적 결정의 자유를 포함하는 내심적 자유(forum internum)뿐만 아니라, 양심적 결정을 외부로 표현하고 실현할 수 있는 양심실현의 자유(forum externum)를 포함한다고 할 수 있다. 내심적 자유, 즉 양심형성의 자유와 양심적 결정의 자유는 내심에 머무르는 한 절대적 자유라고 할 수 있지만, 양심실현의 자유는 타인의 기본권이나 다른 헌법적 질서와 저촉되는 경우 헌법 제37조 제2항에 따라 국가안전보장, 질서유지 또는 공공복리를 위하여 법률에 의하여 제한될 수 있는 상대적 자유라고 할 수 있다(헌재 1998. 7. 16, 96헌바35). (한편) 이른바 개인적 자유의 시초라고 일컬어지는 이러한 양심의 자유는 인간으로서의 존엄성 유지와 개인의 자유로운 인격발현을 위해 개인의 윤리적 정체성을 보장하는 기능을 담당한다(헌재 2002. 4. 25, 98헌마425).

[헌법재판소 판례] **양심의 자유와 대체복무의 권리**

헌법 제19조의 양심의 자유는 개인에게 병역의무의 이행을 거부할 권리를 부여하지 않는다. 양심의 자유는 단지 국가에 대하여 가능하면 개인의 양심을 고려하고 보호할 것을 요구하는 권리일 뿐, 양심상의 이유로 법적 의무의 이행을 거부하거나 법적 의무를 대신하는 대체의무의 제공을 요구할 수 있는 권리가 아니다. 따라서 양심의 자유로부터 대체복무를 요구할 권리도 도출되지 않는다. 우리 헌법은 병역의무와 관련하여 양심의 자유의 일방적인 우위를 인정하는 어떠한 규범적 표현도 하고 있지 않다. 양심상의 이유로 병역의무의 이행을 거부할 권리는 단지 헌법 스스로 이에 관하여 명문으로 규정하는 경우에 한하여 인정될 수 있다(헌재 2004. 8. 26, 2002헌가1).

제20조 ① 모든 국민은 종교의 자유를 가진다.
② 국교는 인정되지 아니하며, 종교와 정치는 분리된다.

[헌법재판소 판례] **종교의 자유의 내용**

종교의 자유의 구체적 내용에 관하여는 일반적으로 신앙의 자유, 종교적 행위의 자유 및 종교적 집회·결사의 자유의 3요소를 내용으로 한다고 설명되고 있다(헌재 2001. 9. 27, 2000헌마159).

제21조 ① 모든 국민은 언론·출판의 자유와 집회·결사의 자유를 가진다.
② 언론·출판에 대한 허가나 검열과 집회·결사에 대한 허가는 인정되지 아니한다.
③ 통신·방송의 시설기준과 신문의 기능을 보장하기 위하여 필요한 사항은 법률로 정한다.
④ 언론·출판은 타인의 명예나 권리 또는 공중도덕이나 사회윤리를 침해하여서는 아니 된다. 언론·출판이 타인의 명예나 권리를 침해한 때에는 피해자는 이에 대한 피해의 배상을 청구할 수 있다.

[헌법재판소 판례] **표현의 자유와 그 기능**
헌법 제21조에서 보장하고 있는 언론·출판의 자유 즉 표현의 자유는 전통적으로는 사상 또는 의견의 자유로운 표명(발표의 자유)과 그것을 전파할 자유(전달의 자유)를 의미하고, 개인이 인간으로서의 존엄과 가치를 유지하고 행복을 추구하며 국민주권을 실현하는 데 필수불가결한 것으로서, 종교의 자유, 양심의 자유, 학문과 예술의 자유 등의 정신적인 자유를 외부적으로 표현하는 자유라고 할 수 있다(헌재 1989. 9. 4, 88헌마22; 헌재 1992. 11. 12, 89헌마88; 헌재 2002. 4. 25, 2001헌가27). (특히) 민주정치에 있어서 정치활동은 사상, 의견의 자유로운 표현과 교환을 통하여 이루어지는 것이므로 언론·출판의 자유가 보장되지 않는 상황에서 민주주의는 시행될 수 없으며 표현의 자유가 보장되어 있지 않은 나라는 엄격한 의미에서 민주국가라 하기 어려운 것이다(헌재 1992. 11. 12, 89헌마88).

[헌법재판소 판례] **음란과 저속의 개념**
음란(淫亂)이란 인간존엄 내지 인간성을 왜곡하는 노골적이고 적나라한 성표현으로서 오로지 성적 흥미에만 호소할 뿐 전체적으로 보아 하등의 문학적, 예술적, 과학적 또는 정치적 가치를 지니지 않은 것으로서, 사회의 건전한 성도덕을 크게 해칠 뿐만 아니라 사상의 경쟁메커니즘에 의해서도 그 해악이 해소되기 어려워 언론·출판의 자유에 의한 보장을 받지 않는 반면, 저속(低俗)은 이러한 정도에 이르지 않는 성표현 등을 의미하는 것으로서 헌법적인 보호영역 안

에 있다(헌재 1998. 4. 30, 95헌가16).

[헌법재판소 판례] **사전검열의 금지**
언론·출판에 대한 검열금지는 의사표현이 외부에 공개되기 이전에 국가기관이 그 내용을 심사하여 특정한 의사표현의 공개를 허가하거나 금지시키는 이른바 사전검열의 금지를 말한다. 이에 반하여 헌법상 보호되지 않는 의사표현에 대하여 그 공개 후에 국가기관이 간섭하는 것을 금지하고 있는 것은 아니다(헌재 1992. 6. 26, 90헌바26). (특히) 비록 헌법 제37조 제2항이 국민의 자유와 권리를 국가안전보장·질서유지 또는 공공복리를 위하여 필요한 경우에 한하여 법률로써 제한할 수 있도록 규정하고 있다고 하여도 언론·출판의 자유에 대하여는 검열을 수단으로 한 제한만은 법률로써도 절대 허용되지 아니 한다(헌재 1996. 10. 31, 94헌가6).

[헌법재판소 판례] **노동단체가 정치자금을 기부할 수 없도록 규정한 정치자금에관한법률 제12조가 표현의 자유 및 결사의 자유를 침해하는지 여부**
노동단체가 단지 단체교섭 및 단체협약 등의 방법으로 '근로조건의 향상'이라는 본연의 과제만을 수행해야 하고 그 외의 모든 정치적 활동을 해서는 안 된다는 사고에 바탕을 둔 위 조항의 입법목적은, 법의 개정에 따라 그 근거를 잃었을 뿐만 아니라 헌법상 보장된 정치적 자유의 의미 및 그 행사가능성을 공동화시키는 것이다. 정치헌금으로 인하여 우려되는 노동단체 재정의 부실이나 조합원의 과중한 경제적 부담을 방지하고자 하는 입법목적도 노동단체의 정치자금의 기부에 대한 금지를 정당화할 수 없다. 그리고 노동조합의 재정이 빈약하다는 것이 국가가 사회단체의 정치헌금 가능성을 노동조합에게 불리하게 규율함으로써 다른 사회단체에 비하여 노동단체의 지위를 더욱 약화시키는 것을 정당화하지는 않는다. 따라서 노동단체가 정치자금을 기부할 수 없도록 규정한 정치자금에 관한 법률 제12조의 입법목적인 '노동단체의 정치화 방지'나 '노동단체 재정의 부실우려'는 헌법상 보장된 정치적 자유의 의미에 비추어 입법자가 헌법상 추구할 수 있는 정당한 입법목적의 범위를 벗어난 것으로 판단된다. 설사 이러한 입법목적 중 일부가 정당하다고 하더라도, 위 조항이 사회세력 누구나가 자유롭게 참여해야 할 정치의사형성과정과 정당한 이익조정과정을 근로자에게 불리하게 왜곡시키는 결과를 가져온다는 점에서 이러한 기본권 침해의 효과는 매우 중대하다. 따라서 위 조항은 노동단체인 청구인의 표현의 자유 및 결사의 자유의 본질적 내용을 침해하는 위헌적인 규정이다(헌재 1999. 11. 25, 95헌마154).

[헌법재판소 판례] **알 권리의 근거**
사상 또는 의견의 자유로운 표명은 자유로운 의사의 형성을 전제로 하는데, 자유로운 의사의 형성은 충분한 정보에의 접근이 보장됨으로써 비로소 가능한 것이며, 다른 한편으로 자유로운 표명은 자유로운 수용 또는 접수와 불가분의 관계에 있다고 할 것이다. 그러한 의미에서 정보에의 접근 · 수집 · 처리의 자유, 즉 '알 권리'는 표현의 자유에 당연히 포함되는 것으로 보아야 하는 것이다. … 이 권리의 핵심은 정부가 보유하고 있는 정보에 대한 국민의 알 권리, 즉 국민의 정부에 대한 일반적 정보공개를 구할 권리(청구권적 기본권)라고 할 것이며, 또한 자유민주적 기본질서를 천명하고 있는 헌법 전문과 제1조 및 제4조의 해석상 당연한 것이라고 봐야 할 것이다(헌재 1989. 9. 4, 88헌마22; 1992. 2. 25, 89헌가104).

[헌법재판소 판례] **집회의 자유의 기능**
대의민주주의 체제에 있어서 집회의 자유는 불만과 비판 등을 공개적으로 표출케 함으로써 오히려 정치적 안정에 기여하는 긍정적 기능을 수행하며, 이와 같은 자유의 향유는 민주정치의 바탕이 되는 건전한 여론표현과 여론형성의 수단인 동시에 대의기능이 약화되었을 때에 소수의견의 국정반영의 창구로서의 의미를 지님을 간과해서는 안 될 것이다(헌재 1992. 1. 28, 89헌가8).

[헌법재판소 판례] **야간집회금지의 위헌성**
헌법 제21조 제2항은, 집회에 대한 허가제는 집회에 대한 검열제와 마찬가지이므로 이를 절대적으로 금지하겠다는 헌법개정권력자인 국민들의 헌법가치적 합의이며 헌법적 결단이다. 또한 위 조항은 헌법 자체에서 직접 집회의 자유에 대한 제한의 한계를 명시한 것이므로 기본권 제한에 관한 일반적 법률유보조항인 헌법 제37조 제2항에 앞서서, 우선적이고 제1차적인 위헌심사기준이 되어야 한다. 헌법 제21조 제2항에서 금지하고 있는 '허가'는 행정권이 주체가 되어 집회 이전에 예방적 조치로서 집회의 내용 · 시간 · 장소 등을 사전심사하여 일반적인 집회금지를 특정한 경우에 해제함으로써 집회를 할 수 있게 하는 제도, 즉 허가를 받지 아니한 집회를 금지하는 제도를 의미한다. 집시법 제10조 본문은 야간옥외집회를 일반적으로 금지하고, 그 단서는 행정권인 관할 경찰서장이 집회의 성격 등을 포함하여 야간옥외집회의 허용 여부를 사전에 심사하여 결정한다는 것이므로, 결국 야간옥외집회에 관한 일반적 금지를 규정한 집시법 제10조 본문과 관할 경찰서장에 의한 예외적 허용을 규정한 단서는 그 전체로서 야간옥외집회에 대한 허가를 규정한 것이라고 보지 않을 수 없

고, 이는 헌법 제21조 제2항에 정면으로 위반된다. 따라서 집시법 제10조 중 '옥외집회' 부분은 헌법 제21조 제2항에 의하여 금지되는 허가제를 규정한 것으로서 헌법에 위반되고, 이에 위반한 경우에 적용되는 처벌조항인 집시법 제23조 제1호 중 '제10조 본문의 옥외집회' 부분도 헌법에 위반된다. (또한) 이 사건 법률조항들이 헌법에 위반된다는 의견이 5인이고, 헌법에 합치되지 아니한다는 의견이 2인이므로, 단순위헌 의견에 헌법불합치 의견을 합산하면 헌법재판소법 제23조 제2항 제1호에 규정된 법률의 위헌결정을 함에 필요한 심판정족수에 이르게 된다. 따라서 이 사건 법률조항들에 대하여 헌법에 합치되지 아니한다고 선언하되, 이 사건 법률조항들에는 위헌적인 부분과 합헌적인 부분이 공존하고 있으므로 입법자가 2010. 6. 30. 이전에 개선입법을 할 때까지 계속 적용되어 그 효력을 유지하도록 하고, 만일 위 일자까지 개선입법이 이루어지지 않는 경우 이 사건 법률조항들은 2010. 7. 1.부터 그 효력을 상실하도록 한다(헌재 2009. 9. 24, 2008헌가25).

[헌법재판소 판례] **사적(私的) 관계와 공공적 관계에 있어서 명예훼손 법리의 차이점**

개인의 언론활동이 타인의 명예를 훼손하는 경우, 행위자와 피해자라는 개인 대 개인 간의 사적(私的) 관계에서는 언론의 자유보다 명예보호라는 인격권이 우선하나, 당해 표현이 공공적·사회적·객관적인 의미를 가진 정보에 해당되는 것은 그 평가를 달리하여야 한다. 왜냐하면 국민이 알아야 할 정보(알 권리)는 개인의 인격형성과 자기실현은 물론 정치적 의사형성과정에 참여하는 자기통치를 실현하는 공적 성격도 아울러 갖고 있기 때문이다. … 언론의 자유와 명예보호라는 상반되는 헌법상의 두 권리의 조정과정에 다음과 같은 사정을 고려하여야 한다. 즉, 당해 표현으로 인한 피해자가 공적 인물인지 아니면 사인(私人)인지, 그 표현이 공적인 관심 사안에 관한 것인지 순수한 사적인 영역에 속하는 사안인지, 피해자가 당해 명예훼손적 표현의 위험을 자초한 것인지, 그 표현이 객관적으로 국민이 알아야 할 공공성·사회성을 갖춘 사실(알 권리)로서 여론형성이나 공개토론에 기여하는 것인지 등을 종합하여 구체적인 표현 내용과 방식에 따라 상반되는 두 권리를 유형적으로 형량한 비례관계를 따져 언론의 자유에 대한 한계 설정을 할 필요가 있는 것이다(헌재 1999. 6. 24, 97헌마265).

제22조 ① 모든 국민은 학문과 예술의 자유를 가진다.
② 저작자·발명가·과학기술자와 예술가의 권리는 법률로써 보호한다.

제23조 ① 모든 국민의 재산권은 보장된다. 그 내용과 한계는 법률로 정한다.
② 재산권의 행사는 공공복리에 적합하도록 하여야 한다.
③ 공공필요에 의한 재산권의 수용·사용 또는 제한 및 그에 대한 보상은 법률로써 하되, 정당한 보상을 지급하여야 한다.

[헌법재판소 판례] **재산권의 범위**
헌법이 보장하고 있는 재산권은 경제적 가치가 있는 모든 공법상·사법상의 권리를 뜻한다(헌재 1992. 6. 26, 90헌바26). 이러한 재산권의 범위에는 동산·부동산에 대한 모든 종류의 물권은 물론, 재산가치 있는 모든 사법상의 채권과 특별법상의 권리 및 재산가치 있는 공법상의 권리 등이 포함되나, 단순한 기대이익·반사적 이익 또는 경제적인 기회 등은 재산권에 속하지 않는다고 보아야 한다(헌재 1998. 7. 16, 96헌마246; 헌재 2000. 6. 1, 98헌바34).

[헌법재판소 판례] **토지수용법상 환매권**
일단 공용수용의 요건을 갖추어 수용절차가 종료하였다고 하더라도 그 후에 수용의 목적인 공공사업이 수행되지 아니하거나 또는 수용된 재산권이 당해 공공사업에 필요 없게 되거나 이용되지 아니하였다고 한다면, 수용의 헌법상 정당성과 공공사업시행자에 의한 재산권 취득의 근거가 장래를 향하여 소멸한다고 보아야 한다. 따라서 수용된 토지가 당해 공익사업에 필요 없게 되거나 이용되지 아니하였을 경우에 피수용자가 그 토지소유권을 회복할 수 있는 권리 즉 토지수용법 제71조 소정의 환매권은 헌법상의 재산권 보장규정으로부터 도출되는 것으로서 헌법이 보장하는 재산권의 내용에 포함되는 권리라고 할 수 있다. 피수용자가 손실보상을 받고 소유권의 박탈을 수인(受忍)할 의무는 그 재산권의 목적물이 공공사업에 이용되는 것을 전제로 하기 때문에, 이 권리는 피수용자가 수용 당시 이미 정당한 손실보상을 받았다는 사실로 말미암아 부정되지 않는다(헌재 1994. 2. 24, 92헌가15).

第24条 모든 국민은 법률이 정하는 바에 의하여 선거권을 가진다.

[헌법재판소 판례] **선거권의 의미**
주권자인 국민은 선거를 통하여 직접적으로는 국가기관의 구성원을 선출하고 간접적으로는 여하한 정부를 원하느냐에 관한 국민의 의사를 표시한다. 이러한 정치행위를 참정권이라고 하고, 이를 모아 집합적인 총의로 최종결정을 하는 것을 헌법상 주권의 행사라고 하나 그 본질은 국민 개인이 갖는 기본권이라는 데에서 비롯된다. 국민이 국정에 참여하는 참정권은 국민주권의 상징적 표현으로서 국민의 가장 중요한 기본적 권리의 하나이며 다른 기본권에 대하여 우월적 지위를 가진다. 따라서 이러한 국민주권이 현실적으로 행사될 때에는 국민 개인이 가지는 불가침의 기본권으로 보장된다. 그 기본권은 대리행사를 시킬 수 없는 국민 각자의 고유한 주관적인 권리이고, 참정권의 행사와 보장도 개인주의 사상에 기초를 두고 그 개인의 인격을 기본으로 하고 있다(헌재 1989. 9. 8, 88헌가6).

[헌법재판소 판례] **참정권의 종류와 주민투표권의 한계**
일반적으로 참정권은 국민이 국가의 의사형성에 직접 참여하는 직접적인 참정권과 국민이 국가기관의 형성에 간접적으로 참여하거나 국가기관의 구성원으로 선임될 수 있는 권리인 간접적인 참정권으로 나눌 수 있다. 이에 따라 우리 헌법은 참정권에 관하여 간접적인 참정권으로 공무원선거권(헌법 제24조), 공무담임권(헌법 제25조)을, 직접적인 참정권으로 국민투표권(헌법 제72조과 제130조)을 규정하고 있다. 즉 우리 헌법은 법률이 정하는 바에 따른 선거권과 공무담임권 및 국가안위에 관한 중요정책과 헌법개정에 대한 국민투표권만을 헌법상의 참정권으로 보장하고 있다. 따라서 지방자치법 제13조의 2에서 규정한 주민투표권은 그 성질상 위에서 본 선거권, 공무담임권, 국민투표권과는 다른 것이어서 이를 법률이 보장하는 참정권이라고 할 수 있을지언정 헌법이 보장하는 참정권이라고 할 수는 없다(헌재 2001. 6. 28, 2000헌마735).

[헌법재판소 판례] **참정권 제한의 한계**
참정권의 제한은 국민주권에 바탕을 두고 자유 · 평등 · 정의를 실현시키려는 헌법의 민주적 기본질서를 침해할 위험성이 큰 것으로서 민주주의의 원리와는 배치되는 것이기 때문에 어디까지나 최소한의 정도에 그쳐야 한다(헌재 1991. 3. 11, 90헌바28).

제25조 모든 국민은 법률이 정하는 바에 의하여 공무담임권을 가진다.

[헌법재판소 판례] **공무담임권과 능력주의**
선거직공직과 달리 직업공무원에게는 정치적 중립성과 더불어 효율적으로 업무를 수행할 수 있는 능력이 요구되므로, 직업공무원으로의 공직취임권에 관하여 규율함에 있어서는 임용희망자의 능력·전문성·적성·품성을 기준으로 하는 이른바 능력주의 또는 성과주의를 바탕으로 하여야 한다. 헌법은 이 점을 명시적으로 밝히고 있지 아니하지만, 헌법 제7조에서 보장하는 직업공무원제도의 기본적 요소에 능력주의가 포함되는 점에 비추어 헌법 제25조의 공무담임권 조항은 모든 국민이 누구나 그 능력과 적성에 따라 공직에 취임할 수 있는 균등한 기회를 보장함을 내용으로 한다고 할 것이다. 따라서 공직자선발에 관하여 직무수행능력과 무관한 요소, 예컨대 성별·종교·사회적 신분·출신지역 등을 기준으로 삼는 것은 국민의 공직취임권을 침해하는 것이 된다. 다만, 헌법의 기본원리나 특정조항에 비추어 능력주의원칙에 대한 예외를 인정할 수 있는 경우가 있다. 그러한 헌법원리로는 우리 헌법의 기본원리인 사회국가원리를 들 수 있고, 헌법조항으로는 여자·연소자근로의 보호, 국가유공자·상이군경 및 전몰군경의 유가족에 대한 우선적 근로기회의 보장을 규정하고 있는 헌법 제32조 제4항 내지 제6항, 여자·노인·신체장애자 등에 대한 사회보장의무를 규정하고 있는 헌법 제34조 제2항 내지 제5항 등을 들 수 있다. 이와 같은 헌법적 요청이 있는 경우에는 합리적 범위 안에서 능력주의가 제한될 수 있다(헌재 1999. 12. 23, 98헌바33; 헌재 2001. 2. 22, 2000헌마25).

제26조 ① 모든 국민은 법률이 정하는 바에 의하여 국가기관에 문서로 청원할 권리를 가진다.
② 국가는 청원에 대하여 심사할 의무를 진다.

[헌법재판소 판례] **청원과 이에 대한 통지의무**
헌법 제26조는 모든 국민은 법률이 정하는 바에 의하여 국가기관에 문서로 청원할 권리를 가지며 국가는 청원에 대하여 심사할 의무를 진다고 하여 모든 국민의 청원권을 보장하고 청원을 수리한 국가기관은 청원에 대하여 심사하여야 할 의무를, 청원법과 국회법 제123조 이하는 청원의 처리결과에 대하여 통지하여야 할 의무를 각 규정

하고 있는데, 청원에 대한 심사 및 통지의무는 재판청구권 및 기타 준사법적인 구제청구와 그 성질을 달리하므로 이러한 의무는 청원을 수리한 국가기관이 이를 성실, 공정, 신속히 심사 · 처리하여 그 결과를 청원인에게 통지하는 이상의 의무를 요구하는 것은 아니다(헌재 2000. 6. 1, 2000헌마18).

제27조 **① 모든 국민은 헌법과 법률이 정한 법관에 의하여 법률에 의한 재판을 받을 권리를 가진다.**
② 군인 또는 군무원이 아닌 국민은 대한민국의 영역 안에서는 중대한 군사상 기밀 · 초병 · 초소 · 유독음식물공급 · 포로 · 군용물에 관한 죄 중 법률이 정한 경우와 비상계엄이 선포된 경우를 제외하고는 군사법원의 재판을 받지 아니한다.
③ 모든 국민은 신속한 재판을 받을 권리를 가진다. 형사피고인은 상당한 이유가 없는 한 지체없이 공개재판을 받을 권리를 가진다.
④ 형사피고인은 유죄의 판결이 확정될 때까지는 무죄로 추정된다.
⑤ 형사피해자는 법률이 정하는 바에 의하여 당해 사건의 재판절차에서 진술할 수 있다.

[헌법재판소 판례] **법관과 법률에 의한 재판을 받을 권리**
헌법과 법률이 정한 법관에 의하여 재판을 받을 권리라 함은 헌법과 법률이 정한 자격과 절차에 의하여 임명되고(헌법 제104조; 법원조직법 제41조 내지 제43조), 물적 독립(헌법 제103조)과 인적 독립(헌법 제106조; 법원조직법 제46조)이 보장된 법관에 의한 재판을 받을 권리를 의미하는 것이라 봄이 상당할 것이고, '법률에 의한' 재판을 받을 권리라 함은 법관에 의한 재판은 받되 법대로의 재판 즉 절차법이 정한 절차에 따라 실체법이 정한 내용대로 재판을 받을 권리를 보장하자는 취지라고 할 것이다(헌재 1992. 6. 26, 90헌바25; 헌재 1993. 11. 25, 91헌바8). '법률에 의한 재판'이라 함은 합헌적인 법률로 정한 내용과 절차에 따라, 즉 합헌적인 실체법과 절차법에 따라 행하여지는 재판을 의미한다. 따라서 형사재판에 있어서 합헌적인 실체법과 절차법에 따라 행하여지는 재판이라고 하려면, 적어도 그 기본원리라고 할 수 있는 죄형법정주의와 위에서 살펴본 적법절차주의에 위반되지 아니하는 실체법과 절차법에 따라 규율되는 재판이 되어야 할 것이다(헌재 1993. 7. 29, 90헌바35).

[헌법재판소 판례] **무죄추정의 원칙의 내용과 적용범위**
공소제기가 된 피고인이라도 유죄의 확정판결이 있기까지는 원칙적으로 죄가 없는 자에 준하여 취급하여야 하고 불이익을 입혀서는 안된다. 설령 그 불이익을 입힌다 하여도 필요한 최소제한에 그치도록 비례의 원칙이 존중되어야 한다는 것이 헌법 제27조 제4항의 무죄추정의 원칙이며, 여기의 불이익에는 형사절차상의 처분에 의한 불이익뿐만 아니라 그 밖의 기본권제한과 같은 처분에 의한 불이익도 입어서는 아니 된다는 의미도 포함된다(헌재 1990. 11. 19, 90헌가48). (특히) 무죄추정의 원칙은 언제나 불리한 처지에 놓여 인권이 유린되기 쉬운 피의자, 피고인의 지위를 옹호하여 형사절차에서 그들의 불이익을 필요한 최소한에 그치게 하자는 것으로서 인간의 존엄성 존중을 궁극의 목표로 하고 있는 헌법이념에서 나온 것이다(헌재 1992. 1. 28, 91헌마111).

[헌법재판소 판례] **피해자진술권의 취지**
형사피해자의 재판절차진술권의 취지는 법관이 형사재판을 함에 있어서 피해자의 진술을 청취하여 적절하고 공평한 재판을 하여야 한다는 것을 뜻할 뿐만 아니라 이에 더 나아가 형사피해자에게 법관으로 하여금 적절한 형벌권을 행사하여 줄 것을 청구할 수 있는 사법절차적 기본권을 보장해 준 적극적 입장에 있는 것이다(헌재 1989. 4. 17, 88헌마3).

제28조 **형사피의자 또는 형사피고인으로서 구금되었던 자가 법률이 정하는 불기소처분을 받거나 무죄판결을 받은 때에는 법률이 정하는 바에 의하여 국가에 정당한 보상을 청구할 수 있다.**

제29조 **① 공무원의 직무상 불법행위로 손해를 받은 국민은 법률이 정하는 바에 의하여 국가 또는 공공단체에 정당한 배상을 청구할 수 있다. 이 경우 공무원 자신의 책임은 면제되지 아니한다.**
② 군인·군무원·경찰공무원 기타 법률이 정하는 자가 전투·훈련 등 직무집행과 관련하여 받은 손해에 대하여는 법률이 정하는 보상 외에 국가 또는 공공단체에 공무원의 직무상 불법행위로 인한 배상은 청구할 수 없다.

제30조 **타인의 범죄행위로 인하여 생명·신체에 대한 피해를 받은 국민은 법률이 정하는 바에 의하여 국가로부터 구조를 받을 수 있다.**

제31조 **① 모든 국민은 능력에 따라 균등하게 교육을 받을 권리를 가진다.**
② 모든 국민은 그 보호하는 자녀에게 적어도 초등교육과 법률이 정하는 교육을 받게 할 의무를 진다.
③ 의무교육은 무상으로 한다.
④ 교육의 자주성·전문성·정치적 중립성 및 대학의 자율성은 법률이 정하는 바에 의하여 보장된다.
⑤ 국가는 평생교육을 진흥하여야 한다.
⑥ 학교교육 및 평생교육을 포함한 교육제도와 그 운영, 교육재정 및 교원의 지위에 관한 기본적인 사항은 법률로 정한다.

[헌법재판소 판례] **교육을 받을 권리와 기타 헌법규정의 관계**
헌법 제31조 제1항은 국민의 교육을 받을 권리(일명 수학권(修學權))를 보장하고 있는데, 그 권리는 통상 국가에 의한 교육조건의 개선·정비와 교육기회의 균등한 보장을 적극적으로 요구할 수 있는 권리로 이해되고 있다. 수학권의 보장은 국민이 인간으로서 존엄과 가치를 가지며 행복을 추구하고(헌법 제10조 전문) 인간다운 생활을 영위하는데(헌법 제34조 제1항) 필수적인 조건이자 대전제이며, 헌법 제31조 제2항 내지 제6항에서 규정하고 있는 교육을 받게 할 의무, 의무교육의 무상, 교육의 자주성·전문성·중립성보장, 평생교육진흥, 교육제도 및 교육재정, 교원지위 법률주의 등은 국민의 수학권의 효율적인 보장을 위한 규정이라고 해도 과언이 아니다(헌재 1992. 11. 12, 89헌마88; 헌재 1999. 3. 25, 97헌마130).

[헌법재판소 판례] **교육제도 법률주의의 의의**
헌법은 국민의 수학권(헌법 제31조 제1항)의 차질 없는 실현을 위하여 교육제도와 교육재정 및 교원제도 등 기본적인 사항이 법률에 의하여 시행되어야 할 것을 규정(헌법 제31조 제6항)하는 한편 교육의 자주성·전문성·정치적 중립성(및 대학의 자율성)도 법률이 정하는 바에 의하여 보장되어야 할 것을 규정(헌법 제31조 제4항)하고 있는데, 위와 같은 넓은 의미의 '교육제도 법률주의'는 … 국가의 백년대계인

교육이 일시적인 특정 정치세력에 의하여 영향을 받거나 집권자의 통치상의 의도에 따라 수시로 변경되는 것을 예방하고 장래를 전망한 일관성이 있는 교육체계를 유지·발전시키기 위한 것이며 그러한 관점에서 국민의 대표기관인 국회의 통제하에 두는 것이 가장 온당하다는 의회민주주의 내지 법치주의 이념에서 비롯된 것이다. 이는 헌법이 한편으로는 수학권을 국민의 기본권으로서 보장하고 다른 한편으로 이를 실현하는 의무와 책임을 국가가 부담하게 하는 교육체계를 교육제도의 근간으로 하고 있음을 나타내는 것이라고 할 수 있는 것이다(헌재 1992. 11. 12, 89헌마88).

第32조 ① 모든 국민은 근로의 권리를 가진다. 국가는 사회적·경제적 방법으로 근로자의 고용의 증진과 적정임금의 보장에 노력하여야 하며, 법률이 정하는 바에 의하여 최저임금제를 시행하여야 한다.

② 모든 국민은 근로의 의무를 진다. 국가는 근로의 의무의 내용과 조건을 민주주의원칙에 따라 법률로 정한다.

③ 근로조건의 기준은 인간의 존엄성을 보장하도록 법률로 정한다.

④ 여자의 근로는 특별한 보호를 받으며, 고용·임금 및 근로조건에 있어서 부당한 차별을 받지 아니한다.

⑤ 연소자의 근로는 특별한 보호를 받는다.

⑥ 국가유공자·상이군경 및 전몰군경의 유가족은 법률이 정하는 바에 의하여 우선적으로 근로의 기회를 부여받는다.

[헌법재판소 판례] **근로조건 법률주의의 일반적 내용**
헌법이 근로조건의 기준을 법률로 정하도록 한 것은 인간의 존엄에 상응하는 근로조건에 관한 기준의 확보가 사용자에 비하여 경제적·사회적으로 열등한 지위에 있는 개별 근로자의 인간존엄성의 실현에 중요한 사항일 뿐만 아니라, 근로자와 그 사용자들 사이에 이해관계가 첨예하게 대립될 수 있는 사항이어서 사회적 평화를 위해서도 민주적으로 정당성이 있는 입법자가 이를 법률로 정할 필요성이 있으며, 인간의 존엄성에 관한 판단기준도 사회·경제적 상황에 따라 변화하는 상대적 성격을 띠는 만큼 그에 상응하는 근로조건에 관한 기준도 시대상황에 부합하게 탄력적으로 구체화하도록 법률에 유보한 것이다. 한편 입법자는 헌법 제32조 제3항에 의거하여 근로조건의 최저기준을 근로기준법에 규정하고 있다(헌재 1996. 8. 29, 95헌바36).

제33조 ① 근로자는 근로조건의 향상을 위하여 자주적인 단결권·단체교섭권 및 단체행동권을 가진다.
② 공무원인 근로자는 법률이 정하는 자에 한하여 단결권·단체교섭권 및 단체행동권을 가진다.
③ 법률이 정하는 주요방위산업체에 종사하는 근로자의 단체행동권은 법률이 정하는 바에 의하여 이를 제한하거나 인정하지 아니할 수 있다.

[헌법재판소 판례] **근로3권의 법적 성격**
헌법이 근로3권을 보장하는 취지는 원칙적으로 개인과 기업의 경제상의 자유와 창의를 존중함을 기본으로 하는 시장경제의 원리를 경제의 기본질서로 채택하면서, 노동관계 당사자가 상반된 이해관계로 말미암아 계급적 대립·적대의 관계로 나아가지 않고 활동과정에서 서로 기능을 나누어 가진 대등한 교섭주체의 관계로 발전하게 하여 그들로 하여금 때로는 대립·항쟁하고, 때로는 교섭·타협의 조정과정을 거쳐 분쟁을 평화적으로 해결하게 함으로써, 결국에 있어서 근로자의 이익과 지위의 향상을 도모하는 사회복지국가 건설의 과제를 달성하고자 함에 있다(헌재 1998. 7. 16, 97헌바23 등).

[헌법재판소 판례] **근로3권의 사회권적 성격의 의미**
근로3권은 국가공권력에 대하여 근로자의 단결권의 방어를 1차적인 목표로 하지만, 근로3권의 보다 큰 헌법적 의미는 근로자단체라는 사회적 반대세력의 창출을 가능하게 함으로써 노사관계의 형성에 있어서 사회적 균형을 이루어 근로조건에 관한 노사간의 실질적인 자치를 보장하려는 데 있다. 근로자는 노동조합과 같은 근로자단체의 결성을 통하여 집단으로 사용자에 대항함으로써 사용자와 대등한 세력을 이루어 근로조건의 형성에 영향을 미칠 수 있는 기회를 가지게 되므로 이러한 의미에서 근로3권은 '사회적 보호기능을 담당하는 자유권' 또는 '사회권적 성격을 띤 자유권'이라고 말할 수 있다(헌재 1998. 2. 27, 94헌바13 등).

[헌법재판소 판례] **쟁의행위와 면책**
단체행동권이라 함은 노동쟁의가 발생한 경우 쟁의행위를 할 수 있는 쟁의권을 의미하며, 이는 근로자가 그의 주장을 관철하기 위하여 업무의 정상적인 운영을 저해하는 행위를 할 수 있는 권리라고 할 수 있다(헌재 1998. 7. 16. 97헌바23). (또한) 노동관계 당사자가 쟁의행위를 함에 있어서는 그 목적, 방법 및 절차상의 한계를 존중하지 않

으면 아니 되며 그 한계를 벗어나지 아니한 범위 안에서 관계자들의 민사상 및 형사상 책임이 면제되는 것이다. … 쟁의행위는 노동관계 당사자가 임금 및 근로조건 등을 정하는 단체협약을 체결함에 있어서 보다 유리한 결과를 자신에게 가져오게 하기 위하여 행사하는 최후의 강제수단이다. 따라서 쟁의행위는 주로 단체협약의 대상이 될 수 있는 사항을 목적으로 하는 경우에만 허용되는 것이고, 단체협약의 당사자가 될 수 있는 자에 의하여서만 이루어져야 한다(헌재 1998. 7. 16, 97헌바23).

제34조 **① 모든 국민은 인간다운 생활을 할 권리를 가진다.**
② 국가는 사회보장·사회복지의 증진에 노력할 의무를 진다.
③ 국가는 여자의 복지와 권익의 향상을 위하여 노력하여야 한다.
④ 국가는 노인과 청소년의 복지향상을 위한 정책을 실시할 의무를 진다.
⑤ 신체장애자 및 질병·노령 기타의 사유로 생활능력이 없는 국민은 법률이 정하는 바에 의하여 국가의 보호를 받는다.
⑥ 국가는 재해를 예방하고 그 위험으로부터 국민을 보호하기 위하여 노력하여야 한다.

[헌법재판소 판례] **인간다운 생활을 할 권리의 성격**
인간다운 생활을 할 권리로부터는 인간의 존엄에 상응하는 생활에 필요한 '최소한의 물질적인 생활'의 유지에 필요한 급부를 요구할 수 있는 구체적인 권리가 상황에 따라서는 직접 도출될 수 있다고 할 수는 있어도, 동 기본권이 직접 그 이상의 급부를 내용으로 하는 구체적인 권리를 발생케 한다고는 볼 수 없다고 할 것이다. 이러한 구체적 권리는 국가가 재정형편 등 여러 가지 상황들을 종합적으로 감안하여 법률을 통하여 구체화할 때에 비로소 인정되는 법률적 권리이다(헌재 1995. 7. 21, 93헌가14).

제35조 **① 모든 국민은 건강하고 쾌적한 환경에서 생활할 권리를 가지며, 국가와 국민은 환경보전을 위하여 노력하여야 한다.**
② 환경권의 내용과 행사에 관하여는 법률로 정한다.
③ 국가는 주택개발정책 등을 통하여 모든 국민이 쾌적한 주거생활을 할 수 있도록 노력하여야 한다.

第36条 ① 혼인과 가족생활은 개인의 존엄과 양성의 평등을 기초로 성립되고 유지되어야 하며, 국가는 이를 보장한다.
② 국가는 모성의 보호를 위하여 노력하여야 한다.
③ 모든 국민은 보건에 관하여 국가의 보호를 받는다.

[헌법재판소 판례] **헌법 제36조 제1항의 법적 성격**
헌법 제36조 제1항은 혼인 및 그에 기초하여 성립된 부모와 자녀의 생활공동체인 가족생활이 국가의 특별한 보호를 받는다는 것을 규정하고 있다. 이 헌법규정은 소극적으로는 국가권력의 부당한 침해에 대한 개인의 주관적 방어권으로서 국가권력이 혼인과 가정이란 사적인 영역을 침해하는 것을 금지하면서, 적극적으로는 혼인과 가정을 제3자 등으로부터 보호해야 할 뿐만 아니라 개인의 존엄과 양성의 평등을 바탕으로 성립되고 유지되는 혼인·가족제도를 실현해야 할 국가의 과제를 부과하고 있다(헌재 2000. 4. 27, 98헌가16 등).

[헌법재판소 판례] **동성동본금혼제의 위헌성**
동성동본금혼제(구 민법 제809조 제1항)는 자유와 평등을 근본이념으로 하고 남녀평등의 관념이 정착되었으며 경제적으로 고도로 발달한 산업사회인 현대의 자유민주주의사회에서는 이제 사회적 타당성 내지 합리성을 상실하고 있음과 아울러 인간으로서의 존엄과 가치 및 행복추구권을 규정한 헌법이념 및 개인의 존엄과 양성의 평등에 기초한 혼인과 가족생활의 성립·유지라는 헌법규정에 정면으로 배치될 뿐만 아니라 남계혈족에만 한정하여 성별에 의한 차별을 함으로써 헌법상의 평등의 원칙에도 위반되며, 또한 그 입법목적이 이제는 혼인에 관한 국민의 자유와 권리를 제한할 사회질서나 공공복리에 해당될 수 없다는 점에서 헌법 제37조 제2항에도 위반된다(헌재 1997. 7. 16, 95헌가6 등).

[헌법재판소 판례] **구 국적법상 부계혈통주의의 위헌성**
한국인과 외국인 간의 혼인에서 배우자의 한쪽이 한국인 부(父)인 경우와 한국인 모(母)인 경우 사이에 성별에 따른 특별한 차이가 있는 것도 아니고, 양쪽 모두 그 자녀는 한국의 법질서와 문화에 적응하고 공동체에서 흠 없이 생활해 나갈 수 있는 동등한 능력과 자질을 갖추었는데도 불구하고, 부계혈통주의를 취한 구 국적법 제2조 제1항 제1호는 전체 가족의 국적을 가부(家父)에만 연결시키고 있다. 한편, 국적취득에서 혈통주의는 사회적 단위인 가족에로의 귀속을 보장하는 한편 특정한 국가공동체로의 귀속을 담보하며 부모와 자녀 간의 밀접한 연관관계를 잇는 기본이 된다. 만약 이러한 연관관계를

부(父)와 자녀 관계에서만 인정하고 모(母)와 자녀관계에서는 인정하지 않는다면, 이는 가족 내에서의 여성의 지위를 폄하하고 모(母)의 지위를 침해하는 것이다. 따라서 위 구법조항은 헌법 제36조 제1항이 규정한 '가족생활에 있어서의 양성의 평등원칙'에 위배된다(헌재 2000. 8. 31, 97헌가12).

[헌법재판소 판례] **호주제의 위헌성**
호주제는 당사자의 의사나 복리와 무관하게 남계혈통 중심의 가(家)의 유지와 계승이라는 관념에 뿌리박은 특정한 가족관계의 형태를 일방적으로 규정 · 강요함으로써 개인을 가족 내에서 존엄한 인격체로 존중하는 것이 아니라 가(家)의 유지와 계승을 위한 도구적 존재로 취급하고 있는데, 이는 혼인 · 가족생활을 어떻게 꾸려나갈 것인지에 관한 개인과 가족의 자율적 결정권을 존중하라는 헌법 제36조 제1항에 부합하지 않는다(헌재 2005. 2. 3, 2001헌가9 등).

第37조 ① 국민의 자유와 권리는 헌법에 열거되지 아니한 이유로 경시되지 아니한다.
② 국민의 모든 자유와 권리는 국가안전보장 · 질서유지 또는 공공복리를 위하여 필요한 경우에 한하여 법률로써 제한할 수 있으며, 제한하는 경우에도 자유와 권리의 본질적인 내용을 침해할 수 없다.

[헌법재판소 판례] **기본권으로서 생명권**
인간의 생명은 고귀하고, 이 세상에서 무엇과도 바꿀 수 없는 존엄한 인간존재의 근원이다. 이러한 생명에 대한 권리는 비록 헌법에 명문의 규정이 없다 하더라도 인간의 생존본능과 존재목적에 바탕을 둔 선험적이고 자연법적인 권리로서 헌법에 규정된 모든 기본권의 전제로서 기능하는 기본권 중의 기본권이라 할 것이다(헌재 1996. 11. 28, 95헌바1).

[헌법재판소 판례] **기본권 제한의 한계**
헌법 제37조 제2항에 의하면 국민의 자유와 권리는 국가안전보장 · 질서유지 또는 공공복리를 위하여 필요한 경우에 한하여 법률로써 제한할 수 있으며 그 경우에도 자유와 권리의 본질적인 내용을 침해할 수 없다고 규정하여 국가가 국민의 기본권을 제한하는 내용의 입법을 함에 있어서 준수하여야 할 기본원칙을 천명하고 있다. 따라서

기본권을 제한하는 입법을 함에 있어서는 입법목적의 정당성과 그 목적달성을 위한 방법의 적정성, 피해의 최소성, 그리고 그 입법에 의해 보호하려는 공공의 필요와 침해되는 기본권 사이의 균형성을 모두 갖추어야 하며 이를 준수하지 않은 법률 내지 법률조항은 기본권 제한의 입법적 한계를 벗어난 것으로 헌법에 위반된다(헌재 1990. 9. 3, 89헌가95).

[헌법재판소 판례] **사형제도의 위헌성 여부(합헌)**
형법 제41조 제1호 규정의 사형제도 자체는 우리의 현행 헌법이 스스로 예상하고 있는 형벌의 한 종류이기도 할 뿐만 아니라 생명권 제한에 있어서의 헌법 제37조 제2항에 의한 한계를 일탈하였다고 할 수 없고, 인간의 존엄과 가치를 규정한 헌법 제10조에 위배된다고 볼 수 없으므로 헌법에 위반되지 않는다. 국가는 때로 보다 더 소중한 가치를 지키기 위하여 소중한 가치를 포기할 수밖에 없는 상황에 직면하게 되기도 한다. 사형제도 역시, 무고한 일반국민의 생명이나 이에 준하는 중대한 공익을 지키기 위하여 이를 파괴하는 잔악무도한 범죄를 저지른 자의 생명을 박탈할 수밖에 없는 국가의 불가피한 선택의 산물이라고 할 것이다. 다만, 사형이란 형벌이 무엇보다 고귀한 인간의 생명을 박탈하는 극형임에 비추어, 우리의 형사관계 법령에 사형을 법정형으로 규정하고 있는 법률조항들이 과연 행위의 불법과 형벌 사이에 적정한 비례관계를 유지하고 있는지를 개별적으로 따져 보아야 할 것임은 물론 나아가 비록 법정형으로서의 사형이 적정한 것이라 하더라도 이를 선고함에 있어서는 특히 신중을 기하여야 할 것이다(헌재 2010. 2. 25, 2008헌가23. 특히 재판관 목영준의 위헌의견: 생명권은 우리 헌법 제10조, 제12조 제1항, 제37조 제1항에 의하여 인정되는 국민의 기본권이고, 생명권 자체가 본질적 부분이므로 어떠한 이유에서든지 이를 박탈할 수 없다. 설사 생명권도 헌법 제37조 제2항이 정하는 비례의 원칙에 따라 제한이 가능하다고 가정하더라도, 사람의 생명을 박탈하는 사형제도는 과잉금지원칙에 반하여 국민의 생명권을 과도하게 침해하는 것이고, 헌법 제10조가 선언하고 있는 인간의 존엄과 가치를 침해하는 것이다. 다만 흉악무도한 … 범죄인들을 사회로부터 영원히 격리하는 절대적 종신형제도를 도입하여야 하고, 아니면 경합범가중규정이나 유기징역형의 상한규정을 개정하여 흉악범들이 사회로 복귀하여 재범이나 보복범죄를 할 수 없도록 장기간 격리시켜야 한다. 그렇다면 형벌의 종류로서 사형을 열거하고 있는 형법 제41조 제1호가 헌법에 위반된다고 선언함과 아울러, 절대적 종신형을 별도로 규정하고 있지 않은 형법 제41조 제2호, 유기징역형의 상한을 규정한 형법 제42조 단서, 경합범가중규정인 형법 제38조 제1항 제2호, 모든 징역형에 대하여 가석방을 허용하는 형법 제72조 제1항 등을 헌법에 합치되지 않는다고 선언하여야 한다).

제38조 모든 국민은 법률이 정하는 바에 의하여 납세의 의무를 진다.

제39조 ① 모든 국민은 법률이 정하는 바에 의하여 국방의 의무를 진다.
② 누구든지 병역의무의 이행으로 인하여 불이익한 처우를 받지 아니한다.

[헌법재판소 판례] **제대군인이 공무원채용시험에 응시한 경우 5% 이내의 가산점을 주도록 규정한 구 국가유공자예우등에관한법률 제70조(가산점제도) 및 제대군인지원에 관한 법률 제8조 제1항 및 제3항, 동법 시행령 제9조에 의한 가산점제도가 여성, 신체장애자 등의 평등권을 침해하는지 여부**
전체여성 중의 극히 일부분만이 제대군인에 해당될 수 있는 반면, 남자의 대부분은 제대군인에 해당하므로 가산점제도는 실질적으로 성별에 의한 차별이고, 가산점을 받을 수 있는 현역복무를 하게 되는지 여부는 병역의무자의 의사와 관계없이 징병검사의 판정결과 등에 따라 정해지는 것이므로 가산점제도는 현역복무나 상근예비역 소집근무를 할 수 있는 신체 건장한 남자와 그렇지 못한 남자, 즉 병역면제자와 보충역복무를 하게 되는 자를 차별하는 제도이다. 제대군인에 대하여 여러 가지 사회정책적 지원을 강구하는 것이 필요하다 할지라도, 그것이 사회공동체의 다른 집단에게 동등하게 보장되어야 할 균등한 기회 자체를 박탈하는 것이어서는 아니 되는데, 가산점제도는 아무런 재정적 뒷받침 없이 제대군인을 지원하려 한 나머지, 각종 국제협약, 실질적 평등 및 사회적 법치국가를 표방하고 있는 우리 헌법과 이를 구체화하고 있는 전체 법체계 등에 비추어 우리 법체계 내에 확고히 정립된 기본질서라고 할 '여성과 장애인에 대한 차별금지와 보호'에도 저촉되므로 정책수단으로서의 적합성과 합리성을 상실한 것이다. 공무원채용시험의 경쟁률이 매우 치열하고 그 결과 불과 영점 몇 점 차이로 당락이 좌우되고 있는 현실에서 각 과목별 득점에 각 과목별 만점의 5퍼센트 또는 3퍼센트를 가산함으로써 합격 여부에 결정적 영향을 미쳐 가산점을 받지 못하는 사람들을 6급 이하의 공무원 채용에 있어서 실질적으로 거의 배제하는 것과 마찬가지의 결과를 초래하고 있고, 제대군인에 대한 이러한 혜택을 몇 번이고 아무런 제한 없이 부여함으로써 차별취급을 통하여 달성하려는 입법목적의 비중에 비하여 차별로 인한 불평등의 효과가

극심하므로 가산점제도는 차별취급의 비례성을 상실하고 있다. 그렇다면 가산점제도는 제대군인에 비하여, 여성 및 제대군인이 아닌 남성을 부당한 방법으로 지나치게 차별하는 것으로서 헌법 제11조에 위배되며, 이로 인하여 청구인들의 평등권이 침해된다(헌재 1999. 12. 23, 98헌바33).

부　　칙 〈제10호, 1987. 10. 29〉

제 1 조 이 헌법은 1988년 2월 25일부터 시행한다. (단서 생략)

제 2 조 ① 이 헌법에 의한 최초의 대통령선거는 이 헌법시행일 40일 전까지 실시한다.

② 이 헌법에 의한 최초의 대통령의 임기는 이 헌법시행일로부터 개시한다.

제 3 조 ① 이 헌법에 의한 최초의 국회의원선거는 이 헌법공포일로부터 6월 이내에 실시하며, (이하 생략)

◇ 여성발전기본법 ◇ 〈법률 제9932호, 2010. 1. 18, 타법개정〉

제 1 장 총　　칙 〈개정 2008. 6. 13〉

제 1 조 **(목적) 이 법은 「대한민국헌법」의 남녀평등 이념을 실현하기 위한 국가와 지방자치단체의 책무 등에 관한 기본적인 사항을 규정하여 정치 · 경제 · 사회 · 문화의 모든 영역에서 남녀평등을 촉진하고 여성의 발전을 도모함을 목적으로 한다.** [전문개정 2008. 6. 13]

제 2 조 **(기본이념) 이 법은 개인의 존엄을 기초로 한 남녀평등의 촉진, 모성(母性)의 보호, 성차별적 의식의 해소 및 여성의 능력**

개발을 통하여 건강한 가정을 이루고 국가와 사회의 발전에 남녀가 공동으로 참여하며 책임을 분담할 수 있도록 함을 그 기본이념으로 한다. [전문개정 2008. 6. 13]

제3조 (정의) 이 법에서 사용하는 용어의 뜻은 다음과 같다.
1. "여성정책"이란 남녀평등의 촉진, 여성의 사회참여 확대 및 복지 증진에 관하여 대통령령으로 정하는 정책을 말한다.
2. "여성단체"란 남녀평등의 촉진, 여성의 사회참여 확대 및 복지 증진을 주된 목적으로 설립된 법인 또는 대통령령으로 정하는 단체를 말한다.
3. "여성관련시설"이란 남녀평등의 촉진, 여성의 사회참여 확대 및 복지 증진을 위하여 대통령령으로 정하는 시설을 말한다.
4. "성희롱"이란 업무, 고용, 그 밖의 관계에서 국가기관 · 지방자치단체 또는 대통령령으로 정하는 공공단체(이하 "국가기관등"이라 한다)의 종사자, 사용자 또는 근로자가 다음 각 목의 어느 하나에 해당하는 행위를 하는 경우를 말한다.
가. 지위를 이용하거나 업무 등과 관련하여 성적(性的) 언동(言動) 등으로 상대방에게 성적 굴욕감이나 혐오감을 느끼게 하는 행위
나. 상대방이 성적 언동이나 그 밖의 요구 등에 따르지 아니하였다는 이유로 고용상의 불이익을 주는 행위
5. "사용자"란 사업주 또는 사업경영담당자, 그 밖에 사업주를 위하여 근로자에 관한 사항에 대한 업무를 수행하는 자를 말한다.
[전문개정 2008. 6. 13]

[대법원 판례] **'지위를 이용하여'의 개념**
성희롱을 정의한 구 남녀차별금지 및 구제에 관한 법률(2003. 5. 29. 법률 제6915호로 개정되기 전의 것) 제2조 제2호에서의 '지위를 이용하거나 업무 등과 관련하여'라는 요건은 포괄적인 업무관련성을 나타낸 것으로서 업무수행의 기회나 업무수행에 편승하여 성적 언동이 이루어진 경우뿐 아니라 권한을 남용하거나 업무수행을 빙자하여 성적 언동을 한 경우도 이에 포함되고, 어떠한 성적 언동이 업무관련성이 인정되는지 여부는 쌍방 당사자의 관계, 행위가 행해진 장소 및 상황, 행위의 내용 및 정도 등의 구체적 사정을 참작하여 판단하여야 한다. 따라서 구 남녀차별금지 및 구제에 관한 법률(2003. 5. 29.

법률 제6915호로 개정되기 전의 것)에서 성희롱 규정을 둔 것과 공직선거법에서 공무원지위이용 선거운동에 대한 처벌규정을 둔 것은 그 입법 취지나 목적, 요건 및 위반시의 제재내용 등이 서로 다르므로, 구 남녀차별금지 및 구제에 관한 법률 제2조 제2항이 규정한 성희롱의 요건 중 '지위를 이용하거나 업무 등과 관련하여' 라는 개념이 공직선거법 제85조에서의 '지위를 이용하여' 라는 개념과 동일하다고 볼 수 없다. 결국, 도지사가 공직선거법 위반 형사사건에서 공무원지위를 이용하여 선거운동을 하였다는 부분에 대하여 무죄를 받았다고 하더라도 구 남녀차별금지 및 구제에 관한 법률상의 '성희롱' 의 요건인 '지위를 이용하거나 업무 등과 관련하여' 가 부정되는 것은 아니다(대법원 2006. 12. 21, 2005두13414 판결).

[대법원 판례] **성희롱이 아니라고 한 사례**

구 남녀차별금지 및 구제에 관한 법률(2003. 5. 29. 법률 제6915호로 개정되기 전의 것) 제2조 제2호에서 규정한 성희롱의 전제요건인 '성적 언동 등' 이란 남녀 간의 육체적 관계나 남성 또는 여성의 신체적 특징과 관련된 육체적, 언어적, 시각적 행위로서 사회공동체의 건전한 상식과 관행에 비추어 볼 때 객관적으로 상대방과 같은 처지에 있는 일반적이고도 평균적인 사람으로 하여금 성적 굴욕감이나 혐오감을 느끼게 할 수 있는 행위를 의미하고, 위 규정상의 성희롱이 성립하기 위해서는 행위자에게 반드시 성적 동기나 의도가 있어야 하는 것은 아니지만, 당사자의 관계, 행위가 행해진 장소 및 상황, 행위에 대한 상대방의 명시적 또는 추정적인 반응의 내용, 행위의 내용 및 정도, 행위가 일회적 또는 단기간의 것인지 아니면 계속적인 것인지 여부 등의 구체적 사정을 참작하여 볼 때, 객관적으로 상대방과 같은 처지에 있는 일반적이고도 평균적인 사람으로 하여금 성적 굴욕감이나 혐오감을 느낄 수 있게 하는 행위가 있고, 그로 인하여 행위의 상대방이 성적 굴욕감이나 혐오감을 느꼈음이 인정되어야 한다. 따라서 객관적으로 상대방과 같은 처지에 있는 일반적이고도 평균적인 사람으로 하여금 성적 굴욕감이나 혐오감을 느끼게 하는 행위가 아닌 이상 상대방이 성적 굴욕감이나 혐오감을 느꼈다는 이유만으로 성희롱이 성립할 수는 없다. 따라서 초등학교 교사들의 회식 자리에서 교감이 여자교사들에 대하여 교장에게 술을 따라 줄 것을 두 차례 권한 언행은 그 경위나 정황, 발언자의 의도 등에 비추어 객관적으로나 일반적으로 여자교사들로 하여금 성적 굴욕감 또는 혐오감을 느끼게 하는 성적 언동에 해당하지 않는다(대법원 2007. 6. 14, 2005두6461 판결).

제4조 (국민의 책무) 모든 국민은 남녀평등의 촉진과 여성 발전의 중요성을 인식하고 이를 실현하기 위하여 노력하여야 한다. [전문개정 2008. 6. 13]

제5조 (국가와 지방자치단체의 책무) 국가와 지방자치단체는 남녀평등의 촉진, 여성의 사회참여 확대 및 복지 증진을 위하여 필요한 법적·제도적 장치를 마련하고 이에 필요한 재원을 마련할 책무를 진다. [전문개정 2008. 6. 13]

제6조 (적극적 조치) ① 국가와 지방자치단체는 여성의 참여가 현저히 부진한 분야에 대하여 합리적인 범위에서 여성의 참여를 촉진하여 실질적인 남녀평등이 이루어질 수 있도록 관계 법령으로 정하는 바에 따라 적극적 조치를 취할 수 있다.
② 여성가족부장관은 국가기관 및 지방자치단체의 장에게 제1항에 따른 적극적 조치를 취하도록 권고하고 그 결과를 점검하여야 한다. 〈개정 2010. 1. 18〉 [전문개정 2008. 6. 13]

제2장 여성정책 기본계획 등 〈개정 2008. 6. 13〉

제7조 (여성정책 기본계획의 수립) ① 여성가족부장관은 여성정책에 관한 기본계획(이하 "기본계획"이라 한다)을 5년마다 수립하여야 한다. 〈개정 2010. 1. 18〉
② 기본계획에는 다음 각 호의 사항이 포함되어야 한다.
1. 여성정책의 기본방향
2. 여성정책의 추진 목표
   가. 남녀평등의 촉진
   나. 여성의 사회참여 확대
   다. 여성의 복지 증진
   라. 그 밖에 여성정책에 관한 주요 시책
3. 여성정책 추진과 관련한 재원의 조달방법 [전문개정 2008. 6. 13]

제 8 조 (연도별 시행계획의 수립 등) ① 중앙행정기관의 장과 특별시장 · 광역시장 · 도지사 및 특별자치도지사(이하 "시 · 도지사"라 한다)는 기본계획에 따른 연도별 시행계획(이하 "시행계획"이라 한다)을 수립 · 시행하여야 한다.
② 여성가족부장관은 시행계획을 조정하고 그 이행 상황을 점검하여야 한다. 〈개정 2010. 1. 18〉 [전문개정 2008. 6. 13]

제 9 조 (계획 수립 및 시행의 협조) ① 여성가족부장관은 기본계획과 시행계획을 수립 · 시행하기 위하여 필요하면 관계 중앙행정기관 · 지방자치단체 또는 공공기관의 장에게 협조를 요청할 수 있다. 〈개정 2010. 1. 18〉
② 중앙행정기관의 장이나 시 · 도지사는 시행계획을 수립 · 시행하기 위하여 필요하면 관계 중앙행정기관 · 지방자치단체 또는 공공기관의 장에게 협조를 요청할 수 있다.
③ 제1항과 제2항에 따른 협조 요청을 받은 자는 특별한 사유가 있는 경우를 제외하고는 이에 협조하여야 한다. [전문개정 2008. 6. 13]

제10조 (정책의 분석 · 평가 등) ① 국가와 지방자치단체는 소관 정책을 수립 · 시행하는 과정에서 그 정책이 여성의 권익과 사회참여 등에 미칠 영향을 미리 분석 · 평가하여야 한다.
② 여성가족부장관은 국가와 지방자치단체에 대하여 제1항에 따른 정책의 분석 · 평가에 필요한 지원을 하고 자문에 응할 수 있다. 〈개정 2010. 1. 18〉
③ 제1항에 따른 정책의 분석 · 평가를 위한 기준 등에 필요한 사항은 대통령령으로 정한다. [전문개정 2008. 6. 13]

제10조의2 (정책의 분석 · 평가지원기관의 지정 등) ① 여성가족부장관은 제10조 제1항에 따라 국가와 지방자치단체가 정책을 분석 · 평가하는 데에 필요한 지원을 하고 자문에 응하기 위하여 국공립 연구기관, 정부나 지방자치단체가 출연한 연구기관 또는 민간 연구기관을 정책의 분석 · 평가지원기관으로 지정할 수 있다.

〈개정 2010. 1. 18〉
② 국가와 지방자치단체는 제1항에 따라 지정된 정책의 분석 · 평가지원기관(이하 "정책분석 · 평가지원기관"이라 한다)으로부터 정책의 분석 · 평가에 필요한 지원을 받을 수 있고, 정책 분석 · 평가지원기관에 자문할 수 있다. 이 경우 예산의 범위에서 그 지원 및 자문에 응하는 비용을 지급할 수 있다.
③ 여성가족부장관은 정책 분석 · 평가지원기관이 지정 기준이나 지정 조건을 위반하면 여성가족부장관이 정하는 바에 따라 시정을 명하거나 그 지정을 취소할 수 있다. 〈개정 2010. 1. 18〉
④ 정책 분석 · 평가지원기관의 지정 기준과 지정 조건 등에 필요한 사항은 여성가족부장관이 정한다. 〈개정 2010. 1. 18〉 [전문개정 2008. 6. 13]

제11조 (여성정책조정회의) ① 여성정책에 관한 주요 사항을 심의 · 조정하기 위하여 국무총리 소속으로 여성정책조정회의(이하 "조정회의"라 한다)를 둔다.
② 조정회의는 다음 각 호의 사항을 심의 · 조정한다.
1. 기본계획 및 시행계획에 관한 사항
2. 2 이상의 행정기관에 관련되는 여성정책의 조정에 관한 사항
3. 여성정책의 평가 및 제도 개선에 관한 사항
4. 그 밖에 여성정책을 위하여 대통령령으로 정하는 사항
③ 제2항에 따른 심의 · 조정 사항을 미리 검토하고 조정회의가 위임한 사항을 처리하기 위하여 조정회의에 여성정책실무회의를 둔다.
④ 조정회의 및 여성정책실무회의의 구성과 운영 등에 필요한 사항은 대통령령으로 정한다. [전문개정 2008. 6. 13]

제12조 (여성정책책임관의 지정 등) ① 중앙행정기관의 장은 그 기관의 여성정책을 효율적으로 수립 · 시행하기 위하여 소속 공무원 중에서 여성정책책임관을 지정하여야 한다.
② 제1항에 따른 여성정책책임관의 지정 및 임무 등에 필요한 사항은 대통령령으로 정한다. [전문개정 2008.6.13]

제13조 (여성 관련 문제의 조사 등) ① 여성가족부장관은 효율적인 여성정책을 수립하기 위하여 필요하면 여성과 관련된 문제에 대한 기초조사와 여론조사를 실시하여야 한다. 〈개정 2010. 1. 18〉
② 여성가족부장관은 정보체계를 구축하여 여성 관련 정보를 제공하기 위하여 노력하여야 한다. 〈개정 2010. 1. 18〉
③ 국가와 지방자치단체가 인적(人的) 통계를 작성하는 경우에는 성별을 주요 분석 단위에 포함시켜야 한다. [전문개정 2008. 6. 13]

제14조 (여성주간) 여성의 발전을 도모하고 범국민적으로 남녀평등의 촉진 등에 대한 관심을 높이기 위하여 대통령령으로 정하는 바에 따라 1년 중 1주간을 여성주간(女性週刊)으로 한다. [전문개정 2008. 6. 13]

제 3 장 여성정책의 기본시책 〈개정 2008. 6. 13〉

제15조 (정책결정과정 및 정치 참여) ① 국가와 지방자치단체는 각종 위원회 등 정책결정과정에 여성의 참여를 확대하기 위한 방안을 강구하여야 한다.
② 국가와 지방자치단체는 다양한 방법을 통하여 여성의 정치 참여 확대를 지원하기 위하여 노력하여야 한다. [전문개정 2008. 6. 13]

제16조 (공직 참여) 국가와 지방자치단체는 공무원의 채용 · 보직관리 · 승진 · 포상 · 교육훈련 등을 합리적으로 운영하여 여성의 공직 참여를 확대하기 위한 여건을 조성하여야 한다. [전문개정 2008. 6. 13]

제17조 (고용평등〈개정 2008. 6. 13〉) ① 국가와 지방자치단체는 관계 법률로 정하는 바에 따라 근로자의 채용 · 교육훈련 · 승진 · 퇴직 등 고용 전반에 걸쳐 남녀평등이 이루어지도록 하여야 한다. 〈개정 2008. 6. 13〉
② 삭제 〈2002. 12. 11〉
③ 국가 · 지방자치단체 또는 사업주는 직장 내의 평등한 근무환경

조성을 위하여 필요한 조치를 취하여야 한다. 〈개정 2008. 6. 13〉

제17조의2 **(성희롱의 방지 등) ① 국가기관 등의 장과 사업주는 대통령령으로 정하는 바에 따라 성희롱을 방지하기 위하여 교육을 하는 등 필요한 조치를 하여야 하고, 국가기관등의 장은 그 조치결과를 여성가족부장관에게 제출하여야 한다.** 〈개정 2010. 1. 18〉
② 여성가족부장관은 제1항에 따른 국가기관등의 성희롱 방지조치에 대한 점검을 대통령령으로 정하는 바에 따라 매년 실시하여야 한다. 〈개정 2010. 1. 18〉
③ 여성가족부장관은 제2항에 따른 점검결과 성희롱 방지조치가 부실하다고 인정되는 국가기관등에 대하여 대통령령으로 정하는 바에 따라 관리자 특별교육 등 필요한 조치를 취하여야 한다. 〈개정 2010. 1. 18〉
④ 여성가족부장관은 제2항에 따른 국가기관등의 성희롱 방지조치 점검결과를 언론 등에 공표(公表)할 수 있다. 다만, 다른 법률에서 공표를 제한하고 있는 경우에는 그러하지 아니하다. 〈개정 2010. 1. 18〉
⑤ 제1항에 따른 성희롱 예방교육의 내용·방법 등 성희롱 방지조치에 필요한 사항은 대통령령으로 정한다. [전문개정 2008. 6. 13][2)]

제18조 **(모성 보호의 강화) ① 국가·지방자치단체 또는 사업주는 임신·출산 및 수유(授乳) 중인 여성을 특별히 보호하며 이를 이유로 불이익을 받지 아니하도록 하여야 한다.**
② 국가와 지방자치단체는 취업여성의 임신·출산 및 수유와 관

---

2) 「남녀차별금지및구제에관한법률」이 폐지되었지만(2005. 3. 24) 그 부칙을 통하여 제2조 제2호 내지 제4호(성희롱, 공공기관, 사용자의 정의규정) 및 제7조 제2항(공공기관의 장 및 사용자는 대통령령이 정하는 바에 의하여 성희롱의 방지를 위하여 교육을 실시하는 등 필요한 조치를 하여야 하며, 공공기관의 장은 그 조치결과를 여성가족부장관에게 제출하여야 한다)은 계속 효력을 가진다. 또한 「남녀차별개선위원회」의 사무에 관한 경과조치를 두면서 「남녀차별개선위원회」의 남녀차별개선사무는 국가인권위원회가 승계하도록 하였다.

련한 모성보호 비용에 대하여 「사회보장기본법」에 따른 사회보험과 재정(財政) 등을 통한 사회적 부담을 늘려 나가도록 하여야 한다. [전문개정 2008. 6. 13]

제19조 (가정교육) 국가와 지방자치단체는 가정에서부터 남녀평등에 관한 교육이 이루어지도록 노력하여야 한다. [전문개정 2008. 6. 13]

제20조 (학교교육) 국가와 지방자치단체는 「교육기본법」에 따른 학교교육에서 남녀평등 이념을 고취(鼓吹)하고 여성의 교육기회를 확대하여야 한다. [전문개정 2008. 6. 13]

제21조 (평생교육) 국가와 지방자치단체는 국공립 연수기관 및 「평생교육법」에 따른 평생교육시설과 그 밖의 연수교육 과정에서 남녀평등 의식을 높이는 교육이 실시되도록 노력하여야 한다. [전문개정 2008. 6. 13]

제21조의2 (여성 인적자원의 개발 등) ① 국가와 지방자치단체는 여성의 사회참여를 촉진하기 위하여 여성 인적자원을 개발하기 위한 시책을 강구하여야 한다.
② 국가와 지방자치단체는 여성의 능력 향상을 통하여 남녀가 동등하게 경제활동에 참여할 수 있도록 하는 시책을 강구하여야 한다.
③ 국가와 지방자치단체는 여성의 정보화 능력을 향상시키기 위한 시책을 강구하여야 한다. [전문개정 2008. 6. 13]

제21조의3 (한국양성평등교육진흥원의 설립 등) ① 양성평등교육, 특정 성(性)에 대하여 불평등이 발생하지 아니하도록 여성과 남성에게 미치는 영향을 인식·반영하는 능력을 증진시키는 교육[이하 "성인지 교육(性認知 教育)"이라 한다]을 효율적이고 체계적으로 추진하고 진흥시키기 위하여 한국양성평등교육진흥원(이하 "진흥원"이라 한다)을 설립한다.

② 진흥원은 법인으로 한다.
③ 진흥원은 주된 사무소의 소재지에 설립등기를 함으로써 성립한다.
④ 진흥원에는 정관(定款)으로 정하는 바에 따라 임원과 필요한 직원을 둔다.
⑤ 진흥원은 다음 각 호의 사업을 한다.
1. 양성평등을 위한 교육 및 진흥사업
2. 공무원에 대한 성인지 교육
3. 여성과 남성의 지도력 함양 교육
4. 성희롱 예방교육 강사 등 전문인력 양성사업
5. 공무원 교육훈련기관의 양성평등 교육과정을 강화하기 위한 교류협력 지원사업
6. 양성평등 교육프로그램 개발 · 연구사업
7. 양성평등 교육 관련 자료 출간사업
8. 제1호부터 제7호까지의 사업에 부수되는 사업 또는 이와 관련하여 국가기관등으로부터 위탁받은 사업
9. 그 밖에 진흥원의 목적 달성을 위하여 대통령령으로 정하는 사업
⑥ 정부는 예산의 범위에서 진흥원 운영에 필요한 경비를 출연(出捐)할 수 있다.
⑦ 진흥원에 관하여는 이 법에서 규정된 것을 제외하고는 「민법」 중 재단법인에 관한 규정을 준용한다. [전문개정 2008. 6. 13]

제22조 (여성복지 증진) ① 국가와 지방자치단체는 지역 · 연령 등에 따른 여성복지 수요를 충족시키기 위한 시책을 강구하여야 한다.
② 국가와 지방자치단체는 관계 법률로 정하는 바에 따라 저소득 모자가족(母子家族), 미혼모(未婚母), 장애인 여성, 가출 여성, 그 밖에 보호가 필요한 여성을 지원하기 위하여 필요한 조치를 하여야 한다.
③ 국가와 지방자치단체는 노인(老人) 여성과 농어촌에 거주하는 여성의 복지를 증진시키기 위하여 노력하여야 한다. [전문개정 2008. 6. 13]

제23조 (직장생활과 가정생활의 병행) 국가와 지방자치단체는 근로자가 직장생활과 가정생활을 조화롭게 병행(竝行)할 수 있도록

다음 각 호의 사항에 관한 시책을 강구하여야 한다.
1. 영유아(嬰幼兒) 보육시설의 확충
2. 방과후 아동 보육의 활성화
3. 육아휴직제의 정착
4. 직장내 수유시설의 확충 [전문개정 2008. 6. 13]

第24條 (평등한 가족관계 확립 등) ① 국가와 지방자치단체는 민주적이고 평등한 가족관계를 확립시키기 위하여 노력하여야 한다.
② 국가와 지방자치단체는 가족구조의 변화에 따라 나타난 맞벌이 부부, 한부모가족 등에 대하여 필요한 지원책(支援策)을 강구하여야 한다. [전문개정 2008. 6. 13]

第25條 (성폭력과 가정폭력 예방) ① 국가와 지방자치단체는 관계 법률로 정하는 바에 따라 성폭력범죄를 예방하고 피해자를 보호하여야 한다.
② 국가와 지방자치단체는 관계 법률로 정하는 바에 따라 가정에서 발생하는 폭력을 예방하고 피해자를 보호하여야 한다.
③ 국가와 지방자치단체는 관계 법률로 정하는 바에 따라 성폭력 피해자 및 가정폭력 피해자와 상담하고 가해자를 교정(矯正)하기 위하여 필요한 시책을 강구하여야 한다. [전문개정 2008. 6. 13]

第26條 (가사노동 가치의 평가) 국가와 지방자치단체는 가사노동의 경제적 가치를 정당하게 평가하여 이를 법제도나 시책에 반영하도록 노력하여야 한다. [전문개정 2008. 6. 13]

第27條 (여성 국제협력) ① 국가와 지방자치단체는 국제기구나 국제회의에서 여성의 참여를 확대하고, 여성의 국제적 평화 증진 운동과 국제협력 강화를 위한 활동을 지원하여야 한다.
② 국가와 지방자치단체는 여성 관련 조약을 체결하거나 이행하기 위하여 노력하여야 한다.

③ **국가와 지방자치단체는 국내외에 거주하는 한민족(韓民族) 여성 간의 교류와 연대(連帶) 강화를 위하여 노력하여야 한다.** [전문개정 2008. 6. 13]

제28조 (대중매체의 성차별 개선) **국가와 지방자치단체는 대중매체의 성차별적 내용이 개선되도록 지원하고 대중매체를 통하여 남녀평등의식이 확산되도록 하여야 한다.** [전문개정 2008. 6. 13]

제28조의2 (여성 자원봉사활동의 지원) **국가와 지방자치단체는 여성 자원봉사활동을 활성화하기 위하여 필요한 지원을 할 수 있다.** [전문개정 2008. 6. 13]

제 4 장 여성발전기금 〈개정 2008. 6. 13〉

제29조 (기금의 설치 등) ① **국가는 이 법의 목적을 실현하기 위한 사업 등을 지원하는 데에 필요한 재원을 확보하기 위하여 여성발전기금(이하 "기금"이라 한다)을 설치한다.**
② **기금은 다음 각 호의 재원으로 조성한다.**
1. **국가의 출연금**
2. **국가 외의 자가 출연하는 현금 · 물품이나 그 밖의 재산**
3. **기금의 운영으로 생기는 수익금(受益金)**
4. **그 밖에 대통령령으로 정하는 수입금(收入金)**

③ **기금은 여성가족부장관이 관리 · 운용(運用)한다.** 〈개정 2010. 1. 18〉
④ **여성가족부장관은 대통령령으로 정하는 바에 따라 기금의 관리 · 운용에 관한 사무의 전부 또는 일부를 「은행법」 제2조 제1항 제2호에 따른 금융기관에 위탁할 수 있다.** 〈개정 2010. 1. 18〉
[전문개정 2008. 6. 13]

제30조 (기금의 용도) **기금은 다음 각 호의 용도로 사용한다.**
1. **여성의 권익 증진을 위한 사업의 지원**
2. **여성단체 사업의 지원**

3. 여성관련시설의 설치와 운영의 지원
4. 여성의 국제협력 사업의 지원
5. 그 밖에 남녀평등 실현, 여성발전 및 가족 지원 등을 위하여 대통령령으로 정하는 사업의 지원 [전문개정 2008. 6. 13]

제31조 (기금의 회계기관) ① 여성가족부장관은 기금의 수입과 지출에 관한 업무를 수행하기 위하여 소속 공무원 중에서 기금수입징수관, 기금재무관, 기금지출관 및 기금출납공무원을 임명하여야 한다. 〈개정 2010. 1. 18〉
② 여성가족부장관은 제29조 제4항에 따라 기금의 관리·운용에 관한 사무의 전부 또는 일부를 위탁한 경우에는 다음 각 호에 해당하는 자를 임명하여야 하며 그 임명된 자가 각각 수행하여야 할 직무는 다음과 같다. 〈개정 2010. 1. 18〉
1. 위탁받은 금융기관의 이사(理事) 중에서 임명하여야 하는 자
   가. 기금수입담당이사: 기금수입징수관의 직무
   나. 기금지출원인행위담당이사: 기금재무관의 직무
2. 위탁받은 금융기관의 직원 중에서 임명하여야 하는 자
   가. 기금지출직원: 기금지출관의 직무
   나. 기금출납직원: 기금출납공무원의 직무 [전문개정 2008. 6. 13]

제 5 장 여성단체의 지원 등 〈개정 2008. 6. 13〉

제32조 (여성단체 등의 지원) ① 국가와 지방자치단체는 여성단체가 추진하는 남녀평등의 촉진, 여성의 사회참여 확대 및 복지 증진을 위한 활동에 필요한 행정적인 지원을 할 수 있으며, 예산의 범위에서 그 활동 등에 필요한 경비의 일부를 보조할 수 있다.
② 국가와 지방자치단체는 비영리법인이나 비영리단체가 남녀평등과 여성발전을 촉진하는 활동을 하는 경우에 필요한 지원을 할 수 있다. [전문개정 2008. 6. 13]

제33조 (여성관련시설의 설치·운영) ① 국가와 지방자치단체는

여성의 권익과 복지를 증진하고 여성을 교육하기 위한 여성관련 시설을 설치 · 운영할 수 있다.
② 국가와 지방자치단체는 여성의 인력 개발을 위한 시설(이하 "여성인력개발센터"라 한다)을 설치 · 운영할 수 있다.
③ 국가 또는 지방자치단체 외의 자가 여성인력개발센터를 설치 · 운영하고자 할 때에는 시 · 도지사의 지정을 받아야 한다.
④ 국가는 제1항의 여성관련시설에 대하여, 지방자치단체는 제1항의 여성관련시설과 제3항에 따라 지정을 받은 여성인력개발센터에 대하여 각 예산의 범위 안에서 그 경비의 전부 또는 일부를 보조할 수 있다.
⑤ 제3항에 따른 여성인력개발센터의 지정 기준, 지정 절차 등에 필요한 사항은 대통령령으로 정한다. [전문개정 2008. 6. 13]

제33조의2 (여성인력개발센터의 지정취소 등) ① 거짓이나 그 밖의 부정한 방법으로 여성인력개발센터로 지정받은 경우에는 시 · 도지사는 그 지정을 취소하여야 한다.
② 제33조 제3항에 따라 지정받은 여성인력개발센터가 다음 각 호의 어느 하나에 해당하는 경우에는 시 · 도지사는 그 시정을 명할 수 있고, 시정명령에 따르지 아니할 경우에는 그 지정을 취소할 수 있다.
1. 제33조 제5항에 따른 지정 기준에 적합하지 아니한 경우
2. 사업실적 부진 등 대통령령으로 정하는 사유에 해당하는 경우
③ 제2항에 따른 시정명령 · 지정취소의 기준은 그 처분의 사유와 위반의 정도 등을 고려하여 대통령령으로 정한다. [본조신설 2008. 6. 13]

제33조의3 (청문) 시 · 도지사는 제33조의2에 따라 여성인력개발센터의 지정을 취소하려면 청문을 하여야 한다. [본조신설 2008. 6. 13]

제34조 삭제 〈2002. 12. 11〉

제6장 보 칙 〈개정 2008. 6. 13〉

제35조 (권한의 위임 · 위탁) 여성가족부장관은 이 법에 따른 권한의 일부를 대통령령으로 정하는 바에 따라 시 · 도지사에게 위임하거나 그 사무의 일부를 여성단체 또는 여성정책 관련 전문기관에 위탁할 수 있다. 〈개정 2010. 1. 18〉 [전문개정 2008. 6. 13]

제36조 (여성정책에 관한 연차보고) 정부는 매년 주요 여성정책에 관한 연차보고서(年次報告書)를 작성하여 정기국회 개회 전까지 국회에 제출하여야 한다. [전문개정 2008. 6. 13]

부 칙 〈제5136호. 1995. 12. 30〉

① (시행일) 이 법은 공포 후 6월이 경과한 날부터 시행한다.
② (다른 법률의 개정) 〈생략〉
③ (경과조치) 이 법 시행당시 여성정책심의위원회규정에 의한 여성정책심의위원회는 이 법 제10조의 규정에 의한 여성정책심의위원회로 본다.

부 칙(정부조직법) 〈제9932호. 2010. 1. 18〉

제 1 조 (시행일) 이 법은 공포 후 2개월이 경과한 날(2010년 3월 19일)부터 시행한다. 〈단서 생략〉
제 2 조 이하 〈생략〉

제 3 장 국 제 법

◇부녀자의 정치적 권리에 관한 협약◇

(Convention on the Political Rights of Women)[3]

체약국은, 유엔 헌장에 규정된 남녀평등의 원칙을 실현할 것을 희망하며, 모든 인민은 직접 또는 자유로이 선출된 대표를 통하여 국정에 참여할 권리가 있으며 또한 그 국가의 공직을 평등하게 담임할 수 있음을 인정하고, 유엔 헌장과 세계인권선언의 규정에 따라 남성과 여성이 정치적 권리의 향유 및 행사에 있어서 동등한 지위를 유지할 것을 희망하여, 이 목적을 위하여 협약을 체결할 것을 결의하고 다음과 같이 합의한다.

제 1 조 **여성은 남성과 동등한 조건으로 아무런 차별 없이 모든 선거에 있어서 투표할 권리가 있다.**

제 2 조 **여성은 남성과 동등한 조건으로, 아무런 차별 없이 법률에 의하여 설치되고 선거에 의하여 구성되는 어떠한 기관에 대하여도 피선거권을 갖는다.**

제 3 조 **여성은 남성과 동등한 조건으로, 아무런 차별 없이 법률에 의하여 설치된 공공기관에서 공무를 담임하고 또한 공적 직무를 수행할 권리가 있다.**

---

3) 1953년 3월 31일 뉴욕에서 작성되었으며, 대한민국에서는 1959년 9월 21일 (조약 제48호) 그 효력이 발생함.

제 4 조 ① 이 협약은 국제연합의 모든 가맹국과 국제연합총회가 초청장을 발송한 비가맹국에 대하여 서명이 개방된다.
② 이 협약은 비준되어야 하며 비준서는 국제연합 사무총장에게 기탁하여야 한다.

제 5 조 ① 제4조 제1항에 규정한 모든 국가는 이 협약에 가입할 수 있다.
② 가입은 국제연합 사무총장에게 가입서를 기탁함으로써 행한다.

제 6 조 ① 이 협약은 여섯 번째의 비준서나 가입서의 기탁이 있은 후 90일 후에 실시된다.
② 여섯 번째의 비준서나 가입서의 기탁이 있은 후에 이 협약에 비준 또는 가입하는 국가에 대하여는 그 비준서나 가입서의 기탁이 있은 후 90일 만에 이 협약이 실시된다.

제 7 조 어떤 국가가 서명, 비준 또는 가입할 때에 유보를 하는 경우에는 국제연합 사무총장은 이 협약에 가입한 국가와 장차 가입할 모든 국가에 대하여 유보문을 통고한다. 이 유보에 반대하는 국가는 이 통고를 받은 날로부터 90일 이내에 (또는 이 협약의 당사국이 되는 날에) 국제연합 사무총장에게 그 유보를 수락하지 않는다고 통고하여야 한다. 이 경우에는 이 협약은 유보하는 국가와 유보에 반대하는 국가 간에는 효력이 발생하지 않는다.

제 8 조 ① 체약국은 국제연합 사무총장에게 서면으로 통지함으로써 이 협약을 폐기할 수 있다. 폐기는 국제연합 사무총장이 그 통지를 받은 후 1년을 경과함으로써 효력을 발생한다.
② 이 협약은 당사국 수를 6개국 이하로 하는 폐기가 효력을 발생하는 날로부터 효력을 상실한다.

제 9 조 이 협약 당사국간에 이 협약의 해석 및 적용에 관하여 분

쟁이 발생하고 그 분쟁이 교섭에 의하여 해결되지 않고 또한 다른 해결방법에 의할 것이 합의에 도달하지 못하는 때에는 분쟁당사국의 일방의 요구에 의하여 국제사법재판소에 부탁할 수 있다.

제10조 국제연합 사무총장은 국제연합의 모든 가맹국과, 이 협약의 제4조 제1항에 규정한 비가맹국에 대하여 다음 사항을 통고한다.

가. 제4조에 의하여 접수한 서명 및 비준서
나. 제5조에 의하여 접수한 가입서
다. 제6조에 의하여 이 협약이 실시되는 일자
라. 제7조에 의하여 접수한 통고 및 통보
마. 제8조 제1항에 의하여 접수한 폐기의 통고
바. 제8조 제2항에 의한 이 협약의 효력상실

제11조 ① 이 협약의 중국어, 영어, 프랑스어, 러시아어 및 스페인어로 된 원본은 동등하게 유권적이며 국제연합의 문서보관소에 보관한다.
② 국제연합 사무총장은 이 협약의 인증등본을 국제연합의 모든 가맹국과 제4조 제1항에 규정한 비가맹국에 송부한다.

이상의 증거로서, 각자의 정부에 의해 정당히 권한을 위임받은 하기 서명자는 뉴욕에서 서명을 위해 개방된 이 협약에 1953년 3월 31일 서명하였다.

◇인신매매금지 및 타인의 매춘행위에 의한 착취금지에 관한 협약◇

(Convention for the Suppression of the Traffic in Persons and of the Exploitation of the Prostitution of Others and Final Protocol)4)

전 문

매춘행위와 매음을 목적으로 하는 인신매매에 따르는 해독은 인간의 존엄성과 가치에 부합치 않으며 또한 개인과 가정 및 공동사회의 복지를 위태롭게 하며, 부녀자 매매금지에 관하여 아래의 국제문서, 즉

1. 1948년 12월 3일 국제연합 총회에서 승인된 의정서에 의하여 수정된 추업부 매매금지에 관하여 1904년 5월 18일의 국제협정과,

2. 상기 의정서에 의하여 수정된 추업부 매매금지에 관한 1910년 5월 4일의 국제협약과,

3. 1947년 10월 20일 국제연합 총회에서 승인된 의정서에 의하여 수정된 부녀자 매매금지에 관한 1921년 9월 30일의 국제협약 및

4. 상기 의정서에 의하여 수정된 성년여인의 매매금지에 관한 1933년 10월 11일의 국제협약이 유효하고,

1937년 국제연맹이 상기 문서의 범위를 확대하는 협약안을 작성한 바 있으며, 1937년 이래의 진전은 위 문서를 정리하고 또한 1937년의 협약안의 내용을 필요한 변경과 함께 구체화하는 협약의 체결을 용이하게 하였으므로, 체약국은 이에 아래와 같이 합의한다.

제 1 조 이 협약의 체약국은 타인의 욕정을 만족시키기 위하여 아래 행위를 하는 자를 처벌하는 데 합의한다.

가. 매춘을 목적으로 타인을 합의 여부에 불구하고 소개하거나 유혹 또는 유괴하는 자

나. 합의 여부에 불구하고 타인의 매춘행위를 착취하는 자

4) 1951년 7월 25일 유엔에서 발효된 이 조약은 대한민국 국회에서 1961년 11월 8일 비준동의를 하였고 1962년 5월 14일(조약 제93호) 그 효력이 발생됨.

제 2 조 이 협약의 체약국은 또한 아래 행위를 하는 자들을 처벌하는 데 합의한다.

가. 매춘숙을 소유하거나 경영하고 또는 그에 필요한 재정을 의식적으로 제고하거나 또는 제공하는 데 관여한 자

나. 타인의 매춘을 목적으로 가옥이나 장소 또는 그 일부를 대차 또는 제공한 자

제 3 조 제1조와 제2조에서 언급된 어떤 범죄행위에 미수자와 방조한 자도 국내법이 허용하는 한도 내에서 처벌된다.

제 4 조 ① 제1조와 제2조에서 언급된 행위에의 고의적 관여도 역시 국내법이 허용하는 범위에서 처벌된다.

② 처벌을 면하는 일을 방지하는데 필요한 경우에는 언제든지 국내법이 허용하는 한도 내에서 관여 행위는 별개의 범죄로서 취급된다.

제 5 조 피해자가 국내법에 의하여 이 협약에 규정된 범죄에 관한 소송의 당사자가 될 권리를 갖는 경우에는 외국인도 내국인과 동일한 조건하에 그 권리를 향유할 수 있다.

제 6 조 이 협약의 각 체약당사국은 매춘행위에 종사하거나 또는 종사한다는 요의를 받는 자들이 특별등록, 특별문서의 소유 또는 감독과 통고에 관한 특별한 요건에 따르도록 하는 취지를 규정한 모든 현존 법규 또는 행정규정을 폐지하기 위하여 필요한 모든 조치를 취하도록 합의한다.

제 7 조 이 협약에 규정한 범죄에 대하여 외국에서 언도된 과거의 유죄판결은 국내법이 허용하는 범위에서 아래 목적을 위하여 고려되어야 한다.

가. 상습범 확정

나. 범죄인의 공민권행사권의 박탈

제8조 ① 이 협약 제1조 및 제2조에서 규정된 범죄는 이 협약의 어느 체약국간에 있어서 체결되었거나 또는 차후로 체결된 범죄인인도조약에서 인도범죄로 간주되어야 한다.
② 이 협약의 체결국으로서 범죄인인도에 관한 조약의 존재를 조건으로 하지 않는 체약국은 이 협약 제1조 및 제2조에 규정된 범죄를 차후로는 그들 간에 있어서 범죄인인도에 해당되는 사건으로 간주한다.
③ 범죄인인도는 그 범죄인인도를 요구받은 국가의 법에 의하여 부여된다.

제9조 ① 자국민의 범죄인인도를 법률이 허용하지 아니하는 국가간에 있어서는, 그 국민으로서 제1조 및 제2조에 규정한 어떤 범죄를 외국에서 범한 후에 자국에 돌아온 자는 자국의 법정에 의하여 기소 및 처벌된다.
② 이 협약 체약국간의 유사한 사건에 있어서 외국인 범죄인의 인도를 허용할 수 없는 경우, 전항의 규정은 적용되지 않는다.

제10조 범죄혐의로 외국에서 재판을 받고 유죄언도로써 복역하였거나 또는 그 외국법령에 의하여 형의 면제나 감형을 받은 자에 대하여서는 위 제9조의 규정은 적용되지 아니한다.

제11조 이 협약의 어떠한 규정도 국제법상의 형사재판관할권의 범위에 관한 일반문제에 대한 체약국의 태도를 규정하는 것으로 해석되어서는 아니 된다.

제12조 이 협약이 규정한 범죄가 각국의 국내법에 의하여 정의되고 기소되며 처벌되어야 한다는 원칙을 이 협약이 좌우하는 것은 아니다.

제13조 ① 이 협약의 체약국은 이 협약에 규정된 범죄에 과한 의뢰서를 그들의 국내법과 관습법에 따라 집행할 의무를 진다.
② 의뢰서의 전송은 아래 방법에 의하여 행하여진다.
가. 사직당국의 직접적 연락
나. 양국간의 법무부장관 사이에서 행하여지는 직접적 연락 또는 일 국가의 기타 관계당국이 피의뢰국의 법무부장관에게 행하는 직접적 연락
다. 피의뢰국에 주재하는 의뢰국의 외교관 또는 영사관을 통하여 행하는 것, 이들 외교대표는 의뢰서를 사법당국 또는 피의뢰국이 지정한 당국에게 직접 송부하여야 하며 또한 이들 외교대표는 상기 당국으로부터 직접 의뢰서를 집행에 관한 문서를 접수한다.
③ 위 가와 다의 경우에는 이 의뢰서의 사본 1통을 항상 피의뢰국의 상부관청에 송부하여야 한다. 이 의뢰서는 별단의 합의가 없는 한 의뢰국의 국어로 작성하되 피의뢰국은 의뢰당국이 확증을 한 자국어로된 번역문을 요구할 수 있다.
④ 이 협약의 각 체약국은 이 협약에 가입한 여타 각 체약국에 대하여 상기 전달방법 중 자국이 그들 여타 체약국의 의뢰서로써 인정하는 1개 또는 2개 이상의 방법을 통지하여야 한다. 어느 당사국에 의하여 이와 같은 통지가 있을 때까지는 의뢰서에 관한 기존 수속절차는 유효한 것이다. 의뢰서 실시는 감정인에 대한 경비 외에는 여하한 성질의 요금이나 비용에 대한 지불청구를 초래하는 것은 아니다.
⑤ 이 조항의 어떤 사항도 이 협약 체결국들이 형사사건에 관한 입증형식이나 방법을 그들의 국내법에 상반되는 방법으로 결정할 것을 기약하는 것으로 해석되어서는 아니 된다.

제14조 ① 이 협약의 각 체약국은 이 협약에 규정된 범죄에 관한 조사에 협조하며 그 결과를 종합 정리하는 임무를 띤 기관을 설치하거나 또는 유지하여야 한다.
② 이 기간은 이 협약에 계제된 범죄행위를 방지하고 처벌하는 데 도움이 될 것을 예상한 모든 정보를 수집·편집하여야 하며 이 기

관은 또한 타방국의 동종의 기관과 긴밀한 연락을 취하여야 한다.

제15조 이 기관은 국내법이 허용하는 한도에서 또한 제14조에 규정한 직무에 책임 있는 당국이 필요하다고 인정하는 한도 내에서 타방국의 동종의 직무에 책임 있는 당국에 아래 정보를 제공한다.

가. 이 협약의 정한 범죄 또는 그 범죄의 미수에 관한 명세서

나. 이 협약에 규정한 범죄를 범할 범인의 수색, 소송, 체포, 유죄언도, 입국거부 및 추방에 관한 명세서와 이와 같은 범인의 동태 및 그에 관한 유익한 정보. 이와 같이 제공된 정보에는 범인의 인상서, 지문, 사진, 범행방법, 경찰조서 및 재판기록 등을 포함한다.

제16조 이 협약의 체약국은 공공 또는 사적 교육, 건강, 사회, 경제 및 기타 관계기관을 통하여 매춘행위의 방지, 매춘행위 및 이 협약에 규정한 범죄의 희생자들의 재생과 사회적 조정을 위한 조치를 취하거나 장려하도록 합의한다.

제17조 이 협약의 체약국은 이민의 출입국에 있어서 매춘행위를 목적으로 하는 남녀의 인신매매를 방지하기 위하여 이 협약에 의하여 그들의 의무로서 요구되는 조치를 채택하거나 관리할 것을 약속한다. 특히 아래 사항을 약속 한다.

가. 출입 이민자의 보호, 특히 출발점, 착륙점 및 여행 중에 있는 부녀자의 보호에 관하여 필요한 규정을 제정한다.

나. 상기 인신매매의 위험을 공중에게 경고하는 필요한 선전책의 강구

다. 매춘을 목적으로 하는 국제적 인신매매를 방지하기 위하여 역, 공항, 항구와 항로 및 기타 공공장소에서의 감독을 확보하기 위한 대책의 수립

라. 관계당국으로 하여금 이와 같은 인신매매의 주범 및 공범 또는 인신매매의 희생자로 간주되는 자의 도착에 관한 통지를 받을 수 있게 하기 위한 적절한 대책의 수립

제18조 ① 이 협약의 체약국은 그들의 국내법에 규정된 바에 따라 매춘자인 외국인으로부터 그들의 신원 및 국적을 명확히 하고 그들로 하여금 본국을 떠나게 한 자를 밝히기 위하여 진술서를 받도록 약속한다.
② 이 입수된 정보는 송환될 것을 고려하여 그들 외국인의 본국의 관계당국에 통고한다.

제19조 ① 이 협약의 체약국은 국내법이 규정한 바에 따라 또한 위법행위에 대한 기고 및 기타 조치를 방해함이 없이 가능한 한 아래 사항을 실천할 것을 약속 한다.
가. 매춘행위를 목적으로 하는 국제인신매매의 빈곤한 희생자를 송환하기 위한 준비가 끝날 때까지 그들을 임시적으로 보호하고 부양하는 데 필요한 조치를 취한다.
나. 이 협약 제10조에 규정된 자로서 귀환을 원하는 자, 그들에 대하여 권한이 있는 자에 의하여 요구되는 자 및 법에 의하여 추방이 명령된 자들을 송환할 것, 이 송환은 송환자의 성명, 국적 및 국경도착지와 도착일자 등에 관한 목적지국과의 합의가 성립된 후에 실시키로 한다.
② 이 협약의 각 체약국은 이들 송환자 등의 자국영토의 통과를 돕는다. 전항에서 언급된 자들이 송환비용을 지불할 수 없고 또한 이를 대불할 배우자, 친척 또는 보호자가 없는 경우에는 본국 쪽에 있는 가장 가까운 국경 또는 착륙항 또는 공항까지의 송환비용은 송환자가 거주하고 있는 국가가 이를 부담하고 잔여 여행에 필요한 송환비는 본국이 부담키로 한다.

제20조 이 협약의 체약국은 만약 그러한 조치가 취하여지지 아니한 경우에는 구직중인 자, 특히 부녀자들이 매춘행위를 할 위험에 놓이지 않도록 하기 위하여 직업소개소를 감시하는 데 필요한 조치를 취한다.

제21조 이 협약의 체약국은 만약 국제연합 사무총장에게 이 협약

의 적용에 관하여 취한 조치 등을 비롯하여 이 협약에 관하여 이미 공포된 법령을 통고하고 또한 앞으로는 매년 공포된 법령을 통고한다.
② 사무총장은 접수한 정보를 정기적으로 발간하여 국제연합의 전 회원국과 이 협약의 제23조 규정에 의하여 이 협약이 정식으로 통보된 비회원국에게 통고한다.

제22조 이 협약 체약국간에 있어서 이 협약의 해석 및 적용에 관하여 분쟁이 발생하고 또한 이 분쟁이 다른 방법에 의하여 해결될 수 없는 경우에는 이 분쟁은 분쟁당사국의 어느 일방의 요청으로써 국제사법재판소에 회부되어야 한다.

제23조 ① 이 협약은 국제연합의 모든 회원국 및 동 경제사회이사회가 초청한 기타 국가들이 서명하도록 개방된다.
② 이 협약은 비준을 요건으로 하며 이 비준서는 국제연합 사무총장에게 기탁되어야 한다.
③ 제1항에서 언급한 국가로서 서명을 하지 아니한 나라도 가입을 할 수 있다.
④ 가입은 가입서를 국제연합 사무총장에게 기탁함으로써 된다.
⑤ 이 협약에서 서명 또는 가입한 국가의 모든 식민지, 신탁통치령 및 그 국가가 국제적으로 책임을 지는 모든 영역을 포함한다.

제24조 ① 이 협약은 두 번째로 기탁하는 비준서 기탁이나 가입서 기탁이 있은 후 90일 만에 그 효력을 발생한다.
② 두 번째의 비준서 기탁이나 가입서 기탁이 있은 후에 이 협약에 대하여 비준 또는 가입하는 국가에 대하여는 그의 비준서 또는 가입서의 기탁이 있은 후 90일 만에 효력을 발생한다.

제25조 ① 이 협약이 효력이 발생하여 5년이 경과한 후 이 협약의 어느 체약국도 국제연합 사무총장에게 보내는 서면통고로써

이 협약을 폐기할 수 있다.
② 이와 같은 폐기통고는 국제연합 사무총장이 그 폐기통고를 받은 날로부터 1년 후에 효력을 발생한다.

제26조 국제연합 사무총장은 국제연합의 전 회원국과 제23조에서 언급한 비 회원국들에 대하여 아래 사항을 통고한다.
(a) 제23조에 의거하여 접수된 서명, 비준 및 가입
(b) 제24조에 의거하여 본 협약이 효력을 발생하는 일자
(c) 제25조에 의거하여 접수된 폐기통고

제27조 이 협약의 각 체약국은 그들의 헌법에 따라 이 협약의 적용을 확보하는 데 필요한 입법적 또는 기타 필요한 조치를 취하도록 약속한다.

제28조 이 협약의 규정은 이 협약의 체약국의 관계에 있어 전문 1, 2, 3 및 4에 게재된 국제문서 규정에 대치되며 이 국제문서의 당사국들이 이 협약의 체약국으로 되는 때에는 이 각 국제문서는 그것으로써 완결된 것으로 간주한다.

이상의 증거로서 각자의 정부에 의하여 정당히 위임을 받은 하기 인들은 서기 1950년 8월 21일 뉴욕 레이크 석세스에서 서명을 위하여 개방된 이 협약에 서명하였다. 이 협약의 인증등본은 사무총장이 국제연합의 전 회원국과 제23조에서 언급한 비회원국에게 전달한다.

최종 의정서

이 협약의 어느 규정도 인신매매금지 및 매춘행위에 의한 착취금지를 확보하는 규정을 시행하기 위하여 이 협약에게 규정한 것보다 더 한층 엄격한 조건을 마련하는 어떠한 입법적 조치를 방해하는 것으로 간주되지 아니한다. 이 협약의 제23조부터 제26조까지의 규정은 이 의정서에 적용된다.

◇ 유엔 여성차별철폐협약 ◇

(Convention on the Elimination of all Forms of Discrimination against Women)[5)]

본 협약 당사국은, 국제연합 헌장이 기본적 인권, 인간의 존엄과 가치 및 남녀평등권에 대한 신뢰를 재확인하고 있음에 유의하고, 세계인권선언은 차별이 허용될 수 없다는 원칙을 확인하고 있으며 모든 인간은 자유롭게 그리고 존엄과 제반 권리에 있어서 평등하게 출생하며 성에 기인한 차별을 포함한 어떠한 종류의 차별도 받지 아니하고 동 선언에 규정된 모든 권리와 자유를 누릴 권리가 있다고 선언하고 있음에 유의하고, 인권에 관한 국제규약 당사국은 모든 경제적, 사회적, 문화적, 시민적 및 정치적 권리를 향유할 남녀의 평등권을 보장할 의무를 지고 있음에 유의하고, 국제연합 및 전문기구의 후원하에 체결된 남녀권리의 평등을 촉진하는 제 국제협약을 고려하고, 국제연합 및 전문기구에 의해 채택된 남녀권리의 평등을 촉진하는 결의, 선언 및 권고에도 유의하고, 그러나 이러한 제도에도 불구하고 여성에 대한 광범위한 차별이 계속 존재하고 있음을 우려하고, 여성에 대한 차별은 권리평등 및 인간의 존엄성의 존중원칙에 위배되며, 여성이 남성과 동등한 조건하에 국가의 정치적, 사회적, 경제적 및 문화적 생활에 참여하는 데 장애가 되며, 사회와 가정의 번영의 증진을 어렵게 하며, 그들 국가와 인류에 대한 봉사에 있어 여성의 잠재력의 완전한 개발을 더욱 어렵게 함을 상기하고, 궁핍한 상황 하에서는 식량, 건강, 교육, 훈련 및 취업 기회와 기타의 필요에 있어 여성이 가장 혜택받기 어려운 점을 우려하고, 형평과 정의에 기초를 둔 신국제경제질서의 수립이 남녀평등을 도모하는 데 크게 기여할 것임을 확신하고, 인종격리정책, 모든 형태의 인종주의, 인종차별, 식민주의, 신식민주의, 침략, 외국의 점령 및 지배와 국내문제에 대한 간섭 등의 제거가 남성과 여성의 권리의 완전한 향유에 필수적임을 강조하고, 국제평화와 안전의 강화, 국제긴장의 완화, 국가의 사

---

5) 1979년 12월 18일 뉴욕에서 채택되어 1981년 9월 3일 발효하였음. 대한민국 국회는 1984년 12월 18일 비준동의를 하였고 1985년 1월 26일(조약 제855호)로 그 효력이 발생함. 한편 대한민국 정부는 1984년 비준서 기탁시 동 협약 제9조와 제16조 제1항 중 다, 라, 바, 사호에 대하여 유보하면서 동 협약을 비준하였으나, 현재 제9조와 제16조 제1항 다. 라. 바호의 유보를 철회함.

회적, 경제적 체제에 관계없이 국가간의 상호 협력, 전반적이고 완전한 군비축소, 특히 엄격하고 효과적인 국제적 통제하의 핵군축, 국제관계에 있어서의 정의, 평등 및 호혜의 원칙의 확인, 외국의 식민지배와 외국의 점령 하에 있는 인민의 자결권 및 독립권의 실현 그리고 국가주권 및 영토보전에 대한 존중 등이 사회 진보와 발전을 촉진하며 결과적으로 남성과 여성 사이의 완전한 평등의 성취에 기여할 것임을 확인하고, 국가의 완전한 발전과 인류의 복지 및 평화를 위해서는 여성이 모든 분야에 남성과 평등한 조건으로 최대한 참여하는 것이 필요함을 확신하고, 현재까지 충분히 인식되지 못하고 있는 가정의 복지와 사회의 발전에 대한 여성의 지대한 공헌, 모성의 사회적 중요성 및 가정과 자녀양육에 있어서의 부모의 역할을 명심하며 또한 출산에 있어서의 여성의 역할이 차별의 근거가 될 수 없으며, 아동의 양육에는 남성, 여성 및 사회전체가 책임을 분담해야 함을 인식하고, 남성과 여성 사이에 완전한 평등을 달성하기 위해서는 사회와 가정에서의 여성의 역할뿐만 아니라 남성의 전통적 역할에도 변화가 필요함을 인식하고, 여성에 대한 차별의 철폐에 관한 선언에 명시된 제 원칙을 이행하며, 이러한 목적으로 모든 형태 및 양태에 있어서의 차별을 철폐하는 데 필요한 조치를 취할 것을 결의하면서 다음과 같이 합의하였다.

제 1 부

제 1 조 **이 협약의 목적을 위하여 "여성에 대한 차별"이라 함은 정치적, 경제적, 사회적, 문화적, 시민적 또는 기타 분야에 있어서 결혼 여부에 관계없이 남녀동등의 기초 위에서 인권과 기본적 자유를 인식, 향유 또는 행사하는 것을 저해하거나 무효화하는 효과 또는 목적을 가지는 성에 근거한 모든 구별, 배제 또는 제한을 의미한다.**

제 2 조 **당사국은 여성에 대한 모든 형태의 차별을 규탄하고 여성에 대한 차별을 철폐하기 위한 정책을 모든 적절한 수단을 통해 지체없이 추진하기로 합의하며 이러한 목적으로 다음을 약속한다.**

가. 남녀평등의 원칙이 헌법 또는 기타 적절한 입법에 아직 규

정되지 않았다면 이를 구현하며 법 또는 기타 적절한 수단을 통해 동 원칙의 실제적 실현을 확보할 것
나. 여성에 대한 모든 차별을 금지하는 적절한 입법 및 기타조치를 채택하고 필요한 경우 제재를 포함시킬 것
다. 남성과 동등한 기초 위에서 여성의 권리에 대한 법적 보호를 확립하며 권한 있는 국내법정과 기타 공공기관을 통하여 여성을 여하한 차별행위로부터 효과적으로 보호하도록 확보할 것
라. 여성에 대한 여하한 차별 행위 또는 관행에 따르는 것을 삼가하며 공공 당국과 기관이 동 의무와 부합되게 행동하도록 확보할 것
마. 여하한 개인, 조직 또는 기업에 의한 여성 차별도 철폐되도록 모든 적절한 조치를 취할 것
바. 여성에 대한 차별을 구성하는 현행 법률, 규칙, 관습 및 관행을 수정 또는 폐지하도록 입법을 포함한 모든 적절한 조치를 취할 것
사. 여성에 대한 차별을 구성하는 모든 국내형사법 규정을 폐지할 것

제3조 당사국은 여성이 남성과 동등하게 인권과 기본적 자유를 행사하고 향유하는 것을 보장하기 위한 목적으로 모든 분야, 특히 정치적, 사회적, 경제적 및 문화적 분야에서 여성의 완전한 발전 및 진보를 확보해 줄 수 있는 입법을 포함한 모든 적절한 조치를 취하여야 한다.

제4조 ① 남성과 여성 사이의 사실상의 평등을 촉진할 목적으로 당사국이 채택한 잠정적 특별조치는 이 협약에서 정의한 차별로 보지 아니하나, 그 결과 불평등한 또는 별도의 기준이 유지되어서는 결코 아니 된다. 기회와 대우의 평등이라는 목적이 달성되었을 때 이러한 조치는 중지되어야 한다.
② 당사국이 모성을 보호할 목적으로 이 협약에 수록된 제 조치를 포함한 특별조치를 채택하는 것은 차별적인 것으로 보아서는 아니 된다.

제 5 조 당사국은 다음을 위하여 모든 적절한 조치를 취하여야 한다.

가. 일방의 성이 열등 또는 우수하다는 관념 또는 남성과 여성의 고정적 역할에 근거한 편견, 관습 및 기타 모든 관행을 없앨 목적으로, 남성과 여성의 사회적 및 문화적 행동양식을 수정할 것

나. 사회적 기능의 하나로서의 모성에 대한 적절한 이해와 자녀의 양육과 발전에 있어서 남녀의 공동책임에 대한 인식이 가정교육에 포함되도록 확보하되, 모든 경우에 있어서 자녀의 이익이 최우선적으로 고려되도록 할 것

제 6 조 당사국은 여성에 대한 모든 형태의 인신매매 및 매춘에 의한 착취를 금지하기 위하여 입법을 포함한 모든 적절한 조치를 취하여야 한다.

제 2 부

제 7 조 당사국은 국가의 정치적 및 공적 생활에서 여성에 대한 차별을 철폐하기 위하여 모든 적절한 조치를 취하여야 하며 특히 남성과 동등한 조건으로 다음의 권리를 여성에게 확보하여야 한다.

가. 모든 선거 및 국민투표에서의 투표권 및 선거에 의해 선출되는 모든 공공 기구에의 피선거권

나. 정부정책의 입안 및 동 정책의 시행에 참여하며 공직에 봉직하여 정부의 모든 직급에서 공공직능을 수행할 권리

다. 국가의 공적, 정치적 생활과 관련된 비정부 기구 및 단체에 참여할 권리

제 8 조 당사국은 여성이 남성과 동등한 조건으로 또한 아무런 차별 없이 국제적 수준에서 그들 정부를 대표하며 국제기구의 업무에 참여할 기회를 확보하기 위한 모든 적절한 조치를 취하여야 한다.

제9조 ① 당사국은 여성이 국적을 취득, 변경 또는 보유함에 있어 남성과 동등한 권리를 부여하여야 한다. 당사국은 특히 외국인과의 결혼 또는 혼인 중 부(夫)에 의한 국적의 변경으로 처의 국적이 자동적으로 변경되거나, 처가 무국적으로 되거나 또는 부(夫)의 국적이 처에게 강제되지 아니하도록 확보하여야 한다.
② 당사국은 자녀의 국적에 관하여 남성과 동등한 권리를 여성에게 부여하여야 한다.

제3부

제10조 당사국은 교육분야에서 여성에게 남성과 동등한 권리를 확보하기 위하여 특히 남녀평등의 기초 위에 다음을 확보할 목적으로 여성에 대한 차별을 철폐하기 위한 모든 적절한 조치를 취하여야 한다.

가. 도시 및 시골의 각종 교육기관에서 취업과 직업 보도, 학문의 혜택 및 학위취득에 있어서의 동등한 조건; 이러한 평등은 취학전 교육, 일반교육, 기술교육, 전문교육 및 고등기술 교육에서뿐만 아니라 모든 형태의 직업훈련에서 확보되어야 함
나. 동일한 교과과정, 동일한 시험, 동일 수준의 자격요건을 가진 교수진, 동질의 학교건물 및 장비의 수혜
다. 모든 수준 및 모든 형태의 교육에 있어서 남성과 여성의 역할에 관한 고정관념을 제거하기 위해 본 목적을 달성하는 데 기여할 수 있는 남녀공학 및 기타 형태의 교육을 장려하며 특히 교과서와 교과과정의 개편 및 교수방법의 개선을 기함
라. 장학금 기타 연구장려금의 혜택을 받을 수 있는 동일한 기회
마. 성인용 및 문맹자용 교과과정을 포함한 계속교육과정, 특히 교육에 있어서의 남녀간의 격차를 가능한 한 조속히 감소시키기 위한 교과과정의 혜택을 받을 수 있는 동일한 기회
바. 여학생 중퇴율의 감소 및 일찍이 학업을 포기한 소녀 및 여성을 위한 교과과정의 마련
사. 스포츠와 체육교육에 적극적으로 참여할 수 있는 동일한 기회
아. 가족계획에 관한 정보 및 조언을 포함하여 가족의 건강과

복지를 확보하는 데 도움을 주는 구체적인 교육정보의 수혜

제11조 ① 당사국은 고용분야에서 남녀평등의 기초 위에 동일한 권리, 특히 다음의 권리를 확보할 목적으로 여성에 대한 차별을 철폐하기 위한 모든 적절한 조치를 취하여야 한다.

가. 모든 인간의 불가침의 권리로서의 근로의 권리

나. 동일한 채용기준의 적용을 포함한 동일한 고용기회를 보장받을 권리

다. 직업과 고용의 자유로운 선택권, 승진, 직장안정 및 역무에 관련된 모든 혜택과 조건을 누릴 권리, 그리고 견습, 고등직업훈련 및 반복훈련을 포함한 직업훈련 및 재훈련을 받을 권리

라. 수당을 포함하여 동등한 보수를 받을 권리 및 노동의 질의 평가에 있어 동등한 처우와 동등한 가치의 노동에 대한 동등한 처우를 받을 권리

마. 유급휴가를 받을 권리 및 사회보장, 특히 퇴직, 실업, 질병, 병약, 노령 및 기타 노동 무능력의 경우에 사회보장에 대한 권리

바. 건강보호에 대한 권리 및 생식기능의 보호조치를 포함한 노동조건의 안전에 대한 권리

② 당사국은 결혼 또는 모성을 이유로 한 여성에 대한 차별을 방지하며 여성의 근로에 대한 유효한 권리를 확보하기 위하여 다음을 위한 적절한 조치를 취하여야 한다.

가. 임신 또는 출산휴가를 이유로 한 해고 및 혼인 여부를 근거로 한 해고에 있어서의 차별을 금지하고 위반시 제재를 가하도록 하는 것

나. 종전의 직업, 선임순위 또는 사회보장 수당을 상실함이 없이 유급 또는 이에 상당하는 사회보장급부를 포함하는 출산휴가제를 도입하는 것

다. 특히 아동보육 시설망의 확립과 발전의 촉진을 통하여 부모가 직장에서의 책임 및 사회생활에의 참여를 가사의 의무와 병행시키는데 도움이 될 필요한 사회보장 혜택의 제공을 장려하는 것

라. 임신중의 여성에게 유해한 것이 증명된 유형의 작업에는 동 여성에 대한 특별한 보호를 제공하는 것

③ 본조에 취급된 문제와 관련한 보호적 입법은 과학적 및 기술적 지식에 비추어 정기적으로 검토되어야 하며, 필요하다면 개정, 폐기 또는 연장되어야 한다.

제12조 ① 당사국은 남녀평등의 기초 위에 가족계획에 관련된 것을 포함한 보건사업의 혜택을 확보하기 위하여 보건분야에서의 여성에 대한 차별을 철폐하기 위한 모든 적절한 조치를 취하여야 한다.
② 본조 제1항의 규정에도 불구하고 당사국은 여성에 대해 임신 및 수유기 동안의 적절한 영양 섭취를 확보하고 임신, 해산 및 산후조리기간과 관련하여 적절한 역무제공을 확보하여야 하며, 필요한 경우에는 무상으로 이를 제공하여야 한다.

제13조 당사국은 경제적, 사회적 생활의 다른 영역에 있어 남녀평등의 기초 위에 동일한 권리, 특히 다음의 권리를 확보할 목적으로 여성에 대한 차별을 철폐하기 위한 모든 적절한 조치를 취하여야 한다.

가. 가족급부금에 대한 권리
나. 은행대부, 저당 및 기타 형태의 금융대부에 대한 권리
다. 레크레이션 활동, 체육과 각종 문화생활에 참여할 권리

제14조 ① 당사국은 시골여성이 직면하고 있는 특수한 문제와 화폐로 표시되지 않는 경제 부문에서의 노동을 포함하여 시골여성이 가족의 경제적 생존을 위하여 수행하는 중요한 역할을 고려하여야 하며, 시골여성에게 이 협약의 제 조항의 적용을 확보하도록 모든 적절한 조치를 취하여야 한다.
② 당사국은 남녀평등의 기초 위에 시골여성이 지역개발에 참여하며 그 개발에 따른 이익을 향유할 수 있도록 보장하기 위하여 시골여성에 대한 차별을 철폐하기 위한 모든 적절한 조치를 취하여야 하며, 특히 시골여성에 대하여 다음의 권리를 확보하여야 한다.

가. 모든 수준에서 개발계획의 작성 및 실시에 참여하는 것

나. 가족계획에 대한 정보, 상담 및 서비스를 포함한 적절한 보건시설의 혜택을 받는 것
다. 사회보장계획으로부터 직접적인 혜택을 받는 것
라. 기술적 능력을 향상시키기 위하여 기능적 문자 해독능력에 관한 것을 포함한 모든 형태의 공식, 비공식 훈련 및 교육과, 특히 지역사회교육 및 특별교육의 혜택을 받는 것
마. 취업 또는 자가경영을 통한 경제적 기회에 있어 평등한 혜택을 받을 수 있도록 자조집단 및 협동조합을 결성하는 것
바. 모든 지역사회활동에 참여하는 것
사. 농업신용 및 대부, 매매시설, 적절한 공업기술의 혜택을 받으며, 토지 및 농지개혁과 재정착계획에 있어 동등한 대우를 받는 것
아. 적절한 생활조건, 특히 주거, 위생시설, 전력 및 용수공급, 운송 및 통신 등과 관련한 생활조건을 향유하는 것

제 4 부

제15조 ① 당사국은 여성에 대하여 법 앞에서의 남성과의 평등을 부여하여야 한다.
② 당사국은 민사문제에 있어서, 여성에게 남성과 동등한 법적 능력 및 동 능력을 행사할 동일한 기회를 부여하여야 한다. 특히, 당사국은 계약을 체결하고 재산을 관리할 동등권을 여성에게 부여하여야 하며 법원과 법정의 절차상 모든 단계에서 여성을 동등하게 취급하여야 한다.
③ 당사국은 여성의 법적 능력을 제한하는 법적 효과를 가지는 모든 계약과 기타 모든 종류의 사적 문서를 무효로 간주하는 데 동의한다.
④ 당사국은 사람의 이전에 관한 법과 그들의 주거 및 주소 선택의 자유와 관련하여 남성과 여성에게 동일한 권리를 부여하여야 한다.

제16조 ① 당사국은 혼인과 가족관계에 관한 모든 문제에 있어

여성에 대한 차별을 철폐하기 위한 모든 적절한 조치를 취하여야 하며, 특히 남녀평등의 기초 위에 다음을 보장하여야 한다.

가. 혼인을 할 동일한 권리

나. 자유로이 배우자를 선택하고 상호간의 자유롭고 완전한 동의에 의해서만 혼인을 할 동일한 권리

다. 혼인중 및 혼인을 해소할 때의 동일한 권리와 책임

라. 부모의 혼인상태를 불문하고 자녀에 관한 문제에 있어 부모로서의 동일한 권리와 책임: 모든 경우에 있어서 자녀의 이익이 최우선적으로 고려되어야 함

마. 자녀의 수 및 출산간격을 자유롭고 책임감 있게 결정할 동일한 권리와 이 권리를 행사할 수 있게 하는 정보, 교육 및 제 수단의 혜택을 받을 동일한 권리

바. 아동에 대한 보호, 후견, 재산관리 및 자녀입양 또는 국내 법제상 존재하는 개념 중에 유사한 제도와 관련하여 동일한 권리와 책임: 모든 경우에 있어서 아동의 이익이 최우선적으로 고려되어야 함

사. 가족성(姓) 및 직업을 선택할 권리를 포함하여 부부로서의 동일한 개인적 권리

아. 무상이든 혹은 유상이든 재산의 소유, 취득, 운영, 관리, 향유 및 처분에 관한 양 배우자의 동일한 권리

② 아동의 약혼과 혼인은 아무런 법적 효과가 없으며 혼인을 위한 최저연령을 정하고 공공등기소에 혼인등록을 의무화하기 위하여 입법을 포함한 모든 필요한 조치를 취하여야 한다.

제5부

제17조 ① 이 협약의 이행상 행하여진 진전을 심의할 목적으로 여성에 대한 차별철폐위원회(이하 위원회라 함)를 설치하며, 위원회는 협약의 발효시에는 18인, 그리고 35번째 당사국이 비준 또는 가입한 후에는 23인의 이 협약의 규율분야에서 높은 도덕적 명성과 능력을 갖춘 전문가로서 구성한다. 동 전문가는 당사국에 의해 그들의 국민 중에서 선출되어 개인 자격으로 봉사하여야 하

며, 선출에 있어서는 공평한 지리적 배분과 주요 법체계 및 상이한 문명형태가 대표될 수 있도록 고려되어야 한다.
② 위원회의 구성원은 당사국에 의해 지명된 명부 중에서 비밀투표로 선출한다. 각 당사국은 그 국민 중에서 1인을 지명할 수 있다.
③ 최초 선거는 이 협약의 발효일로부터 6개월 후에 행한다. 국제연합 사무총장은 최소한 각 선거 3개월 이전에 당사국에 서한을 발송하여 2개월 이내에 그들의 지명자를 제출해줄 것을 요청하여야 한다. 사무총장은 이렇게 지명된 전원의 명단을 알파벳 순으로, 그들을 지명한 당사국을 명시하여, 작성하여 당사국에 송부하여야 한다.
④ 위원회 구성원의 선거는 사무총장에 의해 소집되어 국제연합 본부에서 열리는 당사국회의에서 행한다. 당사국의 3분의 2가 정족수를 구성하는 동 회의에서 참석 및 투표한 당사국 대표의 최다수표 및 절대다수표를 획득한 피지명자가 위원회 구성원으로 선출된다.
⑤ 위원회의 구성원은 4년 임기로 선출된다. 그러나 최초 선거에서 선출된 구성원 중 9인의 임기는 2년으로 만료되며 최초 선거 후 즉시 동 9인 구성원의 명단을 위원회 의장이 추첨으로 선정한다.
⑥ 위원회는 추가 구성원 5인의 선거는 35번째 비준 또는 가입 후 본조 제2항, 제3항 및 제4항의 규정에 따라 행한다. 동 기회에 선출된 추가 구성원 중 위원회 의장이 추첨으로 선정한 2인의 임기는 2년으로 만료된다.
⑦ 불시의 공석을 보충하기 위하여 자국의 전문가가 위원회 구성원으로서의 기능을 종료한 당사국은 위원회의 승인을 조건으로 그 국민 중에서 다른 전문가를 임명하여야 한다.
⑧ 위원회 구성원은 위원회 책무의 중요성을 고려하여 총회가 승인하고 결정하는 조건에 따라 국제연합 재원으로부터 보수를 받는다.
⑨ 국제연합 사무총장은 이 협약에 따른 위원회 임무의 효율적 수행을 위하여 필요한 직원 및 시설을 제공한다.

제18조 ① 당사국은 그들이 이 협약의 규정을 실시하기 위하여 채택한 입법, 사법, 행정 또는 기타 조치와 이와 관련하여 이루어진 진전에 대한 보고서를 위원회가 심의하도록 국제연합 사무총장에게 제출할 의무를 진다. 즉, 관계국에 대하여 발효한 후 1년 이내에 제출하며 그 이후에는 최소한 매 4년마다 제출하며 위원

회가 요구하는 때는 언제든지 제출한다.
② 보고서에는 이 협약에서 정한 의무의 이행 정도에 영향을 주는 요인 및 애로점을 지적할 수 있다.

제19조 ① 위원회는 자체의 의사규칙을 채택하여야 한다.
② 위원회는 2년 임기의 자체 직원을 선출하여야 한다.

제20조 ① 위원회는 이 협약 제18조에 따라 제출되는 보고서를 심의하기 위하여 매년 2주를 넘지 않는 기간 동안 정규로 회합한다.
② 위원회 회의는 국제연합본부 또는 위원회가 정하는 다른 편리한 장소에서 정규로 개최된다.

제21조 ① 위원회는 경제사회이사회를 통하여 그 활동에 관한 보고서를 매년 국제연합 총회에 제출하며, 당사국으로부터 접수한 보고서 및 정보에 대한 심사를 기초로 하여 제안 및 일반적 권고를 할 수 있다. 동 제안 및 일반적 권고는 당사국으로부터의 논평이 있는 경우 이와 함께 위원회의 보고서에 수록하여야 한다.
② 사무총장은 위원회의 보고서를 참고용으로 여성지위위원회에 송부하여야 한다.

제22조 전문기구는 이 협약 규정 중 그 활동범위에 속하는 규정의 시행에 대한 심의에 참가할 권한이 있다. 위원회는 전문기구에 그 활동범위에 속하는 분야에서의 협약의 시행에 관한 보고서를 제출하도록 권유할 수 있다.

제6부

제23조 이 협약에서 어떠한 것도 아래에 포함될 수 있는 남녀평등의 달성에 더욱 이바지하는 규정에 영향을 미치지 아니한다.
가. 당사국의 법령

나. 동 국에 대하여 발효중인 여하한 기타 국제협약, 조약 또는 협정

제24조 당사국은 이 협약에서 인정된 권리의 완전한 실현을 달성할 목적으로 국가적 수준에서 모든 필요한 조치를 취할 의무를 진다.

제25조 ① 이 협약은 모든 국가의 서명을 위하여 개방된다.
② 국제연합 사무총장은 이 협약의 수탁자로 지정된다.
③ 이 협약은 비준되어야 한다. 비준서는 국제연합 사무총장에게 기탁되어야 한다.
④ 이 협약은 모든 국가의 가입을 위하여 개방된다. 가입은 국제연합 사무총장에게 가입서를 기탁함으로써 이루어진다.

제26조 ① 이 협약의 개정요구는 국제연합 사무총장에 대한 서면통고의 방법으로 당사국이 언제든지 행할 수 있다.
② 국제연합 총회는 동 요구가 있으면 이에 대하여 취할 조치를 결정한다.

제27조 ① 이 협약은 국제연합 사무총장에게 20번째의 비준서 또는 가입서가 기탁된 날로부터 30일 후에 발효한다.
② 이 협약은 20번째의 비준서 또는 가입서가 기탁된 후에 이 협약을 비준하거나 가입한 각 국가에 대하여는 비준서 또는 가입서가 기탁된 날로부터 30일 후에 발효한다.

제28조 ① 국제연합 사무총장은 비준 또는 가입시에 각국이 행한 유보문을 접수하고 이를 모든 국가에 회람시켜야 한다.
② 이 협약의 대상 및 목적과 양립하지 아니하는 유보는 허용되지 아니한다.
③ 유보는 국제연합 사무총장에 대한 통고로서 언제든지 철회할

수 있으며, 사무총장은 이를 모든 국가에 회람시켜야 한다. 그러한 통고는 접수된 날에 발효한다.

제29조 ① 이 협약의 해석 또는 적용에 관한 둘 또는 그 이상 당사국간의 분쟁이 직접교섭에 의해 해결되지 아니하는 경우 그들 중 하나의 요구가 있으면 중재재판에 회부되어야 한다. 중재재판 요구일로부터 6개월 이내 당사국이 중재재판 구성에 합의하지 못하면 동 당사국 중 일방은 국제사법재판소 규정에 부합하는 요청에 의해 동 분쟁을 국제재판소에 회부할 수 있다.
② 각 당사국은 이 협약의 서명, 비준 또는 가입시에 동 국이 본조 제1항에 기속되는 것으로 보지 않는다고 선언할 수 있다. 타 당사국은 그러한 유보를 행한 당사국에 대하여는 전항에 기속되지 아니한다.
③ 본조 제2항에 따라 유보를 행한 당사국은 국제연합 사무총장에 대한 통고로서 언제든지 동 유보를 철회할 수 있다.

제30조 이 협약은 아랍어, 중국어, 영어, 불어, 러시아어 및 스페인어본이 동등한 정본이며 국제연합 사무총장에게 기탁된다.

이상의 증거로서 정당히 권한이 주어진 하기 서명자는 이 협약에 서명하였다.

◇ 세계인권선언 ◇

(Universal Declaration of Human Rights)[6)]

전 문

모든 인류 구성원의 천부의 존엄성과 동등하고 양도할 수 없는 권리를 인정하는 것이 세계의 자유, 정의 및 평화의 기초이며, 인권에 대한 무시와 경멸이 인류의 양심을 격분시키는 만행을 초래하였으며, 인간이 언론과 신앙의 자유, 그리고 공포와 결핍으로부터의 자유를 누릴 수 있는 세계의 도래가 모든 사람들의 지고한 열망으로서 천명되어 왔으며, 인간이 폭정과 억압에 대항하는 마지막 수단으로서 반란을 일으키도록 강요받지 않으려면, 법에 의한 통치에 의하여 인권이 보호되어야 하는 것이 필수적이며, 국가간에 우호관계의 발전을 증진하는 것이 필수적이며, 국제연합의 모든 사람들은 그 헌장에서 기본적 인권, 인간의 존엄과 가치, 그리고 남녀의 동등한 권리에 대한 신념을 재확인하였으며, 보다 폭넓은 자유 속에서 사회적 진보와 보다 나은 생활수준을 증진하기로 다짐하였고, 회원국들은 국제연합과 협력하여 인권과 기본적 자유의 보편적 존중과 준수를 증진할 것을 스스로 서약하였으며, 이러한 권리와 자유에 대한 공통의 이해가 이 서약의 완전한 이행을 위하여 가장 중요하므로, 이에, 국제연합 총회는, 모든 개인과 사회 각 기관이 이 선언을 항상 유념하면서 학습 및 교육을 통하여 이러한 권리와 자유에 대한 존중을 증진하기 위하여 노력하며, 국내적 그리고 국제적인 점진적 조치를 통하여 회원국 국민들 자신과 그 관할 영토의 국민들 사이에서 이러한 권리와 자유가 보편적이고 효과적으로 인식되고 준수되도록 노력하도록 하기 위하여, 모든 사람과 국가가 성취하여야 할 공통의 기준으로서 이 세계인권선언을 선포한다.

제 1 조 모든 인간은 태어날 때부터 자유로우며 그 존엄과 권리에 있어서 동등하다. 인간은 천부적으로 이성과 양심을 부여받았으며 서로 형제애의 정신으로 행동하여야 한다.

제 2 조 모든 사람은 인종, 피부색, 성, 언어, 종교, 정치적 또는

6) 1948년 12월 10일 유엔 총회에서 채택.

기타의 견해, 민족적 또는 사회적 출신, 재산, 출생 또는 기타의 신분과 같은 어떠한 종류의 차별이 없이, 이 선언에 규정된 모든 권리와 자유를 향유할 자격이 있다. 더 나아가 개인이 속한 국가 또는 영토가 독립국, 신탁통치지역, 비자치지역이거나 또는 주권에 대한 여타의 제약을 받느냐에 관계없이, 그 국가 또는 영토의 정치적, 법적 또는 국제적 지위에 근거하여 차별이 있어서는 아니 된다.

제 3 조 모든 사람은 생명과 신체의 자유와 안전에 대한 권리를 가진다.

제 4 조 어느 누구도 노예상태 또는 예속상태에 놓이지 아니한다. 모든 형태의 노예제도와 노예매매는 금지된다.

제 5 조 어느 누구도 고문, 또는 잔혹하거나 비인도적이거나 굴욕적인 처우 또는 형벌을 받지 아니한다.

제 6 조 모든 사람은 어디에서나 법 앞에 인간으로서 인정받을 권리를 가진다.

제 7 조 모든 사람은 법 앞에 평등하며 어떠한 차별도 없이 법의 동등한 보호를 받을 권리를 가진다. 모든 사람은 이 선언에 위반되는 어떠한 차별과 그러한 차별의 선동으로부터 동등한 보호를 받을 권리를 가진다.

제 8 조 모든 사람은 헌법 또는 법률이 부여한 기본적 권리를 침해하는 행위에 대하여 권한 있는 국내법정에서 실효성 있는 구제를 받을 권리를 가진다.

제 9 조 어느 누구도 자의적으로 체포, 구금 또는 추방되지 아니한다.

第10조 모든 사람은 자신의 권리, 의무 그리고 자신에 대한 형사상 혐의에 대한 결정에 있어 독립적이며 공평한 법정에서 완전히 평등하게 공정하고 공개된 재판을 받을 권리를 가진다.

第11조 ① 모든 형사피의자는 자신의 변호에 필요한 모든 것이 보장된 공개 재판에서 법률에 따라 유죄로 입증될 때까지 무죄로 추정받을 권리를 가진다.
② 어느 누구도 행위시에 국내법 또는 국제법에 의하여 범죄를 구성하지 아니하는 작위 또는 부작위를 이유로 유죄로 되지 아니한다. 또한 범죄 행위시에 적용될 수 있었던 형벌보다 무거운 형벌이 부과되지 아니한다.

第12조 어느 누구도 그의 사생활, 가정, 주거 또는 통신에 대하여 자의적인 간섭을 받거나 또는 그의 명예와 명성에 대한 비난을 받지 아니한다. 모든 사람은 이러한 간섭이나 비난에 대하여 법의 보호를 받을 권리를 가진다.

第13조 ① 모든 사람은 자국 내에서 이동 및 거주의 자유에 대한 권리를 가진다.
② 모든 사람은 자국을 포함하여 어떠한 나라를 떠날 권리와 또한 자국으로 돌아올 권리를 가진다.

第14조 ① 모든 사람은 박해를 피하여 다른 나라에서 비호를 구하거나 비호를 받을 권리를 가진다.
② 이러한 권리는 진실로 비정치적 범죄 또는 국제연합의 목적과 원칙에 위배되는 행위로 인하여 기소된 경우에는 주장될 수 없다.

第15조 ① 모든 사람은 국적을 가질 권리를 가진다.
② 어느 누구도 자의적으로 자신의 국적을 박탈당하지 아니하며 자신의 국적을 변경할 권리가 부인되지 아니한다.

第16조 ① 성인 남녀는 인종, 국적 또는 종교에 따른 어떠한 제한도 없이 혼인하고 가정을 이룰 권리를 가진다. 그들은 혼인에 대하여, 혼인기간 중 그리고 혼인해소시에 동등한 권리를 향유할 자격이 있다 .
② 혼인은 장래 배우자들의 자유롭고 완전한 동의 아래에서만 성립된다.
③ 가정은 사회의 자연적이고 기초적인 단위이며, 사회와 국가의 보호를 받을 권리가 있다.

第17조 ① 모든 사람은 단독으로뿐만 아니라 다른 사람과 공동으로 재산을 소유할 권리를 가진다.
② 어느 누구도 자의적으로 자신의 재산을 박탈당하지 아니한다.

第18조 모든 사람은 사상, 양심 및 종교의 자유에 대한 권리를 가진다. 이러한 권리는 종교 또는 신념을 변경할 자유와, 단독으로 또는 다른 사람과 공동으로 그리고 공적으로 또는 사적으로 선교, 행사, 예배 및 의식에 의하여 자신의 종교나 신념을 표명하는 자유를 포함한다.

第19조 모든 사람은 의견의 자유와 표현의 자유에 대한 권리를 가진다. 이러한 권리는 간섭 없이 의견을 가질 자유와 국경에 관계없이 어떠한 매체를 통해서도 정보와 사상을 추구하고, 얻으며, 전달하는 자유를 포함한다.

第20조 ① 모든 사람은 평화적인 집회 및 결사의 자유에 대한 권리를 가진다.
② 어느 누구도 어떤 결사에 참여하도록 강요받지 아니한다.

第21조 ① 모든 사람은 직접 또는 자유로이 선출된 대표를 통하여 자국의 정부에 참여할 권리를 가진다.

② 모든 사람은 자국에서 동등한 공무담임권을 가진다.
③ 국민의 의사가 정부 권능의 기반이다. 이러한 의사는 보통·평등 선거권에 따라 비밀 또는 그에 상당한 자유 투표절차에 의한 정기적이고 진정한 선거에 의하여 표현된다.

제22조 모든 사람은 사회의 일원으로서 사회보장을 받을 권리를 가지며, 국가적 노력과 국제적 협력을 통하여, 그리고 각 국가의 조직과 자원에 따라서 자신의 존엄과 인격의 자유로운 발전에 불가결한 경제적, 사회적 및 문화적 권리들을 실현할 권리를 가진다.

제23조 ① 모든 사람은 일, 직업의 자유로운 선택, 정당하고 유리한 노동 조건, 그리고 실업에 대한 보호의 권리를 가진다.
② 모든 사람은 아무런 차별 없이 동일한 노동에 대하여 동등한 보수를 받을 권리를 가진다.
③ 노동을 하는 모든 사람은 자신과 가족에게 인간의 존엄에 부합하는 생존을 보장하며, 필요한 경우에 다른 사회보장방법으로 보충되는 정당하고 유리한 보수에 대한 권리를 가진다.
④ 모든 사람은 자신의 이익을 보호하기 위하여 노동조합을 결성하고, 가입할 권리를 가진다.

제24조 모든 사람은 노동시간의 합리적 제한과 정기적인 유급휴가를 포함하여 휴식과 여가의 권리를 가진다.

제25조 ① 모든 사람은 의식주, 의료 및 필요한 사회복지를 포함하여 자신과 가족의 건강과 안녕에 적합한 생활수준을 누릴 권리와, 실업, 질병, 장애, 배우자 사망, 노령 또는 기타 불가항력의 상황으로 인한 생계 결핍의 경우에 보장을 받을 권리를 가진다.
② 어머니와 아동은 특별한 보호와 지원을 받을 권리를 가진다. 모든 아동은 적서에 관계없이 동일한 사회적 보호를 누린다.

第26條 ① 모든 사람은 교육을 받을 권리를 가진다. 교육은 최소한 초등 및 기초단계에서는 무상이어야 한다. 초등교육은 의무적이어야 한다. 기술 및 직업교육은 일반적으로 접근이 가능하여야 하며, 고등교육은 모든 사람에게 실력에 근거하여 동등하게 접근 가능하여야 한다.
② 교육은 인격의 완전한 발전과 인권과 기본적 자유에 대한 존중의 강화를 목표로 한다. 교육은 모든 국가, 인종 또는 종교집단 간에 이해, 관용 및 우의를 증진하며, 평화의 유지를 위한 국제연합의 활동을 촉진하여야 한다.
③ 부모는 자녀에게 제공되는 교육 종류를 선택할 우선권을 가진다.

第27條 ① 모든 사람은 공동체의 문화생활에 자유롭게 참여하며 예술을 향유하고 과학의 발전과 그 혜택을 공유할 권리를 가진다.
② 모든 사람은 자신이 창작한 과학적, 문학적 또는 예술적 산물로부터 발생하는 정신적, 물질적 이익을 보호받을 권리를 가진다.

第28條 모든 사람은 이 선언에 규정된 권리와 자유가 완전히 실현될 수 있도록 사회적, 국제적 질서에 대한 권리를 가진다.

第29條 ① 모든 사람은 그 안에서만 자신의 인격이 자유롭고 완전하게 발전할 수 있는 공동체에 대하여 의무를 가진다.
② 모든 사람은 자신의 권리와 자유를 행사함에 있어서 다른 사람의 권리와 자유를 당연히 인정하고 존중하도록 하기 위한 목적과, 민주사회의 도덕, 공공질서 및 일반적 복리에 대한 정당한 필요에 부응하기 위한 목적을 위해서만 법에 따라 정하여진 제한을 받는다.
② 이러한 권리와 자유는 어떠한 경우에도 국제연합의 목적과 원칙에 위배되어 행사되어서는 아니 된다.

第30條 이 선언의 어떠한 규정도 어떤 국가, 집단 또는 개인에게 이 선언에 규정된 어떠한 권리와 자유를 파괴하기 위한 활동에

가담하거나 또는 행위를 할 수 있는 권리가 있는 것으로 해석되어서는 아니 된다.

◇ 동일가치노동에 대한 남녀근로자의 동일보수에 관한 협약(국제노동기구협약 제100호) ◇

(Convention concerning Equal Remuneration for Men and Women Workers for Work of Equal Value)[7] (ILO Convention No.100)

국제노동기구의 총회는, 국제노동사무국의 이사회가 제네바에서 1951년 6월 6일 소집한 제34차 회기에서, 회기 의사일정의 제7의제인 동일가치 노동에 대한 남녀근로자의 동일보수 원칙에 관한 제안의 채택을 결정하고, 이 제안이 국제협약의 형식을 취할 것을 결의하여, 1951년의 동일보수협약이라고 하는 다음의 협약을 1951년 6월 29일 채택한다.

제1조 **이 협약의 목적상,**

가. "보수"라 함은 통상 기본 또는 최저의 임금이나 봉급 그리고 고용을 이유로 지불하는 모든 추가적 급여를 말한다.

나. "동일가치 노동에 대한 남녀근로자의 동일보수"라 함은 성별에 따른 차별 없이 정하여지는 보수액을 말한다.

제2조 **① 회원국은 보수액을 결정하기 위하여 사용되고 있는 방법에 적합한 수단으로 동일가치노동에 대한 남녀근로자의 동일보**

---

7) 1951년 6월 29일 제네바에서 채택되어, 1953년 5월 23일 발효됨. 대한민국에서는 1998년 12월 8일 조약 제1465호로 발효되었음.

수 원칙을 모든 근로자에게 적용할 것을 촉진하며, 이 방법과 일치하는 한 그 적용을 보장한다.
② 이 원칙은 다음의 수단에 의하여 적용될 수 있다.
가. 국내법령
나. 합법적으로 제정되었거나 인정된 임금결정체계
다. 사용자와 노동자간의 단체협약
라. 위의 각종 수단의 조합

제 3 조 ① 이 협약의 규정을 이행하는 데 도움이 될 경우에는, 수행되는 노동을 기초로 한 객관적인 직무평가를 장려하기 위한 조치를 취한다.
② 이 직무평가시에 따라야 할 방법은 보수액의 결정을 담당하는 기관이 결정할 수 있고, 보수액이 단체협약에 의하여 결정될 경우에는 그 단체협약의 당사자가 결정할 수 있다.
③ 근로자간 보수액의 차이는 위의 객관적인 평가로 볼 때 성별에 관계없이 행하여지는 노동의 차이와 일치하면 동일가치노동에 대한 남녀근로자의 동일보수 원칙에 위배되는 것으로 간주되어서는 안 된다.

제 4 조 회원국은 이 협약의 규정을 이행할 목적으로 관련 사용자단체 및 근로자단체와 적절히 협력한다.

제 5 조 이 협약의 정식 비준서는 등록을 위하여 국제노동사무국장에게 송부한다.

제 6 조 ① 이 협약은 국제노동사무국장에게 비준이 등록된 국제노동기구회원국만을 기속한다.
② 이 협약은 2개 회원국이 사무국장에게 비준을 등록한 날부터 12월 후에 발효한다.
③ 협약 발효 후에 비준한 회원국에 대하여, 이 협약은 비준서를

등록한 날부터 12월 후에 발효한다.

제7조 ① 국제노동기구헌장 제35조 제2항에 의하여 국제노동사무국장에게 송부되는 선언은 다음 사항을 명시한다.

가. 협약의 규정을 수정하지 아니하고 적용할 것을 약속하는 지역

나. 협약의 규정을 수정하여 적용할 것을 약속하는 지역 및 상세한 수정내역

다. 협약을 적용할 수 없는 지역 및 그 이유

라. 입장에 대한 추후 고려시까지 결정을 유보하는 지역

② 제1항 가목 및 나목에 규정된 약속사항은 비준서의 불가분의 일부로 간주되며 비준의 효력을 가진다.

③ 회원국은 제1항 나목·다목 또는 라목에 의하여 최초의 선언에서 한 유보의 전부 또는 일부를 추후 선언으로 언제든지 취소할 수 있다.

④ 회원국은 제9조의 규정에 의하여 이 협약을 폐기할 수 있는 기간중 언제든지 과거 선언의 조항을 변경하고 지정지역에 관하여 현재 입장을 기술한 선언을 사무국장에게 통보할 수 있다.

제8조 ① 국제노동기구헌장 제35조 제4항 또는 제5항에 의하여 국제노동사무국장에게 송부되는 선언은 해당지역에서 이 협약의 규정을 수정 없이 적용할 것인지 수정하여 적용할 것인지를 명시한다. 선언이 이 협약의 규정을 수정하여 적용할 것임을 명시하는 경우에는, 선언에 수정의 상세사항을 기술한다.

② 하나 이상의 관련회원국 또는 관련국제기구는 과거의 선언에 명시된 수정을 할 수 있는 권리의 전부 또는 일부를 추후의 선언에 의하여 언제든지 포기할 수 있다.

③ 하나 이상의 관련회원국이나 관련국제기구는 제9조의 규정에 의하여 협약을 폐기할 수 있는 기간중에는 언제든지 이전의 선언의 조건을 다른 사항에 관하여 수정하고, 이 협약의 적용에 관련된 현재의 사정을 기술한 선언을 사무국장에게 통고할 수 있다.

제 9 조 ① 이 협약을 비준한 회원국은 이 협약이 발효일부터 10년이 만료한 후 국제노동사무국장에게 문서를 등록함으로써 협약을 폐기할 수 있다. 협약의 폐기는 등록일부터 1년 후에 발효한다.
② 이 협약을 비준하고 제1항의 규정에 의한 10년이 만료한 후 1년 내에 이 조에 규정된 폐기권을 행사하지 아니한 회원국은 다시 10년의 기간 협약의 기속을 받으며 그 후 10년의 기간이 만료할 때마다 이 조에 규정된 조건에 따라 협약을 폐기할 수 있다.

제10조 ① 국제노동사무국장은 국제노동기구 회원국으로부터 통보받은 모든 비준·선언 및 폐기에 관한 등록사항을 기구의 모든 회원국에 통고한다.
② 국제노동사무국장은 2번째의 비준등록 통보를 받아 회원국에 통고할 경우 협약의 발효일에 대하여 기구 회원국의 주의를 환기한다.

제11조 국제노동사무국장은 위 조항들의 규정에 의하여 등록된 모든 비준서·선언서 및 폐기서의 명세를 국제연합헌장 제102조에 의하여 등록하기 위하여 국제연합사무총장에게 통보한다.

제12조 국제노동사무국 이사회는 필요하다고 인정되는 경우 협약의 이행에 관한 보고서를 총회에 제출하며, 협약의 전부 또는 일부 개정에 관한 문제를 총회의 의제로 상정할 것인지를 심의한다.

제13조 ① 총회가 이 협약의 전부 또는 일부를 개정하는 신협약을 채택하는 경우 신협약에 달리 규정하지 아니하는 한,

가. 회원국이 신 개정협약의 비준으로 신 개정협약이 발효하였을 때 제9조의 규정에도 불구하고 당연히 이 협약은 즉시 폐기된다.

나. 이 협약은 신 개정협약의 발효일부터 더 이상 회원국의 비준대상이 되지 아니한다.

② 이 협약을 비준하였으나 신 개정협약을 비준하지 아니한 회원국에 대하여 이 협약은 현재의 형식 및 내용으로 계속 유효하다.

제14조 이 협약의 영문본 및 불어본을 동등하게 정본으로 한다.

◇ 고용 및 직업상의 차별에 관한 협약(국제노동기구협약 제111호) ◇

(Convention concerning Discrimination in respect of Employment and Occupation)[8] (ILO Convention No.111)

국제노동기구 총회는, 국제노동사무국 이사회가 1958년 6월 4일 제네바에서 소집한 제42차 회기에서, 회기 의사일정의 제4의제인 고용 및 직업상의 차별에 관한 제안의 채택을 결정하고, 이 제안이 국제협약의 형식을 취할 것을 결의하여, 필라델피아 선언이 모든 인간은 인종 · 종교 또는 성별에 관계없이 자유와 존엄, 경제적 보장과 기회의 평등이라는 조건 아래에서 그들의 물질적 안녕과 정신적 개발을 추구할 권리가 있다고 확인하고 있음을 고려하고, 또한 차별은 세계인권선언이 천명한 권리에 대한 위반을 구성함을 고려하여, 1958년의 차별(고용및직업)협약이라고 하는 다음의 협약을 1958년 6월 25일 채택한다.

제 1 조 ① 이 협약의 목적상, "차별"이라 함은 다음 사항을 포함한다.

가. 인종, 피부색, 성별, 종교, 정치적 견해, 출신국 또는 사회적 신분에 근거한 모든 구별 · 배제 또는 우대로서, 고용 또는 직업상의 기회 또는 대우의 균등을 부정하거나 저해하는 효과를 가지는 것.

---

8) 1958년 6월 25일 제네바에서 채택되어, 1960년 6월 15일 발효됨. 대한민국에서는 1999년 12월 4일 조약 제1499호로 발효되었음.

나. 고용 또는 직업상의 기회 또는 대우의 균등을 부정하거나 저해하는 효과를 가지는 여타 구별·배제 또는 우대로서, 관련 회원국이 결정하는 것. 이를 위하여 관련 회원국은 사용자 및 노동자 대표단체가 존재하는 경우 이들과 협의하거나 여타 적절한 기구와 협의한다.

② 특정 직종의 고유한 요구사항에 근거한 모든 구별·배제 또는 우대는 차별로 간주되지 아니한다.

③ 이 협약의 목적상, "고용" 및 "직업"은 직업훈련의 기회, 고용 및 특정 직업의 기회와 고용조건을 포함한다.

제 2 조 이 협약을 시행하는 회원국은 고용 및 직업상의 모든 차별을 제거할 목적으로, 국내 여건과 관행에 적합한 방법으로 고용 및 직업상의 기회와 대우의 균등을 증진하기 위하여 국내 정책을 선언하고 이를 추구할 것을 약속한다.

제 3 조 이 협약을 시행하는 회원국은 국내 여건과 관행에 적합한 방법으로 다음을 행할 것을 약속한다.

가. 이 정책의 수락 및 그 준수의 촉진에 있어 사용자 및 노동자 단체, 그리고 여타 적절한 기구의 협력을 구한다.

나. 이 정책의 수락과 준수를 확보하려는 것으로 추정되는 법을 제정하고 교육 프로그램을 증진한다.

다. 상기 정책과 부합하지 아니하는 법령규정 및 행정지침 또는 관행을 폐기·수정한다.

라. 국내 당국의 직접적인 통제 아래 고용에 관한 상기 정책을 추구한다.

마. 국내 당국의 지도 아래 직업지도·직업훈련 및 직업소개서비스 활동에 있어 상기 정책의 준수를 보장한다.

바. 이 협약의 적용에 관한 연례보고서에 상기 정책에 따라 취하여진 조치 및 이러한 조치로 얻어진 결과를 표시한다.

제 4 조 국가안보를 손상시키는 활동의 정당한 혐의가 있는 자, 또

는 이러한 활동에 관여한 자에 영향을 미치는 조치는 차별로 간주되지 아니한다. 다만, 이 경우 관계당사자가 국가 관행에 따라 설립되는 관련 기구에 진정할 권리를 보유하는 것을 조건으로 한다.

제 5 조 ① 국제노동기구에 의하여 채택된 여타 협약 및 권고가 규정하는 특별보호 또는 지원조치는 차별로 간주되지 아니한다.
② 회원국은 사용자 및 노동자 대표단체가 존재하는 경우 이들과 협의하여 성별, 연령, 장애, 가족상의 의무 또는 사회적 · 문화적 신분 등의 사유로 인하여 일반적으로 특별보호 또는 지원이 필요하다고 인정되는 자의 특정한 필요를 충족하기 위한 특별한 조치는 차별로 간주하지 아니한다고 결정할 수 있다.

제 6 조 이 협약을 비준하는 회원국은 국제노동기구 헌장의 규정에 의하여 이 협약을 대도시 이외의 지역에도 적용할 것을 약속한다.

제 7 조 이 협약의 정식 비준서는 등록을 위하여 국제노동사무국장에게 송부된다.

제 8 조 ① 이 협약은 국제노동사무국장에게 비준이 등록된 국제노동기구 회원국만을 기속한다.
② 이 협약은 2개의 회원국이 사무국장에게 비준을 등록한 날부터 12월 후에 발효한다.
③ 협약 발효 후에 비준한 회원국에 대하여, 이 협약은 비준서를 등록한 날부터 12월 후에 발효한다.

제 9 조 ① 이 협약을 비준한 회원국은 이 협약이 발효일부터 10년이 지난 후 국제노동사무국장에게 문서를 등록함으로써 협약을 폐기할 수 있다. 협약의 폐기는 등록일부터 1년 후에 발효한다.
② 이 협약을 비준하고 제1항의 규정에 의한 10년이 지난 후 1년 안에 이 조에 규정된 폐기권을 행사하지 아니한 회원국은 다시 10

년간 협약의 기속을 받으며 그 후 10년의 기간이 만료할 때마다 이 조에 규정된 조건에 따라 협약을 폐기할 수 있다.

제10조 ① 국제노동사무국장은 국제노동기구 회원국으로부터 통보받은 모든 비준·선언 및 폐기에 관한 등록사항을 기구의 모든 회원국에 통고한다.
② 국제노동사무국장은 두 번째의 비준등록 통보를 받아 회원국에 통고할 경우 협약의 발효일에 대하여 기구 회원국의 주의를 환기한다.

제11조 국제노동사무국장은 위 조항들의 규정에 의하여 등록된 모든 비준서·선언서 및 폐기서의 명세를 국제연합 헌장 제102조에 의하여 등록을 위하여 국제연합사무총장에게 통보한다.

제12조 국제노동사무국 이사회는 필요하다고 인정되는 경우 협약의 이행에 관한 보고서를 총회에 제출하며, 협약의 전부 또는 일부의 개정에 관한 문제를 총회의 의제로 상정할 것인지를 심의한다.

제13조 ① 총회가 이 협약의 전부 또는 일부를 개정하는 새로운 협약을 채택하는 경우, 새로운 협약에 달리 규정되지 아니하는 한
가. 회원국이 새로운 개정협약의 비준으로 새로운 개정협약이 발효하였을 때 제9조의 규정에 불구하고 당연히 이 협약은 즉시 폐기된다.
나. 이 협약은 새로운 개정협약의 발효일부터 더 이상 회원국의 비준대상이 되지 아니한다.
② 이 협약을 비준하였으나 새로운 개정협약을 비준하지 아니한 회원국에 대하여 이 협약은 현재의 형식 및 내용으로 계속 유효하다.

제14조 이 협약의 영문본 및 불어본은 동등하게 정본으로 한다.

◇ 유엔 아동권리협약 ◇

(Convention on the Rights of the Child)[9)]

전 문

이 협약의 당사국은, 국제연합 헌장에 선언된 원칙에 따라, 인류사회의 모든 구성원의 고유의 존엄성 및 평등하고 양도할 수 없는 권리를 인정하는 것이 세계의 자유·정의 및 평화의 기초가 됨을 고려하고, 국제연합 체제 하의 모든 국민들은 기본적인 인권과 인간의 존엄성 및 가치에 대한 신념을 헌장에서 재확인하였고, 확대된 자유 속에서 사회진보와 생활수준의 향상을 촉진하기로 결의하였음에 유념하며, 국제연합이 세계인권선언과 국제인권규약에서 모든 사람은 인종, 피부색, 성별, 언어, 종교, 정치적 또는 기타의 의견, 민족적 또는 사회적 출신, 재산, 출생 또는 기타의 신분 등 어떠한 종류 구분에 의한 차별 없이 동 선언 및 규약에 규정된 모든 권리와 자유를 누릴 자격이 있음을 선언하고 동의하였음을 인정하고, 국제연합이 세계인권선언에서 아동기에는 특별한 보호와 원조를 받을 권리가 있다고 선언하였음을 상기하며, 사회의 기초집단이며 모든 구성원 특히 아동의 성장과 복지를 위한 자연적 환경으로서 가족에게는 공동체 안에서 그 책임을 충분히 감당할 수 있도록 필요한 보호와 원조가 부여되어야 함을 확신하며, 아동은 완전하고 조화로운 인격 발달을 위하여 가족적 환경과 행복, 사랑 및 이해의 분위기 속에서 성장하여야 함을 인정하고, 아동은 사회에서 한 개인으로서의 삶을 영위할 수 있도록 충분히 준비되어져야 하며, 국제연합 헌장에 선언된 이상의 정신과 특히 평화·존엄·관용·자유·평등·연대의 정신 속에서 양육되어야 함을 고려하고, 아동에게 특별한 보호를 제공하여야 할 필요성은 1924년 아동권리에 관한 제네바선언과 1959년 11월 20일 총회에 의하여 채택된 아동권리선언에 명시되어 있으며, 세계인권선언, 시민적 및 정치적 권리에 관한 국제규약(특히 제23조 및 제24조),

9) 1989년 11월 20일 뉴욕에서 작성되어 1990년 9월 2일 발효됨. 대한민국에서는 1991년 12월 20일(조약 제1072호) 발효되었으나, 아동권리협약의 제9조 제3항, 제21조 가항 및 제40조 제2항 나호(5)의 규정을 유보하면서 비준하였음. 이 중 제9조 3항의 유보철회가 2008년 10월 16일(조약 제1913호) 발효되었음. 한편 아동권리협약 제43조 제2항 개정이 1995년 12월 12일 뉴욕에서 채택되어, 2002년 11월 18일 발효되었고, 대한민국도 같은 날 고시 제499호로 발효되었음.

경제적 · 사회적 및 문화적 권리에 관한 국제 규약(특히 제10조) 및 아동의 복지와 관련된 전문기구와 국제기구의 규정 및 관련문서에서 인정되었음을 유념하고, 아동권리선언에 나타나 있는 바와 같이, "아동은 신체적 · 정신적 미성숙으로 인하여 출생 전후를 막론하고 적절한 법적 보호를 포함한 특별한 보호와 배려를 필요로 한다"는 점에 유념하고, "국내적 또는 국제적 양육위탁과 입양을 별도로 규정하는 아동의 보호와 복지에 관한 사회적 및 법적 원칙에 관한 선언"의 제 규정, "소년법 운영을 위한 국제연합 최소 표준규칙"(베이징규칙) 및 "비상시 및 무력 충돌시 부녀자와 아동의 보호에 관한 선언"을 상기하고, 세계 모든 국가에 예외적으로 어려운 여건 아래에서 생활하고 있는 아동들이 있으며, 이 아동들은 특별한 배려를 필요로 함을 인정하고, 아동의 보호와 조화로운 발전을 위하여 각 민족의 전통과 문화적 가치의 중요성을 충분히 고려하고, 모든 국가, 특히 개발도상국가 아동의 생활여건을 향상시키기 위한 국제 협력의 중요성을 인정하면서, 다음과 같이 합의하였다.

제 1 부

제 1 조 이 협약의 목적상, "아동"이라 함은 아동에게 적용되는 법에 의하여 보다 조기에 성인 연령에 달하지 아니하는 한 18세 미만의 모든 사람을 말한다.

제 2 조 ① 당사국은 자국의 관할권 안에서 아동 또는 그의 부모나 후견인의 인종, 피부색, 성별, 언어, 종교, 정치적 또는 기타의 의견, 민족적, 인종적 또는 사회적 출신, 재산, 무능력, 출생 또는 기타의 신분에 관계없이 그리고 어떠한 종류의 차별을 함이 없이 이 협약에 규정된 권리를 존중하고, 각 아동에게 보장하여야 한다.

② 당사국은 아동이 그의 부모나 후견인 또는 가족구성원의 신분, 활동, 표명된 의견 또는 신념을 이유로 하는 모든 형태의 차별이나 처벌로부터 보호되도록 보장하는 모든 적절한 조치를 취하여야 한다.

제 3 조 ① 공공 또는 민간 사회복지기관, 법원, 행정당국 또는 입법기관 등에 의하여 실시되는 아동에 관한 모든 활동에 있어서 아동의 최선의 이익이 최우선적으로 고려되어야 한다.
② 당사국은 아동의 부모, 후견인, 기타 아동에 대하여 법적 책임이 있는 자의 권리와 의무를 고려하여, 아동복지에 필요한 보호와 배려를 아동에게 보장하고, 이를 위하여 모든 적절한 입법적 · 행정적 조치를 취하여야 한다.
③ 당사국은 아동에 대한 배려와 보호에 책임 있는 기관, 편의 및 시설이 관계당국이 설정한 기준, 특히 안전과 위생분야 그리고 직원의 수 및 적격성은 물론 충분한 감독 면에서 기준에 따를 것을 보장하여야 한다.

제 4 조 당사국은 이 협약에서 인정된 권리를 실현하기 위하여 모든 적절한 입법적 · 행정적 및 여타의 조치를 취하여야 한다. 경제적 · 사회적 및 문화적 권리에 관하여 당사국은 가용자원의 최대한도까지 그리고 필요한 경우에는 국제협력의 테두리 안에서 이러한 조치를 취하여야 한다.

제 5 조 아동이 이 협약에서 인정된 권리를 행사함에 있어서 당사국은 부모 또는 적용가능 한 경우 현지 관습에 의하여 인정되는 확대가족이나 공동체의 구성원, 후견인 기타 아동에 대한 법적 책임자들이 아동의 능력발달에 상응하는 방법으로 적절한 감독과 지도를 행할 책임과 권리 및 의무를 가지고 있음을 존중하여야 한다.

제 6 조 ① 당사국은 모든 아동이 생명에 관한 고유의 권리를 가지고 있음을 인정한다.
② 당사국은 가능한 한 최대한도로 아동의 생존과 발전을 보장하여야 한다.

제7조 ① 아동은 출생 후 즉시 등록되어야 하며, 출생시부터 성명권과 국적취득권을 가지며, 가능한 한 자신의 부모를 알고 부모에 의하여 양육 받을 권리를 가진다.
② 당사국은 이 분야의 국내법 및 관련국제문서상의 의무에 따라 이러한 권리가 실행되도록 보장하여야 하며, 권리가 실행되지 아니하여 아동이 무국적으로 되는 경우에는 특히 그러하다.

제8조 ① 당사국은 위법한 간섭을 받지 아니하고, 국적, 성명 및 가족관계를 포함하여 법률에 의하여 인정된 신분을 보존할 수 있는 아동의 권리를 존중한다.
② 아동이 그의 신분요소 중 일부 또는 전부를 불법적으로 박탈당한 경우, 당사국은 그의 신분을 신속하게 회복하기 위하여 적절한 원조와 보호를 제공하여야 한다.

제9조 ① 당사국은 사법적 심사의 구속을 받는 관계당국이 적용가능한 법률 및 절차에 따라서 분리가 아동의 최상의 이익을 위하여 필요하다고 결정하는 경우 외에는, 아동이 그의 의사에 반하여 부모로부터 분리되지 아니하도록 보장하여야 한다. 위의 결정은 부모에 의한 아동 학대 또는 유기의 경우나 부모의 별거로 인하여 아동의 거소에 관한 결정이 내려져야 하는 등 특별한 경우에 필요할 수 있다.
② 제1항의 규정에 의한 어떠한 절차에서도 모든 이해당사자는 그 절차에 참가하여 자신의 견해를 표시할 기회가 부여되어야 한다.
③ 당사국은 아동의 최선의 이익에 반하는 경우 외에는, 부모의 일방 또는 쌍방으로부터 분리된 아동이 정기적으로 부모와 개인적 관계 및 직접적인 면접교섭을 유지할 권리를 가짐을 존중하여야 한다.
④ 그러한 분리가 부모의 일방이나 쌍방 또는 아동의 감금, 투옥, 망명, 강제퇴거 또는 사망(국가가 억류하고 있는 동안 어떠한 원인에 기인한 사망을 포함한다) 등과 같이 당사국에 의하여 취하여진 어떠한 조치의 결과인 경우에는, 당사국은 그 정보의 제공이 아동의 복지에 해롭지 아니하는 한, 요청이 있는 경우, 부모, 아

동 또는 적절한 경우 다른 가족구성원에게 부재중인 가족구성원의 소재에 관한 필수적인 정보를 제공하여야 한다. 또한 당사국은 그러한 요청의 제출이 그 자체로 관계인에게 불리한 결과를 초래하지 아니하도록 보장하여야 한다.

제10조 ① 제9조 제1항에 규정된 당사국의 의무에 따라서, 가족의 재결합을 위하여 아동 또는 그 부모가 당사국에 입국하거나 출국하기 위한 신청은 당사국에 의하여 긍정적이며 인도적인 방법으로 그리고 신속하게 취급 되어야 한다. 또한 당사국은 이러한 요청의 제출이 신청자와 그의 가족구성원들에게 불리한 결과를 수반하지 아니하도록 보장하여야 한다.
② 부모가 타국에 거주하는 아동은 예외적 상황 외에는 정기적으로 부모와 개인적 관계 및 직접적인 면접교섭을 유지할 권리를 가진다. 이러한 목적에 비추어 그리고 제9조 제2항에 규정된 당사국의 의무에 따라, 당사국은 아동과 그의 부모가 본국을 포함하여 어떠한 국가로부터 출국할 수 있고 또한 본국으로 입국할 수 있는 권리를 존중하여야 한다. 어떠한 국가로부터 출국할 수 있는 권리는 법률에 의하여 규정되고, 국가안보, 공공질서, 공중보건이나 도덕 또는 타인의 권리와 자유를 보호하기 위하여 필요하며 이 협약에서 인정된 그 밖의 권리에 부합되는 제한에 의하여만 구속된다.

제11조 ① 당사국은 아동의 불법해외이송 및 미귀환을 퇴치하기 위한 조치를 취하여야 한다.
② 이 목적을 위하여 당사국은 양자 또는 다자협정의 체결이나 기존 협정에의 가입을 촉진하여야 한다.

제12조 ① 당사국은 자신의 견해를 형성할 능력이 있는 아동에 대하여 본인에게 영향을 미치는 모든 문제에 있어서 자신의 견해를 자유스럽게 표시할 권리를 보장하며, 아동의 견해에 대하여는 아동의 연령과 성숙도에 따라 정당한 비중이 부여되어야 한다.

② 이러한 목적을 위하여, 아동에게는 특히 아동에게 영향을 미치는 어떠한 사법적·행정적 절차에 있어서도 직접 또는 대표자나 적절한 기관을 통하여 진술할 기회가 국내법적 절차에 합치되는 방법으로 주어져야 한다.

제13조 ① 아동은 표현에 대한 자유권을 가진다. 이 권리는 구두, 필기 또는 인쇄, 예술의 형태 또는 아동이 선택하는 기타의 매체를 통하여 모든 종류의 정보와 사상을 국경에 관계없이 추구하고 접수하며 전달하는 자유를 포함한다.
② 이 권리의 행사는 일정한 제한을 받을 수 있다. 다만 이 제한은 오직 법률에 의하여 규정되고 또한 다음 사항을 위하여 필요한 것이어야 한다.
  가. 타인의 권리 또는 신망의 존중
  나. 국가안보, 공공질서, 공중보건 또는 도덕의 보호

제14조 ① 당사국은 아동의 사상·양심 및 종교의 자유에 대한 권리를 존중하여야 한다.
② 당사국은 아동이 권리를 행사함에 있어 부모 및 경우에 따라서는, 후견인이 아동의 능력발달에 부합하는 방식으로 그를 감독할 수 있는 권리와 의무를 존중하여야 한다.
③ 종교와 신념을 표현하는 자유는 오직 법률에 의하여 규정되고 공공의 안전, 질서, 보건이나 도덕 또는 타인의 기본권적 권리와 자유를 보호하기 위하여 필요한 경우에만 제한될 수 있다.

제15조 ① 당사국은 아동의 결사의 자유와 평화적 집회의 자유에 대한 권리를 인정한다.
② 이 권리의 행사에 대하여는 법률에 따라 부과되고 국가안보 또는 공공의 안전, 공공질서, 공중보건이나 도덕의 보호 또는 타인의 권리와 자유의 보호를 위하여 민주사회에서 필요한 것 외의 어떠한 제한도 과하여져서는 아니 된다.

제16조 ① 어떠한 아동도 사생활, 가족, 가정 또는 통신에 대하여 자의적이거나 위법적인 간섭을 받지 아니하며 또한 명예나 신망에 대한 위법적인 공격을 받지 아니한다.
② 아동은 이러한 간섭 또는 비난으로부터 법의 보호를 받을 권리를 가진다.

제17조 당사국은 대중매체가 수행하는 중요한 기능을 인정하며, 아동이 다양한 국내적 및 국제적 정보원으로부터의 정보와 자료, 특히 아동의 사회적·정신적·도덕적 복지와 신체적·정신적 건강의 향상을 목적으로 하는 정보와 자료에 대한 접근권을 가짐을 보장하여야 한다. 이 목적을 위하여 당사국은,

가. 대중매체가 아동에게 사회적·문화적으로 유익하고 제29조의 정신에 부합되는 정보와 자료를 보급하도록 장려하여야 한다.
나. 다양한 문화적·국내적 및 국제적 정보원으로부터의 정보와 자료를 제작·교환 및 보급하는 데 있어서의 국제협력을 장려하여야 한다.
다. 아동도서의 제작과 보급을 장려하여야 한다.
라. 대중매체로 하여금 소수집단에 속하거나 원주민인 아동의 언어상의 곤란에 특별한 관심을 기울이도록 장려하여야 한다.
마. 제13조와 제18조의 규정을 유념하며 아동복지에 해로운 정보와 자료로부터 아동을 보호하기 위한 적절한 지침의 개발을 장려 하여야 한다.

제18조 ① 당사국은 부모 쌍방이 아동의 양육과 발전에 공동책임을 진다는 원칙이 인정받을 수 있도록 최선의 노력을 기울여야 한다. 부모 또는 경우에 따라서 후견인은 아동의 양육과 발달에 일차적 책임을 진다. 아동의 최선의 이익이 그들의 기본적 관심이 된다.
② 이 협약에 규정된 권리를 보장하고 촉진시키기 위하여, 당사국은 아동의 양육책임 이행에 있어서 부모와 후견인에게 적절한 지원을 제공하여야 하며, 아동보호를 위한 기관·시설 및 편의의 개발을 보장하여야 한다.

③ 당사국은 취업부모의 아동들이 이용할 자격이 있는 아동보호를 위한 편의 및 시설로부터 이익을 향유할 수 있는 권리가 있음을 보장하기 위하여 모든 적절한 조치를 취하여야 한다.

제19조 ① 당사국은 아동이 부모·후견인 기타 아동양육자의 양육을 받고 있는 동안 모든 형태의 신체적·정신적 폭력, 상해나 학대, 유기나 유기적 대우, 성적 학대를 포함한 혹사나 착취로부터 아동을 보호하기 위하여 모든 적절한 입법적·행정적·사회적 및 교육적 조치를 취하여야 한다.
② 이러한 보호조치는 아동 및 아동양육자에게 필요한 지원을 제공하기 위한 사회계획의 수립은 물론, 제1항에 규정된 바와 같은 아동학대 사례를 다른 형태로 방지하거나 확인·보고·조회·조사·처리 및 추적 하고 또한 적절한 경우에는 사법적 개입을 가능하게 하는 효과적 절차를 적절히 포함하여야 한다.

제20조 ① 일시적 또는 항구적으로 가정환경을 박탈당하거나 가정환경에 있는 것이 스스로의 최선의 이익을 위하여 허용될 수 없는 아동은 국가로부터 특별한 보호와 원조를 부여받을 권리가 있다.
② 당사국은 자국의 국내법에 따라 이러한 아동을 위한 보호의 대안을 확보하여야 한다.
③ 이러한 보호는 특히 양육위탁, 회교법의 카팔라, 입양 또는 필요한 경우 적절한 아동 양육기관에 두는 것을 포함한다. 해결책을 모색하는 경우에는 아동양육에 있어 계속성의 보장이 바람직하다는 점과 아동의 인종적·종교적·문화적 및 언어적 배경에 대하여 정당한 고려가 베풀어져야 한다.

제21조 입양제도를 인정하거나 허용하는 당사국은 아동의 최선의 이익이 최우선적으로 고려되도록 보장하여야 하며, 또한 당사국은,
가. 아동의 입양은, 적용가능한 법률과 절차에 따라서 그리고 적절하고 신빙성 있는 모든 정보에 기초하여, 입양이 부모·친

척 및 후견인에 대한 아동의 신분에 비추어 허용될 수 있음을, 그리고 요구되는 경우 관계자들이 필요한 협의에 의하여 입양에 대한 분별 있는 승낙을 하였음을 결정하는 관계당국에 의하여만 허가되도록 보장하여야 한다.
나. 국제입양은, 아동이 위탁양육자나 입양가족에 두어질 수 없거나 또는 어떠한 적절한 방법으로도 출신국에서 양육되어질 수 없는 경우, 아동양육의 대체수단으로서 고려될 수 있음을 인정하여야 한다.
다. 국제입양에 관계되는 아동이 국내입양의 경우와 대등한 보호와 기준을 향유하도록 보장하여야 한다.
라. 국제입양에 있어서 양육지정이 관계자들에게 부당한 재정적 이익을 주는 결과가 되지 아니하도록 모든 적절한 조치를 취하여야 한다.
마. 적절한 경우에는 양자 또는 다자약정이나 협정을 체결함으로써 이 조의 목적을 촉진시키며, 이러한 테두리 안에서 아동의 타국내 양육지정이 관계당국이나 기관에 의하여 실시되는 것을 확보하기 위하여 노력하여야 한다.

제22조 ① 당사국은 난민으로서의 지위를 구하거나 또는 적용가능한 국제법 및 국내법과 절차에 따라 난민으로 취급되는 아동이, 부모나 기타 다른 사람과의 동반 여부에 관계없이, 이 협약 및 당해 국가가 당사국인 다른 국제 인권 또는 인도주의 관련문서에 규정된 적용가능한 권리를 향유함에 있어서 적절한 보호와 인도적 지원을 받을 수 있도록 하기 위하여 적절한 조치를 취하여야 한다.
② 이 목적을 위하여, 당사국은 국제연합 및 국제연합과 협력하는 그 밖의 권한 있는 정부간 또는 비정부간 기구들이 그러한 아동을 보호, 원조하고 가족재결합에 필요한 정보를 얻기 위하여 난민아동의 부모나 다른 가족구성원을 추적하는 데 기울이는 모든 노력에 대하여도 적절하다고 판단되는 협조를 제공하여야 한다. 부모나 다른 가족구성원을 발견할 수 없는 경우, 그 아동은 어떠한 이유로 인하여 영구적 또는 일시적으로 가정환경을 박탈당한 다

른 아동과 마찬가지로 이 협약에 규정된 바와 같은 보호를 부여받아야 한다.

제23조 ① 당사국은 정신적 또는 신체적 장애아동이 존엄성이 보장되고 자립이 촉진되며 적극적 사회참여가 조장되는 여건 속에서 충분히 품위 있는 생활을 누려야 함을 인정한다.
② 당사국은 장애아동의 특별한 보호를 받을 권리를 인정하며, 신청에 의하여 그리고 아동의 여건과 부모나 다른 아동양육자의 사정에 적합한 지원이, 활용 가능한 재원의 범위 안에서, 이를 받을 만한 아동과 그의 양육책임자에게 제공될 것을 장려하고 보장하여야 한다.
③ 장애아동의 특별한 어려움을 인식하며, 제2항에 따라 제공된 지원은 부모나 다른 아동양육자의 재산을 고려하여 가능한 한 무상으로 제공되어야 하며, 장애아동의 가능한 한 전면적인 사회참여와 문화적·정신적 발전을 포함한 개인적 발전의 달성에 이바지하는 방법으로 그 아동이 교육, 훈련, 건강관리지원, 재활지원, 취업준비 및 오락기회를 효과적으로 이용하고 제공받을 수 있도록 계획되어야 한다.
④ 당사국은 국제협력의 정신에 입각하여, 그리고 당해 분야에서의 능력과 기술을 향상시키고 경험을 확대하기 위하여 재활, 교육 및 직업보도 방법에 관한 정보의 보급 및 이용을 포함하여, 예방의학분야 및 장애아동에 대한 의학적·심리적·기능적 처치분야에 있어서의 적절한 정보의 교환을 촉진하여야 한다. 이 문제에 있어서 개발도상국의 필요에 대하여 특별한 고려가 베풀어져야 한다.

제24조 ① 당사국은 도달 가능한 최상의 건강수준을 향유하고, 질병의 치료와 건강의 회복을 위한 시설을 사용할 수 있는 아동의 권리를 인정한다. 당사국은 건강관리지원의 이용에 관한 아동의 권리가 박탈되지 아니하도록 노력하여야 한다.
② 당사국은 이 권리의 완전한 이행을 추구하여야 하며, 특히 다음과 같은 적절한 조치를 취하여야 한다.

가. 유아와 아동의 사망률을 감소시키기 위한 조치
나. 기초건강관리의 발전에 중점을 두면서 모든 아동에게 필요한 의료지원과 건강관리의 제공을 보장하는 조치
다. 환경오염의 위험과 손해를 감안하면서, 기초건강관리 체계 안에서 무엇보다도 쉽게 이용 가능한 기술의 적용과 충분한 영양식 및 깨끗한 음료수의 제공 등을 통하여 질병과 영양실조를 퇴치하기 위한 조치
라. 산모를 위하여 출산 전후의 적절한 건강관리를 보장하는 조치
마. 모든 사회구성원 특히 부모와 아동은 아동의 건강과 영양, 모유 · 수유의 이익, 위생 및 환경정화 그리고 사고예방에 관한 기초 지식의 활용에 있어서 정보를 제공받고 교육을 받으며 지원을 받을 것을 확보하는 조치
바. 예방적 건강관리, 부모를 위한 지도 및 가족계획에 관한 교육과 편의를 발전시키는 조치

③ 당사국은 아동의 건강을 해치는 전통관습을 폐지하기 위하여 모든 효과적이고 적절한 조치를 취하여야 한다.
④ 당사국은 이 조에서 인정된 권리의 완전한 실현을 점진적으로 달성하기 위하여 국제협력을 촉진하고 장려하여야 한다. 이 문제에 있어서 개발도상국의 필요에 대하여 특별한 고려가 베풀어져야 한다.

第25조 당사국은 신체적 · 정신적 건강의 관리, 보호 또는 치료의 목적으로 관계당국에 의하여 양육지정 조치된 아동이, 제공되는 치료 및 양육지정과 관련된 그 밖의 모든 사정을 정기적으로 심사받을 권리를 가짐을 인정한다.

第26조 ① 당사국은 모든 아동이 사회보험을 포함한 사회보장제도의 혜택을 받을 권리를 가짐을 인정하며, 자국의 국내법에 따라 이 권리의 완전한 실현을 달성하기 위하여 필요한 조치를 취하여야 한다.
② 이러한 혜택은 아동 및 아동에 대한 부양책임자의 자력과 주변 사정은 물론 아동에 의하여 직접 행하여지거나 또는 아동을

대신하여 행하여지는 혜택의 신청과 관련된 그 밖의 사정을 참작하여 적절한 경우에 부여되어야 한다.

제27조 ① 당사국은 모든 아동이 신체적·지적·정신적·도덕적 및 사회적 발달에 적합한 생활수준을 누릴 권리를 가짐을 인정한다.
② 부모 또는 기타 아동에 대하여 책임이 있는 자는 능력과 재산의 범위 안에서 아동 발달에 필요한 생활여건을 확보할 일차적 책임을 진다.
③ 당사국은 국내 여건과 재정의 범위 안에서 부모 또는 기타 아동에 대하여 책임 있는 자가 이 권리를 실현하는 것을 지원하기 위한 적절한 조치를 취하여야 하며, 필요한 경우에는 특히 영양, 의복 및 주거에 대하여 물질적 보조 및 지원계획을 제공하여야 한다.
④ 당사국은 국내외에 거주하는 부모 또는 기타 아동에 대하여 재정적으로 책임 있는 자로부터 아동양육비의 회부를 확보하기 위한 모든 적절한 조치를 취하여야 한다. 특히 아동에 대하여 재정적으로 책임 있는 자가 아동이 거주하는 국가와 다른 국가에 거주하는 경우, 당사국은 국제협약의 가입이나 그러한 협약의 체결은 물론 다른 적절한 조치의 강구를 촉진하여야 한다.

제28조 ① 당사국은 아동의 교육에 대한 권리를 인정하며, 점진적으로 그리고 기회균등의 기초 위에서 이 권리를 달성하기 위하여 특히 다음의 조치를 취하여야 한다.

가. 초등교육은 의무이며, 모든 사람에게 무료로 제공되어야 한다.
나. 일반교육 및 직업교육을 포함한 여러 형태의 중등교육의 발전을 장려하고, 이에 대한 모든 아동의 이용 및 접근이 가능하도록 하며, 무료교육의 도입 및 필요한 경우 재정적 지원을 제공하는 등의 적절한 조치를 취하여야 한다.
다. 고등교육의 기회가 모든 사람에게 능력에 입각하여 개방될 수 있도록 모든 적절한 조치를 취하여야 한다.
라. 교육 및 직업에 관한 정보와 지도를 모든 아동이 이용하고

접근할 수 있도록 조치하여야 한다.
마. 학교에의 정기적 출석과 탈락률 감소를 장려하기 위한 조치를 취하여야 한다.

② 당사국은 학교 규율이 아동의 인간적 존엄성과 합치하고 이 협약에 부합하도록 운영되는 것을 보장하기 위한 모든 적절한 조치를 취하여야 한다.

③ 당사국은, 특히 전세계의 무지와 문맹의 퇴치에 이바지하고, 과학적 · 기술적 지식과 현대적 교육방법에의 접근을 쉽게 하기 위하여, 교육에 관련되는 사항에 있어서 국제협력을 촉진하고 장려하여야 한다. 이 문제에 있어서 개발도상국의 필요에 대하여 특별한 고려가 베풀어져야 한다.

第29조 당사국은 아동교육이 다음의 목표를 지향하여야 한다는데 동의한다.

가. 아동의 인격, 재능 및 정신적 · 신체적 능력의 최대한의 계발
나. 인권과 기본적 자유 및 국제연합헌장에 규정된 원칙에 대한 존중의 진전
다. 자신의 부모, 문화적 주체성, 언어 및 가치 그리고 현거주국과 출신국의 국가적 가치 및 이질문명에 대한 존중의 진전
라. 아동이 인종적 · 민족적 · 종교적 집단 및 원주민 등 모든 사람과의 관계에 있어서 이해, 평화, 관용, 성(性)의 평등 및 우정의 정신에 입각하여 자유사회에서 책임 있는 삶을 영위하도록 하는 준비
마. 자연환경에 대한 존중의 진전

④ 제29조 또는 제28조의 어떠한 부분도 개인 및 단체가, 언제나 제1항에 규정된 원칙들을 준수하고 당해 교육기관에서 실시되는 교육이 국가에 의하여 설정된 최소한의 기준에 부합하여야 한다는 조건하에, 교육기관을 설립하여 운영할 수 있는 자유를 침해하는 것으로 해석되어서는 아니 된다.

第30조 인종적 · 종교적 또는 언어적 소수자나 원주민이 존재하는 국가에서 이러한 소수자에 속하거나 원주민인 아동은 자기 집단

의 다른 구성원과 함께 고유문화를 향유하고, 고유의 종교를 신앙하고 실천하며, 고유의 언어를 사용할 권리를 부인당하지 아니한다.

제31조 ① 당사국은 휴식과 여가를 즐기고, 자신의 연령에 적합한 놀이와 오락활동에 참여하며, 문화생활과 예술에 자유롭게 참여할 수 있는 아동의 권리를 인정한다.
② 당사국은 문화적·예술적 생활에 완전하게 참여할 수 있는 아동의 권리를 존중하고 촉진하며, 문화, 예술, 오락 및 여가활동을 위한 적절하고 균등한 기회의 제공을 장려하여야 한다.

제32조 ① 당사국은 경제적 착취 및 위험하거나, 아동의 교육에 방해되거나, 아동의 건강이나 신체적·지적·정신적·도덕적 또는 사회적 발전에 유해한 여하한 노동의 수행으로부터 보호받을 아동의 권리를 인정한다.
② 당사국은 이 조항의 이행을 보장하기 위한 입법적·행정적·사회적 및 교육적 조치를 강구하여야 한다. 이 목적을 위하여 그리고 그 밖의 국제문서의 관련규정을 고려하여 당사국은 특히 다음의 조치를 취하여야 한다.
가. 단일 또는 복수의 최저 고용연령의 규정
나. 고용시간 및 조건에 관한 적절한 규정의 마련
다. 이 조의 효과적인 실시를 확보하기 위한 적절한 처벌 또는 기타 제재수단의 규정

제33조 당사국은 관련 국제조약에서 규정하고 있는 마약과 향정신성 물질의 불법적 사용으로부터 아동을 보호하고 이러한 물질의 불법적 생산과 거래에 아동이 이용되는 것을 방지하기 위하여 입법적·행정적·사회적·교육적 조치를 포함한 모든 적절한 조치를 취하여야 한다.

제34조 당사국은 모든 형태의 성적 착취와 성적 학대로부터 아동

을 보호할 의무를 진다. 이 목적을 달성하기 위하여 당사국은 특히 다음의 사항을 방지하기 위한 모든 적절한 국내적 · 양국간 · 다국간 조치를 취하여야 한다.

가. 아동을 모든 위법한 성적 활동에 종사하도록 유인하거나 강제하는 행위

나. 아동을 매음이나 기타 위법한 성적 활동에 착취적으로 이용하는 행위

다. 아동을 외설스러운 공연 및 자료에 착취적으로 이용하는 행위

제35조 당사국은 모든 목적과 형태의 아동의 약취유인이나 매매 또는 거래를 방지하기 위한 모든 적절한 국내적, 양국간, 다국간 조치를 취하여야 한다.

제36조 당사국은 아동복지의 어떠한 측면에 대하여라도 해로운 기타 모든 형태의 착취로부터 아동을 보호하여야 한다.

제37조 당사국은 다음의 사항을 보장하여야 한다.

가. 어떠한 아동도 고문 또는 기타 잔혹하거나 비인간적이거나 굴욕적인 대우나 처벌을 받지 아니한다. 사형 또는 석방의 가능성이 없는 종신형은 18세 미만의 사람이 범한 범죄에 대하여 과하여져서는 아니 된다.

나. 어떠한 아동도 위법적 또는 자의적으로 자유를 박탈당하지 아니 한다. 아동의 체포, 억류 또는 구금은 법률에 따라 행하여져야 하며, 오직 최후의 수단으로서 또한 적절한 최단기간 동안만 사용되어야 한다.

다. 자유를 박탈당한 모든 아동은 인도주의와 인간 고유의 존엄성에 대한 존중에 입각하여 그리고 그들의 연령상의 필요를 고려하여 처우되어야 한다. 특히 자유를 박탈당한 모든 아동은, 성인으로부터 격리되지 아니하는 것이 아동의 최선의 이익에 합치된다고 생각되는 경우를 제외하고는 성인으로부터 격리되어야 하며, 예외적인 경우를 제외하고는 서신과 방문을 통하여

자기 가족과의 접촉을 유지할 권리를 가진다.

라. 자유를 박탈당한 모든 아동은 법률적 및 기타 적절한 구조에 신속하게 접근할 권리를 가짐은 물론 법원이나 기타 권한 있고 독립적이며 공정한 당국 앞에서 자신에 대한 자유박탈의 합법성에 이의를 제기하고 이러한 소송에 대하여 신속한 결정을 받을 권리를 가진다.

제38조 ① 당사국은 아동과 관련이 있는 무력분쟁에 있어서, 당사국에 적용 가능한 국제인도법의 규칙을 존중하고 동 존중을 보장할 의무를 진다.

② 당사국은 15세에 달하지 않은 자가 적대행위에 직접 참여하지 아니할 것을 보장하기 위하여 실행가능한 모든 조치를 취하여야 한다.

③ 당사국은 15세에 달하지 아니한 자의 징병을 삼가야 한다. 15세에 달하였으나 18세에 달하지 아니한 자 중에서 징병하는 경우, 당사국은 최연장자에게 우선순위를 두도록 노력하여야 한다.

④ 무력분쟁에 있어서 민간인 보호를 위한 국제인도법상의 의무에 따라서, 당사국은 무력분쟁의 영향을 받는 아동의 보호 및 배려를 확보하기 위하여 실행가능한 모든 조치를 취하여야 한다.

제39조 당사국은 모든 형태의 유기, 착취, 학대, 또는 고문이나 기타 모든 형태의 잔혹하거나 비인간적이거나 굴욕적인 대우나 처벌, 또는 무력분쟁으로 인하여 희생이 된 아동의 신체적·심리적 회복 및 사회복귀를 촉진시키기 위한 모든 적절한 조치를 취하여야 한다.

제40조 ① 당사국은 형사피의자나 형사피고인 또는 유죄로 인정받은 모든 아동에 대하여, 아동의 연령 그리고 아동의 사회복귀 및 사회에서의 건설적 역할 담당을 촉진하는 것이 바람직스럽다는 점을 고려하고, 인권과 타인의 기본적 자유에 대한 아동의 존중심을 강화시키며, 존엄과 가치에 대한 아동의 지각을 촉진시키는 데 부합하도록 처우 받을 권리를 가짐을 인정한다.

② 이 목적을 위하여 그리고 국제문서의 관련규정을 고려하며, 당사국은 특히 다음 사항을 보장하여야 한다.

가. 모든 아동은 행위시의 국내법 또는 국제법에 의하여 금지되지 아니한 작위 또는 부작위를 이유로 하여 형사피의자가 되거나 형사기소되거나 유죄로 인정받지 아니한다.

나. 형사피의자 또는 형사피고인인 모든 아동은 최소한 다음 사항을 보장받는다.

(1) 법률에 따라 유죄가 입증될 때까지는 무죄로 추정받는다.

(2) 피의사실을 신속하게 그리고 직접 또는 적절한 경우, 부모나 후견인을 통하여 통지받으며, 변론의 준비 및 제출시 법률적 또는 기타 적절한 지원을 받는다.

(3) 권한 있고 독립적이며 공평한 기관 또는 사법기관에 의하여 법률적 또는 기타 적당한 지원 하에 법률에 따른 공정한 심리를 받아 지체 없이 사건이 판결되어야 하며, 아동의 최선의 이익에 반한다고 판단되지 아니하는 경우, 특히 그의 연령이나 주변환경, 부모 또는 후견인 등을 고려하여야 한다.

(4) 증언이나 유죄의 자백을 강요당하지 아니하며, 자신에게 불리한 증인을 신문하거나 또는 신문받도록 하며, 대등한 조건 하에 자신을 위한 증인의 출석과 신문을 확보한다.

(5) 형법 위반으로 간주되는 경우, 그 판결 및 그에 따라 부과된 여하한 조치는 법률에 따라 권한 있고 독립적이며 공정한 상급당국이나 사법기관에 의하여 심사되어야 한다.

(6) 아동이 사용되는 언어를 이해하지 못하거나 말하지 못하는 경우, 무료로 통역원의 지원을 받는다.

(7) 사법절차의 모든 단계에서 아동의 사생활은 충분히 존중되어야 한다.

③ 당사국은 형사피의자, 형사피고인 또는 유죄로 인정받은 아동에게 특별히 적용될 수 있는 법률, 절차, 기관 및 기구의 설립을 촉진하도록 노력하며, 특히 다음 사항에 노력하여야 한다.

가. 형법 위반능력이 없다고 추정되는 최저 연령의 설정

나. 적절하고 바람직스러운 경우, 인권과 법적 보장이 완전히 존중된다는 조건 하에 이러한 아동을 사법절차에 의하지 아니하고 다루기 위한 조치

④ 아동이 그들의 복지에 적절하고 그들의 여건 및 범행에 비례하여 취급될 것을 보장하기 위하여 보호, 지도 및 감독명령, 상담, 보호관찰, 보호양육, 교육과 직업훈련계획 및 제도적 보호에 대한 그 밖의 대체방안 등 여러 가지 처분이 이용 가능하여야 한다.

第41조 이 협약의 규정은 다음 사항에 포함되어 있는 아동권리의 실현에 보다 공헌할 수 있는 어떠한 규정에도 영향을 미치지 아니한다.

가. 당사국의 법
나. 당사국에 대하여 효력을 가지는 국제법

제2부

第42조 당사국은 이 협약의 원칙과 규정을 적절하고 적극적인 수단을 통하여 성인과 아동 모두에게 널리 알릴 의무를 진다.

第43조 ① 이 협약에서의 의무이행을 달성함에 있어서 당사국이 이룩한 진전 상황을 심사하기 위하여 이하에 규정된 기능을 수행하는 아동권리위원회를 설립한다.
② 위원회는 고매한 인격을 가지고 이 협약이 대상으로 하는 분야에서 능력이 인정된 10명의 전문가로 구성된다. 위원회의 위원은 형평한 지리적 배분과 주요 법체계를 고려하여 당사국의 국민 중에서 선출되며, 개인적 자격으로 임무를 수행한다.
③ 위원회의 위원은 당사국에 의하여 지명된 자의 명단 중에서 비밀투표에 의하여 선출된다. 각 당사국은 자국민 중에서 1인을 지명할 수 있다.
④ 위원회의 최초의 선거는 이 협약의 발효일부터 6월 이내에 실시되며, 그 이후는 매 2년마다 실시된다. 각 선거일의 최소 4월 이전에 국제연합 사무총장은 당사국에 대하여 2월 이내에 후보자 지명을 제출하라는 서한을 발송하여야 한다. 사무총장은 지명한 당사국의 표시와 함께 알파벳순으로 지명된 후보들의 명단을 작

성하여, 이를 이 협약의 당사국에게 제시하여야 한다.
⑤ 선거는 국제연합 본부에서 사무총장에 의하여 소집된 당사국 회의에서 실시된다. 이 회의는 당사국의 3분의 2를 의사정족수로 하고, 출석하고 투표한 당사국 대표의 최대다수표 및 절대다수표를 얻는 자가 위원으로 선출된다.
⑥ 위원회의 위원은 4년 임기로 선출된다. 위원은 재지명된 경우에는 재선될 수 있다. 최초의 선거에서 선출된 위원 중 5인의 임기는 2년 후에 종료된다. 이들 5인 위원의 명단은 최초선거 후 즉시 동 회의의 의장에 의하여 추첨으로 선정된다.
⑦ 위원회 위원이 사망, 사퇴 또는 본인이 어떠한 이유로 인하여 위원회의 임무를 더 이상 수행할 수 없다고 선언하는 경우, 그 위원을 지명한 당사국은 위원회의 승인을 조건으로 자국민 중에서 잔여임기를 수행할 다른 전문가를 임명한다.
⑧ 위원회는 자체의 절차규정을 제정한다.
⑨ 위원회는 2년 임기의 임원을 선출한다.
⑩ 위원회의 회의는 통상 국제연합 본부나 위원회가 결정하는 그 밖의 편리한 장소에서 개최된다. 위원회는 통상 매년 회의를 한다. 위원회의 회의기간은 필요한 경우 총회의 승인을 조건으로 이 협약당사국 회의에 의하여 결정되고 재검토된다.
⑪ 국제연합 사무총장은 이 협약에 의하여 설립된 위원회의 효과적인 기능수행을 위하여 필요한 직원과 편의를 제공한다.
⑫ 이 협약에 의하여 설립된 위원회의 위원은 총회의 승인을 얻고 총회가 결정하는 기간과 조건에 따라 국제연합의 재원으로부터 보수를 받는다.

제44조 ① 당사국은 이 협약에서 인정된 권리를 실행하기 위하여 그들이 채택한 조치와 동 권리의 향유와 관련하여 이룩한 진전상황에 관한 보고서를 다음과 같이 국제연합 사무총장을 통하여 위원회에 제출한다.

가. 관계당사국에 대하여 이 협약이 발효한 후 2년 이내
나. 그 후 5년마다

② 이 조항에 따라 제출되는 보고서는 이 협약상 의무의 이행 정

도에 영향을 미치는 요소와 장애가 있을 경우 이를 적시하여야 한다. 보고서는 또한 관계국에서의 협약이행에 관한 포괄적인 이해를 위원회에 제공하기 위한 충분한 정보를 포함하여야 한다.
③ 위원회에 포괄적인 최초의 보고서를 제출한 당사국은, 제1항 나호에 의하여 제출하는 후속보고서에 이미 제출된 기초적 정보를 반복할 필요는 없다.
④ 위원회는 당사국으로부터 이 협약의 이행과 관련이 있는 추가 정보를 요청할 수 있다.
⑤ 위원회는 위원회의 활동에 관한 보고서를 2년마다 경제사회이사회를 통하여 총회에 제출한다.
⑥ 당사국은 자국의 활동에 관한 보고서를 자국내 일반에게 널리 활용 가능하도록 하여야 한다.

제45조 이 협약의 효과적인 이행을 촉진하고 이 협약이 대상으로 하는 분야에서의 국제협력을 장려하기 위하여

가. 전문기구, 국제연합아동기금 및 국제연합의 그 밖의 기관은 이 협약 중 그들의 권한 범위 안에 속하는 규정의 이행에 관한 논의에 대표를 파견할 권리를 가진다. 위원회는 전문기구, 국제연합아동기금 및 위원회가 적절하다고 판단하는 그 밖의 권한 있는 기구에 대하여 각 기구의 권한 범위에 속하는 분야에 있어서 이 협약의 이행에 관한 전문적인 자문을 제공하여 줄 것을 요청할 수 있다. 위원회는 전문기구, 국제연합아동기금 및 국제연합의 그 밖의 기관에게 그들의 활동범위에 속하는 분야에서의 이 협약의 이행에 관한 보고서를 제출할 것을 요청할 수 있다.

나. 위원회는 적절하다고 판단되는 경우 기술적 자문이나 지원을 요청하거나 그 필요성을 지적하고 있는 당사국의 모든 보고서를 그러한 요청이나 지적에 대한 위원회의 의견이나 제안이 있으면 동 의견이나 제안과 함께 전문기구, 국제연합아동기금 및 그 밖의 권한 있는 기구에 전달하여야 한다.

다. 위원회는 사무총장이 위원회를 대신하여 아동권리와 관련이 있는 특정 문제를 조사하도록 요청할 것을 총회에 대하여 권고

할 수 있다.
라. 위원회는 이 협약 제44조 및 제45조에 의하여 접수한 정보에 기초하여 제안과 일반적 권고를 할 수 있다. 이러한 제안과 일반적 권고는 당사국의 논평이 있으면 그 논평과 함께 모든 관계당사국에 전달되고 총회에 보고되어야 한다.

제3부

제46조 이 협약은 모든 국가에 의한 서명을 위하여 개방된다.

제47조 이 협약은 비준되어야 한다. 비준서는 국제연합 사무총장에게 기탁되어야 한다.

제48조 이 협약은 모든 국가에 의한 가입을 위하여 개방된다. 가입서는 국제연합 사무총장에게 기탁되어야 한다.

제49조 ① 이 협약은 20번째의 비준서 또는 가입서가 국제연합 사무총장에게 기탁되는 날부터 30일째 되는 날 발효한다.
② 20번째의 비준서 또는 가입서의 기탁 이후에 이 협약을 비준하거나 가입하는 각 국가에 대하여, 이 협약은 그 국가의 비준서 또는 가입서 기탁 후 30일째 되는 날 발효한다.

제50조 ① 모든 당사국은 개정안을 제안하고 이를 국제연합 사무총장에게 제출할 수 있다. 동 제출에 의하여 사무총장은 당사국에게 동 제안을 심의하고 표결에 붙이기 위한 당사국회의 개최에 대한 찬성 여부에 관한 의견을 표시하여 줄 것을 요청하는 것과 함께 개정안을 당사국에게 송부하여야 한다. 이러한 통보일부터 4월 이내에 당사국 중 최소 3분의 1이 회의 개최에 찬성하는 경우 사무총장은 국제연합 주관 하에 동 회의를 소집하여야 한다. 동 회의에 출석하고 표결한 당사국의 과반수에 의하여 채택된 개정안 은 그 승인을 위하여 국제연합 총회에 제출된다.

② 제1항에 따라서 채택된 개정안은 국제연합 총회에 의하여 승인되고, 당사국의 3분의 2이상의 다수가 수락하는 때에 발효한다.
③ 개정안은 발효한 때에 이를 수락한 당사국을 구속하며, 그 밖의 당사국은 계속하여 이 협약의 규정 및 이미 수락한 그 이전의 모든 개정에 구속된다.

제51조 ① 국제연합 사무총장은 비준 또는 가입시 각국이 행한 유보문을 접수하고 모든 국가에게 이를 배포하여야 한다.
② 이 협약의 대상 및 목적과 양립할 수 없는 유보는 허용되지 아니한다.
③ 유보는 국제연합 사무총장에게 발송된 통고를 통하여 언제든지 철회될 수 있으며, 사무총장은 이를 모든 국가에게 통보하여야 한다. 그러한 통고는 사무총장에게 접수된 날부터 발효한다.

제52조 당사국은 국제연합 사무총장에 대한 서면통고를 통하여 이 협약을 폐기할 수 있다. 폐기는 사무총장이 통고를 접수한 날부터 1년 후에 발효한다.

제53조 국제연합 사무총장은 이 협약의 수탁자로 지명된다.

제54조 아랍어 · 중국어 · 영어 · 프랑스어 · 러시아어 및 스페인어본이 동등하게 정본인 이 협약의 원본은 국제연합 사무총장에게 기탁된다.

이상의 증거로 아래의 서명 전권대표들은 각국 정부에 의하여 정당하게 권한을 위임받아 이 협약에 서명하였다.

◇ 교육에 있어서 차별을 금지하는 협약 ◇

(Convention against Discrimination in Education)[10)]

1960년 11월 14일부터 12월 15일까지 파리에서 개최된 제11차 유네스코 총회는, 세계인권선언이 차별 없는 원칙임을 주장하고 또한 모든 인간은 교육을 받을 권리를 보유한다고 선언하였음을 상기하고, 교육에서의 차별은 이 선언에서 천명된 권리에 대한 위배임을 고려하며, 유네스코 헌장의 규정에 입각하여 유네스코는 인권에 대한 범세계적인 존중과 또한 동등한 교육기회를 도모하여야 할 견지에서 세계 각 국가간의 협동을 설정하여야 할 목적이 있음을 고려하고, 따라서 유네스코는 각국 교육제도의 다양성을 한편 존중하면서 교육상 어떠한 형태의 차별이든 이를 배척할 뿐만 아니라 또한 교육에 있어 만인을 위한 동등한 기회와 대우의 제공을 촉진하여야 할 의무가 있음을 인정하며, 교육상 차별의 상이한 국면에 관련되는 이번 총회의 의제 17. 1. 4항으로서 이 제안을 상정하고, 제10차 총회에서 이 현안이 국제협약으로서 또한 동시에 각 회원국에 대한 권고의 주제가 되어야 한다고 결정한 바, 이에 이 협약을 1960년 12월 14일부로 채택한다.

제1조 ① 이 협약의 적용상, '차별'이라는 말은 구별, 배타, 제한이나 또는 인종, 성, 언어, 종교, 정치적 혹은 다른 의견, 국가적, 사회적 출신 성분, 경제적 조건, 출생 등에 근거하여 교육상 동등한 대우를 무효화하거나 저해하는 목적이나 결과를 갖는 특혜를 포함하며, 특히 아래의 것들을 포함한다.

가. 어떠한 형태 혹은 수준의 교육을 어느 개인이나 또는 집단인으로 하여금 받지 못하게 하는 것

나. 열등한 수준의 교육으로 어느 개인이나 집단 인을 제한하는 것

다. 이 협약 제2조 규정에 저촉되지 않는 범위 내에서 어느 사람들 혹은 집단인들을 위한 분리된 교육제도 또는 기관을 설립

---

10) 1960년 12월 14일 파리 제11차 유네스코총회에서 채택됨. 2006년 현재 91개국이 비준 또는 수락하였으나, 대한민국은 아직 가입하지 않은 상태임.

하거나 유지하는 것 또는

라. 어느 개인 혹은 집단에게 인간의 존엄성에 대하여 모순되는 조건을 부과하는 것

② 이 협약의 목적을 위하여 '교육'이라는 말은 모든 형태와 수준의 교육을 의미하는 것이며 교육을 받을 권리, 교육의 수준과 질 그리고 주어진 교육의 조건을 포함한다.

제2조 한 국가 내에서 허용될 때 다음과 같은 상황은 이 협약 제1조의 취지 내에서 차별을 조성하는 것으로 간주되지 않는다.

가. 남녀 학생들을 위한 분리된 교육제도 또는 학교를 설립하거나 유지하는 것으로 만일 이러한 제도나 학교가 동등하게 교육받을 기회를 주고 동등한 수준의 자격을 갖춘 교직원과 동시에 동질의 학교시설이나 교구를 마련하며 또 동등한 교과과정을 택할 수 있는 기회를 제공할 때

나. 종교적 혹은 언어상의 이유로 해서 학생들의 부모 또는 법적 보호인의 의사와 합치되는 교육을 제공하게 되는 분리된 교육제도 혹은 학교를 설립하거나 유지하는 것으로, 만일 이러한 제도에 참여하거나 또는 이러한 기관에 통학하는 것이 자유 선택이며 여기에서 제공되는 교육이 해당 당국에 의해서 규정되거나 또는 인정되는 수준과 특히 이와 동등한 단계 교육의 그 수준과 일치될 때

다. 사립교육기관을 설립 또는 유지하는 것으로 만일 그 기관목적이 어떠한 집단을 배척하기 위한 것이 아니라 공공당국에 의해 제공되는 교육시설 이상의 교육적인 시설을 마련할 때, 그 기관이 그 목적에 따라 운영될 때, 그리고 또 제공되는 교육이 해당당국에 의해 규정되거나 또는 인정되는 수준과 특히 이와 동등한 단계교육의 그 수준과 일치될 때

제3조 이 협약의 의의 내에서 차별을 제거하고 예방하기 위하여 당사국은 다음 사항을 이행 한다.

가. 교육상의 차별과 관련되는 어떠한 법률적인 규정 혹은 행정적인 질서를 폐기하거나 또는 어떠한 행정적인 절차를 중지하

는 것

나. 필요시에는 입법을 통해서 교육기관에 학생이 입학하는 데 차별이 없도록 보장하는 것

다. 공로나 필요에 그 기초를 둔 것을 제외하고는 학교 수험료나 장학금의 수여 또는 기타 형태의 학생을 위한 원조 그리고 외국에서의 수학을 추구하는 데 필요로 하는 허가 또는 편의에 관련되는 사항에 있어 그 나라 국민 사이에 공공당국은 대우상의 어떠한 차별도 이를 허용치 않는 것

라. 공공당국에 의해서 교육기관에 부여되는 어떠한 형태의 원조에 있어서 어떠한 제한이나 혹은 학생들이 특정집단에 소속하고 있다는 근거에 따른 특혜를 허용치 않는 것

마. 그들 영토 내에 거주하고 있는 외국국민에 대하여 자기 국민에게 주는 것과 동등한 교육을 받을 기회를 제공하는 것

제 4 조 이 협약당사국은 해당국의 사정에 합당한 방법을 통해서 교육의 기회균등과 교육에 관련되는 대우를 촉진시킬 수 있는 국가 정책을 수립하고 발전시켜 적용하여야 하며, 특히

가. 초등교육을 무상의무화하고 상이한 형태의 중등교육을 일반적으로 모든 사람에게 보편화시키며 취학할 수 있게 하고 고등교육도 각 개인의 능력에 따라 모든 사람이 동등하게 취학을 할 수 있게 하며, 법률이 정하는 바에 따라 학교에 취학할 수 있는 의무에 순응토록 보장하여야 한다.

나. 동일한 단계의 모든 공공교육기관의 교육수준이 평등하며 또한 제공되는 교육의 질에 관련되는 조건들이 또한 동등한 것임을 보장하여야 한다.

다. 초등교육을 전혀 받지 못한 사람 혹은 전체적인 초등교육과정을 수료치 못한 사람들의 교육을 적합한 방법을 통해서 장려하거나 강화하여야 하며 또한 이들의 교육을 각 개인의 능력에 따라 계속시켜야 한다.

라. 교직을 위한 훈련을 차별 없이 제공하여야 한다.

제 5 조 ① 이 협약당사국은 아래와 같이 합의한다.

가. 교육은 인격의 원숙한 발달을 위하여 그리고 인권과 기본적인 자유에 대한 존중을 강화하도록 지향되어야 한다. 교육은 또한 모든 국가간, 인종간 혹은 종교집단간의 이해와 관용 및 친선을 촉진시켜야 하며 평화의 유지를 위한 유엔의 활동을 조장토록 하여야 한다.

나. 첫째, 부모들이 그들의 자녀를 위하여 공공당국에서 관리하는 학교는 아니나 관할당국에서 규정하고 인정한 최소한의 교육수준과 일치하는 다른 학교를 선택할 수 있고, 둘째, 법의 적용을 위하여 국가가 따르는 절차와 일치하는 방법으로 부모들 자신의 신념에 부합하는 아동들의 종교 및 도덕교육을 보호하는 자유와 법적 보호인의 자유를 존중하는 것이 중요한 것이다. 어느 개인이나 개인들의 집단도 그와 그들의 신념에 어긋나는 종교교육을 받도록 강요해서는 안 된다.

다. 소수민족이 그들 자신의 교육활동을 수행하는 학교를 유지하고 각 국가의 교육정책에 따라 그들의 언어를 사용하거나 그들의 언어로 가르치는 것을 인정해야 한다. 다만,

(1) 이 권리는 이들 소수민족이 지역사회의 문화와 언어를 이해하고, 또 지역 사회활동에 참여하는 것을 방해하는 방법으로 행사되거나 또는 국가주권을 침해하는 것이 아니며

(2) 교육의 수준이 관할 당국이 규정하거나 또는 일정한 일반수준보다 낮은 것이 아니며

(3) 그러한 학교에의 취학은 선택권이 있다.

② 이 협약당사국은 본조 제1항에 선언된 원칙의 적용을 보장하는 모든 필요한 절차를 이행하여야 한다.

제6조 이 협약 적용에 있어 협약당사국은 교육상 차별의 상이한 형태에 대한 절차를 명확히 하며 교육상의 동등한 기회와 대우를 보장할 목적으로 차후에 유네스코 총회에 의하여 채택되는 어떠한 건의안에 대하여도 최대의 유의를 경주하여야 한다.

제7조 이 협약당사국은 유네스코 총회에 의하여 결정되는 날짜와 방법에 따라 유네스코 총회에 대하여 정기적인 보고서를 제출

함으로써 제4조에 규정되어 있는 국가정책의 수립 혹은 발전에 관한 조치 사항은 물론, 성취된 결과와 정책적용에서 당면하는 애로사항을 포함하는 이 협약 적용에 관련되어 채택된 법적 행정적인 규정 혹은 기타 조치에 대한 정보를 제공하여야 한다.

제 8 조 이 협약의 해석이나 적용에 관련하여 어떤 둘 또는 그 이상의 협약당사국간에 야기될 수 있는 분쟁이 협상을 통해서 해결되지 않고 기타 해결방법이 실패할 때 분쟁당사국의 요청에 따라 그 결정을 국제사법재판소로 회부하여야 한다.

제 9 조 이 협약에 대한 유보는 허용되지 아니한다.

제10조 이 협약 조문이나 정신에 반대되지 않는 권리일 때, 둘 또는 그 이상의 국가간에 체결된 협약에 따라 어떠한 개인 혹은 집단이 향유할 수 있는 권리에 대하여 이 협약은 감소의 효력을 갖지 아니한다.

제11조 이 협약은 영어, 프랑스어, 러시아어 및 스페인어로 제정되며 이 4개 국어는 동등한 권위를 갖는다.

제12조 ① 이 협약은 유네스코 회원국의 각국 헌법절차에 따르는 비준 또는 수락을 받아야 한다.
② 비준서 혹은 수락서는 유네스코 사무총장에게 기탁된다.

제13조 ① 이 협약은 유네스코 회원국이 아닌 모든 국가의 공식 가입을 위하여 공개되며 이는 유네스코 집행이사회의 권유에 의한다.
② 가입은 공식 가입문서를 유네스코 사무총장에게 기탁함으로써 효력을 갖는다.

제14조 이 협약은 세 번째의 비준, 수락, 혹은 가입문서의 기탁

일로부터 3개월 이후에 그 효력을 갖게 되며, 이는 다만 이 날짜 혹은 그 이전에 관련문서를 기탁한 국가에만 한한다. 기타 국가에 대하여서는 비준, 수락 혹은 가입 문서를 기탁한 3개월 이후에 그 효력을 갖게 된다.

제15조 이 협약의 당사국은 이 협약이 다만 본토지역에서 뿐만 아니라 그들이 국제관계에 있어 책임을 지고 있는 모든 비자치령, 신탁, 식민 및 기타 영토에 대하여서도 적용되어야 함을 인정하여야 한다. 필요할 시에 당사국은 이러한 영토에서 이 협약의 적용을 보장하기 위하여 그 비준, 수락 혹은 가입 이전에 이들 영토의 정부 혹은 해당 당국과 협의를 하여야 하며 협약이 적용될 수 있는 영토 및 이에 대한 비준 혹은 수락이 수령되는 날로부터 3개월 후에는 효력을 발생할 수 있다는 통고를 유네스코 사무총장에게 하여야 한다.

제16조 ① 이 협약의 각 당사국은 그 자신을 위하여 또는 국제관계에 있어 책임을 지고 있는 어떠한 영토를 대신하여 이 협약을 폐기할 수가 있다.
② 폐기는 서면증서로써 유네스코 사무총장에게 기탁 통고되어야 한다.
③ 폐기는 폐기문서의 수령 후 12개월이 경과되어야 효력을 갖는다.

제17조 유네스코 사무총장은 제12조 및 제13조에 규정되어 있는 비준, 수락 및 가입에 관한 모든 문서의 기탁과 제15조 및 제16조에 각각 규정되어 있는 통고와 폐기에 관한 사항을 유네스코 회원국 및 제13조에 인용되어있는 유네스코의 비회원국과 유엔에 대하여 통고하여야 한다.

제18조 ① 이 협약은 유네스코 총회에서 수정될 수가 있다. 따라서 이런 수정은 수정협약 당사국에 대해서만 구속력을 갖게 된다.

② 유네스코 총회가 이 협약의 전부 혹은 그 일부분을 수정하는 새로운 협약을 채택하게 되면 그 새로운 협약이 별도로 규정짓지 않는 한 새로운 수정협약이 효력을 갖게 되는 날로부터 이 협약은 비준, 수락 혹은 가입을 위한 개방을 정지하게 된다.

제19조 유엔헌장 제102조에 따라 이 협약은 유네스코 사무총장 요청에 따라 유엔본부 사무국에 등록된다.

이 협약은 제11차 유네스코 총회 의장 및 사무총장의 서명을 받은 2부의 정본으로 1960년 12월 15일에 파리에서 작성되었으며 이는 유네스코 문서보관소에 기탁되고 이의 인증사본은 제12조 및 제13조에 인용된 모든 국가와 또한 유엔에 송부된다.

이상은 파리에서 개최되어 1960년 12월 15일에 폐회한 제11차 유네스코 총회 기간 중에 정식으로 채택된 협약의 인증원본이다.

제 2 부

여성과 출생

제 1 장 출생신고

◇ 주민등록법 ◇ (법률 제9574호, 2009. 4. 1, 일부개정)

제 1 조 (목적) 이 법은 시(특별시 · 광역시는 제외하고, 특별자치도는 포함한다. 이하 같다), 군 또는 구(자치구를 말한다. 이하 같다)의 주민을 등록하게 함으로써 주민의 거주관계 등 인구의 동태(動態)를 항상 명확하게 파악하여 주민생활의 편익을 증진시키고 행정사무를 적정하게 처리하도록 하는 것을 목적으로 한다. 〈개정 2009. 4. 1〉

제 6 조 (대상자) ① 시장 · 군수 또는 구청장은 30일 이상 거주할 목적으로 그 관할 구역에 주소나 거소(이하 "거주지"라 한다)를 가진 자(이하 "주민"이라 한다)를 이 법의 규정에 따라 등록하여야 한다. 다만, 외국인은 예외로 한다.
② 제1항의 등록에서 영내(營內)에 기거하는 군인은 그가 속한 세대의 거주지에서 본인이나 세대주의 신고에 따라 등록하여야 한다.
③ 「해외이주법」 제2조에 따른 해외이주자는 대통령령으로 정하는 바에 따라 해외이주를 포기한 후가 아니면 등록할 수 없다.

제10조 (신고사항) ① 주민은 다음 각 호의 사항을 해당 거주지를 관할하는 시장 · 군수 또는 구청장에게 신고하여야 한다. 〈개정 2007. 5. 17, 2009. 4. 1〉
1. 성명
2. 성별
3. 생년월일

4. 세대주와의 관계
5. 합숙하는 곳은 관리책임자
6. 「가족관계의 등록 등에 관한 법률」 제10조 제1항에 따른 등록기준지(이하 "등록기준지"라 한다)
7. 주소
8. 가족관계등록이 되어 있지 아니한 자 또는 가족관계등록의 여부가 분명하지 아니한 자는 그 사유
9. 대한민국의 국적을 가지지 아니한 자는 그 국적명이나 국적의 유무
10. 거주지를 이동하는 경우에는 전입 전의 주소 또는 전입지와 해당 연월일
11. 대통령령으로 정하는 특수기술에 관한 사항

② 누구든지 제1항의 신고를 이중으로 할 수 없다.

제11조 (신고의무자) ① 제10조에 따른 신고는 세대주가 신고사유가 발생한 날부터 14일 이내에 하여야 한다. 다만, 세대주가 신고할 수 없으면 그를 대신하여 다음 각 호의 어느 하나에 해당하는 자가 할 수 있다. 〈개정 2009. 4. 1〉
1. 세대를 관리하는 자
2. 본인
3. 세대주의 위임을 받은 자로서 다음 각 목의 어느 하나에 해당하는 자
   가. 세대주의 배우자
   나. 세대주의 직계혈족
   다. 세대주의 배우자의 직계혈족
   라. 세대주의 직계혈족의 배우자

② 제1항 단서에 따른 위임에 관한 구체적인 사항은 대통령령으로 정한다.

제23조 (주민등록자의 지위 등) ① 다른 법률에 특별한 규정이 없으면 이 법에 따른 주민등록지를 공법(公法) 관계에서의 주소로 한다.

② 제1항에 따라 주민등록지를 공법관계에서의 주소로 하는 경우에 신고의무자가 신거주지에 전입신고를 하면 신거주지에서의 주민등록이 전입신고일에 된 것으로 본다.

◇ 가족관계의 등록 등에 관한 법률 ◇

(법률 제9832호, 2009. 12. 29, 일부개정)

제44조 (출생신고의 기재사항) ① 출생의 신고는 출생 후 1개월 이내에 하여야 한다.
② 신고서에는 다음 사항을 기재하여야 한다.
1. 자녀의 성명 · 본 · 성별 및 등록기준지
2. 자녀의 혼인 중 또는 혼인 외의 출생자의 구별
3. 출생의 연월일시 및 장소
4. 부모의 성명 · 본 · 등록기준지 및 주민등록번호(부 또는 모가 외국인인 때에는 그 성명 · 출생연월일 및 국적)
5. 「민법」 제781조 제1항 단서에 따른 협의가 있는 경우 그 사실
6. 자녀가 이중국적자인 경우 그 사실 및 취득한 외국국적
③ 자녀의 이름에는 한글 또는 통상 사용되는 한자를 사용하여야 한다. 통상 사용되는 한자의 범위는 대법원규칙으로 정한다.
④ 출생신고서에는 의사 · 조산사 그 밖에 분만에 관여한 사람이 작성한 출생증명서를 첨부하여야 한다. 다만, 부득이한 사유가 있는 경우에는 그러하지 아니하다.

제45조 (출생신고의 장소) ① 출생의 신고는 출생지에서 할 수 있다.
② 기차나 그 밖의 교통기관 안에서 출생한 때에는 모가 교통기관에서 내린 곳, 항해일지가 비치되지 아니한 선박 안에서 출생한 때에는 그 선박이 최초로 입항한 곳에서 신고할 수 있다.

제46조 (신고의무자) ① 혼인 중 출생자의 출생의 신고는 부(父) 또는 모(母)가 하여야 한다.
② 혼인 외 출생자의 신고는 모가 하여야 한다.
③ 제1항 및 제2항에 따라 신고를 하여야 할 사람이 신고를 할 수 없는 경우에는 다음 각 호의 어느 하나에 해당하는 사람이 각 호의 순위에 따라 신고를 하여야 한다.
1. 동거하는 친족
2. 분만에 관여한 의사·조산사 또는 그 밖의 사람

제47조 (친생부인의 소를 제기한 때) 친생부인의 소를 제기한 때에도 출생신고를 하여야 한다.

제48조 (법원이 부를 정하는 때) ①「민법」제845조에 따라 법원이 부(父)를 정하여야 할 때에는 출생의 신고는 모가 하여야 한다.
② 제46조 제3항은 제1항의 경우에 준용한다.

제49조 (항해 중의 출생) ① 항해 중에 출생이 있는 때에는 선장은 24시간 이내에 제44조 제2항에서 정한 사항을 항해일지에 기재하고 서명 또는 기명날인하여야 한다.
② 제1항의 절차를 밟은 후 선박이 대한민국의 항구에 도착하였을 때에는 선장은 지체 없이 출생에 관한 항해일지의 등본을 그 곳의 시·읍·면의 장에게 발송하여야 한다.
③ 선박이 외국의 항구에 도착하였을 때에는 선장은 지체 없이 제2항의 등본을 그 지역을 관할하는 재외공관의 장에게 발송하고 재외공관의 장은 지체 없이 외교통상부장관을 경유하여 등록기준지의 시·읍·면의 장에게 발송하여야 한다.

제50조 (공공시설에서의 출생) 병원, 교도소, 그 밖의 시설에서 출생이 있었을 경우에 부모가 신고할 수 없는 때에는 당해 시설의 장 또는 관리인이 신고를 하여야 한다.

제51조 (출생신고 전에 사망한 때) 출생의 신고 전에 자녀가 사망한 때에는 출생의 신고와 동시에 사망의 신고를 하여야 한다.

제52조 (기아) ① 기아(棄兒)를 발견한 사람 또는 기아 발견의 통지를 받은 국가경찰공무원은 24시간 이내에 그 사실을 시·읍·면의 장에게 통보하여야 한다.
② 제1항의 통보를 받은 시·읍·면의 장은 소지품, 발견장소, 발견연월일시, 그 밖의 상황, 성별, 출생의 추정연월일을 조서에 기재하여야 한다. 이 경우 그 조서를 신고서로 본다.
③ 시·읍·면의 장은「민법」제781조 제4항에 따라 기아의 성과 본을 창설한 후 이름과 등록기준지를 정하여 등록부에 기록하여야 한다.

제53조 (부모가 기아를 찾은 때) ① 부 또는 모가 기아를 찾은 때에는 1개월 이내에 출생의 신고를 하고 등록부의 정정을 신청하여야 한다.
② 제1항의 경우에는 시·읍·면의 장이 확인하여야 한다.

제54조 (기아가 사망한 때) 제52조 제1항 또는 제53조의 절차를 밟기 전에 기아가 사망하였을 때에는 사망의 신고와 동시에 그 절차를 밟아야 한다.

◇ 국 적 법 ◇ (법률 제8892호, 2008. 3.14, 일부개정)

제 1 조 (목적) 이 법은 대한민국의 국민이 되는 요건을 정함을 목적으로 한다. [전문개정 2008. 3. 14]

제 2 조 (출생에 의한 국적 취득) ① 다음 각 호의 어느 하나에 해

당하는 자는 출생과 동시에 대한민국 국적(國籍)을 취득한다.
1. 출생 당시에 부(父) 또는 모(母)가 대한민국의 국민인 자
2. 출생하기 전에 부가 사망한 경우에는 그 사망 당시에 부가 대한민국의 국민이었던 자
3. 부모가 모두 분명하지 아니한 경우나 국적이 없는 경우에는 대한민국에서 출생한 자
② 대한민국에서 발견된 기아(棄兒)는 대한민국에서 출생한 것으로 추정한다. [전문개정 2008. 3. 14]

제3조 (인지에 의한 국적 취득) ① 대한민국의 국민이 아닌 자(이하 "외국인"이라 한다)로서 대한민국의 국민인 부 또는 모에 의하여 인지(認知)된 자가 다음 각 호의 요건을 모두 갖추면 법무부장관에게 신고함으로써 대한민국 국적을 취득할 수 있다.
1. 대한민국의 「민법」상 미성년일 것
2. 출생 당시에 부 또는 모가 대한민국의 국민이었을 것
② 제1항에 따라 신고한 자는 그 신고를 한 때에 대한민국 국적을 취득한다.
③ 제1항에 따른 신고 절차와 그 밖에 필요한 사항은 대통령령으로 정한다. [전문개정 2008. 3. 14]

제19조 (법정대리인이 하는 신고 등) 이 법에 규정된 신청이나 신고와 관련하여 그 신청이나 신고를 하려는 자가 15세 미만이면 법정대리인이 대신하여 이를 행한다. [전문개정 2008. 3. 14]

제20조 (국적 판정) ① 법무부장관은 대한민국 국적의 취득이나 보유 여부가 분명하지 아니한 자에 대하여 이를 심사한 후 판정할 수 있다.
② 제1항에 따른 심사 및 판정의 절차와 그 밖에 필요한 사항은 대통령령으로 정한다. [전문개정 2008. 3. 14]

제2장 친 족

◇ 민 법 ◇ (법률 제9650호, 2009. 5. 8, 일부개정)

제767조 (친족의 정의) 배우자, 혈족 및 인척을 친족으로 한다.

제768조 (혈족의 정의) 자기의 직계존속과 직계비속을 직계혈족이라 하고 자기의 형제자매와 형제자매의 직계비속, 직계존속의 형제자매 및 그 형제자매의 직계비속을 방계혈족이라 한다. 〈개정 1990. 1. 13〉

제769조 (인척의 계원) 혈족의 배우자, 배우자의 혈족, 배우자의 혈족의 배우자를 인척으로 한다. 〈개정 1990. 1. 13〉

제770조 (혈족의 촌수의 계산) ① 직계혈족은 자기로부터 직계존속에 이르고 자기로부터 직계비속에 이르러 그 세수를 정한다.
② 방계혈족은 자기로부터 동원의 직계존속에 이르는 세수와 그 동원의 직계존속으로부터 그 직계비속에 이르는 세수를 통산하여 그 촌수를 정한다.

제771조 (인척의 촌수의 계산) 인척은 배우자의 혈족에 대하여는 배우자의 그 혈족에 대한 촌수에 따르고, 혈족의 배우자에 대하여는 그 혈족에 대한 촌수에 따른다. [전문개정 1990. 1. 13]

제772조 (양자와의 친계와 촌수) ① 양자와 양부모 및 그 혈족,

인척 사이의 친계와 촌수는 입양한 때로부터 혼인 중의 출생자와 동일한 것으로 본다.
② 양자의 배우자, 직계비속과 그 배우자는 전항의 양자의 친계를 기준으로 하여 촌수를 정한다.

제775조 (인척관계 등의 소멸) ① 인척관계는 혼인의 취소 또는 이혼으로 인하여 종료한다. 〈개정 1990. 1. 13〉
② 부부의 일방이 사망한 경우 생존배우자가 재혼한 때에도 제1항과 같다. 〈개정 1990. 1. 13〉

제776조 (입양으로 인한 친족관계의 소멸) 입양으로 인한 친족관계는 입양의 취소 또는 파양으로 인하여 종료한다.

제777조 (친족의 범위) 친족관계로 인한 법률상 효력은 이 법 또는 다른 법률에 특별한 규정이 없는 한 다음 각 호에 해당하는 자에 미친다.
1. **8촌 이내의 혈족**
2. **4촌 이내의 인척**
3. **배우자**[전문개정 1990. 1. 13]

> [대법원 판례] **사실혼으로 형성되는 친족을 인정한 사례**
> 성폭력범죄의 처벌 및 피해자보호 등에 관한 법률 제7조 제1항은 친족관계에 있는 자가 형법 제297조(강간)의 죄를 범한 때에는 5년 이하의 유기징역에 처한다고 규정하고 있고, 같은 법 제7조 제4항은 제1항의 친족의 범위는 4촌 이내의 혈족과 2촌 이내의 인척으로 한다고 규정하고 있으며, 같은 법 제7조 제5항은 제1항의 친족은 사실상의 관계에 의한 친족을 포함한다고 규정하고 있다. 법률이 정한 혼인의 실질관계는 모두 갖추었으나 법률이 정한 방식, 즉 혼인신고가 없기 때문에 법률상 혼인으로 인정되지 않는 이른바 사실혼으로 인하여 형성되는 인척도 같은 법 제7조 제5항이 규정한 사실상의 관계에 의한 친족에 해당하고(대법원 2000. 2. 8. 99도5395 판결 참조), 비록 우리 법제가 일부일처주의를 채택하여 중혼을 금지하는 규정을 두고 있다 하더라도 이를 위반한 때를 혼인 무효의 사유로 규정하고

있지 아니하고 단지 혼인 취소의 사유로만 규정함으로써 중혼에 해당하는 혼인이라도 취소되기 전까지는 유효하게 존속하는 것이므로 중혼적 사실혼이라 하여 달리 볼 것은 아니다(대법원 2002. 2. 22, 2001도5075 판결).

[하급심 판례] **인척의 범위**
피고인이 이른바 의붓손녀를 강제추행 또는 준강제추행한 사안에서, 피고인과 의붓손녀는 단지 혈족의 배우자의 혈족의 관계에 있을 뿐이어서 인척관계에 있다고 볼 수 없으므로 피고인에게 성폭력범죄의처벌및피해자보호등에관한법률 제7조 제2항, 제3항이 적용될 여지가 없고, 나아가 죄형법정주의의 원칙에 비추어, 법정절차 미이행의 경우에 대비하여 마련된 같은 법 제7조 제5항의 규정에 의하여 민법에 정한 인척 내지 친족의 개념 자체를 확대할 수는 없으므로, 피고인은 피해자에 대한 관계에서 같은 법 제7조 제5항 소정의 '사실상의 관계에 의한 친족'에도 해당하지 않는다(제주지방법원 2004. 12. 22, 2004고합183 판결).

제779조 **(가족의 범위) ① 다음의 자는 가족으로 한다.**
1. 배우자, 직계혈족 및 형제자매
2. 직계혈족의 배우자, 배우자의 직계혈족 및 배우자의 형제자매
② 제1항 제2호의 경우에는 생계를 같이 하는 경우에 한한다. [전문개정 2005. 3. 31]

제781조 **(자의 성과 본) ① 자(子)는 부의 성과 본을 따른다. 다만, 부모가 혼인신고시 모의 성과 본을 따르기로 협의한 경우에는 모의 성과 본을 따른다.**
② 부가 외국인인 경우에는 자는 모의 성과 본을 따를 수 있다.
③ 부를 알 수 없는 자는 모의 성과 본을 따른다.
④ 부모를 알 수 없는 자는 법원의 허가를 받아 성과 본을 창설한다. 다만, 성과 본을 창설한 후 부 또는 모를 알게 된 때에는 부 또는 모의 성과 본을 따를 수 있다.
⑤ 혼인 외의 출생자가 인지된 경우 자는 부모의 협의에 따라 종전의 성과 본을 계속 사용할 수 있다. 다만, 부모가 협의할 수 없거나 협의가 이루어지지 아니한 경우에는 자는 법원의 허가를 받

아 종전의 성과 본을 계속 사용할 수 있다.
⑥ 자의 복리를 위하여 자의 성과 본을 변경할 필요가 있을 때에는 부, 모 또는 자의 청구에 의하여 법원의 허가를 받아 이를 변경할 수 있다. 다만, 자가 미성년자이고 법정대리인이 청구할 수 없는 경우에는 제777조의 규정에 따른 친족 또는 검사가 청구할 수 있다. [전문개정 2005. 3. 31]

[대법원 판례] **'자의 성과 본을 변경할 필요가 있을 때'의 판단기준 및 방법**
민법 제781조 제6항에 정한 '자의 복리를 위하여 자의 성과 본을 변경할 필요가 있을 때'에 해당하는지 여부는 자의 나이와 성숙도를 감안하여 자 또는 친권자·양육자의 의사를 고려하되, 먼저 자의 성·본 변경이 이루어지지 아니할 경우에 내부적으로 가족 사이의 정서적 통합에 방해가 되고 대외적으로 가족구성원에 관련된 편견이나 오해 등으로 학교생활이나 사회생활에서 겪게 되는 불이익의 정도를 심리하고, 다음으로 성·본 변경이 이루어질 경우에 초래되는 정체성의 혼란이나 자와 성·본을 함께 하고 있는 친부나 형제자매 등과의 유대관계의 단절 및 부양의 중단 등으로 인하여 겪게 되는 불이익의 정도를 심리한 다음, 자의 입장에서 위 두 가지 불이익의 정도를 비교형량하여 자의 행복과 이익에 도움이 되는 쪽으로 판단하여야 한다. 이와 같이 자의 주관적·개인적인 선호의 정도를 넘어 자의 복리를 위하여 성·본의 변경이 필요하다고 판단되고, 범죄를 기도 또는 은폐하거나 법령에 따른 각종 제한을 회피하려는 불순한 의도나 목적이 개입되어 있는 등 성·본 변경권의 남용으로 볼 수 있는 경우가 아니라면, 원칙적으로 성·본 변경을 허가함이 상당하다(대법원 2009. 12. 11, 2009스23 결정).

[하급심 판례] **'자의 복리'를 위해 계부의 성과 본으로 변경한 사례**
민법 제781조 제6항은 "자(子)의 복리를 위하여 자의 성과 본을 변경할 필요가 있을 때에는 부, 모 또는 자의 청구에 의하여 법원의 허가를 받아 이를 변경할 수 있다"고 규정하고 있고, 위 규정은 2008. 1. 1.부터 시행되고 있는바, 위 제도는 주로 재혼가정에서 자라는 자녀들이 실제로 부의 역할을 하고 있는 계부와 성이 달라서 정신적으로 고통을 받을 경우 이를 해결하기 위하여 마련된 제도이다. 민법 제781조 제6항은 성과 본의 변경을 위한 요건으로 유일하게 "자의 복리"만 규정하고 있는바, 허가기준인 자의 복리를 고려함에는 부자관계의 보호, 모자관계의 강도, 자의 한 가족의 일원으로

서의 정체성, 자의 의사, 자의 나이 및 성숙성, 현재의 가족상황 등 여러 요소를 함께 감안하여야 한다. 이혼 후 10여 년간 친부와 교류가 없고 10년 이상 동거해 온 계부가 입양을 하여 법률적으로 가족관계가 형성된 15세의 자(子)에 대하여 계부의 성과 본으로 변경이 가능하다(울산지법 2008. 1. 28, 2008느단12 심판).

◇ 가족관계의 등록 등에 관한 법률 ◇

(법률 제9832호, 2009. 12. 29, 일부개정)

제1조 (목적) **이 법은 국민의 출생·혼인·사망 등 가족관계의 발생 및 변동사항에 관한 등록과 그 증명에 관한 사항을 규정함을 목적으로 한다.**

제2조 (관장) **가족관계의 발생 및 변동사항에 관한 등록과 그 증명에 관한 사무(이하 "등록사무"라 한다)는 대법원이 관장한다.**
③ 가족관계에 관한 그 밖의 증명서 및 가족관계 기록사항에 관하여 필요한 사항은 대법원규칙으로 정한다. 〈개정 2009. 12. 29〉 〈시행 2010. 6. 30〉

제25조 (신고서 기재사항) **① 신고서에는 다음 사항을 기재하고 신고인이 서명하거나 기명날인하여야 한다.**
1. **신고사건**
2. **신고연월일**
3. **신고인의 출생연월일·주민등록번호·등록기준지 및 주소**
4. **신고인과 신고사건의 본인이 다른 때에는 신고사건의 본인의 등록기준지·주소·성명·출생연월일 및 주민등록번호와 신고인의 자격**

② 이 법에 따라 신고서류를 작성한 경우 그 신고서류에 주민등

록번호를 기재한 때에는 출생연월일의 기재를 생략할 수 있다.

제26조 (신고인이 무능력자인 경우) ① 신고하여야 할 사람이 미성년자 또는 금치산자인 때에는 친권자 또는 후견인을 신고의무자로 한다. 다만, 미성년자 또는 금치산자가 신고를 하여도 된다.
② 친권자 또는 후견인이 신고하는 경우에는 신고서에 다음 사항을 기재하여야 한다.
1. 신고하여야 할 사람의 성명·출생연월일·주민등록번호 및 등록기준지
2. 무능력자가 된 원인
3. 신고인이 친권자 또는 후견인이라는 사실

제27조 (동의가 불필요한 무능력자의 신고) ① 무능력자가 그 법정대리인의 동의 없이 할 수 있는 행위에 관하여는 무능력자가 신고하여야 한다.
② 금치산자가 신고하는 경우에는 신고서에 신고사건의 성질 및 효과를 이해할 능력이 있음을 증명할 수 있는 진단서를 첨부하여야 한다.

제28조 (증인을 필요로 하는 신고) 증인을 필요로 하는 사건의 신고에 있어서는 증인은 신고서에 주민등록번호 및 주소를 기재하고 서명하거나 기명날인하여야 한다.

제31조 (말로 하는 신고 등) ① 말로 신고하려 할 때에는 신고인은 시·읍·면의 사무소에 출석하여 신고서에 기재하여야 할 사항을 진술하여야 한다.
② 시·읍·면의 장은 신고인의 진술 및 신고연월일을 기록하여 신고인에게 읽어 들려주고 신고인으로 하여금 그 서면에 서명하거나 기명날인하게 하여야 한다.
③ 제1항 및 제2항의 경우에 신고인이 질병 또는 그 밖의 사고로

출석할 수 없는 때에는 대리인으로 하여금 신고하게 할 수 있다. 다만, 제55조, 제56조, 제61조, 제63조, 제71조 및 제74조의 신고는 그러하지 아니하다.

제32조 (동의, 승낙 또는 허가를 요하는 사건의 신고) ① 신고사건에 있어서 부·모 또는 다른 사람의 동의 또는 승낙이 필요한 경우에는 신고서에 그 동의 또는 승낙을 증명하는 서면을 첨부하여야 한다. 다만, 친족회가 동의를 하는 경우에는 친족회의 결의록을 첨부하여야 하며, 그 밖의 동의 또는 승낙에 있어서는 동의 또는 승낙을 한 사람으로 하여금 신고서에 그 사유를 부기하고 서명 또는 기명날인하게 할 수 있다.
② 신고사건, 신고인 또는 신고사항 등에 있어서 재판 또는 관공서의 허가를 요하는 사항이 있는 경우에는 신고서에 그 재판서 또는 허가서의 등본을 첨부하여야 한다.

제34조 (외국에서 하는 신고) 외국에 있는 대한민국 국민은 이 법에서 정하는 바에 따라 그 지역을 관할하는 대한민국 재외공관(이하 "재외공관"이라 한다)의 장에게 신고하거나 신청을 할 수 있다.

제79조 (친권자 지정 및 변경 신고) ① 부모가 「민법」 제909조 제4항에 따라 친권자를 정한 때에는 1개월 이내에 그 사실을 신고하여야 한다. 부모 중 일방이 신고하는 경우에는 그 사실을 증명하는 서면을 첨부하여야 한다.
② 친권이나 관리권의 상실·사퇴·회복에 관한 재판 또는 「민법」 제909조 제4항부터 제6항까지의 규정에 따라 친권자를 정하거나 변경하는 재판이 확정된 때에는 그 재판을 청구한 사람 또는 그 재판으로 친권자로 정하여진 사람이 그 내용을 신고하여야 한다. 이 경우 제58조를 준용한다.

제80조 (후견개시신고의 기재사항) ① 후견개시의 신고는 후견인

이 그 취임일부터 1개월 이내에 하여야 한다.
② 신고서에는 다음 사항을 기재하여야 한다.
1. 후견인과 피후견인의 성명·출생연월일·주민등록번호 및 등록기준지
2. 후견개시의 원인 및 연월일
3. 후견인이 취임한 연월일

제81조 (후견인 경질신고 등) ① 후견인이 경질된 경우에는 후임자는 취임일부터 1개월 이내에 그 취지를 신고하여야 한다.
② 제1항의 신고에는 제80조 제2항을 준용한다.
③ 제79조 제2항은 「민법」 제940조에 따라 후견인이 변경된 경우에 준용한다.

제82조 (유언 또는 재판에 따른 후견인의 선정) ① 유언에 의하여 후견인을 지정한 경우에는 지정에 관한 유언서 그 등본 또는 유언녹음을 기재한 서면을 신고서에 첨부하여야 한다.
② 후견인선임의 재판이 있는 경우에는 재판서의 등본을 신고서에 첨부하여야 한다.

제83조 (후견종료신고) ① 후견종료의 신고는 후견인이 1개월 이내에 하여야 한다. 다만, 미성년자의 성년 도달로 인하여 후견이 종료된 경우에는 그러하지 아니하다.
② 신고서에는 다음 사항을 기재하여야 한다.
1. 피후견인의 성명·등록기준지 및 주민등록번호
2. 후견종료의 원인 및 연월일
③ 후견종료의 원인이 「민법」 제939조 또는 같은 법 제940조에 따른 것인 때에는 재판서의 등본을 첨부하여야 한다.

제3장 낙 태

◇ 형 법 ◇ (법률 제7623호, 2005. 7. 29, 일부개정)

제269조 (낙태) ① 부녀가 약물 기타 방법으로 낙태한 때에는 1년 이하의 징역 또는 200만원 이하의 벌금에 처한다. 〈개정 1995. 12. 29〉
② 부녀의 촉탁 또는 승낙을 받아 낙태하게 한 자도 제1항의 형과 같다. 〈개정 1995. 12. 29〉
③ 제2항의 죄를 범하여 부녀를 상해에 이르게 한 때에는 3년 이하의 징역에 처한다. 사망에 이르게 한 때에는 7년 이하의 징역에 처한다. 〈개정 1995. 12. 29〉

제270조 (의사 등의 낙태, 부동의낙태) ① 의사, 한의사, 조산사, 약제사 또는 약종상이 부녀의 촉탁 또는 승낙을 받아 낙태하게 한 때에는 2년 이하의 징역에 처한다. 〈개정 1995. 12. 29〉
② 부녀의 촉탁 또는 승낙 없이 낙태하게 한 자는 3년 이하의 징역에 처한다.
③ 제1항 또는 제2항의 죄를 범하여 부녀를 상해에 이르게 한 때에는 5년 이하의 징역에 처한다. 사망에 이르게 한 때에는 10년 이하의 징역에 처한다. 〈개정 1995. 12. 29〉
④ 전 3항의 경우에는 7년 이하의 자격정지를 병과한다.

[대법원 판례] **태아의 사망과 임산부 상해의 판단**
사람의 생명과 신체의 안전을 보호법익으로 하고 있는 형법의 해석으로는 규칙적인 진통을 동반하면서 분만이 개시된 때(소위 진통설 또는 분만개시설)가 사람의 시기(始期)라고 봄이 타당하다. 제왕절개 수술의 경우 '의학적으로 제왕절개 수술이 가능하였고 규범적으로 수

술이 필요하였던 시기(時期)'는 판단하는 사람 및 상황에 따라 다를 수 있어, 분만개시 시점, 즉 사람의 시기(始期)도 불명확하게 되므로 이 시점을 분만의 시기(始期)로 볼 수는 없다. 현행 형법이 사람에 대한 상해 및 과실치사상의 죄에 관한 규정과는 별도로 태아를 독립된 행위객체로 하는 낙태죄, 부동의낙태죄, 낙태치상 및 낙태치사의 죄 등에 관한 규정을 두어 포태한 부녀의 자기낙태행위 및 제3자의 부동의낙태행위, 낙태로 인하여 위 부녀에게 상해 또는 사망에 이르게 한 행위 등에 대하여 처벌하도록 한 점, 과실낙태행위 및 낙태미수행위에 대하여 따로 처벌규정을 두지 아니한 점 등에 비추어 보면, 우리 형법은 태아를 임산부 신체의 일부로 보거나, 낙태행위가 임산부의 태아양육, 출산 기능의 침해라는 측면에서 낙태죄와는 별개로 임산부에 대한 상해죄를 구성하는 것으로 보지는 않는다고 해석된다. 따라서 태아를 사망에 이르게 하는 행위가 임산부 신체의 일부를 훼손하는 것이라거나 태아의 사망으로 인하여 그 태아를 양육, 출산하는 임산부의 생리적 기능이 침해되어 임산부에 대한 상해가 된다고 볼 수는 없다(대법원 2007. 6. 29, 2005도3832 판결).

[대법원 판례] **낙태의 촉탁이나 승낙이 있어도 죄가 되는 사례**
인간의 생명은 잉태된 때부터 시작되는 것이고 회임된 태아는 새로운 존재와 인격의 근원으로서 존엄과 가치를 지니므로 그 자신이 이를 인식하고 있던지 또는 스스로를 방어할 수 있는지에 관계없이 침해되지 않도록 보호되어야 한다 함이 헌법 아래에서 국민일반이 지니는 건전한 도의적 감정과 합치되는 바이므로 비록 모자보건법이 특별한 의학적, 우생학적 또는 윤리적 적응이 인정되는 경우에 임산부와 배우자의 동의 아래 인공임신중절수술을 허용하고 있다 하더라도 이로써 의사가 부녀의 촉탁 또는 승락을 받으면 일체의 낙태행위가 정상적인 행위이고 형법 제270조 제1항 소정의 업무상촉탁낙태죄에 의한 처벌을 무가치하게 되었다고 할 수는 없으며 임산부의 촉탁이 있으면 의사로서 낙태를 거절하는 것이 보통의 경우 도저히 기대할 수 없게 되었다고 할 수도 없다(대법원 1985. 6. 11, 84도1958 판결).

◇ 모자보건법 ◇ (법률 제9932호, 2010. 1. 18, 타법개정)

제 1 조 (목적) 이 법은 모성(母性) 및 영유아의 생명과 건강을 보호하고 건전한 자녀의 출산과 양육을 도모함으로써 국민보건 향상에 이바지함을 목적으로 한다. [전문개정 2009. 1. 7]

제 2 조 (정의) 이 법에서 사용하는 용어의 뜻은 다음과 같다.
1. "임산부"란 임신 중이거나 분만 후 6개월 미만인 여성을 말한다.
2. "모성"이란 임산부와 가임기(可姙期) 여성을 말한다.
3. "영유아"란 출생 후 6년 미만인 사람을 말한다.
4. "신생아"란 출생 후 28일 이내의 영유아를 말한다.
5. "미숙아(未熟兒)"란 신체의 발육이 미숙한 채로 출생한 영유아로서 대통령령으로 정하는 기준에 해당하는 영유아를 말한다.
6. "선천성이상아(先天性異常兒)"란 선천성 기형(奇形) 또는 변형(變形)이 있거나 염색체에 이상이 있는 영유아로서 대통령령으로 정하는 기준에 해당하는 영유아를 말한다.
7. "인공임신중절수술"이란 태아가 모체 밖에서는 생명을 유지할 수 없는 시기에 태아와 그 부속물을 인공적으로 모체 밖으로 배출시키는 수술을 말한다.
8. "모자보건사업"이란 모성과 영유아에게 전문적인 보건의료서비스 및 그와 관련된 정보를 제공하고, 모성의 생식건강(生殖健康) 관리와 임신·출산·양육 지원을 통하여 이들이 신체적·정신적·사회적으로 건강을 유지하게 하는 사업을 말한다.
9. "가족계획사업"이란 가족의 건강과 가정복지의 증진을 위하여 수태조절(受胎調節)에 관한 전문적인 의료봉사·계몽 또는 교육을 하는 사업을 말한다.
10. "모자보건요원"이란 의사·조산사·간호사의 면허를 받은 사람 또는 간호조무사의 자격을 인정받은 사람으로서 모자보건사업 및 가족계획사업에 종사하는 사람을 말한다.
11. "산후조리업(産後調理業)"이란 산후조리 및 요양 등에 필요한

인력과 시설을 갖춘 곳(이하 "산후조리원"이라 한다)에서 분만 직후의 임산부나 출생 직후의 영유아에게 급식 · 요양과 그 밖에 일상생활에 필요한 편의를 제공하는 업(業)을 말한다. [전문개정 2009. 1. 7]

第14조 **(인공임신중절수술의 허용한계) ① 의사는 다음 각 호의 어느 하나에 해당되는 경우에만 본인과 배우자(사실상의 혼인관계에 있는 사람을 포함한다. 이하 같다)의 동의를 받아 인공임신중절수술을 할 수 있다.**

1. 본인이나 배우자가 대통령령으로 정하는 우생학적(優生學的) 또는 유전학적 정신장애나 신체질환이 있는 경우

2. 본인이나 배우자가 대통령령으로 정하는 전염성 질환이 있는 경우

3. 강간 또는 준강간(準强姦)에 의하여 임신된 경우

4. 법률상 혼인할 수 없는 혈족 또는 인척 간에 임신된 경우

5. 임신의 지속이 보건의학적 이유로 모체의 건강을 심각하게 해치고 있거나 해칠 우려가 있는 경우

② 제1항의 경우에 배우자의 사망 · 실종 · 행방불명, 그 밖에 부득이한 사유로 동의를 받을 수 없으면 본인의 동의만으로 그 수술을 할 수 있다.

③ 제1항의 경우 본인이나 배우자가 심신장애로 의사표시를 할 수 없을 때에는 그 친권자나 후견인의 동의로, 친권자나 후견인이 없을 때에는 부양의무자의 동의로 각각 그 동의를 갈음할 수 있다. [전문개정 2009. 1. 7]

[대법원 판례] **낙태죄의 성립**

낙태죄는 태아를 자연분만기에 앞서서 인위적으로 모체 밖으로 배출하거나 모체 안에서 살해함으로써 성립하고, 그 결과 태아가 사망하였는지 여부는 낙태죄의 성립에 영향이 없다. 인공임신중절수술이 허용되는 경우의 하나인 모자보건법 제14조 제1항 제5호 소정의 '임신의 지속이 보건의학적 이유로 모체의 건강을 심히 해하고 있거나 해할 우려가 있는 경우'라 함은 임신의 지속이 모체의 생명과 건강에 심각한 위험을 초래하게 되어 모체의 생명과 건강만이라도 구하기 위하여 인공임신중절수술이 부득이하다고 인정되는 경우를 말한다(대법원 2005. 4. 15, 2003도2780 판결).

[대법원 판례] **장애를 갖고 출생한 것 자체를 법률적인 손해로 볼 수 있는지 여부**
인간 생명의 존엄성과 그 가치의 무한함에 비추어 볼 때, 어떠한 인간 또는 인간이 되려고 하는 존재가 타인에 대하여 자신의 출생을 막아 줄 것을 요구할 권리를 가진다고 보기 어렵고, 장애를 갖고 출생한 것 자체를 인공임신중절로 출생하지 않은 것과 비교해서 법률적으로 손해라고 단정할 수도 없으며, 그로 인하여 치료비 등 여러 가지 비용이 정상인에 비하여 더 소요된다고 하더라도 그 장애 자체가 의사나 다른 누구의 과실로 말미암은 것이 아닌 이상 이를 선천적으로 장애를 지닌 채 태어난 아이 자신이 청구할 수 있는 손해라고 할 수는 없다(대법원 1999.6.11, 98다22857 판결).

第28조 (「형법」의 적용 배제) 이 법에 따른 인공임신중절수술을 받은 자와 수술을 한 자는 「형법」 제269조 제1항 · 제2항 및 제270조 제1항에도 불구하고 처벌하지 아니한다. [전문개정 2009. 1. 7]

◇ 의 료 법 ◇ (법률 제9932호, 2010. 1. 18, 타법개정)

第20조 (태아 성 감별 행위 등 금지) ① 의료인은 태아 성 감별을 목적으로 임부를 진찰하거나 검사하여서는 아니 되며, 같은 목적을 위한 다른 사람의 행위를 도와서도 아니 된다.
② 의료인은 임신 32주 이전에 태아나 임부를 진찰하거나 검사하면서 알게 된 태아의 성(性)을 임부, 임부의 가족, 그 밖의 다른 사람이 알게 하여서는 아니 된다. 〈개정 2009. 12. 31〉 [2009. 12. 31. 법률 제9906호에 의하여 2008. 7. 31. 헌법재판소에서 헌법불합치 결정된 이 조 제2항을 개정함].

[헌법재판소 판례] **태아의 성을 감별하는 행위의 위헌성**
의료법상 태아 성별 고지 금지규정(구 의료법 제19조의2 제2항)은 낙태, 특히 성별을 이유로 한 낙태를 방지함으로써 성비의 불균형을 해소하고 태아의 생명권을 보호하기 위해 입법된 것이다. 그런데 임신 기간이 통상 40주라고 할 때, 낙태가 비교적 자유롭게 행해질 수 있는 시기가 있는 반면, 낙태를 할 경우 태아는 물론, 산모의 생명이나 건강에 중대한 위험을 초래하여 낙태가 거의 불가능하게 되는 시기도 있는데, 성별을 이유로 하는 낙태가 임신 기간의 전 기간에 걸쳐 이루어질 것이라는 전제 하에, 이 사건 규정이 낙태가 사실상 불가능하게 되는 임신 후반기에 이르러서도 태아에 대한 성별 정보를 태아의 부모에게 알려 주지 못하게 하는 것은 최소침해성원칙을 위반하는 것이다. 이와 같이 임신후반기 공익에 대한 보호의 필요성이 거의 제기되지 않는 낙태 불가능 시기 이후에도 의사가 자유롭게 직업수행을 하는 자유를 제한하고, 임부나 그 가족의 태아 성별 정보에 대한 접근을 방해하는 것은 기본권 제한의 법익 균형성 요건도 갖추지 못한 것이다. 따라서 이 사건 규정은 헌법에 위반된다 할 것이다. 한편 국회는 2007. 4. 11. 법률 제8366호로 의료법을 전부개정하여 위 19조의2 제2항을 제20조 제2항에서 규정하고 있는데, 그 내용에는 변함이 없으므로 이 규정 역시 의료인의 직업수행의 자유와 태아 부모의 태아성별 정보에 대한 접근을 방해받지 않을 권리를 침해하므로 헌법에 위반된다. 그런데 이 규정들에 대해 단순위헌결정을 할 경우 태아의 성별 고지 금지에 대한 근거규정이 사라져 법적 공백상태가 발생하게 될 것이므로 헌법불합치결정을 한다. 그리고 의료법 제20조 제2항은 입법자가 2009. 12. 31.을 기한으로 새 입법을 마련할 때까지 잠정 적용한다(헌재 2008. 7. 31, 2004헌마1010, 2005헌바90(병합)).

第66조 (자격정지 등) **① 보건복지부장관은 의료인이 다음 각 호의 어느 하나에 해당하면 1년의 범위에서 면허자격을 정지시킬 수 있다. 이 경우 의료기술과 관련한 판단이 필요한 사항에 관하여는 관계 전문가의 의견을 들어 결정할 수 있다.** 〈개정 2008. 2. 29, 2009. 12. 31, 2010. 1. 18〉 〈시행 2010. 3. 19〉
1. 의료인의 품위를 심하게 손상시키는 행위를 한 때
2. 의료기관 개설자가 될 수 없는 자에게 고용되어 의료행위를 한 때

3. 제17조 제1항 및 제2항에 따른 진단서 · 검안서 또는 증명서를 거짓으로 작성하여 내주거나 제22조 제1항에 따른 진료기록부 등을 허위로 작성한 때
4. 제20조를 위반한 경우
5. 제27조 제1항을 위반하여 의료인이 아닌 자로 하여금 의료행위를 하게 하거나 의료인에게 면허받은 사항 외의 의료행위를 하게 한 때
6. 의료기사가 아닌 자에게 의료기사의 업무를 하게 하거나 의료기사에게 그 업무 범위를 벗어나게 한 때
7. 관련서류를 위조 · 변조하거나 속임수 등 부정한 방법으로 진료비를 거짓 청구한 때
8. 제56조 제2항부터 제4항까지 또는 제57조 제1항을 위반하여 의료광고를 한 때
9. 그 밖에 이 법 또는 이 법에 따른 명령을 위반한 때

② 제1항 제1호에 따른 행위의 범위는 대통령령으로 정한다.

③ 의료기관은 그 의료기관 개설자가 제1항 제6호에 따라 자격정지 처분을 받은 경우에는 그 자격정지 기간 중 의료업을 할 수 없다.

제 4 장 혼인와 출생

◇ 민 법 ◇ (법률 제9650호, 2009. 5. 8, 일부개정)

第844조 (부의 친생자의 추정) ① 처(妻)가 혼인중에 포태한 자(子)는 부(夫)의 자로 추정한다.
② 혼인성립의 날로부터 2백일 후 또는 혼인관계 종료의 날로부터 3백일 내에 출생한 자는 혼인중에 포태한 것으로 추정한다.

第845조 (법원에 의한 부의 결정) 재혼한 여자가 해산한 경우에 제844조의 규정에 의하여 그 자의 부를 정할 수 없는 때에는 법원이 당사자의 청구에 의하여 이를 정한다. 〈개정 2005. 3. 31〉

第846조 (자의 친생부인) 부부의 일방은 제844조의 경우에 그 자가 친생자임을 부인하는 소를 제기할 수 있다. 〈개정 2005. 3. 31〉

第847조 (친생부인의 소) ① 친생부인(親生否認)의 소(訴)는 부 또는 처가 다른 일방 또는 자를 상대로 하여 그 사유가 있음을 안 날부터 2년 내에 이를 제기하여야 한다.
② 제1항의 경우에 상대방이 될 자가 모두 사망한 때에는 그 사망을 안 날부터 2년 내에 검사를 상대로 하여 친생부인의 소를 제기할 수 있다. [전문개정 2005. 3. 31]

第848조 (금치산자의 친생부인의 소) ① 부 또는 처가 금치산자인 때에는 그 후견인은 친족회의 동의를 얻어 친생부인의 소를

제기할 수 있다. 〈개정 2005. 3. 31〉
② 제1항의 경우에 후견인이 친생부인의 소를 제기하지 아니한 때에는 금치산자는 금치산선고의 취소 있은 날로부터 2년 내에 친생부인의 소를 제기할 수 있다. 〈개정 2005. 3. 31〉

제849조 (자 사망 후의 친생부인) 자가 사망한 후에도 그 직계비속이 있는 때에는 그 모를 상대로, 모가 없으면 검사를 상대로 하여 부인의 소를 제기할 수 있다.

제850조 (유언에 의한 친생부인) 부 또는 처가 유언으로 부인의 의사를 표시한 때에는 유언집행자는 친생부인의 소를 제기하여야 한다. 〈개정 2005. 3. 31〉

제851조 (부의 자 출생 전 사망 등과 친생부인) 부가 자의 출생 전에 사망하거나 부 또는 처가 제847조 제1항의 기간 내에 사망한 때에는 부 또는 처의 직계존속이나 직계비속에 한하여 그 사망을 안 날부터 2년 내에 친생부인의 소를 제기할 수 있다. [전문개정 2005. 3. 31]

제852조 (친생부인권의 소멸) 자의 출생 후에 친생자(親生子)임을 승인한 자는 다시 친생부인의 소를 제기하지 못한다. [전문개정 2005. 3. 31]

제854조 (사기, 강박으로 인한 승인의 취소) 제852조의 승인이 사기 또는 강박으로 인한 때에는 이를 취소할 수 있다. 〈개정 2005. 3. 31〉

제855조 (인지) ① 혼인외의 출생자는 그 생부나 생모가 이를 인지할 수 있다. 부모의 혼인이 무효인 때에는 출생자는 혼인외의 출생자로 본다.

② 혼인외의 출생자는 그 부모가 혼인한 때에는 그때로부터 혼인 중의 출생자로 본다.

第856條 (금치산자의 인지) 부가 금치산자인 때에는 후견인의 동의를 얻어 인지할 수 있다.

第857條 (사망자의 인지) 자가 사망한 후에도 그 직계비속이 있는 때에는 이를 인지할 수 있다.

第858條 (포태 중인 자의 인지) 부는 포태 중에 있는 자에 대하여도 이를 인지할 수 있다.

第859條 (인지의 효력발생) ① 인지는 「가족관계의 등록 등에 관한 법률」의 정하는 바에 의하여 신고함으로써 그 효력이 생긴다. 〈개정 2007. 5. 17〉
② 인지는 유언으로도 이를 할 수 있다. 이 경우에는 유언집행자가 이를 신고하여야 한다.

第860條 (인지의 소급효) 인지는 그 자의 출생시에 소급하여 효력이 생긴다. 그러나 제3자의 취득한 권리를 해하지 못한다.

第861條 (인지의 취소) 사기, 강박 또는 중대한 착오로 인하여 인지를 한 때에는 사기나 착오를 안 날 또는 강박을 면한 날로부터 6월 내에 가정법원에 그 취소를 청구할 수 있다. 〈개정 2005. 3. 31〉

第862條 (인지에 대한 이의의 소) 자 기타 이해관계인은 인지의 신고 있음을 안 날로부터 1년 내에 인지에 대한 이의의 소를 제기할 수 있다.

제863조 (인지청구의 소) 자와 그 직계비속 또는 그 법정대리인은 부 또는 모를 상대로 하여 인지청구의 소를 제기할 수 있다.

제864조 (부모의 사망과 인지청구의 소) 제862조 및 제863조의 경우에 부 또는 모가 사망한 때에는 그 사망을 안 날로부터 2년 내에 검사를 상대로 하여 인지에 대한 이의 또는 인지청구의 소를 제기할 수 있다. 〈개정 2005. 3. 31〉

[하급심 판례] **부모의 사망 후 인지청구의 제척기간 기산점**
일제강점기에 부(父)를 따라 만주로 건너간 뒤 그곳에서 중국 국적을 취득하여 오랜 기간 살아오다가 비로소 대한민국 국적을 취득한 사람이 망부(亡父)의 호적에 자신을 등재하고자 망부가 사망한 때로부터 40여 년이 지난 시점에 인지청구의 소를 제기하는 경우, 민법 제864조의 제척기간은 인지청구의 소를 제기하는 것이 현실적으로 가능하게 된 시점인 대한민국 국적을 취득한 때로부터 기산된다(대구지법 가정지원 2007.10.10, 2007드단9087 판결).

제864조의2 (인지와 자의 양육책임 등) 제837조 및 제837조의2의 규정은 자가 인지된 경우에 자의 양육책임과 면접교섭권에 관하여 이를 준용한다. [본조신설 2005. 3. 31]

제865조 (다른 사유를 원인으로 하는 친생자관계존부확인의 소)
① 제845조, 제846조, 제848조, 제850조, 제851조, 제862조와 제863조의 규정에 의하여 소를 제기할 수 있는 자는 다른 사유를 원인으로 하여 친생자관계존부의 확인의 소를 제기할 수 있다.
② 제1항의 경우에 당사자 일방이 사망한 때에는 그 사망을 안 날로부터 2년 내에 검사를 상대로 하여 소를 제기할 수 있다. 〈개정 2005. 3. 31〉

◇ 가족관계의 등록 등에 관한 법률 ◇

(법률 제9832호, 2009. 12. 29, 일부개정)

제55조 (인지신고의 기재사항) ① 인지의 신고서에는 다음 사항을 기재하여야 한다.
1. 자녀의 성명 · 성별 · 출생연월일 · 주민등록번호 및 등록기준지(자가 외국인인 때에는 그 성명 · 성별 · 출생연월일 및 국적)
2. 사망한 자녀를 인지할 때에는 사망연월일, 그 직계비속의 성명 · 출생연월일 · 주민등록번호 및 등록기준지
3. 부가 인지할 때에는 모의 성명 · 등록기준지 및 주민등록번호
4. 인지 전의 자녀의 성과 본을 유지할 경우 그 취지와 내용
5. 「민법」 제909조 제4항 또는 제5항에 따라 친권자가 정하여진 때에는 그 취지와 내용

② 제1항 제4호 및 제5호의 경우에는 신고서에 그 내용을 증명하는 서면을 첨부하여야 한다. 다만, 가정법원의 성 · 본 계속사용허가심판 또는 친권자를 정하는 재판이 확정된 때에는 제58조를 준용한다.

제56조 (태아의 인지) 태내에 있는 자녀를 인지할 때에는 신고서에 그 취지, 모의 성명 및 등록기준지를 기재하여야 한다.

제57조 (친생자출생의 신고에 의한 인지) 부가 혼인 외의 자녀에 대하여 친생자출생의 신고를 한 때에는 그 신고는 인지의 효력이 있다.

제58조 (재판에 의한 인지) ① 인지의 재판이 확정된 경우에 소를 제기한 사람은 재판의 확정일부터 1개월 이내에 재판서의 등본 및 확정증명서를 첨부하여 그 취지를 신고하여야 한다.

② 제1항의 신고서에는 재판확정일을 기재하여야 한다.

③ 제1항의 경우에는 그 소의 상대방도 재판서의 등본 및 확정증명서를 첨부하여 인지의 재판이 확정된 취지를 신고할 수 있다. 이 경우 제2항을 준용한다.

제59조 (유언에 의한 인지) 유언에 의한 인지의 경우에는 유언집행자는 그 취임일부터 1개월 이내에 인지에 관한 유언서등본 또는 유언녹음을 기재한 서면을 첨부하여 제55조 또는 제56조에 따라 신고를 하여야 한다.

제5장 입 양

◇ 민 법 ◇ (법률 제9650호, 2009. 5. 8, 일부개정)

제866조 (양자를 할 능력) 성년에 달한 자는 양자를 할 수 있다.

제869조 (15세 미만자의 입양 승낙) 양자가 될 자가 15세 미만인 때에는 법정대리인이 그에 갈음하여 입양의 승낙을 한다. 다만, 후견인이 입양을 승낙하는 경우에는 가정법원의 허가를 받아야 한다. 〈개정 2005. 3. 31〉 [전문개정 1990. 1. 13]

제870조 (입양의 동의) ① 양자가 될 자는 부모의 동의를 얻어야 하며 부모가 사망 기타 사유로 인하여 동의를 할 수 없는 경우에 다른 직계존속이 있으면 그 동의를 얻어야 한다.
② 제1항의 경우에 직계존속이 수인인 때에는 최근존속을 선순위로 하고, 동순위자가 수인인 때에는 연장자를 선순위로 한다. 〈개정 1990. 1. 13〉

제871조 (미성년자 입양의 동의) 양자가 될 자가 성년에 달하지 못한 경우에 부모 또는 다른 직계존속이 없으면 후견인의 동의를 얻어야 한다. 그러나 후견인이 동의를 함에 있어서는 가정법원의 허가를 얻어야 한다. 〈개정 1990. 1. 13〉

제872조 (후견인과 피후견인 간의 입양) 후견인이 피후견인을 양자로 하는 경우에는 가정법원의 허가를 얻어야 한다. 〈개정 1990. 1. 13〉

第873条 (금치산자의 입양) 금치산자는 후견인의 동의를 얻어 양자를 할 수 있고 양자가 될 수 있다.

第874条 (부부의 공동입양) ① 배우자 있는 자가 양자를 할 때에는 배우자와 공동으로 하여야 한다.
② 배우자 있는 자가 양자가 될 때에는 다른 일방의 동의를 얻어야 한다. [전문개정 1990. 1. 13]

第877条 (양자의 금지) ① 존속 또는 연장자는 이를 양자로 하지 못한다.
② 삭제 〈1990. 1. 13〉

第878条 (입양의 효력발생) ① 입양은 「가족관계의 등록 등에 관한 법률」에 정한 바에 의하여 신고함으로써 그 효력이 생긴다. 〈개정 2007. 5. 17〉
② 전항의 신고는 당사자 쌍방과 성년자인 증인 2인의 연서한 서면으로 하여야 한다.

第883条 (입양무효의 원인) 입양은 다음 각 호의 경우에는 무효로 한다.
1. 당사자 간에 입양의 합의가 없는 때
2. 제869조, 제877조 제1항의 규정에 위반한 때

第884条 (입양취소의 원인) 입양은 다음 각 호의 경우에는 가정법원에 그 취소를 청구할 수 있다. 〈개정 1990. 1. 13〉
1. 입양이 제866조 및 제870조 내지 제874조의 규정에 위반한 때
2. 입양 당시 양친자의 일방에게 악질 기타 중대한 사유가 있음을 알지 못한 때
3. 사기 또는 강박으로 인하여 입양의 의사표시를 한 때

第885條 (입양취소청구권자) 입양이 제866조의 규정에 위반한 때에는 양부모, 양자와 그 법정대리인 또는 직계혈족이 그 취소를 청구할 수 있다. [전문개정 1990. 1. 13]

第886條 (입양취소청구권자) 입양이 제870조의 규정에 위반한 때에는 동의권자가 그 취소를 청구할 수 있고 제871조의 규정에 위반한 때에는 그 양자 또는 동의권자가 그 취소를 청구할 수 있다. 〈개정 1990. 1. 13, 2005. 3. 31〉

第887條 (입양취소청구권자) 입양이 제872조의 규정에 위반한 때에는 피후견인 또는 친족회원이 그 취소를 청구할 수 있고 제873조의 규정에 위반한 때에는 금치산자 또는 후견인이 그 취소를 청구할 수 있다.

第888條 (입양취소청구권자) 입양이 제874조의 규정에 위반한 때에는 배우자가 그 취소를 청구할 수 있다. [전문개정 1990. 1. 13]

第889條 (입양취소청구권의 소멸) 제866조의 규정에 위반한 입양은 양친이 성년에 달한 후에는 그 취소를 청구하지 못한다.

第891條 (입양취소청구권의 소멸) 제871조의 규정에 위반한 입양은 양자가 성년에 달한 후 3월을 경과하거나 사망한 때에는 그 취소를 청구하지 못한다.

第892條 (입양취소청구권의 소멸) 제872조의 규정에 위반한 입양은 후견의 종료로 인한 관리계산의 종료 후 6월을 경과하면 그 취소를 청구하지 못한다.

第893條 (입양취소청구권의 소멸) 제873조의 규정에 위반한 입양

은 금치산선고의 취소 있은 후 3월을 경과한 때에는 그 취소를 청구하지 못한다.

第894條 (입양취소청구권의 소멸) 제870조, 제874조의 규정에 위반한 입양은 그 사유 있음을 안 날로부터 6월, 그 사유 있은 날로부터 1년을 경과하면 그 취소를 청구하지 못한다.

第896條 (입양취소청구권의 소멸) 제884조 제2호의 규정에 해당한 사유 있는 입양은 양친자의 일방이 그 사유 있음을 안 날로부터 6월을 경과하면 취소를 청구하지 못한다. 〈개정 1990. 1. 13〉

第897條 (준용규정) 제823조, 제824조의 규정은 입양의 취소에 준용하고 제806조의 규정은 입양의 무효 또는 취소에 준용한다.

第898條 (협의상 파양) ① 양친자는 협의에 의하여 파양할 수 있다.
② 삭제 〈1990. 1. 13〉

第899條 (15세 미만자의 협의상 파양) ① 양자가 15세 미만인 때에는 제869조의 규정에 의하여 입양을 승낙한 자가 이에 갈음하여 파양의 협의를 하여야 한다. 그러나 입양을 승낙한 자가 사망 기타 사유로 협의를 할 수 없는 때에는 생가의 다른 직계존속이 이를 하여야 한다.
② 제1항의 규정에 의한 협의를 후견인 또는 생가(生家)의 다른 직계존속이 하는 때에는 가정법원의 허가를 받아야 한다. 〈신설 2005. 3. 31〉

第900條 (미성년자의 협의상 파양) 양자가 미성년자인 때에는 제871조의 규정에 의한 동의권자의 동의를 얻어 파양의 협의를 할 수 있다.

제901조 (준용규정) 제899조 및 제900조의 경우 직계존속이 수인인 때에는 제870조 제2항을 준용한다. [전문개정 1990. 1. 13]

제902조 (금치산자의 협의상 파양) 양친이나 양자가 금치산자인 때에는 후견인의 동의를 얻어 파양의 협의를 할 수 있다.

제903조 (파양신고의 심사) 파양의 신고는 그 파양이 제878조 제2항, 제898조 내지 전조의 규정 기타 법령에 위반함이 없으면 이를 수리하여야 한다.

제904조 (준용규정) 제823조와 제878조의 규정은 협의상 파양에 준용한다.

제905조 (재판상 파양원인) 양친자의 일방은 다음 각 호의 사유가 있는 경우에는 가정법원에 파양을 청구할 수 있다. 〈개정 1990. 1. 13〉

1. 가족의 명예를 오독하거나 재산을 경도한 중대한 과실이 있을 때
2. 다른 일방 또는 그 직계존속으로부터 심히 부당한 대우를 받았을 때
3. 자기의 직계존속이 다른 일방으로부터 심히 부당한 대우를 받았을 때
4. 양자의 생사가 3년 이상 분명하지 아니한 때
5. 기타 양친자관계를 계속하기 어려운 중대한 사유가 있을 때

제906조 (준용규정) 제899조 내지 제902조의 규정은 재판상 파양의 청구에 준용한다. 〈개정 1990. 1. 13〉

제907조 (파양청구권의 소멸) 제905조 제1호 내지 제3호와 제5호의 사유는 다른 일방이 이를 안 날로부터 6월, 그 사유 있은 날로부터 3년을 경과하면 파양을 청구하지 못한다.

제908조 (파양과 손해배상청구권) 제806조의 규정은 재판상 파양에 준용한다.

제908조의2 (친양자 입양의 요건 등) ① 친양자(親養子)를 하려는 자는 다음 각 호의 요건을 갖추어 가정법원에 친양자 입양의 청구를 하여야 한다.
1. 3년 이상 혼인중인 부부로서 공동으로 입양할 것. 다만, 1년 이상 혼인중인 부부의 일방이 그 배우자의 친생자를 친양자로 하는 경우에는 그러하지 아니하다.
2. 친양자로 될 자가 15세 미만일 것
3. 친양자로 될 자의 친생부모가 친양자 입양에 동의할 것. 다만, 부모의 친권이 상실되거나 사망 그 밖의 사유로 동의할 수 없는 경우에는 그러하지 아니하다.
4. 제869조의 규정에 의한 법정대리인의 입양승낙이 있을 것
② 가정법원은 친양자로 될 자의 복리를 위하여 그 양육상황, 친양자 입양의 동기, 양친(養親)의 양육능력 그 밖의 사정을 고려하여 친양자 입양이 적당하지 아니하다고 인정되는 경우에는 제1항의 청구를 기각할 수 있다. [본조신설 2005. 3. 31]

제908조의3 (친양자 입양의 효력) ① 친양자는 부부의 혼인중 출생자로 본다.
② 친양자의 입양 전의 친족관계는 제908조의2 제1항의 청구에 의한 친양자 입양이 확정된 때에 종료한다. 다만, 부부의 일방이 그 배우자의 친생자를 단독으로 입양한 경우에 있어서의 배우자 및 그 친족과 친생자간의 친족관계는 그러하지 아니하다. [본조신설 2005. 3. 31]

제908조의4 (친양자 입양의 취소 등) ① 친양자로 될 자의 친생(親生)의 부 또는 모는 자신에게 책임이 없는 사유로 인하여 제908조의2 제1항 제3호 단서의 규정에 의한 동의를 할 수 없었던 경우에는 친양자 입양의 사실을 안 날부터 6월 내에 가정법원에

친양자 입양의 취소를 청구할 수 있다.
② 제883조 및 제884조의 규정은 친양자 입양에 관하여 이를 적용하지 아니한다. [본조신설 2005. 3. 31]

제908조의5 (친양자의 파양) ① 양친, 친양자, 친생의 부 또는 모나 검사는 다음 각 호의 어느 하나의 사유가 있는 경우에는 가정법원에 친양자의 파양(罷養)을 청구할 수 있다.
1. 양친이 친양자를 학대 또는 유기(遺棄)하거나 그 밖에 친양자의 복리를 현저히 해하는 때
2. 친양자의 양친에 대한 패륜(悖倫)행위로 인하여 친양자관계를 유지시킬 수 없게 된 때
② 제898조 및 제905조의 규정은 친양자의 파양에 관하여 이를 적용하지 아니한다. [본조신설 2005. 3. 31]

제908조의6 (준용규정) 제908조의2 제2항의 규정은 친양자 입양의 취소 또는 제908조의5 제1항 제2호의 규정에 의한 파양의 청구에 관하여 이를 준용한다. [본조신설 2005. 3. 31]

제908조의7 (친양자 입양의 취소·파양의 효력) ① 친양자 입양이 취소되거나 파양된 때에는 친양자 관계는 소멸하고 입양 전의 친족관계는 부활한다.
② 제1항의 경우에 친양자 입양의 취소의 효력은 소급하지 아니한다. [본조신설 2005. 3. 31]

제908조의8 (준용규정) 친양자에 관하여 이 관에 특별한 규정이 있는 경우를 제외하고는 그 성질에 반하지 아니하는 범위 안에서 양자에 관한 규정을 준용한다. [본조신설 2005. 3. 31]

◇ 입양촉진 및 절차에 관한 특별법 ◇

(법률 제9932호, 2010. 1. 18, 타법개정)

제1조 (목적) 이 법은 요보호아동의 입양을 촉진하고 양자로 되는 자의 보호와 복지증진을 도모하기 위하여 필요한 사항을 규정함을 목적으로 한다.

제2조 (정의) 이 법에서 사용하는 용어의 정의는 다음과 같다. 〈개정 2000. 1. 12, 2005. 3. 31〉

1. "아동"이라 함은 18세 미만의 자를 말한다.
2. "요보호아동"이라 함은 아동복지법 제2조 제2호의 규정에 의한 보호를 필요로 하는 아동을 말한다.
3. "입양아동"이라 함은 이 법에 의하여 입양된 아동을 말한다.
4. "부양의무자"라 함은「국민기초생활 보장법」제2조 제5호의 규정에 의한 부양의무자를 말한다.

제3조 (책임) ① 모든 아동은 그가 태어난 가정에서 건전하게 양육되어야 한다.

② 국가 및 지방자치단체는 태어난 가정에서 아동이 건전하게 양육될 수 있도록 지원하고 태어난 가정에서 양육이 곤란한 아동에게는 건전하게 양육될 수 있는 다른 가정을 제공하기 위하여 필요한 조치와 지원을 하여야 한다. 〈개정 2005. 3. 31〉

③ 모든 국민은 입양아동의 건전한 양육에 협력하여야 한다.

④ 국가 및 지방자치단체는 요보호아동의 입양 활성화 및 입양 후 가정생활의 원만한 적응을 위하여 다음 각 호의 사항을 실시하여야 한다. 〈신설 2005. 3. 31, 2008. 2. 29, 2010. 1. 18〉〈시행 2010. 3. 19〉

1. 입양정책의 수립 및 시행
2. 입양에 관한 실태조사 및 연구
3. 입양 및 사후관리 절차의 구축 및 운영

4. 입양 및 가족 지원
5. 입양 후 원만한 적응을 위한 상담 및 사회복지서비스 제공
6. 입양에 대한 교육 및 홍보
7. 입양 모범사례 발굴
8. 그 밖에 보건복지부령이 정하는 필요한 사항

제4조 (양자될 자격) 이 법에 의하여 양자가 될 자는 요보호아동으로서 다음 각 호의 1에 해당하는 자이어야 한다. 〈개정 1999. 9. 7〉

1. 보호자로부터 이탈된 자로서 특별시장·광역시장·도지사(이하 "시·도지사"라 한다) 또는 시장·군수·구청장(자치구의 구청장에 한한다. 이하 같다)이 부양의무자를 확인할 수 없어 국민기초생활보장법에 의한 보장시설(이하 "보장시설"이라 한다)에 보호의뢰 한 자
2. 부모(부모가 사망 기타 사유로 동의할 수 없는 경우에는 다른 직계존속) 또는 후견인이 입양을 동의하여 보장시설 또는 제10조의 규정에 의한 입양기관에 보호의뢰 한 자
3. 법원에 의하여 친권상실의 선고를 받은 자의 자로서 시·도지사 또는 시장·군수·구청장이 보장시설에 보호의뢰 한 자
4. 기타 부양의무자를 알 수 없는 경우로서 시·도지사 또는 시장·군수·구청장이 보장시설에 보호의뢰 한 자

제5조 (양친될 자격 등) ① 이 법에 의하여 양친이 될 자는 다음 각 호의 요건을 갖춘 자이어야 한다. 〈개정 1997. 12. 13, 2008. 2. 29, 2010. 1. 18〉 〈시행 2010. 3. 19〉

1. 양자를 부양함에 충분한 재산이 있을 것
2. 양자에 대하여 종교의 자유를 인정하고 사회의 일원으로서 그에 상응한 양육과 교육을 할 수 있을 것
3. 가정이 화목하고 정신적·신체적으로 양자를 부양함에 현저한 장애가 없을 것
4. 양친이 될 자가 대한민국 국민이 아닌 경우 본국법에 의하여 양친이 될 수 있는 자격이 있을 것

5. 기타 양자로 될 자의 복지를 위하여 보건복지부령이 정하는 필요한 요건을 갖출 것

② 양친은 양자를 천한 직업 기타 인권유린의 우려가 있는 직업에 종사하지 아니하도록 하여야 한다.

제 6 조 (입양의 동의) ① 제4조 각 호의 1에 해당하는 자를 양자로 하고자 할 때에는 부모의 동의를 얻어야 하고, 부모가 사망 기타 사유로 동의할 수 없는 경우에는 다른 직계존속의 동의를 얻어야 하며, 부모나 다른 직계존속을 알 수 없는 경우에는 후견인의 동의를 얻어야 한다. 다만, 제4조 제2호에 해당하는 자를 양자로 하고자 할 때에는 보호의뢰시의 입양동의로써 입양의 동의로 갈음할 수 있다.

② 15세 이상인 자를 양자로 하고자 할 때에는 제1항의 규정에 의한 입양동의 외에 양자로 될 자의 동의를 얻어야 한다.

③ 후견인은 가정법원의 허가를 받지 아니하고 제1항의 규정에 의한 입양의 동의를 할 수 있다.

④ 제1항 내지 제3항의 규정에 의한 입양의 동의는 서면에 의하되, 동의에 필요한 서류 기타 필요한 사항은 보건복지부령으로 정한다. 〈신설 1999. 1. 21, 2008. 2. 29, 2010. 1. 18〉〈시행 2010. 3. 19〉

제 7 조 (입양의 효력발생) ① 이 법에 의한 입양은 「가족관계의 등록 등에 관한 법률」이 정하는 바에 의하여 신고함으로써 그 효력이 생긴다. 〈개정 2007. 5. 17〉

② 제1항의 신고는 양친이 될 자가 양자로 될 자의 후견인과 함께 서면으로 하되, 다음 각 호의 서류를 첨부하여야 한다.

1. 양자로 될 자가 제4조 각 호의 1에 해당하는 자임을 증명하는 서류
2. 제5조 제1항의 규정에 의한 양친이 될 자의 가정상황에 관한 서류
3. 제6조의 규정에 의하여 입양을 동의한 사실을 증명하는 서류

③ 제2항 제1호 및 제2호의 규정에 의한 서류는 대통령령이 정하는 기관이 당해 서류의 작성에 필요한 조사·확인을 한 후 이를

발급하되, 당해 서류의 신청절차 기타 서류의 작성 등에 관하여 필요한 사항은 보건복지부령으로 정한다. 〈신설 1999. 1. 21, 2008. 2. 29, 2010. 1. 18〉〈시행 2010. 3. 19〉

제8조 (양자) ① 이 법에 의하여 양자로 되는 자는 양친이 원하는 때에는 양친의 성과 본을 따른다.
② 제1항의 규정에 의하여 양친의 성과 본을 따른 양자가 입양이 취소되거나 파양된 경우에는 본래의 성과 본을 따른다. 이 경우 그 양자이었던 자는 본인이 제4조 각 호의 1에 해당하였던 자임을 증명하는 서류를 갖추어 「가족관계의 등록 등에 관한 법률」이 정하는 바에 의하여 신고하여야 한다. 〈개정 2007. 5. 17〉

제9조 (입양취소청구의 소의 제한) 이 법에 의하여 입양되어 6월이 경과된 때에는 양자·양친·친부모 기타 관계인은 다음 각 호의 1에 해당하는 때를 제외하고는 입양취소청구의 소를 제기할 수 없다. 〈개정 2005. 3. 31〉
1. 약취 또는 유인에 의하여 보호자로부터 이탈되었던 자가 양자로 된 때
2. 사기 또는 강박으로 인하여 입양의 의사표시를 한 때

◇ 가족관계의 등록 등에 관한 법률 ◇

(법률 제9832호, 2009. 12. 29, 일부개정)

제61조 (입양신고의 기재사항) 입양의 신고서에는 다음 사항을 기재하여야 한다.
1. 당사자의 성명·본·출생연월일·주민등록번호·등록기준지(당사자가 외국인인 때에는 그 성명·출생연월일·국적) 및 양자의 성별

2. 양자의 친생부모의 성명 · 주민등록번호 및 등록기준지

第62条 (입양의 신고) ① 양자가 15세 미만인 때에는 「민법」 제869조에 따라 입양을 승낙한 법정대리인이 신고하여야 한다. 다만, 후견인이 입양을 승낙한 때에는 가정법원의 허가서를 첨부하여야 한다.
② 「민법」 제871조에 따라 후견인이 입양의 동의를 한 때에는 후견인의 동의서 및 가정법원의 허가서를 첨부하여야 한다.
③ 후견인이 피후견인을 양자로 하는 경우에는 가정법원의 허가서를 첨부하여야 한다.

第63条 (파양신고의 기재사항) 파양의 신고서에는 다음 사항을 기재하여야 한다.
1. 당사자의 성명 · 본 · 출생연월일 · 주민등록번호 및 등록기준지(당사자가 외국인인 때에는 그 성명 · 출생연월일 · 국적)
2. 양자의 친생부모의 성명 · 등록기준지 및 주민등록번호

第64条 (협의상 파양의 신고) ① 「민법」 제899조에 따라 협의상 파양을 하는 경우에는 그 협의를 한 사람이 신고를 하여야 한다. 다만, 그 신고를 후견인 또는 생가(生家)의 다른 직계존속이 하는 때에는 가정법원의 허가서를 첨부하여야 한다.
② 「민법」 제900조에 따른 협의상 파양에 관하여 후견인이 파양의 동의를 한 때에는 후견인의 동의서 및 가정법원의 허가서를 첨부하여야 한다.

第65条 (준용규정) ① 제63조는 입양취소의 신고에 준용한다.
② 제58조는 입양취소의 재판이 확정된 경우에 준용한다.

第66条 (준용규정) 제58조는 파양의 재판이 확정된 경우에 준용한다.

제67조 (친양자의 입양신고) ①「민법」 제908조의2에 따라 친양자를 입양하고자 하는 사람은 친양자 입양재판의 확정일부터 1개월 이내에 재판서의 등본 및 확정증명서를 첨부하여 제61조의 신고를 하여야 한다.
② 제1항의 신고서에는 재판확정일을 기재하여야 한다.

제68조 (준용규정) 제58조는 친양자의 입양신고에 준용한다.

제69조 (친양자의 파양신고) ①「민법」 제908조의5에 따라 친양자 파양의 재판이 확정된 경우 소를 제기한 사람은 재판의 확정일부터 1개월 이내에 재판서의 등본 및 확정증명서를 첨부하여 제63조의 신고를 하여야 한다.
② 제1항의 신고서에는 재판확정일을 기재하여야 한다.
③ 제1항의 경우에는 그 소의 상대방도 재판서의 등본 및 확정증명서를 첨부하여 친양자 파양의 재판이 확정된 취지를 신고할 수 있다. 이 경우 제2항을 준용한다.

제70조 (준용규정) 제69조는 친양자의 입양취소의 재판이 확정된 경우에 준용한다.

제 3 부

여성과 유년기

제1장 기 본 법

◇ 아동복지법 ◇ (법률 제9932호, 2010. 1. 18, 타법개정)

제1조 (목적) 이 법은 아동이 건강하게 출생하여 행복하고 안전하게 자라나도록 그 복지를 보장함을 목적으로 한다.

제2조 (용어의 정의) 이 법에서 사용하는 용어의 정의는 다음과 같다. 〈개정 2005. 7. 13〉

1. "아동"이라 함은 18세 미만의 자를 말한다.
2. "보호를 필요로 하는 아동"이라 함은 보호자가 없거나 보호자로부터 이탈된 아동, 또는 보호자가 아동을 학대하는 경우 등 그 보호자가 아동을 양육하기에 부적당하거나 양육할 능력이 없는 경우의 아동을 말한다.
3. "보호자"라 함은 친권자, 후견인, 아동을 보호·양육·교육하거나 그 의무가 있는 자 또는 업무·고용 등의 관계로 사실상 아동을 보호·감독하는 자를 말한다.
4. "아동학대"라 함은 보호자를 포함한 성인에 의하여 아동의 건강·복지를 해치거나 정상적 발달을 저해할 수 있는 신체적·정신적·성적 폭력 또는 가혹행위 및 아동의 보호자에 의하여 이루어지는 유기와 방임을 말한다.
5. "아동복지시설"이라 함은 제14조의 규정에 의하여 설치된 시설을 말한다.
6. "아동복지시설 종사자"라 함은 아동복지시설에서 아동의 상담·지도·치료·양육 기타 아동의 복지에 관한 업무를 담당하는 자를 말한다.
7. "가정위탁"이라 함은 보호를 필요로 하는 아동을 보호하기에

적합한 가정에 일정기간 위탁하는 것을 말한다.

제3조 (기본이념) ① 아동은 자신 또는 부모의 성별, 연령, 종교, 사회적 신분, 재산, 장애 유무, 출생지역, 인종 등에 따른 어떠한 종류의 차별도 받지 아니하고 자라나야 한다. 〈개정 2006. 9. 27〉
② 아동은 완전하고 조화로운 인격발달을 위하여 안정된 가정환경에서 행복하게 자라나야 한다.
③ 아동에 관한 모든 활동에 있어서 아동의 이익이 최우선적으로 고려되어야 한다.

제4조 (책임) ① 국가와 지방자치단체는 아동의 건강과 복지증진에 노력하여야 하며 이를 위한 시책을 시행하여야 한다.
② 아동의 보호자는 아동을 가정 안에서 그의 성장시기에 맞추어 건강하고 안전하게 양육하여야 한다.
③ 모든 국민은 아동의 권익과 안전을 존중하여야 하며, 아동을 건강하게 양육하여야 한다.
④ 국가와 지방자치단체는 장애아동의 권익을 보호하기 위하여 필요한 시책을 강구하여야 한다.
⑤ 국가와 지방자치단체는 아동이 자신 또는 부모의 성별, 연령, 종교, 사회적 신분, 재산, 장애 유무, 출생지역 또는 인종 등에 따른 어떠한 종류의 차별도 받지 아니하도록 필요한 시책을 강구하여야 한다. 〈신설 2006. 9. 27〉

제9조 (아동의 건강 및 안전) ① 아동의 보호자는 아동의 건강유지와 향상을 위하여 최선의 주의와 노력을 하여야 한다.
② 국가는 대통령령이 정하는 바에 따라 아동복지시설과 아동용품에 대한 안전기준을 정하고 아동용품을 제작·설치·관리하는 자에게 이를 준수하도록 하여야 한다.
③ 아동복지시설, 영유아보육시설, 유치원, 초·중·고등학교의 장은 대통령령이 정하는 바에 따라 교통안전, 실종·유괴의 예방

과 방지, 약물오남용 예방, 재난대비 안전 및 성폭력 예방교육을 실시하여야 한다. 〈개정 2006. 9. 27. 2008. 6. 13〉

제9조의2 (아동보호구역에서의 폐쇄회로 텔레비전 설치 등) ① 국가와 지방자치단체는 유괴 등 범죄의 위험으로부터 아동을 보호하기 위하여 필요하다고 인정하는 때에는 다음 각 호의 어느 하나에 해당되는 시설의 주변구역을 아동보호구역으로 지정하여 폐쇄회로 텔레비전을 설치하거나 그 밖의 필요한 조치를 할 수 있다.
1. 「유아교육법」 제2조에 따른 유치원, 「초·중등교육법」 제38조 및 제55조에 따른 초등학교 또는 특수학교
2. 「영유아보육법」 제10조에 따른 보육시설
3. 「도시공원 및 녹지 등에 관한 법률」 제15조에 따른 도시공원
② 제1항에 따른 아동보호구역의 지정기준 및 절차 등에 관하여 필요한 사항은 대통령령으로 정한다.
③ 이 법으로 정한 것 외에 폐쇄회로 텔레비전의 설치 등에 관한 사항은 「공공기관의 개인정보보호에 관한 법률」에 따른다. [본조신설 2008. 6. 13]

제10조 (보호조치) ① 서울특별시장·광역시장·도지사(이하 "시·도지사"라 한다) 또는 시장·군수·구청장(자치구의 구청장을 말한다. 이하 같다)은 그 관할구역 안에서 보호를 필요로 하는 아동을 발견하거나 보호자의 의뢰를 받은 때에는 아동의 최상의 이익을 위하여 대통령령이 정하는 바에 따라 다음 각 호의 필요한 보호조치를 하여야 한다. 〈개정 2004. 1. 29. 2005. 7. 13. 2006. 9. 27〉
1. 아동복지지도원 또는 아동위원에게 보호를 필요로 하는 아동 또는 그 보호자에 대한 상담·지도를 행하게 하는 것
2. 보호자 또는 대리양육을 원하는 연고자에 대하여 그 가정에서 보호양육 할 수 있도록 필요한 조치를 하는 것
3. 아동의 보호를 희망하는 자에게 가정위탁 하는 것
4. 보호를 필요로 하는 아동에 적합한 아동복지시설에 입소시키는 것

5. 약물 및 알콜중독·정서장애·발달장애·성폭력피해 등으로 특수한 치료나 요양 등의 보호를 필요로 하는 아동에 대하여 전문 치료기관 또는 요양소에 입원 또는 입소시키는 것

② 시·도지사 또는 시장·군수·구청장은 제1항 제3호 내지 제5호의 규정에 의한 조치를 할 때까지 필요한 경우에는 적당하다고 인정하는 자에게 일시 위탁하여 그 보호를 필요로 하는 아동을 보호하게 할 수 있다.

③ 시·도지사 또는 시장·군수·구청장은 제1항 제3호 내지 제5호의 조치를 함에 있어 당해 보호를 필요로 하는 아동의 의사를 존중하여야 하며 보호자가 있을 경우에는 그 의견을 들어야 한다.

④ 시·도지사 또는 시장·군수·구청장은 제1항 제1호 내지 제3호의 보호조치가 적합하지 아니한 자에 대하여 제1항 제4호의 보호조치를 할 수 있다. 이 경우 시설의 장은 당해 보호를 필요로 하는 아동의 개별보호·관리계획을 세워 보호하여야 하며, 보호를 필요로 하는 아동의 보호자를 참여시킬 수 있다.

⑤ 시·도지사 또는 시장·군수·구청장은 그 관할구역 안에서 약물 및 알콜중독, 정서장애, 발달장애 등의 문제발생 가능성이 있는 아동의 가정에 대하여 예방차원에서의 적절한 조치를 강구하여야 한다.

제11조 (시설보호아동에 대한 퇴소조치 등) ① 제10조의 규정에 의하여 아동복지시설에 입소한 보호를 필요로 하는 아동의 연령이 18세에 달하였거나, 보호의 목적을 달성하였다고 인정될 때에는 당해 시설의 장은 그 보호 중인 아동을 퇴소시켜야 한다.

② 제1항의 규정에도 불구하고 아동이 다음 각 호의 어느 하나에 해당하는 경우에는 시설의 장이 보호기간을 연장할 수 있다. 〈개정 2006. 9. 27〉

1. 「고등교육법」 제2조의 규정에 따른 대학 이하의 학교에 재학 중인 경우

2. 제16조 제1항 제4호의 아동직업훈련시설 또는 「근로자직업능력개발법」 제2조 제3호의 직업능력개발훈련시설에서 교육·훈련 중인 경우

3. 그 밖에 시설에서 계속 보호·양육이 필요하다고 인정하여 대통령령이 정하는 경우

제12조 (친권상실 선고 등의 청구) ① 시·도지사 또는 시장·군수·구청장은 아동의 친권자가 그 친권을 남용하거나 현저한 비행 기타 친권을 행사할 수 없는 중대한 사유가 있는 것을 발견한 경우 아동의 복지를 위하여 필요하다고 인정할 때에는 법원에 친권행사의 제한 또는 친권상실의 선고를 청구하여야 한다.
② 제24조 제1항의 규정에 따른 아동보호전문기관의 장은 제1항의 사유에 해당하는 경우 시·도지사 또는 시장·군수·구청장에 대하여 친권행사 제한 또는 친권상실의 선고를 청구하도록 요청할 수 있다. 〈신설 2006. 9. 27〉

제13조 (아동의 후견인 선임청구) ① 시·도지사 또는 시장·군수·구청장은 친권자 또는 후견인이 없는 아동을 발견한 경우 그 복지를 위하여 필요하다고 인정할 때에는 법원에 후견인의 선임 또는 그 해임을 청구하여야 한다. 이 경우 당해 아동의 의견을 존중하여야 한다.
② 아동복지시설에 입소 중인 보호를 필요로 하는 아동에 대하여는 「보호시설에 있는 미성년자의 후견직무에 관한 법률」을 적용한다.

제23조 (아동학대의 예방과 방지의무) ① 국가와 지방자치단체는 아동학대의 예방과 방지를 위하여 다음 각 호의 조치를 취하여야 한다.
1. 아동학대의 예방과 방지를 위한 각종 정책의 수립 및 시행
2. 아동학대의 예방과 방지를 위한 연구·교육·홍보 및 아동학대 실태조사
3. 아동학대에 관한 신고체제의 구축·운영
4. 그 밖에 대통령령으로 정하는 아동학대의 예방과 방지를 위한 사항

② 국가와 지방자치단체는 아동학대를 예방하고 수시로 신고를 받을 수 있도록 긴급전화를 설치하여야 한다. 이 경우 그 설치·운영에 관하여 필요한 사항은 대통령령으로 정한다.
③ 국가와 지방자치단체는 아동학대의 실태를 파악하고, 아동학대의 예방 및 방지에 관한 정책 수립을 위하여 5년마다 아동학대 실태조사를 실시하고 그 결과를 발표하여야 한다. 이 경우 아동학대 실태조사를 위하여 필요한 사항은 보건복지부령으로 정한다. 〈개정 2010. 1. 18〉 〈시행 2010. 3. 19〉
④ 국가와 지방자치단체는 제24조에 따른 아동보호전문기관의 장이 학대받은 아동의 보호, 치료 등의 업무를 수행함에 있어서 학대받은 아동, 그 보호자 또는 아동학대행위자에 대한 신분조회 등 필요한 조치의 협조를 요청할 경우 정당한 사유가 없는 한 이에 적극 응하여야 한다. [전문개정 2008. 6. 13]

第26条 (아동학대 신고의무와 절차) ① 누구든지 아동학대를 알게 된 때에는 아동보호전문기관 또는 수사기관에 신고할 수 있다.
② 다음 각 호의 1에 해당하는 자는 그 직무상 아동학대를 알게 된 때에는 즉시 아동보호전문기관 또는 수사기관에 신고하여야 한다. 〈개정 2002. 12. 18, 2004. 3. 22, 2005. 7. 13, 2006. 9. 27, 2007. 10. 17〉
1. 「초·중등교육법」 제19조의 규정에 따른 교원
2. 「의료법」 제3조의 규정에 따른 의료기관에서 의료업을 행하는 의료인
3. 아동복지시설의 종사자 및 그 장
4. 「장애인복지법」 제48조의 규정에 따른 장애인복지시설에서 장애아동에 대한 상담·치료·훈련 또는 요양을 행하는 자
5. 「영유아보육법」 제10조의 규정에 따른 보육시설의 종사자
6. 「유아교육법」 제7조의 규정에 따른 유치원의 장, 교직원 및 종사자
7. 학원의 설립·운영 및 과외교습에 관한 법률」 제6조의 규정에 따른 학원의 운영자·강사·직원·종사자 및 동법 제14조의 규정에 따른 교습소의 운영자·교습자·직원·종사자

8. 「소방기본법」 제35조의 규정에 따른 구급대의 대원
9. 「성매매방지 및 피해자보호 등에 관한 법률」 제5조 및 제10조의 규정에 따른 지원시설 및 성매매피해상담소의 장이나 그 종사자
10. 「한부모가족지원법」 제8조 및 제19조의 규정에 따른 한부모가족복지상담소의 상담원 및 한부모가족복지시설의 종사자
11. 「가정폭력방지 및 피해자보호 등에 관한 법률」 제5조 및 제7조의 규정에 따른 가정폭력 관련 상담소의 상담원 및 가정폭력 피해자보호시설의 종사자
12. 아동복지지도원 및 「사회복지사업법」 제14조의 규정에 따른 사회복지전담공무원

③ 신고인의 신분은 보호되어야 하며 그 의사에 반하여 신원이 노출되어서는 아니 된다.

제27조 (응급조치의무 등) ① 아동학대신고를 접수한 아동보호전문기관 직원이나 사법경찰관리는 지체 없이 아동학대의 현장에 출동하여야 하며, 아동학대행위자로부터의 격리 또는 치료가 필요한 때에는 아동보호전문기관 또는 치료기관의 인도에 필요한 조치를 하여야 한다.

② 아동학대의 신고를 접수한 아동보호전문기관이나 수사기관은 대통령령이 정하는 바에 따라 학대받은 아동의 보호와 학대의 방지를 위하여 제10조 제1항 제2호 내지 제4호의 규정에 의한 조치 등을 의뢰할 수 있다.

제28조 (보조인의 선임 등) ① 법원의 심리과정에서 변호사, 법정대리인, 직계친족, 형제자매, 아동보호전문기관의 상담원은 학대아동사건의 심리에 있어서 보조인이 될 수 있다. 다만, 변호사가 아닌 경우에는 법원의 허가를 받아야 한다.

② 법원은 아동학대의 피해자를 증인으로 신문하는 경우 검사, 피해자 또는 아동보호전문기관의 신청이 있는 때에는 피해자와 신뢰관계에 있는 자의 동석을 허가할 수 있다.

③ 수사기관이 피해자를 조사하는 경우에도 제1항 및 제2항과 같다.

第29條 (금지행위) 누구든지 다음 각 호의 1에 해당하는 행위를 하여서는 아니 된다.
1. 아동의 신체에 손상을 주는 학대행위
2. 아동에게 성적 수치심을 주는 성희롱, 성폭행 등의 학대행위
3. 아동의 정신건강 및 발달에 해를 끼치는 정서적 학대행위
4. 자신의 보호·감독을 받는 아동을 유기하거나 의식주를 포함한 기본적 보호·양육 및 치료를 소홀히 하는 방임행위
5. 아동을 타인에게 매매하는 행위
6. 아동에게 음행을 시키거나 음행을 매개하는 행위
7. 장애를 가진 아동을 공중에 관람시키는 행위
8. 아동에게 구걸을 시키거나 아동을 이용하여 구걸하는 행위
9. 공중의 오락 또는 흥행을 목적으로 아동의 건강 또는 안전에 유해한 곡예를 시키는 행위
10. 정당한 권한을 가진 알선기관 외의 자가 아동의 양육을 알선하고 금품을 취득하는 행위
11. 아동을 위하여 증여 또는 급여된 금품을 그 목적 외의 용도에 사용하는 행위

第38條 (비밀누설의 금지) 아동복지사업 또는 아동보호전문기관을 포함하여 아동복지업무에 종사하였거나 종사하는 자는 그 직무상 지득한 비밀을 누설하지 못한다.

◇ 모자보건법 ◇ (법률 제9932호, 2010. 1. 18, 타법개정)

第4條 (모성 등의 의무) ① 모성은 임신·분만·수유 및 생식과 관련하여 자신의 건강에 대한 올바른 이해와 관심을 가지고 그 건강관리에 노력하여야 한다.
② 영유아의 친권자·후견인이나 그 밖에 영유아를 보호하고 있

는 자(이하 “보호자”라 한다)는 육아에 대한 올바른 이해를 가지고 영유아의 건강을 유지·증진하는 데에 적극적으로 노력하여야 한다. [전문개정 2009. 1. 7]

제7조 (모자보건기구의 설치) ① 국가와 지방자치단체는 모자보건사업 및 가족계획사업에 관한 다음 각 호의 사항을 관장하기 위하여 모자보건기구를 설치·운영할 수 있다. 이 경우 지방자치단체가 모자보건기구를 설치할 때에는 그 지방자치단체가 설치한 보건소에 설치함을 원칙으로 한다.

1. 임산부의 산전(産前)·산후(産後)관리 및 분만관리와 응급처치에 관한 사항
2. 영유아의 건강관리와 예방접종 등에 관한 사항
3. 모성의 생식건강 관리와 건강증진 프로그램 개발 등에 관한 사항
4. 부인과(婦人科) 질병 및 그에 관련되는 질병의 예방에 관한 사항
5. 심신장애아의 발생 예방과 건강관리에 관한 사항
6. 성교육·성상담 및 보건에 관한 지도·교육·연구·홍보 및 통계관리 등에 관한 사항

② 제1항에 따른 모자보건기구의 설치기준과 운영에 필요한 사항은 대통령령으로 정한다.

③ 국가와 지방자치단체는 제1항 각 호의 사항을 대통령령으로 정하는 바에 따라 의료법인이나 비영리법인에 위탁하여 수행할 수 있다. [전문개정 2009. 1. 7]

제10조 (임산부·영유아·미숙아등의 건강관리 등) ① 특별자치도지사 또는 시장·군수·구청장은 임산부·영유아·미숙아 등에 대하여 대통령령으로 정하는 바에 따라 정기적으로 건강진단·예방접종을 실시하거나 모자보건요원에게 그 가정을 방문하여 보건진료를 하게 하는 등 보건관리에 필요한 조치를 하여야 한다.

② 특별자치도지사 또는 시장·군수·구청장은 임산부·영유아·미숙아등 중 입원진료가 필요한 사람에게 다음 각 호의 의료지원

을 할 수 있다.

1. 진찰
2. 약제나 치료재료의 지급
3. 처치(處置), 수술, 그 밖의 치료
4. 의료시설에의 수용
5. 간호
6. 이송 [전문개정 2009. 1. 7]

제10조의2 (신생아 집중치료 시설 등의 지원) 국가와 지방자치단체는 미숙아등의 건강을 보호·증진하기 위하여 필요한 의료를 적절하게 제공할 수 있는 신생아 집중치료 시설 및 장비를 지원할 수 있다. [본조신설 2009. 1. 7]

제10조의3 (모유수유시설의 설치 등) ① 국가와 지방자치단체는 영유아의 건강을 유지·증진하기 위하여 필요한 모유수유시설의 설치를 지원할 수 있다.

② 국가와 지방자치단체는 모유수유를 권장하기 위하여 필요한 자료조사·홍보·교육 등을 적극 추진하여야 한다.

③ 산후조리원, 의료기관 및 보건소는 모유수유에 관한 지식과 정보를 임산부에게 충분히 제공하는 등 모유수유를 적극적으로 권장하여야 하고, 임산부가 영유아에게 모유를 먹일 수 있도록 임산부와 영유아가 함께 있을 수 있는 시설을 설치하기 위하여 노력하여야 한다. [본조신설 2009. 1. 7]

◇ 건강가정기본법 ◇ (법률 제9932호, 2010. 1. 18, 타법개정)

제1조 (목적) 이 법은 건강한 가정생활의 영위와 가족의 유지 및 발전을 위한 국민의 권리·의무와 국가 및 지방자치단체 등의 책임을 명백히 하고, 가정문제의 적절한 해결방안을 강구하며 가족구성원의 복지증진에 이바지할 수 있는 지원정책을 강화함으로써 건강가정 구현에 기여하는 것을 목적으로 한다.

제2조 (기본이념) 가정은 개인의 기본적인 욕구를 충족시키고 사회통합을 위하여 기능할 수 있도록 유지·발전되어야 한다.

제3조 (정의) 이 법에서 사용하는 용어의 정의는 다음과 같다.
1. "가족"이라 함은 혼인·혈연·입양으로 이루어진 사회의 기본단위를 말한다.
2. "가정"이라 함은 가족구성원이 생계 또는 주거를 함께 하는 생활공동체로서 구성원의 일상적인 부양·양육·보호·교육 등이 이루어지는 생활단위를 말한다.
3. "건강가정"이라 함은 가족구성원의 욕구가 충족되고 인간다운 삶이 보장되는 가정을 말한다.
4. "건강가정사업"이라 함은 건강가정을 저해하는 문제(이하 "가정문제"라 한다)의 발생을 예방하고 해결하기 위한 여러 가지 조치와 가족의 부양·양육·보호·교육 등의 가정기능을 강화하기 위한 사업을 말한다.

제4조 (국민의 권리와 의무) ① 모든 국민은 가정의 구성원으로서 안정되고 인간다운 삶을 유지할 수 있는 가정생활을 영위할 권리를 가진다.
② 모든 국민은 가정의 중요성을 인식하고 그 복지의 향상을 위하여 노력하여야 한다.

제 5 조 (국가 및 지방자치단체의 책임) ① 국가 및 지방자치단체는 건강가정을 위하여 필요한 제도와 여건을 조성하고 이를 위한 시책을 강구하여 추진하여야 한다.
② 국가 및 지방자치단체는 제1항의 시책을 강구함에 있어 가족구성원의 특성과 가정유형을 고려하여야 한다.
③ 국가 및 지방자치단체는 민주적인 가정형성, 가정친화적 환경조성, 양성평등한 가족가치 실현 및 가사노동의 정당한 가치평가를 위하여 노력하여야 한다.

제21조 (가정에 대한 지원) ① 국가 및 지방자치단체는 가정이 원활한 기능을 수행하도록 지원하여야 한다.
② 제1항의 규정에 의하여 지원하여야 할 사항은 다음 각 호와 같다.
1. 가족구성원의 정신적 · 신체적 건강지원
2. 소득보장 등 경제생활의 안정
3. 안정된 주거생활
4. 태아검진 및 출산 · 양육의 지원
5. 직장과 가정의 양립
6. 음란물 · 유흥가 · 폭력 등 위해환경으로부터의 보호
7. 가정폭력으로부터의 보호
8. 가정친화적 사회분위기의 조성
9. 그 밖에 건강한 가정의 기능을 강화 · 지원할 수 있는 관련 사항
③ 국가 및 지방자치단체는 취업여성의 임신 · 출산 · 수유와 관련된 모성보호 및 부성보호를 위한 유급휴가시책이 확산되도록 노력하여야 한다.
④ 국가 및 지방자치단체는 한부모가족, 노인단독가정, 장애인가정, 미혼모가정, 공동생활가정, 자활공동체 등 사회적 보호를 필요로 하는 가정에 대하여 적극적으로 지원하여야 한다. 〈개정 2007. 10. 17〉
⑤ 제2항 및 제4항의 규정에 의한 국가 및 지방자치단체의 지원에 관한 세부적 사항은 관계법률이 정하는 바에 의한다.

제22조 (자녀양육지원의 강화) ① 국가 및 지방자치단체는 자녀를 양육하는 가정에 대하여 자녀양육으로 인한 부담을 완화하고 아동의 행복추구권을 보장하기 위한 보육 및 방과 후 서비스, 양성평등한 육아휴직제 활용을 적극적으로 확대하여 나아가야 한다.
② 국가 및 지방자치단체는 가사노동의 가치에 대한 사회적 인식을 제고하고 이를 관련 법·제도 및 가족정책에 반영하도록 노력하여야 한다.

제24조 (가족의 건강증진) 국가 및 지방자치단체는 영·유아, 아동, 청소년, 중·장년 등 생애주기에 따르는 가족구성원의 종합적인 건강증진대책을 마련하여야 한다.

제25조 (가족부양의 지원) ① 국가 및 지방자치단체는 영·유아 혹은 노인 등 부양지원을 요하는 가족구성원이 있는 가정에 대하여 부양부담을 완화하기 위한 시책을 적극적으로 강구하여야 한다.
② 국가 및 지방자치단체는 질환이나 장애로 가족 내 수발을 요하는 가족구성원이 있는 가정을 적극 지원하며, 보호시설을 이용할 수 있도록 전문보호시설을 확대하여야 한다.
③ 국가 및 지방자치단체는 가족구성원 중 장기요양을 필요로 하는 질병이나 사고로 간병을 요할 경우 가족간호를 위한 휴가 등의 시책을 마련하여야 한다.

제26조 (민주적이고 양성평등한 가족관계의 증진) ① 국가 및 지방자치단체는 부부 및 세대 간에 가족갈등이 있는 경우 이를 예방·상담하고, 민주적이고 양성평등한 가족관계를 증진시킬 수 있도록 가족지원서비스를 확대하고, 다양한 가족생활교육·부모교육·가족상담·평등가족홍보 등을 추진하여야 한다.
② 국가 및 지방자치단체는 가정폭력이 있는 가정의 경우 가정폭력피해자와 피해자 가족에 대한 개입에 있어 전문가의 체계적인 개입과 서비스가 이루어지도록 노력하여야 한다.

제28조 (가정생활문화의 발전) ① 국가 및 지방자치단체는 건강가정의 생활문화를 고취하고 그에 대한 지원정책을 수립하여야 한다.
② 국가 및 지방자치단체가 지원하여야 하는 건강가정의 생활문화는 다음 각 호의 사항을 포함한다.
1. 가족여가문화
2. 양성평등한 가족문화
3. 가족단위 자원봉사활동
4. 건강한 의식주 생활문화
5. 합리적인 소비문화
6. 지역사회 공동체문화
7. 그 밖에 건강가정의 생활문화와 관련된 사항

◇ 한부모가족지원법 ◇ (법률 제9932호, 2010. 1. 18, 타법개정)

제 1 조 (목적) 이 법은 한부모가족이 건강하고 문화적인 생활을 영위할 수 있도록 함으로써 한부모가족의 생활안정과 복지증진에 이바지함을 목적으로 한다. [전문개정 2007. 10. 17]

제 2 조 (국가 등의 책임) ① 국가와 지방자치단체는 한부모가족의 복지를 증진할 책임을 진다.
② 모든 국민은 한부모가족의 복지증진에 협력하여야 한다. [전문개정 2007. 10. 17]

제 3 조 (자립을 위한 노력) 한부모가족의 모(母) 또는 부(父)와 아동은 그가 가지고 있는 자산과 노동능력 등을 최대한으로 활용하여 자립과 생활 향상을 위하여 노력하여야 한다. [전문개정 2007. 10. 17]

제 4 조 (정의) 이 법에서 사용하는 용어의 뜻은 다음과 같다. 〈개정 2008. 2. 29, 2010. 1. 18〉 〈시행 2010. 3. 19〉

1. "모" 또는 "부"란 다음 각 목의 어느 하나에 해당하는 자로서 아동인 자녀를 양육하는 자를 말한다.
   가. 배우자와 사별 또는 이혼하거나 배우자로부터 유기(遺棄)된 자
   나. 정신이나 신체의 장애로 장기간 노동능력을 상실한 배우자를 가진 자
   다. 미혼자{사실혼(事實婚) 관계에 있는 자는 제외한다}
   라. 가목부터 다목까지 규정된 자에 준하는 자로서 여성가족부령으로 정하는 자
2. "한부모가족"이란 모자가족 또는 부자가족을 말한다.
3. "모자가족"이란 모가 세대주{세대주가 아니더라도 세대원(世代員)을 사실상 부양하는 자를 포함한다}인 가족을 말한다.
4. "부자가족"이란 부가 세대주{세대주가 아니더라도 세대원을 사실상 부양하는 자를 포함한다}인 가족을 말한다.
5. "아동"이란 18세 미만(취학 중인 경우에는 22세 미만을 말한다)의 자를 말한다.
6. "보호기관"이란 이 법에 따른 보호를 행하는 국가나 지방자치단체를 말한다.
7. "한부모가족복지단체"란 한부모가족의 복지증진을 목적으로 설립된 기관이나 단체를 말한다. [전문개정 2007. 10. 17]

제 5 조 (보호대상자의 범위) 이 법에 따른 보호대상자는 제4조 제1호부터 제5호까지의 규정에 해당하는 자로서 여성가족부령으로 정하는 자로 한다. 〈개정 2008. 2. 29, 2010. 1. 18〉 [전문개정 2007. 10. 17] 〈시행 2010. 3. 19〉

제5조의2 (보호대상자의 범위에 대한 특례) ① 출산 후 해당 아동을 양육하지 아니하는 미혼모는 제5조에도 불구하고 제19조 제1항 제9호의 미혼모 공동생활가정을 이용할 때에는 이 법에 따른 보호대상자가 된다.

② 다음 각 호의 어느 하나에 해당하는 아동과 그 아동을 양육하는 조부 또는 조모로서 여성가족부령으로 정하는 자는 제5조에도 불구하고 이 법에 따른 보호대상자가 된다. 〈개정 2008. 2. 29, 2010. 1. 18〉 〈시행 2010. 3. 19〉

1. 부모가 사망하거나 생사가 분명하지 아니한 아동
2. 부모가 정신 또는 신체의 장애·질병으로 장기간 노동능력을 상실한 아동
3. 부모의 장기복역 등으로 부양을 받을 수 없는 아동
4. 제1호부터 제3호까지에 규정된 자에 준하는 자로서 여성가족부령으로 정하는 아동

③ 국내에 체류하고 있는 외국인 중 대한민국 국민과 혼인하여 대한민국 국적의 아동을 양육하고 있는 사람으로서 대통령령으로 정하는 사람이 제5조에 해당하면 이 법에 따른 보호대상자가 된다. [전문개정 2007. 10. 17]

第16條 (시설 우선이용) 국가나 지방자치단체는 한부모가족의 아동이 공공의 아동 편의시설과 그 밖의 공공시설을 우선적으로 이용할 수 있도록 노력하여야 한다. [전문개정 2007. 10. 17]

第17條 (가족지원서비스) 국가나 지방자치단체는 한부모가족에게 다음 각 호의 가족지원서비스를 제공하도록 노력하여야 한다.

1. 아동의 양육 및 교육서비스
2. 장애인, 노인, 만성질환자 등의 부양서비스
3. 취사, 청소, 세탁 등 가사서비스
4. 교육·상담 등 가족 관계 증진서비스
5. 그 밖에 대통령령으로 정하는 한부모가족에 대한 가족지원서비스 [전문개정 2007. 10. 17]

제 2 장 보육 · 교육

◇ 영유아보육법 ◇ (법률 제9932호, 2010. 1. 18, 타법개정)

제 1 조 (목적) 이 법은 영유아의 심신을 보호하고 건전하게 교육하여 건강한 사회구성원으로 육성함과 아울러 보호자의 경제적 · 사회적 활동이 원활하게 이루어지도록 함으로써 가정복지 증진에 이바지함을 목적으로 한다. [전문개정 2007. 10. 17]

제 2 조 (정의) 이 법에서 사용하는 용어의 뜻은 다음과 같다. 〈개정 2008. 12. 19〉

1. "영유아"란 6세 미만의 취학 전 아동을 말한다.
2. "보육"이란 영유아를 건강하고 안전하게 보호 · 양육하고 영유아의 발달 특성에 맞는 교육을 제공하는 보육시설 및 가정양육 지원에 관한 사회복지서비스를 말한다.
3. "보육시설"이란 보호자의 위탁을 받아 영유아를 보육하는 시설을 말한다.
4. "보호자"란 친권자 · 후견인, 그 밖의 자로서 영유아를 사실상 보호하고 있는 자를 말한다.
5. "보육시설종사자"란 보육시설에서 영유아의 보육, 건강관리 및 보호자와의 상담, 그 밖에 보육시설의 관리 · 운영 등의 업무를 담당하는 자로서 보육시설의 장 및 보육교사와 그 밖의 종사자를 말한다. [전문개정 2007. 10. 17]

제 3 조 (보육 이념) ① 보육은 영유아의 이익을 최우선적으로 고려하여 제공되어야 한다.

② 보육은 영유아가 안전하고 쾌적한 환경에서 건강하게 성장할 수 있도록 하여야 한다.
③ 영유아는 자신이나 보호자의 성, 연령, 종교, 사회적 신분, 재산, 장애 및 출생지역 등에 따른 어떠한 종류의 차별도 받지 아니하고 보육되어야 한다. [전문개정 2007. 10. 17]

제4조 (책임) ① 모든 국민은 영유아를 건전하게 보육할 책임을 진다.
② 국가와 지방자치단체는 보호자와 더불어 영유아를 건전하게 보육할 책임을 진다.
③ 시장·군수·구청장(자치구의 구청장을 말한다. 이하 같다)은 영유아의 보육을 위한 적절한 보육시설을 확보하여야 한다. [전문개정 2007. 10. 17]

제10조 (보육시설의 종류) 보육시설의 종류는 다음 각 호와 같다.
1. 국공립보육시설: 국가나 지방자치단체가 설치·운영하는 보육시설
2. 법인보육시설: 「사회복지사업법」에 따른 사회복지법인(이하 "사회복지법인"이라 한다)이 설치·운영하는 보육시설
3. 직장보육시설: 사업주가 사업장의 근로자를 위하여 설치·운영하는 보육시설(국가나 지방자치단체의 장이 소속 공무원을 위하여 설치·운영하는 시설을 포함한다)
4. 가정보육시설: 개인이 가정이나 그에 준하는 곳에 설치·운영하는 보육시설
5. 부모협동보육시설: 보호자들이 조합을 결성하여 설치·운영하는 보육시설
6. 민간보육시설: 제1호부터 제5호까지의 규정에 해당하지 아니하는 보육시설 [전문개정 2007. 10. 17]

제12조 (국공립보육시설의 설치 등) 국가나 지방자치단체는 국공립보육시설을 설치·운영하여야 한다. 이 경우 국공립보육시설은 제11조의 보육계획에 따라 도시 저소득주민 밀집 주거지역 및 농

어촌지역 등 취약지역에 우선적으로 설치하여야 한다. [전문개정 2007. 10. 17]

제14조 (직장보육시설의 설치 등) ① 대통령령으로 정하는 일정 규모 이상의 사업장의 사업주는 직장보육시설을 설치하여야 한다. 다만, 사업장의 사업주가 직장보육시설을 단독으로 설치할 수 없을 때에는 사업주 공동으로 직장보육시설을 설치 · 운영하거나, 지역의 보육시설과 위탁계약을 맺어 근로자 자녀의 보육을 지원하거나, 근로자에게 보육수당을 지급하여야 한다.
② 제1항에 따른 보육시설의 설치 · 위탁계약 및 보육수당의 지급에 필요한 사항은 보건복지부령으로 정한다. 〈개정 2008. 2. 29, 2010. 1. 18〉 [전문개정 2007. 10. 17] 〈시행 2010. 3. 19〉

제26조 (취약보육의 우선 실시 등) ① 국가나 지방자치단체, 사회복지법인, 그 밖의 비영리법인이 설치한 보육시설과 대통령령으로 정하는 보육시설의 장은 영아 · 장애아 · 「다문화가족지원법」 제2조 제1호에 따른 다문화가족의 아동 등에 대한 보육(이하 "취약보육"이라 한다)을 우선적으로 실시하여야 한다. 〈개정 2008. 12. 19〉
② 보건복지부장관, 시 · 도지사 및 시장 · 군수 · 구청장은 취약보육을 활성화하는 데에 필요한 각종 시책을 수립 · 시행하여야 한다. 〈개정 2008. 2. 29, 2010. 1. 18〉 〈시행 2010. 3. 19〉
③ 취약보육의 종류와 실시 등에 필요한 사항은 보건복지부령으로 정한다. 〈개정 2008. 2. 29, 2010. 1. 18〉 [전문개정 2007. 10. 17] 〈시행 2010. 3. 19〉

제27조 (보육시설 이용대상) 보육시설의 이용대상은 보육이 필요한 영유아를 원칙으로 한다. 다만, 필요한 경우 보육시설의 장은 만 12세까지 연장하여 보육할 수 있다. [전문개정 2007. 10. 17]

제28조 (보육의 우선 제공) ① 국가나 지방자치단체, 사회복지법인, 그 밖의 비영리법인이 설치한 보육시설과 대통령령으로 정하

는 보육시설의 장은 다음 각 호의 어느 하나에 해당하는 자가 우선적으로 보육시설을 이용할 수 있도록 하여야 한다. 다만, 「고용정책기본법」 제40조 제2항에 따라 고용촉진시설의 설치·운영을 위탁받은 공공단체 또는 비영리법인이 설치·운영하는 시설의 장은 근로자의 자녀가 우선적으로 보육시설을 이용하게 할 수 있다. 〈개정 2007. 10. 17, 2008. 2. 29, 2009. 10. 9, 2010. 1. 18〉 〈시행 2010. 3. 19〉

1. 「국민기초생활보장법」에 따른 수급자
2. 「한부모가족지원법」 제5조에 따른 보호대상자의 자녀
3. 「국민기초생활보장법」 제24조에 따른 차상위계층의 자녀
4. 「장애인복지법」 제2조에 따른 장애인 중 보건복지부령으로 정하는 장애등급 이상에 해당하는 자의 자녀
5. 그 밖에 소득수준 등을 고려하여 보건복지부령으로 정하는 자의 자녀

② 사업주는 사업장 근로자의 자녀가 우선적으로 직장보육시설을 이용할 수 있도록 하여야 한다. [전문개정 2007. 10. 17]

제35조 (무상보육의 특례) ① 초등학교 취학 직전 1년의 유아(幼兒)와 장애아에 대한 보육은 무상으로 하되, 대통령령으로 정하는 바에 따라 순차적으로 실시한다.

② 제1항에 따른 무상보육 실시에 드는 비용은 대통령령으로 정하는 바에 따라 국가나 지방자치단체가 부담하거나 보조하여야 한다.

③ 제12조 후단에도 불구하고 국가와 지방자치단체는 제1항에 따른 무상보육을 받으려는 유아와 장애아를 보육하기 위하여 필요한 보육시설을 설치·운영하여야 한다. [전문개정 2007. 10. 17]

◇ 유아교육법 ◇ (법률 제9932호, 2010. 1. 18, 타법개정)

제 1 조 (목적) 이 법은 교육기본법 제9조의 규정에 따라 유아교육에 관한 사항을 정함을 목적으로 한다.

제 2 조 (정의) 이 법에서 사용하는 용어의 정의는 다음 각 호와 같다.
1. "유아"라 함은 만 3세부터 초등학교 취학 전까지의 어린이를 말한다.
2. "유치원"이라 함은 유아의 교육을 위하여 이 법에 따라 설립·운영되는 학교를 말한다.
3. "보호자"라 함은 친권자·후견인 그 밖의 자로서 유아를 사실상 보호하는 자를 말한다.
4. "반일제"라 함은 1일 3시간 이상 5시간미만의 교육과정을 말한다.
5. "시간연장제"라 함은 1일 5시간 이상 8시간미만의 교육과정을 말한다.
6. "종일제"라 함은 1일 8시간 이상의 교육과정을 말한다.

제 3 조 (책임) 국가 및 지방자치단체는 보호자와 더불어 유아를 건전하게 교육할 책임을 진다.

제24조 (무상교육) ① 초등학교 취학 직전 1년의 유아교육은 무상으로 하되, 대통령령이 정하는 바에 따라 순차적으로 실시한다.
② 제1항의 규정에 따른 무상교육에 필요한 비용은 국가 및 지방자치단체가 이를 부담하되, 유아의 보호자에게 지원하는 것을 원칙으로 한다.
③ 제2항의 규정에 따른 지원방법 등에 관하여 필요한 사항은 교육과학기술부령으로 정한다. 〈개정 2008. 2. 29〉

第25条 (교육비용 등) ① 유치원의 설립·경영자는 교육과학기술부령이 정하는 바에 따라 수업료 등 교육비용 그 밖의 납부금을 받을 수 있다. 이 경우 다음 각 호의 1에 따라 교육비용 그 밖의 납부금을 달리 정할 수 있다. 〈개정 2008. 2. 29〉
1. 제12조 제2항의 규정에 따른 유치원의 이용형태
2. 교육대상 유아의 국민기초생활보장법의 규정에 의한 수급권자의 자녀 여부
3. 당해 지역의 저소득층 밀집지역 또는 농어촌지역 등 사회적 취약지역 여부
② 제1항 제3호의 규정에 따른 사회적 취약지역의 결정기준에 대하여는 대통령령으로 정하고, 교육비용 그 밖의 납부금의 징수방법 등에 관하여 필요한 사항은 교육과학기술부령으로 정한다. 〈개정 2008. 2. 29〉

第26条 (비용의 부담 등) ① 국가 및 지방자치단체는 제24조 제1항의 규정에 따른 무상교육 대상이 아닌 유아 중에서 국민기초생활보장법의 규정에 따른 수급권자와 대통령령이 정하는 저소득층 자녀의 유아교육에 필요한 비용의 전부 또는 일부를 예산의 범위 안에서 부담하되, 유아의 보호자에게 지원하는 것을 원칙으로 한다.
② 제1항의 규정에 따른 지원방법 등에 관하여 필요한 사항은 교육과학기술부령으로 정한다. 〈개정 2008. 2. 29〉
③ 국가 및 지방자치단체는 대통령령이 정하는 바에 따라 사립유치원의 설립 및 유치원교사의 인건비 등 운영에 소요되는 경비의 전부 또는 일부를 보조한다.

◇ 교육기본법 ◇ (법률 제8915호, 2008. 3. 21, 일부개정)

제 1 조 (목적) 이 법은 교육에 관한 국민의 권리 · 의무 및 국가 · 지방자치단체의 책임을 정하고 교육제도와 그 운영에 관한 기본적 사항을 규정함을 목적으로 한다. [전문개정 2007. 12. 21]

제 2 조 (교육이념) 교육은 홍익인간(弘益人間)의 이념 아래 모든 국민으로 하여금 인격을 도야(陶冶)하고 자주적 생활능력과 민주시민으로서 필요한 자질을 갖추게 함으로써 인간다운 삶을 영위하게 하고 민주국가의 발전과 인류공영(人類共榮)의 이상을 실현하는 데에 이바지하게 함을 목적으로 한다. [전문개정 2007. 12. 21]

제 3 조 (학습권) 모든 국민은 평생에 걸쳐 학습하고, 능력과 적성에 따라 교육 받을 권리를 가진다. [전문개정 2007. 12. 21]

제 4 조 (교육의 기회균등) ① 모든 국민은 성별, 종교, 신념, 인종, 사회적 신분, 경제적 지위 또는 신체적 조건 등을 이유로 교육에서 차별을 받지 아니한다.
② 국가와 지방자치단체는 학습자가 평등하게 교육을 받을 수 있도록 지역 간의 교원 수급 등 교육 여건 격차를 최소화하는 시책을 마련하여 시행하여야 한다. [전문개정 2007. 12. 21]

제 5 조 (교육의 자주성 등) ① 국가와 지방자치단체는 교육의 자주성과 전문성을 보장하여야 하며, 지역 실정에 맞는 교육을 실시하기 위한 시책을 수립 · 실시하여야 한다.
② 학교운영의 자율성은 존중되며, 교직원 · 학생 · 학부모 및 지역주민 등은 법령으로 정하는 바에 따라 학교운영에 참여할 수 있다.
[전문개정 2007. 12. 21]

제6조 (교육의 중립성) ① 교육은 교육 본래의 목적에 따라 그 기능을 다하도록 운영되어야 하며, 정치적·파당적 또는 개인적 편견을 전파하기 위한 방편으로 이용되어서는 아니 된다.
② 국가와 지방자치단체가 설립한 학교에서는 특정한 종교를 위한 종교교육을 하여서는 아니 된다. [전문개정 2007. 12. 21]

제8조 (의무교육) ① 의무교육은 6년의 초등교육과 3년의 중등교육으로 한다.
② 모든 국민은 제1항에 따른 의무교육을 받을 권리를 가진다. [전문개정 2007. 12. 21]

제9조 (학교교육) ① 유아교육·초등교육·중등교육 및 고등교육을 하기 위하여 학교를 둔다.
② 학교는 공공성을 가지며, 학생의 교육 외에 학술 및 문화적 전통의 유지·발전과 주민의 평생교육을 위하여 노력하여야 한다.
③ 학교교육은 학생의 창의력 계발 및 인성(人性) 함양을 포함한 전인적(全人的) 교육을 중시하여 이루어져야 한다.
④ 학교의 종류와 학교의 설립·경영 등 학교교육에 관한 기본적인 사항은 따로 법률로 정한다. [전문개정 2007. 12. 21]

제10조 (사회교육) ① 국민의 평생교육을 위한 모든 형태의 사회교육은 장려되어야 한다.
② 사회교육의 이수(履修)는 법령으로 정하는 바에 따라 그에 상응하는 학교교육의 이수로 인정될 수 있다.
③ 사회교육시설의 종류와 설립·경영 등 사회교육에 관한 기본적인 사항은 따로 법률로 정한다. [전문개정 2007. 12. 21]

제17조의2 (남녀평등교육의 증진) ① 국가와 지방자치단체는 남녀평등정신을 보다 적극적으로 실현할 수 있는 시책을 수립·실시하여야 한다.

② 국가 및 지방자치단체와 제16조에 따른 학교 및 사회교육시설의 설립자·경영자는 교육을 할 때 합리적인 이유 없이 성별에 따라 참여나 혜택을 제한하거나 배제하는 등의 차별을 하여서는 아니 된다.
③ 제1항에 따른 시책에는 체육·과학기술 등 여성의 활동이 취약한 분야를 중점 육성할 수 있는 교육적 방안이 포함되어야 한다.
④ 학교교육에서 남녀평등을 증진하기 위한 학교교육과정의 기준과 내용 등 대통령령으로 정하는 사항에 관한 교육과학기술부장관의 자문에 응하기 위하여 남녀평등교육심의회를 둔다. 〈개정 2008. 2. 29〉
⑤ 제4항에 따른 남녀평등교육심의회 위원의 자격·구성·운영 등에 필요한 사항은 대통령령으로 정한다. [전문개정 2007. 12. 21]

제17조의3 (학습윤리의 확립) 국가와 지방자치단체는 모든 국민이 학업·연구·시험 등 교육의 모든 과정에 요구되는 윤리의식을 확립할 수 있도록 필요한 시책을 수립·실시하여야 한다. [전문개정 2007. 12. 21]

제17조의4 (건전한 성의식 함양) ① 국가와 지방자치단체는 학생의 존엄한 성(性)을 보호하고 학생에게 성에 대한 선량한 정서를 함양시킬 수 있도록 필요한 시책을 수립·실시하여야 한다.
② 제1항에 따른 시책에는 학생 개인의 존엄과 인격이 존중될 수 있는 교육적 방안과 남녀의 성 특성을 고려한 교육·편의시설 마련 방안이 포함되어야 한다. [전문개정 2007. 12. 21]

제18조 (특수교육) 국가와 지방자치단체는 신체적·정신적·지적 장애 등으로 특별한 교육적 배려가 필요한 자를 위한 학교를 설립·경영하여야 하며, 이들의 교육을 지원하기 위하여 필요한 시책을 수립·실시하여야 한다. [전문개정 2007. 12. 21]

제20조 (유아교육) 국가와 지방자치단체는 유아교육을 진흥하기 위하여 필요한 시책을 수립·실시하여야 한다. [전문개정 2007. 12. 21]

제21조 (직업교육) 국가와 지방자치단체는 모든 국민이 학교교육과 사회교육을 통하여 직업에 대한 소양과 능력을 계발하기 위한 교육을 받을 수 있도록 필요한 시책을 수립·실시하여야 한다. [전문개정 2007. 12. 21]

제22조 (과학·기술교육) 국가와 지방자치단체는 과학·기술교육을 진흥하기 위하여 필요한 시책을 수립·실시하여야 한다. [전문개정 2007. 12. 21]

제22조의2 (학교체육) 국가와 지방자치단체는 학생의 체력 증진과 체육활동 장려에 필요한 시책을 수립·실시하여야 한다. [전문개정 2007. 12. 21]

제23조의3 (학생정보의 보호원칙) ① 학교생활기록 등의 학생정보는 교육적 목적으로 수집·처리·이용 및 관리되어야 한다.
② 부모 등 보호자는 자녀 등 피보호자에 대한 제1항의 학생정보를 제공받을 권리를 가진다.
③ 제1항에 따른 학생정보는 법률로 정하는 경우 외에는 해당 학생(학생이 미성년자인 경우에는 학생 및 학생의 부모 등 보호자)의 동의 없이 제3자에게 제공되어서는 아니 된다. [전문개정 2007. 12. 21]

◇초 · 중등교육법◇ (법률 제8917호, 2008. 3. 21, 일부개정)

제1조 (목적) 이 법은 교육기본법 제9조의 규정에 따라 초 · 중등교육에 관한 사항을 정함을 목적으로 한다. 〈개정 2004. 1. 29〉

제2조 (학교의 종류) 초 · 중등교육을 실시하기 위하여 다음 각 호의 학교를 둔다. 〈개정 2004. 1. 29〉
1. 삭제 〈2004. 1. 29〉
2. 초등학교 · 공민학교
3. 중학교 · 고등공민학교
4. 고등학교 · 고등기술학교
5. 특수학교
6. 각종학교

제12조 (의무교육) ① 국가는 교육기본법 제8조 제1항의 규정에 의한 의무교육을 실시하여야 하며, 이를 위한 시설의 확보 등 필요한 조치를 강구하여야 한다.
② 지방자치단체는 그 관할구역 안의 의무교육대상자 전원을 취학시키는 데 필요한 초등학교 및 중학교와 초등학교 및 중학교의 과정을 교육하는 특수학교를 설립 · 경영하여야 한다.
③ 지방자치단체는 지방자치단체가 설립한 초등학교 · 중학교 및 특수학교에 그 관할구역 안의 의무교육대상자 전원을 취학시키는 것이 곤란한 경우에는 인접한 지방자치단체와 협의하여 합동으로 초등학교 · 중학교 또는 특수학교를 설립 · 경영하거나, 인접한 지방자치단체나 국립 또는 사립의 초등학교 · 중학교 또는 특수학교에 위탁하여 의무교육대상자의 일부에 대한 교육을 실시할 수 있다.
④ 국 · 공립학교의 설립 · 경영자 및 제3항의 규정에 의하여 의무교육대상자를 위탁받은 사립학교의 설립 · 경영자는 의무교육을 받는 자에 대하여 수업료를 받을 수 없다.

제13조 (취학의무) ① 모든 국민은 그가 보호하는 자녀 또는 아동이 만 6세가 된 날이 속하는 해의 다음 해 3월 1일부터 만 12세[제27조의 규정에 의하여 조기진급 또는 조기졸업을 하는 자의 경우에는 만12세에서 해당 연수를 뺀 연령을 말하고, 출석일수의 부족 등으로 인하여 진급 또는 졸업하지 못한 자의 경우에는 해당 연수를 더한 연령을 말한다]가 되는 날이 속하는 해의 다음 해 2월 말까지 그 자녀 또는 아동을 초등학교에 취학시켜야 한다. 〈개정 2002. 8. 26, 2007. 8. 3〉

② 제1항에도 불구하고 자녀 또는 아동의 보호자는 만 5세가 된 날이 속하는 해의 다음 해 또는 만 7세가 된 날이 속하는 해의 다음 해에 그 자녀 또는 아동을 입학시킬 수 있다. 이 경우 만 5세가 된 날이 속하는 해의 다음 해에 입학한 자녀 또는 아동을 보호하는 자는 그 자녀 또는 아동이 만 11세, 만 7세가 된 날이 속하는 해의 다음 해에 입학한 자녀 또는 아동을 보호하는 자는 그 자녀 또는 아동이 만 13세[제27조에 따라 조기진급 또는 조기졸업을 하는 자의 경우에는 만 11세 또는 만 13세에서 해당 연수를 뺀 연령을 말하고, 출석일수의 부족 등으로 인하여 진급 또는 졸업하지 못한 자의 경우에는 해당 연수를 더한 연령을 말한다]가 되는 날이 속하는 해의 다음 해 2월 말까지 그 자녀 또는 아동을 초등학교에 취학시켜야 한다. 〈개정 2007. 8. 3〉

③ 모든 국민은 그가 보호하는 자녀 또는 아동이 초등학교를 졸업한 학년의 다음 학년 초부터 만 15세[제2항의 규정에 의하여 만 5세가 된 날이 속하는 해의 다음 해에 입학한 자의 경우에는 만 14세를 말하고, 만 7세가 된 날이 속하는 해의 다음 해에 입학한 자의 경우에는 만 16세를 말하며, 제27조의 규정에 의하여 조기진급 또는 조기졸업을 하는 자의 경우에는 해당 연수를 뺀 연령을 말하고, 출석일수의 부족 등으로 인하여 진급 또는 졸업하지 못한 자의 경우에는 해당 연수를 더한 연령을 말한다]가 되는 날이 속하는 해의 다음 해 2월 말까지 그 자녀 또는 아동을 중학교에 취학시켜야 한다. 〈개정 2002. 8. 26, 2007. 8. 3〉

④ 제1항 내지 제3항의 규정에 의한 취학의무의 이행 및 독려 등에 관하여 필요한 사항은 대통령령으로 정한다.

第14조 (취학의무의 면제 등) ① 질병 · 발육상태 등 부득이한 사유로 인하여 취학이 불가능한 의무교육대상자에 대하여는 대통령령으로 정하는 바에 따라 제13조에 따른 취학의무를 면제하거나 유예할 수 있다. 〈개정 2007. 12. 14〉
② 제1항의 규정에 의하여 취학의무를 면제 또는 유예 받은 자가 다시 취학하고자 하는 경우에는 대통령령이 정하는 바에 의하여 학습능력을 평가한 후 학년을 정하여 취학하게 할 수 있다. 이 경우 다시 취학하는 자의 학년이 취학의무를 면제 또는 유예받지 아니하고 계속 취학하였을 때의 학년과 차이가 있는 경우에는 제13조의 규정에 의한 연령에 그 해당 연수를 더한다. 〈신설 2002. 8. 26〉

第15조 (고용자의 의무) 의무교육대상자를 고용하는 자는 그 고용으로 인하여 당해 의무교육대상자가 의무교육을 받는 것을 방해하여서는 아니 된다.

第16조 (친권자 등에 대한 보조) 국가 및 지방자치단체는 의무교육대상자의 친권자 또는 후견인이 경제적 사유로 의무교육대상자를 취학시키기 곤란할 때에는 교육비를 보조할 수 있다.

第17조 (학생자치활동) 학생의 자치활동은 권장 · 보호되며, 그 조직 및 운영에 관한 기본적인 사항은 학칙으로 정한다.

第18조 (학생의 징계) ① 학교의 장은 교육상 필요한 때에는 법령 및 학칙이 정하는 바에 의하여 학생을 징계하거나 기타의 방법으로 지도할 수 있다. 다만, 의무교육과정에 있는 학생을 퇴학시킬 수 없다.
② 학교의 장은 학생을 징계하고자 하는 경우 해당 학생 또는 학부모에게 의견진술의 기회를 부여하는 등 적정한 절차를 거쳐야 한다.

第18조의2 (재심청구) ① 제18조 제1항에 따른 징계처분 중 퇴학

조치에 대하여 이의가 있는 학생 또는 그 보호자는 그 조치를 받은 날부터 15일 이내 또는 그 조치가 있음을 안 날부터 10일 이내에 제18조의3에 따른 시·도학생징계조정위원회에 그 재심을 청구할 수 있다.
② 제18조의3에 따른 시·도학생징계조정위원회는 제1항에 따른 재심청구를 받은 때에는 30일 이내에 이를 심사·결정하여 청구인에게 통보하여야 한다.
③ 제2항의 심사결정에 이의가 있는 청구인은 그 통보를 받은 날부터 60일 이내에 행정심판을 제기할 수 있다.
④ 제1항에 따른 재심청구, 제2항에 따른 심사 절차와 결정 통보 등에 필요한 사항은 대통령령으로 정한다. [본조신설 2007. 12. 14]

제18조의3 (시·도학생징계조정위원회의 설치) ① 제18조의2 제1항에 따른 재심청구를 심사·결정하기 위하여 교육감 소속으로 시·도학생징계조정위원회(이하 "징계조정위원회"라 한다)를 둔다.
② 징계조정위원회의 조직·운영 등에 필요한 사항은 대통령령으로 정한다. [본조신설 2007. 12. 14]

제18조의4 (학생의 인권보장) 학교의 설립자·경영자와 학교의 장은「헌법」과 국제인권조약에 명시된 학생의 인권을 보장하여야 한다. [본조신설 2007. 12. 14]

제38조 (목적) 초등학교는 국민생활에 필요한 기초적인 초등교육을 하는 것을 목적으로 한다.

제39조 (수업년한) 초등학교의 수업년한은 6년으로 한다.

제40조 (공민학교) ① 공민학교는 초등교육을 받지 못하고 취학연령을 초과한 자에 대하여 국민생활에 필요한 교육을 하는 것을 목적으로 한다.

② 공민학교의 수업년한은 3년으로 한다.
③ 교사 · 마을회관 · 공장 또는 사업장 기타 교사로 사용가능한 건물은 공민학교의 교사로 사용할 수 있다.

제 3 장 보건의료

◇ 보건의료기본법 ◇ (법률 제9932호, 2010. 1. 18, 타법개정)

제 1 조 (목적) 이 법은 보건의료에 관한 국민의 권리·의무와 국가 및 지방자치단체의 책임을 정하고 보건의료의 수요 및 공급에 관한 기본적인 사항을 규정함으로써 보건의료의 발전과 국민의 보건 및 복지의 증진에 이바지함을 목적으로 한다.

제 2 조 (기본이념) 이 법은 보건의료를 통하여 모든 국민이 인간으로서의 존엄과 가치를 가지며 행복을 추구할 수 있도록 하고 국민 개개인이 건강한 삶을 영위할 수 있도록 제도와 여건을 조성하며, 보건의료의 형평과 효율의 조화를 기할 수 있도록 함으로써 국민의 삶의 질을 향상시키는 것을 기본이념으로 한다.

제 3 조 (정의) 이 법에서 사용하는 용어의 정의는 다음과 같다.
1. "보건의료"라 함은 국민의 건강을 보호·증진하기 위하여 국가·지방자치단체·보건의료기관 또는 보건의료인 등이 행하는 모든 활동을 말한다.
2. "보건의료서비스"라 함은 국민의 건강을 보호·증진하기 위하여 보건의료인이 행하는 모든 활동을 말한다.
3. "보건의료인"이라 함은 보건의료 관계 법령이 정하는 바에 의하여 자격·면허 등을 취득하거나 보건의료서비스에 종사하는 것이 허용된 자를 말한다.
4. "보건의료기관"이라 함은 보건의료인이 공중 또는 특정 다수인을 위하여 보건의료서비스를 행하는 보건기관·의료기관·약국

기타 대통령령이 정하는 기관을 말한다.

5. "공공보건의료기관"이라 함은 국가 · 지방자치단체 기타 공공단체가 설립 · 운영하는 보건의료기관을 말한다.

6. "보건의료정보"라 함은 보건의료와 관련한 지식 또는 부호 · 숫자 · 문자 · 음성 · 음향 및 영상 등으로 표현된 모든 종류의 자료를 말한다.

제 6 조 (환자 및 보건의료인의 권리) ① 모든 환자는 자신의 건강보호 및 증진을 위하여 적절한 보건의료서비스를 받을 권리를 가진다.

② 보건의료인은 보건의료서비스를 제공함에 있어서 학식과 경험, 양심에 따라 환자의 건강보호를 위하여 적절한 보건의료기술과 치료재료 등을 선택할 권리를 가진다. 다만, 이 법 또는 다른 법률에 특별한 규정이 있는 경우에는 그러하지 아니하다. [전문개정 2008. 3. 28]

제10조 (건강권 등) ① 모든 국민은 이 법 또는 다른 법률이 정하는 바에 의하여 자신과 가족의 건강에 관하여 국가의 보호를 받을 권리를 가진다.

② 모든 국민은 성별 · 연령 · 종교 · 사회적 신분 또는 경제적 사정 등을 이유로 자신과 가족의 건강에 관한 권리를 침해받지 아니한다.

제11조 (보건의료에 관한 알 권리) ① 모든 국민은 관계 법령이 정하는 바에 의하여 국가 및 지방자치단체의 보건의료시책에 관한 내용의 공개를 청구할 권리를 가진다.

② 모든 국민은 관계 법령이 정하는 바에 의하여 보건의료인 또는 보건의료기관에 대하여 자신의 보건의료와 관련한 기록 등의 열람이나 사본의 교부를 요청할 수 있다. 다만, 본인이 요청할 수 없는 경우에는 그 배우자 · 직계존비속 또는 배우자의 직계존속이, 그 배우자 · 직계존비속 및 배우자의 직계존속이 없거나 질병 기

타 요청을 할 수 없는 부득이한 사유가 있는 경우에는 본인이 지정하는 대리인이 기록의 열람 등을 요청할 수 있다.

제12조 (보건의료서비스에 관한 자기결정권) 모든 국민은 보건의료인으로부터 자신의 질병에 대한 치료방법, 의학적 연구대상 여부, 장기이식 여부 등에 관하여 충분한 설명을 들은 후 이에 관한 동의 여부를 결정할 권리를 가진다.

제13조 (비밀보장) 모든 국민은 보건의료와 관련하여 자신의 신체 · 건강 및 사생활의 비밀을 침해받지 아니한다.

제14조 (보건의료에 관한 국민의 의무) ① 모든 국민은 자신과 가족의 건강을 보호 · 증진하기 위하여 노력하여야 하며, 관계 법령이 정하는 바에 의하여 건강의 보호 · 증진에 필요한 비용을 부담하여야 한다.
② 누구든지 건강에 위해한 정보를 유포 · 광고하거나 건강에 위해한 기구 · 물품을 판매 · 제공하는 등 타인의 건강을 저해하거나 저해할 우려가 있는 행위를 하여서는 아니 된다.
③ 모든 국민은 보건의료인의 정당한 보건의료서비스와 지도에 대하여 협조한다.

제30조 (응급의료체계) 국가 및 지방자치단체는 모든 국민이 응급상황에서 신속하고 적절한 응급의료서비스를 제공받을 수 있도록 응급의료체계를 마련하여야 한다.

제32조 (여성과 어린이의 건강증진) 국가 및 지방자치단체는 건강한 자녀의 출산 · 양육의 지원 등 여성과 어린이의 건강을 보호 · 증진하기 위하여 필요한 시책을 강구하여야 한다.

◇ 장애인복지법 ◇ (법률 제9932호, 2010. 1. 18, 타법개정)

제 1 조 (목적) 이 법은 장애인의 인간다운 삶과 권리보장을 위한 국가와 지방자치단체 등의 책임을 명백히 하고, 장애발생 예방과 장애인의 의료·교육·직업재활·생활환경개선 등에 관한 사업을 정하여 장애인복지대책을 종합적으로 추진하며, 장애인의 자립생활·보호 및 수당지급 등에 관하여 필요한 사항을 정하여 장애인의 생활안정에 기여하는 등 장애인의 복지와 사회활동 참여증진을 통하여 사회통합에 이바지함을 목적으로 한다.

제 2 조 (장애인의 정의 등) ① "장애인"이란 신체적·정신적 장애로 오랫동안 일상생활이나 사회생활에서 상당한 제약을 받는 자를 말한다.
② 이 법을 적용받는 장애인은 제1항에 따른 장애인 중 다음 각 호의 어느 하나에 해당하는 장애가 있는 자로서 대통령령으로 정하는 장애의 종류 및 기준에 해당하는 자를 말한다.
1. "신체적 장애"란 주요 외부 신체 기능의 장애, 내부기관의 장애 등을 말한다.
2. "정신적 장애"란 발달장애 또는 정신 질환으로 발생하는 장애를 말한다.

제 3 조 (기본이념) 장애인복지의 기본이념은 장애인의 완전한 사회 참여와 평등을 통하여 사회통합을 이루는 데에 있다.

제 4 조 (장애인의 권리) ① 장애인은 인간으로서 존엄과 가치를 존중받으며, 그에 걸맞은 대우를 받는다.
② 장애인은 국가·사회의 구성원으로서 정치·경제·사회·문화, 그 밖의 모든 분야의 활동에 참여할 권리를 가진다.
③ 장애인은 장애인 관련 정책결정과정에 우선적으로 참여할 권

리가 있다.

제5조 (장애인 및 보호자 등에 대한 의견수렴과 참여) 국가 및 지방자치단체는 장애인 정책의 결정과 그 실시에 있어서 장애인 및 장애인의 부모, 배우자, 그 밖에 장애인을 보호하는 자의 의견을 수렴하여야 한다. 이 경우 당사자의 의견수렴을 위한 참여를 보장하여야 한다.

제6조 (중증장애인의 보호) 국가와 지방자치단체는 장애 정도가 심하여 자립하기가 매우 곤란한 장애인(이하 "중증장애인"이라 한다)이 필요한 보호 등을 평생 받을 수 있도록 알맞은 정책을 강구하여야 한다.

제7조 (여성장애인의 권익보호 등) 국가와 지방자치단체는 여성장애인의 권익을 보호하고 사회참여를 확대하기 위하여 기초학습과 직업교육 등 필요한 시책을 강구하여야 한다.

제8조 (차별금지 등) ① 누구든지 장애를 이유로 정치·경제·사회·문화생활의 모든 영역에서 차별을 받지 아니하고, 누구든지 장애를 이유로 정치·경제·사회·문화생활의 모든 영역에서 장애인을 차별하여서는 아니 된다.
② 누구든지 장애인을 비하·모욕하거나 장애인을 이용하여 부당한 영리행위를 하여서는 아니 되며, 장애인의 장애를 이해하기 위하여 노력하여야 한다.

제9조 (국가와 지방자치단체의 책임) ① 국가와 지방자치단체는 장애 발생을 예방하고, 장애의 조기 발견에 대한 국민의 관심을 높이며, 장애인의 자립을 지원하고, 보호가 필요한 장애인을 보호하여 장애인의 복지를 향상시킬 책임을 진다.
② 국가와 지방자치단체는 여성장애인의 권익을 보호하기 위하여

정책을 강구하여야 한다.
③ 국가와 지방자치단체는 장애인복지정책을 장애인과 그 보호자에게 적극적으로 홍보하여야 하며, 국민이 장애인을 올바르게 이해하도록 하는 데에 필요한 정책을 강구하여야 한다.

제10조 (국민의 책임) 모든 국민은 장애 발생의 예방과 장애의 조기 발견을 위하여 노력하여야 하며, 장애인의 인격을 존중하고 사회통합의 이념에 기초하여 장애인의 복지향상에 협력하여야 한다.

제50조 (장애아동수당과 보호수당) ① 국가와 지방자치단체는 장애아동에게 보호자의 경제적 생활수준 및 장애아동의 장애 정도를 고려하여 장애로 인한 추가적 비용을 보전(補塡)하게 하기 위하여 장애아동수당을 지급할 수 있다.
② 국가와 지방자치단체는 장애인을 보호하는 보호자에게 그의 경제적 수준과 장애인의 장애 정도를 고려하여 장애로 인한 추가적 비용을 보전하게 하기 위하여 보호수당을 지급할 수 있다.
③ 제1항과 제2항에 따른 장애아동수당과 보호수당의 지급 대상 · 기준 및 방법 등에 관하여 필요한 사항은 대통령령으로 정한다.

◇ 저출산 · 고령사회기본법 ◇ (법률 제9932호, 2010. 1. 18, 타법개정)

제 4 조 (국가 및 지방자치단체의 책무) ① 국가는 종합적인 저출산 · 고령사회정책을 수립 · 시행하고, 지방자치단체는 국가의 저출산 · 고령사회정책에 맞추어 지역의 사회 · 경제적 실정에 부합하는 저출산 · 고령사회정책을 수립 · 시행하여야 한다.
② 국가 및 지방자치단체는 다른 법률의 규정에 의하여 중 · 장기계획 및 연도별 시행계획 등 주요정책을 수립하는 경우 제20조의

규정에 의한 저출산 · 고령사회기본계획을 고려하여야 한다.

제 5 조 (국민의 책무) ① 국민은 출산 및 육아의 사회적 중요성과 인구의 고령화에 따른 변화를 인식하고 국가 및 지방자치단체가 시행하는 저출산 · 고령사회정책에 적극 참여하고 협력하여야 한다.
② 국민은 가정 및 지역사회의 일원으로 상호연대를 강화하고 각자의 노후생활을 건강하고 충실하게 영위할 수 있도록 노력하여야 한다.

제 8 조 (자녀의 출산과 보육 등) ① 국가 및 지방자치단체는 모든 자녀가 차별받지 아니하고 안전하고 행복한 생활을 영위하며 교육과 인성함양에 도움을 주는 사회환경을 조성하기 위한 시책을 강구하여야 한다.
② 국가 및 지방자치단체는 자녀를 임신 · 출산 · 양육 및 교육하고자 하는 자가 직장생활과 가정생활을 병행할 수 있도록 사회환경을 조성 · 지원하여야 한다.
③ 국가 및 지방자치단체는 자녀를 양육하려는 자에게 양질의 보육서비스를 제공하기 위한 시책을 강구하여야 한다.

제 9 조 (모자보건의 증진 등) ① 국가 및 지방자치단체는 임산부 · 태아 및 영유아에 대한 건강진단 등 모자보건의 증진과 태아의 생명존중을 위하여 필요한 시책을 수립 · 시행하여야 한다.
② 국가 및 지방자치단체는 임신 · 출산 · 양육의 사회적 의미와 생명의 존엄성 및 가족구성원의 협력의 중요성 등에 관한 교육을 실시하여야 한다.
③ 국가 및 지방자치단체는 임신 · 출산 및 양육에 관한 정보의 제공, 교육 및 홍보를 실시하기 위하여 필요한 기관을 설치하거나 그 업무를 관련 기관에 위탁할 수 있다.

제10조 (경제적 부담의 경감) 국가 및 지방자치단체는 자녀의 임신 · 출산 · 양육 및 교육에 소요되는 경제적 부담을 경감하기 위하여 필요한 시책을 강구하여야 한다.

제 4 장 아동의 보호

◇ 가정폭력방지 및 피해자보호 등에 관한 법률 ◇ (법률 제9932호, 2010. 1. 18, 타법개정)

제 1 조 (목적) 이 법은 가정폭력을 예방하고 가정폭력의 피해자를 보호 · 지원함을 목적으로 한다. [전문개정 2006. 4. 28]

제 2 조 (정의) 이 법에서 사용하는 용어의 뜻은 다음과 같다.
1. "가정폭력"이란 「가정폭력범죄의 처벌 등에 관한 특례법」 제2조 제1호의 행위를 말한다.
2. "가정폭력행위자"란 「가정폭력범죄의 처벌 등에 관한 특례법」 제2조 제4호의 자를 말한다.
3. "피해자"란 가정폭력으로 인하여 직접적으로 피해를 입은 자를 말한다.
4. "아동"이란 18세 미만인 자를 말한다. [전문개정 2007. 10. 17]

제 4 조 (국가 등의 책무) ① 국가와 지방자치단체는 가정폭력의 예방 · 방지와 피해자의 보호 · 지원을 위하여 다음 각 호의 조치를 취하여야 한다. 〈개정 2009. 5. 8〉
1. 가정폭력 신고체계의 구축 및 운영
2. 가정폭력의 예방과 방지를 위한 조사 · 연구 · 교육 및 홍보
3. 피해자를 위한 보호시설의 설치 · 운영, 임대주택의 우선 입주권 부여와 그 밖에 피해자에 대한 지원 서비스의 제공
4. 피해자의 보호와 지원을 원활히 하기 위한 관련 기관 간의 협력 체계 구축 및 운영

5. 가정폭력의 예방 · 방지와 피해자의 보호 · 지원을 위한 관계 법령의 정비와 각종 정책의 수립 · 시행 및 평가
② 국가와 지방자치단체는 제1항에 따른 책무를 다하기 위하여 이에 따르는 예산상의 조치를 취하여야 한다.
③ 특별시 · 광역시 · 도 · 특별자치도 및 시 · 군 · 구(자치구를 말한다. 이하 같다)에 가정폭력의 예방 · 방지 및 피해자의 보호 · 지원을 담당할 기구와 공무원을 두어야 한다.
④ 국가와 지방자치단체는 제5조 제2항과 제7조 제2항에 따라 설치 · 운영하는 가정폭력 관련 상담소와 가정폭력피해자 보호시설에 대하여 경비(經費)를 보조하는 등 이를 육성 · 지원하여야 한다. [전문개정 2007. 10. 17]

제4조의3 (가정폭력 예방교육의 실시) 「초 · 중등교육법」에 따른 각 급 학교의 장은 대통령령으로 정하는 바에 따라 가정폭력의 예방과 방지를 위하여 필요한 교육을 실시하여야 한다. [전문개정 2007. 10. 17]

제4조의4 (아동의 취학 지원) ① 국가나 지방자치단체는 피해자나 피해자가 동반한 가정구성원(「가정폭력범죄의 처벌 등에 관한 특례법」 제2조 제2호의 자 중 피해자의 보호나 양육을 받고 있는 자를 말한다. 이하 같다)이 아동인 경우 주소지 외의 지역에서 취학(입학 · 재입학 · 전학 및 편입학을 포함한다. 이하 같다)할 필요가 있을 때에는 그 취학이 원활히 이루어지도록 지원하여야 한다.
② 제1항에 따른 취학에 필요한 사항은 대통령령으로 정한다. [전문개정 2007. 10. 17]

제4조의6 (긴급전화센터의 설치 · 운영 등) ① 여성가족부장관 또는 특별시장 · 광역시장 · 도지사 · 특별자치도지사(이하 "시 · 도지사"라 한다)는 다음 각 호의 업무 등을 수행하기 위하여 긴급전화센터를 설치 · 운영하여야 한다. 이 경우 외국어서비스를 제공하는 긴급전화센터를 따로 설치 · 운영할 수 있다. 〈개정 2010. 1. 18〉

1. 피해자의 신고접수 및 상담
2. 관련 기관 · 시설과의 연계
3. 피해자에 대한 긴급한 구조의 지원

② 여성가족부장관 또는 시 · 도지사는 제1항에 따른 긴급전화센터의 설치 · 운영을 대통령령으로 정하는 기관 또는 단체에 위탁할 수 있다. 〈개정 2010. 1. 18〉

③ 여성가족부장관 또는 시 · 도지사는 제2항에 따라 긴급전화센터의 설치 · 운영을 위탁할 경우 그에 필요한 경비를 지원하여야 한다. 〈개정 2010. 1. 18〉

④ 제1항에 따른 긴급전화센터의 설치 · 운영에 필요한 사항은 여성가족부령으로 정한다. 〈개정 2010. 1. 18〉 [본조신설 2009. 5. 8]

제 6 조 (상담소의 업무) 상담소의 업무는 다음 각 호와 같다.

1. 가정폭력을 신고 받거나 이에 관한 상담에 응하는 일
2. 가정폭력으로 정상적인 가정생활과 사회생활이 어렵거나 그 밖에 긴급히 보호를 필요로 하는 피해자 및 피해자가 동반한 가정구성원(이하 "피해자등"이라 한다)을 임시로 보호하거나 의료기관 또는 제7조 제1항에 따른 가정폭력피해자 보호시설로 인도(引渡)하는 일
3. 행위자에 대한 고발 등 법률적 사항에 관하여 자문하기 위한 대한변호사협회 또는 지방변호사회 및 「법률구조법」에 따른 법률구조법인(이하 "법률구조법인"이라 한다) 등에 대한 필요한 협조와 지원의 요청
4. 경찰관서 등으로부터 인도받은 피해자등의 임시 보호
5. 가정폭력의 예방과 방지에 관한 홍보
6. 그 밖에 가정폭력과 그 피해에 관한 조사 · 연구 [전문개정 2007. 10. 17]

제 8 조 (보호시설의 업무) ① 보호시설은 피해자등에 대하여 다음 각 호의 업무를 행한다. 다만, 피해자가 동반한 가정구성원에게는 제1호 외의 업무 일부를 하지 아니할 수 있고, 장기보호시설은 피해자등에 대하여 제1호부터 제5호까지에 규정된 업무(주거편의를

제공하는 업무는 제외한다)를 하지 아니할 수 있다.
1. 숙식의 제공
2. 심리적 안정과 사회적응을 위한 상담 및 치료
3. 질병치료와 건강관리를 위한 의료기관에의 인도 등 의료지원
4. 수사기관의 조사와 법원의 증인신문(證人訊問)에의 동행
5. 법률구조기관 등에 필요한 협조와 지원의 요청
6. 자립자활교육의 실시와 취업정보의 제공
7. 다른 법률에 따라 보호시설에 위탁된 사항
8. 그 밖에 피해자등의 보호를 위하여 필요한 일
② 장애인보호시설을 설치·운영하는 자가 제1항 각 호의 업무를 할 때에는 장애인의 특성을 고려하여 적절하게 지원할 수 있도록 하여야 한다.
③ 보호시설의 장은 제1항 각 호로 인한 비용의 전부 또는 일부를 가정폭력행위자로부터 구상(求償)할 수 있다. 이 경우 그 구상절차는 국세 또는 지방세 체납처분절차의 예에 따른다. [전문개정 2007. 10. 17]

제9조 (피해자 의사의 존중 의무) 상담소나 보호시설의 장은 피해자 등의 명시한 의사에 반하여 제8조 제1항과 제18조의 보호를 할 수 없다. [전문개정 2007. 10. 17]

제16조 (비밀 엄수의 의무) 긴급전화센터, 상담소 또는 보호시설의 장이나 이를 보조하는 자 또는 그 직에 있었던 자는 그 직무상 알게 된 비밀을 누설하여서는 아니 된다. [전문개정 2009. 5. 8]

제18조 (치료보호) ① 의료기관은 피해자 본인, 가족, 친지나 긴급전화센터, 상담소 또는 보호시설의 장 등이 요청하면 피해자에 대하여 다음 각 호의 치료보호를 실시하여야 한다. 〈개정 2009. 5. 8〉
1. 보건에 관한 상담 및 지도
2. 신체적·정신적 피해에 대한 치료

3. 그 밖에 대통령령으로 정하는 의료에 관한 사항

② 제1항의 치료보호에 필요한 일체의 비용은 가정폭력행위자가 부담한다.

③ 제2항에도 불구하고 피해자가 치료보호비를 신청하는 경우에는 국가나 지방자치단체는 가정폭력행위자를 대신하여 제1항의 치료보호에 필요한 비용을 의료기관에 지급하여야 한다.

④ 국가나 지방자치단체가 제3항에 따라 비용을 지급한 경우에는 가정폭력행위자에 대하여 구상권(求償權)을 행사할 수 있다. 다만, 피해자가 보호시설 입소 중에 제1항의 치료보호를 받은 경우나 가정폭력행위자가 다음 각 호의 어느 하나에 해당하는 경우에는 그러하지 아니하다.

1. 「국민기초생활보장법」 제2조에 따른 수급자(受給者)
2. 「장애인복지법」 제32조에 따라 등록된 장애인

⑤ 제3항의 비용을 지급하기 위한 절차, 제4항의 구상권 행사의 절차 등에 필요한 사항은 여성가족부령으로 정한다. 〈개정 2008. 2. 29, 2010.1.18〉 [전문개정 2007. 10. 17]

부칙(정부조직법) 〈제9932호, 2010. 1. 18〉

제1조 (시행일) 이 법은 공포 후 2개월이 경과한 날(2010년 3월 19일)부터 시행한다. (이하 생략)

◇ 실종아동 등의 보호 및 지원에 관한 법률 ◇ (법률 제9932호, 2010. 1. 18, 타법개정)

제1조 (목적) 이 법은 실종아동 등의 발생을 예방하고 조속한 발견과 복귀 및 복귀 이후의 사회적응 지원에 관한 사항을 규정함으로써 실종아동 등과 가정의 복지증진에 이바지함을 목적으로

한다.

제 2 조 (정의) 이 법에서 사용하는 용어의 정의는 다음과 같다.
1. "아동 등"이라 함은 다음 각 목의 어느 하나에 해당하는 자를 말한다.
 가. 실종신고 당시 14세 미만 아동
 나. 「장애인복지법」 제2조의 장애인 중 정신지체인·발달장애인·정신장애인
2. "실종아동 등"이라 함은 약취·유인·유기·사고 또는 가출하거나 길을 잃는 등의 사유로 인하여 보호자로부터 이탈된 아동 등을 말한다.
3. "보호자"라 함은 친권자·후견인 그 밖에 다른 법률에 의하여 아동 등을 보호 또는 부양할 의무가 있는 자를 말한다. 다만, 제4호의 보호시설의 장 또는 종사자를 제외한다.
4. "보호시설"이라 함은 「사회복지사업법」 제2조 제3호의 규정에 따른 사회복지시설 및 이에 준하는 시설로서 인가·신고 등을 하지 아니하고 아동 등을 보호하는 시설을 말한다.
5. "유전자검사"라 함은 개인 식별을 목적으로 혈액·모발·타액 등의 검사대상물로부터 유전자를 분석하는 행위를 말한다.
6. "유전정보"라 함은 유전자검사의 결과로 얻어진 정보를 말한다.
7. "신상정보"라 함은 이름·나이·사진 등 특정인임을 식별하기 위한 정보를 말한다.

제 3 조 (국가의 책무) ① 보건복지부장관은 실종아동 등의 발생예방, 조속한 발견·복귀와 복귀 후 사회생활의 적응을 위하여 다음 각 호의 사항을 시행하여야 한다. 〈개정 2008. 2. 29, 2010. 1. 18〉 〈시행 2010. 3. 19〉
1. 실종아동 등을 위한 정책 수립 및 시행
2. 실종아동 등과 관련된 실태조사 및 연구
3. 실종아동 등의 발생예방을 위한 연구·교육 및 홍보
4. 제8조의 규정에 따른 데이터베이스의 구축·운영
5. 실종아동 등의 가족지원

6. 실종아동 등의 복귀 후 적응을 위한 상담 및 치료서비스 제공
7. 그 밖에 실종아동 등의 보호 및 지원에 필요한 사항

② 경찰청장은 실종아동 등의 조속한 발견과 복귀를 위하여 다음 각 호의 사항을 시행하여야 한다.

1. 실종아동 등에 대한 신고체계의 구축 및 운영
2. 실종아동 등의 발견을 위한 수색 및 수사
3. 제11조의 규정에 따른 유전자검사대상물의 채취
4. 그 밖에 실종아동 등의 발견을 위하여 필요한 사항

③ 「아동복지법」 제4조의2의 규정에 따른 아동정책조정위원회는 제1항의 보건복지부장관의 책무와 제2항의 경찰청장의 책무 등 실종아동 등과 관련한 국가의 책무수행을 종합 · 조정한다. 〈개정 2008. 2. 29, 2010. 1. 18〉 〈시행 2010. 3. 19〉

제6조 (신고의무 등) ① 다음 각 호의 어느 하나에 해당하는 자는 그 직무를 수행함에 있어서 실종아동 등임을 알게 된 때에는 지체 없이 국가경찰관서 또는 지방자치단체의 장에게 신고하여야 한다. 이 경우 신고를 받은 지방자치단체의 장은 경찰관서의 장에게 지체 없이 알려야 한다. 〈개정 2006. 2. 21〉

1. 보호시설의 장 또는 그 종사자
2. 「아동복지법」 제7조의 규정에 따른 아동복지지도원
3. 「청소년보호법」 제33조의2의 규정에 따른 청소년보호센터 및 청소년재활센터의 장 또는 그 종사자
4. 「사회복지사업법」 제14조의 규정에 따른 사회복지전담공무원
5. 「의료법」 제3조의 규정에 따른 의료기관의 장 또는 의료인
6. 업무 · 고용 등의 관계로 사실상 아동 등을 보호 · 감독하는 자

② 지방자치단체의 장이 아동 등을 관계법률에 따라 보호조치하는 때에는 아동 등의 신상을 기록한 카드(이하 "신상카드"라 한다)를 작성하고, 보호자가 확인되지 아니한 아동 등에 대하여는 지체 없이 전문기관의 장에게 해당 신상카드의 사본을 보내야 한다.

③ 보호시설의 장 또는 「정신보건법」 제3조 제3호에 따른 정신의료기관의 장이 보호자가 확인되지 아니한 아동 등을 보호하게 된 때에는 지체 없이 신상카드를 작성하여 지방자치단체의 장에게

제출하여야 한다. 이 경우 지방자치단체의 장은 전문기관의 장에게 당해 신상카드의 사본을 보내야 한다. 〈개정 2008. 3. 21〉
④ 지방자치단체의 장은 출생 후 6개월이 경과한 아동의 출생신고를 접수한 때에는 지체 없이 해당 아동의 신상카드를 작성하여 그 사본을 전문기관의 장에게 보내야 하며, 전문기관의 장은 실종아동 등의 여부를 확인하여 그 결과를 해당 지방자치단체의 장에게 보내야 한다. 〈신설 2008. 3. 21〉
⑤ 제1항의 규정에 따른 신고와 제2항부터 제4항까지의 규정에 따른 신상카드의 작성 등에 관하여 필요한 사항은 보건복지부령으로 정한다. 〈개정 2008. 2. 29, 2008. 3. 21, 2010. 1. 18〉 〈시행 2010. 3. 19〉

제7조 (미신고 보호행위의 금지) 누구든지 정당한 사유 없이 실종아동 등을 국가경찰관서 또는 지방자치단체의 장에게 신고하지 아니하고 보호할 수 없다. 〈개정 2006. 2. 21〉

제9조 (수색 또는 수사의 실시 등) ① 국가경찰관서의 장은 실종아동 등의 발생 신고를 접수한 때에는 지체없이 수색 또는 수사의 실시 여부를 결정하여야 한다. 〈개정 2006. 2. 21〉
② 제1항의 수색 또는 수사 등에 관하여 필요한 사항은 행정안전부령으로 정한다. 〈개정 2008. 2. 29〉

◇ 아동·청소년의 성보호에 관한 법률 ◇

(법률 제9932호, 2010. 1. 18, 타법개정)

제1조 (목적) 이 법은 아동·청소년대상 성범죄의 처벌과 절차에 관한 특례를 규정하고 피해아동·청소년을 위한 구제 및 지원절차를 마련하며 아동·청소년대상 성범죄자를 체계적으로 관리함

으로써 아동 · 청소년을 성범죄로부터 보호하고 아동 · 청소년이 건강한 사회구성원으로 성장할 수 있도록 함을 목적으로 한다.

제 2 조 (정의) 이 법에서 사용하는 용어의 뜻은 다음과 같다.
1. "아동 · 청소년"은 19세 미만의 자를 말한다. 다만, 19세에 도달하는 해의 1월 1일을 맞이한 자는 제외한다.
2. "아동 · 청소년대상 성범죄"는 다음 각 목의 어느 하나에 해당하는 죄를 말한다.
 가. 제7조부터 제12조까지의 죄(제8조 제4항의 죄는 제외한다)
 나. 아동 · 청소년에 대한 「성폭력범죄의 처벌 및 피해자보호 등에 관한 법률」 제5조부터 제8조까지, 제8조의2 및 제9조부터 제12조까지의 죄
 다. 아동 · 청소년에 대한 「형법」 제297조부터 제301조까지, 제301조의2, 제302조, 제303조 및 제305조의 죄
3. "아동 · 청소년대상 성폭력범죄"는 아동 · 청소년대상 성범죄에서 제8조부터 제12조까지의 죄를 제외한 죄를 말한다.
4. "아동 · 청소년의 성을 사는 행위"는 아동 · 청소년, 아동 · 청소년의 성(性)을 사는 행위를 알선한 자 또는 아동 · 청소년을 실질적으로 보호 · 감독하는 자 등에게 금품이나 그 밖의 재산상 이익, 직무 · 편의제공 등 대가를 제공하거나 약속하고 다음 각 목의 어느 하나에 해당하는 행위를 아동 · 청소년을 대상으로 하거나 아동 · 청소년으로 하여금 하게 하는 것을 말한다.
 가. 성교 행위
 나. 구강 · 항문 등 신체의 일부나 도구를 이용한 유사 성교 행위
 다. 신체의 전부 또는 일부를 접촉 · 노출하는 행위로서 일반인의 성적 수치심이나 혐오감을 일으키는 행위
 라. 자위 행위
5. "아동 · 청소년이용음란물"은 아동 · 청소년이 등장하여 제4호의 어느 하나에 해당하는 행위를 하거나 그 밖의 성적 행위를 하는 내용을 표현하는 것으로서 필름 · 비디오물 · 게임물 또는 컴퓨터나 그 밖의 통신매체를 통한 화상 · 영상 등의 형태로 된 것을 말한다.
6. "피해아동 · 청소년"은 제2호 나목 · 다목의 죄 및 제7조부터 제9조까지의 죄의 피해자가 된 아동 · 청소년을 말한다.

7. "대상아동 · 청소년"은 제10조의 죄의 상대방이 된 아동 · 청소년을 말한다.

제 3 조 (해석 · 적용상의 주의) 이 법을 해석 · 적용할 때에는 아동 · 청소년의 권익을 우선적으로 고려하여야 하며, 이해관계인과 그 가족의 권리가 부당하게 침해되지 아니하도록 주의하여야 한다.

제 4 조 (국가와 지방자치단체의 의무) ① 국가와 지방자치단체는 아동 · 청소년대상 성범죄를 예방하고, 아동 · 청소년을 성적 착취와 학대 행위로부터 보호하기 위하여 필요한 조사 · 연구 · 교육 및 계도와 더불어 법적 · 제도적 장치를 마련하며 필요한 재원을 조달하여야 한다.
② 국가는 아동 · 청소년에 대한 성적 착취와 학대 행위가 국제적 범죄임을 인식하고 범죄 정보의 공유, 범죄 조사 · 연구, 국제사법 공조, 범죄인인도 등 국제협력을 강화하는 노력을 하여야 한다.

제 5 조 (사회의 책임) 모든 국민은 아동 · 청소년이 이 법에서 정한 범죄의 상대방이나 피해자가 되거나 이 법에서 정한 범죄를 저지르지 아니하도록 사회 환경을 정비하고 아동 · 청소년을 보호 · 선도 · 교육하는 데에 최선을 다하여야 한다.

제 7 조 (아동 · 청소년에 대한 강간 · 강제추행 등) ① 여자 아동 · 청소년에 대하여 「형법」 제297조의 죄를 범한 자는 5년 이상의 유기징역에 처한다.
② 아동 · 청소년에 대하여 폭행이나 협박으로 다음 각 호의 어느 하나에 해당하는 행위를 한 자는 3년 이상의 유기징역에 처한다.
1. 구강 · 항문 등 신체(성기는 제외한다)의 내부에 성기를 넣는 행위
2. 성기 · 항문에 손가락 등 신체(성기는 제외한다)의 일부나 도구를 넣는 행위
③ 아동 · 청소년에 대하여 「형법」 제298조의 죄를 범한 자는 1년

이상의 유기징역 또는 500만원 이상 2천만원 이하의 벌금에 처한다.
④ 아동 · 청소년에 대하여 「형법」 제299조의 죄를 범한 자는 제1항부터 제3항까지의 예에 따른다.
⑤ 위계(僞計) 또는 위력으로써 여자 아동 · 청소년을 간음하거나 아동 · 청소년을 추행한 자는 제1항부터 제3항까지의 예에 따른다.
⑥ 제1항부터 제5항까지의 미수범은 처벌한다.

제8조 (아동 · 청소년이용음란물의 제작 · 배포 등) ① 아동 · 청소년이용음란물을 제작 · 수입 또는 수출한 자는 5년 이상의 유기징역에 처한다.
② 영리를 목적으로 아동 · 청소년이용음란물을 판매 · 대여 · 배포하거나 이를 목적으로 소지 · 운반하거나 공연히 전시 또는 상영한 자는 7년 이하의 징역에 처한다.
③ 아동 · 청소년이용음란물을 배포하거나 공연히 전시 또는 상영한 자는 3년 이하의 징역 또는 2천만원 이하의 벌금에 처한다.
④ 아동 · 청소년이용음란물을 소지한 자는 2천만원 이하의 벌금에 처한다.
⑤ 아동 · 청소년이용음란물을 제작할 것이라는 정황을 알면서 아동 · 청소년을 아동 · 청소년이용음란물의 제작자에게 알선한 자는 1년 이상 10년 이하의 징역에 처한다.
⑥ 제1항의 미수범은 처벌한다.

제9조 (아동 · 청소년 매매행위) ① 아동 · 청소년의 성을 사는 행위 또는 아동 · 청소년이용음란물을 제작하는 행위의 대상이 될 것을 알면서 아동 · 청소년을 매매 또는 국외에 이송하거나 국외에 거주하는 아동 · 청소년을 국내에 이송한 자는 무기 또는 5년 이상의 징역에 처한다.
② 제1항의 미수범은 처벌한다.

제10조 (아동 · 청소년의 성을 사는 행위 등) ① 아동 · 청소년의

성을 사는 행위를 한 자는 3년 이하의 징역 또는 2천만원 이하의 벌금에 처한다.
② 아동·청소년의 성을 사기 위하여 아동·청소년을 유인하거나 성을 팔도록 권유한 자는 1년 이하의 징역 또는 1천만원 이하의 벌금에 처한다.

제11조 (아동·청소년에 대한 강요행위 등) ① 다음 각 호의 어느 하나에 해당하는 자는 3년 이상의 유기징역에 처한다.
1. 폭행이나 협박으로 아동·청소년으로 하여금 아동·청소년의 성을 사는 행위의 상대방이 되게 한 자
2. 위계나 선불금(先拂金), 그 밖의 채무를 이용하는 등의 방법으로 아동·청소년을 곤경에 빠뜨려 아동·청소년으로 하여금 아동·청소년의 성을 사는 행위의 상대방이 되게 한 자
3. 업무·고용이나 그 밖의 관계로 자신의 보호 또는 감독을 받는 것을 이용하여 아동·청소년으로 하여금 아동·청소년의 성을 사는 행위의 상대방이 되게 한 자
4. 영업으로 아동·청소년을 아동·청소년의 성을 사는 행위의 상대방이 되도록 유인·권유한 자
② 제1항 제1호부터 제3호까지의 죄를 범한 자가 그 대가의 전부 또는 일부를 받거나 이를 요구 또는 약속한 때에는 5년 이상의 유기징역에 처한다.
③ 아동·청소년의 성을 사는 행위의 상대방이 되도록 유인·권유한 자는 5년 이하의 징역 또는 3천만원 이하의 벌금에 처한다.
④ 제1항과 제2항의 미수범은 처벌한다.

제12조 (알선영업행위 등) ① 다음 각 호의 어느 하나에 해당하는 자는 5년 이상의 유기징역에 처한다.
1. 아동·청소년의 성을 사는 행위의 장소를 제공하는 행위를 업으로 하는 자
2. 아동·청소년의 성을 사는 행위를 알선하는 행위를 업으로 하는 자
3. 제1호 또는 제2호의 범죄에 사용되는 사실을 알면서 자금·토

지 또는 건물을 제공한 자

4. 영업으로 아동·청소년의 성을 사는 행위의 장소를 제공·알선하는 업소에 아동·청소년을 고용하도록 한 자

② 다음 각 호의 어느 하나에 해당하는 자는 5년 이하의 징역 또는 3천만원 이하의 벌금에 처한다.

1. 영업으로 아동·청소년의 성을 사는 행위를 하도록 유인·권유 또는 강요한 자
2. 아동·청소년의 성을 사는 행위의 장소를 제공한 자
3. 아동·청소년의 성을 사는 행위를 알선한 자
4. 영업으로 제2호 또는 제3호의 행위를 약속한 자

③ 아동·청소년의 성을 사는 행위를 하도록 유인·권유 또는 강요한 자는 3년 이하의 징역 또는 2천만원 이하의 벌금에 처한다.

제14조 (친권상실청구 등) ① 아동·청소년대상 성범죄 사건을 수사하는 검사는 그 사건의 가해자가 피해아동·청소년의 친권자나 후견인인 경우에 법원에 「민법」 제924조의 친권상실선고 또는 같은 법 제940조의 후견인 변경 결정을 청구할 수 있다.

② 다음 각 호의 기관·시설 또는 단체의 장은 검사에게 제1항의 청구를 하도록 요청할 수 있다. 이 경우 청구를 요청받은 검사는 요청받은 날부터 30일 내에 해당 기관·시설 또는 단체의 장에게 그 처리 결과를 통보하여야 한다.

1. 「아동복지법」 제24조의 아동보호전문기관
2. 「성폭력범죄의 처벌 및 피해자보호 등에 관한 법률」 제23조의 성폭력피해상담소 및 같은 법 제25조의 성폭력피해자보호시설
3. 「청소년기본법」 제46조의 청소년상담 및 긴급구조 등의 기관 및 같은 법 제46조의2의 청소년지원 등의 기관
4. 「청소년복지지원법」 제14조의 청소년쉼터

③ 제2항 후단에 따라 처리결과를 통보받은 기관·시설 또는 단체의 장은 그 처리결과에 대하여 이의가 있을 경우 통보받은 날부터 30일 내에 직접 법원에 제1항의 청구를 할 수 있다.

제15조 (피해아동·청소년의 보호조치 결정) 법원은 아동·청소년대

상 성범죄 사건의 가해자에게「민법」제924조에 따라 친권상실선고를 하는 경우에는 피해아동·청소년을 다른 친권자 또는 친족에게 인도하거나 제30조 또는 제31조의 기관·시설 또는 단체에 인도하는 등의 보호조치를 결정할 수 있다. 이 경우 그 아동·청소년의 의견을 존중하여야 한다.

제16조 (피해자의 의사)「형법」제306조 및「성폭력범죄의 처벌 및 피해자보호 등에 관한 법률」제15조에도 불구하고 아동·청소년을 대상으로 한 다음 각 호의 죄에 대하여는 피해자의 고소가 없어도 공소를 제기할 수 있다. 다만, 피해자의 명시한 의사에 반하여 공소를 제기할 수 없다.
1. 제7조의 죄
2.「형법」제297조부터 제300조까지, 제302조, 제303조 및 제305조의 죄
3.「성폭력범죄의 처벌 및 피해자보호 등에 관한 법률」제11조 제1항의 죄

제17조 (피해자 등에 대한 강요행위) 폭행이나 협박으로 아동·청소년대상 성폭력범죄의 피해자 또는「아동복지법」제2조 제3호에 따른 보호자를 상대로 합의를 강요한 자는 7년 이하의 유기징역에 처한다.

제18조 (수사절차에서의 배려) 수사기관은 아동·청소년대상 성범죄를 수사함에 있어서 아동·청소년의 인권과 특성을 배려하고 그 명예와 존엄을 해치지 아니하도록 주의하여야 한다.

제19조 (비밀누설 금지) ① 아동·청소년대상 성범죄의 수사 또는 재판을 담당하거나 이에 관여하는 공무원은 피해아동·청소년 또는 대상아동·청소년의 주소·성명·연령·학교 또는 직업·용모 등 그 아동·청소년을 특정할 수 있는 인적사항이나 사진 등 또는 그 아동·청소년의 사생활에 관한 비밀을 공개하거나 타인

에게 누설하여서는 아니 된다.
② 제30조 및 제31조의 기관 · 시설 또는 단체의 장이나 이를 보조하는 자 또는 그 직에 있었던 자는 직무상 알게 된 비밀을 타인에게 누설하여서는 아니 된다.
③ 누구든지 피해아동 · 청소년 및 대상아동 · 청소년의 주소 · 성명 · 연령 · 학교 또는 직업 · 용모 등 그 아동 · 청소년을 특정하여 파악할 수 있는 인적사항이나 사진 등을 신문 등 인쇄물에 싣거나 「방송법」 제2조 제1호에 따른 방송(이하 "방송"이라 한다) 또는 「정보통신망 이용촉진 및 정보보호 등에 관한 법률」 제2조 제1항 제1호에 따른 정보통신망(이하 "정보통신망"이라 한다)을 통하여 공개하여서는 아니 된다.
④ 제1항부터 제3항까지를 위반한 자는 2년 이하의 징역 또는 1천만원 이하의 벌금에 처한다.

제22조 (아동 · 청소년대상 성범죄의 신고) ① 누구든지 아동 · 청소년대상 성범죄의 발생 사실을 알게 된 때에는 수사기관에 신고할 수 있다.
② 다음 각 호의 어느 하나에 해당하는 기관 · 시설 또는 단체의 장과 그 종사자는 직무상 아동 · 청소년대상 성범죄의 발생 사실을 알게 된 때에는 즉시 수사기관에 신고하여야 한다.
1. 「유아교육법」 제2조 제2호의 유치원
2. 「초 · 중등교육법」 제2조의 학교
3. 「의료법」 제3조의 의료기관
4. 「아동복지법」 제2조 제5호의 아동복지시설
5. 「장애인복지법」 제58조의 장애인복지시설
6. 「영유아보육법」 제2조 제3호의 보육시설
7. 「학원의 설립 · 운영 및 과외교습에 관한 법률」 제2조 제1호의 학원 및 같은 조 제2호의 교습소
8. 「성매매방지 및 피해자보호 등에 관한 법률」 제5조의 성매매피해자등을 위한 지원시설 및 같은 법 제10조의 성매매피해상담소
9. 「한부모가족지원법」 제7조의 한부모가족복지상담소 및 같은 법 제19조의 한부모가족복지시설

10. 「가정폭력방지 및 피해자보호 등에 관한 법률」 제5조의 가정폭력 관련 상담소 및 같은 법 제7조의 가정폭력피해자보호시설
11. 「성폭력범죄의 처벌 및 피해자보호 등에 관한 법률」 제23조의 성폭력피해상담소 및 같은 법 제25조의 성폭력피해자보호시설
12. 「청소년기본법」 제46조의 청소년상담 및 긴급구조 등의 기관 및 같은 법 제46조의2의 청소년지원 등의 기관
13. 「청소년활동진흥법」 제2조 제2호의 청소년활동시설
14. 「청소년복지지원법」 제14조의 청소년쉼터
15. 「청소년보호법」 제33조의2의 청소년보호센터와 청소년재활센터

③ 다른 법률에 규정이 있는 경우를 제외하고는 누구든지 신고자 등의 인적사항이나 사진 등 그 신원을 알 수 있는 정보나 자료를 출판물에 게재하거나 방송 또는 정보통신망을 통하여 공개하여서는 아니 된다.

제24조 (피해아동 · 청소년의 보호) 아동 · 청소년대상 성범죄를 저지른 자가 피해아동 · 청소년과 「가정폭력범죄의 처벌 등에 관한 특례법」 제2조 제2호의 가정구성원인 관계에 있는 경우로서 피해아동 · 청소년을 보호할 필요가 있는 때에는 같은 법 제5조, 제8조, 제29조 및 제49조부터 제53조까지의 규정을 준용한다.

제25조 (피해아동 · 청소년과 보호자의 상담 및 치료) 국가는 피해아동 · 청소년과 그 보호자의 신체적 · 정신적 회복을 위하여 제31조의 상담시설로 하여금 피해아동 · 청소년과 그 보호자에게 상담이나 치료프로그램을 제공하도록 요청할 수 있다.

제33조 (신상정보 등록대상자) ① 아동 · 청소년대상 성범죄로 유죄판결이 확정된 자 또는 제38조 제1항 제5호에 따라 공개명령이 확정된 자는 신상정보 등록대상자(이하 "등록대상자"라 한다)가 된다. 다만, 제10조의 죄는 제10조의 죄로 2회 이상 유죄판결을 받은 경우이거나 대상아동 · 청소년이 13세 미만인 경우에 한한다.
② 법원은 아동 · 청소년대상 성범죄로 제1항의 판결을 선고할 경

우에 등록대상자라는 사실과 제34조에 따른 신상정보 제출 의무가 있음을 등록대상자에게 알려 주어야 한다.

③ 법원은 제1항의 판결이 확정된 날부터 14일 이내에 제2항의 고지사항을 서면으로 판결문 등본에 첨부하여 등록대상자 및 여성가족부장관에게 송달하여야 한다. 〈개정 2010. 1. 18〉 〈시행 2010. 3. 19〉

④ 제2항 및 제3항의 고지와 송달 등에 관하여 필요한 사항은 대통령령으로 정한다.

제36조 (등록정보의 관리) **① 여성가족부장관은 등록정보를 최초 등록일(등록대상자에게 통지한 등록일을 말한다)부터 10년간 보존·관리하여야 한다.** 〈개정 2010. 1. 18〉 〈시행 2010. 3. 19〉

② 제1항의 기간(이하 "등록기간"이라 한다)이 끝나면 등록정보를 즉시 폐기하고 그 사실을 등록대상자에게 통지하여야 한다. 이 경우 등록대상자가 등록 원인이 된 아동·청소년대상 성범죄로 교정시설에 수용된 기간은 등록기간에 넣어 계산하지 아니한다.

③ 관할경찰관서의 장은 등록기간 중 매년 1회 등록정보의 변경 여부를 확인하여야 한다.

제38조 (등록정보의 공개) **① 법원은 다음 각 호의 어느 하나에 해당하는 자(이하 "공개대상자"라 한다)에 대하여 판결로 제3항의 공개정보를 등록기간 동안 정보통신망을 이용하여 공개하도록 하는 명령(이하 "공개명령"이라 한다)을 아동·청소년대상 성범죄 사건의 판결과 동시에 선고하여야 한다. 다만, 아동·청소년대상 성범죄 사건에 대하여 벌금형을 선고하거나 피고인이 아동·청소년인 경우, 그 밖에 신상정보를 공개하여서는 아니 될 특별한 사정이 있다고 판단되는 경우에는 그러하지 아니하다.**

1. 13세 미만의 아동·청소년에 대하여 아동·청소년대상 성폭력범죄를 저지른 자

2. 이 법에 따른 신상공개 결정 또는 열람명령·공개명령을 선고받고 다시 아동·청소년대상 성폭력범죄를 저지른 자

3. 13세 미만의 아동·청소년을 대상으로 아동·청소년대상 성범

죄를 저지른 자로서 13세 미만의 아동·청소년을 대상으로 아동·청소년대상 성범죄를 다시 범할 위험성이 있다고 인정되는 자
4. 아동·청소년대상 성폭력범죄를 저지른 자로서 아동·청소년대상 성폭력범죄를 다시 범할 위험성이 있다고 인정되는 자
5. 아동·청소년대상 성폭력범죄를 범하였으나 「형법」 제10조 제1항에 따라 처벌할 수 없는 자로서 아동·청소년대상 성폭력범죄를 다시 범할 위험성이 있다고 인정되는 자
② 제1항에 따른 등록정보의 공개기간(「형의 실효 등에 관한 법률」 제7조에 따른 기간을 초과하지 못한다)은 판결이 확정된 때부터 기산한다. 다만, 공개명령을 받은 자가 실형 또는 치료감호를 선고받은 경우에는 그 형 또는 치료감호의 전부 또는 일부의 집행을 종료하거나 집행이 면제된 때부터 기산한다.
③ 제1항에 따라 공개하도록 제공되는 등록정보(이하 "공개정보"라 한다)는 다음 각 호와 같다.
1. 성명
2. 나이
3. 주소 및 실제거주지(읍·면·동까지로 한다)
4. 신체정보(키와 몸무게)
5. 사진
6. 아동·청소년대상 성범죄 요지
④ 공개정보의 구체적인 형태와 내용에 관하여는 대통령령으로 정한다.
⑤ 제3항의 공개정보를 정보통신망을 이용하여 열람하고자 하는 자는 「민법」 제4조에 따른 성년자로서 실명인증 절차를 거쳐야 한다.
⑥ 실명인증, 공개정보 유출 방지를 위한 기술 및 관리에 관한 구체적인 방법과 절차는 대통령령으로 정한다.

제43조 (공개정보의 악용금지) ① 공개정보는 아동·청소년을 성범죄로부터 보호하기 위하여 성범죄 우려가 있는 자를 확인할 목적으로만 사용되어야 한다.
② 공개정보를 확인한 자는 공개정보를 활용하여 다음 각 호의 행위를 하여서는 아니 된다.

1. 신문·잡지 등 출판물, 방송 또는 정보통신망을 이용한 공개
2. 공개정보의 수정 또는 삭제
③ 공개정보를 확인한 자는 공개정보를 아동·청소년을 성범죄로부터 보호할 목적 외에 다음 각 호와 관련된 목적으로 사용하여 공개대상자를 차별하여서는 아니 된다.
1. 고용(다만, 제44조 제1항의 아동·청소년 관련 교육기관 등에의 고용은 제외한다)
2. 주택 또는 사회복지시설의 이용
3. 교육기관의 교육 및 직업훈련

제44조 (아동·청소년 관련 교육기관 등에의 취업제한 등) ① 아동·청소년대상 성범죄로 형 또는 치료감호를 선고받아 확정된 자는 그 형 또는 치료감호의 전부 또는 일부의 집행을 종료하거나 집행이 유예·면제된 날부터 10년 동안 다음 각 호에 따른 시설 또는 기관(이하 "아동·청소년 관련 교육기관등"이라 한다)을 운영하거나 아동·청소년 관련 교육기관등에 취업 또는 사실상 노무를 제공할 수 없다. 다만, 제11호의 경우에는 경비업무에 종사하는 자에 한한다.
1. 「유아교육법」 제2조 제2호의 유치원
2. 「초·중등교육법」 제2조의 학교
3. 「학원의 설립·운영 및 과외교습에 관한 법률」 제2조 제1호의 학원 및 같은 조 제2호의 교습소(아동·청소년을 대상으로 하는 학원과 교습소만을 말한다)
4. 「청소년기본법」 제46조의 청소년상담 및 긴급구조 등의 기관 및 같은 법 제46조의2의 청소년지원 등의 기관
5. 「청소년보호법」 제33조의2의 청소년보호센터와 청소년재활센터
6. 「청소년활동진흥법」 제2조 제2호의 청소년활동시설
7. 「청소년복지지원법」 제14조의 청소년쉼터
8. 「영유아보육법」 제2조 제3호의 보육시설
9. 「아동복지법」 제2조 제5호의 아동복지시설
10. 「성매매방지 및 피해자보호 등에 관한 법률」 제5조 제1항 제2호의 청소년 지원시설과 같은 법 제10조의 성매매피해상담소

11. 「주택법」 제2조 제2호의 공동주택의 관리사무소
12. 「체육시설의 설치 · 이용에 관한 법률」에 따라 설립된 체육시설 중 아동 · 청소년을 대상으로 하는 체육시설

② 아동 · 청소년 관련 교육기관 등의 장은 그 기관에 취업 중이거나 사실상 노무를 제공 중인 자 또는 취업하려 하거나 사실상 노무를 제공하려는 자에 대하여 아동 · 청소년대상 성범죄의 경력을 확인하여야 한다. 이 경우 본인의 동의를 받아 관계 기관의 장에게 아동 · 청소년대상 성범죄경력 조회를 요청하여야 한다.

③ 제2항에 따른 성범죄경력 조회의 요청 절차 · 범위 등에 관하여 필요한 사항은 대통령령으로 정한다.

제46조 (취업자의 해임요구 등) ① 제45조 제1항 각 호에 따른 중앙행정기관의 장은 제44조 제1항을 위반하여 아동 · 청소년 관련 교육기관등에 취업하거나 사실상 노무를 제공하는 자가 있으면 아동 · 청소년 관련 교육기관등의 장에게 그의 해임을 요구할 수 있다.

② 제45조 제1항 각 호에 따른 중앙행정기관의 장은 제44조 제1항을 위반하여 아동 · 청소년 관련 교육기관등을 운영 중인 아동 · 청소년 관련 교육기관등의 장에게 운영 중인 아동 · 청소년 관련 교육기관등의 폐쇄를 요구할 수 있다.

③ 제45조 제1항 각 호에 따른 중앙행정기관의 장은 아동 · 청소년 관련 교육기관등의 장이 제2항의 폐쇄요구를 정당한 사유 없이 거부하거나 1개월 이내에 요구사항을 이행하지 아니하는 경우에는 관계 행정기관의 장에게 대상아동 · 청소년 관련 교육기관등의 폐쇄, 등록 · 허가 등의 취소를 요구할 수 있다.

④ 제3항에 따른 폐쇄 및 등록 · 허가의 취소요구에 대하여는 대통령령으로 정하는 바에 따른다.

◇ 형 법 ◇ 〈법률 제7623호, 2005. 7. 29, 일부개정〉

제251조 (영아살해) 직계존속이 치욕을 은폐하기 위하거나 양육할 수 없음을 예상하거나 특히 참작할 만한 동기로 인하여 분만 중 또는 분만직후의 영아를 살해한 때에는 10년 이하의 징역에 처한다.

제257조 (상해, 존속상해) ① 사람의 신체를 상해한 자는 7년 이하의 징역, 10년 이하의 자격정지 또는 1천만원 이하의 벌금에 처한다. 〈개정 1995. 12. 29〉
② (생략)
③ 전 2항의 미수범은 처벌한다.

제258조 (중상해, 존속중상해) ① 사람의 신체를 상해하여 생명에 대한 위험을 발생하게 한 자는 1년 이상 10년 이하의 징역에 처한다.
② 신체의 상해로 인하여 불구 또는 불치나 난치의 질병에 이르게 한 자도 전항의 형과 같다.
③ (생략)

제259조 (상해치사) ① 사람의 신체를 상해하여 사망에 이르게 한 자는 3년 이상의 유기징역에 처한다. 〈개정 1995. 12. 29〉
② (생략)

제260조 (폭행, 존속폭행) ① 사람의 신체에 대하여 폭행을 가한 자는 2년 이하의 징역, 500만원 이하의 벌금, 구류 또는 과료에 처한다. 〈개정 1995. 12. 29〉
② (생략)
③ 제1항 및 제2항의 죄는 피해자의 명시한 의사에 반하여 공소

를 제기할 수 없다. 〈개정 1995. 12. 29〉

제261조 **(특수폭행) 단체 또는 다중의 위력을 보이거나 위험한 물건을 휴대하여 제260조 제1항 또는 제2항의 죄를 범한 때에는 5년 이하의 징역 또는 1천만원 이하의 벌금에 처한다.** 〈개정 1995. 12. 29〉

제262조 **(폭행치사상) 전 2조의 죄를 범하여 사람을 사상에 이르게 한 때에는 제257조 내지 제259조의 예에 의한다.**

제266조 **(과실치상) ① 과실로 인하여 사람의 신체를 상해에 이르게 한 자는 500만원 이하의 벌금, 구류 또는 과료에 처한다.** 〈개정 1995. 12. 29〉
② 제1항의 죄는 피해자의 명시한 의사에 반하여 공소를 제기할 수 없다. 〈개정 1995. 12. 29〉

제267조 **(과실치사) 과실로 인하여 사람을 사망에 이르게 한 자는 2년 이하의 금고 또는 700만원 이하의 벌금에 처한다.** 〈개정 1995. 12. 29〉

제268조 **(업무상 과실·중과실 치사상) 업무상 과실 또는 중대한 과실로 인하여 사람을 사상에 이르게 한 자는 5년 이하의 금고 또는 2천만원 이하의 벌금에 처한다.** 〈개정 1995. 12. 29〉

제272조 **(영아유기) 직계존속이 치욕을 은폐하기 위하거나 양육할 수 없음을 예상하거나 특히 참작할 만한 동기로 인하여 영아를 유기한 때에는 2년 이하의 징역 또는 300만원 이하의 벌금에 처한다.** 〈개정 1995. 12. 29〉

제274조 (아동혹사) 자기의 보호 또는 감독을 받는 16세 미만의 자를 그 생명 또는 신체에 위험한 업무에 사용할 영업자 또는 그 종업자에게 인도한 자는 5년 이하의 징역에 처한다. 그 인도를 받은 자도 같다.

제275조 (유기등 치사상) ① 제271조 내지 제273조의 죄를 범하여 사람을 상해에 이르게 한 때에는 7년 이하의 징역에 처한다. 사망에 이르게 한 때에는 3년 이상의 유기징역에 처한다.
② **(생략)** [전문개정 1995. 12. 29]

제287조 (미성년자의 약취, 유인) 미성년자를 약취 또는 유인한 자는 10년 이하의 징역에 처한다.

◇ 특정범죄가중처벌 등에 관한 법률 ◇

〈법률 제9919호, 2010. 1. 1, 타법개정〉

제5조의2 (약취 · 유인죄의 가중처벌) ① 형법 제287조의 죄를 범한 자는 그 약취 또는 유인한 목적에 따라 다음과 같이 가중처벌한다.
1. 약취 또는 유인한 미성년자의 부모 기타 그 미성년자의 안전을 염려하는 자의 우려를 이용하여 재물이나 재산상의 이익을 취득할 목적인 때에는 무기 또는 5년 이상의 징역에 처한다.
2. 약취 또는 유인한 미성년자를 살해할 목적인 때에는 사형 · 무기 또는 7년 이상의 징역에 처한다.
② 형법 제287조의 죄를 범한 자가 다음 각 호의 1에 해당하는 행위를 한 때에는 다음과 같이 가중처벌한다.
1. 약취 또는 유인한 미성년자의 부모 기타 그 미성년자의 안전을 염려하는 자의 우려를 이용하여 재물이나 재산상의 이익을 취득

하거나 이를 요구한 때에는 무기 또는 10년 이상의 징역에 처한다.
2. 약취 또는 유인한 미성년자를 살해한 때에는 사형 또는 무기징역에 처한다.
3. 약취 또는 유인한 미성년자를 폭행·상해·감금 또는 유기하거나 그 미성년자에게 가혹한 행위를 가한 때에는 무기 또는 5년 이상의 징역에 처한다.
4. 제3호의 죄를 범하여 미성년자를 치사한 때에는 사형·무기 또는 7년 이상의 징역에 처한다.
③ 제1항 또는 제2항의 죄를 범한 자를 방조하여 약취 또는 유인된 미성년자를 은닉 기타의 방법으로 귀가하지 못하게 한 자는 5년 이상의 유기징역에 처한다.
④ 형법 제288조·제289조 또는 제292조 제1항의 죄를 범한 자는 무기 또는 5년 이상의 징역에 처한다. 〈개정 1990. 12. 31〉
⑤ 상습으로 제4항의 죄를 범한 자는 그 죄에 정한 형의 2분의 1까지 가중한다. 〈개정 1989. 3. 25〉
⑥ 제1항·제2항(제2항 제4호를 제외한다) 및 제4항에 규정된 죄의 미수범은 처벌한다. 〈개정 1989. 3. 25〉
⑦ 제1항 내지 제6항의 죄를 범한 자를 은닉 또는 도피하게 한 자는 3년 이상의 유기징역에 처한다. 〈신설 1989. 3. 25〉
⑧ 제1항, 제2항 제1호·제2호 또는 제4항의 죄를 범할 목적으로 예비 또는 음모한 자는 1년 이상의 유기징역에 처한다. 〈신설 1989. 3. 25〉 [본조신설 1973. 2. 24]

제 4 부

여성과 청소년기

제1장 기 본 법

◇ 청소년기본법 ◇ 〈법률 제9932호, 2010. 1. 18, 타법개정〉

제1조 (목적) 이 법은 청소년의 권리 및 책임과 가정·사회·국가 및 지방자치단체의 청소년에 대한 책임을 정하고 청소년육성정책에 관한 기본적인 사항을 규정함을 목적으로 한다.

제2조 (기본이념) ① 청소년이 사회구성원으로서 정당한 대우와 권익을 보장받음과 아울러 스스로 생각하고 자유롭게 활동할 수 있도록 하며 보다 나은 삶을 누리고 유해한 환경으로부터 보호될 수 있도록 함으로써 국가와 사회가 필요로 하는 건전한 민주시민으로 자랄 수 있도록 함을 이 법의 기본이념으로 한다.
② 제1항의 기본이념을 구현하기 위한 장기적·종합적 청소년육성정책을 추진함에 있어서 다음 각 호의 사항을 그 추진방향으로 한다.
1. 청소년의 참여보장
2. 청소년의 창의성과 자율성에 기초한 능동적 삶의 실현
3. 청소년의 성장여건과 사회환경의 개선
4. 민주·복지·통일조국에 대비하는 청소년의 자질향상

제3조 (정의) 이 법에서 사용하는 용어의 정의는 다음 각 호와 같다.
1. "청소년"이라 함은 9세 이상 24세 이하의 자를 말한다. 다만, 다른 법률에서 청소년에 대한 적용을 달리할 필요가 있는 경우에는 따로 정할 수 있다.

2. "청소년육성"이라 함은 청소년활동을 지원하고 청소년의 복지를 증진하며 사회여건과 환경을 청소년에게 유익하도록 개선하고 청소년을 보호하여 청소년에 대한 교육을 보완함으로써 청소년의 균형 있는 성장을 돕는 것을 말한다.
3. "청소년활동"이라 함은 청소년의 균형 있는 성장을 위하여 필요한 활동과 이러한 활동을 소재로 하는 수련활동 · 교류활동 · 문화활동 등 다양한 형태의 활동을 말한다.
4. "청소년복지"라 함은 청소년이 정상적인 삶을 영위할 수 있는 기본적인 여건을 조성하고 조화롭게 성장 · 발달할 수 있도록 제공되는 사회적 · 경제적 지원을 말한다.
5. "청소년보호"라 함은 청소년의 건전한 성장에 유해한 물질 · 물건 · 장소 · 행위 등 각종 청소년 유해환경을 규제하거나 청소년의 접촉 또는 접근을 제한하는 것을 말한다.
6. "청소년시설"이라 함은 청소년활동 · 청소년복지 및 청소년보호에 제공되는 시설을 말한다.
7. "청소년지도자"라 함은 제21조의 규정에 의한 청소년지도사 및 제22조의 규정에 의한 청소년상담사와 청소년시설 · 청소년단체 · 청소년관련기관 등에서 청소년육성 및 지도업무에 종사하는 자를 말한다.
8. "청소년단체"라 함은 청소년육성을 주된 목적으로 설립된 법인 또는 대통령령이 정하는 단체를 말한다.

제 4 조 (다른 법률과의 관계) ① 이 법은 청소년육성에 관하여 다른 법률에 우선하여 적용한다.
② 청소년육성에 관한 법률을 제정하거나 개정하는 때에는 이 법에 부합되도록 하여야 한다.

제 5 조 (청소년의 권리와 책임) ① 청소년의 기본적 인권은 청소년활동 · 청소년복지 · 청소년보호 등 청소년육성의 모든 영역에서 존중되어야 한다.
② 청소년은 안전하고 쾌적한 환경 속에서 자기발전을 추구하고 정신적 · 신체적 건강을 해치거나 해칠 우려가 있는 모든 형태의

환경으로부터 보호받을 권리를 가진다.
③ 청소년은 자신의 능력개발과 건전한 가치관의 확립에 힘쓰고 가정·사회 및 국가의 구성원으로서의 책임을 다하도록 노력하여야 한다.

제 6 조 (가정의 책임) ① 가정은 청소년육성에 관하여 1차적 책임이 있음을 인식하고, 따뜻한 사랑과 관심을 통하여 청소년이 개성과 자질을 바탕으로 자기발전을 실현하고 국가와 사회의 구성원으로서의 책임을 다하는 후계세대로 성장할 수 있도록 노력하여야 한다.
② 가정은 학교 및 청소년 관련 기관 등에서 실시하는 교육프로그램에 청소년과 함께 참여하는 등 청소년을 바르게 육성하기 위하여 적극적으로 노력하여야 한다.
③ 가정은 정보통신망을 이용한 유해매체물의 접촉 등 청소년 유해환경으로부터 청소년을 보호하기 위하여 필요한 노력을 하여야 한다.
④ 가정의 무관심·방치·억압 또는 폭력 등이 원인이 되어 청소년이 가출하거나 비행을 저지르는 경우 친권자 또는 친권자를 대신하여 청소년을 보호하는 자는 보호의무의 책임을 진다. [전문개정 2005. 12. 29]

제 7 조 (사회의 책임) ① 모든 국민은 청소년이 일상생활 속에서 즐겁게 활동하고 더불어 사는 기쁨을 누리도록 도와주어야 한다.
② 모든 국민은 청소년의 사고와 행동양식의 특성을 인식하고 사랑과 대화를 통하여 청소년을 이해하고 지도하여야 하며, 청소년의 비행을 방임하지 아니하는 등 그 선도에 최선을 다하여야 한다.
③ 모든 국민은 청소년을 대상으로 하거나 청소년이 쉽게 접할 수 있는 장소에서 청소년의 정신적·신체적 건강에 해를 끼치는 행위를 하여서는 아니 되며, 청소년에게 유해한 환경을 정화하고 유익한 환경이 조성되도록 노력하여야 한다.
④ 모든 국민은 경제적·사회적·문화적·정신적으로 어려운 상태에 있는 청소년들에게 특별한 관심을 가지고 이들이 보다 나은

삶을 누릴 수 있도록 노력하여야 한다.

제8조 (국가 및 지방자치단체의 책임) ① 국가 및 지방자치단체는 청소년활동의 지원, 청소년복지의 증진 및 청소년보호의 수행에 필요한 법적·제도적 장치를 마련하여 시행하여야 한다.
② 국가 및 지방자치단체는 제6조 및 제7조의 규정에 의한 국민의 책임수행에 필요한 여건을 조성하여야 한다.
③ 국가 및 지방자치단체는 제1항 및 제2항의 업무를 수행하는데 필요한 재원을 안정적으로 확보하기 위한 시책을 수립·실시하여야 한다.

제47조 (청소년활동의 지원) ① 국가 및 지방자치단체는 청소년활동을 지원하여야 한다.
② 제1항의 규정에 의한 청소년활동의 지원에 관한 사항은 따로 법률로 정한다.

제48조 (학교교육 등과의 연계) ① 국가 및 지방자치단체는 청소년활동과 학교교육·평생교육을 연계하여 교육적 효과를 높일 수 있도록 하는 시책을 수립·시행하여야 한다.
② 보건복지가족부장관이 제1항의 규정에 의한 시책을 수립함에 있어서는 미리 관련기관의 협의와 전문가의 의견을 들어야 한다. 〈개정 2005. 3. 24, 2005. 12. 29, 2008. 2. 29〉
③ 제2항의 규정에 의한 협의를 요청받은 관련기관은 특별한 사유가 없는 한 이에 응하여야 한다.

제49조 (청소년복지의 향상) ① 국가는 청소년들의 의식·태도·생활 등에 관한 사항을 정기적으로 조사하고, 이를 개선하기 위하여 청소년의 복지향상정책을 수립·시행하여야 한다.
② 국가 및 지방자치단체는 기초생활의 보장, 직업재활훈련, 청소년활동지원 등의 시책을 추진함에 있어서 정신적·신체적·경제

적·사회적으로 특별한 지원을 필요로 하는 청소년에 대하여 우선적으로 배려하여야 한다.
③ 국가 및 지방자치단체는 청소년의 삶의 질을 향상하기 위하여 구체적인 시책을 마련하여야 한다.
④ 제1항 내지 제3항의 규정에 관하여는 따로 법률로 정한다.

제50조 (청소년의 가출 및 비행 예방) ① 국가 및 지방자치단체는 청소년의 가출 및 비행을 예방하고 이들의 건전한 사회복귀를 돕기 위하여 필요한 복지적 지원을 제공하여야 한다.
② 가정은 국가 및 지방자치단체에 우선하여 청소년의 가출 및 비행을 예방하기 위하여 노력하여야 하며, 가출·비행청소년의 건전한 사회복귀를 위한 국가 및 지방자치단체 등의 노력에 적극 협력하여야 한다. 〈신설 2005. 12. 29〉

제51조 (청소년유익환경의 조성) ① 국가 및 지방자치단체는 청소년의 정보화 역량을 배양하기 위한 환경조성에 노력하여야 한다.
② 국가 및 지방자치단체는 청소년에게 유익한 매체물의 제작·보급 등을 장려하여야 하며 매체물의 제작·보급 등을 하는 자에 대하여 그 제작·보급 등에 관한 경비 등을 지원할 수 있다.
③ 국가 및 지방자치단체는 주택단지의 청소년시설 배치 등 청소년을 위한 사회 환경과 자연환경의 조성에 노력하여야 한다.

제52조 (청소년유해환경의 규제) ① 국가 및 지방자치단체는 청소년에게 유해한 매체물과 약물 등이 유통되지 아니하도록 하여야 한다.
② 국가 및 지방자치단체는 청소년이 유해한 업소에 출입하거나 고용되지 아니하도록 하여야한다.
③ 국가 및 지방자치단체는 청소년을 폭력·학대·성매매 등 유해한 행위로부터 보호·구제하여야 한다.
④ 제1항 내지 제3항의 규정에 의한 청소년에게 유해한 매체물·약물·업소·행위 등의 규제에 관하여는 따로 법률로 정한다.

◇ 청소년복지지원법 ◇ 〈법률 제9932호, 2010. 1. 18, 타법개정〉

제1조 (목적) 이 법은 「청소년기본법」 제49조 제4항의 규정에 따라 청소년복지 증진에 관한 사항을 정함을 목적으로 한다.

제2조 (정의) 이 법에서 사용하는 용어의 정의는 다음 각 호와 같다.
1. "청소년"이라 함은 따로 정한 규정이 없는 경우에는 청소년기본법 제3조 제1호의 규정에 해당하는 자를 말한다.
2. "청소년복지"라 함은 청소년기본법 제3조 제4호에 규정된 청소년복지를 말한다.
3. "특별지원청소년"이라 함은 청소년의 조화로운 성장과 정상적인 생활에 필요한 기초적인 여건이 미비하여 사회적·경제적 지원이 필요한 청소년을 말한다. 다만, 국민기초생활보장법 등 다른 법률의 적용을 받는 청소년을 제외한다.
4. "보호자"라 함은 친권자, 법정대리인 및 사실상 청소년을 보호하는 자를 말한다.

제3조 (청소년의 인권보장) ① 청소년은 인종·종교·성·연령·학력·신체조건 등 여타의 조건에 의하여 이 법이 정한 규정을 적용함에 있어서 차별을 받아서는 아니 된다.
② 청소년은 외부적 영향에 구애받지 아니하면서 자기 의사를 자유롭게 표명하고 스스로 결정할 권리를 가진다.

제4조 (청소년의 자치권확대) ① 청소년은 사회의 정당한 구성원으로서 본인과 관련된 의사결정에 참여할 권리를 가진다. 이를 위하여 가정 및 사회는 적절한 노력을 강구하여야 한다.
② 국가 및 지방자치단체는 청소년이 원활하게 정보에 접근하고

그 의사를 표명할 수 있도록 하기 위하여 청소년 관련정책의 자문·심의 등의 절차에 청소년의 대표를 참여시키거나 그 의견을 수렴하여야 한다.
③ 국가 및 지방자치단체는 청소년과 관련된 정책수립절차에 청소년의 참여 또는 의견수렴을 보장하는 조치를 시행하여야 한다.

제 5 조 (교육 및 홍보) ① 국가 및 지방자치단체는 이 법 및 아동의권리에관한협약에서 규정한 청소년의 권리와 관련된 내용을 널리 홍보하여야 한다.
② 제1항의 규정에 의하여 청소년 관련 기관·단체에서는 청소년을 대상으로 청소년의 권리에 관한 교육적 조치를 시행하여야 한다.

제 6 조 (청소년의 우대) ① 국가 또는 지방자치단체는 청소년에 대하여 국가 또는 지방자치단체가 운영하는 수송시설, 궁·능, 박물관, 공원, 공연장 등의 시설의 이용료를 면제 또는 할인할 수 있다.
② 국가 또는 지방자치단체는 다음 각 호의 1에 해당하는 자가 청소년의 일상생활에 관련된 시설을 운영하는 경우 청소년에 대하여 당해 시설의 이용료를 할인하여 주도록 권고할 수 있다.
1. 국가 또는 지방자치단체의 보조를 받는 자
2. 관계법령에 따라 세제상의 혜택을 받는 자
3. 국가 또는 지방자치단체로부터 위탁을 받아 업무를 수행하는 자
③ 청소년이 제1항 또는 제2항의 규정에 따라 이용료의 면제 또는 할인을 받고자 하는 때에는 이용하고자 하는 시설의 관리자에게 다음 각 호의 1에 해당하는 학생증, 주민등록증, 제7조의 규정에 의한 청소년증 그 밖에 연령을 확인할 수 있는 증빙자료를 제시하여야 한다.
1. 초·중등교육법 제2조의 규정에 의한 학교의 학생임을 증명하는 서류
2. 고등교육법 제2조의 규정에 의한 학교의 학생임을 증명하는 서류
④ 제1항 또는 제2항의 규정에 따라 이용료를 면제 또는 할인받

을 수 있는 시설의 종류 및 청소년의 연령기준 등은 대통령령으로 정한다.

제7조 (청소년증) ① 시장·군수·구청장(자치구의 구청장을 말한다. 이하 같다)은 9세 이상 18세 이하의 청소년에 대하여 청소년증을 발급할 수 있다.
② 청소년증은 이를 다른 사람에게 양도하거나 대여하여서는 아니 된다.
③ 누구든지 청소년증과 동일한 명칭 또는 표시의 증표를 사용하여서는 아니 된다.
④ 제1항의 규정에 의한 청소년증의 발급 및 재발급신청과 교부에 관하여 필요한 사항은 보건복지가족부령으로 정한다. 〈개정 2005. 3. 24, 2008. 2. 29〉

제8조 (건강한 심신의 보존) ① 국가 및 지방자치단체, 청소년의 보호자 등은 청소년의 건강증진과 체력향상을 위하여 최선의 노력을 하여야 한다.
② 국가 및 지방자치단체는 청소년의 건강증진 및 체력향상을 위한 예방·교육 등의 필요한 시책을 강구하여야 하고, 관련기관과 협의하여 청소년의 건강·체력기준을 설정하여 보급할 수 있다.
③ 제2항의 규정에 관하여 필요한 사항은 대통령령으로 정한다.

제9조 (체력검사와 건강진단) ① 국가 및 지방자치단체는 청소년의 체력검사와 건강진단을 실시할 수 있다. 다만, 다른 법률의 규정에 의하여 체력검사 등을 실시하는 청소년을 제외한다.
② 국가 및 지방자치단체는 제1항의 규정에 의한 체력검사 및 건강진단 결과를 청소년 본인에게 통보하여야 한다.
③ 국가 및 지방자치단체는 제1항 및 제2항의 규정에 의한 체력검사·건강진단의 실시 및 결과통보를 전문기관·단체에 위탁할 수 있다.
④ 제1항 및 제2항의 규정에 의한 체력검사·건강진단의 기준 및

결과통보 등에 관하여는 대통령령으로 정한다.

제11조 (진단결과의 공개금지) 제9조의 규정에 의하여 건강진단을 한 자 또는 건강진단기관에 근무하는 자는 청소년의 건강증진사업의 수행을 위하여 불가피한 경우를 제외하고는 진단결과를 공개하여서는 아니 된다.

제12조 (특별지원청소년에 대한 지원) ① 국가 및 지방자치단체는 특별지원청소년에 대하여 필요한 지원 대책을 강구하여야 한다.
② 제1항의 규정에 의한 지원은 기초적인 생활지원 · 학업지원 · 의료지원 · 직업훈련지원 · 청소년활동지원 등으로 한다. 다만, 다른 법률에 의하여 지원되는 사항을 제외한다.
③ 제2항의 규정에 의한 지원의 내용 · 범위 · 절차 등에 관한 사항은 대통령령으로 정한다.

제13조 (특별지원청소년의 선정 등) ① 국가 및 지방자치단체는 대통령령이 정하는 기준 · 절차에 따라 특별지원청소년을 선정하여야 한다.
② 제1항의 규정에 의한 특별지원청소년 선정업무는 청소년기본법 제42조, 제46조 및 제46조의2의 규정에 따라 각각 설치된 한국청소년상담원 · 기관 등에 위탁할 수 있다. 이 경우 한국청소년상담원 · 기관은 지원대상 청소년 선정업무의 수행에 필요한 조사 및 상담을 실시하여야 한다. 〈개정 2005. 12. 29〉
③ 지원대상 청소년의 선정업무를 위탁받은 단체의 장은 청소년분야의 전문가로 구성된 특별지원청소년 선정심의위원회의 심의를 거쳐 지원대상 청소년을 결정하여야 한다.
④ 제3항의 규정에 의한 특별지원청소년 선정심의위원회의 구성 · 운영 그 밖에 필요한 사항은 대통령령으로 정한다.

제14조 (청소년쉼터의 설치 · 운영) ① 국가 및 지방자치단체는 가

출청소년의 일시적인 생활지원과 선도, 가정 · 사회로의 복귀를 지원하기 위하여 청소년쉼터를 설치 · 운영할 수 있다.
② 청소년쉼터의 설치자 또는 운영자는 대통령령이 정하는 바에 따라 청소년쉼터에서 보호를 받고 있는 청소년의 생명 · 신체에 관한 손해를 배상할 것을 내용으로 하는 보험에 가입하여야 한다.
③ 국가 및 지방자치단체는 예산의 범위에서 제1항의 규정에 의한 청소년쉼터의 설치 · 운영 및 활동에 소요되는 경비의 전부 또는 일부를 지원할 수 있다.

제15조 (교육적 선도의 실시 등) ① 국가 및 지방자치단체는 청소년 본인, 당해 청소년의 보호자 또는 학교의 장의 신청에 의하여 당해 청소년에 대한 교육적 선도(이하 "선도" 라 한다)를 실시할 수 있다. 다만, 당해 청소년의 보호자 또는 학교의 장의 신청에 의하여 선도를 실시하는 경우에는 반드시 청소년 본인의 동의를 얻어야 한다.
② 선도는 청소년상담사 등 전문가를 통한 상담과 교육 · 자원봉사 · 수련 · 체육 · 단체 활동 등으로 하며, 그 기간은 6월 이내로 한다.
③ 국가 및 지방자치단체는 제2항의 규정에 의한 선도결과를 분석하여 선도의 종료 또는 연장 여부를 결정하여야 한다. 선도기간을 연장하는 경우에는 6월의 기간 이내에서 1회에 한하여 그 기간을 연장할 수 있으며, 반드시 청소년 본인의 동의를 얻어야 한다.
④ 선도대상자의 선정기준 · 선정절차 · 선도내용 · 선도기간 등 세부적인 사항은 대통령령으로 정한다.

제16조 (시설의 설치 · 운영 등) 국가 및 지방자치단체는 선도를 위하여 필요한 시설의 설치 · 운영, 선도프로그램의 개발 · 보급, 선도활동에 대한 지원 및 지도자교육 등 선도의 실효성을 확보하기 위한 노력을 강구하여야 한다.

◇ 청소년활동진흥법 ◇ 〈법률 제9932호, 2010. 1. 18, 타법개정〉

제 1 조 (목적) 이 법은 「청소년기본법」 제47조 제2항의 규정에 따라 다양한 청소년활동을 적극적으로 진흥하기 위하여 필요한 사항을 정함을 목적으로 한다.

제 2 조 (정의) 이 법에서 사용하는 용어의 정의는 다음 각 호와 같다.
1. "청소년활동"이라 함은 청소년기본법 제3조 제3호에 규정된 청소년활동을 말한다.
2. "청소년활동시설"이라 함은 수련활동 · 교류활동 · 문화활동 등 청소년활동에 제공되는 제10조의 규정에 의한 시설을 말한다.
3. "청소년수련활동"(이하 "수련활동"이라 한다)이라 함은 청소년이 청소년활동에 자발적으로 참여하여 청소년 시기에 필요한 기량과 품성을 함양하는 교육적 활동으로서 청소년지도자와 함께 청소년수련거리에 참여하여 배움을 실천하는 체험활동을 말한다.
4. "청소년교류활동"(이하 "교류활동"이라 한다)이라 함은 청소년이 지역간 · 남북간 · 국가간의 다양한 교류를 통하여 공동체의식 등을 함양하는 체험활동을 말한다.
5. "청소년문화활동"(이하 "문화활동"이라 한다)이라 함은 청소년이 예술활동 · 스포츠활동 · 동아리활동 · 봉사활동 등을 통하여 문화적 감성과 더불어 살아가는 능력을 함양하는 체험활동을 말한다.
6. "청소년수련거리"(이하 "수련거리"라 한다)라 함은 수련활동에 필요한 프로그램과 이와 관련되는 사업을 말한다.

제 5 조 (청소년활동의 지원) ① 청소년은 다양한 청소년활동에 주체적이고 자발적으로 참여하여 자신의 꿈과 희망을 실현하는 충분한 기회와 지원을 받아야 한다.
② 국가 및 지방자치단체는 청소년활동을 활성화하는 데 필요한

각종 활동시설 · 청소년활동프로그램 · 청소년지도자 등을 위한 시책을 수립 · 시행하여야 한다.
③ 국가 및 지방자치단체는 개인 · 법인 또는 단체가 청소년활동을 지원하고자 할 때에는 그에 필요한 행정적 · 재정적 지원을 할 수 있다.

제 6 조 (청소년활동지원사업의 수행) 「청소년기본법」 제31조에 따른 한국청소년진흥센터(이하 "한국청소년진흥센터"라 한다)는 청소년활동을 지원하기 위하여 다음 각 호의 사업을 수행한다.
1. 청소년수련활동인증위원회 등 청소년수련활동인증제도의 운영
2. 청소년자원봉사활동의 활성화
3. 청소년활동프로그램의 개발과 보급
4. 그 밖에 청소년활동진흥에 필요한 각종 사업 [전문개정 2007. 7. 27]

제 7 조 (지방청소년활동진흥센터의 설치 등) ① 특별시 · 광역시 · 도 · 특별자치도(이하 "시 · 도"라 한다) 및 시 · 군 · 구(자치구를 말한다)는 해당 지역의 청소년활동을 진흥하기 위하여 지방청소년활동진흥센터를 설치 · 운영할 수 있다.
② 제1항에 따른 지방청소년활동진흥센터(이하 "지방청소년활동진흥센터"라 한다)는 다음 각 호의 사업을 수행한다.
1. 지역 청소년활동의 요구에 관한 조사
2. 지역 청소년자원봉사활동의 활성화
3. 청소년수련활동인증제도의 지원
4. 인증 받은 청소년수련활동의 홍보와 지원
5. 청소년활동프로그램의 개발과 보급
6. 청소년활동에 대한 교육과 홍보
7. 그 밖에 청소년활동을 위하여 필요한 사업
③ 지방청소년활동진흥센터는 제2항에 따른 사업을 수행할 경우 한국청소년진흥센터와 연계 · 협력한다.
④ 국가 및 지방자치단체는 예산의 범위에서 지방청소년활동진흥센터의 운영에 필요한 경비의 전부 또는 일부를 지원할 수 있다.

[전문개정 2007. 7. 27]

제 8 조 (청소년활동정보의 제공 등) ① 한국청소년진흥센터와 지방청소년활동진흥센터는 청소년의 요구를 수용하여 청소년의 발달단계와 여건에 맞는 프로그램과 정보를 상시 안내하고 제공하여야 한다. 〈개정 2007. 7. 27〉

② 한국청소년진흥센터와 지방청소년활동진흥센터는 제1항의 규정에 의한 사업을 시행하기 위하여 당해 지역 청소년의 활동요구를 정기적으로 조사하고, 그 결과를 당해 지역의 청소년활동시설「청소년기본법」제3조 제8호에 따른 청소년단체에 제공하여야 한다. 〈개정 2007. 7. 27〉

제10조 (청소년활동시설의 종류) 청소년활동시설의 종류는 다음 각 호와 같다.

1. 청소년수련시설
   가. 청소년수련관: 다양한 수련거리를 실시할 수 있는 각종 시설 및 설비를 갖춘 종합수련시설
   나. 청소년수련원: 숙박기능을 갖춘 생활관과 다양한 수련거리를 실시할 수 있는 각종 시설과 설비를 갖춘 종합수련시설
   다. 청소년문화의집: 간단한 수련활동을 실시할 수 있는 시설 및 설비를 갖춘 정보 · 문화 · 예술 중심의 수련시설
   라. 청소년특화시설: 청소년의 직업체험 · 문화예술 · 과학정보 · 환경 등 특정 목적의 청소년활동을 전문적으로 실시할 수 있는 시설과 설비를 갖춘 수련시설
   마. 청소년야영장: 야영에 적합한 시설 및 설비를 갖추고 수련거리 또는 야영편의를 제공하는 수련시설
   바. 유스호스텔: 청소년의 숙박 및 체재에 적합한 시설 · 설비와 부대 · 편익시설을 갖추고 숙식편의제공, 여행청소년의 활동지원 등을 주된 기능으로 하는 시설
2. 청소년이용시설: 수련시설이 아닌 시설로서 그 설치목적의 범위에서 청소년활동의 실시와 청소년의 건전한 이용 등에 제공할 수 있는 시설

제31조 (수련시설의 이용) ① 수련시설을 운영하는 자는 청소년단체가 청소년활동을 위하여 시설이용을 요청하는 때에는 특별한 사유가 없는 한 이에 응하여야 한다.
② 수련시설을 운영하는 자는 청소년활동에 지장이 없는 범위 내에서 다음 각 호의 1에 해당하는 용도로 수련시설을 제공할 수 있다. 〈개정 2005. 3. 24, 2007. 7. 27, 2008. 2. 29〉
1. 법인·단체 또는 직장 등에서 실시하는 단체연수활동 등에 제공하는 경우
2. 평생교육법의 규정에 의한 평생교육의 실시를 위하여 제공하는 경우
3. 유스호스텔 및 청소년야영장에서 보건복지가족부령이 정하는 범위 안에서 개별적인 숙박·야영 편의 등을 제공하는 경우
4. 당해 수련시설에 설치된 관리실·사무실 등을 청소년단체의 활동공간으로 제공하는 경우
5. 그 밖에 보건복지가족부령이 정하는 용도로 이용하는 경우
③ 제2항 제1호 및 제2호의 규정에 의한 이용은 보건복지가족부령이 정하는 이용범위를 초과할 수 없다. 〈개정 2005. 3. 24, 2007. 7. 27, 2008. 2. 29〉

제32조 (청소년이용시설) ① 제10조 제2호의 청소년이용시설을 설치·운영하는 국가 또는 지방자치단체 그 밖의 공공기관 등은 그가 설치·운영하는 시설을 그 시설의 운영에 지장이 없는 범위에서 청소년활동에 제공하도록 하여야 한다.
② 국가 또는 지방자치단체는 청소년이용시설을 설치·운영하는 개인·법인 또는 단체에 대하여 청소년활동프로그램의 제공 그 밖의 필요한 지원을 할 수 있다.
③ 국가 또는 지방자치단체는 예산의 범위 안에서 그 시설의 운영에 필요한 경비의 일부를 보조할 수 있다.
④ 청소년이용시설의 종류 등에 관하여 필요한 사항은 대통령령으로 정한다.

제34조 (청소년수련거리의 개발·보급) ① 국가 및 지방자치단체는

수련활동에 필요한 수련거리를 그 이용대상 · 연령 · 이용장소 등을 종합적으로 고려하여 유형별로 균형 있게 개발 · 보급하여야 한다.
② 국가 및 지방자치단체는 청소년의 발달원리와 선호도에 근거하여 수련거리를 전문적으로 개발하여야 한다.

제35조 (청소년수련활동인증제도의 운영) ① 국가는 수련활동이 청소년의 균형 있는 성장에 기여할 수 있도록 그 내용과 수준를 향상시키기 위하여 청소년수련활동인증제도를 운영하여야 한다.
② 국가는 청소년수련활동인증제도를 운영하기 위하여 청소년수련활동인증위원회(이하 “인증위원회”라 한다)를 한국청소년진흥센터에 설치 · 운영하여야 한다.
③ 국가는 제36조에 따라 인증을 받은 수련활동(이하 “인증수련활동”이라 한다)에 참여한 청소년의 활동기록을 유지 · 관리하고, 청소년이 요청할 경우에는 이를 제공하여야 한다.
④ 인증위원회의 구성 · 운영, 기록유지 및 관리 등에 관하여 필요한 사항은 대통령령으로 정한다. [전문개정 2007. 7. 27]

제53조 (청소년교류활동의 진흥) ① 국가 및 지방자치단체는 교류활동 진흥시책을 개발 · 시행하여야 한다.
② 국가 및 지방자치단체는 활동시설과 청소년단체 등에 대하여 교류활동을 장려하기 위한 다양한 형태의 교류활동프로그램을 개발하여 운영하게 할 수 있다.
③ 국가 및 지방자치단체는 예산의 범위에서 제2항의 규정에 의한 교류활동프로그램의 개발 · 운영에 필요한 경비의 전부 또는 일부를 지원할 수 있다.

제54조 (국제청소년교류활동의 지원) ① 국가 및 지방자치단체는 정부 · 지방자치단체 · 국제기구 또는 민간 등이 주관하는 국제청소년교류활동을 지원하기 위한 시행계획을 수립하고 이를 추진하여야 한다.
② 국가는 다른 국가와 청소년교류협정을 체결하여 국제청소년교

류활동이 지속적으로 발전할 수 있는 기반을 조성하여야 한다.
③ 국가 및 지방자치단체는 민간기구가 국제청소년교류활동을 시행할 때에는 이를 지원할 수 있다.

제56조 (교포청소년교류활동의 지원) ① 국가 및 지방자치단체는 교포청소년의 모국방문·문화체험 및 국내청소년과의 교류활동을 지원하고 장려하여야 한다.
② 국가는 청소년단체 또는 청소년시설이 주관하는 교포청소년교류활동의 확대·발전을 위하여 행정적·재정적 지원을 할 수 있다.

제57조 (청소년교류활동의 사후지원) 국가 및 지방자치단체는 교류활동을 통한 성과가 지속되고 발전·향상되기 위한 시책을 강구하여야 한다.

제58조 (청소년교류센터의 설치·운영) ① 국가는 제53조 내지 제57조의 업무를 효율적으로 지원하기 위하여 청소년교류센터를 설치·운영할 수 있다.
② 청소년교류센터의 운영은 대통령령이 정하는 바에 따라 청소년단체 등에 위탁할 수 있으며, 이 경우 운영에 필요한 경비를 지원할 수 있다.

제59조 (남·북청소년교류활동의 제도적 지원) ① 국가는 남·북청소년교류에 관한 기본계획을 수립하고 남·북청소년이 교류할 수 있는 제도적 여건을 조성하여야 한다.
② 국가는 남·북청소년교류를 위한 기반조성을 위하여 필요한 체계적인 통일교육을 실시할 수 있다.

제60조 (청소년문화활동의 진흥) ① 국가 및 지방자치단체는 문화활동프로그램개발, 문화시설 확충 등 문화활동에 대한 청소년의 참여기반을 조성하는 시책을 개발·시행하여야 한다.

② 국가 및 지방자치단체는 제1항의 규정에 의한 시책을 수립 · 시행함에 있어서 문화예술관련단체 · 청소년동아리단체 · 봉사활동단체 등이 청소년문화활동진흥에 적극적이고 자발적으로 참여할 수 있도록 하여야 한다.
③ 국가 및 지방자치단체는 제2항의 규정에 의한 자발적 참여에 대하여는 예산의 범위에서 그 경비의 전부 또는 일부를 지원할 수 있다.

제61조 (청소년문화활동의 기반구축) ① 국가 및 지방자치단체는 다양한 영역에서 청소년의 문화활동이 활성화될 수 있도록 기반을 구축하여야 한다.
② 문화예술관련단체 등 각종 지역사회의 문화기관은 청소년의 문화활동기반 구축을 위해 적극 협력하여야 한다.

제62조 (전통문화의 계승) 국가 및 지방자치단체는 전통문화가 청소년의 문화활동에 구현될 수 있도록 필요한 시책을 수립 · 시행하여야 한다.

제63조 (청소년축제의 발굴지원) 국가 및 지방자치단체는 청소년축제를 장려하는 시책을 수립하여 시행하여야 한다.

제64조 (청소년동아리활동의 활성화) ① 국가 및 지방자치단체는 청소년이 자율적으로 참여하여 조직하고 운영하는 다양한 형태의 동아리활동을 적극 지원하여야 한다.
② 청소년활동시설은 제1항의 규정에 의한 동아리활동에 필요한 장소 및 장비 등을 제공하고 지원할 수 있다.

제65조 (청소년자원봉사활동의 활성화) 국가 및 지방자치단체는 청소년자원봉사활동을 활성화할 수 있는 기반을 조성하여야 한다.
[전문개정 2007. 7. 27]

제2장 교 육

◇ 교육기본법 ◇ 〈법률 제8915호, 2008. 3. 21, 일부개정〉

제3조 (학습권) 모든 국민은 평생에 걸쳐 학습하고, 능력과 적성에 따라 교육 받을 권리를 가진다. [전문개정 2007. 12. 21]

[대법원 판례] **학생의 학습권이 교원의 수업권보다 우월한 지위에 있는지 여부**
학교교육에 있어서 교원의 가르치는 권리를 수업권이라고 한다면, 이것은 교원의 지위에서 생기는 학생에 대한 일차적인 교육상의 직무권한이지만 어디까지나 학생의 학습권 실현을 위하여 인정되는 것이므로, 학생의 학습권은 교원의 수업권에 대하여 우월한 지위에 있다. 따라서 학생의 학습권이 왜곡되지 않고 올바로 행사될 수 있도록 하기 위해서라면 교원의 수업권은 일정한 범위 내에서 제약을 받을 수밖에 없고, 학생의 학습권은 개개 교원들의 정상을 벗어난 행동으로부터 보호되어야 한다. 특히, 교원의 수업거부행위는 학생의 학습권과 정면으로 상충하는 것인바, 교육의 계속성 유지의 중요성과 교육의 공공성에 비추어 보거나 학생·학부모 등 다른 교육당사자들의 이익과 교량해 볼 때 교원이 고의로 수업을 거부할 자유는 어떠한 경우에도 인정되지 아니하며, 교원은 계획된 수업을 지속적으로 성실히 이행할 의무가 있다(대법원 2007. 9. 20, 2005다25298 판결).

제4조 (교육의 기회균등) ① 모든 국민은 성별, 종교, 신념, 인종, 사회적 신분, 경제적 지위 또는 신체적 조건 등을 이유로 교육에서 차별을 받지 아니한다.
② 국가와 지방자치단체는 학습자가 평등하게 교육을 받을 수 있도록 지역 간의 교원 수급 등 교육 여건 격차를 최소화하는 시책을 마련하여 시행하여야 한다. [전문개정 2007. 12. 21]

제 7 조 (교육재정) ① 국가와 지방자치단체는 교육재정을 안정적으로 확보하기 위하여 필요한 시책을 수립·실시하여야 한다.
② 교육재정을 안정적으로 확보하기 위하여 지방교육재정교부금 등에 관하여 필요한 사항은 따로 법률로 정한다. [전문개정 2007. 12. 21]

제 8 조 (의무교육) ① 의무교육은 6년의 초등교육과 3년의 중등교육으로 한다.
② 모든 국민은 제1항에 따른 의무교육을 받을 권리를 가진다. [전문개정 2007. 12. 21]

제 9 조 (학교교육) ① 유아교육·초등교육·중등교육 및 고등교육을 하기 위하여 학교를 둔다.
② 학교는 공공성을 가지며, 학생의 교육 외에 학술 및 문화적 전통의 유지·발전과 주민의 평생교육을 위하여 노력하여야 한다.
③ 학교교육은 학생의 창의력 계발 및 인성(人性) 함양을 포함한 전인적(全人的) 교육을 중시하여 이루어져야 한다.
④ 학교의 종류와 학교의 설립·경영 등 학교교육에 관한 기본적인 사항은 따로 법률로 정한다. [전문개정 2007. 12. 21]

제12조 (학습자) ① 학생을 포함한 학습자의 기본적 인권은 학교교육 또는 사회교육의 과정에서 존중되고 보호된다.
② 교육내용·교육방법·교재 및 교육시설은 학습자의 인격을 존중하고 개성을 중시하여 학습자의 능력이 최대한으로 발휘될 수 있도록 마련되어야 한다.
③ 학생은 학습자로서의 윤리의식을 확립하고, 학교의 규칙을 준수하여야 하며, 교원의 교육·연구 활동을 방해하거나 학내의 질서를 문란하게 하여서는 아니 된다. [전문개정 2007. 12. 21]

[대법원 판례] **당해 학원 수강생에 대한 학원설립·운영자 및 교습자의 보호·감독의무의 유무와 그 범위**
유치원이나 학교의 원장·교장 및 교사는 교육기본법 등 관련법령

에 따라 그들로부터 교육을 받는 유치원생과 학생들을 친권자 등 법정감독의무자에 대신하여 보호·감독할 의무를 진다. 그런데 유치원생이나 학생들을 대상으로 한 교육활동이 유치원이나 학교에서만 이루어지는 것은 아니고, 특히 우리의 교육현실을 보면 학원의 설립·운영 및 과외교습에 관한 법률에 따라 설립·운영되는 학원이나 교습소에서 학교교육의 보충 또는 특기·적성교육을 위하여 지식·기술·예능을 교습하는 형태의 사교육이 광범위하게 이루어지고 있으며, 이러한 사교육은 학교 안에서 이루어지는 공교육 못지않은 중요한 역할을 수행하고 있는바, 공교육을 담당하는 교사 등과 마찬가지로 위와 같은 형태의 사교육을 담당하는 학원의 설립·운영자나 교습자에게도 당해 학원에서 교습을 받는 수강생을 보호·감독할 의무가 있다고 봄이 상당하다. 유치원이나 학교 교사 등의 보호·감독의무가 미치는 범위는 유치원생이나 학생의 생활관계 전반이 아니라 유치원과 학교에서의 교육활동 및 이와 밀접·불가분의 관계에 있는 생활관계로 한정되고, 또 보호·감독의무를 소홀히 하여 학생이 사고를 당한 경우에도 그 사고가 통상 발생할 수 있다고 예상할 수 있는 것에 한하여 교사 등의 책임을 인정할 수 있으며, 이때 그 예상가능성은 학생의 연령, 사회적 경험, 판단능력, 기타의 제반 사정을 고려하여 판단하여야 한다. 이러한 법리는 학원의 설립·운영자 및 교습자의 경우라고 하여 다르지 않을 것인바, 대체로 나이가 어려 책임능력과 의사능력이 없거나 부족한 유치원생 또는 초등학교 저학년생에 대하여는 보호·감독의무가 미치는 생활관계의 범위와 사고발생에 대한 예견가능성이 더욱 넓게 인정되어야 한다. 특히 유치원생이나 그와 비슷한 연령, 사회적 경험 및 판단능력을 가진 초등학교 저학년생을 통학차량으로 운송하는 방식을 취하고 있는 경우에는 그 유치원·학교 또는 학원의 운영자나 교사 등으로서는 보호자로부터 학생을 맞아 통학차량에 태운 때로부터 학교 등에서의 교육활동이 끝난 후 다시 통학차량에 태워 보호자가 미리 지정한 장소에 안전하게 내려줄 때까지 학생을 보호·감독할 의무가 있는 것으로 보아야 한다(대법원 2008. 1. 17, 2007다40437 판결).

[하급심 판례] **학생의 신앙의 자유 내지 학습권을 침해한 사립학교에 대한 위자료 책임을 인정한 사례**
헌법이 보장하는 '교육을 받을 권리'는 일종의 생존권적 기본권에 속하는 것으로서 학생들의 경우는 이른바 학습권으로 파악될 수 있고, 이러한 학생들의 학습권은 어떤 형식으로든 수업을 받을 수 있는 권리에만 한정되지 아니하고, 정당한 그리고 적절한 방식과 내용으로 수업을 받을 권리를 포함한다. 사립학교가 학생들의 진정한 의

사에 관계없이 기독교의식을 강제하는 등 학생들의 신앙의 자유나 학습권 등을 침해한 것은 사법상(私法上) 인격권의 침해로서 불법행위를 구성하고, 이러한 학교측의 방침에 공개적으로 반발한 학생에 대한 퇴학처분에 중대한 실체적 · 절차적 하자가 있다고 보아 사립학교측의 위자료 지급책임을 인정할 수 있다(서울중앙지법 2007. 10. 5, 2005가단305176 판결).

[대법원 판례] **교사의 징계방법으로서 체벌의 허용요건**
초 · 중등교육법령에 따르면 교사는 학교장의 위임을 받아 교육상 필요하다고 인정할 때에는 징계를 할 수 있고 징계를 하지 않는 경우에는 그 밖의 방법으로 지도를 할 수 있는데 그 지도에 있어서는 교육상 불가피한 경우에만 신체적 고통을 가하는 방법인 이른바 체벌로 할 수 있고 그 외의 경우에는 훈육, 훈계의 방법만이 허용되어 있다. 교사가 학생을 징계 아닌 방법으로 지도하는 경우에도 징계하는 경우와 마찬가지로 교육상의 필요가 있어야 될 뿐만 아니라 특히 학생에게 신체적, 정신적 고통을 가하는 체벌, 비하하는 말 등의 언행은 교육상 불가피한 때에만 허용되는 것이어서, 학생에 대한 폭행, 욕설에 해당되는 지도행위는 학생의 잘못된 언행을 교정하려는 목적에서 나온 것이었으며 다른 교육적 수단으로는 교정이 불가능하였던 경우로서 그 방법과 정도에서 사회통념상 용인될 수 있을 만한 객관적 타당성을 갖추었던 경우에만 법령에 의한 정당행위로 볼 수 있을 것이고, 교정의 목적에서 나온 지도행위가 아니어서 학생에게 체벌, 훈계 등의 교육적 의미를 알리지도 않은 채 지도교사의 성격 또는 감정에서 비롯된 지도행위라든가, 다른 사람이 없는 곳에서 개별적으로 훈계, 훈육의 방법으로 지도 · 교정될 수 있는 상황이었음에도 낯모르는 사람들이 있는 데서 공개적으로 학생에게 체벌 · 모욕을 가하는 지도행위라든가, 학생의 신체나 정신건강에 위험한 물건 또는 지도교사의 신체를 이용하여 학생의 신체 중 부상의 위험성이 있는 부위를 때리거나 학생의 성별, 연령, 개인적 사정에서 견디기 어려운 모욕감을 주어 방법 · 정도가 지나치게 된 지도행위 등은 특별한 사정이 없는 한 사회통념상 객관적 타당성을 갖추었다고 보기 어렵다(대법원 2004. 6. 10, 2001도5380 판결).

第17조의2 (남녀평등교육의 증진) ① 국가와 지방자치단체는 남녀평등정신을 보다 적극적으로 실현할 수 있는 시책을 수립 · 실시하여야 한다.

② 국가 및 지방자치단체와 제16조에 따른 학교 및 사회교육시설의 설립자 · 경영자는 교육을 할 때 합리적인 이유 없이 성별에 따라 참여나 혜택을 제한하거나 배제하는 등의 차별을 하여서는 아니 된다.
③ 제1항에 따른 시책에는 체육 · 과학기술 등 여성의 활동이 취약한 분야를 중점 육성할 수 있는 교육적 방안이 포함되어야 한다.
④ 학교교육에서 남녀평등을 증진하기 위한 학교교육과정의 기준과 내용 등 대통령령으로 정하는 사항에 관한 교육과학기술부장관의 자문에 응하기 위하여 남녀평등교육심의회를 둔다. 〈개정 2008. 2. 29〉
⑤ 제4항에 따른 남녀평등교육심의회 위원의 자격 · 구성 · 운영 등에 필요한 사항은 대통령령으로 정한다. [전문개정 2007. 12. 21]

第17조의4 (건전한 성의식 함양) ① 국가와 지방자치단체는 학생의 존엄한 성(性)을 보호하고 학생에게 성에 대한 선량한 정서를 함양시킬 수 있도록 필요한 시책을 수립 · 실시하여야 한다.
② 제1항에 따른 시책에는 학생 개인의 존엄과 인격이 존중될 수 있는 교육적 방안과 남녀의 성 특성을 고려한 교육 · 편의시설 마련 방안이 포함되어야 한다. [전문개정 2007. 12. 21]

第18조 (특수교육) 국가와 지방자치단체는 신체적 · 정신적 · 지적 장애 등으로 특별한 교육적 배려가 필요한 자를 위한 학교를 설립 · 경영하여야 하며, 이들의 교육을 지원하기 위하여 필요한 시책을 수립 · 실시하여야 한다. [전문개정 2007. 12. 21]

第21조 (직업교육) 국가와 지방자치단체는 모든 국민이 학교교육과 사회교육을 통하여 직업에 대한 소양과 능력을 계발하기 위한 교육을 받을 수 있도록 필요한 시책을 수립 · 실시하여야 한다. [전문개정 2007. 12. 21]

◇ 초 · 중등교육법 ◇ 〈법률 제8917호, 2008. 3. 21, 일부 개정〉

제12조 (의무교육) ① 국가는 「교육기본법」 제8조 제1항의 규정에 의한 의무교육을 실시하여야 하며, 이를 위한 시설의 확보 등 필요한 조치를 강구하여야 한다.
② 지방자치단체는 그 관할구역 안의 의무교육대상자 전원을 취학시키는 데 필요한 초등학교 및 중학교와 초등학교 및 중학교의 과정을 교육하는 특수학교를 설립 · 경영하여야 한다.
③ 지방자치단체는 지방자치단체가 설립한 초등학교 · 중학교 및 특수학교에 그 관할구역 안의 의무교육대상자 전원을 취학시키는 것이 곤란한 경우에는 인접한 지방자치단체와 협의하여 합동으로 초등학교 · 중학교 또는 특수학교를 설립 · 경영하거나, 인접한 지방자치단체나 국립 또는 사립의 초등학교 · 중학교 또는 특수학교에 위탁하여 의무교육대상자의 일부에 대한 교육을 실시할 수 있다.
④ 국 · 공립학교의 설립 · 경영자 및 제3항의 규정에 의하여 의무교육대상자를 위탁받은 사립학교의 설립 · 경영자는 의무교육을 받는 자에 대하여 수업료를 받을 수 없다.

제15조 (고용자의 의무) 의무교육대상자를 고용하는 자는 그 고용으로 인하여 당해 의무교육대상자가 의무교육을 받는 것을 방해하여서는 아니 된다.

제16조 (친권자 등에 대한 보조) 국가 및 지방자치단체는 의무교육대상자의 친권자 또는 후견인이 경제적 사유로 의무교육대상자를 취학시키기 곤란할 때에는 교육비를 보조할 수 있다.

제17조 (학생자치활동) 학생의 자치활동은 권장 · 보호되며, 그 조직 및 운영에 관한 기본적인 사항은 학칙으로 정한다.

第18조 (학생의 징계) ① 학교의 장은 교육상 필요한 때에는 법령 및 학칙이 정하는 바에 의하여 학생을 징계하거나 기타의 방법으로 지도할 수 있다. 다만, 의무교육과정에 있는 학생을 퇴학시킬 수 없다.
② 학교의 장은 학생을 징계하고자 하는 경우 해당 학생 또는 학부모에게 의견진술의 기회를 부여하는 등 적정한 절차를 거쳐야 한다.

第18조의2 (재심청구) ① 제18조 제1항에 따른 징계처분 중 퇴학조치에 대하여 이의가 있는 학생 또는 그 보호자는 그 조치를 받은 날부터 15일 이내 또는 그 조치가 있음을 안 날부터 10일 이내에 제18조의3에 따른 시·도학생징계조정위원회에 그 재심을 청구할 수 있다.
② 제18조의3에 따른 시·도학생징계조정위원회는 제1항에 따른 재심청구를 받은 때에는 30일 이내에 이를 심사·결정하여 청구인에게 통보하여야 한다.
③ 제2항의 심사결정에 이의가 있는 청구인은 그 통보를 받은 날부터 60일 이내에 행정심판을 제기할 수 있다.
④ 제1항에 따른 재심청구, 제2항에 따른 심사 절차와 결정 통보 등에 필요한 사항은 대통령령으로 정한다. [본조신설 2007. 12. 14]

第18조의3 (시·도학생징계조정위원회의 설치) ① 제18조의2 제1항에 따른 재심청구를 심사·결정하기 위하여 교육감 소속으로 시·도학생징계조정위원회(이하 "징계조정위원회"라 한다)를 둔다.
② 징계조정위원회의 조직·운영 등에 필요한 사항은 대통령령으로 정한다. [본조신설 2007. 12. 14]

第18조의4 (학생의 인권보장) 학교의 설립자·경영자와 학교의 장은 「헌법」과 국제인권조약에 명시된 학생의 인권을 보장하여야 한다. [본조신설 2007. 12. 14]

제30조의6 (학생 관련 자료제공의 제한) ① 학교의 장은 제25조의 규정에 의한 학교생활기록 및 「학교보건법」 제7조의3의 규정에 의한 건강검사에 관한 자료를 당해 학생(학생이 미성년자인 경우에는 학생 및 학생의 부모 등 보호자)의 동의 없이 제3자에게 제공하여서는 아니 된다. 다만, 다음 각 호의 어느 하나에 해당하는 경우에는 그러하지 아니하다.
1. 학교에 대한 감독 · 감사의 권한을 가진 행정기관이 그 업무를 처리하기 위하여 필요한 경우
2. 제25조의 규정에 의한 학교생활기록을 상급학교의 학생선발에 이용하기 위하여 제공하는 경우
3. 통계작성 및 학술연구 등의 목적을 위한 경우로서 특정 개인을 식별할 수 없는 형태로 제공하는 경우
4. 범죄의 수사와 공소의 제기 및 유지에 필요한 경우
5. 법원의 재판업무수행을 위하여 필요한 경우
6. 그 밖에 관계 법률의 규정에 의하여 제공하는 경우
② 학교의 장은 제1항 단서의 규정에 의하여 자료를 제3자에게 제공하는 때에는 당해 자료를 제공받은 자에 대하여 사용목적 · 사용방법 그 밖에 필요한 사항에 대하여 제한을 하거나 당해 자료의 안전성 확보를 위하여 필요한 조치를 강구하도록 요청할 수 있다.
③ 제1항의 규정에 의하여 자료를 제공받은 자는 그 본래의 목적 외의 용도로 이를 이용하여서는 아니 된다. [본조신설 2005. 3. 24]

제52조 (근로청소년을 위한 특별학급 등) ① 산업체에 근무하는 청소년에 대한 중학교 및 고등학교과정의 교육을 위하여 산업체에 인접한 중학교 및 고등학교에 야간수업을 주로 하는 특별학급을 둘 수 있다.
② 하나의 산업체에 근무하는 근로자 중 입학희망자수가 매년 2학급 이상의 학급편성인원이 될 것으로 예상되는 산업체는 당해 산업체에서 근무하는 청소년에 대한 교육을 위하여 중학교 또는 고등학교(이하 "산업체부설 중 · 고등학교"라 한다)를 설립 · 경영할 수 있다. 〈개정 2005. 3. 24〉

③ 2 이상의 산업체에 근무하는 근로자 중 입학희망자수의 합계가 매년 2학급 이상의 학급편성인원이 될 것으로 예상되는 경우에는 제2항의 규정에 불구하고 공동으로 하나의 산업체부설 중·고등학교를 설립·경영할 수 있다. 〈신설 2005. 3. 24〉
④ 제1항 내지 제3항의 규정에 의한 특별학급 및 산업체부설 중·고등학교의 설립기준 및 입학방법 등에 관하여 필요한 사항은 시·도의 조례로 정한다. 〈개정 2005. 3. 24〉
⑤ 제1항 내지 제3항의 규정에 의한 특별학급 또는 산업체부설 중·고등학교에 재학하는 청소년을 고용하는 산업체의 경영자는 시·도의 조례가 정하는 바에 의하여 그 교육비의 일부를 부담하여야 한다. 〈개정 2005. 3. 24〉
⑥ 지방자치단체는 시·도의 조례가 정하는 바에 의하여 제1항 내지 제3항의 규정에 의한 특별학급 또는 산업체부설 중·고등학교에 재학하는 학생의 교육비 중 일부를 부담할 수 있다. 〈개정 2005. 3. 24〉

第53조 (취학의무 및 방해행위의 금지) ① 산업체의 경영자는 그가 고용하는 청소년이 제52조의 규정에 의한 특별학급 또는 산업체부설 중·고등학교에 입학을 원하는 경우에는 당해 청소년을 취학시켜야 한다. 〈개정 2007. 8. 3〉
② 산업체의 경영자는 그가 고용하는 청소년이 제52조의 규정에 의한 특별학급 또는 산업체부설 중·고등학교에 입학하는 때에는 당해 학생의 등교 및 수업에 지장을 주는 행위를 하여서는 아니된다. 〈개정 2007. 8. 3〉

第55조 (특수학교) 특수학교는 신체적·정신적·지적 장애 등으로 인하여 특수교육을 필요로 하는 자에게 초등학교·중학교 또는 고등학교에 준하는 교육과 실생활에 필요한 지식·기능 및 사회적응 교육을 하는 것을 목적으로 한다. 〈개정 2004. 1. 29〉

第56조 (전공과의 설치) 고등학교과정을 설치한 특수학교에 당해 과정의 졸업자(고등학교의 특수학급 졸업자를 포함한다)에게 전문기술교육을 하기 위하여 수업년한이 1년 이상인 전공과를 둘 수 있다.

第57조 (특수학급) 고등학교 이하의 각급 학교에 관할청의 인가를 받아 특수교육을 필요로 하는 학생을 위한 특수학급을 둘 수 있다.

第58조 (학력의 인정) 특수학교 또는 특수학급에서 초등학교 · 중학교 또는 고등학교과정에 상응하는 교육과정을 이수한 자는 그에 상응하는 학교를 졸업한 자와 동등한 학력이 있는 것으로 본다.

第59조 (통합교육) 국가 및 지방자치단체는 특수교육을 필요로 하는 자가 초등학교 · 중학교 및 고등학교와 이에 준하는 각종 학교에서 교육을 받고자 하는 경우에는 별도의 입학절차, 교육과정 등을 마련하는 등 통합교육의 실시에 필요한 시책을 강구하여야 한다. 〈개정 2004. 1. 29〉

第60조의2 (외국인학교) ① 국내에 체류 중인 외국인의 자녀와 외국에서 일정기간 거주하고 귀국한 내국인 중 대통령령이 정하는 자에 대한 교육을 위하여 설립된 학교로서 제60조 제1항에 해당하는 학교(이하 "외국인학교"라 한다)에 대하여는 제7조 · 제9조 · 제11조 내지 제16조 · 제21조 · 제23조 내지 제26조 · 제28조 · 제29조 · 제30조의2 · 제30조의3 · 제31조 내지 제34조의 규정을 적용하지 아니한다.

② 외국인학교는 유치원 · 초등학교 · 중학교 · 고등학교의 과정을 통합하여 운영할 수 있다.

③ 외국인학교의 설립기준 · 교육과정 · 수업연한 · 학력인정 그 밖에 설립 · 운영에 관하여 필요한 사항은 대통령령으로 정한다. [본조신설 2001. 4. 7]

제60조의3 (대안학교) ① 학업을 중단하거나 개인적 특성에 맞는 교육을 받고자 하는 학생을 대상으로 현장 실습 등 체험위주의 교육, 인성위주의 교육 또는 개인의 소질·적성 개발위주의 교육 등 다양한 교육을 실시하는 학교로서 제60조 제1항에 해당하는 학교(이하 "대안학교"라 한다)에 대하여는 제21조 제1항, 제23조 제2항·제3항, 제24조 내지 제26조, 제29조 및 제30조의4 내지 제30조의7의 규정을 적용하지 아니한다.

② 대안학교는 초등학교·중학교·고등학교의 과정을 통합하여 운영할 수 있다.

③ 대안학교의 설립기준·교육과정·수업연한·학력인정 그 밖에 설립·운영에 관하여 필요한 사항은 대통령령으로 정한다. [본조신설 2005. 3. 24]

제 3 장 청소년의 보호

◇ 청소년보호법 ◇ 〈법률 제9932호, 2010. 1. 18, 타법개정〉

제 1 조 (목적) 이 법은 청소년에게 유해한 매체물과 약물 등이 청소년에게 유통되는 것과 청소년이 유해한 업소에 출입하는 것 등을 규제하고, 청소년을 청소년폭력·학대 등 청소년유해행위를 포함한 각종 유해한 환경으로부터 보호·구제함으로써 청소년이 건전한 인격체로 성장할 수 있도록 함을 목적으로 한다. 〈개정 1999. 2. 5〉

제 2 조 (정의) 이 법에서 사용하는 용어의 정의는 다음과 같다. 〈개정 1999. 2. 5, 1999. 3. 31, 2000. 1. 12, 2001. 4. 7, 2001. 5. 24, 2004. 1. 29, 2004. 12. 31, 2005. 3. 24, 2005. 12. 29, 2006. 4. 28, 2008. 2 .29, 2010. 1. 18〉 〈시행 2010. 3. 19〉

1. "청소년"이라 함은 만 19세 미만의 자를 말한다. 다만, 만 19세에 도달하는 해의 1월 1일을 맞이한 자를 제외한다.
2. "매체물"이라 함은 제7조 각 호의 1에 해당하는 것을 말한다.
3. "청소년유해매체물"이라 함은 다음 각 목의 1에 해당하는 것을 말한다.
   가. 제8조 및 제12조의 규정에 의하여 청소년보호위원회가 청소년에게 유해한 것으로 결정하거나 확인하여 여성가족부장관이 이를 고시한 매체물
   나. 제8조 제1항 단서의 규정에 의한 각 심의기관이 청소년에게 유해한 것으로 의결 또는 결정(이하 "결정"이라 한다)하여 여성가족부장관이 고시하거나 제12조의 규정에 의하여 청소년에게 유해한 것으로 확인하여 여성가족부장관이 고시한 매체물

4. “청소년유해약물등”이라 함은 청소년에게 유해한 것으로 인정되는 다음 가목 (1) 내지 (7)에 해당하는 약물(이하 “청소년유해약물”이라 한다)과 청소년에게 유해한 것으로 인정되는 다음 나목 (1) 또는 (2)에 해당하는 물건(이하 “청소년유해물건”이라 한다)을 말한다.

가. 청소년유해약물

(1) 「주세법」의 규정에 의한 주류

(2) 「담배사업법」의 규정에 의한 담배

(3) 「마약류관리에 관한 법률」의 규정에 의한 마약류

(4) 삭제 〈2000. 1. 12〉

(5) 삭제 〈2000. 1. 12〉

(6) 「유해화학물질 관리법」의 규정에 의한 환각물질

(7) 기타 중추신경에 작용하여 습관성, 중독성, 내성 등을 유발하여 인체에 유해작용을 미칠 수 있는 약물 등 청소년의 사용을 제한하지 아니하면 청소년의 심신을 심각하게 훼손할 우려가 있는 약물로서 대통령령이 정하는 기준에 따라 관계 기관의 의견을 들어 청소년보호위원회가 결정하고 여성가족부장관이 이를 고시한 것

나. 청소년유해물건

(1) 청소년에게 음란한 행위를 조장하는 성기구 등 청소년의 사용을 제한하지 아니하면 청소년의 심신을 심각하게 훼손할 우려가 있는 성관련 물건으로서 대통령령이 정하는 기준에 따라 청소년보호위원회가 결정하고 여성가족부장관이 이를 고시한 것

(2) 청소년에게 음란성 · 포악성 · 잔인성 · 사행성 등을 조장하는 완구류 등 청소년의 사용을 제한하지 아니하면 청소년의 심신을 심각하게 훼손할 우려가 있는 물건으로서 대통령령이 정하는 기준에 따라 청소년보호위원회가 결정하고 여성가족부장관이 이를 고시한 것

5. “청소년유해업소”라 함은 청소년의 출입과 고용이 청소년에게 유해한 것으로 인정되는 다음 가목의 어느 하나에 해당하는 업소(이하 “청소년출입 · 고용금지업소”라 한다)와 청소년의 출입은 가능하나 고용은 유해한 것으로 인정되는 다음 나목의 어느 하나에

해당하는 업소(이하 “청소년고용금지업소”라 한다)를 말한다. 이 경우 업소의 구분은 그 업소가 영업을 함에 있어서 다른 법령에 의하여 요구되는 허가·인가·등록·신고 등의 여부에 불구하고 실제로 이루어지고 있는 영업행위를 기준으로 한다.

가. 청소년출입·고용금지업소

(1) 「식품위생법」에 의한 식품접객업 중 대통령령으로 정하는 것

(2) 「영화 및 비디오물의 진흥에 관한 법률」에 의한 비디오물감상실업 및 「음악산업진흥에 관한 법률」에 의한 노래연습장업 중 대통령령으로 정하는 것

(3) 「체육시설의 설치·이용에 관한 법률」에 의한 무도학원업, 무도장업

(4) 「사행행위 등 규제 및 처벌특례법」에 의한 사행행위영업

(5) 전기통신설비를 갖추고 불특정한 사람 상호간의 음성대화 또는 화상대화를 매개하는 것을 주된 목적으로 하는 영업. 다만, 「전기통신사업법」 등 다른 법률의 규정에 의하여 통신을 매개하는 영업을 제외한다.

(6) 청소년유해매체물, 청소년유해약물 및 청소년유해물건을 제작·생산·유통하는 영업 등 청소년의 출입과 고용이 청소년에게 유해하다고 인정되는 영업으로서 대통령령이 정하는 기준에 따라 청소년보호위원회가 결정하고 여성가족부장관이 이를 고시한 것

나. 청소년고용금지업소

(1) 「식품위생법」에 의한 식품접객업 중 대통령령으로 정하는 것

(2) 「공중위생관리법」에 의한 숙박업, 이용업, 목욕장업 중 대통령령으로 정하는 것

(3) 「영화 및 비디오물의 진흥에 관한 법률」에 의한 비디오물소극장업 또는 「게임산업진흥에 관한 법률」에 의한 게임제공업·복합유통게임제공업 중 대통령령이 정하는 영업

(4) 삭제 〈2004. 1. 29〉

(5) 「유해화학물질 관리법」에 의한 유독물영업. 다만, 유독물사용과 직접 관련이 없는 영업으로서 대통령령이 정하는 영업을 제외한다.

(6) 회비 등을 받거나 유료로 만화를 대여하는 만화대여업

(7) 청소년유해매체물, 청소년유해약물 및 청소년유해물건을 제작 · 생산 · 유통하는 영업 등 청소년의 고용이 청소년에게 유해하다고 인정되는 영업으로서 대통령령이 정하는 기준에 따라 청소년보호위원회가 결정하고 여성가족부장관이 이를 고시한 것

6. "유통"이라 함은 매체물 또는 약물 등을 판매(가두판매 · 자동판매기 · 통신판매 등을 포함한다. 이하 같다), 대여, 배포, 방송(종합유선방송을 포함한다. 이하 같다), 공연, 상영, 전시, 진열, 광고하거나 시청 또는 이용에 제공하는 행위와 이러한 목적으로 매체물 또는 약물 등을 인쇄 · 복제 또는 수입하는 행위를 말한다.

7. "청소년폭력"이라 함은 폭력을 통해 청소년에게 신체적 · 정신적 피해를 발생하게 하는 행위를 말한다.

[대법원 판례] **업주의 종업원에 대한 연령확인 의무**
유흥주점영업의 업주가 당해 유흥업소에 종업원을 고용함에 있어서는 주민등록증이나 이와 유사한 정도로 연령에 관한 공적 증명력이 있는 증거에 의하여 대상자의 연령을 확인하여야 하고, 만일 대상자의 연령 확인이 당장 용이하지 아니한 경우에는 대상자의 연령을 공적 증명에 의하여 확인할 수 있을 때까지는 그 채용을 보류하거나 거부하여야 할 것이다(대법원 2005. 11. 25, 2005도6455 판결).

[대법원 판례] **주로 주류의 조리 · 판매를 목적으로 하는 영업을 청소년고용금지업소로 규정한 사례**
식품위생법상의 일반음식점 영업허가를 받은 업소라고 하더라도 실제로는 음식류의 조리 · 판매보다는 주로 주류를 조리 · 판매하는 영업행위가 이루어지고 있고, 나아가 일반음식점의 실제의 영업형태 중에서는 주간에는 음식류를 조리 · 판매하고 야간에는 주로 주류를 조리 · 판매하는 형태도 있을 수 있는데, 이러한 경우 음식물의 조리 · 판매보다는 주로 주류를 조리 · 판매하는 야간의 영업형태에 있어서의 그 업소는 청소년보호법상의 청소년고용금지업소에 해당한다(대법원 2004. 2. 12, 2003도6282 판결).

제 3 조 (가정의 역할과 책임 〈개정 2005. 12. 29〉**) ① 청소년에 대하여 친권을 행사하는 자 또는 친권자를 대신하여 청소년을 보호하는 자(이하 "친권자등"이라 한다)는 청소년이 청소년유해매체**

물과 청소년유해약물 등 및 청소년유해업소 · 청소년폭력 · 학대 등(이하 "청소년유해환경"이라 한다)에 접촉이나 출입을 못하도록 필요한 노력을 하여야 하며, 청소년이 유해한 매체물과 유해한 약물 등을 이용하고 있거나 유해한 업소에 출입하고자 하는 때에는 이를 즉시 제지하여야 한다. 〈개정 1999. 2. 5〉

② 친권자등은 제1항의 규정에 따른 노력이나 제지를 함에 있어 필요한 경우 청소년보호와 관련된 상담기관 및 단체 등에 상담하여야 하고, 해당 청소년이 가출 및 비행 등의 우려가 있다고 인정되는 상당한 이유가 있는 때에는 청소년보호와 관련된 지도 · 단속 기관에 협조를 요청하여야 한다. 〈신설 2005. 12. 29〉

제4조 (사회의 책임) ① 누구든지 청소년이 청소년유해환경에 접할 수 없도록 하거나 출입을 못하도록 노력하여야 하고, 청소년이 유해한 매체물과 유해한 약물 등을 이용하고 있거나 청소년폭력 · 학대 등을 행하고 있음을 안 때에는 이를 제지 · 선도하여야 하며, 청소년에게 유해한 매체물과 약물 등이 유통되고 있거나 청소년유해업소에 청소년이 고용되어 있거나 출입하고 있음을 안 때, 또는 청소년폭력 · 학대 등으로부터 피해를 입고 있음을 안 때에는 제21조 제3항의 규정에 의한 관계기관 등에 신고 · 고발하는 등 청소년보호를 위하여 필요한 노력을 하여야 한다. 〈개정 1999. 2. 5〉

② 매체물과 약물 등의 유통을 업으로 하거나 청소년유해업소의 경영을 업으로 하는 자와 이들로 구성된 단체와 협회 등은 청소년유해매체물과 청소년유해약물 등이 청소년에게 유통되지 아니하도록 하고 청소년유해업소에 청소년을 고용하거나 출입하지 못하도록 하는 등 청소년보호를 위하여 자율적인 노력을 다하여야 한다.

제5조 (국가와 지방자치단체의 책임) ① 국가는 청소년보호를 위하여 청소년유해환경의 정화에 필요한 시책을 강구 · 시행하여야 하며, 지방자치단체는 해당지역 안의 청소년유해환경으로부터 청소년보호를 위하여 필요한 노력을 하여야 한다.

② 국가 및 지방자치단체는 전자·통신기술 및 의약품 등의 발달에 따라 등장하는 새로운 형태의 매체물과 약물 등이 청소년의 정신적·신체적 건강을 해칠 우려가 있음을 인식하고, 이들 매체물과 약물 등으로부터 청소년을 보호하기 위하여 필요한 기술개발과 연구사업의 지원, 국가 간의 협력체제구축 등 필요한 노력을 하여야 한다.
③ 국가 및 지방자치단체는 청소년관련단체 등 민간의 자율적인 유해환경감시·고발활동을 장려하고 이에 필요한 지원을 할 수 있으며 이들의 건의사항에 대하여는 관련시책에 반영할 수 있다.
④ 국가 및 지방자치단체는 청소년을 보호하기 위하여 청소년유해환경을 규제함에 있어 그 의무를 충실히 수행하여야 한다. 〈신설 1999. 2. 5〉

제 7 조 (매체물의 범위) 이 법에서 매체물이라 함은 다음 각 호의 1에 해당하는 것을 말한다. 〈개정 1999. 2 .5, 2001. 5. 24, 2004. 1. 29, 2005. 3. 24, 2006. 4. 28, 2009. 7. 31〉
1. 「영화 및 비디오물의 진흥에 관한 법률」의 규정에 의한 비디오물, 「게임산업진흥에 관한 법률」에 의한 게임물 및 「음악산업진흥에 관한 법률」에 의한 음반
2. 삭제 〈2001. 5. 24〉
3. 「공연법」 및 「영화 및 비디오물의 진흥에 관한 법률」의 규정에 의한 영화·연극·음악·무용, 기타 오락적 관람물
4. 「전기통신사업법」 및 「전기통신기본법」의 규정에 의한 전기통신을 통한 부호·문언·음향 또는 영상정보
5. 「방송법」의 규정에 의한 방송프로그램. 다만, 보도방송프로그램을 제외한다.
6. 「신문 등의 진흥에 관한 법률」에 따른 일반일간신문(주로 정치·경제·사회에 관한 보도·논평 및 여론을 전파하는 신문을 제외한다)·특수일간신문(경제·산업·과학·종교분야를 제외한다)·일반주간신문(정치·경제분야를 제외한다)·특수주간신문(경제·산업·과학·시사·종교분야를 제외한다), 「잡지 등 정기간행물의 진흥에 관한 법률」에 따른 잡지(정치·경제·산업·과학·시사·

종교분야를 제외한다) 및 대통령령으로 정하는 그 밖의 간행물(이하 "정기간행물등"이라 한다)과 정기간행물 외의 간행물 중 만화·사진첩·화보류·소설 등의 도서류, 전자출판물, 그 밖에 대통령령으로 정하는 것

7. 「옥외광고물 등 관리법」의 규정에 의한 간판·입간판·벽보·전단 기타 이와 유사한 상업적 광고 선전물과 제1호 내지 제6호의 규정에 의한 각종 매체물에 수록·게재·전시, 기타 방법으로 포함된 상업적 광고 선전물

8. 기타 청소년의 정신적·신체적 건강을 해칠 우려가 있다고 인정되는 것으로서 대통령령이 정하는 매체물

제12조 (유해매체물의 자율규제) ① 매체물의 제작·발행자, 유통행위자 또는 매체물과 관련된 단체는 자율적으로 청소년유해 여부를 결정하고 청소년보호위원회 또는 각 심의기관에 그 결정한 내용의 확인을 요청할 수 있다. 〈개정 2005. 3. 24, 2005. 12. 29, 2008. 2. 29〉

② 제1항의 규정에 의한 확인요청을 받은 청소년보호위원회 또는 각 심의기관은 심의결과 그 결정내용이 적합한 경우에는 이의 확인을 하여야 하며, 청소년보호위원회는 필요한 경우 이를 각 심의기관에 위탁하여 처리할 수 있다. 〈개정 2005. 3. 24, 2005. 12. 29, 2008. 2. 29〉

③ 제2항의 규정에 의하여 청소년보호위원회 또는 각 심의기관이 확인을 한 경우 당해 매체물의 확인을 필한 표시를 부착할 수 있다. 〈개정 2005. 3. 24, 2005. 12. 29, 2008. 2. 29〉

④ 매체물의 제작·발행자, 유통행위자 또는 매체물과 관련된 단체는 청소년에게 유해하다고 판단되는 매체물에 대하여 청소년보호위원회 또는 각 심의기관의 결정 없이 제14조 및 제15조의 규정에 준하는 청소년유해표시 또는 포장을 할 수 있다. 〈개정 2005. 3. 24, 2005. 12. 29, 2008. 2. 29〉

⑤ 청소년보호위원회 또는 각 심의기관은 제4항의 규정에 의하여 자율적으로 청소년유해표시 및 포장을 한 매체물을 발견한 때에는 청소년 유해 여부를 결정하여야 한다. 〈개정 2005. 3. 24, 2005.

12. 29, 2008. 2. 29〉
⑥ 매체물의 제작·발행자, 유통행위자 또는 매체물과 관련된 단체가 제4항의 규정에 의하여 청소년유해표시 또는 포장을 한 매체물은 청소년보호위원회 또는 각 심의기관의 최종결정이 있을 때까지 이 법의 규정에 의한 청소년유해 매체물로 본다. 〈개정 2005. 3. 24, 2005. 12. 29, 2008. 2. 29〉
⑦ 제1항 내지 제6항의 규정에 의한 청소년유해 여부의 결정과 확인의 절차 및 방법 등에 관하여 필요한 사항은 대통령령으로 정한다. [전문개정 1999. 2. 5]

第14조 (표시의무) ① 청소년유해매체물에 대해서는 청소년에게 유해한 매체물임을 나타내는 표시(이하 "청소년유해표시"라 한다)를 하여야 한다.
② 제1항의 규정에 의한 청소년유해표시를 하여야 할 의무자, 청소년유해표시의 종류와 시기·방법 기타 필요한 사항은 대통령령으로 정한다.

第15조 (포장의무) ① 청소년유해매체물에 대해서는 이를 포장하여야 한다. 다만, 매체물의 특성상 포장할 수 없는 것은 그러하지 아니하다.
② 제1항의 규정에 의한 포장을 하여야 할 매체물의 종류, 포장의무자, 포장방법 기타 포장에 관하여 필요한 사항은 대통령령으로 정한다.

第16조 (표시·포장의 훼손금지) 누구든지 제14조의 규정에 의한 청소년유해표시 및 제15조의 규정에 의한 포장을 훼손하여서는 아니 된다.

第17조 (판매금지 등) ① 청소년유해매체물을 판매·대여·배포하거나 시청·관람·이용에 제공하고자 하는 자는 그 상대방의 연령을 확인하여야 하고, 청소년에게 이를 판매·대여·배포하거나 시청·관람·이용에 제공하여서는 아니 된다. 〈개정 2001. 5. 24〉
② 제14조의 규정에 의하여 청소년유해표시를 하여야 할 매체물은 청소년유해표시가 되지 아니한 상태에서는 당해 매체물의 판매 또는 대여를 위하여 전시 또는 진열하여서는 아니 된다.
③ 제15조의 규정에 의하여 포장을 하여야 할 매체물은 포장이 되지 아니한 상태에서는 당해 매체물의 판매 또는 대여를 위하여 전시 또는 진열하여서는 아니 된다.
④ 청소년유해매체물의 판매금지 등에 관하여 기타 필요한 사항은 대통령령으로 정한다.

제18조 (구분·격리 등) ① 청소년유해매체물은 이를 청소년에게 유통이 허용된 매체물과 구분·격리하지 아니하고서는 판매 또는 대여하기 위하여 전시 또는 진열하여서는 아니 된다.
② 청소년유해매체물로서 제7조 제1호 또는 제6호에 해당하는 매체물은 자동기계장치 또는 무인판매장치에 의하여 유통할 목적으로 전시 또는 진열하여서는 아니 된다. 다만, 다음 각 호의 1에 해당하는 경우에는 그러하지 아니하다. 〈개정 1999. 2. 5〉
1. 자동기계장치 또는 무인판매장치를 설치하는 자가 이를 이용한 청소년의 청소년유해매체물 구입행위 등을 제지할 수 있는 경우
2. 제2조 제5호 가목의 청소년출입·고용금지업소 안에 설치하는 경우
③ 제1항 및 제2항의 규정에 의한 매체물의 구분·격리 및 판매방법 등에 관하여 필요한 사항은 대통령령으로 정한다.

제19조 (방송시간 제한) 청소년유해매체물로서 제7조 제5호에 해당하는 것과 제7조 제7호에 해당하는 광고선전물 중 방송을 이용하는 것은 대통령령이 정하는 방송시간에는 이를 방송하여서는 아니 된다.

제20조 (광고선전 제한) ① 청소년유해매체물로서 제7조 제7호의

규정에 의한 간판, 입간판, 벽보, 전단, 기타 대통령령이 정하는 광고선전물은 이를 다음 각 호의 1에 해당하는 장소 또는 방법으로 공공연히 설치·부착·배포하여서는 아니 된다. 〈개정 1999. 2. 5〉
1. 청소년출입·고용금지업소 외의 업소
2. 공중이 통행하는 장소
3. 청소년의 접근을 제한하는 기능이 없는 컴퓨터통신
② 청소년유해매체물로서 제7조 제7호의 규정에 의한 광고선전물 중 다른 매체물과 기타 물건 등에 수록·게재·전시 기타의 방법으로 포함된 것은 당해 매체물과 기타 물건 등을 청소년을 대상으로 판매·대여·배포하거나 시청·관람 또는 이용에 제공하여서는 아니 된다.
③ 제1항과 제2항의 규정에 의한 광고선전물의 제한방법·장소, 기타 광고제한에 관하여 필요한 사항은 대통령령으로 정한다.

제26조 (청소년유해약물 등으로부터 청소년보호) ① 누구든지 청소년을 대상으로 하여 청소년유해약물 등을 판매·대여·배포하여서는 아니 된다. 이 경우 자동기계장치·무인판매장치·통신장치에 의하여 판매·대여·배포한 경우를 포함한다. 다만, 학습용·공업용 또는 치료용으로 판매되는 것으로서 대통령령이 정하는 것은 그러하지 아니하다. 〈개정 2001. 5. 24〉
② 여성가족부장관은 청소년유해약물목록표를 작성하여 청소년유해약물 등과 관련이 있는 중앙행정기관, 청소년보호와 관련된 지도·단속기관, 기타 청소년보호를 위한 관련단체 등에 통보하여야 하며, 필요한 경우 약물유통을 업으로 하는 개인·법인·단체에게 통보할 수 있으며, 요청이 있는 경우 친권자 등에게 통지할 수 있다. 〈개정 2005. 3. 24, 2005. 12. 29, 2008. 2. 29, 2010. 1. 18〉 〈시행 2010. 3. 19〉
③ 제2항의 규정에 의한 청소년유해약물목록표의 작성방법, 통보시기, 통보대상 기타 필요한 사항은 여성가족부령으로 정한다. 〈개정 1998. 2. 28, 2008. 2. 29, 2010. 1. 18〉 〈시행 2010. 3. 19〉
④ 제14조 내지 제16조의 규정은 청소년유해약물 등에 이를 준용한다.

제26조의2 (청소년유해행위의 금지) 누구든지 다음 각 호의 1에 해당하는 행위를 하여서는 아니 된다. 〈개정 2000. 2. 3, 2004. 1. 29〉

1. 영리를 목적으로 청소년으로 하여금 신체적인 접촉 또는 은밀한 부분의 노출 등 성적 접대행위를 하게 하거나 이러한 행위를 알선·매개하는 행위

2. 영리를 목적으로 청소년으로 하여금 손님과 함께 술을 마시거나 노래 또는 춤 등으로 손님의 유흥을 돋구는 접객행위를 하게 하거나 이러한 행위를 알선·매개하는 행위

3. 영리 또는 흥행의 목적으로 청소년에게 음란한 행위를 하게 하는 행위

4. 영리 또는 흥행의 목적으로 청소년의 장애기형 등 형상을 공중에게 관람시키는 행위

5. 청소년에게 구걸을 시키거나, 청소년을 이용해서 구걸하는 행위

6. 청소년을 학대하는 행위

7. 영리를 목적으로 청소년으로 하여금 손님을 거리에서 유인하는 행위를 하게 하는 행위

8. 청소년에 대하여 이성혼숙을 하게 하는 등 풍기를 문란하게 하는 영업행위를 하거나 그를 목적으로 장소를 제공하는 행위

9. 주로 다류(茶類)를 조리·판매하는 업소에서 청소년으로 하여금 영업장을 벗어나 다류를 배달하는 행위를 하게 하거나 이를 조장 또는 묵인하는 행위 [본조신설 1999. 2. 5]

> [대법원 판례] **청소년 유해업소의 업주나 종업원은 유흥접객행위를 행할 자의 연령을 확인할 의무가 있는지 여부**
> 청소년보호법 제26조의2 제2호는 누구든지 '영리를 목적으로 청소년으로 하여금 손님과 함께 술을 마시거나 노래 또는 춤 등으로 손님의 유흥을 돋구는 접객행위를 하게 하거나 이러한 행위를 알선하는 행위'를 하여서는 아니 된다고 규정하고 있는바, 위 법률의 입법취지가 청소년을 유해행위를 포함한 각종 유해환경으로부터 보호함으로써 청소년이 건전한 인격체로 성장할 수 있도록 하기 위한 것인 점 등을 감안하면, 비록 청소년으로 하여금 유흥접객행위를 하게 하는 행위에 대하여 같은 법 제24조 제2항, 같은 법 시행령 제20조 제1항과 같은 연령확인의무가 명문으로 규정되어 있지 않다고 하더라도, 청소년 유해업소인 유흥주점의 업주나 종업원으로서는 유흥접

객행위를 행할 자의 외모나 차림 등에 의하여 청소년이라고 의심할 만한 사정이 있는 때에는 신분증이나 기타 확실한 방법에 의하여 청소년인지 여부를 확인하고 청소년이 아닌 것으로 확인된 경우에만 접객행위를 하게 하여야 할 것이다(대법원 2007. 9. 6, 2007도5637 판결).

[대법원 판례] **청소년보호법 제26조의2 제8호 '청소년 이성혼숙'**
위 법률의 입법 취지가 청소년을 각종 유해행위로부터 보호함으로써 청소년이 건전한 인격체로 성장할 수 있도록 하기 위한 것인 점 등을 감안하면, 위 법문이 규정하는 '이성혼숙'은 남녀 중 일방이 청소년이면 족하고, 반드시 남녀 쌍방이 청소년임을 요하는 것은 아니다(대법원 2003. 12. 26, 2003도5980 판결).

第26조의3 (청소년대상 무효인 채권) ① 제26조의2의 규정에 의한 행위(이하 이 항에서 "유해행위"라 한다)를 한 자가 유해행위와 관련하여 청소년에게 가지는 채권은 그 계약의 형식이나 명목에 관계 없이 이를 무효로 한다.
② 제2조 제5호 가목(1) 및 나목(1)의 규정에 의한 업소의 업주가 고용과 관련하여 청소년에게 가지는 채권은 그 계약의 형식이나 명목에 관계 없이 이를 무효로 한다.

◇ 가정폭력방지 및 피해자보호 등에 관한 법률 ◇ 〈법률 제10038호, 2010. 2. 4, 일부개정〉

제 2 조 (정의) 이 법에서 사용하는 용어의 뜻은 다음과 같다.
1. "가정폭력"이란 「가정폭력범죄의 처벌 등에 관한 특례법」 제2조 제1호의 행위를 말한다.
2. "가정폭력행위자"란 「가정폭력범죄의 처벌 등에 관한 특례법」 제2조 제4호의 자를 말한다.
3. "피해자"란 가정폭력으로 인하여 직접적으로 피해를 입은 자를

말한다.
4. "아동"이란 18세 미만인 자를 말한다. [전문개정 2007. 10. 17]

제4조의3 (가정폭력 예방교육의 실시) 「초·중등교육법」에 따른 각 급 학교의 장은 대통령령으로 정하는 바에 따라 가정폭력의 예방과 방지를 위하여 필요한 교육을 실시하여야 한다. [전문개정 2007. 10. 17]

제4조의4 (아동의 취학 지원) ① 국가나 지방자치단체는 피해자나 피해자가 동반한 가정구성원(「가정폭력범죄의 처벌 등에 관한 특례법」 제2조 제2호의 자 중 피해자의 보호나 양육을 받고 있는 자를 말한다. 이하 같다)이 아동인 경우 주소지 외의 지역에서 취학(입학·재입학·전학 및 편입학을 포함한다. 이하 같다)할 필요가 있을 때에는 그 취학이 원활히 이루어지도록 지원하여야 한다.
② 제1항에 따른 취학에 필요한 사항은 대통령령으로 정한다. [전문개정 2007. 10. 17]

제4조의5 (피해자에 대한 불이익처분의 금지) 피해자를 고용하고 있는 자는 누구든지 「가정폭력범죄의 처벌 등에 관한 특례법」에 따른 가정폭력범죄와 관련하여 피해자를 해고(解雇)하거나 그 밖의 불이익을 주어서는 아니 된다. [전문개정 2007. 10. 17]

제4조의6 (긴급전화센터의 설치·운영 등) ① 여성가족부장관 또는특별시장·광역시장·도지사·특별자치도지사(이하 "시·도지사"라 한다)는 다음 각 호의 업무 등을 수행하기 위하여 긴급전화센터를 설치·운영하여야 한다. 이 경우 외국어서비스를 제공하는 긴급전화센터를 따로 설치·운영할 수 있다. 〈개정 2010. 1. 18〉
1. 피해자의 신고접수 및 상담
2. 관련 기관·시설과의 연계
3. 피해자에 대한 긴급한 구조의 지원

② 여성가족부장관 또는 시·도지사는 제1항에 따른 긴급전화센터의 설치·운영을 대통령령으로 정하는 기관 또는 단체에 위탁할 수 있다. 〈개정 2010. 1. 18〉
③ 여성가족부장관 또는 시·도지사는 제2항에 따라 긴급전화센터의 설치·운영을 위탁할 경우 그에 필요한 경비를 지원하여야 한다. 〈개정 2010. 1. 18〉
④ 제1항에 따른 긴급전화센터의 설치·운영에 필요한 사항은 여성가족부령으로 정한다. 〈개정 2010. 1. 18〉 [본조신설 2009. 5. 8]

제5조 (상담소의 설치·운영) ① 국가나 지방자치단체는 가정폭력 관련 상담소(이하 "상담소"라 한다)를 설치·운영할 수 있다.
② 국가나 지방자치단체 외의 자가 상담소를 설치·운영하려면 특별자치도지사·시장·군수·구청장(구청장은 자치구의 구청장을 말하며, 이하 "시장·군수·구청장"이라 한다)에게 신고하여야 한다.
③ 상담소의 설치·운영기준, 상담소에 두는 상담원의 수와 신고절차 등에 필요한 사항은 여성가족부령으로 정한다. 〈개정 2008. 2. 29, 2010. 1. 18〉 [전문개정 2007. 10. 17]

제6조 (상담소의 업무) 상담소의 업무는 다음 각 호와 같다.
1. 가정폭력을 신고 받거나 이에 관한 상담에 응하는 일
2. 가정폭력으로 정상적인 가정생활과 사회생활이 어렵거나 그 밖에 긴급히 보호를 필요로 하는 피해자 및 피해자가 동반한 가정구성원(이하 "피해자등"이라 한다)을 임시로 보호하거나 의료기관 또는 제7조 제1항에 따른 가정폭력피해자 보호시설로 인도(引渡)하는 일
3. 행위자에 대한 고발 등 법률적 사항에 관하여 자문하기 위한 대한변호사협회 또는 지방변호사회 및 「법률구조법」에 따른 법률구조법인(이하 "법률구조법인"이라 한다) 등에 대한 필요한 협조와 지원의 요청
4. 경찰관서 등으로부터 인도받은 피해자등의 임시 보호
5. 가정폭력의 예방과 방지에 관한 홍보
6. 그 밖에 가정폭력과 그 피해에 관한 조사·연구 [전문개정

2007. 10. 17]

제 7 조 (보호시설의 설치) ① 국가나 지방자치단체는 가정폭력피해자 보호시설(이하 "보호시설"이라 한다)을 설치 · 운영할 수 있다.
②「사회복지사업법」에 따른 사회복지법인(이하 "사회복지법인"이라 한다)과 그 밖의 비영리법인은 시장 · 군수 · 구청장의 인가(認可)를 받아 보호시설을 설치 · 운영할 수 있다.
③ 보호시설에는 상담원을 두어야 하고, 보호시설의 규모에 따라 생활지도원, 취사원, 관리원 등의 종사자를 둘 수 있다.
④ 보호시설의 설치 · 운영의 기준, 보호시설에 두는 상담원 등 종사자의 직종(職種)과 수(數) 및 인가기준(認可基準) 등에 필요한 사항은 여성가족부령으로 정한다. 〈개정 2008. 2. 29, 2010. 1. 18〉 [전문개정 2007. 10. 17]

제7조의2 (보호시설의 종류) ① 보호시설의 종류는 다음 각 호와 같다.
1. 단기보호시설: 피해자등을 6개월의 범위에서 보호하는 시설
2. 장기보호시설: 피해자등에 대하여 2년의 범위에서 자립을 위한 주거편의(住居便宜) 등을 제공하는 시설
3. 외국인보호시설: 배우자가 대한민국 국민인 외국인 피해자등을 2년의 범위에서 보호하는 시설
4. 장애인보호시설:「장애인복지법」의 적용을 받는 장애인인 피해자등을 2년의 범위에서 보호하는 시설
② 단기보호시설의 장은 그 단기보호시설에 입소한 피해자등에 대한 보호기간을 여성가족부령으로 정하는 바에 따라 3개월의 범위에서 한 차례만 연장할 수 있다. 〈개정 2008. 2. 29, 2010. 1. 18〉 [전문개정 2007. 10. 17]

제7조의3 (보호시설의 입소대상 등) ① 보호시설의 입소대상은 피해자등으로서 다음 각 호의 어느 하나에 해당하는 경우로 한다.
1. 본인이 입소를 희망하거나 입소에 동의하는 경우

2.「장애인복지법」제2조에 따른 지적장애인이나 정신장애인, 그 밖에 의사능력이 불완전한 자로서 가정폭력행위자가 아닌 보호자가 입소에 동의하는 경우
3.「장애인복지법」제2조에 따른 지적장애인이나 정신장애인, 그 밖에 의사능력이 불완전한 자로서 상담원의 상담 결과 입소가 필요하나 보호자의 입소 동의를 받는 것이 적절하지 못하다고 인정되는 경우
② 제7조 제2항에 따라 인가받은 보호시설의 장은 제1항에 따라 보호시설에 입소한 입소자의 인적사항 및 입소 사유 등을 시장·군수·구청장에게 지체없이 보고하여야 하며, 제1항 제3호에 해당하는 자를 입소시킨 경우에는 지체없이 관할 시장·군수·구청장의 승인을 받아야 한다. [본조신설 2009. 5. 8]

제7조의4 (보호시설의 퇴소) 제7조의3에 따라 보호시설에 입소한 자는 본인의 의사 또는 같은 조 제1항 제2호에 따라 입소 동의를 한 보호자의 요청에 따라 보호시설을 퇴소할 수 있으며, 보호시설의 장은 입소한 자가 다음 각 호의 어느 하나에 해당하는 경우에는 퇴소를 명할 수 있다.
1. 보호의 목적이 달성된 경우
2. 보호기간이 끝난 경우
3. 입소자가 거짓이나 그 밖의 부정한 방법으로 입소한 경우
4. 보호시설 안에서 현저한 질서문란 행위를 한 경우 [본조신설 2009. 5. 8]

제7조의5 (보호시설에 대한 보호비용 지원) ① 국가나 지방자치단체는 보호시설에 입소한 피해자나 피해자가 동반한 가정구성원의 보호를 위하여 필요한 경우 다음 각 호의 보호비용을 보호시설의 장 또는 피해자에게 지원할 수 있다. 다만, 보호시설에 입소한 피해자나 피해자가 동반한 가정구성원이「국민기초생활 보장법」등 다른 법령에 따라 보호를 받고 있는 경우에는 그 범위에서 이 법에 따른 지원을 하지 아니한다.
1. 생계비

2. 아동교육지원비
3. 아동양육비
4. 그 밖에 대통령령으로 정하는 비용
② 제1항에 따른 보호비용의 지원 방법 및 절차 등에 필요한 사항은 여성가족부령으로 정한다. [본조신설 2010. 2. 4]

제8조 (보호시설의 업무) ① 보호시설은 피해자등에 대하여 다음 각 호의 업무를 행한다. 다만, 피해자가 동반한 가정구성원에게는 제1호 외의 업무 일부를 하지 아니할 수 있고, 장기보호시설은 피해자등에 대하여 제1호부터 제5호까지에 규정된 업무(주거편의를 제공하는 업무는 제외한다)를 하지 아니할 수 있다.
1. 숙식의 제공
2. 심리적 안정과 사회적응을 위한 상담 및 치료
3. 질병치료와 건강관리를 위한 의료기관에의 인도 등 의료지원
4. 수사기관의 조사와 법원의 증인신문(證人訊問)에의 동행
5. 법률구조기관 등에 필요한 협조와 지원의 요청
6. 자립자활교육의 실시와 취업정보의 제공
7. 다른 법률에 따라 보호시설에 위탁된 사항
8. 그 밖에 피해자등의 보호를 위하여 필요한 일
② 장애인보호시설을 설치·운영하는 자가 제1항 각 호의 업무를 할 때에는 장애인의 특성을 고려하여 적절하게 지원할 수 있도록 하여야 한다.
③ 보호시설의 장은 제1항 각 호로 인한 비용의 전부 또는 일부를 가정폭력행위자로부터 구상(求償)할 수 있다. 이 경우 그 구상절차는 국세 또는 지방세 체납처분절차의 예에 따른다. [전문개정 2007. 10. 17]

제18조 (치료보호) ① 의료기관은 피해자 본인, 가족, 친지나 긴급전화센터, 상담소 또는 보호시설의 장 등이 요청하면 피해자에 대하여 다음 각 호의 치료보호를 실시하여야 한다. 〈개정 2009. 5. 8〉
1. 보건에 관한 상담 및 지도

2. 신체적 · 정신적 피해에 대한 치료
3. 그 밖에 대통령령으로 정하는 의료에 관한 사항
② 제1항의 치료보호에 필요한 일체의 비용은 가정폭력행위자가 부담한다.
③ 제2항에도 불구하고 피해자가 치료보호비를 신청하는 경우에는 국가나 지방자치단체는 가정폭력행위자를 대신하여 제1항의 치료보호에 필요한 비용을 의료기관에 지급하여야 한다.
④ 국가나 지방자치단체가 제3항에 따라 비용을 지급한 경우에는 가정폭력행위자에 대하여 구상권(求償權)을 행사할 수 있다. 다만, 피해자가 보호시설 입소 중에 제1항의 치료보호를 받은 경우나 가정폭력행위자가 다음 각 호의 어느 하나에 해당하는 경우에는 그러하지 아니하다.
1. 「국민기초생활보장법」 제2조에 따른 수급자(受給者)
2. 「장애인복지법」 제32조에 따라 등록된 장애인
⑤ 제3항의 비용을 지급하기 위한 절차, 제4항의 구상권 행사(行使)의 절차 등에 필요한 사항은 여성가족부령으로 정한다. 〈개정 2008. 2. 29, 2010. 1. 18〉 [전문개정 2007. 10. 17]

부칙(정부조직법) 〈제9932호, 2010. 1. 18〉

제 1 조 (시행일) 이 법은 공포 후 2개월이 경과한 날(2010년 3월 19일)부터 시행한다. (이하 생략)

부칙 〈제10038호, 2010. 2. 4〉

이 법은 공포 후 1년이 경과한 날(2011년 2월 5일)부터 시행한다.

◇ 보호시설에 있는 미성년자의 후견직무에 관한 법 ◇ 〈법률 제8655호, 2007. 10. 17, 타법개정〉

제 1 조 (목적) 이 법은 보호시설에 있는 미성년자의 후견인에 관한 사항을 규정함을 목적으로 한다.

제 2 조 (정의) 이 법에서 사용하는 용어의 정의는 다음과 같다. 〈개정 2002. 12. 18, 2006. 12. 28, 2007. 4. 11, 2007. 10. 17〉

1. "보호시설"이라 함은 다음 각 목의 시설을 말한다.
   가. 아동복지법 제16조의 규정에 의한 아동복지시설 중 대통령령이 정하는 시설
   나. 「장애인복지법」 제58조 제1항 제1호의 규정에 의한 장애인생활시설
   다. 정신보건법 제3조 제4호 및 제5호의 규정에 의한 정신질환자사회복귀시설 및 정신요양시설
   라. 「한부모가족지원법」 제19조 제1항 제5호 · 제6호 및 제9호의 규정에 따른 미혼모자시설 · 미혼모자 공동생활가정 및 미혼모 공동생활가정
   마. 사회복지사업법 제34조 제4항의 규정에 의한 부랑인보호를 위한 시설
2. "부양의무자"라 함은 보호시설에 있는 미성년자에 대하여 민법 제931조 및 제932조의 규정에 의하여 후견인이 될 수 있는 자를 말한다.

제 3 조 (후견인) ① 국가 또는 지방자치단체가 설치 · 운영하는 보호시설에 있는 미성년자인 고아에 대하여는 그 보호시설의 장이 후견인이 된다.
② 국가 또는 지방자치단체 외의 자가 설치 · 운영하는 보호시설에 있는 미성년자인 고아에 대하여는 대통령령이 정하는 바에 따

라 그 보호시설의 소재지를 관할하는 시장 · 군수 · 구청장(자치구의 구청장을 말한다. 이하 같다)이 후견인을 지정한다.
③ 제1항 및 제2항의 규정은 보호시설에 있는 미성년자로서 고아 아닌 자에 대하여도 이를 준용하되, 대통령령이 정하는 바에 따라 법원의 허가를 받아야 한다.

제 4 조 (부양의무자 확인의 공고) ① 보호시설의 장은 제3조의 규정에 의한 후견인의 지정 등에 있어 대통령령이 정하는 바에 따라 당해 보호시설의 소재지를 관할하는 시장 · 군수 · 구청장에게 부양의무자 확인의 공고를 의뢰하여야 한다. 다만, 다른 보호시설의 장이 확인 공고를 의뢰한 사실이 있는 자에 대하여는 그러하지 아니하다.
② 제1항의 규정에 의하여 부양의무자 확인의 공고를 의뢰받은 시장 · 군수 · 구청장은 대통령령이 정하는 기간 동안 이를 공고하여야 한다.

제 5 조 (후견인의 결격사유) 다음 각 호의 1에 해당하는 자는 후견인이 될 수 없다.
1. 민법 제937조 각 호의 1에 해당하는 자
2. 후견인의 직무를 성실히 수행할 수 없거나 아동복지를 위하여 부적당하다고 인정되는 자

제 6 조 (후견인의 직무) 제3조의 규정에 의하여 후견인으로 된 자의 직무에 관하여는 민법의 후견인의 임무에 관한 규정을 준용한다. 다만, 피후견인의 입양에 관한 직무는 제4조 제2항의 규정에 의한 공고기간이 만료된 날의 다음 날부터 이를 행할 수 있다.

제 7 조 (후견인의 지정취소 등) 제3조의 규정에 의하여 후견인으로 지정받거나 지정에 관한 법원의 허가를 받은 자가 제5조 각 호의 1에 해당하게 되거나 그 임무가 종료된 때에는 그 보호시설

의 소재지를 관할하는 시장·군수·구청장은 후견인의 지정을 취소하거나 당해 법원에 그 허가의 취소를 청구할 수 있다.

◇ 소 년 법 ◇ 〈법률 제8722호, 2007. 12. 21, 일부개정〉

제 1 조 (목적) 이 법은 반사회성(反社會性)이 있는 소년의 환경 조정과 품행 교정(矯正)을 위한 보호처분 등의 필요한 조치를 하고, 형사처분에 관한 특별조치를 함으로써 소년이 건전하게 성장하도록 돕는 것을 목적으로 한다. [전문개정 2007. 12. 21]

제 2 조 (소년 및 보호자) 이 법에서 "소년"이란 19세 미만인 자를 말하며, "보호자"란 법률상 감호교육(監護教育)을 할 의무가 있는 자 또는 현재 감호하는 자를 말한다. [전문개정 2007. 12. 21]

제 3 조 (관할 및 직능) ① 소년 보호사건의 관할은 소년의 행위지, 거주지 또는 현재지로 한다.
② 소년 보호사건은 가정법원소년부 또는 지방법원소년부[이하 "소년부(少年部)"라 한다]에 속한다.
③ 소년 보호사건의 심리(審理)와 처분 결정은 소년부 단독판사가 한다. [전문개정 2007. 12. 21]

제 4 조 (보호의 대상과 송치 및 통고) ① 다음 각 호의 어느 하나에 해당하는 소년은 소년부의 보호사건으로 심리한다.
1. 죄를 범한 소년
2. 형벌 법령에 저촉되는 행위를 한 10세 이상 14세 미만인 소년
3. 다음 각 목에 해당하는 사유가 있고 그의 성격이나 환경에 비추어 앞으로 형벌 법령에 저촉되는 행위를 할 우려가 있는 10세

이상인 소년
가. 집단적으로 몰려다니며 주위 사람들에게 불안감을 조성하는 성벽(性癖)이 있는 것
나. 정당한 이유 없이 가출하는 것
다. 술을 마시고 소란을 피우거나 유해환경에 접하는 성벽이 있는 것

② 제1항 제2호 및 제3호에 해당하는 소년이 있을 때에는 경찰서장은 직접 관할 소년부에 송치(送致)하여야 한다.

③ 제1항 각 호의 어느 하나에 해당하는 소년을 발견한 보호자 또는 학교 · 사회복리시설 · 보호관찰소(보호관찰지소를 포함한다. 이하 같다)의 장은 이를 관할 소년부에 통고할 수 있다. [전문개정 2007. 12. 21]

제 5 조 (송치서) 소년 보호사건을 송치하는 경우에는 송치서에 사건 본인의 주거 · 성명 · 생년월일 및 행위의 개요와 가정 상황을 적고, 그 밖의 참고자료를 첨부하여야 한다. [전문개정 2007. 12. 21]

제 6 조 (이송) ① 보호사건을 송치 받은 소년부는 보호의 적정을 기하기 위하여 필요하다고 인정하면 결정(決定)으로써 사건을 다른 관할 소년부에 이송할 수 있다.

② 소년부는 사건이 그 관할에 속하지 아니한다고 인정하면 결정으로써 그 사건을 관할 소년부에 이송하여야 한다. [전문개정 2007. 12. 21]

제 7 조 (형사처분 등을 위한 관할 검찰청으로의 송치) ① 소년부는 조사 또는 심리한 결과 금고 이상의 형에 해당하는 범죄 사실이 발견된 경우 그 동기와 죄질이 형사처분을 할 필요가 있다고 인정하면 결정으로써 사건을 관할 지방법원에 대응한 검찰청 검사에게 송치하여야 한다.

② 소년부는 조사 또는 심리한 결과 사건의 본인이 19세 이상인 것으로 밝혀진 경우에는 결정으로써 사건을 관할 지방법원에 대

응하는 검찰청 검사에게 송치하여야 한다. 다만, 제51조에 따라 법원에 이송하여야 할 경우에는 그러하지 아니하다. [전문개정 2007. 12. 21]

제8조 (통지) 소년부는 제6조와 제7조에 따른 결정을 하였을 때에는 지체없이 그 사유를 사건 본인과 그 보호자에게 알려야 한다. [전문개정 2007. 12. 21]

제9조 (조사 방침) 조사는 의학 · 심리학 · 교육학 · 사회학이나 그 밖의 전문적인 지식을 활용하여 소년과 보호자 또는 참고인의 품행, 경력, 가정 상황, 그 밖의 환경 등을 밝히도록 노력하여야 한다. [전문개정 2007. 12. 21]

제10조 (진술거부권의 고지) 소년부 또는 조사관이 범죄 사실에 관하여 소년을 조사할 때에는 미리 소년에게 불리한 진술을 거부할 수 있음을 알려야 한다.

제17조 (보조인 선임) ① 사건 본인이나 보호자는 소년부 판사의 허가를 받아 보조인을 선임할 수 있다.
② 보호자나 변호사를 보조인으로 선임하는 경우에는 제1항의 허가를 받지 아니하여도 된다.
③ 보조인을 선임함에 있어서는 보조인과 연명날인한 서면을 제출하여야 한다. 이 경우 변호사가 아닌 사람을 보조인으로 선임할 경우에는 위 서면에 소년과 보조인과의 관계를 기재하여야 한다.
④ 소년부 판사는 보조인이 심리절차를 고의로 지연시키는 등 심리진행을 방해하거나 소년의 이익에 반하는 행위를 할 우려가 있다고 판단하는 경우에는 보조인 선임의 허가를 취소할 수 있다.
⑤ 보조인의 선임은 심급마다 하여야 한다.
⑥ 「형사소송법」 중 변호인의 권리의무에 관한 규정은 소년 보호사건의 성질에 위배되지 아니하는 한 보조인에 대하여 준용한다.

[전문개정 2007. 12. 21]

제17조의2 (국선보조인) ① 소년이 소년분류심사원에 위탁된 경우 보조인이 없을 때에는 법원은 변호사 등 적정한 자를 보조인으로 선정하여야 한다.
② 소년이 소년분류심사원에 위탁되지 아니하였을 때에도 다음의 경우 법원은 직권에 의하거나 소년 또는 보호자의 신청에 따라 보조인을 선정할 수 있다.
1. 소년에게 신체적 · 정신적 장애가 의심되는 경우
2. 빈곤이나 그 밖의 사유로 보조인을 선임할 수 없는 경우
3. 그 밖에 소년부 판사가 보조인이 필요하다고 인정하는 경우
③ 제1항과 제2항에 따라 선정된 보조인에게 지급하는 비용에 대하여는「형사소송비용 등에 관한 법률」을 준용한다. [본조신설 2007. 12. 21]

제55조 (구속영장의 제한) ① 소년에 대한 구속영장은 부득이한 경우가 아니면 발부하지 못한다.
② 소년을 구속하는 경우에는 특별한 사정이 없으면 다른 피의자나 피고인과 분리하여 수용하여야 한다. [전문개정 2007. 12. 21]

제67조의2 (비행예방정책) 법무부장관은 제4조 제1항에 해당하는 자(이하 "비행소년"이라 한다)가 건전하게 성장하도록 돕기 위하여 다음 각 호의 사항에 대한 필요한 조치를 취하여야 한다.
1. 비행소년이 건전하게 성장하도록 돕기 위한 조사 · 연구 · 교육 · 홍보 및 관련 정책의 수립 · 시행
2. 비행소년의 선도 · 교육과 관련된 중앙행정기관 · 공공기관 및 사회단체와의 협조체계의 구축 및 운영 [본조신설 2007. 12. 21]

제68조 (보도 금지) ① 이 법에 따라 조사 또는 심리 중에 있는 보호사건이나 형사사건에 대하여는 성명 · 연령 · 직업 · 용모 등으로

비추어 볼 때 그 자가 당해 사건의 당사자라고 미루어 짐작할 수 있는 정도의 사실이나 사진을 신문이나 그 밖의 출판물에 싣거나 방송할 수 없다.

◇ 형 법 ◇ 〈법률 제7623호, 2005. 7. 29, 일부개정〉

제 9 조 (형사미성년자) 14세 되지 아니한 자의 행위는 벌하지 아니한다.

제274조 (아동혹사) 자기의 보호 또는 감독을 받는 16세 미만의 자를 그 생명 또는 신체에 위험한 업무에 사용할 영업자 또는 그 종업자에게 인도한 자는 5년 이하의 징역에 처한다. 그 인도를 받은 자도 같다.

제287조 (미성년자의 약취, 유인) 미성년자를 약취 또는 유인한 자는 10년 이하의 징역에 처한다.

[대법원 판례] **미성년자 · 약취 · 유인죄의 주체**
법미성년자를 보호 · 감독하는 자라 하더라도 다른 보호감독자의 감호권을 침해하거나 자신의 감호권을 남용하여 미성년자 본인의 이익을 침해하는 경우에는 미성년자 약취 · 유인죄의 주체가 될 수 있다 (대법원 2008. 1. 13, 2007도8011 판결).

[대법원 판례] **'미성년자유인죄'의 의미**
'미성년자유인죄'라고 함은 기망 또는 유혹을 수단으로 하여 미성년자를 꾀어 현재의 보호상태로부터 이탈케 하여 자기 또는 제3자의 사실적 지배하로 옮기는 행위를 말하고, 여기서 유혹이라고 함은 기망의 정도에 이르지 아니하나 감언이설로써 상대방을 현혹시켜 판단의 적정을 그르치게 하는 것이므로 반드시 그 유혹의 내용이 허위일

것을 요하지는 않는다(대법원 1996. 2. 27, 95도2980 판결).

第348조 (준사기) ① 미성년자의 지려천박(知慮淺薄) 또는 사람의 심신장애를 이용하여 재물의 교부를 받거나 재산상의 이익을 취득한 자는 10년 이하의 징역 또는 2천만원 이하의 벌금에 처한다. 〈개정 1995. 12. 29〉
② 전항의 방법으로 제3자로 하여금 재물의 교부를 받게 하거나 재산상의 이익을 취득하게 한 때에도 전항의 형과 같다.

◇ 형사소송법 ◇ 〈법률 제9765호, 2009. 6. 9, 타법개정〉

第33조 (국선변호인) ① 다음 각 호의 어느 하나에 해당하는 경우에 변호인이 없는 때에는 법원은 직권으로 변호인을 선정하여야 한다.
1. 피고인이 구속된 때
2. 피고인이 미성년자인 때
3. 피고인이 70세 이상인 때
4. 피고인이 농아자인 때
5. 피고인이 심신장애의 의심이 있는 때
6. 피고인이 사형, 무기 또는 단기 3년 이상의 징역이나 금고에 해당하는 사건으로 기소된 때
② 법원은 피고인이 빈곤 그 밖의 사유로 변호인을 선임할 수 없는 경우에 피고인의 청구가 있는 때에는 변호인을 선정하여야 한다.
③ 법원은 피고인의 연령·지능 및 교육 정도 등을 참작하여 권리보호를 위하여 필요하다고 인정하는 때에는 피고인의 명시적 의사에 반하지 아니하는 범위 안에서 변호인을 선정하여야 한다.
[전문개정 2006. 7. 19]

제 4 장 성매매 · 성폭행

◇ 아동 · 청소년의 성보호에 관한 법률 ◇

〈법률 제9932호, 2010. 1. 18, 타법개정〉[1)]

제 1 조 (목적) 이 법은 아동 · 청소년대상 성범죄의 처벌과 절차에 관한 특례를 규정하고 피해아동 · 청소년을 위한 구제 및 지원절차를 마련하며 아동 · 청소년대상 성범죄자를 체계적으로 관리함으로써 아동 · 청소년을 성범죄로부터 보호하고 아동 · 청소년이 건강한 사회구성원으로 성장할 수 있도록 함을 목적으로 한다.

제 2 조 (정의) 이 법에서 사용하는 용어의 뜻은 다음과 같다.
1. "아동 · 청소년"은 19세 미만의 자를 말한다. 다만, 19세에 도달하는 해의 1월 1일을 맞이한 자는 제외한다.
2. "아동 · 청소년대상 성범죄"는 다음 각 목의 어느 하나에 해당하는 죄를 말한다.
   가. 제7조부터 제12조까지의 죄(제8조 제4항의 죄는 제외한다)
   나. 아동 · 청소년에 대한 「성폭력범죄의 처벌 및 피해자보호 등에 관한 법률」 제5조부터 제8조까지, 제8조의2 및 제9조부터 제12조까지의 죄
   다. 아동 · 청소년에 대한 「형법」 제297조부터 제301조까지, 제301조의2, 제302조, 제303조 및 제305조의 죄
3. "아동 · 청소년대상 성폭력범죄"는 아동 · 청소년대상 성범죄에서 제8조부터 제12조까지의 죄를 제외한 죄를 말한다.
4. "아동 · 청소년의 성을 사는 행위"는 아동 · 청소년, 아동 · 청소

1) 2009년 6월 9일 전부개정된 바 있음(법률 제9765호). 그 시행일은 2010년 1월 1일이었음.

년의 성(性)을 사는 행위를 알선한 자 또는 아동 · 청소년을 실질적으로 보호 · 감독하는 자 등에게 금품이나 그 밖의 재산상 이익, 직무 · 편의제공 등 대가를 제공하거나 약속하고 다음 각 목의 어느 하나에 해당하는 행위를 아동 · 청소년을 대상으로 하거나 아동 · 청소년으로 하여금 하게 하는 것을 말한다.

가. 성교 행위

나. 구강 · 항문 등 신체의 일부나 도구를 이용한 유사 성교 행위

다. 신체의 전부 또는 일부를 접촉 · 노출하는 행위로서 일반인의 성적 수치심이나 혐오감을 일으키는 행위

라. 자위행위

5. "아동 · 청소년이용음란물"은 아동 · 청소년이 등장하여 제4호의 어느 하나에 해당하는 행위를 하거나 그 밖의 성적 행위를 하는 내용을 표현하는 것으로서 필름 · 비디오물 · 게임물 또는 컴퓨터나 그 밖의 통신매체를 통한 화상 · 영상 등의 형태로 된 것을 말한다.

6. "피해아동 · 청소년"은 제2호 나목 · 다목의 죄 및 제7조부터 제9조까지의 죄의 피해자가 된 아동 · 청소년을 말한다.

7. "대상아동 · 청소년"은 제10조의 죄의 상대방이 된 아동 · 청소년을 말한다.

[하급심 판례] **초등학교 교사의 과도한 표현을 추행으로 인정한 사례**

학교라고 하는 공개된 공적 공간에서 초등학생들의 전인격적인 지도를 담당하여야 할 교사가 만 9세인 남학생의 성기를 수차례 접촉한 행위는, 그 동기가 아무리 순수한 것이라고 하더라도 교육의 방법과 수단으로서의 적정성을 그르친 것이라는 점, 정신적 · 육체적으로 미숙한 피해자의 성장 및 성적 정체성의 형성에 부정적인 영향을 미치는 점, 현 시대의 성적 도덕관념의 변화 등에 비추어 보아 이를 추행으로 볼 수 있다(서울중앙지법 2005. 8. 30, 2005노2022 판결).

제 3 조 (해석 · 적용상의 주의) 이 법을 해석 · 적용할 때에는 아동 · 청소년의 권익을 우선적으로 고려하여야 하며, 이해관계인과 그 가족의 권리가 부당하게 침해되지 아니하도록 주의하여야 한다.

제 4 조 (국가와 지방자치단체의 의무) ① 국가와 지방자치단체는 아동 · 청소년대상 성범죄를 예방하고, 아동 · 청소년을 성적 착취와 학대 행위로부터 보호하기 위하여 필요한 조사 · 연구 · 교육 및 계도와 더불어 법적 · 제도적 장치를 마련하며 필요한 재원을 조달하여야 한다.
② 국가는 아동 · 청소년에 대한 성적 착취와 학대 행위가 국제적 범죄임을 인식하고 범죄 정보의 공유, 범죄 조사 · 연구, 국제사법 공조, 범죄인 인도 등 국제협력을 강화하는 노력을 하여야 한다.

제 5 조 (사회의 책임) 모든 국민은 아동 · 청소년이 이 법에서 정한 범죄의 상대방이나 피해자가 되거나 이 법에서 정한 범죄를 저지르지 아니하도록 사회 환경을 정비하고 아동 · 청소년을 보호 · 선도 · 교육하는 데에 최선을 다하여야 한다.

제 7 조 (아동 · 청소년에 대한 강간 · 강제추행 등) ① 여자 아동 · 청소년에 대하여 「형법」 제297조의 죄를 범한 자는 5년 이상의 유기징역에 처한다.
② 아동 · 청소년에 대하여 폭행이나 협박으로 다음 각 호의 어느 하나에 해당하는 행위를 한 자는 3년 이상의 유기징역에 처한다.
1. 구강 · 항문 등 신체(성기는 제외한다)의 내부에 성기를 넣는 행위
2. 성기 · 항문에 손가락 등 신체(성기는 제외한다)의 일부나 도구를 넣는 행위
③ 아동 · 청소년에 대하여 「형법」 제298조의 죄를 범한 자는 1년 이상의 유기징역 또는 500만원 이상 2천만원 이하의 벌금에 처한다.
④ 아동 · 청소년에 대하여 「형법」 제299조의 죄를 범한 자는 제1항부터 제3항까지의 예에 따른다.
⑤ 위계(僞計) 또는 위력으로써 여자 아동 · 청소년을 간음하거나 아동 · 청소년을 추행한 자는 제1항부터 제3항까지의 예에 따른다.
⑥ 제1항부터 제5항까지의 미수범은 처벌한다.

[대법원 판례] **구 청소년의 성보호에 관한 법률 제10조 제4항의 여자 청소년간음죄와 제1항의 여자 청소년강간죄의 법정형을 같게 정한 것이 형벌체계상의 균형을 잃은 자의적인 입법인지 여부**
여자 청소년은 성인에 비하여 정신적 · 육체적으로 성숙하지 아니한 상태에 있어, 여자 청소년에 대하여는 형법상의 강간죄가 요구하는 정도의 폭행 · 협박을 사용하지 않고 위계 또는 위력만으로도 간음죄를 범할 수 있고, 실제 그러한 범죄가 빈번하게 발생하고 있으며, 실무상 여자 청소년에 대한 간음죄의 구체적인 사안에 있어서 그 간음의 수단이 형법상의 강간죄가 요구하는 정도의 폭행 · 협박인지, 위계 또는 위력에 불과한지를 구분하기가 쉽지 아니하므로, 위계 또는 위력을 사용하여 여자 청소년을 간음한 자를 여자 청소년을 강간한 자와 동일하게 처벌하여야 할 형사정책적인 필요성이 있는 점, 위계 또는 위력이란 그 범위가 매우 넓기 때문에 강간죄가 요구하는 정도의 폭행, 협박에 비하여 그 피해가 상대적으로 경미하고 불법의 정도도 낮은 경우가 많지만, 구체적인 사안에 따라서는 강간죄가 요구하는 정도의 폭행, 협박이 사용된 경우보다 죄질이 나쁘고 중대한 경우도 있을 수 있고, 범행의 동기와 범행 당시의 정황 및 보호법익에 대한 침해의 정도 등을 고려할 때 강간죄보다 무겁게 처벌하거나 동일하게 처벌하여야 할 필요가 있는 경우도 실무상 흔히 있어 위계 또는 위력에 의한 간음죄를 강간죄에 비하여 가볍게 처벌하는 것이 구체적인 경우에 있어서 오히려 불균형인 처벌결과를 가져올 염려가 없지 않은 점 등을 종합하여 보면, 위계 또는 위력을 사용하여 여자 청소년을 간음한 자에 대한 비난가능성의 정도가 여자 청소년을 강간한 자에 비하여 반드시 가볍다고 단정할 수 없으므로, 구 청소년의 성보호에 관한 법률 제10조 제4항(새 법률 제7조 제5항)이 위계 또는 위력을 사용하여 여자 청소년을 간음한 자에 대한 법정형을 여자 청소년을 강간한 자에 대한 법정형과 동일하게 정하였다고 하여 형벌체계상의 균형을 잃은 자의적인 입법이라고 할 수는 없다(대법원 2007. 8. 23, 2007도4818 판결).

[대법원 판례] **청소년의 성보호에 관한 법률에서 말하는 '위력'의 의미 및 위력 행사 여부의 판단 방법**
청소년의 성보호에 관한 법률 위반(청소년강간등)죄는 '위계 또는 위력으로써 여자 청소년을 간음하거나 청소년에 대하여 추행한' 것인바, 이 경우 위력이라 함은 피해자의 자유의사를 제압하기에 충분한 세력을 말하고, 유형적이든 무형적이든 묻지 않으므로 폭행 · 협박뿐 아니라 행위자의 사회적 · 경제적 · 정치적인 지위나 권세를 이용하는 것도 가능하며, '위력으로써' 간음 또는 추행한 것인지 여부는 행사

한 유형력의 내용과 정도 내지 이용한 행위자의 지위나 권세의 종류, 피해자의 연령, 행위자와 피해자의 이전부터의 관계, 그 행위에 이르게 된 경위, 구체적인 행위 태양, 범행 당시의 정황 등 제반 사정을 종합적으로 고려하여 판단하여야 한다(대법원 2008. 7. 24, 2008도4069 판결).

제 8 조 (아동·청소년이용음란물의 제작·배포 등) ① 아동·청소년이용음란물을 제작·수입 또는 수출한 자는 5년 이상의 유기징역에 처한다.
② 영리를 목적으로 아동·청소년이용음란물을 판매·대여·배포하거나 이를 목적으로 소지·운반하거나 공연히 전시 또는 상영한 자는 7년 이하의 징역에 처한다.
③ 아동·청소년이용음란물을 배포하거나 공연히 전시 또는 상영한 자는 3년 이하의 징역 또는 2천만원 이하의 벌금에 처한다.
④ 아동·청소년이용음란물을 소지한 자는 2천만원 이하의 벌금에 처한다.
⑤ 아동·청소년이용음란물을 제작할 것이라는 정황을 알면서 아동·청소년을 아동·청소년이용음란물의 제작자에게 알선한 자는 1년 이상 10년 이하의 징역에 처한다.
⑥ 제1항의 미수범은 처벌한다.

제 9 조 (아동·청소년 매매행위) ① 아동·청소년의 성을 사는 행위 또는 아동·청소년이용음란물을 제작하는 행위의 대상이 될 것을 알면서 아동·청소년을 매매 또는 국외에 이송하거나 국외에 거주하는 아동·청소년을 국내에 이송한 자는 무기 또는 5년 이상의 징역에 처한다.
② 제1항의 미수범은 처벌한다.

제10조 (아동·청소년의 성을 사는 행위 등) ① 아동·청소년의 성을 사는 행위를 한 자는 3년 이하의 징역 또는 2천만원 이하의 벌금에 처한다.
② 아동·청소년의 성을 사기 위하여 아동·청소년을 유인하거나

성을 팔도록 권유한 자는 1년 이하의 징역 또는 1천만원 이하의 벌금에 처한다.

제11조 (아동 · 청소년에 대한 강요행위 등) ① 다음 각 호의 어느 하나에 해당하는 자는 3년 이상의 유기징역에 처한다.
1. 폭행이나 협박으로 아동 · 청소년으로 하여금 아동 · 청소년의 성을 사는 행위의 상대방이 되게 한 자
2. 위계나 선불금(先拂金), 그 밖의 채무를 이용하는 등의 방법으로 아동 · 청소년을 곤경에 빠뜨려 아동 · 청소년으로 하여금 아동 · 청소년의 성을 사는 행위의 상대방이 되게 한 자
3. 업무 · 고용이나 그 밖의 관계로 자신의 보호 또는 감독을 받는 것을 이용하여 아동 · 청소년으로 하여금 아동 · 청소년의 성을 사는 행위의 상대방이 되게 한 자
4. 영업으로 아동 · 청소년을 아동 · 청소년의 성을 사는 행위의 상대방이 되도록 유인 · 권유한 자
② 제1항 제1호부터 제3호까지의 죄를 범한 자가 그 대가의 전부 또는 일부를 받거나 이를 요구 또는 약속한 때에는 5년 이상의 유기징역에 처한다.
③ 아동 · 청소년의 성을 사는 행위의 상대방이 되도록 유인 · 권유한 자는 5년 이하의 징역 또는 3천만원 이하의 벌금에 처한다.
④ 제1항과 제2항의 미수범은 처벌한다.

제12조 (알선영업행위 등) ① 다음 각 호의 어느 하나에 해당하는 자는 5년 이상의 유기징역에 처한다.
1. 아동 · 청소년의 성을 사는 행위의 장소를 제공하는 행위를 업으로 하는 자
2. 아동 · 청소년의 성을 사는 행위를 알선하는 행위를 업으로 하는 자
3. 제1호 또는 제2호의 범죄에 사용되는 사실을 알면서 자금 · 토지 또는 건물을 제공한 자
4. 영업으로 아동 · 청소년의 성을 사는 행위의 장소를 제공 · 알선하는 업소에 아동 · 청소년을 고용하도록 한 자

② 다음 각 호의 어느 하나에 해당하는 자는 5년 이하의 징역 또는 3천만원 이하의 벌금에 처한다.
1. 영업으로 아동·청소년의 성을 사는 행위를 하도록 유인·권유 또는 강요한 자
2. 아동·청소년의 성을 사는 행위의 장소를 제공한 자
3. 아동·청소년의 성을 사는 행위를 알선한 자
4. 영업으로 제2호 또는 제3호의 행위를 약속한 자
③ 아동·청소년의 성을 사는 행위를 하도록 유인·권유 또는 강요한 자는 3년 이하의 징역 또는 2천만원 이하의 벌금에 처한다.

제14조 (친권상실청구 등) ① 아동·청소년대상 성범죄 사건을 수사하는 검사는 그 사건의 가해자가 피해아동·청소년의 친권자나 후견인인 경우에 법원에 「민법」 제924조의 친권상실선고 또는 같은 법 제940조의 후견인 변경 결정을 청구할 수 있다.
② 다음 각 호의 기관·시설 또는 단체의 장은 검사에게 제1항의 청구를 하도록 요청할 수 있다. 이 경우 청구를 요청받은 검사는 요청받은 날부터 30일 내에 해당 기관·시설 또는 단체의 장에게 그 처리 결과를 통보하여야 한다.
1. 「아동복지법」 제24조의 아동보호전문기관
2. 「성폭력범죄의 처벌 및 피해자보호 등에 관한 법률」 제23조의 성폭력피해상담소 및 같은 법 제25조의 성폭력피해자보호시설
3. 「청소년기본법」 제46조의 청소년상담 및 긴급구조 등의 기관 및 같은 법 제46조의2의 청소년지원 등의 기관
4. 「청소년복지지원법」 제14조의 청소년쉼터
③ 제2항 후단에 따라 처리결과를 통보받은 기관·시설 또는 단체의 장은 그 처리결과에 대하여 이의가 있을 경우 통보받은 날부터 30일 내에 직접 법원에 제1항의 청구를 할 수 있다.

제15조 (피해아동·청소년의 보호조치 결정) 법원은 아동·청소년대상 성범죄 사건의 가해자에게 「민법」 제924조에 따라 친권상실선고를 하는 경우에는 피해아동·청소년을 다른 친권자 또는 친

족에게 인도하거나 제30조 또는 제31조의 기관 · 시설 또는 단체에 인도하는 등의 보호조치를 결정할 수 있다. 이 경우 그 아동 · 청소년의 의견을 존중하여야 한다.

제16조 (피해자의 의사) 「형법」 제306조 및 「성폭력범죄의 처벌 및 피해자보호 등에 관한 법률」 제15조에도 불구하고 아동 · 청소년을 대상으로 한 다음 각 호의 죄에 대하여는 피해자의 고소가 없어도 공소를 제기할 수 있다. 다만, 피해자의 명시한 의사에 반하여 공소를 제기할 수 없다.
1. 제7조의 죄
2. 「형법」 제297조부터 제300조까지, 제302조, 제303조 및 제305조의 죄
3. 「성폭력범죄의 처벌 및 피해자보호 등에 관한 법률」 제11조 제1항의 죄

제17조 (피해자 등에 대한 강요행위) 폭행이나 협박으로 아동 · 청소년대상 성폭력범죄의 피해자 또는 「아동복지법」 제2조 제3호에 따른 보호자를 상대로 합의를 강요한 자는 7년 이하의 유기징역에 처한다.

제18조 (수사절차에서의 배려) 수사기관은 아동 · 청소년대상 성범죄를 수사함에 있어서 아동 · 청소년의 인권과 특성을 배려하고 그 명예와 존엄을 해치지 아니하도록 주의하여야 한다.

제19조 (비밀누설 금지) ① 아동 · 청소년대상 성범죄의 수사 또는 재판을 담당하거나 이에 관여하는 공무원은 피해아동 · 청소년 또는 대상아동 · 청소년의 주소 · 성명 · 연령 · 학교 또는 직업 · 용모 등 그 아동 · 청소년을 특정할 수 있는 인적사항이나 사진 등 또는 그 아동 · 청소년의 사생활에 관한 비밀을 공개하거나 타인에게 누설하여서는 아니 된다.

② 제30조 및 제31조의 기관 · 시설 또는 단체의 장이나 이를 보조하는 자 또는 그 직에 있었던 자는 직무상 알게 된 비밀을 타인에게 누설하여서는 아니 된다.
③ 누구든지 피해아동 · 청소년 및 대상아동 · 청소년의 주소 · 성명 · 연령 · 학교 또는 직업 · 용모 등 그 아동 · 청소년을 특정하여 파악할 수 있는 인적사항이나 사진 등을 신문 등 인쇄물에 싣거나 「방송법」 제2조 제1호에 따른 방송(이하 "방송"이라 한다) 또는 「정보통신망 이용촉진 및 정보보호 등에 관한 법률」 제2조 제1항 제1호에 따른 정보통신망(이하 "정보통신망"이라 한다)을 통하여 공개하여서는 아니 된다.
④ 제1항부터 제3항까지를 위반한 자는 2년 이하의 징역 또는 1천만원 이하의 벌금에 처한다.

제22조 (아동 · 청소년대상 성범죄의 신고) ① 누구든지 아동 · 청소년대상 성범죄의 발생 사실을 알게 된 때에는 수사기관에 신고할 수 있다.
② 다음 각 호의 어느 하나에 해당하는 기관 · 시설 또는 단체의 장과 그 종사자는 직무상 아동 · 청소년대상 성범죄의 발생 사실을 알게 된 때에는 즉시 수사기관에 신고하여야 한다.
1. 「유아교육법」 제2조 제2호의 유치원
2. 「초 · 중등교육법」 제2조의 학교
3. 「의료법」 제3조의 의료기관
4. 「아동복지법」 제2조 제5호의 아동복지시설
5. 「장애인복지법」 제58조의 장애인복지시설
6. 「영유아보육법」 제2조 제3호의 보육시설
7. 「학원의 설립 · 운영 및 과외교습에 관한 법률」 제2조 제1호의 학원 및 같은 조 제2호의 교습소
8. 「성매매방지 및 피해자보호 등에 관한 법률」 제5조의 성매매피해자 등을 위한 지원시설 및 같은 법 제10조의 성매매피해상담소
9. 「한부모가족지원법」 제7조의 한부모가족복지상담소 및 같은 법 제19조의 한부모가족복지시설

10. 「가정폭력방지 및 피해자보호 등에 관한 법률」 제5조의 가정폭력 관련 상담소 및 같은 법 제7조의 가정폭력피해자 보호시설
11. 「성폭력범죄의 처벌 및 피해자보호 등에 관한 법률」 제23조의 성폭력피해상담소 및 같은 법 제25조의 성폭력피해자보호시설
12. 「청소년기본법」 제46조의 청소년상담 및 긴급구조 등의 기관 및 같은 법 제46조의2의 청소년지원 등의 기관
13. 「청소년활동진흥법」 제2조 제2호의 청소년활동시설
14. 「청소년복지지원법」 제14조의 청소년쉼터
15. 「청소년보호법」 제33조의2의 청소년보호센터와 청소년재활센터

③ 다른 법률에 규정이 있는 경우를 제외하고는 누구든지 신고자 등의 인적사항이나 사진 등 그 신원을 알 수 있는 정보나 자료를 출판물에 게재하거나 방송 또는 정보통신망을 통하여 공개하여서는 아니 된다.

제24조 (피해아동 · 청소년의 보호) 아동 · 청소년대상 성범죄를 저지른 자가 피해아동 · 청소년과 「가정폭력범죄의 처벌 등에 관한 특례법」 제2조 제2호의 가정구성원인 관계에 있는 경우로서 피해아동 · 청소년을 보호할 필요가 있는 때에는 같은 법 제5조, 제8조, 제29조 및 제49조부터 제53조까지의 규정을 준용한다.

제25조 (피해아동 · 청소년과 보호자의 상담 및 치료) 국가는 피해아동 · 청소년과 그 보호자의 신체적 · 정신적 회복을 위하여 제31조의 상담시설로 하여금 피해아동 · 청소년과 그 보호자에게 상담이나 치료프로그램을 제공하도록 요청할 수 있다.

제26조 (대상아동 · 청소년에 대한 수사 등) ① 「성매매알선 등 행위의 처벌에 관한 법률」 제21조 제1항에도 불구하고 대상아동 · 청소년에 대하여는 보호 및 재활을 위하여 처벌하지 아니한다.

② 사법경찰관은 대상아동 · 청소년을 발견한 경우 신속하게 사건을 수사한 후 「소년법」에 따라 가정법원 소년부 또는 지방법원

소년부(이하 "법원 소년부"라 한다)의 보호사건으로 처리하는 것이 상당한지에 관한 의견을 첨부하여 지체없이 검사에게 송치하여야 한다.
③ 검사 또는 사법경찰관은 대상아동 · 청소년을 발견한 경우 특별한 사정이 없으면 그 사실을 대상아동 · 청소년의 법정대리인 또는 사실상 그 아동 · 청소년을 보호하는 자(이하 "법정대리인 등"이라 한다)에게 통지하여야 한다.
④ 대상아동 · 청소년의 법정대리인 등 또는 제22조 제2항 각 호에 해당하는 기관 · 시설 또는 단체의 장은 대상아동 · 청소년을 발견한 경우에는 이를 관할 법원 소년부에 통고를 할 수 있다.

제30조 (보호시설) 「성매매방지 및 피해자보호 등에 관한 법률」 제5조 제1항 제2호의 청소년 지원시설, 「청소년복지지원법」 제14조의 청소년쉼터, 「청소년기본법」 제46조의 청소년상담 및 긴급구조 등의 기관 및 같은 법 제46조의2의 청소년지원 등의 기관 또는 「청소년보호법」 제33조의2의 청소년보호센터 및 청소년재활센터는 다음 각 호의 업무를 수행할 수 있다.
1. 제31조 제1항 각 호의 업무
2. 대상아동 · 청소년의 보호 · 자립지원
3. 장기치료가 필요한 대상아동 · 청소년의 다른 기관과의 연계 및 위탁

제31조 (상담시설) ① 「성매매방지 및 피해자보호 등에 관한 법률」 제10조의 성매매피해상담소, 「한부모가족지원법」 제7조의 한부모가족복지상담소 및 「청소년기본법」 제46조의 청소년상담 및 긴급구조 등의 기관 및 같은 법 제46조의2의 청소년지원 등의 기관은 다음 각 호의 업무를 수행할 수 있다.
1. 제7조부터 제12조까지의 범죄 신고의 접수 및 상담
2. 대상아동 · 청소년과 병원 또는 관련 시설과의 연계 및 위탁
3. 그 밖에 아동 · 청소년 성매매 등과 관련한 조사 · 연구
② 「성폭력범죄의 처벌 및 피해자보호 등에 관한 법률」 제23조의 성폭력피해상담소 및 같은 법 제25조의 성폭력피해자보호시설은

다음 각 호의 업무를 수행할 수 있다.
1. 제1항 각 호의 업무
2. 아동 · 청소년대상 성폭력범죄로 인하여 정상적인 생활이 어렵거나 그 밖의 사정으로 긴급히 보호를 필요로 하는 피해아동 · 청소년을 병원이나 성폭력피해자보호시설로 데려다 주거나 일시 보호하는 업무
3. 피해아동 · 청소년의 신체적 · 정신적 안정회복과 사회복귀를 돕는 업무
4. 가해자에 대한 고소와 피해배상청구 등의 사법처리절차에 관하여 대한변호사협회 · 대한법률구조공단 등 관계 기관에 필요한 협조와 지원을 요청하는 업무
5. 아동 · 청소년대상 성폭력범죄의 예방과 방지를 위한 홍보
6. 아동 · 청소년대상 성폭력범죄 및 그 피해에 관한 조사 · 연구
7. 그 밖에 피해아동 · 청소년의 보호를 위하여 필요한 업무

부칙(정부조직법) 〈제9932호, 2010. 1. 18〉

제 1 조 (시행일) 이 법은 공포 후 2개월이 경과한 날(2010년 3월 19일)부터 시행한다. 〈이하 생략〉

◇ 성매매방지 및 피해자보호 등에 관한 법률 ◇ 〈법률 제10037호, 2010. 2. 4, 일부개정〉

제 5 조 (지원시설의 종류) ① 성매매피해자등을 위한 지원시설(이하 "지원시설"이라 한다)의 종류는 다음 각 호와 같다.
1. 일반 지원시설: 성매매피해자등을 대상으로 1년 이내의 범위에서 숙식을 제공하고 자립을 지원하는 시설
2. 청소년 지원시설: 청소년인 성매매피해자등을 대상으로 1년 이

내의 범위에서 숙식을 제공하고, 취학·교육 등을 통하여 자립을 지원하는 시설
3. 외국인여성 지원시설: 외국인여성인 성매매피해자등을 대상으로 3개월(「성매매알선 등 행위의 처벌에 관한 법률」 제11조에 해당하는 외국인여성에 대하여는 그 해당 기간) 이내의 범위에서 숙식을 제공하고, 귀국을 지원하는 시설
4. 자활지원센터: 성매매피해자등을 대상으로 자활에 필요한 지원을 제공하는 이용시설
② 일반 지원시설의 장은 6개월 이내의 범위에서 여성가족부령으로 정하는 바에 따라 지원기간을 연장할 수 있다. 〈개정 2010. 1. 18〉
③ 청소년 지원시설의 장은 청소년이 19세가 될 때까지 여성가족부령으로 정하는 바에 따라 지원기간을 연장할 수 있다. 〈개정 2010. 1. 18〉 [전문개정 2008. 12. 19]

제 6 조 (지원시설의 설치) ① 국가나 지방자치단체는 지원시설을 설치·운영할 수 있다.
② 국가나 지방자치단체 외의 자가 지원시설을 설치·운영하려면 특별자치도지사, 시장·군수·구청장(자치구의 구청장을 말한다. 이하 같다)에게 신고하여야 한다.
③ 지원시설의 설치기준·신고절차 및 종사자의 자격기준·수 등에 필요한 사항은 여성가족부령으로 정한다. 〈개정 2010. 1. 18〉 [전문개정 2008. 12. 19]

제 7 조 (지원시설의 업무) ① 일반 지원시설은 다음 각 호의 업무를 수행한다. 〈개정 2010. 1. 18〉
1. 숙식 제공
2. 심리적 안정과 사회 적응을 위한 상담 및 치료
3. 질병치료와 건강관리를 위하여 의료기관에 인도(引渡)하는 등의 의료지원
4. 수사기관의 조사와 법원의 증인신문(證人訊問)에의 동행
5. 법률구조기관 등에 필요한 협조와 지원 요청
6. 자립자활교육의 실시와 취업정보 제공

7. 「국민기초생활 보장법」 등 사회보장 관련 법령에 따른 급부(給付)의 수령 지원
8. 기술교육(위탁교육을 포함한다)
9. 다른 법률에서 지원시설에 위탁한 사항
10. 그 밖에 여성가족부령으로 정하는 사항
② 청소년 지원시설은 제1항 각 호의 업무 외에 진학을 위한 교육을 제공하거나 교육기관에 취학을 연계하는 업무를 수행한다.
③ 외국인여성 지원시설은 제1항 제1호부터 제5호까지 및 제9호의 업무와 귀국을 지원하는 업무를 수행한다.
④ 자활지원센터는 다음 각 호의 업무를 수행한다. 〈개정 2010. 1. 18〉
1. 자활공동체 등의 운영
2. 취업 및 기술교육(위탁교육을 포함한다)
3. 취업 및 창업을 위한 정보의 제공
4. 그 밖에 사회 적응을 위하여 필요한 지원으로서 여성가족부령으로 정하는 사항 [전문개정 2008. 12. 19]

제 8 조 (지원시설 입소 등) ① 지원시설에 들어가려는 사람은 해당 지원시설의 입소규정을 지켜야 한다.
② 지원시설에서 제공하는 프로그램을 이용하려는 사람은 해당 지원시설의 이용규정을 지켜야 한다.
③ 지원시설의 장은 입소규정이나 이용규정을 지키지 아니하거나 그 밖에 단체생활을 현저히 해치는 행위를 하는 입소자나 이용자에 대하여는 퇴소 또는 이용 중단 등 필요한 조치를 할 수 있다.
④ 지원시설의 입소절차, 이용절차, 입소규정 및 이용규정 등에 필요한 사항은 여성가족부령으로 정한다. 〈개정 2010. 1. 18〉 [전문개정 2008. 12. 19]

제 9 조 (지원시설의 운영) ① 지원시설의 장은 입소자 또는 이용자의 인권을 최대한 보장하여야 한다.
② 지원시설의 장은 입소자 및 이용자의 사회 적응능력 등을 기를 수 있는 상담, 교육, 정보 제공 및 신변 보호 등에 필요한 지

원을 하여야 한다.
③ 지원시설의 장은 입소자의 건강관리를 위하여 입소 후 1개월 이내에 건강진단을 실시하고, 건강에 이상이 발견된 경우에는 「의료급여법」에 따른 의료급여를 받게 하는 등 필요한 조치를 하여야 하며, 필요한 경우 의료기관에 질병치료 등을 의뢰할 수 있다.
④ 지원시설의 운영방법 · 운영기준 등에 필요한 사항은 여성가족부령으로 정한다. 〈개정 2010. 1. 18〉 [전문개정 2008. 12. 19]

제10조 (상담소의 설치) ① 국가나 지방자치단체는 성매매피해상담소(이하 "상담소"라 한다)를 설치 · 운영할 수 있다.
② 국가나 지방자치단체 외의 자가 상담소를 설치 · 운영하려면 특별자치도지사, 시장 · 군수 · 구청장에게 신고하여야 한다.
③ 상담소에는 상담실을 두어야 하며, 이용자를 임시로 보호하기 위한 보호실을 운영할 수 있다.
④ 상담소의 설치기준 · 신고절차 · 운영기준, 상담원 등 종사자의 자격기준 및 수 등에 필요한 사항은 여성가족부령으로 정한다. 〈개정 2010. 1. 18〉 [전문개정 2008. 12. 19]

제11조 (상담소의 업무 등) 상담소는 다음 각 호의 업무를 수행한다. 〈개정 2010. 1. 18〉
1. 상담 및 현장 방문
2. 지원시설 이용에 관한 고지 및 지원시설에의 인도 또는 연계
3. 성매매피해자의 구조(救助)
4. 제7조 제1항 제3호부터 제5호까지의 업무
5. 다른 법률에서 상담소에 위탁한 사항
6. 성매매피해자등의 보호를 위한 조치로서 여성가족부령으로 정하는 사항 [전문개정 2008. 12. 19]

제11조의2 (성매매방지중앙지원센터의 설치 등) ① 국가는 성매매방지활동 및 성매매피해자등에 대한 지원서비스 전달체계의 효율적인 연계 · 조정 등을 위하여 성매매방지중앙지원센터(이하 "중앙

지원센터"라 한다)를 설치 · 운영할 수 있다.
② 중앙지원센터는 다음 각 호의 업무를 수행한다. 〈개정 2010. 1. 18〉
1. 지원시설 및 상담소간 종합 연계망 구축
2. 성매매피해자 구조체계 구축 · 운영 및 성매매피해자 구조 활동의 지원
3. 법률 · 의료 지원단 운영 및 법률 · 의료 지원체계 확립
4. 성매매피해자등의 자활 · 자립 프로그램 개발 · 보급
5. 성매매피해자등에 대한 지원 대책 연구 및 홍보활동
6. 성매매 실태조사 및 성매매 방지대책 연구
7. 성매매 예방교육프로그램의 개발
8. 상담원의 교육 및 양성, 상담기법의 개발 및 보급
9. 그 밖에 여성가족부령으로 정하는 사항
③ 중앙지원센터의 운영은 여성가족부령으로 정하는 바에 따라 민간에 위탁할 수 있다 〈개정 2010. 1. 18〉
④ 그 밖에 중앙지원센터의 조직 · 운영 및 종사자의 자격기준 등에 관하여 필요한 사항은 대통령령으로 정한다. [본조신설 2008. 6. 13]

제11조의3 (보수교육의 실시) ① 여성가족부장관 또는 특별시장 · 광역시장 · 도지사 · 특별자치도지사(이하 "시 · 도지사"라 한다)는 지원시설 및 상담소 종사자의 자질을 향상시키기 위하여 보수교육을 실시하여야 한다.
② 여성가족부장관 또는 시 · 도지사는 제1항에 따른 보수교육에 관한 업무를 중앙지원센터 또는 대통령령으로 정하는 전문기관에 위탁할 수 있다.
③ 제1항에 따른 보수교육의 내용 · 기간 및 방법 등에 필요한 사항은 여성가족부령으로 정한다. [본조신설 2010.2.4]

제13조 (성매매피해자등의 의사 존중) 지원시설의 장과 상담소의 장은 성매매피해자등이 밝힌 의사에 반(反)하여 지원시설에 들어가게 하거나 제10조 제3항의 보호를 할 수 없다. [전문개정 2008.

12. 19]

제14조 (의료비의 지원) ① 국가나 지방자치단체는 제9조 제3항에 따라 지원시설의 장이 의료기관에 질병치료 등을 의뢰한 경우에는 「의료급여법」상의 급여가 지급되지 아니하는 치료항목에 대한 의료비용의 전부 또는 일부를 지원할 수 있다.
② 제1항에 따른 의료비용의 지원범위와 지원절차 등에 필요한 사항은 여성가족부령으로 정한다. 〈개정 2010. 1. 18〉 [전문개정 2008. 12. 19]

제14조의2 (전담의료기관의 지정 등) ① 여성가족부장관 또는 특별자치도지사, 시장 · 군수 · 구청장은 「성폭력범죄의 처벌 및 피해자보호 등에 관한 법률」 제33조 제1항에 따라 지정받은 전담의료기관 등 필요한 의료기관을 성매매피해자등의 치료를 위한 전담의료기관으로 지정할 수 있다. 〈개정 2010. 1. 18〉
② 제1항에 따라 지정된 전담의료기관은 지원시설의 장이나 상담소의 장의 요청이 있을 때에는 다음 각 호의 의료 등을 제공하여야 한다.
1. 성매매피해자등의 보건 상담 및 지도
2. 성매매피해의 치료
3. 그 밖에 대통령령으로 정하는 신체적 · 정신적 치료 [전문개정 2008. 12. 19]

제15조 (비용의 보조) ① 국가나 지방자치단체는 지원시설과 상담소의 설치 · 운영에 드는 비용을 보조할 수 있다.
② 국가나 지방자치단체는 해외 성매매피해자(해외에서 발생한 성매매피해자를 말한다)에 대한 보호 · 지원 활동을 하는 비영리법인이나 단체에 예산의 범위에서 그 경비를 보조할 수 있다.
③ 제1항에 따른 비용의 보조범위 등에 필요한 사항은 대통령령으로 정한다. [전문개정 2008. 12. 19]

제15조의2 (지원시설과 상담소의 평가) ① 여성가족부장관은 3년마다 지원시설과 상담소의 운영실적을 평가하고, 그 결과를 감독 및 지원 등에 반영할 수 있다.
② 제1항에 따른 평가의 기준과 방법 등에 필요한 사항은 여성가족부령으로 정한다. [본조신설 2010. 2. 4]

부칙 〈제10037호, 2010. 2. 4〉

이 법은 공포 후 6개월이 경과한 날(2010년 8월 5일)부터 시행한다.

◇ 성매매알선 등 행위의 처벌에 관한 법률 ◇ 〈법률 제7404호, 2005. 3. 24, 일부개정〉

제 1 조 (목적) 이 법은 성매매 · 성매매알선등행위 및 성매매 목적의 인신매매를 근절하고, 성매매피해자의 인권을 보호함을 목적으로 한다.

제 2 조 (정의)이 법에서 사용하는 용어의 정의는 다음과 같다.
1. "성매매"라 함은 불특정인을 상대로 금품 그 밖의 재산상의 이익을 수수 · 약속하고 다음 각 목의 어느 하나에 해당하는 행위를 하거나 그 상대방이 되는 것을 말한다.
  가. 성교행위
  나. 구강 · 항문 등 신체의 일부 또는 도구를 이용한 유사성교행위
2. "성매매알선등행위"라 함은 다음 각 목의 어느 하나에 해당하는 행위를 하는 것을 말한다.
  가. 성매매를 알선 · 권유 · 유인 또는 강요하는 행위
  나. 성매매의 장소를 제공하는 행위

다. 성매매에 제공되는 사실을 알면서 자금·토지 또는 건물을 제공하는 행위

3. "성매매 목적의 인신매매"라 함은 다음 각 목의 어느 하나에 해당하는 행위를 하는 것을 말한다.

가. 성을 파는 행위 또는 「형법」 제245조의 규정에 의한 음란행위를 하게 하거나, 성교행위 등 음란한 내용을 표현하는 사진·영상물 등의 촬영대상으로 삼을 목적으로 위계·위력 그 밖에 이에 준하는 방법으로 대상자를 지배·관리하면서 제3자에게 인계하는 행위

나. 가목과 같은 목적으로 「청소년보호법」 제2조 제1호의 규정에 의한 청소년(이하 "청소년"이라 한다), 사물을 변별하거나 의사를 결정할 능력이 없거나 미약한 자 또는 대통령령이 정하는 중대한 장애가 있는 자나 그를 보호·감독하는 자에게 선불금 등 금품 그 밖의 재산상의 이익을 제공·약속하고 대상자를 지배·관리하면서 제3자에게 인계하는 행위

다. 가목 및 나목의 행위가 행하여지는 것을 알면서 가목과 같은 목적이나 전매를 위하여 대상자를 인계받는 행위

라. 가목 내지 다목의 행위를 위하여 대상자를 모집·이동·은닉하는 행위

4. "성매매피해자"라 함은 다음 각 목의 어느 하나에 해당하는 자를 말한다.

가. 위계·위력 그 밖에 이에 준하는 방법으로 성매매를 강요당한 자

나. 업무·고용 그 밖의 관계로 인하여 보호 또는 감독하는 자에 의하여 「마약류관리에관한법률」 제2조의 규정에 의한 마약·향정신성의약품 또는 대마(이하 "마약등"이라 한다)에 중독되어 성매매를 한 자

다. 청소년, 사물을 변별하거나 의사를 결정할 능력이 없거나 미약한 자 또는 대통령령이 정하는 중대한 장애가 있는 자로서 성매매를 하도록 알선·유인된 자

라. 성매매 목적의 인신매매를 당한 자

② 다음 각 호의 어느 하나에 해당하는 경우에는 대상자를 제1항 제3호 가목에서 규정한 지배·관리하에 둔 것으로 본다.

1. 선불금 제공 등의 방법으로 대상자의 동의를 얻은 때에도 그 의사에 반하여 이탈을 제지한 경우
2. 타인을 고용 · 감독하는 자, 출입국 · 직업을 알선하는 자 또는 그를 보조하는 자가 성을 파는 행위를 하게 할 목적으로 여권 또는 이에 갈음하는 증명서를 채무이행 확보 등의 명목으로 제공받은 경우

제 3 조 (국가 등의 책임) ① 국가 및 지방자치단체는 성매매, 성매매알선등행위 및 성매매 목적의 인신매매의 예방과 근절을 위한 교육 및 홍보 등에 관하여 법적 · 제도적 대책을 마련하고, 필요한 재원을 조달하여야 한다.
② 국가는 성매매 목적의 인신매매 방지를 위한 국제협력의 증진과 형사사법의 공조의 강화에 노력하여야 한다.

제 4 조 (금지행위) 누구든지 다음 각 호의 어느 하나에 해당하는 행위를 하여서는 아니 된다.
1. 성매매
2. 성매매알선등행위
3. 성매매 목적의 인신매매
4. 성을 파는 행위를 하게 할 목적으로 타인을 고용 · 모집하거나 성매매가 행하여진다는 사실을 알고 직업을 소개 · 알선하는 행위
5. 제1호 · 제2호 및 제4호의 행위 및 그 행위가 행하여지는 업소에 대한 광고행위

제 6 조 (성매매피해자에 대한 처벌특례와 보호) ① 성매매피해자의 성매매는 처벌하지 아니한다.
② 검사 또는 사법경찰관은 수사과정에서 피의자 또는 참고인이 성매매피해자에 해당한다고 볼 만한 상당한 이유가 있을 때에는 지체없이 법정대리인 · 친족 또는 변호인에게 통지하고, 신변보호, 수사의 비공개, 친족 또는 지원시설 · 성매매피해상담소에의 인계 등 그 보호에 필요한 조치를 하여야 한다. 다만, 피의자 또는 참

고인의 사생활 보호 등 부득이한 사유가 있는 경우에는 통지하지 아니할 수 있다.
③ 법원 또는 수사기관이 이 법에 규정된 범죄를 신고(고소 · 고발을 포함한다. 이하 같다)한 자 또는 성매매피해자(이하 "신고자등"이라 한다. 이하 같다)를 조사하거나 증인으로 신문할 경우에는 특정범죄신고자등보호법 제7조 내지 제13조를 준용한다. 이 경우 같은 법 제9조 및 제13조를 제외하고는 보복을 당할 우려가 있을 것을 요하지 아니한다.

제 7 조 (신고의무 등) ① 「성매매방지및피해자보호등에관한법률」 제5조 제1항의 규정에 의한 지원시설 및 같은 법 제10조의 규정에 의한 성매매피해상담소의 장이나 그 종사자가 업무와 관련하여 성매매피해사실을 알게 된 때에는 지체없이 수사기관에 신고하여야 한다.
② 누구든지 이 법에 규정된 범죄를 신고한 자에 대하여 그 신고를 이유로 불이익을 주어서는 아니된다.
③ 다른 법률에 규정이 있는 경우를 제외하고는 신고자등의 인적사항이나 사진 등 그 신원을 알 수 있는 정보나 자료를 인터넷 또는 출판물에 게재하거나 방송매체를 통하여 방송하여서는 아니된다.

제 8 조 (신뢰관계에 있는 자의 동석) ① 법원은 신고자등을 증인으로 신문하는 때에는 직권 또는 본인 · 법정대리인이나 검사의 신청에 의하여 신뢰관계에 있는 자를 동석하게 할 수 있다.
② 수사기관은 신고자등을 조사하는 때에는 직권 또는 본인 · 법정대리인의 신청에 의하여 신뢰관계에 있는 자를 동석하게 할 수 있다.
③ 청소년, 사물을 변별하거나 의사를 결정할 능력이 없거나 미약한 자 또는 대통령령이 정하는 중대한 장애가 있는 자에 대하여 제1항 및 제2항의 규정에 따른 신청이 있는 경우에는 재판 또는 수사에 지장을 초래할 우려가 있는 등 특별한 사유가 없는 한 신뢰관계에 있는 자를 동석하게 하여야 한다.

④ 제1항 내지 제3항의 규정에 따라 신문이나 조사에 동석하는 사람은 진술을 대리하거나 유도하는 등으로 수사나 재판에 부당한 영향을 끼쳐서는 아니 된다.

제9조 (심리의 비공개) ① 법원은 신고자등의 사생활 또는 신변보호를 위하여 필요한 때에는 결정으로 심리를 공개하지 아니할 수 있다.
② 증인으로 소환 받은 신고자등과 그 가족은 사생활 또는 신변보호를 위하여 증인신문의 비공개를 신청할 수 있다.
③ 재판장은 제2항의 규정에 의한 신청이 있는 때에는 그 허가 여부, 법정 외의 장소에서의 신문 등 신문의 방식 및 장소에 관하여 결정할 수 있다.
④ 제1항 및 제3항의 규정에 의한 심리의 비공개에 관하여는 법원조직법 제57조 제2항 및 제3항의 규정을 준용한다.

제10조 (불법원인으로 인한 채권무효) ① 성매매알선등행위를 한 자, 성을 파는 행위를 할 자를 고용 · 모집하거나 그 직업을 소개 · 알선한 자 또는 성매매 목적의 인신매매를 한 자가 그 행위와 관련하여 성을 파는 행위를 하였거나 할 자에게 가지는 채권은 그 계약의 형식이나 명목에 관계 없이 이를 무효로 한다. 그 채권을 양도하거나 그 채무를 인수한 경우에도 또한 같다.
② 검사 또는 사법경찰관은 제1항의 불법원인과 관련된 의심이 있는 채무의 불이행을 이유로 고소 · 고발된 사건을 수사할 때에는 금품 그 밖의 재산상의 이익 제공이 성매매의 유인 · 강요나 성매매 업소로부터의 이탈방지수단으로 이용되었는지 여부를 확인하여 수사에 참작하여야 한다.
③ 검사 또는 사법경찰관은 성을 파는 행위를 한 자나 성매매피해자를 조사할 때에는 제1항의 채권이 무효인 사실과 지원시설 등을 이용할 수 있음을 본인 또는 법정대리인 등에게 고지하여야 한다.

제11조 (외국인여성에 대한 특례) ① 외국인여성이 이 법에 규정된 범죄를 신고하거나 외국인여성을 성매매피해자로 수사하는 때에는 당해 사건을 불기소처분하거나 공소를 제기할 때까지 출입국관리법 제46조의 규정에 의한 강제퇴거명령 또는 같은 법 제51조의 규정에 의한 보호의 집행을 하여서는 아니 된다. 이 경우 수사기관은 출입국관리사무소에 당해 외국인여성의 인적사항과 주거를 통보하는 등 출입국 관리에 필요한 조치를 취하여야 한다.
② 검사는 제1항의 사건에 대하여 공소를 제기한 후에는 성매매피해실태, 증언 또는 배상의 필요성 그 밖의 정황을 고려하여 출입국관리사무소장 등 관계기관의 장에게 일정한 기간을 정하여 제1항의 규정에 따른 강제퇴거명령의 집행을 유예하거나 보호의 일시해제를 요청할 수 있다.
③ 제1항 및 제2항의 규정에 따라 강제퇴거명령의 집행을 유예하거나 보호의 일시해제를 하는 기간 중에는 당해 외국인여성에게 지원시설 등을 이용하게 할 수 있다.
④ 수사기관은 외국인여성을 성매매피해자로 조사하는 때에는 「소송촉진등에관한특례법」에 따른 배상신청을 할 수 있음을 고지하여야 한다.
⑤ 성매매피해자인 외국인여성이 「소송촉진등에관한특례법」에 따른 배상신청을 한 때에는 그 배상명령이 확정될 때까지 제1항의 규정을 준용한다.

◇ 성폭력범죄의 처벌 및 피해자보호 등에 관한 법률 ◇

〈법률 제9932호, 2010. 1. 18, 타법개정〉

제 1 조 (목적) 이 법은 성폭력범죄를 예방하고 그 피해자를 보호하며, 성폭력범죄의 처벌 및 그 절차에 관한 특례를 규정함으로써 국민의 인권신장과 건강한 사회질서의 확립에 이바지함을 목적으

로 한다.

제 2 조 (정의) ① 이 법에서 "성폭력범죄"라 함은 다음 각 호의 1에 해당하는 죄를 말한다. 〈개정 1997. 8. 22, 1998. 12. 28〉

1. 「형법」 제22장 성 풍속에 관한 죄 중 제242조(음행매개) · 제243조(음화 등의 반포 등) · 제244조(음화 등의 제조 등) 및 제245조(공연음란)의 죄
2. 「형법」 제31장 약취와 유인의 죄 중 추행 또는 간음을 목적으로 하거나 추업에 사용할 목적으로 범한 제288조(영리 등을 위한 약취, 유인, 매매 등) · 제292조(약취, 유인, 매매된 자를 수수 또는 은닉. 다만, 제288조의 약취 · 유인이나 매매된 자를 수수 또는 은닉한 죄에 한한다) · 제293조(상습범. 다만, 제288조의 약취 · 유인이나 매매된 자 또는 이송된 자를 수수 또는 은닉한 죄의 상습범에 한한다) · 제294조(미수범. 다만, 제288조의 미수범 및 제292조의 미수범 중 제288조의 약취 · 유인이나 매매된 자를 수수 또는 은닉한 죄의 미수범과 제293조의 상습범의 미수범 중 제288조의 약취 · 유인이나 매매된 자를 수수 또는 은닉한 죄의 상습범의 미수범에 한한다)의 죄
3. 「형법」 제32장 강간과 추행의 죄 중 제297조(강간) · 제298조(강제추행) · 제299조(준강간, 준강제추행) · 제300조(미수범) · 제301조(강간 등 상해 · 치상) · 제301조의2(강간 등 살인 · 치사) · 제302조(미성년자등에 대한 간음) · 제303조(업무상위력 등에 의한 간음) 및 제305조(미성년자에 대한 간음, 추행)의 죄
4. 「형법」 제339조(강도강간)의 죄
5. 이 법 제5조(특수강도강간 등) 내지 제14조의2(카메라 등 이용촬영)의 죄

② 제1항 각 호의 범죄로서 다른 법률에 의하여 가중처벌 되는 죄는 성폭력범죄로 본다.

제 3 조 (국가와 지방자치단체의 의무) ① 국가와 지방자치단체는 성폭력범죄를 예방하고 그 피해자를 보호하며 유해환경을 개선하기 위하여 필요한 법적 · 제도적 장치를 마련하고 필요한 재원을

조달하여야 한다.
② 국가와 지방자치단체는 청소년을 건전하게 육성하기 위하여 청소년에 대한 성교육 및 성폭력예방에 필요한 교육을 실시하여야 한다.
③ 제2항의 규정에 의한 청소년에 대한 성교육 및 성폭력예방에 필요한 교육에 관하여 필요한 사항은 대통령령으로 정한다. 〈신설 1997. 8. 22〉

제 4 조 (피해자에 대한 불이익처분의 금지) 성폭력범죄의 피해자를 고용하고 있는 자는 누구든지 성폭력범죄와 관련하여 피해자를 해고하거나 기타 불이익을 주어서는 아니 된다.

제 8 조의2 (13세 미만의 미성년자에 대한 강간, 강제추행 등) ① 13세 미만의 여자에 대하여「형법」제297조(강간)의 죄를 범한 자는 7년 이상의 유기징역에 처한다.
② 13세 미만의 사람에 대하여 폭행이나 협박으로 다음 각 호의 어느 하나에 해당하는 행위를 한 자는 5년 이상의 유기징역에 처한다.
1. 구강 · 항문 등 신체(성기는 제외한다)의 내부에 성기를 넣는 행위
2. 성기 · 항문에 손가락 등 신체(성기는 제외한다)의 일부나 도구를 넣는 행위
③ 13세 미만의 사람에 대하여「형법」제298조(강제추행)의 죄를 범한 자는 3년 이상의 유기징역 또는 1천만원 이상 3천만원 이하의 벌금에 처한다.
④ 13세 미만의 사람에 대하여「형법」제299조(준강간, 준강제추행)의 죄를 범한 자는 제1항부터 제3항까지의 규정의 예에 따라 처벌한다.
⑤ 위계 또는 위력으로써 13세 미만의 여자를 간음하거나 13세 미만의 사람에 대하여 추행을 한 자는 제1항부터 제3항까지의 규정의 예에 따라 처벌한다. [전문개정 2008. 6. 13]

[대법원 판례] **13세 미만 미성년자에 대한 추행죄의 주관적 구성요건**
성폭력범죄의 처벌 및 피해자보호 등에 관한 법률 제8조의2 제5항에서 규정한 13세 미만의 미성년자에 대한 추행죄는 '13세 미만의 아동이 외부로부터의 부적절한 성적 자극이나 물리력의 행사가 없는 상태에서 심리적 장애 없이 성적 정체성 및 가치관을 형성할 권익'을 보호법익으로 하는 것으로서, 그 성립에 필요한 주관적 구성요건으로 성욕을 자극·흥분·만족시키려는 주관적 동기나 목적이 있어야 하는 것은 아니다. 위 죄에 있어서 '추행'이라 함은 객관적으로 상대방과 같은 처지에 있는 일반적·평균적인 사람으로 하여금 성적 수치심이나 혐오감을 일으키게 하고 선량한 성적 도덕관념에 반하는 행위로서 피해자의 성적 자유를 침해하는 것이라고 할 것인데, 이에 해당하는지 여부는 피해자의 의사, 성별, 연령, 행위자와 피해자의 이전부터의 관계, 그 행위에 이르게 된 경위, 구체적 행위태양, 주위의 객관적 상황과 그 시대의 성적 도덕관념 등을 종합적으로 고려하여 신중히 결정하여야 한다(대법원 2009. 9. 24, 2009도2576 판결).

제18조 **(고소제한에 대한 예외) 성폭력범죄에 대하여는 형사소송법 제224조(고소의 제한)의 규정에 불구하고 자기 또는 배우자의 직계존속을 고소할 수 있다.**

제21조 **(피해자의 신원과 사생활비밀누설금지) ① 성폭력범죄의 수사 또는 재판을 담당하거나 이에 관여하는 공무원은 피해자의 주소·성명·연령·직업·용모 기타 피해자를 특정하여 파악할 수 있게 하는 인적사항과 사진 등을 공개하거나 타인에게 누설하여서는 아니 된다.**
② 제1항에 규정된 자는 성폭력범죄의 소추에 필요한 범죄구성사실을 제외한 피해자의 사생활에 관한 비밀을 공개하거나 타인에게 누설하여서는 아니 된다.
③ 누구든지 제1항의 규정에 따른 피해자의 인적사항과 사진 등을 피해자의 동의를 받지 아니하고 출판물에 게재하거나 방송매체 또는 정보통신망을 이용하여 공개하여서는 아니 된다. 〈신설 2006. 10. 27〉

제21조의3 (영상물의 촬영·보존 등) ① 검사 또는 사법경찰관은 성폭력 범죄를 당한 피해자의 연령, 심리상태 또는 후유장애의 유무 등을 신중하게 고려하여 조사과정에서 피해자의 인격이나 명예가 손상되거나 사적인 비밀이 침해되지 않도록 주의하여야 한다. 〈개정 2006. 10. 27〉

② 검사 또는 사법경찰관은 성폭력범죄의 피해자를 조사함에 있어서 피해자가 편안한 상태에서 진술하도록 조사환경을 조성하여야 하며, 조사 횟수는 필요 최소한으로 하여야 한다. 〈신설 2006. 10. 27〉

③ 제1항의 피해자가 16세 미만이거나 신체장애 또는 정신상의 장애로 사물을 변별하거나 의사를 결정할 능력이 미약한 때에는 피해자의 진술내용과 조사과정을 비디오녹화기 등 영상물 녹화장치에 의하여 촬영·보존하여야 한다. 다만, 피해자 또는 법정대리인이 이를 원하지 않는 의사를 표시한 때에는 촬영을 하여서는 아니 된다. 〈개정 2006. 10. 27〉

④ 제3항의 규정에 따라 촬영한 영상물에 수록된 피해자의 진술은 공판준비 또는 공판기일에서 피해자 또는 조사과정에 동석하였던 신뢰관계에 있는 자의 진술에 의하여 그 성립의 진정함이 인정된 때에는 증거로 할 수 있다. 〈개정 2006. 10. 27〉

⑤ 수사기관은 제3항의 요건에 해당하는 피해자 또는 법정대리인으로부터 신청이 있는 때에는 영상물 촬영과정에서 작성한 조서의 사본을 신청인에게 교부하여야 한다. 〈개정 2006. 10. 27〉

⑥ 누구든지 제3항의 규정에 따라 촬영한 영상물을 수사 및 재판의 용도 외에 다른 목적으로 사용하여서는 아니 된다. 〈신설 2006. 10. 27〉 [본조신설 2003. 12. 11]

[대법원 판례] **피해자인 미성년자의 증거능력 인정요건**
성폭력범죄의 처벌 및 피해자보호 등에 관한 법률 제21조의3에 따라 촬영한 영상물에 수록된 성폭력범죄 피해자의 진술은 조사 과정에 동석하였던 신뢰관계 있는 자의 진술에 의하여 성립의 진정함이 인정된 때에는 증거로 할 수 있다. 그리고 위와 같이 촬영한 영상에 피해자가 피해상황을 진술하면서 보충적으로 작성한 메모도 함께 촬영되어 있는 경우, 이는 영상물에 수록된 피해자 진술의 일부와 다름없으므로, 위 법률에 따라 조사과정에 동석하였던 신뢰관계 있는

자의 진술에 의하여 성립의 진정함이 인정된 때에는 증거로 할 수 있다(대법원 2009. 12. 24, 2009도11575 판결).

제22조 (심리의 비공개) ① 성폭력범죄에 대한 심리는 그 피해자의 사생활을 보호하기 위하여 결정으로 이를 공개하지 아니할 수 있다.
② 증인으로 소환 받은 성폭력범죄의 피해자와 그 가족은 사생활 보호 등의 사유로 증인신문의 비공개를 신청할 수 있다.
③ 재판장은 제2항의 신청이 있는 때에는 그 허가 여부 및 공개, 법정 외의 장소에서의 신문 등 증인의 신문방식 및 장소에 관하여 결정할 수 있다.
④ 법원조직법 제57조(재판의 공개) 제2항 및 제3항의 규정은 제1항 및 제3항의 경우에 이를 준용한다.

제22조의2 (전문가의 의견조회) ① 법원은 정신과의사 · 심리학자 · 사회복지학자 그 밖의 관련전문가에게 행위자 또는 피해자의 정신 · 심리상태에 대한 진단소견 및 피해자의 진술내용에 관한 의견을 조회할 수 있다.
② 법원은 성폭력범죄를 조사 · 심리함에 있어서 제1항의 규정에 의한 의견조회의 결과를 참작하여야 한다. [본조신설 2003. 12. 11]

제22조의3 (신뢰관계에 있는 자의 동석) ① 법원은 제5조 내지 제9조와 제11조 및 제12조(제10조의 미수범을 제외한다)의 범죄의 피해자를 증인으로 신문함에 있어서 검사 · 피해자 또는 법정대리인의 신청이 있는 때에는 재판에 지장을 초래할 우려가 있는 등 부득이한 경우가 아닌 한 피해자와 신뢰관계에 있는 자를 동석하게 하여야 한다.
② 제1항의 규정은 수사기관이 제1항의 피해자를 조사하는 경우에 관하여 이를 준용한다. [전문개정 2006. 10. 27]

제22조의5 (신고의무) 18세 미만의 사람을 보호하거나 교육 또는

치료하는 시설의 책임자 및 관련종사자는 자기의 보호 또는 감독을 받는 사람이 제5조 내지 제10조, 「형법」 제301조(강간 등 상해 · 치상) 및 제301조의2(강간 등 살인 · 치사)의 범죄의 피해자인 사실을 안 때에는 즉시 수사기관에 신고하여야 한다. [본조신설 1997. 8. 22] [제22조의3에서 이동 〈2003. 12. 11〉]

제23조 (상담소의 설치) ① 국가 또는 지방자치단체는 성폭력피해상담소(이하 "상담소"라 한다)를 설치 · 운영할 수 있다.
② 국가 또는 지방자치단체외의 자가 상담소를 설치 · 운영하고자 할 때에는 시장 · 군수 · 구청장(자치구의 구청장을 말한다. 이하 같다)에게 신고하여야 한다. 〈개정 1997. 8. 22, 1997. 12. 13, 2003. 12. 11〉
③ 상담소의 설치기준과 신고 등에 관하여 필요한 사항은 여성가족부령으로 정한다. 〈개정 1997. 8. 22, 2001. 1. 29, 2005. 3. 24, 2008. 2. 29〉

제24조 (상담소의 업무) 상담소의 업무는 다음과 같다.
1. 성폭력피해를 신고 받거나 이에 관한 상담에 응하는 일
2. 성폭력피해로 인하여 정상적인 가정생활 및 사회생활이 어렵거나 기타 사정으로 긴급히 보호를 필요로 하는 사람을 병원 또는 성폭력피해자보호시설로 데려다 주는 일
3. 가해자에 대한 고소와 피해배상청구 등 사법처리절차에 관하여 대한변호사협회 · 대한법률구조공단 등 관계기관에 필요한 협조와 지원을 요청하는 일
4. 성폭력범죄의 예방 및 방지를 위한 홍보를 하는 일
5. 기타 성폭력범죄 및 성폭력피해에 관하여 조사 · 연구하는 일

제25조 (보호시설의 설치) ① 국가 또는 지방자치단체는 성폭력피해자보호시설(이하 "보호시설"이라 한다)을 설치 · 운영할 수 있다.
② 사회복지법인 기타 비영리법인은 시장 · 군수 · 구청장에게 신고하고 보호시설을 설치 · 운영할 수 있다. 〈개정 1997. 8. 22,

2003. 12. 11〉

③ **보호시설의 설치기준과 신고 등에 관하여 필요한 사항은 여성가족부령으로 정한다.** 〈개정 1997. 8. 22, 2001. 1. 29, 2005. 3. 24, 2008. 2. 29〉

제26조 (보호시설의 업무) **보호시설의 업무는 다음과 같다.**

1. **제24조 각 호의 일**
2. **성폭력피해자를 일시 보호하는 일**
3. **성폭력피해자의 신체적 · 정신적 안정회복과 사회복귀를 도우는 일**
4. **기타 성폭력피해자의 보호를 위하여 필요한 일**

부칙(정부조직법) 〈제9932호, 2010. 1. 18〉

제1조 (시행일) **이 법은 공포 후 2개월이 경과한 날(2010년 3월 19일)부터 시행한다.** (이하 생략)

◇ 형 법 ◇ 〈법률 제7623호, 2005. 7. 29, 일부개정〉

제242조 (음행매개) **영리의 목적으로 미성년 또는 음행의 상습 없는 부녀를 매개하여 간음하게 한 자는 3년 이하의 징역 또는 1천500만원 이하의 벌금에 처한다.** 〈개정 1995. 12. 29〉

제302조 (미성년자등에 대한 간음) **미성년자 또는 심신미약자에 대하여 위계 또는 위력으로써 간음 또는 추행을 한 자는 5년 이하의 징역에 처한다.**

[대법원 판례] **'위계'의 의미**
위계에 의한 심신미약자간음죄에 있어서 위계라 함은 행위자가 간음의 목적으로 상대방에게 오인, 착각, 부지를 일으키고는 상대방의 그러한 심적 상태를 이용하여 간음의 목적을 달성하는 것을 말하는 것이다. 여기에 오인, 착각, 부지란 간음행위 자체에 대한 오인, 착각, 부지를 말하는 것이지, 간음행위와 불가분적 관련성이 인정되지 않는 다른 조건에 관한 오인, 착각, 부지를 가리키는 것은 아니다(대법원 2002. 7. 12, 2002도2029 판결).

제305조 (미성년자에 대한 간음, 추행) 13세 미만의 부녀를 간음하거나 13세 미만의 사람에게 추행을 한 자는 제297조, 제298조, 제301조 또는 제301조의2의 예에 의한다. 〈개정 1995. 12. 29〉

[대법원 판례] 미성년자의제강제추행죄의 성립요건
'13세 미만의 아동이 외부로부터의 부적절한 성적 자극이나 물리력의 행사가 없는 상태에서 심리적 장애 없이 성적 정체성 및 가치관을 형성할 권익'을 보호법익으로 하는 미성년자의제강제추행죄는 그 성립에 필요한 주관적 구성요건요소는 고의만으로 충분하고, 그 외에 성욕을 자극·흥분·만족시키려는 주관적 동기나 목적까지도 있어야 하는 것은 아니다(대법원 2006. 1. 13, 2005도6791 판결).

제5장 청소년과 노동

◇ 근로기준법 ◇ 〈법률 제9699호, 2009. 5. 21, 일부개정〉

제64조 (최저 연령과 취직인허증) ① 15세 미만인 자(「초·중등교육법」에 따른 중학교에 재학 중인 18세 미만인 자를 포함한다)는 근로자로 사용하지 못한다. 다만, 대통령령으로 정하는 기준에 따라 노동부장관이 발급한 취직인허증(就職認許證)을 지닌 자는 근로자로 사용할 수 있다.
② 제1항의 취직인허증은 본인의 신청에 따라 의무교육에 지장이 없는 경우에는 직종(職種)을 지정하여서만 발행할 수 있다.
③ 노동부장관은 거짓이나 그 밖의 부정한 방법으로 제1항 단서의 취직인허증을 발급받은 자에게는 그 인허를 취소하여야 한다.

제65조 (사용 금지) ① 사용자는 임신 중이거나 산후 1년이 지나지 아니한 여성(이하 "임산부"라 한다)과 18세 미만자를 도덕상 또는 보건상 유해·위험한 사업에 사용하지 못한다.
② 사용자는 임산부가 아닌 18세 이상의 여성을 제1항에 따른 보건상 유해·위험한 사업 중 임신 또는 출산에 관한 기능에 유해·위험한 사업에 사용하지 못한다.
③ 제1항 및 제2항에 따른 금지 직종은 대통령령으로 정한다.

제66조 (연소자 증명서) 사용자는 18세 미만인 자에 대하여는 그 연령을 증명하는 가족관계기록사항에 관한 증명서와 친권자 또는 후견인의 동의서를 사업장에 갖추어 두어야 한다. 〈개정 2007. 5. 17〉

第67조 (근로계약) ① 친권자나 후견인은 미성년자의 근로계약을 대리할 수 없다.
② 친권자, 후견인 또는 노동부장관은 근로계약이 미성년자에게 불리하다고 인정하는 경우에는 이를 해지할 수 있다.
③ 사용자는 18세 미만인 자와 근로계약을 체결하는 경우에는 제17조에 따른 근로조건을 서면으로 명시하여 교부하여야 한다. 〈신설 2007. 7. 27〉

第68조 (임금의 청구) 미성년자는 독자적으로 임금을 청구할 수 있다.

第69조 (근로시간) 15세 이상 18세 미만인 자의 근로시간은 1일에 7시간, 1주일에 40시간을 초과하지 못한다. 다만, 당사자 사이의 합의에 따라 1일에 1시간, 1주일에 6시간을 한도로 연장할 수 있다.

第70조 (야간근로와 휴일근로의 제한) ① 사용자는 18세 이상의 여성을 오후 10시부터 오전 6시까지의 시간 및 휴일에 근로시키려면 그 근로자의 동의를 받아야 한다.
② 사용자는 임산부와 18세 미만자를 오후 10시부터 오전 6시까지의 시간 및 휴일에 근로시키지 못한다. 다만, 다음 각 호의 어느 하나에 해당하는 경우로서 노동부장관의 인가를 받으면 그러하지 아니하다.
1. 18세 미만자의 동의가 있는 경우
2. 산후 1년이 지나지 아니한 여성의 동의가 있는 경우
3. 임신 중의 여성이 명시적으로 청구하는 경우
③ 사용자는 제2항의 경우 노동부장관의 인가를 받기 전에 근로자의 건강 및 모성 보호를 위하여 그 시행 여부와 방법 등에 관하여 그 사업 또는 사업장의 근로자대표와 성실하게 협의하여야 한다.

第72조 (갱내근로의 금지) 사용자는 여성과 18세 미만인 자를 갱내(坑內)에서 근로시키지 못한다. 다만, 보건·의료, 보도·취재 등 대통령령으로 정하는 업무를 수행하기 위하여 일시적으로 필요한 경우에는 그러하지 아니하다.

第73조 (생리휴가) 사용자는 여성 근로자가 청구하면 월 1일의 생리휴가를 주어야 한다.

◇ 청소년보호법 ◇ 〈법률 제9932호, 2010. 1. 18, 타법개정〉

第24조 (청소년 고용금지 및 출입제한 등 〈개정 1999. 2. 5, 2001. 5. 24〉) ① 청소년유해업소의 업주는 종업원을 고용하고자 하는 때에는 그 연령을 확인하여야 하며, 청소년을 고용하여서는 아니된다. 〈개정 2001. 5. 24〉

② 청소년출입·고용금지업소의 업주 및 종사자는 출입자의 연령을 확인하여 청소년이 당해 업소에 출입하거나 이용하지 못하게 하여야 한다. 〈개정 1999. 2. 5〉

③ 청소년유해업소의 업주 및 종사자는 제1항 및 제2항의 규정에 의한 연령확인을 위하여 필요한 경우 주민등록증 그 밖에 연령을 확인할 수 있는 증표(이하 이 항에서 "증표"라 한다)의 제시를 요구할 수 있으며, 증표제시를 요구받은 자가 정당한 사유 없이 증표제시를 거부할 경우에는 당해 업소의 출입을 제한하거나 이용하지 못하게 할 수 있다. 〈신설 2004. 1. 29〉

④ 제2항의 규정에 불구하고 청소년이 친권자 등을 동반할 때에는 대통령령이 정하는 바에 따라 출입하게 할 수 있다. 다만, 「식품위생법」에 의한 식품접객업 중 대통령령으로 정하는 업소의 경우에는 그러하지 아니하다. 〈개정 2004. 1. 29, 2005. 3. 24〉

⑤ 청소년유해업소의 업주 및 종사자는 당해 업소에 대통령령이

정하는 바에 따라 청소년의 출입·이용과 고용을 제한하는 내용의 표시를 하여야 한다. 〈신설 1999. 2. 5〉

[대법원 판례] **청소년보호법 제24조 제1항 '고용'의 의미**
청소년유해업소인 노래연습장 또는 유흥주점의 각 업주는 청소년을 접대부로 고용할 수 없는바, 여기에 고용에는 시간제로 보수를 받고 근무하는 경우도 포함된다(대법원 2005. 7. 29, 2005도3801 판결).

[대법원 판례] **청소년보호법 제24조 제2항 '출입'의 의미**
동법의 입법목적과 이를 달성하기 위한 제2항이 유해업소의 출입과 이용을 병렬적으로 규제하고 있는 입법형식을 취하고 있는 점 등 제반 사정에 비추어 볼 때, 동 조항의 '출입'은 '이용'과는 별개의 개념으로서 위 규정에 의하여 금지되는 '출입'은 청소년이 유해업소의 시설을 이용하기 위한 것인지를 묻지 아니하고 청소년이 법령이 허용하는 경우 이외에 유해업소의 시설에 출입하는 행위 일체를 의미한다(대법원 2002. 6. 14, 2002도651 판결).

[대법원 판례] **청소년고용금지업소의 업주가 유흥종사자를 고용함에 있어서 연령확인에 필요한 의무의 내용**
청소년보호법의 입법목적 등에 비추어 볼 때, 유흥주점과 같은 청소년유해업소의 업주에게는 청소년의 보호를 위하여 청소년을 당해 업소에 고용해서는 안 될 매우 엄중한 책임이 부여되어 있다 할 것이다. 그러므로 유흥주점영업의 업주가 당해 유흥업소에 종업원을 고용함에 있어서는 주민등록증이나 이에 유사한 정도로 연령에 관한 공적 증명력이 있는 증거에 의하여 대상자의 연령을 확인하여야 한다. 만일 대상자가 신분증을 분실하였다는 사유로 그 연령 확인에 응하지 아니하는 등 고용대상자의 연령확인이 당장 용이하지 아니한 경우라면 청소년유해업소의 업주로서는 청소년이 자신의 신분과 연령을 감추고 유흥업소 취업을 감행하는 사례가 적지 않은 유흥업계의 취약한 고용실태 등에 비추어 대상자의 연령을 공적 증명에 의하여 확실히 확인할 수 있는 때까지 그 채용을 보류하거나 거부하여야 할 것이다. 그리고 건강진단수첩(속칭 보건증) 제도가 폐지된 후 건강진단결과서 제도가 마련된 취지와 경위, 건강진단결과서의 발급목적, 건강진단결과서가 발급되는 과정에서 피검자에 대한 신분을 확인하는 검증절차 및 피검자의 동일성에 관한 건강진단결과서의 증명도 등을 두루 감안해 볼 때 비록 그 결과서에 피검자의 주민등록번호 등 인적사항이 기재되어 있다고 하더라도 이는 주민등록증에 유사한 정도로 연령에 관한 공적 증명력이 있는 증거라고 볼 수는 없

다고 할 것이므로 유흥업소의 업주가 다른 공적 증명력 있는 증거를 확인해 봄이 없이 단순히 건강진단결과서상의 생년월일 기재만을 확인하는 것으로는 청소년보호를 위한 연령확인의무이행을 다한 것으로 볼 수 없다(대법원 2006. 3. 23, 2006도477 판결)

◇ 최저임금법 ◇ 〈법률 제8964호, 2008. 3. 21, 일부개정〉

제 4 조 (최저임금의 결정기준과 구분) ① 최저임금은 근로자의 생계비, 유사 근로자의 임금, 노동생산성 및 소득분배율 등을 고려하여 정한다. 이 경우 사업의 종류별로 구분하여 정할 수 있다.
② 제1항에 따른 사업의 종류별 구분은 제12조에 따른 최저임금위원회의 심의를 거쳐 노동부장관이 정한다. [전문개정 2008. 3. 21]

제 5 조 (최저임금액) ① 최저임금액(최저임금으로 정한 금액을 말한다. 이하 같다)은 시간·일(日)·주(週) 또는 월(月)을 단위로 하여 정한다. 이 경우 일·주 또는 월을 단위로 하여 최저임금액을 정할 때에는 시간급(時間給)으로도 표시하여야 한다.
② 다음 각 호의 어느 하나에 해당하는 자에 대하여는 대통령령으로 정하는 바에 따라 제1항에 따른 최저임금액과 다른 금액으로 최저임금액을 정할 수 있다.
1. 수습 사용 중에 있는 자로서 수습 사용한 날부터 3개월 이내인 자
2. 「근로기준법」 제63조 제3호에 따라 감시(監視) 또는 단속적(斷續的)으로 근로에 종사하는 자로서 사용자가 노동부장관의 승인을 받은 자
③ 임금이 통상적으로 도급제나 그 밖에 이와 비슷한 형태로 정하여져 있는 경우로서 제1항에 따라 최저임금액을 정하는 것이 적당하지 아니하다고 인정되면 대통령령으로 정하는 바에 따라 최

저임금액을 따로 정할 수 있다. [전문개정 2008. 3. 21]

제5조의2 (최저임금의 적용을 위한 임금의 환산) 최저임금의 적용 대상이 되는 근로자의 임금을 정하는 단위기간이 제5조 제1항에 따른 최저임금의 단위기간과 다른 경우에 해당 근로자의 임금을 최저임금의 단위기간에 맞추어 환산하는 방법은 대통령령으로 정한다. [전문개정 2008. 3. 21]

제 6 조 (최저임금의 효력) ① 사용자는 최저임금의 적용을 받는 근로자에게 최저임금액 이상의 임금을 지급하여야 한다.
② 사용자는 이 법에 따른 최저임금을 이유로 종전의 임금수준을 낮추어서는 아니 된다.
③ 최저임금의 적용을 받는 근로자와 사용자 사이의 근로계약 중 최저임금액에 미치지 못하는 금액을 임금으로 정한 부분은 무효로 하며, 이 경우 무효로 된 부분은 이 법으로 정한 최저임금액과 동일한 임금을 지급하기로 한 것으로 본다.
④ 다음 각 호의 어느 하나에 해당하는 임금은 제1항과 제3항에 따른 임금에 산입(算入)하지 아니한다.
1. 매월 1회 이상 정기적으로 지급하는 임금 외의 임금으로서 노동부장관이 정하는 것
2. 「근로기준법」 제2조 제1항 제7호에 따른 소정(所定)근로시간(이하 "소정근로시간"이라 한다) 또는 소정의 근로일에 대하여 지급하는 임금 외의 임금으로서 노동부장관이 정하는 것
3. 그 밖에 최저임금액에 산입하는 것이 적당하지 아니하다고 인정하여 노동부장관이 따로 정하는 것
⑤ 제4항에도 불구하고 「여객자동차 운수사업법」 제3조 및 같은 법 시행령 제3조 제2호 다목에 따른 일반택시운송사업에서 운전업무에 종사하는 근로자의 최저임금에 산입되는 임금의 범위는 생산고에 따른 임금을 제외한 대통령령으로 정하는 임금으로 한다.
⑥ 제1항과 제3항은 다음 각 호의 어느 하나에 해당하는 사유로 근로하지 아니한 시간 또는 일에 대하여 사용자가 임금을 지급할 것을 강제하는 것은 아니다.

1. 근로자가 자기의 사정으로 소정근로시간 또는 소정의 근로일의 근로를 하지 아니한 경우
2. 사용자가 정당한 이유로 근로자에게 소정근로시간 또는 소정의 근로일의 근로를 시키지 아니한 경우

⑦ 도급으로 사업을 행하는 경우 도급인이 책임져야 할 사유로 수급인이 근로자에게 최저임금액에 미치지 못하는 임금을 지급한 경우 도급인은 해당 수급인과 연대(連帶)하여 책임을 진다.

⑧ 제7항에 따른 도급인이 책임져야 할 사유의 범위는 다음 각 호와 같다.
1. 도급인이 도급계약 체결 당시 인건비 단가를 최저임금액에 미치지 못하는 금액으로 결정하는 행위
2. 도급인이 도급계약 기간 중 인건비 단가를 최저임금액에 미치지 못하는 금액으로 낮춘 행위

⑨ 두 차례 이상의 도급으로 사업을 행하는 경우에는 제7항의 "수급인"은 "하수급인(下受給人)"으로 보고, 제7항과 제8항의 "도급인"은 "직상(直上) 수급인(하수급인에게 직접 하도급을 준 수급인)"으로 본다. [전문개정 2008. 3. 21]

제11조 (주지 의무) 최저임금의 적용을 받는 사용자는 대통령령으로 정하는 바에 따라 해당 최저임금을 그 사업의 근로자가 쉽게 볼 수 있는 장소에 게시하거나 그 외의 적당한 방법으로 근로자에게 널리 알려야 한다. [전문개정 2008. 3. 21]

부칙 〈제8964호, 2008. 3. 21〉

① (시행일) 이 법은 공포한 날부터 시행한다. (이하 생략)

◇ 최저임금법 시행령 ◇ 〈대통령령 제21572호, 2009. 6. 26, 일부개정〉

제3조 (수습 사용 중에 있는 자 등에 대한 최저임금액) ① 「최저임금법」(이하 "법"이라 한다) 제5조 제2항 제1호에 따른 수습 사용 중에 있는 자로서 수습 사용한 날부터 3개월 이내인 사람에 대해서는 같은 조 제1항 후단에 따른 시간급 최저임금액에서 100분의 10을 뺀 금액을 그 근로자의 시간급 최저임금액으로 한다.
② 법 제5조 제2항 제2호에 따른 감시(監視) 또는 단속적(斷續的)으로 근로에 종사하는 자로서 사용자가 노동부장관의 승인을 받은 사람에 대해서는 같은 조 제1항 후단에 따른 시간급 최저임금액에서 100분의 20을 뺀 금액을 그 근로자의 시간급 최저임금액으로 한다. [전문개정 2009. 6. 26] [대통령령 제19771호(2006. 12. 21) 부칙 제2항에 의하여 이 조 제2항은 2011년 12월 31일까지 유효]

제4조 (도급제 등의 경우 최저임금액 결정의 특례) 법 제5조 제3항에 따라 임금이 도급제나 그 밖에 이와 비슷한 형태로 정해진 경우에 근로시간을 파악하기 어렵거나 그 밖에 같은 조 제1항에 따라 최저임금액을 정하는 것이 적합하지 않다고 인정되면 해당 근로자의 생산고(生産高) 또는 업적의 일정단위에 의하여 최저임금액을 정한다. [전문개정 2009. 6. 26]

제5조 (최저임금의 적용을 위한 임금의 환산) ① 근로자의 임금을 정하는 단위가 된 기간이 그 근로자에게 적용되는 최저임금액을 정할 때의 단위가 된 기간과 다른 경우에는 그 근로자에 대한 임금을 다음 각 호의 구분에 따라 시간에 대한 임금으로 환산한다.
1. 일(日) 단위로 정해진 임금: 그 금액을 1일의 소정근로시간 수(일에 따라 소정근로시간 수가 다른 경우에는 1주간의 1일 평균 소정근로시간 수)로 나눈 금액

2. 주(週) 단위로 정해진 임금: 그 금액을 1주의 소정근로시간 수(주에 따라 소정근로시간 수가 다른 경우에는 4주간의 1주 평균 소정근로시간 수)로 나눈 금액
3. 월(月) 단위로 정해진 임금: 그 금액을 1개월의 소정근로시간 수(월에 따라 소정근로시간 수가 다른 경우에는 1년간의 1개월 평균 소정근로시간 수)로 나눈 금액
4. 시간 · 일 · 주 또는 월 외의 일정 기간을 단위로 정해진 임금: 제1호부터 제3호까지의 규정에 준하여 산정(算定)한 금액
② 생산고에 따른 임금지급제나 그 밖의 도급제로 정해진 임금은 그 임금 산정기간(임금 마감일이 있는 경우에는 임금 마감기간을 말한다. 이하 이 항에서 같다)의 임금 총액을 그 임금 산정기간 동안의 총근로시간 수로 나눈 금액을 시간에 대한 임금으로 한다.
③ 근로자가 받는 임금이 제1항이나 제2항에서 정한 둘 이상의 임금으로 되어 있는 경우에는 해당 부분을 대하여 각각 해당 규정에 따라 환산한 금액의 합산액을 그 근로자의 시간에 대한 임금으로 한다.
④ 근로자의 임금을 정한 단위가 된 기간의 소정근로시간 수가 그 근로자에게 적용되는 최저임금액을 정할 때의 단위가 된 기간의 근로시간 수와 다른 경우에는 제1항 각 호의 구분에 따라 그 근로자의 임금을 시간에 대한 임금으로 환산한다. [전문개정 2009. 6. 26]

제11조 (주지 의무) ① 법 제11조에 따라 사용자가 근로자에게 주지시켜야 할 최저임금의 내용은 다음 각 호와 같다.
1. 적용을 받는 근로자의 최저임금액
2. 법 제6조 제4항에 따라 최저임금에 산입하지 아니하는 임금
3. 법 제7조에 따라 해당 사업에서 최저임금의 적용을 제외할 근로자의 범위
4. 최저임금의 효력발생 연월일
② 사용자는 제1항에 따른 최저임금의 내용을 법 제10조 제2항에 따른 최저임금의 효력발생일 전날까지 근로자에게 주지시켜야 한다. [전문개정 2009. 6. 26]

부칙 〈제21572호, 2009. 6. 26〉

이 영은 공포한 날부터 시행한다. (이하 생략)

노동부 고시 제2009 - 30호

최저임금 고시

최저임금법 제10조 제1항에 따라 2010년 1월 1일부터 2010년 12월 31일까지 적용되는 최저임금액을 다음과 같이 고시합니다.

2009. 8. 3.
노 동 부 장 관

1. 최저임금액
   ○ 최저임금액

결정단위 / 업 종	시 간 급
모 든 산 업	4,110원

2. 업종 구분 여부
   사업의 종류별 구분 없이 전 사업장에 동일하게 적용

3. 최저임금 적용 기간 : 2010. 1. 1. ~ 2010. 12. 31.

제 5 부

여성과 청·장년기

제1장 혼　　인

◇ 민　법 ◇ 〈법률 제9650호, 2009. 5. 8, 일부개정〉

제800조 (약혼의 자유) 성년에 달한 자는 자유로 약혼할 수 있다.

제801조 (약혼연령) 만 18세가 된 사람은 부모 또는 후견인의 동의를 얻어 약혼할 수 있다. 이 경우에는 제808조의 규정을 준용한다. 〈개정 2007. 12. 21〉

제802조 (금치산자의 약혼) 금치산자는 부모 또는 후견인의 동의를 얻어 약혼할 수 있다. 이 경우에는 제808조의 규정을 준용한다.

제803조 (약혼의 강제이행금지) 약혼은 강제이행을 청구하지 못한다.

제804조 (약혼해제의 사유) 당사자의 일방에 다음 각 호의 사유가 있는 때에는 상대방은 약혼을 해제할 수 있다. 〈개정 1990. 1. 13〉

1. 약혼 후 자격정지 이상의 형의 선고를 받은 때
2. 약혼 후 금치산 또는 한정치산의 선고를 받은 때
3. 성병, 불치의 정신병 기타 불치의 악질이 있는 때
4. 약혼 후 타인과 약혼 또는 혼인을 한 때
5. 약혼 후 타인과 간음한 때
6. 약혼 후 1년 이상 그 생사가 불명한 때
7. 정당한 이유없이 혼인을 거절하거나 그 시기를 지연하는 때

8. 기타 중대한 사유가 있는 때

제805조 (약혼해제의 방법) 약혼의 해제는 상대방에 대한 의사표시로 한다. 그러나 상대방에 대하여 의사표시를 할 수 없는 때에는 그 해제의 원인 있음을 안 때에 해제된 것으로 본다.

제806조 (약혼해제와 손해배상청구권) ① 약혼을 해제한 때에는 당사자 일방은 과실 있는 상대방에 대하여 이로 인한 손해의 배상을 청구할 수 있다.
② 전항의 경우에는 재산상 손해 외에 정신상 고통에 대하여도 손해배상의 책임이 있다.
③ 정신상 고통에 대한 배상청구권은 양도 또는 승계하지 못한다. 그러나 당사자간에 이미 그 배상에 관한 계약이 성립되거나 소를 제기한 후에는 그러하지 아니하다.

제807조 (혼인적령) 만 18세가 된 사람은 혼인할 수 있다. [전문개정 2007. 12. 21]

제808조 (동의를 요하는 혼인) ① 미성년자가 혼인을 할 때에는 부모의 동의를 얻어야 하며, 부모 중 일방이 동의권을 행사할 수 없는 때에는 다른 일방의 동의를 얻어야 하고, 부모가 모두 동의권을 행사할 수 없는 때에는 후견인의 동의를 얻어야 한다.
② 금치산자는 부모 또는 후견인의 동의를 얻어 혼인할 수 있다.
③ 제1항 및 제2항의 경우에 부모 또는 후견인이 없거나 또는 동의할 수 없는 때에는 친족회의 동의를 얻어 혼인할 수 있다. [전문개정 1977. 12. 31]

제809조 (근친혼 등의 금지) ① 8촌 이내의 혈족(친양자의 입양전의 혈족을 포함한다) 사이에서는 혼인하지 못한다.
② 6촌 이내의 혈족의 배우자, 배우자의 6촌 이내의 혈족, 배우자

의 4촌 이내의 혈족의 배우자인 인척이거나 이러한 인척이었던 자 사이에서는 혼인하지 못한다.
③ 6촌 이내의 양부모계(養父母系)의 혈족이었던 자와 4촌 이내의 양부모계의 인척이었던 자 사이에서는 혼인하지 못한다. [전문개정 2005. 3. 31]

제810조 (중혼의 금지) 배우자 있는 자는 다시 혼인하지 못한다.

제812조 (혼인의 성립) ① 혼인은 「가족관계의 등록 등에 관한 법률」에 정한 바에 의하여 신고함으로써 그 효력이 생긴다. 〈개정 2007. 5. 17〉
② 전항의 신고는 당사자 쌍방과 성년자인 증인 2인의 연서한 서면으로 하여야 한다.

> [하급심 판례] **사실혼의 성립요건**
> 사실혼이 성립하기 위해서는 주관적으로 당사자 사이에 혼인의 의사가 있고, 객관적으로 사회관념상 가족질서적인 면에서 부부공동생활을 인정할 만한 혼인생활의 실체가 있어야 한다. 또한 '혼인의 의사'는 사회적·실질적으로 부부로서의 공동생활을 영위할 의사를 말하고, '당사자 사이에 혼인의 의사가 있다'는 것은 쌍방 간에 혼인의사가 합치되었음을 의미한다(인천지법 2007. 2. 6, 2006드단9002 판결).

제813조 (혼인신고의 심사) 혼인의 신고는 그 혼인이 제807조 내지 제810조 및 제812조 제2항의 규정 기타 법령에 위반함이 없는 때에는 이를 수리하여야 한다. 〈개정 2005. 3. 31〉

제814조 (외국에서의 혼인신고) ① 외국에 있는 본국민 사이의 혼인은 그 외국에 주재하는 대사, 공사 또는 영사에게 신고할 수 있다.
② 제1항의 신고를 수리한 대사, 공사 또는 영사는 지체없이 그 신고서류를 본국의 등록기준지를 관할하는 가족관계등록관서에 송부하여야 한다. 〈개정 2005. 3. 31, 2007. 5. 17〉

제815조 (혼인의 무효) **혼인은 다음 각 호의 어느 하나의 경우에는 무효로 한다.** 〈개정 2005. 3. 31〉

1. 당사자간에 혼인의 합의가 없는 때

2. 혼인이 제809조 제1항의 규정을 위반한 때

3. 당사자간에 직계인척관계(直系姻戚關係)가 있거나 있었던 때

4. 당사자간에 양부모계의 직계혈족관계가 있었던 때

[하급심 판례] **혼인신고 당시에 이혼가능성 예견과 혼인의사**
혼인의 합의라 함은 양 당사자의 혼인의사의 일치를 뜻한다. 이는 사회관념상 부부라고 인정될 만한 정신적·육체적 결합을 생기게 할 의사를 말하고, 위와 같은 혼인의사는 혼인신고 당시에 존재하여야 하며, 또 혼인신고 당시에 존재하는 것으로 족하다. 다만, 적어도 혼인신고를 할 때에는 위와 같은 혼인관계의 실질을 평생 유지하겠다는 의사, 즉 일시적이지 아니하고 종국적인 혼인의사를 갖고 있었어야 한다. 그러나 사후에라도 당사자 중 일방에게 혼인의 의사가 없어지는 경우 정상적 혼인생활의 유지가 쉽지 않고, 협의·재판상 이혼이 법률상 허용되고 있음은 물론 현실적으로 상당한 빈도로 행해지고 있음에 비추어 보면, 장차 이혼을 하게 될 수도 있다는 점을 예견하고 있었다거나 그렇게 되더라도 할 수 없다고 생각하고 있었다 하더라도 곧바로 혼인의사가 없다고 볼 것은 아니다. 이 사건에서는 대한민국 국적의 남자와 중국 국적의 여자 간의 혼인신고와 관련하여, 양 당사자의 혼인의사 및 혼인공동생활의 실질을 부정할 만한 증거가 없는데도 공동피고인들의 법정에서의 추측성 진술 등을 근거로 공전자기록 등 부실기재죄 및 동 행사죄가 성립한다고 인정한 원심판결을 파기한 사례(수원지법 2009. 8. 11, 2009노1987 판결).

제816조 (혼인취소의 사유) **혼인은 다음 각 호의 어느 하나의 경우에는 법원에 그 취소를 청구할 수 있다.** 〈개정 1990. 1. 13, 2005. 3. 31〉

1. 혼인이 제807조 내지 제809조(제815조의 규정에 의하여 혼인의 무효사유에 해당하는 경우를 제외한다. 이하 제817조 및 제820조에서 같다) 또는 제810조의 규정에 위반한 때

2. 혼인 당시 당사자 일방에 부부생활을 계속할 수 없는 악질 기타 중대 사유 있음을 알지 못한 때

3. 사기 또는 강박으로 인하여 혼인의 의사표시를 한 때

[하급심 판례] **혼인의 무효와 취소**
당사자가 상대방에게 자신의 학력, 혼인경력, 출산경력 등을 속이고 혼인한 경우 민법이 혼인의 무효사유와 취소사유를 구별하고 있는 점, 혼인은 무효 또는 취소가 되더라도 원상회복이 불가능하고 특히 무효의 경우 소급효가 인정되는 점에 비추어 혼인의 무효와 취소를 엄격히 제한하여야 하므로 위 혼인이 그 의사표시의 하자가 중대하고 명백하여 무효라고는 할 수 없고, 다만 민법 제816조 제3호에 의하여 이를 취소할 수 있다(서울가법 2006. 8. 31, 2005드합2103 판결).

第817條 (연령위반혼인 등의 취소청구권자) 혼인이 제807조, 제808조의 규정에 위반한 때에는 당사자 또는 그 법정대리인이 그 취소를 청구할 수 있고 제809조의 규정에 위반한 때에는 당사자, 그 직계존속 또는 4촌 이내의 방계혈족이 그 취소를 청구할 수 있다. 〈개정 2005. 3. 31〉

第818條 (중혼의 취소청구권자) 혼인이 제810조의 규정을 위반한 때에는 당사자 및 그 배우자, 직계존속, 4촌 이내의 방계혈족 또는 검사가 그 취소를 청구할 수 있다. [전문개정 2005. 3. 31]

第819條 (동의 없는 혼인의 취소청구권의 소멸) 제808조의 규정에 위반한 혼인은 그 당사자가 20세에 달한 후 또는 금치산선고의 취소 있은 후 3월을 경과하거나 혼인 중 포태한 때에는 그 취소를 청구하지 못한다. 〈개정 1990. 1. 13, 2005. 3. 31〉

第820條 (근친혼 등의 취소청구권의 소멸 〈개정 2005. 3. 31〉**) 제809조의 규정에 위반한 혼인은 그 당사자간에 혼인 중 포태(胞胎)한 때에는 그 취소를 청구하지 못한다.** 〈개정 2005. 3. 31〉

第822條 (악질 등 사유에 의한 혼인취소청구권의 소멸) 제816조 제2호의 규정에 해당하는 사유 있는 혼인은 상대방이 그 사유 있음을 안 날로부터 6월을 경과한 때에는 그 취소를 청구하지 못한다.

제823조 **(사기, 강박으로 인한 혼인취소청구권의 소멸) 사기 또는 강박으로 인한 혼인은 사기를 안 날 또는 강박을 면한 날로부터 3월을 경과한 때에는 그 취소를 청구하지 못한다.**

제824조 **(혼인취소의 효력) 혼인의 취소의 효력은 기왕에 소급하지 아니한다.**

[대법원 판례] **혼인의 취소와 상속관계에 대한 소급효**
민법 제824조는 '혼인의 취소의 효력은 기왕에 소급하지 아니한다'고 규정하고 있을 뿐 재산상속 등에 관해 소급효를 인정할 별도의 규정이 없는바, 혼인 중에 부부 일방이 사망하여 상대방이 배우자로서 망인의 재산을 상속받은 후에 그 혼인이 취소되었다는 사정만으로 그 전에 이루어진 상속관계가 소급되어 무효라거나 또는 그 상속재산이 법률상 원인 없이 취득한 것이라고는 볼 수 없다(대법원 1996. 12. 23, 95다48308 판결).

제824조의2 **(혼인의 취소와 자의 양육 등) 제837조 및 제837조의 2의 규정은 혼인의 취소의 경우에 자의 양육책임과 면접교섭권에 관하여 이를 준용한다.** [본조신설 2005. 3. 31]

제825조 **(혼인취소와 손해배상청구권) 제806조의 규정은 혼인의 무효 또는 취소의 경우에 준용한다.**

제826조 **(부부간의 의무) ① 부부는 동거하며 서로 부양하고 협조하여야 한다. 그러나 정당한 이유로 일시적으로 동거하지 아니하는 경우에는 서로 인용하여야 한다.**
② 부부의 동거 장소는 부부의 협의에 따라 정한다. 그러나 협의가 이루어지지 아니하는 경우에는 당사자의 청구에 의하여 가정법원이 이를 정한다. 〈개정 1990. 1. 13〉

[대법원 판례] **동거의무 또는 협력의무의 위반에 대한 손해배상책임**
부부의 일방이 상대방에 대하여 동거에 관한 심판을 청구한 결과로

그 심판절차에서 동거의무의 이행을 위한 구체적인 조치에 관하여 조정이 성립한 경우에 그 조치의 실현을 위하여 서로 협력할 법적 의무의 본질적 부분을 상대방이 유책하게 위반하였다면, 부부의 일방은 바로 그 의무의 불이행을 들어 그로 인하여 통상 발생하는 비재산적 손해의 배상을 청구할 수 있고, 그에 반드시 이혼의 청구가 전제되어야 할 필요는 없다. 비록 부부의 동거의무는 인격존중의 귀중한 이념이나 부부관계의 본질 등에 비추어 일반적으로 그 실현에 관하여 간접강제를 포함하여 강제집행을 행하여서는 안 된다고 하더라도, 또 위와 같은 손해배상이 현실적으로 동거의 강제로 이끄는 측면이 있다고 하더라도, 동거의무 또는 그를 위한 협력의무의 불이행으로 말미암아 상대방에게 발생한 손해에 대하여 그 배상을 행하는 것은 동거 자체를 강제하는 것과는 목적 및 내용을 달리하는 것으로서, 후자가 허용되지 않는다고 하여 전자도 금지된다고는 할 수 없다. 오히려 부부의 동거의무도 엄연히 법적인 의무이고 보면, 그 위반에 대하여는 법적인 제재가 따라야 할 것인데, 그 제재의 내용을 혼인관계의 소멸이라는 과격한 효과를 가지는 이혼에 한정하는 것이 부부관계의 양상이 훨씬 다양하고 복잡하게 된 오늘날의 사정에 언제나 적절하다고 단정할 수 없고, 특히 제반 사정 아래서는 1회적인 위자료의 지급을 명하는 것이 인격을 해친다거나 부부관계의 본질상 허용되지 않는다고 말할 수 없다(대법원 2009. 7. 23, 2009다32454 판결).

第826조의2 (성년의제) 미성년자가 혼인을 한 때에는 성년자로 본다. [본조신설 1977. 12. 31]

第827조 (부부간의 가사대리권) ① 부부는 일상의 가사에 관하여 서로 대리권이 있다.
② 전항의 대리권에 가한 제한은 선의의 제3자에게 대항하지 못한다.

[대법원 판례] **부부 일방이 의식불명인 경우 배우자의 대리권**
부부의 경우에도 일상의 가사가 아닌 법률행위를 배우자를 대리하여 행함에 있어서는 별도로 대리권을 수여하는 수권행위가 필요한 것이지, 부부의 일방이 의식불명의 상태에 있어 사회통념상 대리관계를 인정할 필요가 있다는 사정만으로 그 배우자가 당연히 채무의 부담

행위를 포함한 모든 법률행위에 관하여 대리권을 갖는다고 볼 것은 아니다(대법원 2000. 12. 8, 99다37856 판결).

第828條 (부부간의 계약의 취소) 부부간의 계약은 혼인 중 언제든지 부부의 일방이 이를 취소할 수 있다. 그러나 제3자의 권리를 해하지 못한다.

第829條 (부부재산의 약정과 그 변경) ① 부부가 혼인성립 전에 그 재산에 관하여 따로 약정을 하지 아니한 때에는 그 재산관계는 본관(제826조~제828조) 중 다음 각 조에 정하는 바에 의한다.
② 부부가 혼인성립 전에 그 재산에 관하여 약정한 때에는 혼인 중 이를 변경하지 못한다. 그러나 정당한 사유가 있는 때에는 법원의 허가를 얻어 변경할 수 있다.
③ 전항의 약정에 의하여 부부의 일방이 다른 일방의 재산을 관리하는 경우에 부적당한 관리로 인하여 그 재산을 위태하게 한 때에는 다른 일방은 자기가 관리할 것을 법원에 청구할 수 있고 그 재산이 부부의 공유인 때에는 그 분할을 청구할 수 있다.
④ 부부가 그 재산에 관하여 따로 약정을 한 때에는 혼인성립까지에 그 등기를 하지 아니하면 이로써 부부의 승계인 또는 제3자에게 대항하지 못한다.
⑤ 제2항, 제3항의 규정이나 약정에 의하여 관리자를 변경하거나 공유재산을 분할하였을 때에는 그 등기를 하지 아니하면 이로써 부부의 승계인 또는 제3자에게 대항하지 못한다.

第830條 (특유재산과 귀속불명재산) ① 부부의 일방이 혼인 전부터 가진 고유재산과 혼인 중 자기의 명의로 취득한 재산은 그 특유재산으로 한다.
② 부부의 누구에게 속한 것인지 분명하지 아니한 재산은 부부의 공유로 추정한다. 〈개정 1977. 12. 31〉

[대법원 판례] **혼인중 부부 일방이 단독으로 취득한 부동산에 관하여 다른 일방 배우자의 명의신탁 재산으로 인정하기 위한 요건**
다른 일방 배우자가 실제로 당해 부동산의 대가를 부담하여 그 부동산을 자신이 실질적으로 소유하기 위해 취득하였음을 증명하여야 하므로, 관련 증거들을 통하여 나타난 모든 사정을 종합하여 다른 일방 배우자가 당해 부동산을 실질적으로 소유하기 위하여 그 대가를 부담하였는지 여부를 개별적·구체적으로 가려 명의신탁 여부를 판단하여야 한다(대법원 2008. 9. 25, 2006두8068 판결).

第831조 (특유재산의 관리 등) 부부는 그 특유재산을 각자 관리, 사용, 수익한다.

第832조 (가사로 인한 채무의 연대책임) 부부의 일방이 일상의 가사에 관하여 제3자와 법률행위를 한 때에는 다른 일방은 이로 인한 채무에 대하여 연대책임이 있다. 그러나 이미 제3자에 대하여 다른 일방의 책임 없음을 명시한 때에는 그러하지 아니하다.

[대법원 판례] **'일상의 가사에 관한 법률행위'의 판단기준**
구체적인 법률행위가 일상의 가사에 관한 법률행위인지 여부를 판단함에 있어서는 그 법률행위를 한 부부공동체의 내부 사정이나 그 행위의 개별적인 목적만을 중시할 것은 아니라 그 법률행위의 객관적 종류나 성질 등도 충분히 고려하여 판단하여야 한다(대법원 2008. 4. 25, 2000다8267 판결).

第833조 (생활비용) 부부의 공동생활에 필요한 비용은 당사자 간에 특별한 약정이 없으면 부부가 공동으로 부담한다. [전문개정 1990. 1. 13]

◇ 가족관계의 등록 등에 관한 법률 ◇

〈법률 제9832호, 2009. 12. 29, 일부개정〉

제71조 (혼인신고의 기재사항 등) 혼인의 신고서에는 다음 사항을 기재하여야 한다. 다만, 제3호의 경우에는 혼인당사자의 협의서를 첨부하여야 한다.

1. 당사자의 성명 · 본 · 출생연월일 · 주민등록번호 및 등록기준지(당사자가 외국인인 때에는 그 성명 · 출생연월일 및 국적)
2. 당사자의 부모와 양부모의 성명 · 등록기준지 및 주민등록번호
3. 「민법」 제781조 제1항 단서에 따른 협의가 있는 경우 그 사실
4. 「민법」 제809조 제1항에 따른 근친혼에 해당되지 아니한다는 사실

제72조 (재판에 의한 혼인) 사실상 혼인관계 존재확인의 재판이 확정된 경우에는 소를 제기한 사람은 재판의 확정일부터 1개월 이내에 재판서의 등본 및 확정증명서를 첨부하여 제71조의 신고를 하여야 한다.

[양식 제10호]

혼 인 신 고 서( ) (년 월 일)	※ 뒷면의 작성방법을 읽고 기재하시되, 선택항목은 해당번호에 "○" 으로 표시하여 주시기 바랍니다.

구 분			남 편(부)				아 내(처)			
① 혼인당사자(신고인)	성명	한글				㊞ 또는 서명				㊞ 또는 서명
		한자								
	본(한자)			전화			본(한자)		전화	
	출생연월일									
	주민등록번호		–				–			
	등록기준지									
	주 소									
② 부모(양부모)	부 성명									
	주민등록번호		–				–			
	등록기준지									
	모 성명									
	주민등록번호		–				–			
	등록기준지									
③직전혼인해소일자			년 월 일				년 월 일			

④외국방식에 의한 혼인성립일자	년 월 일
⑤성 · 본의 협의	자녀의 성 · 본을 모의 성 · 본으로 하는 협의를 하였습니까? 예☐ 아니오☐
⑥근친혼 여부	혼인당사자들이 8촌이내의 혈족사이에 해당됩니까? 예☐ 아니오☐
⑦기타사항	

⑧ 증인	성 명	㊞ 또는 서명	주민등록번호	–
	주 소			
	성 명	㊞ 또는 서명	주민등록번호	–
	주 소			

⑨ 동의자					후견인		
	남편	부	성명	㊞ 또는 서명		성명	㊞ 또는 서명
		모	성명	㊞ 또는 서명		주민등록번호	–
	아내	부	성명	㊞ 또는 서명		성명	㊞ 또는 서명
		모	성명	㊞ 또는 서명		주민등록번호	–

⑩제출인	성 명		주민등록번호	–

※ 다음은 국가의 인구정책 수립에 필요한 자료로 「통계법」 제32조 및 제33조에 따라 성실응답 의무가 있으며 개인의 비밀사항이 철저히 보호되므로 사실대로 기입하여 주시기 바랍니다.

⑪실제결혼생활시작일		년 월 일부터 동거		
⑫국적	남편	1 한국인 2 귀화한 한국인(이전국적:) 3 외국인(국적:)	처	1 한국인 2 귀화한 한국인(이전국적:) 3 외국인(국적:)
⑬혼인 종류	남편	1초혼 2사별 후 재혼 3이혼 후 재혼	처	1초혼 2사별 후 재혼 3이혼 후 재혼
⑭최 종 졸업학교	남편	1무학 2초등학교 3중학교 4고등학교 5대학(교) 6대학원 이상	처	1무학 2초등학교 3중학교 4고등학교 5대학(교) 6대학원 이상
⑮직 업	남편	*주된 일의 종류와 내용을 기입합니다	처	*주된 일의 종류와 내용을 기입합니다

작 성 방 법

※ ①,②란 및 ⑥,⑦,⑧,⑨,⑩,⑪,⑫,⑬,⑭란은 신고인 모두가 기재하며, 나머지 란(③,④,⑤)은 해당되는 사람만 기재합니다.
※ 주민등록전입신고는 본 가족관계등록신고와는 따로 하여야 합니다.
①란 : 혼인당사자가 외국인인 경우에는 그 등록기준지란에 국적을 기재합니다.
②란 : 혼인당사자가 양자인 경우 양부모의 인적사항을 기재하며, 혼인당사자의 부모가 외국인인 경우에는 주민등록번호란에 출생연월일 및 국적을 기재합니다.
③란 : 이혼 또는 혼인취소가 있었던 사람의 경우 그 일자를 기재합니다.
④란 : 외국방식에 의한 혼인증서등본제출의 경우 혼인성립일을 기재합니다.
⑤란 : 「민법」 제781조제1항의 단서에 따라 자녀의 성·본을 모의 성•본으로 하는 협의가 있는 경우에는 그러한 사실을 표시합니다.
⑥란 : 혼인당사자들이 「민법」 제809조 제1항에 따른 근친혼에 해당되지 아니한다는 사실[8촌 이내의 혈족(친양자의 입양전의 혈족을 포함한다)]을 표시합니다.
⑦란 : 아래의 사항 및 가족관계등록부에 기록을 분명하게 하는데 특히 필요한 사항을 기재합니다(기재란이 부족한 경우에는 별지를 붙여서 추가 기재할 수 있습니다).
 - 사실상혼인관계확인판결에 의한 혼인신고의 경우에는 판결법원 및 확정일자
⑧란 : 증인은 성년자이어야 합니다.
⑨란 : 미성년자 또는 금치산자가 혼인하는 경우에 동의내용을 기재합니다.
⑩란 : 제출자(신고인 여부 불문)의 성명 및 주민등록번호 기재[접수담당공무원은 신분증과 대조]
⑪란 : 결혼일자와 관계없이 실제 부부가 결혼(동거)생활을 시작한 날을 기입합니다.
⑭란 : 교육인적자원부장관이 인정하는 모든 정규교육기관을 기준으로 기재하되 각급 학교의 재학 또는 중퇴자는 최종 졸업한 학교의 해당번호에 "○" 으로 표시합니다.
 〈예시〉 대학교 3학년 중퇴 → 고등학교에 ○표시
⑮란 : 결혼할 당시의 직업에 대한 일의종류와 내용을 사업체이름과 함께 구체적으로 기재합니다.
 〈잘못된 예시〉 회사원, 공무원, 사업, 운수업
 〈올바른 예시〉 ○○회사 영업부 판촉사원, 건축목공, ○○구청 건축허가 업무담당, ○○상가에서 의류 판매, 우리 논에서 논농사

첨 부 서 류

※ 아래 1항은 가족관계등록관서에서 전산으로 그 내용을 확인할 수 있는 경우 첨부를 생략합니다.
1. 혼인 당사자의 가족관계등록부의 기본증명서, 혼인관계증명서, 가족관계증명서 각1통.
2. 혼인동의서[미성년자 또는 금치산자의 혼인의 경우 신고서 동의란에 기재하고 서명(또는 날인)한 경우는 예외] 1부.
3. 사실혼관계존재확인의 재판에 의한 혼인신고의 경우 그 재판서의 등본과 확정증명서 각 1부[조정, 화해성립의 경우 조정(화해)조서 및 송달증명서 각 1부].
4. 혼인신고특례법에 의한 혼인의 경우 심판서의 등본 및 확정증명서 1부.
5. 한국에서 외국인과 한국인이 혼인하는 경우 외국인인 남자 또는 여자의 혼인성립요건구비증명서(중국인인 경우 미혼증명서 및 친족관계증명서인 경우도 가능) 및 국적증명서면(예: 호적등본,출생증명서,여권사본,신분등록부등본 등) 1부.
6. 「민법」 제781조제1항의 단서에 따라 자녀의 성·본을 모의 성•본으로 하는 협의를 한 경우에는 협의사실을 증명하는 혼인당사자의 협의서 1부.
7. 신분확인[가족관계등록예규 제23호에 의함]
 - 신고인이 출석한 경우 : 신고인 모두의 신분증명서
 - 신고인 불출석, 제출인 출석의 경우 : 제출인의 신분증명서 및 신고인 모두의 신분증명서 또는 서명공증 또는 인감증명서(신고인의 신분증명서 없이 신고서에 신고인이 서명한 경우 서명공증, 신고서에 인감 날인한 경우 인감증명)
 - 우편제출의 경우 : 신고인 모두의 서명공증 또는 인감증명서(신고서에 서명한 경우 서명공증, 인감을 날인한 경우는 인감증명서)
※ 사실혼관계존재확인의 확정판결에 의한 혼인신고의 경우에는 출석한 신고인(사건본인들 중 일방)의 신분확인으로 불출석한 신고인의 신분확인에 갈음할 수 있습니다.

◇ 혼인신고특례법 ◇ 〈법률 제9365호, 2009. 1.30, 일부개정〉

제1조 (목적) 이 법은 혼인 당사자 중 어느 한쪽이 전쟁이나 사변(事變)으로 전투에 참가하거나 전투 수행을 위한 공무(公務)에 종사함으로 인하여 혼인신고를 하지 못하고 사망한 경우에 관한 특칙(特則)을 규정함을 목적으로 한다. [전문개정 2009. 1. 30]

제2조 (혼인신고) 혼인신고 의무자 중 어느 한쪽이 제1조에 따른 사유로 사망한 경우에는 생존한 당사자가 가정법원의 확인을 받아 단독으로 혼인신고를 할 수 있다. [전문개정 2009. 1. 30]

제3조 (확인재판 관할) 제2조의 확인은 사망한 당사자의 마지막 주소지가 있는 곳의 가정법원이 관할한다. [전문개정 2009. 1. 30]

제4조 (신고의 효력) 제2조에 따른 신고가 있는 경우에는 신고 의무자 어느 한쪽의 사망 시에 신고가 있었던 것으로 본다. [전문개정 2009. 1. 30]

제5조 (적용 범위) 제1조에 따른 전투 또는 전투 수행을 위한 공무에 관한 사항은 대통령령으로 정한다. [전문개정 2009.1.30]

제 2 장　이　　혼

◇ 민　법 ◇ 〈법률 제9650호, 2009. 5. 8, 일부개정〉

제834조 (협의상 이혼) 부부는 협의에 의하여 이혼할 수 있다.

제835조 (금치산자의 협의상 이혼) 제808조 제2항 및 제3항의 규정은 금치산자의 협의상 이혼에 이를 준용한다. [전문개정 1990. 1. 13]

제836조 (이혼의 성립과 신고방식) ① 협의상 이혼은 가정법원의 확인을 받아 「가족관계의 등록 등에 관한 법률」의 정한 바에 의하여 신고함으로써 그 효력이 생긴다. 〈개정 1977. 12. 31, 2007. 5. 17〉

② 전항의 신고는 당사자 쌍방과 성년자인 증인 2인의 연서한 서면으로 하여야 한다.

제836조의2 (이혼의 절차) ① 협의상 이혼을 하려는 자는 가정법원이 제공하는 이혼에 관한 안내를 받아야 하고, 가정법원은 필요한 경우 당사자에게 상담에 관하여 전문적인 지식과 경험을 갖춘 전문상담인의 상담을 받을 것을 권고할 수 있다.

② 가정법원에 이혼의사의 확인을 신청한 당사자는 제1항의 안내를 받은 날부터 다음 각 호의 기간이 지난 후에 이혼의사의 확인을 받을 수 있다.

1. 양육하여야 할 자(포태 중인 자를 포함한다. 이하 이 조에서 같다)가 있는 경우에는 3개월

2. 제1호에 해당하지 아니하는 경우에는 1개월
③ 가정법원은 폭력으로 인하여 당사자 일방에게 참을 수 없는 고통이 예상되는 등 이혼을 하여야 할 급박한 사정이 있는 경우에는 제2항의 기간을 단축 또는 면제할 수 있다.
④ 양육하여야 할 자가 있는 경우 당사자는 제837조에 따른 자(子)의 양육과 제909조 제4항에 따른 자(子)의 친권자결정에 관한 협의서 또는 제837조 및 제909조 제4항에 따른 가정법원의 심판정본을 제출하여야 한다.
⑤ 가정법원은 당사자가 협의한 양육비부담에 관한 내용을 확인하는 양육비부담조서를 작성하여야 한다. 이 경우 양육비부담조서의 효력에 대하여는 「가사소송법」 제41조를 준용한다. 〈신설 2009. 5. 8〉 [본조신설 2007. 12. 21]

제837조 (이혼과 자의 양육책임) ① 당사자는 그 자의 양육에 관한 사항을 협의에 의하여 정한다. 〈개정 1990. 1. 13〉
② 제1항의 협의는 다음의 사항을 포함하여야 한다. 〈개정 2007. 12. 21〉
1. 양육자의 결정
2. 양육비용의 부담
3. 면접교섭권의 행사 여부 및 그 방법
③ 제1항에 따른 협의가 자(子)의 복리에 반하는 경우에는 가정법원은 보정을 명하거나 직권으로 그 자(子)의 의사(意思)·연령과 부모의 재산상황, 그 밖의 사정을 참작하여 양육에 필요한 사항을 정한다. 〈개정 2007. 12. 21〉
④ 양육에 관한 사항의 협의가 이루어지지 아니하거나 협의할 수 없는 때에는 가정법원은 직권으로 또는 당사자의 청구에 따라 이에 관하여 결정한다. 이 경우 가정법원은 제3항의 사정을 참작하여야 한다. 〈신설 2007. 12. 21〉
⑤ 가정법원은 자(子)의 복리를 위하여 필요하다고 인정하는 경우에는 부·모·자(子) 및 검사의 청구 또는 직권으로 자(子)의 양육에 관한 사항을 변경하거나 다른 적당한 처분을 할 수 있다. 〈신설 2007. 12. 21〉

⑥ 제3항부터 제5항까지의 규정은 양육에 관한 사항 외에는 부모의 권리의무에 변경을 가져오지 아니한다. 〈신설 2007. 12. 21〉

[대법원 판례] **미성년인 자(子)의 친권행사자 및 양육자로 지정할 것인지의 결정 기준**
자의 양육을 포함한 친권은 부모의 권리이자 의무로서 미성년인 자의 복지에 직접적인 영향을 미치는 것이므로 부모가 이혼하는 경우에 부모 중 누구를 미성년인 자의 친권을 행사할 자 및 양육자로 지정할 것인가를 정함에 있어서는, 미성년인 자의 성별과 연령, 그에 대한 부모의 애정과 양육의사의 유무는 물론, 양육에 필요한 경제적 능력의 유무, 부 또는 모와 미성년인 자 사이의 친밀도, 미성년인 자의 의사 등의 모든 요소를 종합적으로 고려하여 미성년인 자의 성장과 복지에 가장 도움이 되고 적합한 방향으로 판단하여야 한다(대법원 2006. 7. 4, 2006므751 판결).

[대법원 판례] **자의 양육에 관한 조정의 결정과 그 변경**
구 민법(2007. 12. 21, 법률 제8720호로 개정되기 이전의 것) 제837조 제2항의 규정에 의거하여 가정법원이 일단 결정한 양육에 필요한 사항을 그 후 변경하는 것은 당초의 결정 후에 특별한 사정변경이 있는 경우뿐만 아니라, 당초의 결정이 위 법률규정 소정의 제반 사정에 비추어 부당하게 되었다고 인정될 경우에도 가능한 것이며, 당사자가 조정을 통하여 그 자의 양육에 관한 사항을 정한 후 그 사항의 변경을 청구한 경우에 있어서도 가정법원은 심리를 거쳐서 그 조정사항이 부당하다고 인정되는 경우에는 언제든지 그 사항을 변경할 수 있고 조정의 성립 이후에 특별한 사정변경이 있는 때에 한하여 이를 변경할 수 있는 것은 아니다(대법원 2006. 4. 17, 2005스18 · 19 결정).

제837조의2 (면접교섭권) ① 자(子)를 직접 양육하지 아니하는 부모의 일방과 자(子)는 상호 면접교섭할 수 있는 권리를 가진다. 〈개정 2007. 12. 21〉
② 가정법원은 자의 복리를 위하여 필요한 때에는 당사자의 청구 또는 직권에 의하여 면접교섭을 제한하거나 배제할 수 있다. 〈개정 2005. 3. 31〉 [본조신설 1990. 1. 13]

[하급심 판례] **비양육친의 면접교섭권을 인정한 사례**
양육친의 주장과 같이 설령 비양육친이 '아이를 낳아 주고 이혼해

주면 돈을 주겠다'는 대리모약정에 따라 자(子)를 임신하고 출산하였다 하더라도, 자녀에 대한 비양육친의 면접교섭권은 천부적인 권리인바, 이를 전면적으로 배제하는 당사자간의 합의는 민법 제103조의 선량한 풍속 기타 사회질서에 위반한 사항을 내용으로 하는 법률행위로서 효력이 없으므로, 면접교섭권을 인정하여야 한다(서울가법 2009. 4. 10, 2009브16 결정).

第838조 (사기, 강박으로 인한 이혼의 취소청구권) **사기 또는 강박으로 인하여 이혼의 의사표시를 한 자는 그 취소를 가정법원에 청구할 수 있다.** 〈개정 1990. 1. 13〉

[하급심 판례] **기망에 의한 협의이혼의 취소**
아내가 혼인을 계속할 의사가 없으면서도, 아파트를 자신에게 증여하고 협의이혼의사 확인을 받으면 남편의 태도변화를 지켜보아 마치 혼인생활을 계속할 것처럼 남편을 기망하고, 이에 속은 남편으로 하여금 아내와 혼인을 계속할 목적으로 협의이혼의사 확인을 받게 한 다음 남편 몰래 이혼신고를 함으로써 협의이혼에 이르게 된 경위에 비추어, 남편이 아내의 기망에 속아 이혼의 의사표시를 한 때에 해당한다고 보아 협의이혼을 취소하고, 이를 전제로 다시 남편의 이혼청구를 인용한다(서울가법 2006. 12. 19, 2005드단53135 판결).

第839조 (준용규정) **제823조의 규정은 협의상 이혼에 준용한다.**

第839조의2 (재산분할청구권) **① 협의상 이혼한 자의 일방은 다른 일방에 대하여 재산분할을 청구할 수 있다.**
② 제1항의 재산분할에 관하여 협의가 되지 아니하거나 협의할 수 없는 때에는 가정법원은 당사자의 청구에 의하여 당사자 쌍방의 협력으로 이룩한 재산의 액수 기타 사정을 참작하여 분할의 액수와 방법을 정한다.
③ 제1항의 재산분할청구권은 이혼한 날부터 2년을 경과한 때에는 소멸한다. [본조신설 1990. 1. 13]

[대법원 판례] **이혼에 따른 재산분할과 정신적 손해**
이혼에 따른 재산분할을 함에 있어 혼인 중 형성한 재산의 청산적

요소와 이혼 후의 부양적 요소 외에 정신적 손해(위자료)를 배상하기 위한 급부로서의 성질까지 포함하여 분할할 수 있다(대법원 2006. 6. 29, 2005다73105 판결).

[대법원 판례] **혼인 중 부부의 협의이혼을 전제로 한 재산분할약정의 성질과 효력**
이혼하지 않은 당사자가 장차 협의상 이혼할 것을 약정하면서 이를 전제로 하여 재산분할에 관한 협의를 하는 경우에 있어서는, 특별한 사정이 없는 한, 장차 당사자 사이에 협의상 이혼이 이루어질 것을 조건으로 하여 조건부 의사표시가 행하여지는 것이므로, 그 협의 후 당사자가 약정한 대로 협의상 이혼이 이루어진 경우에 한하여 그 협의의 효력이 발생하는 것이지, 어떠한 원인으로든지 협의상 이혼이 이루어지지 아니하고 혼인관계가 존속하게 되거나 당사자 일방이 제기한 이혼청구의 소에 의하여 재판상 이혼(화해 또는 조정에 의한 이혼을 포함한다)이 이루어지 경우에는 협의는 조건의 불성취로 인하여 효력이 발생하지 않는다(대법원 2003. 8. 19, 2001다14061 판결).

제839조의3 (재산분할청구권 보전을 위한 사해행위취소권) ① 부부의 일방이 다른 일방의 재산분할청구권 행사를 해함을 알면서도 재산권을 목적으로 하는 법률행위를 한 때에는 다른 일방은 제406조 제1항을 준용하여 그 취소 및 원상회복을 가정법원에 청구할 수 있다.
② 제1항의 소는 제406조 제2항의 기간 내에 제기하여야 한다.
[본조신설 2007. 12. 21]

[대법원 판례] **(제839조의2 신설 전)이혼에 따른 재산분할과 사해행위**
채무초과 상태에 있는 채무자가 이혼을 함에 있어 자신의 배우자에게 재산분할로 일정한 재산을 양도함으로써 결과적으로 일반 채권자에 대한 공동담보를 감소시키는 결과로 되어도, 민법 제839조의2 제2항 규정의 취지에 따른 상당한 정도를 벗어나는 과대한 것이라고 인정할 만한 특별한 사정이 없는 한 사해행위로서 채권자에 의한 취소의 대상으로 되는 것은 아니고, 다만 상당한 도를 벗어나는 초과부분에 관한 한 적법한 재산분할이라고 할 수 없기 때문에 그 취소의 대상으로 될 수 있는바, 특별한 사정이 있다는 점에 관한 입증책임은 채권자에게 있다(대법원 2000. 7. 28, 2000다14101 판결).

제840조 (재판상 이혼원인) **부부의 일방은 다음 각 호의 사유가 있는 경우에는 가정법원에 이혼을 청구할 수 있다.** 〈개정 1990. 1. 13〉

1. 배우자에 부정한 행위가 있었을 때

2. 배우자가 악의로 다른 일방을 유기한 때

3. 배우자 또는 그 직계존속으로부터 심히 부당한 대우를 받았을 때

4. 자기의 직계존속이 배우자로부터 심히 부당한 대우를 받았을 때

5. 배우자의 생사가 3년 이상 분명하지 아니한 때

6. 기타 혼인을 계속하기 어려운 중대한 사유가 있을 때

[대법원 판례] **'배우자로부터 심히 부당한 대우를 받았을 때'의 의미**
민법 제840조 제3호의 이혼사유인 '배우자로부터 심히 부당한 대우를 받았을 때'라 함은 혼인관계의 지속을 강요하는 것이 참으로 가혹하다고 여겨질 정도의 폭행이나 학대 또는 모욕을 받았을 경우를 말한다(대법원 2004. 2. 27, 2003므1890 판결).

[대법원 판례] **이혼사유의 독립성**
재판상 이혼사유에 대한 민법 제840조는 동조가 규정하고 있는 각 호 사유마다 각 별개의 독립된 이혼사유를 구성하는 것이고, 이혼청구를 구하면서 각 호 소정의 수개의 사유를 주장하는 경우 법원은 그 중 어느 하나를 받아들여 청구를 인용할 수 있다(대법원 2000. 9. 5, 99므1886 판결).

[대법원 판례] **혼인을 계속하기 어려운 중대한 사유의 의미**
민법 제840조 제6호가 정한 이혼사유인 '혼인을 계속하기 어려운 중대한 사유가 있을 때'라고 함은 부부간의 애정과 신뢰가 바탕이 되어야 할 혼인의 본질에 상응하는 부부공동생활관계가 회복할 수 없을 정도로 파탄되고 그 혼인생활의 계속을 강제하는 것이 일방 배우자에게 참을 수 없는 고통이 되는 경우를 말한다(대법원 2005. 12. 23, 2005므1689 판결).

[대법원 판례] **'혼인을 계속하기 어려운 중대한 사유가 있을 때'에 해당하지 않는다고 본 경우**
혼인생활 중 부부가 일시 이혼에 합의하고 위자료 명목의 금전을 지급하거나 재산분배를 하였다고 하더라도 그것으로 인하여 부부관계가 돌이킬 수 없을 정도로 파탄되어 부부 쌍방이 이혼의 의사로 사실상 부부관계의 실체를 해소한 채 생활하여 왔다는 등의 특별한 사

정이 없다면 그러한 이혼 합의사실의 존재만으로는 이를 민법 제840조 제6호의 재판상 이혼사유인 혼인을 계속할 수 없는 중대한 사유에 해당한다고 할 수 없다(대법원 1996. 4. 26, 96므226 판결).

第841조 (부정으로 인한 이혼청구권의 소멸) 전조 제1호의 사유는 다른 일방이 사전 동의나 사후용서를 한 때 또는 이를 안 날로부터 6월, 그 사유 있은 날로부터 2년을 경과한 때에는 이혼을 청구하지 못한다.

第842조 (기타 원인으로 인한 이혼청구권의 소멸) 제840조 제6호의 사유는 다른 일방이 이를 안 날로부터 6월, 그 사유 있은 날로부터 2년을 경과하면 이혼을 청구하지 못한다.

[대법원 판례] **제소기간의 적용범위**
민법 제840조 제6호의 '기타 혼인을 계속하기 어려운 중대한 사유'가 이혼청구 당시까지도 계속 존재하는 경우에는 이혼청구권의 제척기간에 관한 민법 제842조가 적용되지 아니한다(대법원 2001. 2. 23, 2000므1561 판결).

第843조 (준용규정) 제806조, 제837조, 제837조의2 및 제839조의2의 규정은 재판상 이혼의 경우에 준용한다. 〈개정 1990. 1. 13〉

[대법원 판례] **재산분할시 성년인 자에 대한 부양의무의 참작 여부**
이혼하는 부부의 자녀들이 이미 모두 성년에 달한 경우, 부가 자녀들에게 부양의무를 진다하더라도 이는 어디까지나 부와 자녀들 사이의 법률관계일 뿐, 이를 부부의 이혼으로 인하여 이혼 배우자에게 지급할 위자료나 재산분할의 액수를 정하는 데 참작할 사정으로 볼 수 없다(대법원 2003. 8. 19, 2003므941 판결).

부칙 〈제9650호, 2009. 5. 8〉

① (시행일) 이 법은 공포 후 3개월이 경과한 날(2009년 8월 9일)부터 시행한다.

② (양육비부담조서 작성의 적용례) 제836조의2 제5항의 개정규정은 이 법 시행 당시 계속 중인 협의이혼사건에도 적용한다.

◇ 가족관계의 등록 등에 관한 법률 ◇

〈법률 제9832호, 2009. 12. 29, 일부개정〉

第74조 (이혼신고의 기재사항) 이혼의 신고서에는 다음 사항을 기재하여야 한다.
1. 당사자의 성명·본·출생연월일·주민등록번호 및 등록기준지(당사자가 외국인인 때에는 그 성명 및 국적)
2. 당사자의 부모와 양부모의 성명·등록기준지 및 주민등록번호
3. 「민법」 제909조 제4항 또는 제5항에 따라 친권자가 정하여진 때에는 그 내용

第75조 (협의상 이혼의 확인) ① 협의상 이혼을 하고자 하는 사람은 등록기준지 또는 주소지를 관할하는 가정법원의 확인을 받아 신고하여야 한다. 다만, 국내에 거주하지 아니하는 경우에 그 확인은 서울가정법원의 관할로 한다.
② 제1항의 신고는 협의상 이혼을 하고자 하는 사람이 가정법원으로부터 확인서등본을 교부 또는 송달받은 날부터 3개월 이내에 그 등본을 첨부하여 행하여야 한다.
③ 제2항의 기간이 경과한 때에는 그 가정법원의 확인은 효력을 상실한다.
④ 가정법원의 확인 절차와 신고에 관하여 필요한 사항은 대법원규칙으로 정한다.

第76조 (간주규정) 협의이혼신고서에 가정법원의 이혼의사확인서등본을 첨부한 경우에는 「민법」 제836조 제2항에서 정한 증인 2

인의 연서가 있는 것으로 본다.

제77조 (준용규정) 제74조는 혼인취소의 신고에 준용한다.

제78조 (준용규정) 제58조는 이혼의 재판이 확정된 경우에 준용한다.

[양식 제11호]

<table>
<tr><td colspan="4">이혼(친권자 지정)신고서
(　　년　　월　　일)</td><td colspan="5">※ 뒷면의 작성방법을 읽고 기재하시되, 선택 항목은 해당번호에 "○"으로 표시하여 주시기 바랍니다.</td></tr>
<tr><td colspan="3">구 분</td><td colspan="3">남　　편(부)</td><td colspan="3">아　　내(처)</td></tr>
<tr><td rowspan="8">①
이
혼
당
사
자</td><td rowspan="2">성 명</td><td>한글</td><td colspan="2"></td><td rowspan="2">㊞ 또는 서명</td><td colspan="2"></td><td rowspan="2">㊞ 또는 서명</td></tr>
<tr><td>한자</td><td colspan="2"></td><td colspan="2"></td></tr>
<tr><td colspan="2">본(한자)</td><td></td><td>전화</td><td></td><td>본(한자)</td><td></td><td>전화</td></tr>
<tr><td colspan="2">주민등록번호</td><td colspan="3">－</td><td colspan="3">－</td></tr>
<tr><td colspan="2">출생연월일</td><td colspan="3"></td><td colspan="3"></td></tr>
<tr><td colspan="2">등록기준지</td><td colspan="3"></td><td colspan="3"></td></tr>
<tr><td colspan="2">주　　소</td><td colspan="3"></td><td colspan="3"></td></tr>
<tr><td rowspan="4">②
부
모
(
양
부
모
)</td><td colspan="2">부(양부)성명</td><td colspan="3"></td><td colspan="3"></td></tr>
<tr><td colspan="2">주민등록번호</td><td colspan="3"></td><td colspan="3"></td></tr>
<tr><td colspan="2">모(양모)성명</td><td colspan="3"></td><td colspan="3"></td></tr>
<tr><td colspan="2">주민등록번호</td><td colspan="3"></td><td colspan="3"></td></tr>
<tr><td colspan="3">③기 타 사 항</td><td colspan="6"></td></tr>
<tr><td colspan="3">④재판확정일자
(　　　　　)</td><td colspan="2">년　　월　　일</td><td>법원명</td><td colspan="3">법원</td></tr>
<tr><td colspan="9">아래 친권자란(굵은 선)은 협의이혼 시에는 법원의 협의이혼의사확인 후에 기재합니다.</td></tr>
<tr><td rowspan="4">⑤
친권자
지　정</td><td colspan="2">미성년인 자의 성명</td><td colspan="3"></td><td colspan="3"></td></tr>
<tr><td colspan="2">주민등록번호</td><td colspan="3">－</td><td colspan="3">－</td></tr>
<tr><td colspan="2" rowspan="2">친권자</td><td rowspan="2">①부
②모
③부모</td><td>지정효력 발생일</td><td>년　월　일</td><td rowspan="2">①부
②모
③부모</td><td>지정효력 발생일</td><td>년　월　일</td></tr>
<tr><td>원인</td><td>① 협의 ② 재판</td><td>원인</td><td>① 협의 ② 재판</td></tr>
<tr><td>⑥신고인</td><td colspan="2">성 명</td><td colspan="2"></td><td>자　격</td><td colspan="3">① 남편(夫)　② 아내(婦)</td></tr>
<tr><td>⑦제출인</td><td colspan="2">성 명</td><td colspan="2"></td><td>주민등록번호</td><td colspan="3">－</td></tr>
</table>

※ 다음은 국가의 인구정책 수립에 필요한 자료로 「통계법」 제32조 및 제33조에 따라 성실응답 의무가 있으며 개인의 비밀사항이 철저히 보호되므로 사실대로 기입하여 주시기 바랍니다.

<table>
<tr><td colspan="2">⑧실제결혼(동거) 생활 시작일</td><td>년　월　일부터</td><td colspan="2">⑨실제이혼연월일</td><td>년　월　일부터</td></tr>
<tr><td colspan="2">⑩20세 미만 자녀 수</td><td>명</td><td colspan="2">⑪이혼의 종류</td><td>①협의이혼
②재판에 의한 이혼</td></tr>
<tr><td colspan="2">⑫이혼사유 (택일)</td><td colspan="4">① 배우자 부정 ② 정신적·육체적 학대 ③ 가족간 불화
④ 경제문제 ⑤ 성격차이 ⑥ 건강문제 ⑦ 기타</td></tr>
<tr><td>⑬ 국 적</td><td>남편</td><td>① 한국인
② 귀화한 한국인(이전국적:　　)
③ 외국인(국적:　　)</td><td>처</td><td colspan="2">① 한국인
② 귀화한 한국인(이전국적:　　)
③ 외국인(국적:　　)</td></tr>
<tr><td>⑭최 종 졸업학교</td><td>남편</td><td>①무학 ②초등학교 ③중학교
④고등학교 ⑤대학(교) ⑥대학원 이상</td><td>처</td><td colspan="2">①무학 ②초등학교 ③중학교
④고등학교 ⑤대학(교) ⑥대학원 이상</td></tr>
<tr><td>⑮직 업</td><td>남편</td><td>*주된 일의 종류와 내용을 기입합니다</td><td>처</td><td colspan="2">*주된 일의 종류와 내용을 기입합니다</td></tr>
</table>

작 성 방 법

①란 : 협의이혼신고의 경우 반드시 당사자 쌍방이 서명(또는 기명날인) 하여야 하나, 재판상 이혼신고의 경우에는 일방이 서명(또는 기명날인)하여 신고할 수 있습니다.
: 이혼당사자가 외국인인 경우에는 등록기준지란에 국적을 기재합니다.
②란 : 이혼당사자의 부모가 주민등록번호가 없는 경우에는 등록기준지(본적)를 기재합니다. 이혼당사자가 양자인 경우 양부모의 인적사항을 기재하며, 이혼당사자의 부모가 외국인인 경우에는 주민등록번호란에 출생년월일 및 국적을 기재합니다.
③란 : 아래의 사항 및 가족관계등록부에 기록을 분명하게 하는 데 특히 필요한 사항을 기재합니다.
- 신고사건으로 인하여 신분의 변경이 있게 되는 사람이 있을 경우에 그 사람의 성명, 생년월일, 등록기준지 및 신분변경의 사유
- 금치산자가 협의상 이혼을 하는 경우에는 동의자의 성명, 서명(또는 날인) 및 생년월일
④란 : 이혼판결(화해, 조정)의 경우에만 기재하고, 협의이혼의 경우에는 기재하지 않습니다.
: 조정성립, 조정에 갈음하는 결정, 화해성립이나 화해권고결정에 따른 이혼신고의 경우에는 "재판확정일자" 아래의 ( )안에 "조정성립", "조정에 갈음하는 결정확정" 또는 "화해성립", "화해권고결정"이라고 기재하고, "연월일"란에 그 성립(확정)일을 기재합니다.
⑤란 : 협의이혼확인 신청시에는 기재하지 아니하며, 법원의 이혼의사확인 후에 정하여진 친권자를 기재합니다. 지정효력발생일은 협의이혼의 경우 이혼신고일, 재판상이혼의 경우 재판 확정일을 기재합니다. 원인은 당사자의 협의에 의해 지정한 때에는 "1협의"에, 직권 또는 신청에 의해 법원이 결정한 때에는 "2재판"에 "○"으로 표시하고, 그 내용을 증명하는 서면을 첨부하여야 합니다. 자녀가 3명 이상인 경우 별지 기재 후 간인하여 첨부합니다. 임신 중인 자의 경우에는 출생신고 시 친권자 지정 신고를 합니다.
⑥란 : 법원의 협의이혼의사 확인 후 가족관계등록관서에 이혼 신고서를 제출하는 당사자(남편 또는 아내)의 인적사항을 기재합니다.
⑦란 : 제출자(신고인 여부 불문)의 성명 및 주민등록번호 기재[접수담당공무원은 신분증과 대조]
⑧란, ⑨란 : 가족관계등록부상 신고일이나 재판확정일과는 관계없이 실제로 결혼(동거)생활을 시작한 날과 사실상 이혼(별거)생활을 시작한 날을 기재합니다.
⑭란 : 교육과학기술부장관이 인정하는 모든 정규교육기관을 기준으로 기재하되 각급 학교의 재학 또는 중퇴자는 졸업한 최종 학교의 해당번호에 ○표시를 합니다.
〈예시〉 대학교 3학년 중퇴 → 고등학교에 ○표시
⑮란 : 결혼할 당시의 직업에 대한 일의종류와 내용을 사업체이름과 함께 구체적으로 기재합니다.
〈잘못된 예시〉 회사원, 공무원, 사업, 운수업
〈올바른 예시〉 ○○회사 영업부 판촉사원, 건축목공, ○○구청 건축허가 업무담당, ○○상가에서 의류판매, 우리 논에서 논농사

첨 부 서 류

1. 협의이혼 : 협의이혼의사확인서 등본 1부.
2. 재판이혼 : 판결등본 및 확정증명서 각 1부(조정·화해 성립의 경우는 조서등본 및 송달증명서).
3. 외국법원의 이혼판결에 의한 재판상 이혼
- 이혼판결의 정본 또는 등본과 판결확정증명서 각 1부.
- 패소한 피고가 우리나라 국민인 경우에 그 피고가 공시송달에 의하지 아니하고 소송의 개시에 필요한 소환 또는 명령의 송달을 받았거나 또는 이를 받지 아니하고도 응소한 사실을 증명하는 서면 1부(판결에 의하여 이점이 명백하지 아니한 경우에 한한다).
- 위 각 서류의 번역문 1부.

※ 아래 4항은 가족관계등록관서에서 전산으로 그 내용을 확인할 수 있는 경우 첨부를 생략합니다.

4. 이혼 당사자 각각의 가족관계등록부의 가족관계증명서, 혼인관계증명서 각 1통.
5. 친권자지정과 관련한 소명자료
- 협의에 의한 경우 친권자지정 협의서등본 1부.
- 법원이 결정한 경우 심판서 정본 및 확정 증명서 1부.
6. 신분확인[가족관계등록예규 제23호에 의함]
① 재판상 이혼신고
- 신고인이 출석한 경우 : 신분증명서
- 제출인이 출석한 경우 : 제출인의 신분증명서
- 우편제출의 경우 : 신고인의 신분증명서 사본
② 협의이혼신고
- 신고인이 출석한 경우 : 신고인 일방의 신분증명서
- 신고인 불출석, 제출인 출석의 경우 : 제출인의 신분증명서 및 신고인 일방의 신분증명서 또는 서명공증 또는 인감증명서(신고인의 신분증명서 없이 신고서에 신고인이 서명한 경우 서명공증, 신고서에 인감 날인한 경우 인감증명)
- 우편제출의 경우 : 신고인 일방의 서명공증 또는 인감증명서(신고서에 서명한 경우 서명공증, 인감을 날인한 경우는 인감증명서).

◇ 가사소송법 ◇ 〈법률 제9652호, 2009. 5. 8, 일부개정〉

제22조 (관할) 혼인의 무효나 취소, 이혼의 무효나 취소 및 재판상 이혼의 소는 다음 각 호의 가정법원의 전속관할로 한다.
1. 부부가 같은 가정법원의 관할구역 내에 보통재판적이 있을 때에는 그 가정법원
2. 부부가 최후의 공통의 주소지를 가졌던 가정법원의 관할구역 내에 부부 중 일방의 보통재판적이 있을 때에는 그 가정법원
3. 제1호 및 제2호에 해당되지 아니하는 경우로서 부부의 일방이 타방을 상대로 하는 때에는 상대방의 보통재판적소재지, 부부의 쌍방을 상대로 하는 때에는 부부 중 일방의 보통재판적소재지의 가정법원
4. 부부의 일방이 사망한 경우에는 생존한 타방의 보통재판적소재지의 가정법원
5. 부부 쌍방이 사망한 경우에는 부부 중 일방의 최후 주소지의 가정법원

제23조 (혼인무효 및 이혼무효의 소의 제기권자) 당사자, 법정대리인 또는 4촌 이내의 친족은 언제든지 혼인무효나 이혼무효의 소를 제기할 수 있다.

제24조 (혼인무효·취소 및 이혼무효·취소의 소의 상대방) ① 부부의 일방이 혼인의 무효나 취소 또는 이혼무효의 소를 제기할 때에는 배우자를 상대방으로 한다.
② 제3자가 제1항에 규정된 소를 제기할 때에는 부부를 상대방으로 하고, 부부 중 일방이 사망한 때에는 그 생존자를 상대방으로 한다.
③ 제1항 및 제2항의 규정에 의하여 상대방이 될 자가 사망한 때에는 검사를 상대방으로 한다.

④ 제1항 및 제3항의 규정은 이혼취소의 소에 준용한다.

제25조 (친권자 지정 등에 관한 협의권고) ① 가정법원이 미성년자인 자가 있는 부부의 혼인의 취소나 재판상 이혼의 청구를 심리할 때에는 그 청구가 인용될 경우를 대비하여 부모에게 다음 각 호의 사항에 관하여 미리 협의하도록 권고하여야 한다.

1. 미성년인 자의 친권자로 지정될 자
2. 미성년인 자에 대한 양육과 면접교섭권

② 가정법원이 혼인무효의 청구를 심리하여 그 청구가 인용되는 경우에 부(夫)와 부자관계가 존속되는 미성년인 자가 있는 경우에도 제1항과 같다. [전문개정 2007. 12. 21]

제 3 장　모성보호

◇ 여성발전기본법 ◇ 〈법률 제9932호, 2010. 1. 18, 타법개정〉

제18조 (모성 보호의 강화) ① 국가 · 지방자치단체 또는 사업주는 임신 · 출산 및 수유(授乳) 중인 여성을 특별히 보호하며 이를 이유로 불이익을 받지 아니하도록 하여야 한다.
② 국가와 지방자치단체는 취업여성의 임신 · 출산 및 수유와 관련한 모성보호 비용에 대하여 「사회보장기본법」에 따른 사회보험과 재정(財政) 등을 통한 사회적 부담을 늘려 나가도록 하여야 한다. [전문개정 2008. 6. 13]

◇ 모자보건법 ◇ 〈법률 제9932호, 2010. 1. 18, 타법개정〉

제 2 조 (정의) 이 법에서 사용하는 용어의 뜻은 다음과 같다.
1. "임산부"란 임신 중이거나 분만 후 6개월 미만인 여성을 말한다.
2. "모성"이란 임산부와 가임기(可姙期) 여성을 말한다.
3. "영유아"란 출생 후 6년 미만인 사람을 말한다.
4. "신생아"란 출생 후 28일 이내의 영유아를 말한다.
5. "미숙아(未熟兒)"란 신체의 발육이 미숙한 채로 출생한 영유아로서 대통령령으로 정하는 기준에 해당하는 영유아를 말한다.
6. "선천성이상아(先天性異常兒)"란 선천성 기형(奇形) 또는 변형(變形)이 있거나 염색체에 이상이 있는 영유아로서 대통령령으로

정하는 기준에 해당하는 영유아를 말한다.

7. **"인공임신중절수술"이란 태아가 모체 밖에서는 생명을 유지할 수 없는 시기에 태아와 그 부속물을 인공적으로 모체 밖으로 배출시키는 수술을 말한다.**

8. **"모자보건사업"이란 모성과 영유아에게 전문적인 보건의료서비스 및 그와 관련된 정보를 제공하고, 모성의 생식건강(生殖健康) 관리와 임신·출산·양육 지원을 통하여 이들이 신체적·정신적·사회적으로 건강을 유지하게 하는 사업을 말한다.**

9. **"가족계획사업"** (이하 생략)

10. **"모자보건요원"이란 의사·조산사·간호사의 면허를 받은 사람 또는 간호조무사의 자격을 인정받은 사람으로서 모자보건사업 및 가족계획사업에 종사하는 사람을 말한다.**

11. **"산후조리업(産後調理業)"** (이하 생략) [전문개정 2009. 1. 7]

제3조의3 (결혼이민자에 대한 적용) **이 법은 「재한외국인 처우 기본법」 제2조 제3호의 결혼이민자에 대하여도 적용한다.** [본조신설 2009. 1. 7]

제4조 (모성 등의 의무) **① 모성은 임신·분만·수유 및 생식과 관련하여 자신의 건강에 대한 올바른 이해와 관심을 가지고 그 건강관리에 노력하여야 한다.**

② 영유아의 친권자·후견인이나 그 밖에 영유아를 보호하고 있는 자(이하 "보호자"라 한다)는 육아에 대한 올바른 이해를 가지고 영유아의 건강을 유지·증진하는 데에 적극적으로 노력하여야 한다. [전문개정 2009. 1. 7]

제8조 (임산부의 신고 등) **① 임산부가 이 법에 따른 보호를 받으려면 본인이나 그 보호자가 보건복지부령으로 정하는 바에 따라 「의료법」 제3조에 따른 의료기관(이하 "의료기관"이라 한다) 또는 보건소에 임신 또는 분만 사실을 신고하여야 한다.** 〈개정 2010. 1. 18〉 〈시행 2010. 3. 19〉

② 의료기관의 장 또는 보건소장은 제1항에 따른 신고를 받으면 이를 종합하여 보건복지부령으로 정하는 바에 따라 특별자치도지사 또는 시장(「제주특별자치도 설치 및 국제자유도시 조성을 위한 특별법」 제15조 제2항에 따른 행정시의 시장은 제외한다. 이하 같다) · 군수 · 구청장(자치구의 구청장을 말한다. 이하 같다)에게 보고하여야 한다. 〈개정 2010. 1. 18〉 〈시행 2010. 3. 19〉
③ 의료기관의 장 또는 보건소장은 해당 의료기관이나 보건소에서 임산부가 사망하거나 사산(死産)하였을 때 또는 신생아가 사망하였을 때에는 보건복지부령으로 정하는 바에 따라 특별자치도지사 또는 시장 · 군수 · 구청장에게 보고하여야 한다. 〈개정 2010. 1. 18〉 〈시행 2010. 3. 19〉
④ 의료기관의 장은 해당 의료기관에서 미숙아나 선천성이상아가 출생하면 보건복지부령으로 정하는 바에 따라 보건소장에게 보고하여야 한다. 〈개정 2010. 1. 18〉 〈시행 2010. 3. 19〉
⑤ 제4항에 따른 미숙아 또는 선천성이상아(이하 "미숙아등"이라 한다)의 출생을 보고받은 보건소장은 그 보호자가 해당 관할 구역에 주소를 가지고 있지 아니하면 그 보호자의 주소지를 관할하는 보건소장에게 그 출생 보고를 이송하여야 한다. [전문개정 2009. 1. 7]

제 9 조 (모자보건수첩의 발급) ① 특별자치도지사 또는 시장 · 군수 · 구청장은 제8조 제1항에 따라 신고 된 임산부나 영유아에 대하여 모자보건수첩을 발급하여야 한다.
② 제1항에 따른 모자보건수첩의 발급 절차 등에 필요한 사항은 보건복지부령으로 정한다. 〈개정 2010. 1. 18〉 〈시행 2010. 3. 19〉
[전문개정 2009. 1. 7]

제9조의2 (미숙아등에 대한 등록카드) 제8조 제4항과 제5항에 따라 미숙아등의 출생 보고를 받은 보건소장은 보건복지부령으로 정하는 바에 따라 미숙아등에 대하여 등록카드를 작성 · 관리하여야 한다. 〈개정 2010. 1. 18〉 〈시행 2010. 3. 19〉

제10조 (임산부 · 영유아 · 미숙아등의 건강관리 등) ① 특별자치도지사 또는 시장 · 군수 · 구청장은 임산부 · 영유아 · 미숙아등에 대하여 대통령령으로 정하는 바에 따라 정기적으로 건강진단 · 예방접종을 실시하거나 모자보건요원에게 그 가정을 방문하여 보건진료를 하게 하는 등 보건관리에 필요한 조치를 하여야 한다.
② 특별자치도지사 또는 시장 · 군수 · 구청장은 임산부 · 영유아 · 미숙아등 중 입원진료가 필요한 사람에게 다음 각 호의 의료 지원을 할 수 있다.
1. 진찰
2. 약제나 치료재료의 지급
3. 처치(處置), 수술, 그 밖의 치료
4. 의료시설에의 수용
5. 간호
6. 이송 [전문개정 2009. 1. 7]

◇ 저출산 · 고령사회기본법 ◇ 〈법률 제9932호, 2010. 1. 18, 타법개정〉

제 8 조 (자녀의 출산과 보육 등) ① 국가 및 지방자치단체는 모든 자녀가 차별받지 아니하고 안전하고 행복한 생활을 영위하며 교육과 인성함양에 도움을 주는 사회환경을 조성하기 위한 시책을 강구하여야 한다.
② 국가 및 지방자치단체는 자녀를 임신 · 출산 · 양육 및 교육하고자 하는 자가 직장생활과 가정생활을 병행할 수 있도록 사회환경을 조성 · 지원하여야 한다.
③ 국가 및 지방자치단체는 자녀를 양육하려는 자에게 양질의 보육서비스를 제공하기 위한 시책을 강구하여야 한다.

제 9 조 (모자보건의 증진 등) ① 국가 및 지방자치단체는 임산부 · 태아 및 영유아에 대한 건강진단 등 모자보건의 증진과 태아의 생명존중을 위하여 필요한 시책을 수립 · 시행하여야 한다.
② 국가 및 지방자치단체는 임신 · 출산 · 양육의 사회적 의미와 생명의 존엄성 및 가족구성원의 협력의 중요성 등에 관한 교육을 실시하여야 한다.
③ 국가 및 지방자치단체는 임신 · 출산 및 양육에 관한 정보의 제공, 교육 및 홍보를 실시하기 위하여 필요한 기관을 설치하거나 그 업무를 관련 기관에 위탁할 수 있다.

제10조 (경제적 부담의 경감) 국가 및 지방자치단체는 자녀의 임신 · 출산 · 양육 및 교육에 소요되는 경제적 부담을 경감하기 위하여 필요한 시책을 강구하여야 한다.

◇ 건강가정기본법 ◇ 〈법률 제9932호, 2010. 1. 18, 타법개정〉

제21조 (가정에 대한 지원) ① 국가 및 지방자치단체는 가정이 원활한 기능을 수행하도록 지원하여야 한다.
② 제1항의 규정에 의하여 지원하여야 할 사항은 다음 각 호와 같다.
1. 가족구성원의 정신적 · 신체적 건강지원
2. 소득보장 등 경제생활의 안정
3. 안정된 주거생활
4. 태아검진 및 출산 · 양육의 지원
5. 직장과 가정의 양립
6. 음란물 · 유흥가 · 폭력 등 위해환경으로부터의 보호
7. 가정폭력으로부터의 보호

8. 가정친화적 사회분위기의 조성
9. 그 밖에 건강한 가정의 기능을 강화 · 지원할 수 있는 관련 사항
③ 국가 및 지방자치단체는 취업여성의 임신 · 출산 · 수유와 관련된 모성보호 및 부성보호를 위한 유급휴가시책이 확산되도록 노력하여야 한다.
④ 국가 및 지방자치단체는 한부모가족, 노인단독가정, 장애인가정, 미혼모가정, 공동생활가정, 자활공동체 등 사회적 보호를 필요로 하는 가정에 대하여 적극적으로 지원하여야 한다. 〈개정 2007. 10. 17〉
⑤ 제2항 및 제4항의 규정에 의한 국가 및 지방자치단체의 지원에 관한 세부적 사항은 관계 법률이 정하는 바에 의한다.

제22조 (자녀양육지원의 강화) ① 국가 및 지방자치단체는 자녀를 양육하는 가정에 대하여 자녀양육으로 인한 부담을 완화하고 아동의 행복추구권을 보장하기 위한 보육 및 방과 후 서비스, 양성평등한 육아휴직제 활용을 적극적으로 확대하여 나아가야 한다.
② 국가 및 지방자치단체는 가사노동의 가치에 대한 사회적 인식을 제고하고 이를 관련 법 · 제도 및 가족정책에 반영하도록 노력하여야 한다.

제24조 (가족의 건강증진) 국가 및 지방자치단체는 영 · 유아, 아동, 청소년, 중 · 장년 등 생애주기에 따르는 가족구성원의 종합적인 건강증진대책을 마련하여야 한다.

제25조 (가족부양의 지원) ① 국가 및 지방자치단체는 영 · 유아 혹은 노인 등 부양지원을 요하는 가족구성원이 있는 가정에 대하여 부양부담을 완화하기 위한 시책을 적극적으로 강구하여야 한다.
② 국가 및 지방자치단체는 질환이나 장애로 가족 내 수발을 요하는 가족구성원이 있는 가정을 적극 지원하며, 보호시설을 이용할 수 있도록 전문보호시설을 확대하여야 한다.
③ 국가 및 지방자치단체는 가족구성원 중 장기요양을 필요로 하

는 질병이나 사고로 간병을 요할 경우 가족간호를 위한 휴가 등의 시책을 마련하여야 한다.

◇ 국민건강증진법 ◇ 〈법률 제9932호, 2010. 1. 18, 타법개정〉

제 6 조 (건강생활의 지원 등) ① 국가 및 지방자치단체는 국민이 건강생활을 실천할 수 있도록 지원하여야 한다.
② 국가는 혼인과 가정생활을 보호하기 위하여 혼인 전에 혼인당사자의 건강을 확인하도록 권장하여야 한다.
③ 제2항의 규정에 의한 건강확인의 내용 및 절차에 관하여 필요한 사항은 보건복지부령으로 정한다. 〈개정 1997. 12. 13, 2008. 2. 29, 2010. 1. 18〉 〈시행 2010. 3. 19〉

◇ 국민건강보험법 ◇ 〈법률 제9932호, 2010. 1. 18, 타법개정〉

제44조 (요양비) ① 공단은 가입자 또는 피부양자가 보건복지부령이 정하는 긴급 기타 부득이한 사유로 인하여 요양기관과 유사한 기능을 수행하는 기관으로서 보건복지부령이 정하는 기관(제85조 제1항의 규정에 의하여 업무정지처분기간중인 요양기관을 포함한다)에서 질병·부상·출산 등에 대하여 요양을 받거나 요양기관 외의 장소에서 출산을 한 때에는 그 요양급여에 상당하는 금액을 보건복지부령이 정하는 바에 의하여 그 가입자 또는 피부양자에게 요양비로 지급한다. 〈개정 2008. 2. 29, 2010. 1. 18〉

② 제1항의 규정에 의하여 요양을 실시한 기관은 보건복지부장관이 정하는 요양비명세서 또는 요양의 내역을 기재한 영수증을 요양을 받은 자에게 교부하여야 하며, 요양을 받은 자는 이를 공단에 제출하여야 한다. 〈개정 2008. 2. 29, 2010. 1. 18〉 〈시행 2010. 3. 19〉

제45조 (부가급여) 공단은 이 법에 규정한 요양급여 외에 대통령령이 정하는 바에 의하여 장제비·상병수당 기타의 급여를 실시할 수 있다. 〈개정 2008. 3. 28〉 [제목개정 2008. 3. 28]

◇ 근로기준법 ◇ 〈법률 제9699호, 2009. 5. 21, 일부개정〉

제65조 (사용 금지) ① 사용자는 임신 중이거나 산후 1년이 지나지 아니한 여성(이하 "임산부"라 한다)과 18세 미만자를 도덕상 또는 보건상 유해·위험한 사업에 사용하지 못한다.
② 사용자는 임산부가 아닌 18세 이상의 여성을 제1항에 따른 보건상 유해·위험한 사업 중 임신 또는 출산에 관한 기능에 유해·위험한 사업에 사용하지 못한다.
③ 제1항 및 제2항에 따른 금지 직종은 대통령령으로 정한다.

제70조 (야간근로와 휴일근로의 제한) ① 사용자는 18세 이상의 여성을 오후 10시부터 오전 6시까지의 시간 및 휴일에 근로시키려면 그 근로자의 동의를 받아야 한다.
② 사용자는 임산부와 18세 미만자를 오후 10시부터 오전 6시까지의 시간 및 휴일에 근로시키지 못한다. 다만, 다음 각 호의 어느 하나에 해당하는 경우로서 노동부장관의 인가를 받으면 그러하지 아니하다.

1. 18세 미만자의 동의가 있는 경우
2. 산후 1년이 지나지 아니한 여성의 동의가 있는 경우
3. 임신 중의 여성이 명시적으로 청구하는 경우

③ 사용자는 제2항의 경우 노동부장관의 인가를 받기 전에 근로자의 건강 및 모성 보호를 위하여 그 시행 여부와 방법 등에 관하여 그 사업 또는 사업장의 근로자대표와 성실하게 협의하여야 한다.

제71조 (시간외근로) 사용자는 산후 1년이 지나지 아니한 여성에 대하여는 단체협약이 있는 경우라도 1일에 2시간, 1주일에 6시간, 1년에 150시간을 초과하는 시간외근로를 시키지 못한다.

제73조 (생리휴가) 사용자는 여성근로자가 청구하면 월 1일의 생리휴가를 주어야 한다.

[하급심 판례] **생리휴가의 법적 성질과 생리근로수당의 지급 여부**
생리휴가는 남성과 다른 생리적 특성을 가진 여성근로자의 건강뿐만 아니라 모성보호의 취지에서 우리나라 근로기준법의 '제5장 여성과 소년'란에 특별히 둔 보호규정이므로, 생리휴가는 철저하게 보장되어야 한다. 또한, 생리휴가와 연·월차휴가 모두 "사용자는 … 유급 … 휴가를 주어야 한다"고 규정하여 사용자에게 동일한 유급휴가 지급의무를 부과하고 있는 점에서 규정내용이 같고, 생리휴가가 제5장 여성과 소년란에 위치하고 있다고 하더라도 사용자에게 보장의무를 지우고 있는 '법정휴가'라는 점에서는 그 법적 성질이 같다. 또한 여성인 근로자가 생리휴가기일에 휴가를 사용하지 아니하고 근로한 경우에는 근로의무가 면제된 특정일에 추가로 근로를 제공한 것이므로 사용자는 당연히 그 근로의 대가로서 이에 상응하는 생리휴가근로수당도 지급하여야 한다. 연·월차휴가의 경우에도 지급하는 휴가근로수당을, 단지 입법 취지, 목적 및 조문의 위치가 다르다는 점만으로 생리휴가의 경우에 지급하지 않는다면, 이는 여성의 모성을 특별히 보호하기 위한 구 근로기준법(2003. 9. 15. 법률 제6974호로 개정되기 전의 것) 제71조의 취지에 반한다. 그리고 생리휴가근로수당은 휴가일에 제공한 근로에 대한 추가 임금의 성질을 갖는 것으로서, 단지 근로자가 생리휴가를 미사용하였다는 점만으로 사후에 발생한

수당청구권까지 포기하였다고 보기 어렵다(서울고법 2007. 5. 4, 2006나60054 판결).

제74조 (임산부의 보호) ① 사용자는 임신 중의 여성에게 산전과 산후를 통하여 90일의 보호휴가를 주어야 한다. 이 경우 휴가 기간의 배정은 산후에 45일 이상이 되어야 한다.
② 사용자는 임신 중인 여성이 임신 16주 이후 유산 또는 사산한 경우로서 그 근로자가 청구하면 대통령령으로 정하는 바에 따라 보호휴가를 주어야 한다. 다만, 인공 임신중절 수술(「모자보건법」 제14조 제1항에 따른 경우는 제외한다)에 따른 유산의 경우는 그러하지 아니하다.
③ 제1항 및 제2항에 따른 휴가 중 최초 60일은 유급으로 한다. 다만, 「남녀고용평등과 일·가정 양립 지원에 관한 법률」 제18조에 따라 산전후휴가급여 등이 지급된 경우에는 그 금액의 한도에서 지급의 책임을 면한다. 〈개정 2007. 12. 21〉
④ 사용자는 임신 중의 여성 근로자에게 시간외근로를 하게 하여서는 아니 되며, 그 근로자의 요구가 있는 경우에는 쉬운 종류의 근로로 전환하여야 한다.
⑤ 사업주는 제1항에 따른 보호휴가 종료 후에는 휴가 전과 동일한 업무 또는 동등한 수준의 임금을 지급하는 직무에 복귀시켜야 한다. 〈신설 2008. 3. 28〉

제74조의2 (태아검진 시간의 허용 등) ① 사용자는 임신한 여성근로자가 「모자보건법」 제10조에 따른 임산부 정기건강진단을 받는데 필요한 시간을 청구하는 경우 이를 허용하여 주어야 한다.
② 사용자는 제1항에 따른 건강진단 시간을 이유로 그 근로자의 임금을 삭감하여서는 아니 된다. [본조신설 2008. 3. 21]

◇ 남녀고용평등과 일 · 가정 양립 지원에 관한 법률 ◇ 〈법률 제9998호, 2010. 2. 4, 일부개정〉

제18조 (산전후휴가에 대한 지원) ① 국가는 「근로기준법」 제74조에 따른 산전후휴가 또는 유산 · 사산 휴가를 사용한 근로자 중 일정한 요건에 해당하는 자에게 그 휴가기간에 대하여 통상임금에 상당하는 금액(이하 "산전후휴가급여등"이라 한다)을 지급할 수 있다.
② 제1항에 따라 지급된 산전후휴가급여등은 그 금액의 한도에서 「근로기준법」 제74조 제3항에 따라 사업주가 지급한 것으로 본다.
③ 산전후휴가급여 등을 지급하기 위하여 필요한 비용은 재정이나 「사회보장기본법」에 따른 사회보험에서 분담할 수 있다.
④ 여성 근로자가 산전후휴가급여등을 받으려는 경우 사업주는 관계 서류의 작성 · 확인 등 모든 절차에 적극 협력하여야 한다.
⑤ 산전후휴가급여등의 지급요건, 지급기간 및 절차 등에 관하여 필요한 사항은 따로 법률로 정한다. [전문개정 2007. 12. 21]

제18조의2 (배우자 출산휴가) ① 사업주는 근로자가 배우자의 출산을 이유로 휴가를 청구하는 경우에 3일의 휴가를 주어야 한다.
② 제1항에 따른 휴가는 근로자의 배우자가 출산한 날부터 30일이 지나면 청구할 수 없다. [본조신설 2007. 12. 21]

◇ 고용보험법 ◇ 〈법률 제9990호, 2010. 1. 27, 일부개정〉

제75조 (산전후휴가 급여 등) 노동부장관은 「남녀고용평등과 일 · 가정 양립 지원에 관한 법률」 제18조에 따라 피보험자가 「근로기

준법」 제74조에 따른 산전후휴가 또는 유산·사산휴가를 받은 경우로서 다음 각 호의 요건을 모두 갖춘 경우에 산전후휴가 급여등(이하 "산전후휴가급여등"이라 한다)을 지급한다. 〈개정 2007. 12. 21〉

1. 휴가가 끝난 날 이전에 제41조에 따른 피보험 단위기간이 통산하여 180일 이상일 것
2. 휴가를 시작한 날(제19조 제2항에 따라 근로자의 수 등이 대통령령으로 정하는 기준에 해당하는 기업이 아닌 경우는 휴가 시작 후 60일이 지난 날로 본다) 이후 1개월부터 휴가가 끝난 날 이후 12개월 이내에 신청할 것. 다만, 그 기간에 대통령령으로 정하는 사유로 산전후휴가급여등을 신청할 수 없었던 자는 그 사유가 끝난 후 30일 이내에 신청하여야 한다.

제75조의2 (산전후휴가급여등의 수급권 대위) 사업주가 산전후휴가급여등의 지급사유와 같은 사유로 그에 상당하는 금품을 근로자에게 미리 지급한 경우로서 그 금품이 산전후휴가급여등을 대체하여 지급한 것으로 인정되면 그 사업주는 지급한 금액(제76조 제2항에 따른 상한액을 초과할 수 없다)에 대하여 그 근로자의 산전후휴가급여등을 받을 권리를 대위한다. [본조신설 2008. 12. 31]

제76조 (지급 기간 등) ① 제75조에 따른 산전후휴가급여등은 「근로기준법」 제74조에 따른 휴가 기간에 대하여 「근로기준법」의 통상임금(휴가를 시작한 날을 기준으로 산정한다)에 해당하는 금액을 지급한다. 다만, 제19조 제2항에 따라 근로자의 수 등이 대통령령으로 정하는 기준에 해당하는 기업이 아닌 경우에는 휴가 기간 중 60일을 초과한 일수(30일을 한도로 한다)로 한정한다.
② 제1항에 따른 산전후휴가급여등의 지급 금액은 대통령령으로 정하는 바에 따라 그 상한액과 하한액을 정할 수 있다.
③ 제1항과 제2항에 따른 산전후휴가급여등의 신청 및 지급에 필요한 사항은 노동부령으로 정한다.

제77조 (준용) 산전후휴가급여등에 관하여는 제62조, 제71조부터 제73조까지의 규정을 준용한다. 이 경우 제62조 중 "구직급여"는 "산전후휴가급여등"으로, 제71조부터 제73조까지의 규정 중 "육아휴직"은 "산전후휴가 또는 유산 · 사산휴가"로 각각 본다.

제80조 (기금의 용도) ① 기금은 다음 각 호의 용도에 사용하여야 한다. 〈개정 2008. 3. 21〉
1. 고용안정 · 직업능력개발 사업에 필요한 경비
2. 실업급여의 지급
3. 육아휴직 급여 및 산전후휴가급여등의 지급
4. 보험료의 반환
5. 일시 차입금의 상환금과 이자
6. 이 법과 「보험료징수법」에 따른 업무를 대행하거나 위탁받은 자에 대한 출연금
7. 그 밖에 이 법의 시행을 위하여 필요한 경비로서 대통령령으로 정하는 경비와 제1호 및 제2호에 따른 사업의 수행에 딸린 경비
② 제1항 제6호에 따른 출연금의 지급기준, 사용 및 관리에 관하여 필요한 사항은 대통령령으로 정한다. 〈신설 2008. 3. 21〉

◇ 교통약자의 이동편의증진법 ◇ 〈법률 제9868호, 2009. 12. 29, 일부개정〉

제3조 (이동권) 장애인 등 교통약자는 인간으로서의 존엄과 가치 및 행복을 추구할 권리를 보장받기 위하여 장애인 등 교통약자가 아닌 사람들이 이용하는 모든 교통수단, 여객시설 및 도로를 차별없이 안전하고 편리하게 이용하여 이동할 수 있는 권리를 가진다.

제14조 (노선버스에 대한 이용보장) ① 「여객자동차운수사업법」

제3조 제1항 제1호의 규정에 의한 노선여객자동차운송사업을 경영하는 자(이하 "노선버스운송사업자"라 한다)는 교통약자가 안전하고 편리하게 버스를 이용할 수 있도록 승·하차 시간을 충분히 제공하여야 한다.
② 국토해양부장관 또는 시·도지사는 「여객자동차운수사업법」 제4조의 규정에 의한 여객자동차운송사업면허를 하는 때에는 같은 법 제5조의 규정에 의한 면허기준을 갖추고 저상(底床)버스 등 교통약자가 편리하고 안전하게 이용할 수 있는 구조를 가진 버스(이하 "저상버스등"이라 한다)를 대통령령이 정하는 일정 대수 이상 운행하고자 하는 자에 대하여 우선적으로 노선여객자동차운송사업면허를 할 수 있다. 〈개정 2008. 2. 29, 2008. 3. 21〉
③ 시장 또는 군수는 제7조의 지방교통약자이동편의증진계획을 수립할 시에 저상버스 도입 계획을 반영하고, 이에 따라 저상버스를 도입하여야 한다.
④ 국가 및 지방자치단체는 제3항에 따라 저상버스를 도입할 경우 노선버스운송사업자에게 예산의 범위 안에서 재정지원을 하여야 한다.
⑤ 도로관리청은 저상버스 등의 원활한 운행을 위하여 필요한 경우에는 버스정류장·도로의 정비 등 필요한 조치를 하여야 한다.

제15조 (도시철도에 대한 이용보장) ① 「도시철도법」 제4조의 규정에 의하여 도시철도사업의 면허를 받은 자는 도시철도사업에 사용되는 차량의 10분의 1 이상에 해당하는 부분을 교통약자전용구역으로 할당하여야 한다.
② 제1항의 규정에 의한 교통약자전용구역의 시설기준, 운영방법 등에 관하여 필요한 사항은 국토해양부령으로 정한다. 〈개정 2008. 2. 29〉

제16조 (특별교통수단) ① 시장 또는 군수는 이동에 심한 불편을 느끼는 교통약자의 이동편의를 위하여 국토해양부령이 정하는 일정 대수 이상의 특별교통수단을 운행하여야 한다. 〈개정 2008. 2. 29〉
② 시장 또는 군수는 제1항의 규정에 의한 특별교통수단을 이용하

려는 교통약자와 특별교통수단을 운행하는 자를 통신수단 등을 통하여 연결하여 주는 이동지원센터를 설치할 수 있다.
③ 특별교통수단을 이용할 수 있는 교통약자의 범위, 특별교통수단으로 운행되는 차량의 종류, 특별교통수단에 장착하여야 하는 탑승설비의 기준 등에 관하여 필요한 사항은 국토해양부령으로 정한다. 〈개정 2008. 2. 29〉
④ 특별교통수단 및 이동지원센터의 운영 등에 관하여 필요한 사항은 당해 지방자치단체의 조례로 정한다.

제17조 (교통이용정보 등의 제공) ① 교통사업자는 대통령령이 정하는 바에 의하여 교통약자 등이 편리하게 교통수단 · 여객시설 또는 이동편의시설을 이용할 수 있도록 안내정보 등 교통이용에 관한 정보와 수화 · 통역서비스 등 교통이용과 관련된 편의(이하 "교통이용정보 등"이라 한다)를 제공하여야 한다.
② 국가는 교통사업자가 교통이용정보 등을 효율적으로 제공할 수 있도록 정보통신기술을 기반으로 한 교통이용정보체제의 구축 등 필요한 지원을 할 수 있다.
③ 교통이용정보 등의 제공방법, 운영기준 등에 관하여 필요한 사항은 국토해양부령으로 정한다. 〈개정 2008. 2. 29〉

◇ 장애인 · 노인 · 임산부 등의 편의증진보장에 관한 법률 ◇ 〈법률 제9932호, 2010.1.18, 타법개정〉

제 2 조 (정의) 이 법에서 사용하는 용어의 정의는 다음과 같다. 〈개정 2003. 5. 29, 2003. 12. 31, 2004. 12. 31, 2005. 3. 31〉
1. "장애인등"이라 함은 장애인 · 노인 · 임산부등 생활을 영위함에 있어 이동과 시설이용 및 정보에의 접근 등에 불편을 느끼는 자를 말한다.

2. "편의시설"이라 함은 장애인등이 생활을 영위함에 있어 이동과 시설이용의 편리를 도모하고 정보에의 접근을 용이하게 하기 위한 시설과 설비를 말한다.
3. "시설주"라 함은 이 법에서 정하는 대상시설의 소유자 또는 관리자(당해 대상시설에 대한 별도의 관리의무자가 있는 경우에 한한다)를 말한다.
4. "시설주관기관"이라 함은 편의시설의 설치 및 운영에 관하여 지도와 감독을 행하는 중앙행정기관의 장과 특별시장·광역시장·도지사(이하 "시·도지사"라 한다) 및 시장·군수·구청장(자치구의 구청장에 한한다. 이하 같다)을 말한다.
5. 삭제 〈2005. 1. 27〉
6. "공원"이라 함은 자연공원법 제2조 제1호의 규정에 의한 자연공원 및 동조 제10호의 규정에 의한 공원시설과「도시공원 및 녹지 등에 관한 법률」제2조 제3호의 규정에 의한 도시공원 및 동조 제4호의 규정에 의한 공원시설을 말한다.
7. "공공건물 및 공중이용시설"이라 함은 불특정다수인이 이용하는 건축물, 시설 및 그 부대시설로서 대통령령으로 정하는 건물 및 시설을 말한다.
8. "공동주택"이라 함은 주택법 제2조 제2호의 규정에 의한 공동주택을 말한다.
9. 삭제 〈2005. 1. 27〉
10. "통신시설"이라 함은 전기통신기본법 제2조 제2호의 규정에 의한 전기통신설비와 우편법 제14조의 규정에 의한 우편물 등 통신을 이용하는 데 필요한 시설을 말한다.

제3조 (편의시설 설치의 기본원칙) 시설주는 장애인등이 공공건물 및 공중이용시설을 이용함에 있어 가능한 최단거리로 이동할 수 있도록 편의시설을 설치하여야 한다.

제4조 (접근권) 장애인등은 인간으로서의 존엄과 가치 및 행복을 추구할 권리를 보장받기 위하여 장애인등이 아닌 사람들이 이용하는 시설과 설비를 동등하게 이용하고 정보에 자유롭게 접근할

수 있는 권리를 가진다. 〈개정 2003. 12. 31〉

제 5 조 (다른 법률과의 관계) 이 법에서 특별히 정하고 있지 아니한 편의시설에 관한 사항은 다른 법률이 정하는 바에 따른다.

제 6 조 (국가 및 지방자치단체의 의무) 국가 및 지방자치단체는 장애인등이 생활을 영위함에 있어 안전하고 편리하게 시설 및 설비를 이용하고 정보에 접근할 수 있도록 각종 시책을 마련하여야 한다.

제 7 조 (대상시설) 편의시설을 설치하여야 하는 대상(이하 "대상시설"이라 한다)은 다음 각 호의 1에 해당하는 것으로서 대통령령으로 정하는 것을 말한다.

1. 삭제 〈2005. 1. 27〉
2. 공원
3. 공공건물 및 공중이용시설
4. 공동주택
5. 삭제 〈2005. 1. 27〉
6. 통신시설
7. 기타 장애인등의 편의를 위하여 편의시설의 설치가 필요한 건물·시설 및 그 부대시설

제 8 조 (편의시설의 설치기준) ① 대상시설별로 설치하여야 하는 편의시설의 종류는 대상시설의 규모, 용도 등을 고려하여 대통령령으로 정한다.

② 편의시설의 구조·재질 등에 관한 세부기준(이하 "세부기준"이라 한다)은 보건복지부령으로 정한다. 이 경우 편의시설에 대한 안내표시에 관한 사항을 함께 정할 수 있다. 〈개정 1999. 1. 21, 2008. 2. 29, 2010. 1. 18〉 〈시행 2010. 3. 19〉

◇ 형의 집행 및 수용자의 처우에 관한 법률 ◇ 〈법률 제9847호, 2009. 12. 29, 타법개정〉

제52조 (임산부인 수용자의 처우) ① 소장은 수용자가 임신 중이거나 출산(유산을 포함한다)한 경우에는 모성보호 및 건강유지를 위하여 정기적인 검진 등 적절한 조치를 하여야 한다.
② 소장은 수용자가 출산하려고 하는 경우에는 외부의료시설에서 진료를 받게 하는 등 적절한 조치를 하여야 한다.

제53조 (유아의 양육) ① 여성수용자는 자신이 출산한 유아를 교정시설에서 양육할 것을 신청할 수 있다. 이 경우 소장은 다음 각 호의 어느 하나에 해당하는 사유가 없으면, 생후 18개월에 이르기까지 허가하여야 한다. 〈개정 2009. 12. 29〉 〈시행 2010. 12. 30〉
1. 유아가 질병 · 부상, 그 밖의 사유로 교정시설에서 생활하는 것이 특히 부적당하다고 인정되는 때
2. 수용자가 질병 · 부상, 그 밖의 사유로 유아를 양육할 능력이 없다고 인정되는 때
3. 교정시설에 전염병이 유행하거나 그 밖의 사정으로 유아양육이 특히 부적당한 때
② 소장은 제1항에 따라 유아의 양육을 허가한 경우에는 필요한 설비와 물품의 제공, 그 밖에 양육을 위하여 필요한 조치를 하여야 한다.

제 4 장 육아와 양육

◇ 건강가정기본법 ◇ 〈법률 제9932호, 2010. 1. 18, 타법 개정〉

제22조 (자녀양육지원의 강화) ① 국가 및 지방자치단체는 자녀를 양육하는 가정에 대하여 자녀양육으로 인한 부담을 완화하고 아동의 행복추구권을 보장하기 위한 보육 및 방과 후 서비스, 양성평등한 육아휴직제 활용을 적극적으로 확대하여 나아가야 한다.
② 국가 및 지방자치단체는 가사노동의 가치에 대한 사회적 인식을 제고하고 이를 관련 법·제도 및 가족정책에 반영하도록 노력하여야 한다.

제24조 (가족의 건강증진) 국가 및 지방자치단체는 영·유아, 아동, 청소년, 중·장년 등 생애주기에 따르는 가족구성원의 종합적인 건강증진대책을 마련하여야 한다.

제25조 (가족부양의 지원) ① 국가 및 지방자치단체는 영·유아 혹은 노인 등 부양지원을 요하는 가족구성원이 있는 가정에 대하여 부양부담을 완화하기 위한 시책을 적극적으로 강구하여야 한다.
② 국가 및 지방자치단체는 질환이나 장애로 가족내 수발을 요하는 가족구성원이 있는 가정을 적극 지원하며, 보호시설을 이용할 수 있도록 전문보호시설을 확대하여야 한다.
③ 국가 및 지방자치단체는 가족구성원 중 장기요양을 필요로 하는 질병이나 사고로 간병을 요할 경우 가족간호를 위한 휴가 등의 시책을 마련하여야 한다.

◇ 근로기준법 ◇ 〈법률 제9699호, 2009. 5. 21, 일부개정〉

第75조 (육아 시간) 생후 1년 미만의 유아(乳兒)를 가진 여성 근로자가 청구하면 1일 2회 각각 30분 이상의 유급 수유 시간을 주어야 한다.

◇ 남녀고용평등과 일·가정 양립 지원에 관한 법률 ◇ 〈법률 제9998호, 2010. 2. 4, 일부개정〉

第19조 (육아휴직) ① 사업주는 근로자가 만 6세 이하의 초등학교 취학 전 자녀(입양한 자녀를 포함한다)를 양육하기 위하여 휴직(이하 "육아휴직"이라 한다)을 신청하는 경우에 이를 허용하여야 한다. 다만, 대통령령으로 정하는 경우에는 그러하지 아니하다. 〈개정 2010. 2. 4〉
② 육아휴직의 기간은 1년 이내로 한다.
③ 사업주는 육아휴직을 이유로 해고나 그 밖의 불리한 처우를 하여서는 아니 되며, 육아휴직 기간에는 그 근로자를 해고하지 못한다. 다만, 사업을 계속할 수 없는 경우에는 그러하지 아니하다.
④ 사업주는 육아휴직을 마친 후에는 휴직 전과 같은 업무 또는 같은 수준의 임금을 지급하는 직무에 복귀시켜야 한다. 또한 제2항의 육아휴직 기간은 근속기간에 포함한다.
⑤ 육아휴직의 신청방법 및 절차 등에 관하여 필요한 사항은 대통령령으로 정한다. [전문개정 2007. 12. 21]

第19조의2 (육아기 근로시간 단축) ① 사업주는 제19조 제1항에 따라 육아휴직을 신청할 수 있는 근로자가 육아휴직 대신 근로시간의 단축(이하 "육아기 근로시간 단축"이라 한다)을 신청하는 경우에 이를 허용할 수 있다.
② 사업주가 육아기 근로시간 단축을 허용하지 아니하는 경우에는 해당 근로자에게 그 사유를 서면으로 통보하고 육아휴직을 사용하게 하거나 그 밖의 조치를 통하여 지원할 수 있는지를 해당 근로자와 협의하여야 한다.
③ 사업주가 제1항에 따라 해당 근로자에게 육아기 근로시간 단축을 허용하는 경우 단축 후 근로시간은 주당 15시간 이상이어야 하고 30시간을 넘어서는 아니 된다.
④ 육아기 근로시간 단축의 기간은 1년 이내로 한다.
⑤ 사업주는 육아기 근로시간 단축을 이유로 해당 근로자에게 해고나 그 밖의 불리한 처우를 하여서는 아니 된다.
⑥ 사업주는 근로자의 육아기 근로시간 단축기간이 끝난 후에 그 근로자를 육아기 근로시간 단축 전과 같은 업무 또는 같은 수준의 임금을 지급하는 직무에 복귀시켜야 한다.
⑦ 육아기 근로시간 단축의 신청방법 및 절차 등에 관하여 필요한 사항은 대통령령으로 정한다. [본조신설 2007. 12. 21]

제19조의3 (육아기 근로시간 단축 중 근로조건 등) ① 사업주는 제19조의2에 따라 육아기 근로시간 단축을 하고 있는 근로자에 대하여 근로시간에 비례하여 적용하는 경우 외에는 육아기 근로시간 단축을 이유로 그 근로조건을 불리하게 하여서는 아니 된다.
② 제19조의2에 따라 육아기 근로시간 단축을 한 근로자의 근로조건(육아기 근로시간 단축 후 근로시간을 포함한다)은 사업주와 그 근로자 간에 서면으로 정한다.
③ 사업주는 제19조의2에 따라 육아기 근로시간 단축을 하고 있는 근로자에게 단축된 근로시간 외에 연장근로를 요구할 수 없다. 다만, 그 근로자가 명시적으로 청구하는 경우에는 사업주는 주 12시간 이내에서 연장근로를 시킬 수 있다.
④ 육아기 근로시간 단축을 한 근로자에 대하여 「근로기준법」 제2조 제6호에 따른 평균임금을 산정하는 경우에는 그 근로자의 육아기 근로시간 단축 기간을 평균임금 산정기간에서 제외한다. [본

조신설 2007. 12. 21]

제19조의4 (육아휴직과 육아기 근로시간 단축의 사용형태) 근로자는 제19조와 제19조의2에 따라 육아휴직이나 육아기 근로시간 단축을 하려는 경우에는 다음 각 호의 방법 중 하나를 선택하여 사용할 수 있다. 이 경우 어느 방법을 사용하든지 그 총 기간은 1년을 넘을 수 없다.
1. 육아휴직의 1회 사용
2. 육아기 근로시간 단축의 1회 사용
3. 육아휴직의 분할 사용(1회만 할 수 있다)
4. 육아기 근로시간 단축의 분할 사용(1회만 할 수 있다)
5. 육아휴직의 1회 사용과 육아기 근로시간 단축의 1회 사용 [본조신설 2007. 12. 21]

제19조의5 (육아지원을 위한 그 밖의 조치) ① 사업주는 초등학교 취학 전까지의 자녀를 양육하는 근로자의 육아를 지원하기 위하여 다음 각 호의 어느 하나에 해당하는 조치를 하도록 노력하여야 한다.
1. 업무를 시작하고 마치는 시간 조정
2. 연장근로의 제한
3. 근로시간의 단축, 탄력적 운영 등 근로시간 조정
4. 그 밖에 소속 근로자의 육아를 지원하기 위하여 필요한 조치

② 노동부장관은 사업주가 제1항에 따른 조치를 할 경우 고용 효과 등을 고려하여 필요한 지원을 할 수 있다. [본조신설 2007. 12. 21]

제19조의6 (직장복귀를 위한 사업주의 지원) 사업주는 이 법에 따라 육아휴직 중인 근로자에 대한 직업능력 개발 및 향상을 위하여 노력하여야 하고 산전후휴가, 육아휴직 또는 육아기 근로시간 단축을 마치고 복귀하는 근로자가 쉽게 직장생활에 적응할 수 있도록 지원하여야 한다. [본조신설 2007. 12. 21]

제20조 (일·가정의 양립을 위한 지원) ① 국가는 사업주가 근로자에게 육아휴직이나 육아기 근로시간 단축을 허용한 경우 그 근로자의 생계비용과 사업주의 고용유지비용의 일부를 지원할 수 있다.
② 국가는 소속 근로자의 일·가정의 양립을 지원하기 위한 조치를 도입하는 사업주에게 세제 및 재정을 통한 지원을 할 수 있다. [전문개정 2007. 12. 21]

제21조 (직장보육시설 설치 및 지원 등) ① 사업주는 근로자의 취업을 지원하기 위하여 수유·탁아 등 육아에 필요한 보육시설(이하 "직장보육시설"이라 한다)을 설치하여야 한다.
② 직장보육시설을 설치하여야 할 사업주의 범위 등 직장보육시설의 설치 및 운영에 관한 사항은 「영유아보육법」에 따른다.
③ 노동부장관은 근로자의 고용을 촉진하기 위하여 직장보육시설의 설치·운영에 필요한 지원 및 지도를 하여야 한다. [전문개정 2007. 12. 21]

제21조의2 (그 밖의 보육 관련 지원) 노동부장관은 제21조에 따라 직장보육시설을 설치하여야 하는 사업주 외의 사업주가 직장보육시설을 설치하려는 경우에는 직장보육시설의 설치·운영에 필요한 정보 제공, 상담 및 비용의 일부 지원 등 필요한 지원을 할 수 있다. [본조신설 2007. 12. 21]

제22조 (공공복지시설의 설치) ① 국가 또는 지방자치단체는 여성근로자를 위한 교육·육아·주택 등 공공복지시설을 설치할 수 있다.
② 제1항에 따른 공공복지시설의 기준과 운영에 필요한 사항은 노동부장관이 정한다. [전문개정 2007. 12. 21]

부칙 〈제9998호, 2010. 2. 4〉
① (시행일) 이 법은 공포한 날부터 시행한다.
② (육아휴직 신청요건 완화에 따른 적용례) 제19조의 개정규정은 다음 각 호의 어느 하나에 해당하는 경우에 적용한다.
1. 2008년 1월 1일 이후 출생한 영유아가 있는 근로자
2. 2008년 1월 1일 이후 입양한 자녀가 있는 근로자

◇ 남녀고용평등과 일·가정 양립 지원에 관한 법률 시행령 ◇ 〈대통령령 제21928호, 2009. 12. 30, 일부개정〉

제10조 (육아휴직의 적용 제외) 법 제19조 제1항 단서에 따라 사업주가 육아휴직을 허용하지 아니할 수 있는 경우는 다음 각 호와 같다.
1. 육아휴직을 시작하려는 날(이하 "휴직개시예정일"이라 한다)의 전날까지 해당 사업에서 계속 근로한 기간이 1년 미만인 근로자
2. 같은 영유아에 대하여 배우자가 육아휴직(다른 법령에 따른 육아휴직을 포함한다)을 하고 있는 근로자

제11조(육아휴직의 신청 등) ① 법 제19조 제1항에 따라 육아휴직을 신청하려는 근로자는 휴직개시예정일의 30일 전까지 육아휴직 대상인 영유아의 성명, 생년월일, 휴직개시예정일, 육아휴직을 종료하려는 날(이하 "휴직종료예정일"이라 한다), 육아휴직 신청 연월일, 신청인 등에 대한 사항을 신청서에 적어 사업주에게 제출하여야 한다.
② 제1항에도 불구하고 다음 각 호의 어느 하나에 해당하는 경우에는 휴직개시예정일 7일 전까지 육아휴직을 신청할 수 있다.
1. 출산 예정일 이전에 자녀가 출생한 경우

2. 배우자의 사망, 부상, 질병 또는 신체적·정신적 장애나 배우자와의 이혼 등으로 해당 영유아를 양육하기 곤란한 경우

③ 사업주는 근로자가 제1항에 따른 기한이 지난 뒤에 육아휴직을 신청한 경우에는 그 신청일부터 30일 이내에, 제2항에 따른 기한이 지난 뒤에 육아휴직을 신청한 경우에는 그 신청일부터 7일 이내에 육아휴직 개시일을 지정하여 육아휴직을 허용하여야 한다.

④ 사업주는 육아휴직을 신청한 근로자에게 해당 자녀의 출생 등을 증명할 수 있는 서류의 제출을 요구할 수 있다.

제12조 (육아휴직의 변경신청 등) ① 육아휴직을 신청한 근로자는 휴직개시예정일 전에 제11조 제2항 각 호의 어느 하나에 해당하는 사유가 발생한 경우에는 사업주에게 그 사유를 명시하여 휴직개시예정일을 당초의 예정일 전으로 변경하여 줄 것을 신청할 수 있다.

② 근로자는 휴직종료예정일을 연기하려는 경우에는 한 번만 연기할 수 있다. 이 경우 당초의 휴직종료예정일 30일 전(제11조 제2항 제2호의 사유로 휴직종료예정일을 연기하려는 경우에는 당초의 예정일 7일 전)까지 사업주에게 신청하여야 한다.

제13조 (육아휴직 신청의 철회 등) ① 육아휴직을 신청한 근로자는 휴직개시예정일의 7일 전까지 사유를 밝혀 그 신청을 철회할 수 있다.

② 근로자가 육아휴직을 신청한 후 휴직개시예정일 전에 다음 각 호의 어느 하나에 해당하는 사유가 발생하면 그 육아휴직 신청은 없었던 것으로 본다. 이 경우 근로자는 지체없이 그 사실을 사업주에게 알려야 한다.

1. 해당 영유아의 사망
2. 양자인 영유아의 파양 또는 입양의 취소
3. 육아휴직을 신청한 근로자가 부상, 질병 또는 신체적·정신적 장애나 배우자와의 이혼 등으로 해당 영유아를 양육할 수 없게 된 경우

◇ 영유아보육법 ◇ 〈법률 제9932호, 2010. 1. 18, 타법개정〉

제 2 조 (정의) 이 법에서 사용하는 용어의 뜻은 다음과 같다. 〈개정 2008. 12. 19〉
1. "영유아"란 6세 미만의 취학 전 아동을 말한다.
2. "보육"이란 영유아를 건강하고 안전하게 보호·양육하고 영유아의 발달 특성에 맞는 교육을 제공하는 보육시설 및 가정양육 지원에 관한 사회복지서비스를 말한다.
3. "보육시설"이란 보호자의 위탁을 받아 영유아를 보육하는 시설을 말한다.
4. "보호자"란 친권자·후견인, 그 밖의 자로서 영유아를 사실상 보호하고 있는 자를 말한다.
5. "보육시설종사자"란 보육시설에서 영유아의 보육, 건강관리 및 보호자와의 상담, 그 밖에 보육시설의 관리·운영 등의 업무를 담당하는 자로서 보육시설의 장 및 보육교사와 그 밖의 종사자를 말한다. [전문개정 2007. 10. 17]

제 3 조 (보육 이념) ① 보육은 영유아의 이익을 최우선적으로 고려하여 제공되어야 한다.
② 보육은 영유아가 안전하고 쾌적한 환경에서 건강하게 성장할 수 있도록 하여야 한다.
③ 영유아는 자신이나 보호자의 성, 연령, 종교, 사회적 신분, 재산, 장애 및 출생지역 등에 따른 어떠한 종류의 차별도 받지 아니하고 보육되어야 한다. [전문개정 2007. 10. 17]

[하급심 판례] **영유아 보육시설의 운영자가 준수하여야 할 주의의무의 내용 및 그 위반행위가 위법한 경우의 손해배상책임**
영유아보호법령의 규정 내용들과 그 운용실정에 비추어 보면, 영유아 보육시설을 운영하는 사람이 영유아에게 급식을 제공하는 경우에는 보통의 합리적인 일반인이 사회공동생활 중에 음식을 섭취함에 있어서 당연히 감수하여야 할 한도에 속하는 범위 안에서 재량에 따

라 적당한 식재료를 선택하여 음식물을 만들어 제공하여야 할 의무가 있고, 이와 같은 의무에 위반하여 영유아에게 제공한 급식이 식재료의 선택에 있어 다른 사람이 먹다가 남긴 음식 등을 모아서 새로운 음식을 만들었다거나 음식의 조리방법이 현저하게 비위생적인 때와 같이 일반인의 사회생활상의 수인한도를 넘어서는 경우에는 위생적이고 안전한 급식을 통하여 인격체로서의 성장발달을 꾀할 영유아의 인격적 이익을 침해하는 위법한 행위에 해당한다고 하며, 보육시설 운영자의 아동들과 부모들에 대한 위자료 지급책임을 인정하였다(서울북부지법 2006. 9. 7, 2005가합8181 판결).

제 4 조 (책임) ① 모든 국민은 영유아를 건전하게 보육할 책임을 진다.

② 국가와 지방자치단체는 보호자와 더불어 영유아를 건전하게 보육할 책임을 진다.

③ 시장 · 군수 · 구청장(자치구의 구청장을 말한다. 이하 같다)은 영유아의 보육을 위한 적절한 보육시설을 확보하여야 한다. [전문개정 2007. 10. 17]

◇ 유아교육법 ◇ 〈법률 제9932호, 2010. 1. 18, 타법개정〉

제 2 조 (정의) 이 법에서 사용하는 용어의 정의는 다음 각 호와 같다.

1. "유아"라 함은 만 3세부터 초등학교 취학 전까지의 어린이를 말한다.

2. "유치원"이라 함은 유아의 교육을 위하여 이 법에 따라 설립 · 운영되는 학교를 말한다.

3. "보호자"라 함은 친권자 · 후견인 그 밖의 자로서 유아를 사실상 보호하는 자를 말한다.

4. "반일제"라 함은 1일 3시간 이상 5시간 미만의 교육과정을 말한다.

5. “시간연장제”라 함은 1일 5시간 이상 8시간 미만의 교육과정을 말한다.
6. “종일제”라 함은 1일 8시간 이상의 교육과정을 말한다.

제 3 조 (책임) 국가 및 지방자치단체는 보호자와 더불어 유아를 건전하게 교육할 책임을 진다.

제 5 장 노동과 고용평등

◇ 여성발전기본법 ◇ 〈법률 제9932호, 2010. 1. 18, 타법개정〉

제17조 (고용평등 〈개정 2008. 6. 13〉) ① 국가와 지방자치단체는 관계 법률로 정하는 바에 따라 근로자의 채용·교육훈련·승진·퇴직 등 고용 전반에 걸쳐 남녀평등이 이루어지도록 하여야 한다. 〈개정 2008. 6. 13〉
② 삭제 〈2002. 12. 11〉
③ 국가·지방자치단체 또는 사업주는 직장 내의 평등한 근무환경 조성을 위하여 필요한 조치를 취하여야 한다. 〈개정 2008. 6. 13〉

◇ 남녀고용평등과 일·가정 양립 지원에 관한 법률 ◇ 〈법률 제9998호, 2010. 2. 4, 일부개정〉

제 7 조 (모집과 채용) ① 사업주는 근로자를 모집하거나 채용할 때 남녀를 차별하여서는 아니 된다.
② 사업주는 여성 근로자를 모집·채용할 때 그 직무의 수행에 필요하지 아니한 용모·키·체중 등의 신체적 조건, 미혼 조건, 그 밖에 노동부령으로 정하는 조건을 제시하거나 요구하여서는 아니 된다. [전문개정 2007. 12. 21]

제 8 조 (임금) ① 사업주는 동일한 사업 내의 동일 가치 노동에 대하여는 동일한 임금을 지급하여야 한다.
② 동일 가치 노동의 기준은 직무 수행에서 요구되는 기술, 노력, 책임 및 작업 조건 등으로 하고, 사업주가 그 기준을 정할 때에는 제25조에 따른 노사협의회의 근로자를 대표하는 위원의 의견을 들어야 한다.
③ 사업주가 임금차별을 목적으로 설립한 별개의 사업은 동일한 사업으로 본다. [전문개정 2007. 12. 21]

제 9 조 (임금 외의 금품 등) 사업주는 임금 외에 근로자의 생활을 보조하기 위한 금품의 지급 또는 자금의 융자 등 복리후생에서 남녀를 차별하여서는 아니 된다. [전문개정 2007. 12. 21]

제10조 (교육 · 배치 및 승진) 사업주는 근로자의 교육 · 배치 및 승진에서 남녀를 차별하여서는 아니 된다. [전문개정 2007. 12. 21]

> [하급심 판례] **여성근로자로 구성된 특정 직군에 대한 차별**
> 사용자가 직제개편을 하면서 여성근로자로 구성된 특정 직군을 개설하여 다른 직군 간 이동과 특정 직군 내 직급승진을 허용하지 않았고, 이후 다시 직제개편을 하면서 특정 직군을 폐지하고 여성근로자에게 승진의 기회를 부여하였으나 종전의 승진에서의 불이익을 제거하지 아니한 경우, 여성근로자에게 하위직급의 조기정년 규정을 적용하는 것은 남녀고용평등법 제2조 제1항에서 정한 '차별'에 해당한다(서울고법 2006. 1. 12, 2004누8851 판결).

제11조 (정년 · 퇴직 및 해고) ① 사업주는 근로자의 정년 · 퇴직 및 해고에서 남녀를 차별하여서는 아니 된다.
② 사업주는 여성 근로자의 혼인, 임신 또는 출산을 퇴직 사유로 예정하는 근로계약을 체결하여서는 아니 된다. [전문개정 2007. 12. 21]

> [대법원 판례] **남녀의 차별적 대우의 의미**
> 남녀고용평등법 제2조 제1항, 제11조 제1항은 사업주가 근로자의 정

년 · 퇴직 및 해고에 있어서 성별을 이유로 합리적 이유 없이 남녀를 차별하는 것을 금지하고 있고, 근로기준법 제5조는 사용자는 근로자에 대하여 남녀의 차별적 대우를 하지 못하며 국적, 신앙 또는 사회적 신분을 이유로 하여 근로조건에 대한 차별적 처우를 하지 못한다고 규정하고 있는바, 여기에서 말하는 남녀의 차별은 합리적인 이유 없이 남성 또는 여성이라는 이유만으로 부당하게 차별대우하는 것을 의미한다(대법원 2006. 7. 28, 2006두3476 판결).

◇ 근로기준법 ◇ 〈법률 제9699호, 2009. 5. 21, 일부개정〉

제 6 조 (균등한 처우) 사용자는 근로자에 대하여 남녀의 성(性)을 이유로 차별적 대우를 하지 못하고, 국적 · 신앙 또는 사회적 신분을 이유로 근로조건에 대한 차별적 처우를 하지 못한다.

제6장 직장 내 성희롱

◇ 남녀고용평등과 일·가정 양립 지원에 관한 법률 ◇ 〈법률 제9998호, 2010. 2. 4, 일부개정〉

제12조 (직장 내 성희롱의 금지) 사업주, 상급자 또는 근로자는 직장 내 성희롱을 하여서는 아니 된다. [전문개정 2007. 12. 21]

> [대법원 판례] **성적인 언동의 의미와 직장내 성희롱의 성립요건**
> 구 남녀고용평등법(2005. 5. 31. 법률 제7564호로 개정되기 전의 것) 제2조 제2항에서 규정한 '직장 내 성희롱'의 전제요건인 '성적인 언동 등'이란 남녀 간의 육체적 관계나 남성 또는 여성의 신체적 특징과 관련된 육체적, 언어적, 시각적 행위로서 사회공동체의 건전한 상식과 관행에 비추어 볼 때 객관적으로 상대방과 같은 처지에 있는 일반적이고도 평균적인 사람에게 성적 굴욕감이나 혐오감을 느끼게 할 수 있는 행위를 의미한다. 나아가 위 규정상의 성희롱이 성립하기 위해서는 행위자에게 반드시 성적 동기나 의도가 있어야 하는 것은 아니지만, 당사자의 관계, 행위가 행해진 장소 및 상황, 행위에 대한 상대방의 명시적 또는 추정적인 반응의 내용, 행위의 내용 및 정도, 행위가 일회적 또는 단기간의 것인지 아니면 계속적인 것인지 여부 등의 구체적 사정을 참작하여 볼 때, 객관적으로 상대방과 같은 처지에 있는 일반적이고도 평균적인 사람에게 성적 굴욕감이나 혐오감을 느낄 수 있게 하는 행위가 있고, 그로 인하여 행위의 상대방이 성적 굴욕감이나 혐오감을 느꼈음이 인정되어야 한다(대법원 2008. 7. 10, 2007두22498 판결)

제13조 (직장 내 성희롱 예방 교육) ① 사업주는 직장 내 성희롱을 예방하고 근로자가 안전한 근로환경에서 일할 수 있는 여건을 조성하기 위하여 직장 내 성희롱의 예방을 위한 교육(이하 "성희

롱 예방 교육"이라 한다)을 실시하여야 한다.
② 성희롱 예방 교육의 내용·방법 및 횟수 등에 관하여 필요한 사항은 대통령령으로 정한다. [전문개정 2007. 12. 21]

제13조의2 (성희롱 예방 교육의 위탁) ① 사업주는 성희롱 예방 교육을 노동부장관이 지정하는 기관(이하 "성희롱 예방 교육기관"이라 한다)에 위탁하여 실시할 수 있다.
② 성희롱 예방 교육기관은 노동부령으로 정하는 기관 중에서 지정하되, 노동부령으로 정하는 강사를 1명 이상 두어야 한다.
③ 성희롱 예방 교육기관은 노동부령으로 정하는 바에 따라 교육을 실시하고 교육이수증이나 이수자 명단 등 교육 실시 관련 자료를 보관하며 사업주나 피교육자에게 그 자료를 내주어야 한다.
④ 노동부장관은 성희롱 예방 교육기관이 다음 각 호의 어느 하나에 해당하면 그 지정을 취소할 수 있다.
1. 거짓이나 그 밖의 부정한 방법으로 지정을 받은 경우
2. 정당한 사유 없이 제2항에 따른 강사를 6개월 이상 계속하여 두지 아니한 경우 [전문개정 2007. 12. 21]

제14조 (직장 내 성희롱 발생 시 조치) ① 사업주는 직장 내 성희롱 발생이 확인된 경우 지체없이 행위자에 대하여 징계나 그 밖에 이에 준하는 조치를 하여야 한다.
② 사업주는 직장 내 성희롱과 관련하여 피해를 입은 근로자 또는 성희롱 피해 발생을 주장하는 근로자에게 해고나 그 밖의 불리한 조치를 하여서는 아니 된다. [전문개정 2007. 12. 21]

> [하급심 판례] **다른 근로자에 대한 근로자의 직장 내 성희롱으로 인한 사용자의 손해배상책임 여부**
> 근로자는 업무와 관련하여 다른 근로자에게 성적인 언동 등으로 성적 굴욕감 또는 혐오감을 느끼게 하여서는 아니 되고, 여기서 '업무와 관련하여'라 함은 근로자의 업무 그 자체 또는 이에 필요한 행위뿐만 아니라 이와 관련된 것이라고 일반적으로 보여지는 행위는 설사 그것이 근로자의 이익을 도모하기 위한 경우라도 이에 포함된다고 보아야 할 것이며, 사용자인 회사는 근로자의 근무환경에 대해

배려하여 성희롱을 통하여 근로자의 인격적 존엄을 해치고, 노무제공에 중대한 지장을 초래하는 것을 방지해야 할 의무가 있으므로 근로자가 다른 근로자에게 성희롱을 하였다면 사용자인 회사는 이로 인한 손해를 배상할 책임이 있다(서울지법 동부지원 2002. 5. 3, 2001가합6471 판결).

제14조의2 (고객 등에 의한 성희롱 방지) ① 사업주는 고객 등 업무와 밀접한 관련이 있는 자가 업무수행 과정에서 성적인 언동 등을 통하여 근로자에게 성적 굴욕감 또는 혐오감 등을 느끼게 하여 해당 근로자가 그로 인한 고충 해소를 요청할 경우 근무 장소 변경, 배치전환 등 가능한 조치를 취하도록 노력하여야 한다.
② 사업주는 근로자가 제1항에 따른 피해를 주장하거나 고객 등으로부터의 성적 요구 등에 불응한 것을 이유로 해고나 그 밖의 불이익한 조치를 하여서는 아니 된다. [본조신설 2007. 12. 21]

◇ 국가인권위원회법 ◇ 〈법률 제9402호, 2009. 2. 3, 타법개정〉

제2조 (정의) 이 법에서 사용하는 용어의 정의는 다음과 같다. 〈개정 2005. 7. 29, 2005. 8. 4, 2007. 5. 17, 2009. 2. 3〉

4. "평등권침해의 차별행위"라 함은 합리적인 이유 없이 성별, 종교, 장애, 나이, 사회적 신분, 출신지역(출생지, 등록기준지, 성년이 되기 전의 주된 거주지역 등을 말한다), 출신국가, 출신민족, 용모 등 신체조건, 기혼 · 미혼 · 별거 · 이혼 · 사별 · 재혼 · 사실혼 등 혼인 여부, 임신 또는 출산, 가족형태 또는 가족상황, 인종, 피부색, 사상 또는 정치적 의견, 형의 효력이 실효된 전과, 성적(性的) 지향, 학력, 병력(病歷) 등을 이유로 한 다음 각 목의 어느 하나에 해당하는 행위를 말한다. 다만, 현존하는 차별을 해소하기 위하여 특정한 사람(특정한 사람들의 집단을 포함한다. 이하 같

다)을 잠정적으로 우대하는 행위와 이를 내용으로 하는 법령의 제·개정 및 정책의 수립·집행은 평등권침해의 차별행위(이 "차별행위"라 한다)로 보지 아니한다.

가. 고용(모집, 채용, 교육, 배치, 승진, 임금 및 임금 외의 금품 지급, 자금의 융자, 정년, 퇴직, 해고 등을 포함한다)과 관련하여 특정한 사람을 우대·배제·구별하거나 불리하게 대우하는 행위

나. 재화·용역·교통수단·상업시설·토지·주거시설의 공급이나 이용과 관련하여 특정한 사람을 우대·배제·구별하거나 불리하게 대우하는 행위

다. 교육시설이나 직업훈련기관에서의 교육·훈련이나 그 이용과 관련하여 특정한 사람을 우대·배제·구별하거나 불리하게 대우하는 행위

라. 성희롱 행위

5. "성희롱"이라 함은 업무, 고용 그 밖의 관계에서 공공기관의 종사자, 사용자 또는 근로자가 그 직위를 이용하거나 업무 등과 관련하여 성적 언동 등으로 성적 굴욕감 또는 혐오감을 느끼게 하거나 성적 언동 그 밖의 요구 등에 대한 불응을 이유로 고용상의 불이익을 주는 것을 말한다.

6. "공공기관"이라 함은 다음 각 목에 해당하는 기관을 말한다.

가. 국가기관

나. 지방자치단체

다. 「초·중등교육법」 및 「고등교육법」 그 밖의 다른 법률에 의하여 설치된 각급 학교

라. 「공직자윤리법」 제3조 제1항 제12호의 규정에 의한 공직유관단체

[대법원 판례] **국가인권위원회법상의 '성희롱 행위'가 평등권을 침해하는 차별행위이어야 하는지 여부**
국가인권위원회법의 관련 규정에 의하면 제2조 제4호 (라)목의 '성희롱 행위'는 제2조 제5호의 요건을 충족하면 성립하고 당해 행위가 성희롱 대상자를 우대·배제·구별하거나 불리하게 대우하는 행위이어야 할 필요는 없다(대법원 2008. 10. 9, 2008두7854 판결).

[하급심 판례] **모든 성희롱 행위가 남녀차별행위로서 평등권침해의 차별행위가 되는지 여부**
"성희롱은 남녀차별로 본다"고 규정한 구 남녀차별금지 및 구제에 관한 법률 제7조 제4항은 2005. 3. 24. 법률 제7422호로 폐지되었고, 위 폐지법률 부칙 제1항은 제2조 제2호 내지 제4호, 제7조 제2항은 계속 효력을 가진다고 규정하면서도 제7조 제4항에 대하여는 위와 같은 규정을 두지 아니 하였으므로, 2005. 3. 24. 이전에는 모든 성희롱 행위는 곧바로 남녀차별행위로 간주되었으나, 2005. 3. 25. 부터는 모든 성희롱 행위가 곧바로 남녀차별행위로서 평등권침해의 차별행위가 되는 것이 아니고, 합리적인 이유 없는 성별에 의한 차별행위에 해당하는 경우에만 평등권침해의 차별행위가 되어 국가인권위원회법에 의한 권고를 할 수 있고, 그 점에 대한 증명책임은 국가인권위원회가 부담한다(서울행정법원 2007. 9. 20, 2006구합46152 판결).

◇ 여성발전기본법 ◇ 〈법률 제9932호, 2010. 1. 18, 타법 개정〉

제3조 (정의) **이 법에서 사용하는 용어의 뜻은 다음과 같다.**
4. "성희롱"이란 업무, 고용, 그 밖의 관계에서 국가기관·지방자치단체 또는 대통령령으로 정하는 공공단체(이하 "국가기관등"이라 한다)의 종사자, 사용자 또는 근로자가 다음 각 목의 어느 하나에 해당하는 행위를 하는 경우를 말한다.
가. 지위를 이용하거나 업무 등과 관련하여 성적(性的) 언동(言動) 등으로 상대방에게 성적 굴욕감이나 혐오감을 느끼게 하는 행위
나. 상대방이 성적 언동이나 그 밖의 요구 등에 따르지 아니하였다는 이유로 고용상의 불이익을 주는 행위
5. "사용자"란 사업주 또는 사업경영담당자, 그 밖에 사업주를 위하여 근로자에 관한 사항에 대한 업무를 수행하는 자를 말한다.
[전문개정 2008. 6. 13]

◇ 성폭력범죄의 처벌 및 피해자보호 등에 관한 법률 ◇ 〈법률 제9932호, 2010. 1. 18, 타법개정〉

제11조 (업무상 위력 등에 의한 추행) ① 업무 · 고용 기타 관계로 인하여 자기의 보호 또는 감독을 받는 사람에 대하여 위계 또는 위력으로써 추행한 자는 2년 이하의 징역 또는 500만원 이하의 벌금에 처한다.
② 법률에 의하여 구금된 사람을 감호하는 자가 그 사람을 추행한 때에는 3년 이하의 징역 또는 1천 500만원 이하의 벌금에 처한다.
③ 장애인의 보호 · 교육 등을 목적으로 하는 시설의 장 또는 종사자가 보호 · 감독의 대상이 되는 장애인에 대하여 위계 또는 위력으로써 간음한 때에는 7년 이하의 징역에 처하고, 추행한 때에는 5년 이하의 징역 또는 3천만원 이하의 벌금에 처한다. 〈신설 2006. 10. 27〉

[대법원 판례] **'추행'의 의미와 판단 기준**
추행이라 함은 객관적으로 일반인에게 성적 수치심이나 혐오감을 일으키게 하고 선량한 성적 도덕관념에 반하는 행위로서 피해자의 성적 자유를 침해하는 것이라고 할 것이고, 이에 해당하는지 여부는 피해자의 의사, 성별, 연령, 행위자와 피해자의 이전부터의 관계, 그 행위에 이르게 된 경위, 구체적 행위태양, 주위의 객관적 상황과 그 시대의 성적 도덕관념 등을 종합적으로 고려하여 신중히 결정되어야 할 것이다. 이 사건에서는 병원 응급실에서 당직 근무를 하던 의사가 가벼운 교통사고로 인하여 비교적 경미한 상처를 입고 입원한 여성 환자들의 바지와 속옷을 내리고 음부 윗부분을 진료행위를 가장하여 수회 누른 행위가 업무상 위력 등에 의한 추행에 해당한다고 할 것이다(대법원 2005. 7. 14, 2003도7107 판결)

제12조 (미수범) 제5조 내지 제10조 및 제14조의2의 미수범은 처벌한다. 〈개정 1997. 8. 22, 1998. 12. 28〉

第14조 **(통신매체이용음란) 자기 또는 다른 사람의 성적 욕망을 유발하거나 만족시킬 목적으로 전화·우편·컴퓨터 기타 통신매체를 통하여 성적 수치심이나 혐오감을 일으키는 말이나 음향, 글이나 도화, 영상 또는 물건을 상대방에게 도달하게 한 자는 2년 이하의 징역 또는 500만원 이하의 벌금에 처한다.** 〈개정 2006. 10. 27〉

◇ 민 법 ◇ 〈법률 제9650호, 2009. 5. 8, 일부개정〉

第750조 **(불법행위의 내용) 고의 또는 과실로 인한 위법행위로 타인에게 손해를 가한 자는 그 손해를 배상할 책임이 있다.**

[하급심 판례] **성적 괴롭힘과 불법행위책임**
성적 괴롭힘을 원인으로 손해배상을 구함에는 불법행위의 일반원칙에 따라 그로 인하여 피해자가 입은 손해를 주장·입증하여야 한다. 조건적 성적 괴롭힘에 있어서 해고되었다거나 또는 사직하지 않을 수 없었음이 보복에 기인한 것임을 주장·입증하는 경우에는 손해의 발생이 입증되는 것이지만 이른바 환경형의 성적 괴롭힘에 있어서는 그 자체가 피해자의 업무수행에 부당히 간섭하고 적대적·굴욕적 근로환경을 조성함으로써 실제상 피해자가 업무능력을 저해당하였다거나 정신적 안정에 중대한 영향을 미친 점을 주장·입증하여야 한다 (서울고법 1995. 7. 25, 94나15358 판결)

第751조 **(재산 이외의 손해의 배상) ① 타인의 신체, 자유 또는 명예를 해하거나 기타 정신상 고통을 가한 자는 재산 이외의 손해에 대하여도 배상할 책임이 있다.**
② 법원은 전항의 손해배상을 정기금채무로 지급할 것을 명할 수 있고 그 이행을 확보하기 위하여 상당한 담보의 제공을 명할 수 있다.

제 7 장 여성의 자립과 경제활동

◇ 남녀고용평등과 일·가정 양립 지원에 관한 법률 ◇ 〈법률 제9998호, 2010. 2. 4, 일부개정〉

제15조 (직업 지도) 「직업안정법」 제2조의2 제1호에 따른 직업안정기관은 여성이 적성, 능력, 경력 및 기능의 정도에 따라 직업을 선택하고, 직업에 적응하는 것을 쉽게 하기 위하여 고용정보와 직업에 관한 조사·연구 자료를 제공하는 등 직업 지도에 필요한 조치를 하여야 한다. 〈개정 2009. 10. 9〉 [전문개정 2007. 12. 21]

제16조 (직업능력 개발) 국가, 지방자치단체 및 사업주는 여성의 직업능력 개발 및 향상을 위하여 모든 직업능력 개발 훈련에서 남녀에게 평등한 기회를 보장하여야 한다. [전문개정 2007. 12. 21]

제17조 (여성 고용 촉진) ① 노동부장관은 여성의 고용 촉진을 위한 시설을 설치·운영하는 비영리법인과 단체에 대하여 필요한 비용의 전부 또는 일부를 지원할 수 있다.
② 노동부장관은 여성의 고용 촉진을 위한 사업을 실시하는 사업주 또는 여성휴게실과 수유시설을 설치하는 등 사업장 내의 고용환경을 개선하고자 하는 사업주에게 필요한 비용의 전부 또는 일부를 지원할 수 있다. [전문개정 2007. 12. 21]

제17조의2 (경력단절여성의 능력개발과 고용촉진지원) ① 노동부

장관은 임신·출산·육아 등의 이유로 직장을 그만두었으나 재취업할 의사가 있는 경력단절여성(이하 "경력단절여성"이라 한다)을 위하여 취업유망 직종을 선정하고, 특화된 훈련과 고용촉진프로그램을 개발하여야 한다.

② 노동부장관은 「직업안정법」 제2조의2 제1호에 따른 직업안정기관을 통하여 경력단절여성에게 직업정보, 직업훈련정보 등을 제공하고 전문화된 직업지도, 직업상담 등의 서비스를 제공하여야 한다. 〈개정 2009. 10. 9〉 [본조신설 2007. 12. 21]

◇ 직업안정법 ◇ 〈법률 제9795호, 2009. 10. 9, 일부개정〉

제1조 (목적) 이 법은 모든 근로자가 각자의 능력을 계발·발휘할 수 있는 직업에 취업할 기회를 제공하고, 정부와 민간부문이 협력하여 각 산업에서 필요한 노동력이 원활하게 수급되도록 지원함으로써 근로자의 직업안정을 도모하고 국민경제의 균형 있는 발전에 이바지함을 목적으로 한다. [전문개정 2009. 10. 9] 〈시행 2010. 1. 10〉

제2조 (균등처우) 누구든지 성별, 연령, 종교, 신체적 조건, 사회적 신분 또는 혼인 여부 등을 이유로 직업소개 또는 직업지도를 받거나 고용관계를 결정할 때 차별대우를 받지 아니한다. [전문개정 2009. 10. 9] 〈시행 2010. 1. 10〉

◇ 여성발전기본법 ◇ 〈법률 제9932호, 2010. 1. 18, 타법개정〉

제21조 (평생교육) 국가와 지방자치단체는 국공립 연수기관 및 「평생교육법」에 따른 평생교육시설과 그 밖의 연수교육 과정에서 남녀평등 의식을 높이는 교육이 실시되도록 노력하여야 한다. [전문개정 2008. 6. 13]

제21조의2 (여성 인적자원의 개발 등) ① 국가와 지방자치단체는 여성의 사회참여를 촉진하기 위하여 여성 인적자원을 개발하기 위한 시책을 강구하여야 한다.
② 국가와 지방자치단체는 여성의 능력 향상을 통하여 남녀가 동등하게 경제활동에 참여할 수 있도록 하는 시책을 강구하여야 한다.
③ 국가와 지방자치단체는 여성의 정보화 능력을 향상시키기 위한 시책을 강구하여야 한다. [전문개정 2008. 6. 13]

제22조 (여성복지 증진) ① 국가와 지방자치단체는 지역·연령 등에 따른 여성복지 수요(需要)를 충족시키기 위한 시책을 강구하여야 한다.
② 국가와 지방자치단체는 관계 법률로 정하는 바에 따라 저소득 모자가족(母子家族), 미혼모(未婚母), 장애인 여성, 가출 여성, 그 밖에 보호가 필요한 여성을 지원하기 위하여 필요한 조치를 하여야 한다.
③ 국가와 지방자치단체는 노인(老人) 여성과 농어촌에 거주하는 여성의 복지를 증진시키기 위하여 노력하여야 한다. [전문개정 2008. 6. 13]

제23조 (직장생활과 가정생활의 병행) 국가와 지방자치단체는 근로자가 직장생활과 가정생활을 조화롭게 병행(竝行)할 수 있도록

다음 각 호의 사항에 관한 시책을 강구하여야 한다.
1. 영유아(幼兒) 보육시설의 확충
2. 방과 후 아동 보육의 활성화
3. 육아휴직제의 정착
4. 직장 내 수유시설의 확충[전문개정 2008. 6. 13]

제24조 (평등한 가족관계 확립 등) ① 국가와 지방자치단체는 민주적이고 평등한 가족관계를 확립시키기 위하여 노력하여야 한다. ② 국가와 지방자치단체는 가족구조의 변화에 따라 나타난 맞벌이 부부, 한부모가족 등에 대하여 필요한 지원책(支援策)을 강구하여야 한다. [전문개정 2008. 6. 13]

제26조 (가사노동 가치의 평가) 국가와 지방자치단체는 가사노동의 경제적 가치를 정당하게 평가하여 이를 법제도나 시책에 반영하도록 노력하여야 한다. [전문개정 2008. 6. 13]

◇ 경력단절여성등의 경제활동 촉진법 ◇

〈법률 제10039호, 2010. 2. 4, 타법개정〉

제2조 (정의) 이 법에서 사용하는 용어의 뜻은 다음과 같다.
1. "경력단절여성등"이란 임신·출산·육아와 가족구성원의 돌봄 등을 이유로 경제활동을 중단하였거나 경제활동을 한 적이 없는 여성 중에서 취업을 희망하는 여성을 말한다.
2. "경제활동 촉진"이란 국가·지방자치단체·교육기관·기업 등이 경제활동 참여를 지원하고 경력단절을 방지하기 위하여 행하는 제반 활동을 말한다.

제 3 조 (국가 등의 책무) ① 국가와 지방자치단체는 경력단절여성등의 경제활동 촉진을 위한 종합적인 시책을 세우고, 그 추진에 필요한 행정적 · 재정적 지원방안 등을 마련하여야 한다.
② 국가와 지방자치단체는 경력단절여성등의 경제활동 촉진에 관한 시책을 세우고 추진함에 있어서 여성의 생애주기, 모성 및 장애특성 등을 고려하여야 한다. 〈개정 2010. 2. 4〉 〈시행 2010. 2. 4〉
③ 사업주는 경력단절여성등의 경제활동 촉진을 위한 근로환경 조성에 노력하여야 한다.

제10조 (직업교육훈련) ① 여성가족부장관은 경력단절여성등의 경제활동을 촉진하기 위하여 여성인력개발기관 등 여성가족부령으로 정하는 기관에 경력단절여성등의 직업교육훈련을 실시하도록 지원할 수 있다. 〈개정 2010. 1. 18〉
② 지방자치단체의 장은 경력단절여성등의 경제활동을 촉진하기 위하여 지역의 특성에 맞는 직업교육훈련을 실시할 수 있다.
③ 여성가족부장관과 노동부장관은 제2항에 따라 지방자치단체가 실시하는 직업교육훈련에 필요한 지원을 할 수 있다. 〈개정 2010. 1. 18〉

제11조 (인턴취업지원) ① 여성가족부장관은 경력단절여성등의 직업적응을 위하여 공공기관과 여성진출이 저조한 분야를 대상으로 인턴취업지원사업을 실시할 수 있다. 〈개정 2010. 1. 18〉
② 여성가족부장관은 지방자치단체가 실시하는 인턴취업지원사업에 대하여 필요한 경비의 전부 또는 일부를 지원할 수 있다. 〈개정 2010. 1. 18〉

제12조 (경력단절 예방) 여성가족부장관은 여성인력개발기관 등 여성부령으로 정하는 기관이 여성의 경력단절을 예방하기 위하여 직업의식과 인식개선을 위한 사업을 하는 경우 이에 필요한 지원을 할 수 있다. 〈개정 2010. 1. 18〉

◇ 여성기업지원에 관한 법률 ◇ 〈법률 제9892호, 2009. 12. 30, 일부개정〉

제 1 조 (목적) 이 법은 여성기업의 활동과 여성의 창업을 적극적으로 지원하여 경제영역에서 남녀의 실질적인 평등을 도모하고 여성의 경제활동과 여성경제인의 지위 향상을 도모함으로써 국민경제 발전에 이바지함을 목적으로 한다. [전문개정 2009. 12. 30]

제 2 조 (정의) 이 법에서 사용하는 용어의 뜻은 다음과 같다.
1. "여성기업"이란 여성이 소유하거나 경영하는 기업으로서 대통령령으로 정하는 기준에 해당하는 기업을 말한다.
2. "여성경제인"이란 기업의 임원으로서 그 기업의 최고의사 결정에 참여하는 여성을 말한다.
3. "공공기관"이란 「중소기업진흥에 관한 법률」 제2조 제8호에 따른 공공기관을 말한다. [전문개정 2009. 12. 30]

제 3 조 (국가 및 지방자치단체의 책임) 국가 및 지방자치단체는 여성의 창업과 여성기업의 기업활동을 촉진하기 위하여 자금 · 인력 · 정보 · 기술 · 판로 등의 분야에서 종합적인 지원과 사업활동 기회가 균등하게 보장될 수 있도록 노력하여야 한다. [전문개정 2009. 12. 30]

제 4 조 (차별적 관행의 시정) ① 중소기업청장은 공공기관이 여성기업에 불합리한 차별적 관행이나 제도를 시행할 경우 그 시정을 요청할 수 있다.
② 제1항에 따른 시정을 요청받은 공공기관은 특별한 사유가 없으면 이를 시정하여야 한다. [전문개정 2009. 12. 30]

부칙 〈제9892호, 2009. 12. 30〉

이 법은 공포한 날(2009년 12월 30일)부터 시행한다.

◇ 여성과학기술인 육성 및 지원에 관한 법률 ◇ 〈법률 제8852호, 2008. 2.29, 타법개정〉

제1조 (목적) 이 법은 여성과학기술인의 양성·활용 및 그들에 대한 지원 시책을 마련하고, 여성과학기술인이 그 자질과 능력을 충분히 발휘할 수 있도록 지원함으로써 여성의 과학기술 역량 강화와 국가의 과학기술발전에 이바지함을 목적으로 한다.

제2조 (정의) 이 법에서 "여성과학기술인"이라 함은 이학·공학(이하 "이공계"라 한다)분야의 연구직·기술직 또는 관련 직종에 종사하고 있거나 종사하고자 하는 여성으로서 대통령령이 정하는 사람을 말한다.

제3조 (다른 법률과의 관계) 이 법은 여성과학기술인의 양성·활용·지원에 관하여 다른 법률에 우선하여 적용된다.

제4조 (기본계획) ① 정부는 이 법의 목적을 효율적으로 달성하기 위하여 여성과학기술인의 육성 및 지원에 관한 중·장기 정책목표 및 방향을 설정하고, 이에 따른 여성과학기술인의 육성 및 지원에 관한 기본계획(이하 "기본계획"이라 한다)을 세워 이를 추진하여야 한다.

② 교육과학기술부장관은 대통령령이 정하는 바에 따라 관계중앙행정기관의 장 및 특별시장·광역시장·도지사(이하 "시·도지사"

라 한다)가 세운 여성과학기술인의 육성 및 지원과 관련되는 계획과 시책 등을 종합하여 5년 단위로 기본계획을 세워야 한다. 〈개정 2008. 2. 29〉

③ 기본계획에는 다음 각 호의 사항이 포함되어야 한다. 〈개정 2008. 2. 29〉

1. 여성과학기술인의 육성 및 그들에 대한 지원을 위한 기본 목표와 추진 방향
2. 여성과학기술인의 양성·활용 및 지원에 관한 사항
3. 제11조의 규정에 따른 적극적 조치에 관한 사항
4. 제14조의 규정에 따른 여성과학기술인 지원센터에 대한 설치 및 운영에 관한 사항
5. 여성과학기술인단체의 육성에 관한 사항
6. 그 밖에 교육과학기술부장관이 정하는 여성과학기술인의 육성 및 지원에 관한 중요 사항

④ 기본계획은 대통령령이 정하는 절차를 거쳐 과학기술기본법 제9조에 따른 국가과학기술위원회(이하 "국가과학기술위원회"라 한다)의 심의를 받아야 한다.

⑤ 관계중앙행정기관의 장 및 시·도지사가 여성과학기술인의 육성 및 지원과 관련되는 계획 및 시책을 세울 때에는 제1항의 중·장기 정책목표 및 방향에 따라야 한다.

◇ 여성농어업인 육성법 ◇ 〈법률 제10120호, 2010. 3.17, 일부개정〉

제1조 (목적) 이 법은 여성농업인 및 여성어업인의 권익 보호, 지위 향상, 모성 보호, 보육여건 개선, 삶의 질 제고 및 전문인력화를 적극적으로 지원함으로써 건강한 농어촌가정 구현과 농어업의 발전 및 농어촌사회의 발전에 이바지함을 목적으로 한다. [전문개정 2010. 3. 17]

제 2 조 (정의) ① 이 법에서 사용하는 용어의 정의는 다음과 같다. [전문개정 2010. 3. 17]

1. "여성농업인"이란 「농어업 · 농어촌 및 식품산업 기본법」 제3조 제2호 가목에 따른 여성농업인을 말한다.
2. "여성어업인"이란 「농어업 · 농어촌 및 식품산업 기본법」 제3조 제2호 나목에 따른 여성어업인을 말한다.
3. "여성농어업인"이라 함은 여성농업인과 여성어업인을 말한다.
4. "여성농어업인단체"라 함은 여성농업인과 여성어업인에 의하여 농업 및 어업 생산력의 제고와 여성농어업인의 권익 보호, 지위 향상 및 복지 증진 등을 주된 목적으로 설립된 법인이나 대통령령으로 정하는 단체를 말한다.
5. "여성농어업인 관련시설"이라 함은 여성농업어인의 권익 보호 및 복지 증진을 주된 목적으로 설립된 시설로서 대통령령으로 정하는 시설을 말한다.

제 3 조 (국가와 지방자치단체의 책무) 국가와 지방자치단체는 정치적 · 경제적 · 사회적 · 문화적 생활의 모든 영역에 있어서 여성농어업인의 능력 개발과 지위 향상, 모성 보호, 보육여건 개선 및 삶의 질 향상을 위하여 종합적인 정책을 수립하고 필요한 재정지원을 할 수 있다. [전문개정 2010. 3. 17]

제 4 조 (여성농어업인의 역할) 여성농어업인은 농어업, 농어촌의 발전주체로서 농어업생산활동을 통하여 품질 좋고 안전한 농수산물을 안정적으로 생산 · 공급함으로써 농어업 · 농어촌 발전에 이바지하고, 국민 식량자립 기반을 구축하는 데에 노력한다. [전문개정 2010. 3. 17]

제 9 조 (여성농어업인의 경영능력 향상) 국가와 지방자치단체는 여성농어업인의 경영능력을 높여 농어업 관련 전문인력으로 육성하기 위하여 다음 각 호의 사업을 추진하여야 한다. [전문개정 2010. 3. 17]

1. 여성농어업인의 전문인력화를 위한 농어업 기술교육, 농어업 경영교육 및 그 교육체계의 구축
2. 여성농어업 후계 인력의 육성
3. 여성농어업인 생산자단체의 육성과 지원
4. 농어업생산성 향상을 위하여 여성농어업인에게 적합한 영농·영어작업의 환경 정비 또는 자동화 추진
5. 독립적인 농어업 경영을 하려는 여성농어업인에 대한 경영 상담과 자금의 지원

제10조 (여성농어업인의 지위 향상) ① 국가와 지방자치단체는 여성농어업인의 지위향상을 위하여 다음 각 호의 사항에 대한 시책을 수립·시행하여야 한다.
1. 농어업정책 및 여성농어업인 육성에 관한 정책 결정 과정에 여성농어업인의 참여 확대
2. 여성농어업인의 직업의식 고취 및 사기 진작
3. 여성농어업인의 안정적인 농어업생산활동 기반을 마련하기 위한 고충 상담
4. 여성농어업인의 문화, 교양, 건강 등 지역 실정에 맞는 프로그램의 운영·지원
② 국가 및 지방자치단체는 농어업 경영이나 정책 결정 또는 각종 교육 기회의 제공·지원 등을 할 때 여성농어업인의 인권을 보호하고 농어촌지역에서의 양성평등문화를 확산하기 위하여 필요한 시책을 수립·시행하여야 한다. [전문개정 2010. 3. 17]

제11조 (여성농어업인의 모성 보호·보육여건 개선·삶의 질 향상 〈개정 2005. 8. 4〉) 국가와 지방자치단체는 여성농어업인의 모성 보호·보육여건 개선·삶의 질 향상을 위하여 다음 각 호의 시책을 수립·시행하여야 한다. [전문개정 2010. 3. 17]
1. 「한부모가족지원법」 제4조 제3호에 따른 모자가족 중 농어업을 경영하는 모자가족에 대한 지원
2. 농어업을 경영하는 노인여성에 대한 지원
3. 농어촌지역 아동 보육 및 방과 후 아동지도

4. 출산을 전후한 여성농어업인의 모성 보호와 건강 증진을 위한 지원
5. 그 밖에 여성농어업인 복지 증진에 관한 사항

第12조 (여성농어업인단체에 대한 지원) 국가와 지방자치단체는 여성농어업인단체의 조직과 활동에 필요한 행정적인 지원을 하며, 예산의 범위 안에서 그 활동에 필요한 경비의 전부 또는 일부를 보조할 수 있다. [전문개정 2010. 3. 17]

제 8 장 정치참여 — 공직자선거

◇ 공직선거법 ◇ 〈법률 제9968호, 2010. 1. 25, 타법개정〉

제47조 (정당의 후보자추천) ① 정당은 선거에 있어 선거구별로 선거할 정수 범위 안에서 그 소속당원을 후보자(이하 "정당추천후보자"라 한다)로 추천할 수 있다. 다만, 비례대표자치구·시·군의원의 경우에는 그 정수 범위를 초과하여 추천할 수 있다. 〈개정 1995. 4. 1, 2000. 2. 16, 2005. 8. 4〉

② 정당이 제1항의 규정에 따라 후보자를 추천하는 때에는 민주적인 절차에 따라야 한다. 〈개정 2005. 8. 4〉

③ 정당이 비례대표국회의원선거 및 비례대표지방의회의원선거에 후보자를 추천하는 때에는 그 후보자 중 100분의 50 이상을 여성으로 추천하되, 그 후보자명부의 순위의 매 홀수에는 여성을 추천하여야 한다. 〈개정 2005. 8. 4〉

④ 정당이 임기만료에 따른 지역구국회의원선거 및 지역구지방의회의원선거에 후보자를 추천하는 때에는 각각 전국지역구총수의 100분의 30 이상을 여성으로 추천하도록 노력하여야 한다. 〈신설 2005. 8. 4〉

⑤ 정당이 임기만료에 따른 지역구지방의회의원선거에 후보자를 추천하는 때에는 지역구시·도의원선거 또는 지역구자치구·시·군의원선거 중 어느 하나의 선거에 국회의원지역구(군지역을 제외하며, 자치구의 일부지역이 다른 자치구 또는 군지역과 합하여 하나의 국회의원지역구로 된 경우에도 그 자치구의 일부지역을 제외한다)마다 1명 이상을 여성으로 추천하여야 한다. 〈신설 2010. 1. 25〉 〈시행 2010. 1. 25〉

◇ 국가인권위원회법 ◇ 〈법률 제9402호, 2009. 2. 3, 타법개정〉

제5조 (위원회의 구성) ① 위원회는 위원장 1인과 3인의 상임위원을 포함한 11인의 인권위원(이하 "위원"이라 한다)으로 구성한다.
② 위원은 인권문제에 관하여 전문적인 지식과 경험이 있고 인권의 보장과 향상을 위한 업무를 공정하고 독립적으로 수행할 수 있다고 인정되는 자 중에서 국회가 선출하는 4인(상임위원 2인을 포함한다), 대통령이 지명하는 4인, 대법원장이 지명하는 3인을 대통령이 임명한다.
③ 위원장은 위원 중에서 대통령이 임명한다.
④ 위원장과 상임위원은 정무직 공무원으로 보한다.
⑤ 위원 중 4인 이상은 여성으로 임명한다.
⑥ 위원의 임기가 만료된 경우에는 그 후임자가 임명될 때까지 그 직무를 수행한다.

◇ 여성발전기본법 ◇ 〈법률 제9932호, 2010. 1. 18, 타법개정〉

제15조 (정책결정과정 및 정치 참여) ① 국가와 지방자치단체는 각종 위원회 등 정책결정과정에 여성의 참여를 확대하기 위한 방안을 강구하여야 한다.
② 국가와 지방자치단체는 다양한 방법을 통하여 여성의 정치 참여 확대를 지원하기 위하여 노력하여야 한다. [전문개정 2008. 6. 13]

제16조 (공직 참여) 국가와 지방자치단체는 공무원의 채용·보직

관리·승진·포상·교육훈련 등을 합리적으로 운영하여 여성의 공직 참여를 확대하기 위한 여건을 조성하여야 한다. [전문개정 2008. 6. 13]

제 6 부

여성과 노년기

제 1 장 여성과 노인복지

◇ 노인복지법 ◇ 〈법률 제9964호, 2010. 1. 25, 일부개정〉

제1장 총 칙

제 1 조 (목적) 이 법은 노인의 질환을 사전예방 또는 조기발견하고 질환상태에 따른 적절한 치료·요양으로 심신의 건강을 유지하고, 노후의 생활안정을 위하여 필요한 조치를 강구함으로써 노인의 보건복지증진에 기여함을 목적으로 한다.

제1조의2 (정의) 이 법에서 사용하는 용어의 정의는 다음과 같다. 〈개정 2007. 1. 3〉

1. "부양의무자"라 함은 배우자(사실상의 혼인관계에 있는 자를 포함한다)와 직계비속 및 그 배우자(사실상의 혼인관계에 있는 자를 포함한다)를 말한다.
2. "보호자"라 함은 부양의무자 또는 업무·고용 등의 관계로 사실상 노인을 보호하는 자를 말한다.
3. "치매"라 함은 퇴행성 뇌질환 또는 뇌혈관계 질환 등으로 인하여 기억력, 언어능력, 지남력, 판단력 및 수행능력 등의 기능이 저하됨으로써 일상생활에서 지장을 초래하는 후천적인 다발성 장애를 말한다.
4. "노인학대"라 함은 노인에 대하여 신체적·정신적·정서적·성적 폭력 및 경제적 착취 또는 가혹행위를 하거나 유기 또는 방임을 하는 것을 말한다. [본조신설 2004. 1. 29]

제2조 (기본이념) ① 노인은 후손의 양육과 국가 및 사회의 발전에 기여하여 온 자로서 존경받으며 건전하고 안정된 생활을 보장받는다.
② 노인은 그 능력에 따라 적당한 일에 종사하고 사회적 활동에 참여할 기회를 보장 받는다.
③ 노인은 노령에 따르는 심신의 변화를 자각하여 항상 심신의 건강을 유지하고 그 지식과 경험을 활용하여 사회의 발전에 기여하도록 노력하여야 한다.

제3조 (가족제도의 유지 · 발전) 국가와 국민은 경로효친의 미풍양속에 따른 건전한 가족제도가 유지 · 발전되도록 노력하여야 한다.

제4조 (보건복지증진의 책임) ① 국가와 지방자치단체는 노인의 보건 및 복지증진의 책임이 있으며, 이를 위한 시책을 강구하여 추진하여야 한다.
② 국가와 지방자치단체는 제1항의 규정에 의한 시책을 강구함에 있어 제2조에 규정된 기본이념이 구현되도록 노력하여야 한다.
③ 노인의 일상생활에 관련되는 사업을 경영하는 자는 그 사업을 경영함에 있어 노인의 보건복지가 증진되도록 노력하여야 한다.

제5조 (노인실태조사) ① 보건복지부장관은 노인의 보건 및 복지에 관한 실태조사를 3년마다 실시하고 그 결과를 공표하여야 한다. 〈개정 2008. 2. 29, 2010. 1. 18〉
② 제1항의 규정에 따른 조사의 방법과 내용 등에 관하여 필요한 사항은 보건복지부령으로 정한다. 〈개정 2008. 2. 29, 2010. 1. 18〉 [본조신설 2007. 1. 3]

제8조 (노인전용주거시설) 국가 또는 지방자치단체는 노인의 주거에 적합한 기능 및 설비를 갖춘 주거용시설의 공급을 조장하여야 하며, 그 주거용시설의 공급자에 대하여 적절한 지원을 할 수

있다.

제25조 (생업지원) 국가 또는 지방자치단체 기타 공공단체가 설치·운영하는 공공시설 안에 식료품·사무용품·신문 등 일상생활용품의 판매를 위한 매점이나 자동판매기의 설치를 허가 또는 위탁할 때에는 65세 이상의 자의 신청이 있는 경우 이를 우선적으로 반영하여야 한다.

제26조 (경로우대) ① 국가 또는 지방자치단체는 65세 이상의 자에 대하여 대통령령이 정하는 바에 의하여 국가 또는 지방자치단체의 수송시설 및 고궁·능원·박물관·공원 등의 공공시설을 무료로 또는 그 이용요금을 할인하여 이용하게 할 수 있다.
② 국가 또는 지방자치단체는 노인의 일상생활에 관련된 사업을 경영하는 자에게 65세 이상의 자에 대하여 그 이용요금을 할인하여 주도록 권유할 수 있다.
③ 국가 또는 지방자치단체는 제2항의 규정에 의하여 노인에게 이용요금을 할인하여 주는 자에 대하여 적절한 지원을 할 수 있다.

제27조 (건강진단 등) ① 국가 또는 지방자치단체는 대통령령이 정하는 바에 의하여 65세 이상의 자에 대하여 건강진단과 보건교육을 실시할 수 있다.
② 국가 또는 지방자치단체는 제1항의 규정에 의한 건강진단 결과 필요하다고 인정한 때에는 그 건강진단을 받은 자에 대하여 필요한 지도를 하여야 한다.

제27조의2 (홀로 사는 노인에 대한 지원) ① 국가 또는 지방자치단체는 홀로 사는 노인에 대하여 방문요양서비스 등의 서비스와 안전 확인 등의 보호조치를 취하여야 한다.
② 제1항의 서비스 및 보호조치의 구체적인 내용 등에 관하여는 보건복지부장관이 정한다. [본조신설 2007. 8. 3]

제29조 (치매관리사업) ① 국가 또는 지방자치단체는 치매예방 및 치매퇴치를 위하여 치매연구 및 관리사업을 실시하여야 한다.
② 제1항의 치매연구 및 관리사업의 업무내용 및 기타 필요한 사항은 보건복지부령으로 정한다. 〈개정 2008. 2. 29, 2010. 1. 18〉

제29조의2 (치매상담센터의 설치) ① 시 · 군 · 구의 관할 보건소에 치매예방 및 치매환자관리를 위한 치매상담센터를 설치한다.
② 제1항의 치매상담센터의 업무, 인력기준 그 밖의 필요한 사항은 보건복지부령으로 정한다. 〈개정 2008. 2. 29, 2010. 1. 18〉
[본조신설 2007. 1. 3]

제30조 (노인재활요양사업) ① 국가 또는 지방자치단체는 신체적 · 정신적으로 재활요양을 필요로 하는 노인을 위한 재활요양사업을 실시할 수 있다.
② 제1항의 노인재활요양사업의 내용 및 기타 필요한 사항은 보건복지부령으로 정한다. 〈개정 2008. 2. 29, 2010. 1. 18〉

제 4 장 노인복지시설의 설치 · 운영

제31조 (노인복지시설의 종류) 노인복지시설의 종류는 다음 각 호와 같다. 〈개정 2004. 1. 29〉
1. 노인주거복지시설
2. 노인의료복지시설
3. 노인여가복지시설
4. 재가노인복지시설
5. 노인보호전문기관

제31조의2 (「사회복지사업법」에 따른 신고와의 관계) 제33조 제2항, 제35조 제2항 본문, 제37조 제2항 및 제39조 제2항에 따라 노인복지시설의 설치신고를 한 경우 「사회복지사업법」 제34조 제2항에 따른 사회복지시설 설치신고를 한 것으로 본다. [본조신설

2007. 8. 3]

第32조 (노인주거복지시설) ① 노인주거복지시설은 다음 각 호의 시설로 한다. 〈개정 2007. 8. 3〉

1. 양로시설: 노인을 입소시켜 급식과 그 밖에 일상생활에 필요한 편의를 제공함을 목적으로 하는 시설
2. 노인공동생활가정: 노인들에게 가정과 같은 주거여건과 급식, 그 밖에 일상생활에 필요한 편의를 제공함을 목적으로 하는 시설
3. 노인복지주택: 노인에게 주거시설을 분양 또는 임대하여 주거의 편의·생활지도·상담 및 안전관리 등 일상생활에 필요한 편의를 제공함을 목적으로 하는 시설

② 노인주거복지시설의 입소대상·입소절차·입소비용 및 분양·임대 등에 관하여 필요한 사항은 보건복지부령으로 정한다. 〈개정 2007. 8. 3, 2008. 2. 29, 2010. 1. 18〉

③ 노인복지주택의 설치·관리 및 공급 등에 관하여 이 법에서 규정된 사항을 제외하고는 「주택법」의 관련규정을 준용한다. 〈신설 1999. 2. 8, 2003. 5. 29, 2007. 8. 3〉

第33조 (노인주거복지시설의 설치) ① 국가 또는 지방자치단체는 노인주거복지시설을 설치할 수 있다.

② 국가 또는 지방자치단체 외의 자가 노인주거복지시설을 설치하고자 하는 경우에는 특별자치도지사·시장·군수·구청장(이하 "시장·군수·구청장"이라 한다)에게 신고하여야 한다. 〈개정 2005. 3. 31, 2007. 8. 3〉

③ 노인주거복지시설의 시설, 인력 및 운영에 관한 기준과 설치신고, 설치·운영자가 준수하여야 할 사항, 그 밖에 필요한 사항은 보건복지부령으로 정한다. 〈개정 1999. 2. 8, 2007. 8. 3, 2008. 2. 29, 2010. 1. 18〉

第33조의2 (노인복지주택의 입소자격 등) ① 노인복지주택에 입소할 수 있는 자는 60세 이상의 노인(이하 "입소자격자"라 한다)으로 한다. 다만, 입소자격자의 배우자는 60세 미만의 자라 하더라

도 입소자격자와 함께 입소할 수 있다.
② 노인복지주택을 설치하거나 설치하려는 자가 노인복지주택을 분양 또는 임대하려는 경우 입소자격자에게 분양 또는 임대하여야 한다.
③ 제2항에 따라 노인복지주택을 분양받거나 임차한 자는 해당 노인주거시설을 입소자격자가 아닌 자에게 양도(매매 · 증여나 그 밖에 소유권변동을 수반하는 일체의 행위를 포함한다. 이하 같다) 또는 임대할 수 없다.
④ 제3항에도 불구하고 노인복지주택을 상속받은 경우 입소자격자가 아닌 자도 노인복지주택을 취득할 수 있다. 다만, 상속에 의하여 노인복지주택을 취득한 자라도 입소자격자가 아닌 자는 노인복지주택에 입소할 수 없으며 입소자격자가 아닌 자에게 해당 노인복지주택을 양도 또는 임대할 수 없다.
⑤ 시장 · 군수 · 구청장은 지역 내 노인 인구, 노인주거복지시설의 수요와 공급실태 및 노인복지주택의 효율적인 이용 등을 고려하여 노인복지주택의 공급가구수와 가구별 건축면적(주거의 용도로만 쓰이는 면적에 한한다)을 일정규모 이하로 제한할 수 있다.
⑥ 제33조 제2항에 따라 노인복지주택을 설치한 자는 당해 노인복지주택의 전부 또는 일부 시설을 시장 · 군수 · 구청장의 확인을 받아 대통령령으로 정하는 자에게 위탁하여 운영할 수 있다. [본조신설 2007. 8. 3]

제33조의3 (입소자격이 없는 자에 대한 노인복지주택의 처분명령) 시장 · 군수 · 구청장은 입소자격이 없는 자로서 노인복지주택을 소유한 자(상속받은 자를 제외한다)에 대하여 상당한 기간을 정하여 해당 노인복지주택을 입소자격자에게 처분하도록 명할 수 있다. [본조신설 2007. 8. 3]

제34조 (노인의료복지시설) ① 노인의료복지시설은 다음 각 호의 시설로 한다. 〈개정 2007. 8. 3〉
1. 노인요양시설: 치매 · 중풍 등 노인성질환 등으로 심신에 상당한 장애가 발생하여 도움을 필요로 하는 노인을 입소시켜 급식 ·

요양과 그 밖에 일상생활에 필요한 편의를 제공함을 목적으로 하는 시설
2. 노인요양공동생활가정: 치매 · 중풍 등 노인성질환 등으로 심신에 상당한 장애가 발생하여 도움을 필요로 하는 노인에게 가정과 같은 주거여건과 급식 · 요양, 그 밖에 일상생활에 필요한 편의를 제공함을 목적으로 하는 시설
3. 노인전문병원 : 주로 노인을 대상으로 의료를 행하는 시설
② 노인의료복지시설의 입소대상 · 입소비용 및 입소절차와 설치 · 운영자의 준수사항 등에 관하여 필요한 사항은 보건복지부령으로 정한다. 〈개정 2007. 8. 3, 2008. 2. 29, 2010. 1. 18〉

第35조 (노인의료복지시설의 설치) ① 국가 또는 지방자치단체는 노인의료복지시설을 설치할 수 있다.
② 국가 또는 지방자치단체 외의 자가 노인의료복지시설을 설치하고자 하는 경우에는 시장 · 군수 · 구청장에게 신고하여야 한다. 다만, 노인전문병원은 의료법에 의한 의료기관을 개설할 수 있는 자(치과의사 및 조산사를 제외한다)에 한하여 시 · 도지사의 허가를 받아 설치할 수 있다. 〈개정 2005. 3. 31〉
③ 노인의료복지시설의 시설, 인력 및 운영에 관한 기준과 설치신고 및 설치허가 등에 관하여 필요한 사항은 보건복지부령으로 정한다. 다만, 노인전문병원의 시설 등에 관한 기준은「의료법」제36조의 규정에 의한 의료기관의 시설 등의 기준에 관한 규정 중 요양병원에 관한 규정을 준용하되, 보건복지부령이 따로 정하는 경우에는 그러하지 아니하다. 〈개정 1999. 2. 8, 2007. 4. 11, 2008. 2. 29, 2010. 1. 18〉
④ 노인전문병원에 관하여 이 법에서 규정된 사항을 제외하고는「의료법」의 규정을 준용한다. 〈개정 2009. 1. 30〉

第36조 (노인여가복지시설) ① 노인여가복지시설은 다음 각 호의 시설로 한다. 〈개정 2007. 8. 3〉
1. 노인복지관: 노인의 교양 · 취미생활 및 사회참여활동 등에 대한 각종 정보와 서비스를 제공하고, 건강증진 및 질병예방과 소득

보장 · 재가복지, 그 밖에 노인의 복지증진에 필요한 서비스를 제공함을 목적으로 하는 시설
2. 경로당: 지역노인들이 자율적으로 친목도모 · 취미활동 · 공동작업장 운영 및 각종 정보교환과 기타 여가활동을 할 수 있도록 하는 장소를 제공함을 목적으로 하는 시설
3. 노인교실: 노인들에 대하여 사회활동 참여욕구를 충족시키기 위하여 건전한 취미생활 · 노인건강유지 · 소득보장 기타 일상생활과 관련한 학습프로그램을 제공함을 목적으로 하는 시설
4. 노인휴양소: 노인들에 대하여 심신의 휴양과 관련한 위생시설 · 여가시설 기타 편의시설을 단기간 제공함을 목적으로 하는 시설
② 노인여가복지시설의 이용대상 및 이용절차 등에 관하여 필요한 사항은 보건복지부령으로 정한다. 〈개정 2008. 2. 29, 2010. 1. 18〉

제37조 (노인여가복지시설의 설치) ① 국가 또는 지방자치단체는 노인여가복지시설을 설치할 수 있다.
② 국가 또는 지방자치단체 외의 자가 노인여가복지시설을 설치하고자 하는 경우에는 시장 · 군수 · 구청장에게 신고하여야 한다.
③ 노인여가복지시설의 시설, 인력 및 운영에 관한 기준과 설치신고 등에 관하여 필요한 사항은 보건복지부령으로 정한다. 〈개정 1999. 2. 8, 2008. 2. 29, 2010. 1. 18〉

제38조 (재가노인복지시설) ① 재가노인복지시설은 다음 각 호의 어느 하나 이상의 서비스를 제공함을 목적으로 하는 시설을 말한다.
1. 방문요양서비스: 가정에서 일상생활을 영위하고 있는 노인(이하 "재가노인"이라 한다)으로서 신체적 · 정신적 장애로 어려움을 겪고 있는 노인에게 필요한 각종 편의를 제공하여 지역사회 안에서 건전하고 안정된 노후를 영위하도록 하는 서비스
2. 주 · 야간보호서비스: 부득이한 사유로 가족의 보호를 받을 수 없는 심신이 허약한 노인과 장애노인을 주간 또는 야간 동안 보호시설에 입소시켜 필요한 각종 편의를 제공하여 이들의 생활안정과 심신기능의 유지 · 향상을 도모하고, 그 가족의 신체적 · 정신적

부담을 덜어주기 위한 서비스
3. 단기보호서비스: 부득이한 사유로 가족의 보호를 받을 수 없어 일시적으로 보호가 필요한 심신이 허약한 노인과 장애노인을 보호시설에 단기간 입소시켜 보호함으로써 노인 및 노인가정의 복지증진을 도모하기 위한 서비스
4. 방문 목욕서비스: 목욕장비를 갖추고 재가노인을 방문하여 목욕을 제공하는 서비스
5. 그 밖의 서비스: 그 밖에 재가노인에게 제공하는 서비스로서 보건복지부령이 정하는 서비스
② 제1항에 따른 재가노인복지시설의 이용대상 · 비용부담 및 이용절차 등에 관하여 필요한 사항은 보건복지부령으로 정한다. 〈개정 2010. 1. 18〉 [전문개정 2007. 8. 3]

제39조 (재가노인복지시설의 설치) ① 국가 또는 지방자치단체는 재가노인복지시설을 설치할 수 있다.
② 국가 또는 지방자치단체 외의 자가 재가노인복지시설을 설치하고자 하는 경우에는 시장 · 군수 · 구청장에게 신고하여야 한다.
③ 재가노인복지시설의 시설, 인력 및 운영에 관한 기준과 설치신고 등에 관하여 필요한 사항은 보건복지부령으로 정한다. 〈개정 1999. 2. 8, 2008. 2. 29, 2010. 1. 18〉

제39조의2 (요양보호사의 직무 · 자격증의 교부 등) ① 노인복지시설의 설치 · 운영자는 보건복지부령으로 정하는 바에 따라 노인등의 신체활동 또는 가사활동 지원 등의 업무를 전문적으로 수행하는 요양보호사를 두어야 한다. 〈개정 2008. 2. 29, 2010. 1. 18〉
② 요양보호사가 되려는 사람은 제39조의3에 따라 요양보호사를 교육하는 기관(이하 "요양보호사교육기관"이라 한다)에서 교육과정을 마치고 시 · 도지사가 실시하는 요양보호사 자격시험에 합격하여야 한다. 〈개정 2010. 1. 25〉 〈시행 2010. 4. 26〉[1]

---

1) 개정법률 부칙에 의하면, 이 개정법률 시행 당시 종전의 규정에 따라 요양보호사교육기관에서 교육과정을 마친 자에 대하여는 제39조의2 제2항의 개

③ 시 · 도지사는 제2항에 따라 요양보호사 자격시험에 합격한 사람에게 요양보호사 자격증을 교부하여야 한다. 〈개정 2010. 1. 25〉 〈시행 2010. 4. 26〉
④ 시 · 도지사는 제2항에 따라 요양보호사 자격시험에 응시하고자 하는 사람과 제3항에 따라 자격증을 교부 또는 재교부 받고자 하는 사람에게 보건복지부령으로 정하는 바에 따라 수수료를 납부하게 할 수 있다. 〈신설 2010. 1. 25〉 〈시행 2010. 4. 26〉
⑤ 요양보호사의 교육과정, 요양보호사 자격시험 실시 및 자격증 교부 등에 관하여 필요한 사항은 보건복지부령으로 정한다. 〈개정 2010. 1. 25〉 〈시행 2010. 4. 26〉 [전문개정 2007. 8. 3]

제39조의4 (긴급전화의 설치 등) **① 국가 및 지방자치단체는 노인학대를 예방하고 수시로 신고를 받을 수 있도록 긴급전화를 설치하여야 한다.**
② 제1항의 규정에 의한 긴급전화의 설치 · 운영에 관하여 필요한 사항은 대통령령으로 정한다. [본조신설 2004. 1. 29]

제39조의5 (노인보호전문기관의 설치) ① 국가 및 지방자치단체는 노인학대에 관한 다음 각 호의 업무를 담당하는 노인보호전문기관을 설치하여야 한다. 다만, 대통령령이 정하는 범위 안에서 다른 노인복지시설을 노인보호전문기관으로 지정한 경우에는 그러하지 아니하다.
1. **노인학대의 예방 및 방지를 위한 홍보**
2. **학대받은 노인의 발견 · 상담 · 보호와 의료기관에의 치료의뢰 및 노인복지시설에의 입소 의뢰**
3. **노인학대행위자, 노인학대행위자로 신고 된 자 및 그 가정 또는 업무 · 고용 등의 관계로 사실상 노인을 보호 · 감독하는 기관**

정규정에도 불구하고 종전의 규정에 따라 시 · 도지사가 요양보호사의 자격증을 교부하여야 하며, 또한 종전의 규정에 따라 요양보호사 1급 또는 2급의 자격증을 취득한 자는 제39조의2 제2항의 개정규정에도 불구하고 요양보호사의 자격증을 취득한 것으로 본다. 이 경우 요양보호사 2급의 자격증을 취득한 자는 보건복지부장관이 정하는 교육과정을 마친 자에 한한다.

이나 시설 등에 대한 조사
4. 노인학대행위자에 대한 상담 및 교육
5. 그 밖에 학대받은 노인의 보호를 위하여 필요한 사항
② 노인보호전문기관에 두는 상담원 등 직원의 자격은 대통령령으로, 그 설치기준 및 운영에 관하여 필요한 사항은 보건복지부령으로 정한다. 〈개정 2008. 2. 29, 2010. 1. 18〉 [본조신설 2004. 1. 29]

제39조의6 (노인학대 신고의무와 절차) ① 누구든지 노인학대를 알게 된 때에는 노인보호전문기관 또는 수사기관에 신고할 수 있다. 〈개정 2007. 4. 11〉
② 다음 각 호의 1에 해당하는 자는 그 직무상 노인학대를 알게 된 때에는 즉시 노인보호전문기관 또는 수사기관에 신고하여야 한다.
1. 의료법 제3조 제1항의 의료기관에서 의료업을 행하는 의료인
2. 노인복지시설의 장 및 그 종사자
3. 「장애인복지법」 제58조의 규정에 의한 장애인복지시설에서 장애노인에 대한 상담 · 치료 · 훈련 또는 요양을 행하는 자
4. 「가정폭력방지및피해자보호등에관한법률」 제5조 및 제7조의 규정에 의한 가정폭력관련상담소의 상담원 및 가정폭력피해자보호시설의 종사자
5. 노인복지상담원 및 「사회복지사업법」 제14조의 규정에 의한 사회복지전담공무원
③ 신고인의 신분은 보장되어야 하며 그 의사에 반하여 신분이 노출되어서는 아니 된다. [본조신설 2004. 1. 29]

제39조의7 (응급조치의무 등) ① 제39조의6의 규정에 의하여 노인학대신고를 접수한 노인보호전문기관의 직원이나 사법경찰관리는 지체없이 노인학대의 현장에 출동하여야 한다.
② 제1항의 규정에 의하여 현장에 출동한 자는 학대받은 노인을 노인학대행위자로부터 분리하거나 치료가 필요하다고 인정할 때에는 노인보호전문기관 또는 의료기관에 인도하여야 한다. [본조신설 2004. 1. 29]

제39조의8 (보조인의 선임 등) ① 학대받은 노인의 법정대리인, 직계친족, 형제자매, 노인보호전문기관의 상담원 또는 변호사는 노인학대사건의 심리에 있어서 보조인이 될 수 있다. 다만, 변호사가 아닌 경우에는 법원의 허가를 받아야 한다.
② 법원은 학대받은 노인을 증인으로 신문하는 경우 본인 · 검사 또는 노인보호전문기관의 신청이 있는 때에는 본인과 신뢰관계에 있는 자의 동석을 허가할 수 있다.
③ 수사기관이 학대받은 노인을 조사하는 경우에도 제1항 및 제2항의 절차를 준용한다. [본조신설 2004. 1. 29]

제39조의9 (금지행위) 누구든지 다음 각 호의 1에 해당하는 행위를 하여서는 아니 된다.
1. 노인의 신체에 폭행을 가하거나 상해를 입히는 행위
2. 노인에게 성적 수치심을 주는 성폭행 · 성희롱 등의 행위
3. 자신의 보호 · 감독을 받는 노인을 유기하거나 의식주를 포함한 기본적 보호 및 치료를 소홀히 하는 방임행위
4. 노인에게 구걸을 하게 하거나 노인을 이용하여 구걸하는 행위
5. 노인을 위하여 증여 또는 급여된 금품을 그 목적 외의 용도에 사용하는 행위 [본조신설 2004. 1. 29]

제39조의10 (실종노인에 관한 신고의무 등) ① 누구든지 정당한 사유 없이 사고 또는 치매 등의 사유로 인하여 보호자로부터 이탈된 노인(이하 "실종노인"이라 한다)을 경찰관서 또는 지방자치단체의 장에게 신고하지 아니하고 보호하여서는 아니 된다.
② 제31조에 따른 노인복지시설(「사회복지사업법」 제2조 제3호에 따른 사회복지시설 및 사회복지시설에 준하는 시설로서 인가 · 신고 등을 하지 아니하고 노인을 보호하는 시설을 포함한다. 이하 "보호시설"이라 한다)의 장 또는 그 종사자는 그 직무를 수행하면서 실종노인임을 알게 된 때에는 지체없이 보건복지부령으로 정하는 신상카드를 작성하여 지방자치단체의 장과 제3항 제2호의 업무를 수행하는 기관의 장에게 제출하여야 한다.
③ 보건복지부장관은 실종노인의 발생예방, 조속한 발견과 복귀를

위하여 다음 각 호의 업무를 수행하여야 한다. 이 경우 보건복지부장관은 노인복지 관련 법인이나 단체에 그 업무의 전부 또는 일부를 위탁할 수 있다.
1. 실종노인과 관련된 조사 및 연구
2. 실종노인의 데이터베이스 구축 · 운영
3. 그 밖에 실종노인의 보호 및 지원에 필요한 사항 [본조신설 2007. 8. 3]

제39조의12 (비밀누설의 금지) ① 이 법에 의한 학대노인의 보호와 관련된 업무에 종사하였거나 종사하는 자는 그 직무상 알게 된 비밀을 누설하지 못한다.
② 경찰청장, 시 · 도지사 또는 시장 · 군수 · 구청장은 실종노인의 발견을 위하여 필요한 때에는 보호시설의 장 또는 그 종사자에게 필요한 보고 또는 자료제출을 명하거나 소속 공무원으로 하여금 보호시설에 출입하여 관계인 또는 노인에 대하여 필요한 조사 또는 질문을 하게 할 수 있다. 〈신설 2007. 8. 3〉 [본조신설 2004. 1. 29]

◇ 기초노령연금법 ◇ 〈법률 제9932호, 2010. 1. 18, 타법개정〉

제 1 조 (목적) 이 법은 노인이 후손의 양육과 국가 및 사회의 발전에 이바지하여 온 점을 고려하여 생활이 어려운 노인에게 기초노령연금을 지급함으로써 노인의 생활안정을 지원하고 복지를 증진함을 목적으로 한다.

제 2 조 (정의) 이 법에서 사용하는 용어의 정의는 다음과 같다. 〈개정 2008. 2. 29, 2010. 1. 18〉〈시행 2010. 3. 19〉
1. "수급권"이란 이 법에 따른 기초노령연금(이하 "연금"이라 한

다)을 받을 권리를 말한다.
2. “수급권자”란 수급권을 가진 자를 말한다.
3. “수급자”란 이 법에 따라 연금을 지급받는 자를 말한다.
4. “소득인정액”이란 「국민기초생활 보장법」 제2조 제8호에 따른 소득인정액(본인 및 배우자의 소득인정액에 한한다)을 말한다. 다만, 보건복지부령으로 정하는 바에 따라 그 산출기초가 되는 소득·재산의 범위, 같은 법 제2조 제9호에 따른 소득평가액 산정방식 및 같은 조 제10호에 따른 재산의 소득환산액 산정방식을 다르게 정할 수 있다.

제 3 조 (연금 지급대상) 65세 이상인 자로서 소득인정액이 대통령령으로 정하는 금액 이하인 자에게 연금을 지급한다.

제 4 조 (연금지급액에 관한 기본시책) ① 국가 및 지방자치단체는 연금이 제1조에 따른 목적에 따라 노인의 생활안정을 지원하고 복지를 증진하는 데 필요한 수준이 되도록 최대한 노력하여야 한다.
② 국가 및 지방자치단체는 제1항에 따라 필요한 비용을 부담할 수 있도록 재원을 조성하여야 한다.
③ 국가 및 지방자치단체는 연금의 지급에 따라 계층간 소득역전 현상이 발생하지 아니하고 근로의욕 및 저축유인이 저하되지 아니하도록 최대한 노력하여야 한다. 〈신설 2007. 7. 27〉

제 5 조 (연금액) ① 연금액은 「국민연금법」 제51조 제1항 제1호에 따른 금액의 100분의 5에 해당하는 액수로 한다. 다만, 소득인정액과 연금액을 합한 금액이 제3조에 따라 대통령령으로 정하는 금액 이상인 경우에는 대통령령으로 정하는 바에 따라 연금액의 일부를 감액하여 지급할 수 있다. 〈개정 2007. 7. 27〉
② 제1항에도 불구하고 본인 및 그 배우자가 모두 연금을 지급받는 경우에는 각각의 연금액에 대하여 100분의 20을 감액한다. 〈개정 2007. 7. 27〉

제 6 조 (연금의 신청) ① 연금을 지급받고자 하는 자(이하 "연금수급희망자"라 한다) 또는 그 친족, 그 밖의 관계인은 보건복지부장관 또는 지방자치단체의 장에게 급여를 신청할 수 있다. 이 경우 보건복지부장관 또는 지방자치단체의 장은 제7조에 따른 조사결과에 따라 지체없이 연금의 지급 여부를 결정하여야 한다. 〈개정 2007. 7. 27, 2008. 2. 29, 2010. 1. 18〉 〈시행 2010. 3. 19〉

② 연금수급희망자와 그 배우자는 제1항에 따른 신청을 할 때 다음 각 호의 자료 또는 정보 제공에 대하여 동의한다는 서면을 제출하여야 한다. 〈신설 2007.7.27〉

1. 「금융실명거래 및 비밀보장에 관한 법률」 제2조 제2호 및 제3호에 따른 금융자산 및 금융거래의 내용에 대한 자료 또는 정보 중 예금의 평균잔액과 그 밖에 대통령령으로 정하는 자료 또는 정보(이하 "금융정보"라 한다)
2. 「신용정보의 이용 및 보호에 관한 법률」 제2조 제1호에 따른 신용정보 중 채무액과 그 밖에 대통령령으로 정하는 자료 또는 정보(이하 "신용정보"라 한다)
3. 「보험업법」 제4조 제1항 각 호에 따른 보험에 가입하여 납부한 보험료와 그 밖에 대통령령으로 정하는 자료 또는 정보(이하 "보험정보"라 한다)

③ 제1항에 따른 연금의 신청권자 · 신청방법 · 절차 및 지급과 제2항에 따른 동의의 방법 · 절차 등에 관하여 필요한 사항은 대통령령으로 정한다. 〈개정 2007. 7. 27〉

제 8 조 (연금의 지급기간 및 지급시기) ① 연금은 제6조에 따라 수급권자로 결정된 경우 연금을 신청한 날이 속하는 달부터 수급권이 소멸한 날이 속하는 달까지 매월 정기적으로 지급한다.

② 연금은 그 지급을 정지하여야 할 사유가 발생한 때에는 그 사유가 발생한 날이 속하는 달의 다음 달부터 그 사유가 소멸한 날이 속하는 달까지는 이를 지급하지 아니한다.

제 9 조 (미지급의 연금) ① 수급자가 사망한 경우 수급자에게 지급하여야 할 연금으로서 아직 지급되지 아니한 것이 있을 때에는

수급자의 사망 당시 생계를 같이 한 부양의무자(배우자와 직계비속 및 그 배우자를 말한다)는 미지급 연금을 청구할 수 있다. 이 경우 보건복지부장관 또는 지방자치단체의 장은 지체없이 그 지급 여부를 결정하여야 한다. 〈개정 2008. 2. 29, 2010. 1. 19〉 〈시행 2010. 3. 19〉
② 제1항에 따른 미지급 연금의 청구절차 · 방법 및 부양의무자의 인정기준과 지급순위 등에 관하여 필요한 사항은 대통령령으로 정한다.

제10조 (지급정지) 수급자가 금고 이상의 형을 선고받고 그 집행이 종료되지 아니하거나 집행을 받지 아니하기로 확정되지 아니한 기간 동안에는 연금의 지급을 정지한다.

제11조 (수급권의 상실) 수급권자는 다음 각 호의 어느 하나에 해당하게 된 때에 수급권을 상실한다.
1. 사망한 때
2. 국적을 상실하거나 국외로 이주한 때
3. 제3조에 따른 수급요건에 해당하지 아니하게 된 때

제12조 (부당이득의 환수) ① 보건복지부장관 또는 지방자치단체의 장은 수급권이 없는 자가 연금을 지급받은 경우에는 대통령령으로 정하는 바에 따라 지급액을 징수하여야 한다. 〈개정 2008. 2. 29, 2010. 1. 19〉 〈시행 2010. 3. 19〉
② 제1항에 따라 지급액을 납부하여야 할 자가 이를 납부하지 아니하는 때에는 국세 또는 지방세 체납처분의 예에 따라 징수한다.

제13조 (수급권의 보호) ① 수급권은 이를 양도 · 압류하거나 담보에 제공할 수 없다.
② 연금으로 지급받은 금품은 이를 압류할 수 없다.

◇ 국민기초생활보장법 ◇ 〈법률 제9932호, 2010. 1. 18, 타법개정〉

제1조 (목적) 이 법은 생활이 어려운 자에게 필요한 급여를 행하여 이들의 최저생활을 보장하고 자활을 조성하는 것을 목적으로 한다.

제2조 (정의) 이 법에서 사용하는 용어의 정의는 다음과 같다. 〈개정 2004. 3. 5, 2005. 12. 23, 2008. 2. 29〉

1. "수급권자"라 함은 이 법에 의한 급여를 받을 수 있는 자격을 가진 자를 말한다.
2. "수급자"라 함은 이 법에 의한 급여를 받는 자를 말한다.
3. "수급품"이라 함은 이 법에 의하여 수급자에게 급여하거나 대여하는 금전 또는 물품을 말한다.
4. "보장기관"이라 함은 이 법에 의한 급여를 행하는 국가 또는 지방자치단체를 말한다.
5. "부양의무자"라 함은 제5조의 규정에 의한 수급권자를 부양할 책임이 있는 자로서 수급권자의 1촌의 직계혈족 및 그 배우자를 말한다.
6. "최저생계비"라 함은 국민이 건강하고 문화적인 생활을 유지하기 위하여 소요되는 최소한의 비용으로서 제6조의 규정에 의하여 보건복지부장관이 공표하는 금액을 말한다.
7. "개별가구"라 함은 이 법에 따른 급여를 받거나 이 법에 따른 자격요건 부합 여부에 관한 조사를 받는 기본단위로서 수급자 또는 수급권자로 구성된 가구를 말한다. 이 경우 개별가구의 범위 등 구체적인 사항은 대통령령으로 정한다.
8. "소득인정액"이라 함은 개별가구의 소득평가액과 재산의 소득환산액을 합산한 금액을 말한다.
9. "개별가구의 소득평가액"이라 함은 개별가구의 실제소득에 불구하고 보장기관이 급여의 결정 및 실시 등에 사용하기 위하여 산출한 금액을 말한다. 이 경우 소득평가액은 가구특성에 따른 지출요인과 근로를 유인하기 위한 요소 등을 반영하여야 하고, 실제

소득의 구체적인 범위는 대통령령으로, 소득평가액의 구체적인 산정방식은 보건복지부령으로 정한다.

10. "재산의 소득환산액"이라 함은 보장기관이 급여의 결정 및 실시 등에 사용하기 위하여 개별가구의 재산가액에 소득환산율을 곱하여 산출한 금액을 말한다. 이 경우 개별가구의 재산범위·재산가액의 산정기준 및 소득환산율 기타 필요한 사항에 관하여는 보건복지부령으로 정한다.

11. "차상위계층"이라 함은 수급권자(제5조 제2항에 따라 수급권자로 보는 자를 제외한다)에 해당하지 아니하는 계층으로서 소득인정액이 대통령령이 정하는 기준 이하인 계층을 말한다.

제3조 (급여의 기본원칙) ① 이 법에 의한 급여는 수급자가 자신의 생활의 유지·향상을 위하여 그 소득·재산·근로능력 등을 활용하여 최대한 노력하는 것을 전제로 이를 보충·발전시키는 것을 기본원칙으로 한다.

② 부양의무자의 부양과 다른 법령에 의한 보호는 이 법에 의한 급여에 우선하여 행하여지는 것으로 한다. 다만, 다른 법령에 의한 보호의 수준이 이 법에서 정하는 수준에 이르지 아니하는 경우에는 나머지 부분에 관하여 이 법에 의한 급여를 받을 권리를 잃지 아니한다.

제4조 (급여의 기준 등) ① 이 법에 의한 급여는 건강하고 문화적인 최저생활을 유지할 수 있는 것이어야 한다.

② 이 법에 의한 급여의 기준은 보건복지부장관이 수급자의 연령·가구규모·거주지역 기타 생활여건 등을 고려하여 급여의 종류별로 정한다. 〈개정 2008. 2. 29, 2010. 1. 18〉

③ 보장기관은 이 법에 의한 급여를 개별가구를 단위로 하여 행하되, 특히 필요하다고 인정하는 경우에는 개인을 단위로 하여 행할 수 있다. 〈개정 2006. 12. 28〉

제5조 (수급권자의 범위) ① 수급권자는 부양의무자가 없거나,

부양의무자가 있어도 부양능력이 없거나 부양을 받을 수 없는 자로서 소득인정액이 최저생계비 이하인 자로 한다.
② 제1항의 규정에 의한 수급권자에 해당하지 아니하여도 생활이 어려운 자로서 일정기간 동안 이 법이 정하는 급여의 전부 또는 일부가 필요하다고 보건복지부장관이 정하는 자는 수급권자로 본다. 〈개정 2008. 2. 29, 2010. 1. 18〉
③ 제1항의 부양의무자가 있어도 부양능력이 없거나 부양을 받을 수 없는 경우는 대통령령으로 정한다.

제5조의2 (외국인에 대한 특례) 국내에 체류하고 있는 외국인 중 대한민국 국민과 혼인하여 대한민국 국적의 미성년 자녀를 양육하고 있는 사람으로서 대통령령이 정하는 사람이 제5조에 해당하는 경우에는 수급권자가 된다. [본조신설 2005. 12. 23]

제 6 조 (최저생계비의 결정) ① 보건복지부장관은 국민의 소득·지출수준과 수급권자의 가구유형 등 생활실태, 물가상승률 등을 고려하여 최저생계비를 결정하여야 한다. 〈개정 2004. 3. 5, 2008. 2. 29, 2010. 1. 18〉
② 보건복지부장관은 매년 9월 1일까지 제20조 제2항의 규정에 의한 중앙생활보장위원회의 심의·의결을 거쳐 다음 연도의 최저생계비를 공표하여야 한다. 〈개정 2004. 3. 5, 2008. 2. 29, 2010. 1. 18〉
③ 보건복지부장관은 최저생계비를 결정하기 위하여 필요한 계측조사를 3년마다 실시하며, 이에 필요한 사항은 보건복지부령으로 정한다. 〈개정 2004. 3. 5, 2008. 2. 29, 2010. 1. 18〉

제 7 조 (급여의 종류) ① 이 법에 의한 급여의 종류는 다음과 같다.
1. 생계급여
2. 주거급여
3. 의료급여
4. 교육급여
5. 해산급여

6. 장제급여
7. 자활급여

② 수급권자에 대한 급여는 제1항 제1호의 생계급여와 수급자의 필요에 따라 동항 제2호 내지 제7호의 급여를 함께 행하는 것으로 한다. 이 경우 급여의 수준은 제1항 제1호 내지 제4호 및 제7호의 급여와 수급자의 소득인정액을 포함하여 최저생계비 이상이 되도록 하여야 한다. 〈개정 2006. 12. 28〉

③ 차상위계층에 속하는 자(이하 "차상위자"라 한다)에 대한 급여는 보장기관이 차상위자의 가구별 생활여건을 고려하여 예산의 범위 안에서 제1항 제2호 내지 제4호·제6호 및 제7호의 규정에 따른 급여의 전부 또는 일부를 행할 수 있다. 이 경우 차상위자에 대한 급여의 기준 및 절차 등에 관하여 필요한 사항은 대통령령으로 정한다. 〈신설 2006. 12. 28〉

④ 제1항 제3호의 의료급여는 따로 법률[2)]이 정하는 바에 의한다. 〈개정 2006. 12. 28〉

제 8 조 (생계급여의 내용) 생계급여는 수급자에게 의복·음식물 및 연료비와 기타 일상생활에 기본적으로 필요한 금품을 지급하여 그 생계를 유지하게 하는 것으로 한다.

제 9 조 (생계급여의 방법) ① 생계급여는 금전을 지급함으로써 행한다. 다만, 이에 의할 수 없거나 이에 의하는 것이 적당하지 아니하다고 인정하는 경우에는 물품을 지급함으로써 행할 수 있다.

② 제1항의 수급품은 대통령령이 정하는 바에 따라 매월 정기적으로 지급하여야 한다. 다만, 특별한 사정이 있는 경우에는 그 지급방법을 다르게 정하여 지급할 수 있다.

③ 제1항의 수급품은 수급자에게 직접 지급한다. 다만, 제10조 제1항 단서의 규정에 의하여 제32조의 규정에 의한 보장시설이나 타인의 가정에 위탁하여 생계급여를 행하는 경우에는 그 위탁받은 자에게 이를 지급할 수 있다. 이 경우 보장기관은 보건복지부

---

2) 「의료급여법」을 말함.

장관이 정하는 바에 따라 정기적으로 수급자의 수급 여부를 확인하여야 한다. 〈개정 2008. 2. 29, 2010. 1. 18〉

④ 생계급여는 보건복지부장관이 정하는 바에 따라 수급자의 소득인정액 등을 감안하여 차등지급할 수 있다. 〈개정 2008. 2. 29, 2010. 1. 18〉

⑤ 보장기관은 대통령령이 정하는 바에 따라 근로능력이 있는 수급자에게 자활에 필요한 사업에 참가할 것을 조건으로 하여 생계급여를 지급할 수 있다. 이 경우 보장기관은 제28조의 규정에 의한 자활지원계획을 감안하여 조건을 제시하여야 한다.

제10조 (생계급여를 행할 장소) ① 생계급여는 수급자의 주거에서 행한다. 다만, 수급자가 그 주거가 없거나 주거가 있어도 그곳에서는 급여의 목적을 달성할 수 없는 경우 또는 수급자가 희망하는 경우에는 수급자를 제32조의 규정에 의한 보장시설이나 타인의 가정에 위탁하여 급여를 행할 수 있다.

② 제1항의 규정에 의하여 수급자에 대한 생계급여를 타인의 가정에 위탁하여 행하는 경우에는 거실의 임차료 기타 거실의 유지에 필요한 비용은 이를 수급품에 가산하여 지급한다. 이 경우 제7조 제1항 제2호의 주거급여가 행하여진 것으로 본다.

제11조 (주거급여) ① 주거급여는 수급자에게 주거안정에 필요한 임차료, 유지수선비 기타 대통령령이 정하는 수급품을 지급하는 것으로 한다.

② 주거급여의 기준 및 지급절차 등에 관하여 필요한 사항은 보건복지부령으로 정한다. 〈개정 2008. 2. 29, 2010. 1. 18〉

제12조 (교육급여) ① 교육급여는 수급자에게 입학금 · 수업료 · 학용품비 기타 수급품을 지원하는 것으로 하되, 학교의 종류 · 범위 등에 관하여 필요한 사항은 대통령령으로 정한다.

② 교육급여는 금전 또는 물품을 수급자 또는 수급자의 친권자나 후견인에게 지급함으로써 행한다. 다만, 보장기관이 필요하다고

인정하는 경우에는 수급자가 재학하는 학교의 장에게 수급품을 지급할 수 있다.

第13조 (해산급여) ① 해산급여는 수급자에게 다음 각 호의 급여를 행하는 것으로 한다.
1. 조산(助産)
2. 분만 전과 분만 후의 필요한 조치와 보호
② 해산급여는 보건복지부령이 정하는 바에 따라 보장기관이 지정하는 의료기관에 위탁하여 행할 수 있다. 〈개정 2008. 2. 29, 2010. 1. 18〉
③ 해산급여에 필요한 수급품은 보건복지부령이 정하는 바에 따라 수급자나 그 세대주 또는 세대주에 준하는 자에게 지급한다. 다만, 제2항의 규정에 의하여 그 급여를 의료기관에 위탁하는 경우에는 수급품을 그 의료기관에 지급할 수 있다. 〈개정 2008. 2. 29, 2010. 1. 18〉

第15조 (자활급여) ① 자활급여는 수급자의 자활을 조성하기 위하여 다음 각 호의 급여를 행하는 것으로 한다. 〈개정 2006. 12. 28〉
1. 자활에 필요한 금품의 지급 또는 대여
2. 자활에 필요한 근로능력의 향상 및 기능습득의 지원
3. 취업알선 등 정보의 제공
4. 자활을 위한 근로기회의 제공
5. 자활에 필요한 시설 및 장비의 대여
5의2. 창업교육, 기능훈련 및 기술·경영지도 등 창업지원
5의3. 자활에 필요한 자산형성지원
6. 기타 대통령령이 정하는 자활조성을 위한 각종 지원
② 제1항의 자활급여는 관련 공공기관·비영리법인·시설 그 밖에 대통령령이 정하는 기관에 위탁하여 이를 행할 수 있다. 이 경우 그에 소요되는 비용은 보장기관이 이를 부담한다. 〈개정 2006. 12. 28〉

第34조 (급여변경의 금지) 수급자에 대한 급여는 정당한 사유 없이 이를 불리하게 변경할 수 없다.

제35조 (압류금지) 수급자에게 지급된 수급품과 이를 받을 권리는 압류할 수 없다.

제36조 (양도금지) 수급자는 급여를 받을 권리를 타인에게 양도할 수 없다.

부칙(정부조직법) 〈제9932호, 2010. 1. 18〉

제 1 조 (시행일) 이 법은 공포 후 3개월이 경과한 날(2010년 3월 19일)부터 시행한다. (이하 생략)

◇ 의료급여법 ◇ 〈법률 제9932호, 2010. 1. 18, 타법개정〉

제 1 조 (목적) 이 법은 생활이 어려운 자에게 의료급여를 실시함으로써 국민보건의 향상과 사회복지의 증진에 이바지함을 목적으로 한다.

제 2 조 (정의) 이 법에서 사용하는 용어의 정의는 다음과 같다. 〈개정 2006. 12. 28〉

1. "수급권자"라 함은 이 법에 따라 의료급여를 받을 수 있는 자격을 가진 자를 말한다.
2. "의료급여기관"이라 함은 수급권자에 대한 진료 · 조제 또는 투약 등을 담당하는 의료기관 및 약국 등을 말한다.
3. "부양의무자"라 함은 수급권자를 부양할 책임이 있는 자로서 수급권자의 1촌의 직계혈족 및 그 배우자를 말한다.

제 3 조 (수급권자) ① 이 법에 의한 수급권자는 다음 각 호와 같

다. 〈개정 2003. 5. 15, 2004. 3. 5, 2006. 12. 28, 2007. 8. 3, 2008. 2. 29, 2010. 1. 18〉

1. 「국민기초생활 보장법」에 의한 수급자
2. 「재해구호법」에 의한 이재민
3. 「의사 상자 등 예우 및 지원에 관한 법률」에 따른 의상자 및 의사자유족
4. 「입양촉진 및 절차에 관한 특례법」에 의하여 국내에 입양된 18세 미만의 아동
5. 「독립유공자예우에 관한 법률」 및 「국가유공자 등 예우 및 지원에 관한 법률」의 적용을 받고 있는 자와 그 가족으로서 국가보훈처장이 의료급여가 필요하다고 요청한 자중 보건복지부장관이 의료급여가 필요하다고 인정한 자
6. 「문화재보호법」에 의하여 지정된 중요무형문화재의 보유자(명예보유자를 포함한다) 및 그 가족으로서 문화재청장이 의료급여가 필요하다고 요청한 자 중 보건복지부장관이 의료급여가 필요하다고 인정한 자
7. 「북한이탈주민의 보호 및 정착지원에 관한 법률」의 적용을 받고 있는 자와 그 가족으로서 보건복지부장관이 의료급여가 필요하다고 인정한 자
8. 「5 · 18민주화운동 관련자 보상 등에 관한 법률」 제8조의 규정에 의하여 보상금 등을 받은 자와 그 가족으로서 보건복지부장관이 의료급여가 필요하다고 인정하는 자
9. 그 밖에 생활유지의 능력이 없거나 생활이 어려운 자로서 대통령령이 정하는 자

② 제1항의 규정에 의한 수급권자에 대하여는 대통령령이 정하는 바에 따라 이를 구분하여 의료급여의 내용 및 기준을 달리할 수 있다.

③ 제1항의 규정에 의한 수급권자에 대한 의료급여의 개시일과 수급권자의 선정절차 등에 관하여 필요한 사항은 대통령령으로 정한다.

제3조의2 (난민에 대한 특례) 「출입국관리법」 제76조의2의 규정

에 따라 난민의 지위를 인정받은 자로서 「국민기초생활 보장법」 제5조의 수급권자의 범위에 해당하는 자는 수급권자로 본다. [본조신설 2006. 10. 4]

제 7 조 (의료급여의 내용 등) ① 이 법에 의한 수급권자의 질병·부상·출산 등에 대한 의료급여의 내용은 다음 각 호와 같다.
1. 진찰·검사
2. 약제·치료재료의 지급
3. 처치·수술과 그 밖의 치료
4. 예방·재활
5. 입원
6. 간호
7. 이송과 그 밖의 의료목적의 달성을 위한 조치

② 제1항의 규정에 의한 의료급여의 방법·절차·범위·상한 등 의료급여의 기준에 관하여는 보건복지부령으로 정하고, 의료수가기준과 그 계산방법 등에 관하여는 보건복지부장관이 정한다. 〈개정 2008. 2. 29, 2010. 1. 18〉

③ 보건복지부장관은 제2항의 규정에 따라 의료급여의 기준을 정함에 있어 업무 또는 일상생활에 지장이 없는 질환 등 보건복지부령이 정하는 사항은 의료급여의 대상에서 제외할 수 있다. 〈개정 2008. 2. 29, 2010. 1. 18〉

제13조 (장애인에 대한 특례) ① 시장·군수·구청장은 「장애인복지법」에 따라 등록한 장애인인 수급권자에게 보장구(補裝具)에 대하여 급여를 실시할 수 있다. 〈개정 2006. 12. 28〉

② 제1항의 규정에 의한 보장구에 대한 급여의 방법·절차·범위·상한 등에 관하여 필요한 사항은 보건복지부령으로 정한다. 〈개정 2008. 2. 29, 2010. 1. 18〉

제14조 (건강검진) ① 시장·군수·구청장은 이 법에 의한 수급권자에 대하여 질병의 조기발견과 그에 따른 의료급여를 하기 위하여

건강검진을 할 수 있다.
② 제1항의 규정에 의한 건강검진의 대상·회수·절차 그 밖의 필요한 사항은 보건복지부장관이 정한다. 〈개정 2008. 2. 29, 2010. 1. 18〉

제15조 (급여의 제한) ① 시장·군수·구청장은 수급권자가 다음 각 호의 1에 해당하는 경우에는 이 법에 의한 의료급여를 행하지 아니한다. 다만, 보건복지부장관이 의료급여의 필요가 있다고 인정하는 경우에는 그러하지 아니하다. 〈개정 2008. 2. 29, 2010. 1. 18〉
1. 수급권자가 자신의 고의 또는 중대한 과실로 인한 범죄행위에 기인하거나 고의로 사고를 발생시켜 제7조의 규정에 의한 의료급여가 필요하게 된 경우
2. 삭제 〈2006. 12. 28〉
3. 수급권자가 정당한 이유 없이 이 법의 규정이나 의료급여기관의 진료에 관한 지시에 따르지 아니한 경우
② 의료급여기관은 수급권자가 제1항 각 호의 1에 해당되는 경우에는 대통령령이 정하는 바에 따라 수급권자의 거주지를 관할하는 시장·군수·구청장에게 알려야 한다.

제16조 (급여의 변경) ① 시장·군수·구청장은 수급권자의 소득·재산상황·근로능력 등에 변동이 있는 경우에는 직권 또는 수급권자나 그 친족 그 밖의 관계인의 신청에 따라 급여의 내용 등을 변경할 수 있다.
② 시장·군수·구청장은 제1항의 규정에 따라 급여의 내용 등을 변경한 때에는 서면으로 그 이유를 명시하여 수급권자에게 알려야 한다.

제17조 (급여의 중지 등) ① 시장·군수·구청장은 수급권자가 다음 각 호의 1에 해당하는 경우에는 의료급여를 중지하여야 한다.
1. 수급권자에 대한 의료급여가 필요 없게 된 경우

2. 수급권자가 의료급여를 거부한 경우
② 제1항 제2호의 경우에는 의료급여를 거부한 수급권자가 속한 세대원 전부에 대하여 의료급여를 중지시켜야 하며, 의료급여가 중지된 세대에 대하여는 그 해에 다시 의료급여를 행하지 아니한다.
③ 시장 · 군수 · 구청장은 제1항의 규정에 따라 의료급여를 중지한 때에는 서면으로 그 이유를 명시하여 수급권자에게 알려야 한다.

제18조 (수급권의 보호) 의료급여를 받을 권리는 양도 또는 압류할 수 없다.

제19조 (구상권) ① 시장 · 군수 · 구청장은 제3자의 행위로 인하여 수급권자에게 의료급여를 한 때에는 그 급여비용의 범위 안에서 제3자에 대한 손해배상청구의 권리를 얻는다.
② 제1항의 경우 의료급여를 받은 자가 제3자로부터 이미 손해배상을 받은 때에는 시장 · 군수 · 구청장은 그 배상액의 한도 안에서 의료급여를 하지 아니한다.

제20조 (급여비용의 대불) ① 제10조의 규정에 따라 급여비용의 일부를 의료급여기금에서 부담하는 경우에 그 나머지 급여비용(보건복지부장관이 정한 금액에 한한다)에 대하여는 수급권자 또는 그 부양의무자의 신청에 따라 제25조의 규정에 의한 의료급여기금에서 이를 대불할 수 있다. 〈개정 2008. 2. 29, 2010. 1. 18〉
② 제1항의 규정에 의한 대불금의 신청 및 지급방법 등에 관하여 필요한 사항은 보건복지부령으로 정한다. 〈개정 2008. 2. 29, 2010. 1. 18〉

제21조 (대불금의 상환) ① 제20조의 규정에 따라 대불을 받은 자(그 부양의무자를 포함하며, 이하 "대불금상환의무자"라 한다)는 보건복지부령이 정하는 바에 따라 대불금을 그 거주지를 관할하는 시장 · 군수 · 구청장에게 상환하여야 한다. 이 경우 대불금의 상환

은 무이자로 한다. 〈개정 2008. 2. 29, 2010. 1. 18〉
② 제1항의 규정에 의한 대불금상환의무자가 그 거주지를 다른 시·군·구로 이전한 때에는 대불금을 새 거주지를 관할하는 시장·군수·구청장에게 상환하여야 한다.
③ 제1항 및 제2항의 규정에 의하여 대불금을 상환 받은 시장·군수·구청장은 이를 제25조의 규정에 의한 의료급여기금에 납입하여야 한다.

제23조 (부당이득의 징수) ① 시장·군수·구청장은 속임수 그 밖의 부당한 방법으로 의료급여를 받은 자 또는 급여비용을 받은 의료급여기관(제11조 제5항의 규정에 의한 공급자를 포함한다)에 대하여 그 급여 또는 급여비용에 상당하는 금액의 전부 또는 일부를 부당이득금으로 징수한다.
② 제1항의 경우 의료급여기관과 의료급여를 받고자 하는 자의 공모에 따라 의료급여가 행하여진 때에는 시장·군수·구청장은 그 의료급여기관에 대하여 의료급여를 받은 자와 연대하여 제1항의 부당이득금을 납부하게 할 수 있다.
③ 제1항의 경우 의료급여기관이 속임수 그 밖의 부정한 방법으로 수급권자로부터 급여비용을 받은 때에는 시장·군수·구청장은 당해 의료급여기관으로부터 이를 징수하여 그 수급권자에게 지체없이 지급하여야 한다. 다만, 지급하여야 할 금액이 1천원 미만인 경우에는 그러하지 아니하다.
④ 시장·군수·구청장은 의료급여기관 등이 부당이득금을 납부하지 아니한 때에는 기한을 정하여 독촉할 수 있다.
⑤ 제4항의 규정에 따라 독촉을 하는 때에는 10일 이상 15일 이내의 납부기한을 정하여 독촉장을 발부하여야 한다.
⑥ 시장·군수·구청장은 제4항의 규정에 따라 독촉을 받은 자가 그 납부기한까지 부당이득금을 납부하지 아니한 때에는 지방세체납처분의 예에 따라 이를 징수할 수 있다.
⑦ 제21조 제2항 및 제3항의 규정은 부당이득금의 징수 등에 관하여 이를 준용한다.

부칙(정부조직법) 〈제9932호, 2010. 1. 18〉

제 1 조 (시행일) 이 법은 공포 후 3개월이 경과한 날(2010년 3월 19일)부터 시행한다. (이하 생략)

◇ 노인장기요양보험법 ◇ 〈법률 10127호, 2010. 3. 17, 일부개정〉

제 1 조 (목적) 이 법은 고령이나 노인성 질병 등의 사유로 일상생활을 혼자서 수행하기 어려운 노인등에게 제공하는 신체활동 또는 가사활동 지원 등의 장기요양급여에 관한 사항을 규정하여 노후의 건강증진 및 생활안정을 도모하고 그 가족의 부담을 덜어줌으로써 국민의 삶의 질을 향상하도록 함을 목적으로 한다.

제 2 조 (정의) 이 법에서 사용하는 용어의 정의는 다음과 같다.

1. "노인등"이란 65세 이상의 노인 또는 65세 미만의 자로서 치매·뇌혈관성 질환 등 대통령령으로 정하는 노인성 질병을 가진 자를 말한다.
2. "장기요양급여"란 제15조 제2항에 따라 6개월 이상 동안 혼자서 일상생활을 수행하기 어렵다고 인정되는 자에게 신체활동·가사활동의 지원 또는 간병 등의 서비스나 이에 갈음하여 지급하는 현금 등을 말한다.
3. "장기요양사업"이란 장기요양보험료, 국가 및 지방자치단체의 부담금 등을 재원으로 하여 노인등에게 장기요양급여를 제공하는 사업을 말한다.
4. "장기요양기관"이란 제31조에 따라 지정을 받은 기관 또는 제32조에 따라 지정의제된 재가장기요양기관으로서 장기요양급여를 제공하는 기관을 말한다.
5. "장기요양요원"이란 장기요양기관에 소속되어 노인등의 신체활

동 또는 가사활동 지원 등의 업무를 수행하는 자를 말한다.

제 3 조 (장기요양급여 제공의 기본원칙) ① 장기요양급여는 노인등의 심신상태·생활환경과 노인등 및 그 가족의 욕구·선택을 종합적으로 고려하여 필요한 범위 안에서 이를 적정하게 제공하여야 한다.
② 장기요양급여는 노인등이 가족과 함께 생활하면서 가정에서 장기요양을 받는 재가급여를 우선적으로 제공하여야 한다.
③ 장기요양급여는 노인등의 심신상태나 건강 등이 악화되지 아니하도록 의료서비스와 연계하여 이를 제공하여야 한다.

제 4 조 (국가 및 지방자치단체의 책무 등) ① 국가 및 지방자치단체는 노인이 일상생활을 혼자서 수행할 수 있는 온전한 심신상태를 유지하는 데 필요한 사업(이하 "노인성질환예방사업"이라 한다)을 실시하여야 한다.
② 국가는 노인성질환예방사업을 수행하는 지방자치단체 또는 「국민건강보험법」에 따른 국민건강보험공단(이하 "공단"이라 한다)에 대하여 이에 소요되는 비용을 지원할 수 있다.
③ 국가 및 지방자치단체는 노인인구 및 지역특성 등을 고려하여 장기요양급여가 원활하게 제공될 수 있도록 충분한 수의 장기요양기관을 확충하고 장기요양기관의 설립을 지원하여야 한다.
④ 국가 및 지방자치단체는 장기요양급여가 원활히 제공될 수 있도록 공단에 필요한 행정적 또는 재정적 지원을 할 수 있다.

제 7 조 (장기요양보험) ① 장기요양보험사업은 보건복지부장관이 관장한다.
② 장기요양보험사업의 보험자는 공단으로 한다.
③ 장기요양보험의 가입자(이하 "장기요양보험가입자"라 한다) 「국민건강보험법」 제5조 및 제93조에 따른 가입자로 한다.
④ 공단은 제3항에도 불구하고 「외국인근로자의 고용 등에 관한 법률」에 따른 외국인근로자 등 대통령령으로 정하는 외국인이 신

청하는 경우 보건복지부령으로 정하는 바에 따라 장기요양보험가입자에서 제외할 수 있다. 〈신설 2009. 3. 18, 2010. 1. 18〉 〈시행 2010. 3. 19〉

제11조 (장기요양보험가입 자격 등에 관한 준용) 「국민건강보험법」 제5조부터 제10조까지, 제62조 제1항부터 제3항까지, 제67조부터 제75조까지 및 제93조의2는 장기요양보험가입자 · 피부양자의 자격취득 · 상실, 장기요양보험료 등의 납부 · 징수 및 결손처분 등에 관하여 이를 준용한다. 이 경우 "보험료"는 "장기요양보험료"로, "건강보험"은 "장기요양보험"으로, "가입자"는 "장기요양보험가입자"로 본다.

제12조 (장기요양인정의 신청자격) 장기요양인정을 신청할 수 있는 자는 노인등으로서 다음 각 호의 어느 하나에 해당하는 자격을 갖추어야 한다.
1. 장기요양보험가입자 또는 그 피부양자
2. 「의료급여법」 제3조 제1항에 따른 수급권자(이하 "의료급여수급권자"라 한다)

제13조 (장기요양인정의 신청) ① 장기요양인정을 신청하는 자(이하 "신청인"이라 한다)는 공단에 보건복지부령으로 정하는 바에 따라 장기요양인정신청서(이하 "신청서"라 한다)에 의사 또는 한의사가 발급하는 소견서(이하 "의사소견서"라 한다)를 첨부하여 제출하여야 한다. 다만, 의사소견서는 공단이 제15조 제1항에 따라 등급판정위원회에 자료를 제출하기 전까지 제출할 수 있다.
② 제1항에도 불구하고 거동이 현저하게 불편하거나 도서 · 벽지 지역에 거주하여 의료기관을 방문하기 어려운 자 등 대통령령으로 정하는 자는 의사소견서를 제출하지 아니할 수 있다.
③ 의사소견서의 발급비용 · 비용부담방법 · 발급자의 범위, 그 밖에 필요한 사항은 보건복지부령으로 정한다.

제19조 (장기요양인정의 유효기간) ① 제15조에 따른 장기요양인정의 유효기간은 최소 1년 이상으로서 대통령령으로 정한다.
② 제1항의 유효기간의 산정방법 그 밖에 필요한 사항은 보건복지부령으로 정한다.

제20조 (장기요양인정의 갱신) ① 수급자는 제19조에 따른 장기요양인정의 유효기간이 만료된 후 장기요양급여를 계속하여 받고자 하는 경우 공단에 장기요양인정의 갱신을 신청하여야 한다.
② 제1항에 따른 장기요양인정의 갱신 신청은 유효기간이 만료되기 전 30일까지 이를 완료하여야 한다.
③ 제12조부터 제19조까지의 규정은 장기요양인정의 갱신절차에 관하여 이를 준용한다.

제23조 (장기요양급여의 종류) ① 이 법에 따른 장기요양급여의 종류는 다음 각 호와 같다.
1. 재가급여
   가. 방문요양: 장기요양요원이 수급자의 가정 등을 방문하여 신체활동 및 가사활동 등을 지원하는 장기요양급여
   나. 방문목욕: 장기요양요원이 목욕설비를 갖춘 장비를 이용하여 수급자의 가정 등을 방문하여 목욕을 제공하는 장기요양급여
   다. 방문간호: 장기요양요원인 간호사 등이 의사, 한의사 또는 치과의사의 지시서(이하 "방문간호지시서"라 한다)에 따라 수급자의 가정 등을 방문하여 간호, 진료의 보조, 요양에 관한 상담 또는 구강위생 등을 제공하는 장기요양급여
   라. 주·야간보호: 수급자를 하루 중 일정한 시간 동안 장기요양기관에 보호하여 신체활동 지원 및 심신기능의 유지·향상을 위한 교육·훈련 등을 제공하는 장기요양급여
   마. 단기보호: 수급자를 보건복지부령으로 정하는 범위 안에서 일정 기간 동안 장기요양기관에 보호하여 신체활동 지원 및 심신기능의 유지·향상을 위한 교육·훈련 등을 제공하는 장기요양급여
   바. 기타재가급여: 수급자의 일상생활·신체활동 지원에 필요한 용구를 제공하거나 가정을 방문하여 재활에 관한 지원 등을 제

공하는 장기요양급여로서 대통령령으로 정하는 것
2. 시설급여: 장기요양기관이 운영하는 「노인복지법」 제34조에 따른 노인의료복지시설(노인전문병원은 제외한다) 등에 장기간 동안 입소하여 신체활동 지원 및 심신기능의 유지·향상을 위한 교육·훈련 등을 제공하는 장기요양급여
3. 특별현금급여
가. 가족요양비: 제24조에 따라 지급하는 가족장기요양급여
나. 특례요양비: 제25조에 따라 지급하는 특례장기요양급여
다. 요양병원간병비: 제26조에 따라 지급하는 요양병원장기요양급여
② 제1항 제1호 및 제2호에 따라 장기요양급여를 제공할 수 있는 장기요양기관의 종류 및 기준과 장기요양급여 종류별 장기요양요원의 범위·업무·보수교육 등에 관하여 필요한 사항은 대통령령으로 정한다.
③ 장기요양급여의 제공 기준·절차·방법·범위, 그 밖에 필요한 사항은 보건복지부령으로 정한다.

제24조 (가족요양비) ① 공단은 다음 각 호의 어느 하나에 해당하는 수급자가 가족등으로부터 제23조 제1항 제1호 가목에 따른 방문요양에 상당한 장기요양급여를 받은 때 대통령령으로 정하는 기준에 따라 당해 수급자에게 가족요양비를 지급할 수 있다.
1. 도서·벽지 등 장기요양기관이 현저히 부족한 지역으로서 보건복지부장관이 정하여 고시하는 지역에 거주하는 자
2. 천재지변이나 그 밖에 이와 유사한 사유로 인하여 장기요양기관이 제공하는 장기요양급여를 이용하기가 어렵다고 보건복지부장관이 인정하는 자
3. 신체·정신 또는 성격 등 대통령령으로 정하는 사유로 인하여 가족 등으로부터 장기요양을 받아야 하는 자
② 제1항에 따른 가족요양비의 지급절차와 그 밖에 필요한 사항은 보건복지부령으로 정한다.

제25조 (특례요양비) ① 공단은 수급자가 장기요양기관이 아닌 노

인요양시설 등의 기관 또는 시설에서 재가급여 또는 시설급여에 상당한 장기요양급여를 받은 경우 대통령령으로 정하는 기준에 따라 당해 장기요양급여비용의 일부를 당해 수급자에게 특례요양비로 지급할 수 있다.
② 제1항에 따라 장기요양급여가 인정되는 기관 또는 시설의 범위, 특례요양비의 지급절차, 그 밖에 필요한 사항은 보건복지부령으로 정한다.

제26조 (요양병원간병비) ① 공단은 수급자가 「노인복지법」 제34조 제1항에 따른 노인전문병원 또는 「의료법」 제3조 제2항 제3호 라목에 따른 요양병원에 입원한 때 대통령령으로 정하는 기준에 따라 장기요양에 사용되는 비용의 일부를 요양병원간병비로 지급할 수 있다. 〈개정 2009. 1. 30〉
② 제1항에 따른 요양병원간병비의 지급절차와 그 밖에 필요한 사항은 보건복지부령으로 정한다.

제27조 (장기요양급여의 제공 시기) ① 수급자는 제17조 제1항에 따른 장기요양인정서가 도달한 날부터 장기요양급여를 받을 수 있다.
② 제1항에도 불구하고 수급자는 돌볼 가족이 없는 경우 등 대통령령으로 정하는 사유가 있는 경우 신청서를 제출한 날부터 장기요양인정서가 도달되는 날까지의 기간 중에도 장기요양급여를 받을 수 있다.
③ 제2항에 따라 장기요양급여가 인정되는 범위와 절차 등은 대통령령으로 정한다.

제28조 (장기요양급여의 월 한도액) ① 장기요양급여는 월 한도액 범위 안에서 제공한다. 이 경우 월 한도액은 장기요양등급 및 장기요양급여의 종류 등을 고려하여 산정한다.
② 제1항에 따른 월 한도액의 산정기준 및 방법, 그 밖에 필요한 사항은 보건복지부령으로 정한다.

제29조 (장기요양급여의 제한) ① 공단은 장기요양급여를 받고 있거나 받을 수 있는 자가 다음 각 호의 어느 하나에 해당하는 경우 장기요양급여를 중단하거나 제공하지 아니하게 하여야 한다.
1. 거짓이나 그 밖의 부정한 방법으로 장기요양인정을 받은 경우
2. 고의로 사고를 발생하도록 하거나 본인의 위법행위에 기인하여 장기요양인정을 받은 경우
② 공단은 장기요양급여를 받고 있는 자가 정당한 사유 없이 제60조 또는 제61조에 따른 요구에 응하지 아니하거나 답변을 거절한 경우 장기요양급여의 전부 또는 일부를 제공하지 아니하게 할 수 있다.

제35조 (장기요양기관의 의무) ① 장기요양기관은 수급자로부터 장기요양급여신청을 받은 때 장기요양급여의 제공을 거부하여서는 아니 된다. 다만, 입소정원에 여유가 없는 경우 등 정당한 사유가 있는 경우는 그러하지 아니하다.
② 장기요양기관은 제23조 제3항에 따른 장기요양급여의 제공 기준 · 절차 및 방법 등에 따라 장기요양급여를 제공하여야 한다.
③ 장기요양기관의 장은 장기요양급여를 제공한 수급자에게 장기요양급여비용에 대한 명세서를 교부하여야 한다.
④ 장기요양기관의 장은 장기요양급여 제공에 관한 자료를 기록 · 관리하여야 한다. 〈신설 2010. 3. 17(종전 제4항은 제5항으로 이동 2010. 3. 17)〉 〈시행 2010. 9. 18〉
⑤ 제3항에 따른 장기요양급여비용의 명세서, 제4항에 따라 기록 · 관리하여야 할 장기요양급여 제공 자료의 내용 및 보존기한, 그 밖에 필요한 사항은 보건복지부령으로 정한다. 〈개정 2010. 3. 17(제4항에서 이동 2010.3.17)〉 〈시행 2010. 9. 18〉

제43조 (부당이득의 징수) ① 공단은 장기요양급여를 받은 자 또는 장기요양급여비용을 받은 자가 다음 각 호의 어느 하나에 해당하는 경우 그 장기요양급여 또는 장기요양급여비용에 상당하는 금액을 징수한다.
1. 제28조의 월 한도액 범위를 초과하여 장기요양급여를 받은 경우

2. 제29조 또는 제30조에 따라 장기요양급여의 제한 등을 받을 자가 장기요양급여를 받은 경우
3. 제37조 제1항 제4호 · 제3항 제3호에 따른 거짓이나 그 밖의 부정한 방법으로 재가 및 시설 급여비용을 청구하여 이를 지급받은 경우
4. 그 밖에 이 법상의 원인 없이 공단으로부터 장기요양급여를 받거나 장기요양급여비용을 지급받은 경우
② 공단은 제1항의 경우 거짓 보고 또는 증명에 의하거나 거짓 진단에 따라 장기요양급여가 제공된 때 거짓의 행위에 관여한 자에 대하여 장기요양급여를 받은 자와 연대하여 제1항에 따른 징수금을 납부하게 할 수 있다.
③ 공단은 제1항의 경우 거짓이나 그 밖의 부정한 방법으로 장기요양급여를 받은 자와 같은 세대에 속한 자(장기요양급여를 받은 자를 부양하고 있거나 다른 법령에 따라 장기요양급여를 받은 자를 부양할 의무가 있는 자를 말한다)에 대하여 거짓이나 그 밖의 부정한 방법으로 장기요양급여를 받은 자와 연대하여 제1항에 따른 징수금을 납부하게 할 수 있다.
④ 공단은 제1항의 경우 장기요양기관이 수급자로부터 거짓이나 그 밖의 부정한 방법으로 장기요양급여비용을 받은 때 당해 장기요양기관으로부터 이를 징수하여 수급자에게 지체없이 지급하여야 한다.

제44조 (구상권) ① 공단은 제3자의 행위로 인한 장기요양급여의 제공사유가 발생하여 수급자에게 장기요양급여를 행한 때 그 급여에 사용된 비용의 한도 안에서 그 제3자에 대한 손해배상의 권리를 얻는다.
② 공단은 제1항의 경우 장기요양급여를 받은 자가 제3자로부터 이미 손해배상을 받은 때 그 손해배상액의 한도 안에서 장기요양급여를 행하지 아니한다.

제66조 (수급권의 보호) 장기요양급여를 받을 권리는 양도 또는 압류하거나 담보로 제공할 수 없다.

◇ 노인장기요양보험법 시행령 ◇ 〈대통령령 제22075호, 2010.3. 15, 타법개정〉

제 1 조 (목적) 이 영은 「노인장기요양보험법」에서 위임된 사항과 그 시행에 필요한 사항을 규정함을 목적으로 한다.

제 2 조 (노인성 질병) 「노인장기요양보험법」(이하 "법"이라 한다) 제2조 제1호에서 "대통령령으로 정하는 노인성 질병"이란 별표 1에 따른 질병을 말한다.

제 3 조 (장기요양기본계획) 법 제6조 제1항 제3호에 따라 장기요양기본계획에 포함되는 사항은 다음 각 호와 같다.
1. 장기요양급여의 수준 향상 방안
2. 노인성 질환예방사업 추진계획
3. 그 밖에 노인등의 장기요양급여의 실시에 필요한 사항

제3조의2 (외국인의 범위) 법 제7조 제4항에서 "「외국인근로자의 고용 등에 관한 법률」에 따른 외국인근로자 등 대통령령으로 정하는 외국인"이란 다음 각 호의 어느 하나에 해당하는 사람을 말한다.
1. 「외국인근로자의 고용 등에 관한 법률」에 따른 외국인근로자로서 「국민건강보험법」 제93조 제2항에 따라 직장가입자가 된 외국인
2. 「출입국관리법」 제10조에 따라 산업연수활동을 할 수 있는 체류자격을 가지고 지정된 산업체에서 연수하고 있는 외국인으로서 「국민건강보험법」 제93조 제2항에 따라 직장가입자가 된 외국인[본조신설 2009. 7. 7]

제 4 조 (장기요양보험료율) 법 제9조 제1항에 따른 장기요양보험

료율은 1만분의 655로 한다. 〈개정 2008. 12. 31, 2009. 12. 30〉 [본조신설 2008. 6. 11]

제 5 조 (장애인 등에 대한 장기요양보험료의 경감) **① 법 제10조에서 "대통령령으로 정하는 자"란 다음 각 호의 어느 하나에 해당하는 자를 말한다.** 〈개정 2010. 3. 15〉

1. 「장애인복지법」 제32조에 따라 등록한 제1급 및 제2급 장애인

2. 보건복지부장관이 정하여 고시하는 희귀난치성질환자

② 국민건강보험법」에 따른 국민건강보험공단(이하 "공단"이라 한다)은 법 제10조에 따라 장애인 등이 장기요양보험가입자 또는 그 피부양자인 경우 수급자로 결정되지 못한 때에는 제1항 각 호에 해당하는지를 확인하여 장기요양보험료의 100분의 30을 경감한다. 이 경우 공단은 확인이 불가능하면 해당 장기요양보험가입자 또는 그 피부양자로부터 경감신청을 받아 경감한다.

③ 제2항에 따른 장기요양보험료의 구체적인 경감방법 등은 보건복지부장관이 정하여 고시한다. 〈개정 2010. 3. 15〉 [본조신설 2008. 6. 11]

제 6 조 (의사소견서 제출 제외자) **법 제13조 제2항에 따라 장기요양인정을 신청하는 자 중 의사소견서를 제출하지 아니하여도 되는 자는 다음 각 호와 같다.** 〈개정 2008. 2. 29, 2008. 6. 11, 2010. 3. 15〉

1. 신청인의 심신상태나 거동상태 등이 보건복지부령으로 정하는 기준에 따라 현저하게 불편한 자로서 법 제14조 제1항에 따른 조사 결과 공단 소속 직원이 이를 확인한 자

2. 보건복지부장관이 정하여 고시하는 도서·벽지 지역에 거주하는 자

제 7 조 (등급판정기준 등) **① 법 제15조 제2항에 따른 등급판정기준은 다음 각 호와 같다.**

1. 장기요양 1등급 : 심신의 기능상태 장애로 일상생활에서 전적

으로 다른 사람의 도움이 필요한 자로서 장기요양인정 점수가 95점 이상인 자
2. 장기요양 2등급 : 심신의 기능상태 장애로 일상생활에서 상당 부분 다른 사람의 도움이 필요한 자로서 장기요양인정 점수가 75점 이상 95점 미만인 자
3. 장기요양 3등급 : 심신의 기능상태 장애로 일상생활에서 부분적으로 다른 사람의 도움이 필요한 자로서 장기요양인정 점수가 55점 이상 75점 미만인 자
② 제1항에 따른 장기요양인정 점수는 장기요양이 필요한 정도를 나타내는 점수로서 보건복지부장관이 정하여 고시하는 심신의 기능 저하 상태를 측정하는 방법에 따라 산정한다. 〈개정 2008. 2. 29, 2010. 3. 15〉

제 8 조 (장기요양인정 유효기간) **① 법 제19조 제1항에 따른 장기요양인정 유효기간은 1년으로 한다. 다만, 다음 각 호의 어느 하나에 해당하는 경우 그 유효기간은 2년으로 한다.** 〈개정 2009. 12. 30〉
1. 연속하여 2회 이상 1등급으로 판정되는 사람이 2회 이후에 장기요양인정을 받는 경우
2. 연속하여 3회 이상 같은 등급(1등급은 제외한다)으로 판정되는 사람이 3회 이후에 장기요양인정을 받는 경우
② 법 제52조에 따른 등급판정위원회는 제1항에도 불구하고 장기요양 신청인의 심신상태 등을 고려하여 장기요양인정 유효기간을 6개월의 범위에서 늘리거나 줄일 수 있다. 다만, 이 경우에도 장기요양인정 유효기간을 1년 미만으로 할 수 없다.

제 9 조 (기타재가급여) **법 제23조 제1항 제1호 바목에 따른 기타재가급여는 수급자의 일상생활 또는 신체활동 지원에 필요한 용구로서 보건복지부장관이 정하여 고시하는 것을 제공하거나 대여하여 주는 것을 말한다.** 〈개정 2008. 2. 29, 2010. 3. 15〉

◇ 노인장기요양보험법 시행규칙 ◇ 〈보건복지부령 제1호, 2010.3. 19, 타법개정〉

제 1 조 (목적) 이 규칙은 「노인장기요양보험법」 및 같은 법 시행령에서 위임된 사항과 그 시행에 필요한 사항을 규정함을 목적으로 한다.

제1조의2 (외국인의 장기요양보험가입 제외절차 등) ① 「노인장기요양보험법」(이하 "법"이라 한다) 제7조 제4항에 따라 장기요양보험가입 제외를 신청하려는 외국인은 별지 제1호서식의 외국인근로자 장기요양보험 가입제외 신청서를 「국민건강보험법」에 따른 국민건강보험공단(이하 "공단"이라 한다)에 제출하여야 한다.
② 제1항에 따른 신청을 받은 공단의 직원은 「전자정부법」 제22조의2 제1항에 따른 행정정보의 공동이용을 통하여 외국인등록사실증명을 확인하여야 한다. 다만, 신청인이 확인에 동의하지 아니하거나 확인이 불가능한 경우에는 외국인등록증 등 관련 서류를 첨부하도록 하여야 한다.
③ 제1항에 따라 신청한 외국인은 그 신청일에 장기요양보험가입자에서 제외되는 것으로 한다. 다만, 「국민건강보험법」에 따른 직장가입자 자격취득 신고일부터 14일 이내에 신청한 경우에는 그 자격취득일에 제외되는 것으로 한다. [본조신설 2009. 7. 1]

제12조 (장기요양급여 제공기준의 일반원칙) ① 장기요양기관은 수급자 개인의 장기요양급여의 종류 및 내용에 대한 선택권을 존중하고 자립생활을 할 수 있도록 지원하여야 하며, 수급자의 심신상태에 따라 적정한 급여를 제공하여야 한다.
② 장기요양기관이 본인일부부담금을 수급자에게 청구하는 경우에는 법령에 따라 인정되는 비용 외에 입소보증금 등 다른 명목으로 비용을 청구하여서는 아니 된다.
③ 장기요양기관은 영리를 목적으로 본인일부부담금을 면제하거나 할인하는 행위, 금품 등을 제공하는 등 수급자를 소개·알선·

유인하는 행위 및 이를 사주하는 행위를 하여서는 아니 된다. [본조신설 2008. 6. 11]

제13조 **(장기요양급여의 신청) ① 수급자는 법 제23조 제1항에 따른 장기요양급여를 받으려면 장기요양기관에 별지 제6호서식의 장기요양인정서를 제시하여야 한다. 다만, 장기요양인정서를 제시하지 못하는 경우에는 장기요양기관은 공단에 전화나 인터넷 등을 통하여 자격을 확인할 수 있다.**
② 제1항에도 불구하고 수급자 중 「의료급여법」에 따른 수급권자는 주소지를 관할하는 시장·군수·구청장에게 장기요양급여를 신청하여야 한다.
③ 제2항에 따른 신청을 받은 시장·군수·구청장은 별지 제10호서식의 장기요양기관 입소·이용의뢰서를 장기요양기관의 장에게 송부하고 그 사실을 수급자와 공단에 통지하여야 한다. 이 경우 관할하는 시·군·구(자치구의 구를 말한다. 이하 같다)에 장기요양기관이 부족하면 다른 시·군·구와 협의하여 수급자가 장기요양급여를 받을 수 있도록 하여야 한다.
④ 장기요양기관은 급여를 받으려는 수급자의 본인 여부, 장기요양등급, 장기요양인정 유효기간, 장기요양급여의 종류 및 내용, 본인일부부담금 감경 여부 등을 확인하여야 한다. [본조신설 2008. 6. 11]

제14조 **(장기요양급여의 범위 등) ① 법 제23조 제1항에 따른 장기요양급여의 범위에서 제외되는 사항(이하 "비급여대상"이라 한다)은 다음 각 호와 같다.** 〈개정 2010. 3. 19〉 〈시행 2010. 3. 19〉
1. 식사재료비
2. 상급침실 이용에 따른 추가비용: 노인요양시설 또는 노인요양공동생활가정에서 본인이 원하여 1인실 또는 2인실을 이용하는 경우 장기요양에 소요된 총비용에서 제1호·제3호 및 제4호의 비용과 장기요양급여비용을 제외한 금액
3. 이·미용비
4. 그 외 일상생활에 통상 필요한 것과 관련된 비용으로 수급자에

게 부담시키는 것이 적당하다고 보건복지부장관이 정하여 고시한 비용

② 수급자와 장기요양기관은 장기요양급여를 제공받거나 제공할 경우에는 다음 각 호의 행위를 요구하거나 제공하여서는 아니 된다.

1. 수급자의 가족을 위한 행위
2. 수급자 또는 그 가족의 생업을 지원하는 행위
3. 그 밖에 수급자의 일상생활에 지장이 없는 행위 [본조신설 2008. 6. 11]

제15조 (수급자에 대한 안내) 장기요양기관은 운영규정의 개요, 종사자 근무체계, 제공하는 장기요양급여의 종류, 비급여대상 및 항목별 비용, 그 밖에 장기요양급여의 선택에 도움이 되는 중요 사항을 수급자가 잘 볼 수 있는 곳에 게시하여야 한다. [본조신설 2008. 6. 11]

제16조 (장기요양급여 계약 등) ① 수급자와 장기요양기관은 장기요양급여 개시 전에 다음 각 호의 사항이 포함된 장기요양급여 제공계약을 문서(이하 "계약서"로 한다)로 체결하여야 한다. 이 경우 장기요양기관은 계약서를 2부 작성하여 1부는 지체 없이 수급자에게 발급하고 1부는 장기요양기관이 보관하여야 하며, 계약을 변경하려는 경우에도 또한 같다.

1. 계약당사자
2. 계약기간
3. 장기요양급여의 종류, 내용 및 비용 등
4. 비급여대상 및 항목별 비용

② 장기요양기관은 제1항에 따른 계약을 체결할 때에는 수급자 또는 그 가족에게 제공하려는 장기요양급여의 제공계획 및 비용(비급여대상 및 항목별 비용을 포함한다) 등 장기요양급여 제공과 관련된 사항을 설명한 후 동의서를 받아야 한다.

③ 장기요양기관은 계약을 체결하거나 계약서의 내용을 변경한 경우에는 지체없이 별지 제11호서식 및 별지 제11호의2서식의 장기요양급여 제공계획서를 팩스나 공단이 운영하는 전자문서교환

방식을 통하여 공단에 통보하여야 한다. 〈개정 2010. 2. 24〉 〈시행 2010. 3. 1〉[본조신설 2008. 6. 11]

제17조 (장기요양급여 중복수급 금지) ① 수급자는 재가급여, 시설급여 및 특별현금급여를 중복하여 받을 수 없다. 다만, 가족요양비 수급자 중 기타재가급여를 받는 경우에는 그러하지 아니하다.
② 수급자는 동일한 시간에 방문요양, 방문목욕, 방문간호, 주·야간보호 또는 단기보호 급여를 2가지 이상 받을 수 없다. 〈개정 2010. 2. 24〉 〈시행 2010. 3. 1〉 [본조신설 2008. 6. 11]

제19조 (기타재가급여 제공기준 등) ① 장기요양기관은 영 제9조에 따라 수급자의 일상생활 또는 신체활동 지원에 필요한 용구로서 보건복지부장관이 정하여 고시하는 것(이하 "복지용구"라 한다)을 제공하는 경우에는 품목별 내구연한 등을 고려하여 구입 또는 대여방식으로 제공하여야 한다. 〈개정 2010. 3. 19〉 〈시행 2010. 3. 19〉
② 복지용구의 품목별 급여대상의 범위, 세부적인 제공기준 및 절차 등 그 밖에 필요한 사항은 보건복지부장관이 정하여 고시한다. 〈개정 2010. 3. 19〉 〈시행 2010. 3. 19〉 [본조신설 2008. 6. 11]

제20조 (가족요양비 지급절차 등) ① 장기요양인정을 신청하는 자 중에서 법 제24조 제1항에 따른 가족요양비를 지급받으려는 자는 별지 제17호서식의 가족요양비 지급신청서를 공단이 법 제15조 제1항에 따라 등급판정위원회에 자료를 제출하기 전까지 공단에 제출하여야 한다. 이 경우 다음 각 호의 어느 하나에 해당하는 자는 해당 증명서류를 첨부하여 제출하여야 한다.
1. 「전염병예방법」에 따른 전염병환자로서 전염의 위험성이 있는 자: 진단서 등 이를 증명할 수 있는 서류
2. 「장애인복지법」 제32조에 따라 등록한 장애인 중 같은 법 시행령 별표 1에 따른 정신장애인: 장애인등록증
3. 신체적 변형 등의 사유로 대인과의 접촉을 기피하는 자: 진단

서 등 이를 증명할 수 있는 서류

② 법 제21조 제1항에 따라 장기요양급여의 종류를 가족요양비로 변경하여 지급받으려는 수급자는 별지 제17호서식의 가족요양비 지급신청서에 제1항 각 호의 구분에 따른 서류를 첨부하여 공단에 신청하여야 한다. 〈개정 2009. 7. 1〉

③ 제1항 및 제2항에 따른 신청을 받은 공단의 직원은 「전자정부법」 제22조의2 제1항에 따른 행정정보의 공동이용을 통하여 장애인등록증(신청사유가 정신장애인인 경우만 해당된다)을 확인하여야 한다. 다만, 신청인이 확인에 동의하지 아니하거나 확인이 불가능한 경우에는 이를 첨부하도록 하여야 한다. 〈신설 2009. 7. 1〉

④ 제1항 및 제2항에 따른 신청을 받은 공단은 그 요건을 확인하고 등급판정위원회의 심의(제1항 제1호 및 제3호의 경우에만 해당된다)를 거쳐 가족요양비 수급대상자로 결정한 경우에는 장기요양인정서의 장기요양급여 종류를 가족요양비로 기재하여 수급자에게 통보하여야 한다. 〈개정 2009. 7. 1〉

⑤ 가족요양비를 지급받는 수급자는 법 제24조 제1항에 따른 가족요양비 지급요건에 해당되지 아니하게 된 경우에는 그 사유가 발생한 날부터 14일 이내에 별지 제8호 서식에 따른 변경신청서를 공단에 제출하여야 한다. 〈개정 2009. 7. 1〉

⑥ 공단은 해당 수급자에게 월 단위로 가족요양비를 지급하여야 한다. 다만, 월 중에 가족요양비지급 및 소멸사유가 발생한 경우에는 일할계산하여 지급한다. 〈개정 2009. 7. 1〉 [본조신설 2008. 6. 11]

제22조 (장기요양급여의 월 한도액) ① 법 제28조 제1항에 따라 재가급여(복지용구는 제외한다)의 월 한도액은 영 제16조 제3호에 따라 장기요양위원회의 심의를 거쳐 등급별로 보건복지부장관이 정하여 고시한다. 〈개정 2010. 2. 24, 2010. 3. 19〉 〈시행 2010. 3. 19〉

② 시설급여의 월 한도액은 장기요양급여에 소요되는 장기요양기관의 각종 비용과 운영현황 등을 고려하여 등급별로 보건복지부장관이 정하여 고시하는 1일당 급여비용에 월간 일수를 곱하여 산정한다. 〈개정 2010. 2. 24, 2010. 3. 19〉 〈시행 2010. 3. 19〉 [본조신설 2008. 6. 11]

[별지 제1호의2서식] 〈개정 2010. 2. 24〉 **(앞 쪽)**

<table>
<tr><td>① 신청 구분</td><td colspan="5">□ 장기요양인정 신청서
□ 장기요양인정 갱신신청서
□ 장기요양등급 변경신청서
□ 장기요양 급여종류 · 내용 변경신청서</td></tr>
<tr><td rowspan="4">신청인 (본인)</td><td>② 성명</td><td></td><td>③ 주민등록번호</td><td colspan="2">–</td></tr>
<tr><td>④ 주민등록지</td><td colspan="4"></td></tr>
<tr><td>⑤ 실제거주지</td><td colspan="4"></td></tr>
<tr><td>⑥ 전화번호</td><td></td><td>휴대전화</td><td colspan="2"></td></tr>
<tr><td>보호자</td><td>⑦ 성명</td><td></td><td>⑧ 신청인과의 관계</td><td>⑨ 전화번호</td><td></td></tr>
<tr><td rowspan="5">대리인</td><td>⑩ 성명</td><td></td><td>⑪ 주민등록번호</td><td colspan="2">–</td></tr>
<tr><td>⑫ 주소</td><td colspan="4"></td></tr>
<tr><td>⑬ 전화번호</td><td colspan="2"></td><td>휴대전화</td><td></td></tr>
<tr><td rowspan="2">⑭ 유형</td><td colspan="4">1. 가족 · 친족 · 이해관계인(신청인과의 관계:)</td></tr>
<tr><td colspan="2">2. 사회복지전담공무원</td><td colspan="2">3. 시장 · 군수 · 구청장이 지정한 자</td></tr>
<tr><td colspan="2">⑮ 변경신청 시 사유</td><td colspan="4"></td></tr>
<tr><td colspan="6">「노인장기요양보험법」 제13조, 제20조부터 제22조까지 및 같은 법 시행규칙 제2조, 제8조 및 제9조에 따라 위와 같이 신청합니다.

. . .

신청인: (서명 또는 인)
대리인: (서명 또는 인)
국민건강보험공단 이사장 귀하</td></tr>
<tr><td>구비 서류</td><td colspan="5">1. 별지 제2호서식의 의사소견서(신청서와 함께 제출하지 않고 추후에 제출할 수 있으며, 「노인장기요양보험법 시행령」 제6조에 해당하는 경우와 급여종류 · 내용변경신청 시에는 제출하지 아니합니다)
2. 노인성 질병을 확인할 수 있는 진단서 등 증명서류(65세 미만인 자로서 장기요양인정신청 시에 별지 제2호서식의 의사소견서를 제출하지 아니한 경우만 해당합니다)
3. 대리인 관련서류
가. 가족, 친족 또는 이해관계인: 대리인의 신분증
나. 사회복지전담공무원: 공무원임을 증명하는 신분증
다. 시장 · 군수 · 구청장이 지정한 자: 별지 제9호서식의 대리인 지정서</td></tr>
</table>

[(210㎜ × 297㎜[일반용지60g/㎡(재활용품)]

(뒤 쪽)

이 신청서는 다음과 같이 처리됩니다(처리기간은 30일 정도 소요됩니다).

신청인		접수 및 처리(국민건강보험공단)		
신청서 제출	→	신청서 접수 및 확인	→	방문조사 및 등급판정
				↓
장기요양급여 이용	←		←	장기요양등급 등 결과통보

〈작성요령 및 유의사항〉

①: 해당하는 곳에 √표 합니다.

※ 65세 미만자로서 다음의 노인성 질병이 없는 자는 신청할 수 없습니다.

· 치매(F00~F03, G30), 뇌혈관질환(I60~I69), 파킨슨병 및 관련 질환(G20~G23)

· 매병, 노망(자01), 졸중풍 및 중풍후유증(다04, 다06), 진전(다05, 차02. 2)

- 장기요양인정 신청: 장기요양인정을 받으려고 신청하는 경우
- 장기요양인정 갱신신청: 장기요양인정을 받은 자가 장기요양급여를 계속 받으려고 유효기간이 끝나기 이전 갱신신청하는 경우
- 장기요양등급 변경신청: 장기요양인정을 받은 자의 심신상태가 호전되거나 악화되어 등급을 변경하려는 경우
- 장기요양 급여종류·내용 변경신청: 장기요양급여의 종류·내용을 변경하려는 경우

②~⑥: 신청인의 성명, 주민등록번호, 주민등록지, 실제거주지(주민등록주소와 다른 경우), 전화번호를 적습니다.

※ 실제거주지는 방문조사 및 등급판정 결과 등 각종 우편물 수령지이므로 추후 실제거주지 변경이 있는 경우 공단에 신고하셔야 합니다.

⑦~⑨: 보호자의 성명, 신청인과의 관계, 전화번호를 적습니다.

⑩~⑬: 대리인의 성명, 주민등록번호, 주소, 전화번호를 적습니다.

※ 해당하는 경우에만 기재합니다.

⑭: 대리인의 유형을 1~3 중 해당되는 곳에 O표 합니다.

1. 가족, 친족, 이해관계인: 신청인과의 관계를 적습니다.
   - 가족: 「민법」 제779조에 따른 가족으로서 배우자, 직계혈족, 형제자매, 직계혈족의 배우자, 배우자의 직계혈족 및 배우자의 형제자매
   - 친족: 「민법」 제777조에 따른 친족으로서 8촌 이내 혈족, 4촌 이내 인척, 배우자
   - 이해관계인: 가족, 친족을 제외한 이웃 등 그 밖의 자
2. 사회복지전담공무원: 「사회복지사업법」에 따른 사회복지전담공무원
3. 시장·군수·구청장이 지정한 자: 가족, 친족, 이해관계인 또는 사회복지전담공무원이 장기요양인정신청 등을 할 수 없는 경우 시장·군수·구청장이 지정하는 자

⑮: 장기요양등급 또는 급여종류·내용의 변경을 신청한 경우에는 사유를 간략하게 적습니다.

〈유의사항〉

장기요양인정, 갱신, 등급변경신청을 하는 경우 공단이 제공한 의사소견서 발급의뢰서를 의료기관에 제출하여야 합니다.

[별지 제3호 서식]

<table>
<tr><td colspan="4">의사소견서 발급의뢰서

관리번호:</td></tr>
<tr><td>발급대상자</td><td></td><td>주민등록번호</td><td>-</td></tr>
<tr><td>주 소</td><td colspan="3"></td></tr>
<tr><td>본인일부 부담금</td><td colspan="3">□ 일반(20%)
□ 의료급여 수급권자(10%)
□ 저소득층 · 생계곤란자 경감대상자(10%)
□ 국민기초생활보장 수급권자(면제)</td></tr>
<tr><td colspan="4">「노인장기요양보험법 시행규칙」 제2조에 따라 위와 같이 의사소견서 발급을 의뢰합니다.

. . .

국민건강보험공단 이사장 (인)</td></tr>
<tr><td colspan="4">※ 「노인장기요양보험법 시행규칙」 제4조제4항에 따라 의료기관에서는 상기 발급의뢰서를 지참한 분에 대하여 의사소견서 발급비용 중 본인이 부담하여야 하는 비용을 본인에게 받고, 나머지 비용은 국민건강보험공단에 청구하여야 합니다.</td></tr>
</table>

210㎜×297㎜[일반용지60g/㎡(재활용품)]

[별지 제2호 서식] (제1쪽 앞면)

유효기간: 발급일로부터 30일

의사소견서

※ 담당의사는 소견서 내용에 빠짐없이 기재하여 주시기 바랍니다.

신청인	성 명		주민등록번호	- (세)
(본인)	주 소	(전화번호)		
발 급 구 분		□ 65세 이상자	□ 65세 미만자	

☞ 65세 미만자에 한하여 기입하며, 해당하는 질병에 √표 체크하여 주시기 바랍니다.

구분	질병명	질병코드
한국표준질병·사인분류	알쯔하이머병에서의 치매	□ F00
	혈관성 치매	□ F01
	달리 분류된 기타 질환에서의 치매	□ F02
	상세불명의 치매	□ F03
	알쯔하이머병	□ G30
	거미막밑 출혈	□ I60
	뇌내출혈	□ I61
	기타 비외상성 머리내 출혈	□ I62
	뇌경색증	□ I63
	출혈 또는 경색증으로 명시되지 않은 뇌중풍	□ I64
	대뇌경색증을 유발하지 않은 뇌전동맥의 폐색 및 협착	□ I65
	대뇌경색증을 유발하지 않은 대뇌동맥의 폐색 및 협착	□ I66
	기타 뇌혈관 질환	□ I67
	달리 분류된 질환에서의 뇌혈관 장애	□ I68
	뇌혈관 질환의 후유증	□ I69
	파킨슨병	□ G20
	속발성 파킨슨증	□ G21
	달리 분류된 질환에서의 파킨슨증	□ G22
	기저핵의 기타 퇴행성 질환	□ G23
한국표준질병·사인분류(한의)	매병, 노망	□ 자01
	졸중풍	□ 다04
	중풍후유증	□ 다06
	진전(振顫)1	□ 다05
	진전(振顫)2	□ 차02.2

※ 1) 65세 미만자 중 상기 질병에 해당하는 경우에 한하여 장기요양인정 신청자격이 부여됩니다.

* 신청인이 다른 진단서 등에 의해 노인성질병임을 이미 진단받아 장기요양인정 신청자격을 부여받은 경우에는 위 진단표를 기재하지 않을 수 있습니다.

2) 65세 미만자 중 상기 질병에 해당하는 경우에는 뒷면의 사항을 빠짐없이 기재하여 주시고, 상기질병에 해당하지 않는 경우에는 하단의 사항을 작성하지 아니합니다.

3) 상기 질병에 해당하지 않는 경우 진찰료 등 실비는 공단이 부담하지 아니하며 전액 신청인(본인)이 부담하여야 하며, 상기질병에 해당하는 경우에도 진찰료 외 진단에 소요되는 검사비용 등은 신청인(본인)이 부담하여야 합니다.

4) 노인성질병의 진단은 위 진단표 이외에 진단서 등으로도 할 수 있습니다.

210㎜×297㎜[일반용지60g/㎡(재활용품)]

(제1쪽 뒷면)

1. 장애의 직접적인 원인이 되는 상병에 대한 의견

가. 기능장애 원인 진단명 및 발병연월일 1. 발병연월일 (년 월 일경) 2. 발병연월일 (년 월 일경) 3. 발병연월일 (년 월 일경)
나. 상기 질환의 현재 치료내용
다. 향후 상태의 변동성 ☐ 호전 가능 ☐ 현 상태 유지 ☐ 악화 가능 ☐ 알 수 없음 ▪ 판단 이유:

2. 심신상태에 관한 의견

가. 신체상태

1) 근 력

구 분	좌 측	우 측
상 지	(5 4) (3 2) (1 0)	(5 4) (3 2) (1 0)
하 지	(5 4) (3 2) (1 0)	(5 4) (3 2) (1 0)

2) 관절운동 범위

상 지	☐ 정상	제한 (어깨관절 ☐좌 ☐우, 팔꿈치관절 ☐좌 ☐우, 손목·손가락관절 ☐좌 ☐우)
하 지	☐ 정상	제한 (고관절 ☐좌 ☐우, 무릎관절 ☐좌 ☐우, 발목관절 ☐좌 ☐우)
관절의 통증		☐ 없음 ☐ 있음 (부위:)
의학적 관절 움직임 제한		이유:
사 지 결 손		☐ 없음 ☐ 있음 (부위:)

(제2쪽 앞면)

3) 운동상태

보 행	□ 가능 □ 부분적 가능 □ 불가능
실조 또는 운동이상(진전 등)	□ 없음 □ 있음 □ 평가할 수 없음
서동증	□ 없음 □ 있음 □ 평가할 수 없음
의학적 보행 제한 필요성	□ 없음 □ 있음
	필요한 경우 이유:

나. 정신상태

1) 인지기능

의사소통 능력	□ 정상	□ 부분적 가능	□ 불가능
단기 기억력	□ 정상	□ 경미한 장애	□ 심한장애
장기 기억력	□ 정상	□ 경미한 장애	□ 심한장애
장소 지남력	□ 정상	□ 경미한 장애	□ 심한장애
판단력	□ 정상	□ 경미한 장애	□ 심한장애

□없음	
□있음	□ 망상 □ 환각 □ 수면장애 □ 서성거리며 안절부절 못함 □ 길을 잃음 □ 공격적, 파괴적 행동 □ 밖으로 나가려함 □ 돈/물건 등 감추기 □ 부적절한 옷 입기 □ 불결한 행동 □ 거부증 □ 우울 기분
	□기타 특이 증상:

2) 문제행동 유무

다. 일상생활 자립도

장애노인	□정상	□생활자립	□준 와상상태	□완전 와상상태
치매노인	□자립	□불완전자립	□부분의존	□완전의존

3. 의료적 처치 필요항목

기관지절개	□ 없음 □ 있음	도뇨관	□ 없음 □ 있음
욕 창	□ 없음 □ 있음	장 루	□ 없음 □ 있음
경관영양	□ 없음 □ 있음	당뇨발 및 그에 준하는 피부질환	□ 없음 □ 있음
암성통증 및 그에 준하는 통증	□ 없음 □ 있음	기타(　　　　　)	□ 없음 □ 있음
비 고			

※ 해당 항목의 중증도 등 상세하게 기록

(예 •통증: 부위, 통증조절방법, 원인•욕창 · 피부질환: 부위, 경과 등)

(제2쪽 뒷면)

4. 치료 및 장기요양에 관한 의견

가. 향후 발생가능성이 높은 의학적 문제
□ 넘어짐 · 골절 □ 심폐기능 악화 □ 욕창 □ 흡인성 폐렴 □ 탈수·영양장애 □ 기타( )
나. 가장 적절한 장기요양서비스 (특히 필요성이 높은 것에 체크) □ 방문요양 (회복이 어려운 만성 안정상태로 장기요양이 주로 필요) □ 방문목욕 (거동이 어려운 상태로 신체위생을 위한 목욕이 필요) □ 방문간호 (보다 전문적인 간호인력의 정기적인 모니터링과 처치가 필요) □ 주간 또는 야간보호 (혼자 두면 악화 및 문제가 발생할 수 있으므로 주·야간 보호 필요) □ 단기보호 (1~3개월 정도의 간호관리 및 장기요양이 필요) □ 복지용구 (일상생활과 재활을 위한 복지용구가 필요) □ 시설서비스(요양시설 등 입소가 필요)
다. 의학적 치료의 필요성 여부 □ 장기요양서비스 이전에 의학적 치료가 필요함 □ 장기요양서비스와 의학적 치료가 병행되어야 함 □ 의학적 치료가 반드시 필요하지는 않음 (판단이유:)

5. 기타 특기사항

장기요양인정과 표준장기요양이용계획 작성시 필요한 의학적 의견 등을 적고, 또한 전문의 등에게 별도로 의견을 요청한 경우는 그 내용 및 결과도 적습니다.

6. 의사소견서 발급비용과 관련된 정보

발 급 일: 년 월 일 의사 · 한의사 성명: (서명 또는 인) 의사 · 한의사 면허번호: 제 호 의료기관명(건강보험요양기관기호): 전화번호: 의료기관 주소:

[별지 제5호 서식] 〈개정 2010. 2. 24〉 (제1쪽 앞면)

장기요양인정조사표

1. 일반사항

① 구분	ㅁ장기요양인정신청 ㅁ갱신신청 ㅁ등급변경신청 ㅁ이의신청			
② 조사원	성명		소속(지사)	
	조사장소		조사일시	
③ 신청인 (본인)	성명		주민등록번호	
	전화번호		도서 · 벽지 대상자	□도서지역 □벽지지역
	주민등록지			
	실제거주지			
	장기요양등급		유효기간	
	보호자 또는 주수발자 성명(관계)	( )	보호자 또는 주수발자 전화번호	
④ 참석인	성명		신청인과의 관계	
			전화번호	
⑤ 주거상태	ㅁ자택 ㅁ노인요양시설 ㅁ단기보호시설 ㅁ양로시설 ㅁ요양병원 ㅁ기타 병 · 의원 □기타( )			
⑥ 동거인	현재 신청인과 동거하는 자에 대해 복수체크 가능			
	ㅁ독거 ㅁ부부 ㅁ부모 ㅁ자녀(며느리, 사위 포함) ㅁ손자녀 ㅁ친척 ㅁ친구 · 이웃 ㅁ입소시설관계자 ㅁ기타( )			
⑦ 현재 받고 있는 급여 (과거 3개월간 평균 횟수 · 일수 기재)	재가급여	ㅁ방문요양(회/월) ㅁ방문간호(회/월) ㅁ단기보호(일/월)	ㅁ방문목욕(회/월) ㅁ주 · 야간보호(일/월) ㅁ복지용구(구입 · 대여)	
	시설급여	ㅁ노인요양시설 ㅁ노인전문요양시설 ㅁ노인요양공동생활가정		
	특별현금급여	ㅁ가족요양비 ㅁ특례요양비 ㅁ요양병원간병비		
	그 밖의 서비스	ㅁ노인돌보미 ㅁ가사간병도우미 ㅁ보건소사업( ) ㅁ개인 간병인 ㅁ독거노인생활관리사 ㅁ기타( )		
⑧ 희망급여 종류	현재 신청인이 희망하는 급여에 대해 복수체크 가능			
	재가급여	ㅁ방문요양 ㅁ단기보호	ㅁ방문목욕 ㅁ방문간호 ㅁ주 · 야간보호 ㅁ복지용구(구입 · 대여)	
	시설급여	ㅁ노인요양시설 ㅁ노인전문요양시설 ㅁ노인요양공동생활가정		
	특별현금급여	ㅁ가족요양비 ㅁ특례요양비 ㅁ요양병원간병비		
	1순위 희망급여종류			
⑨ 등록장애	※장애의 종류 및 등급기재			
〈참고사항〉				

210㎜ × 297㎜[일반용지60g/㎡(재활용품)]

(제1쪽 뒷면)

2. 장기요양인정 · 욕구사항

○ 신청인의 기능상태 등에 대한 정보를 종합하여 다음의 해당란에 ✓표 체크
○ 각 항목 아래의 빈칸에 특기사항을 기재

가. 신체기능(기본적 일상생활기능) 영역

1) 최근 한 달간의 상황을 종합하여 일상생활에서 다음과 같은 동작을 할 때 다른 사람의 도움을 받는 정도와 도움이 필요한 이유(장애의 원인)에 ✓표로 표시함.

항목	기능자립정도			장애의 원인	
	완전 자립	부분 도움	완전 도움	신체	인지 · 행동변화 등
① 옷 벗고 입기					
② 세수하기					
③ 양치질하기					
④ 목욕하기					
⑤ 식사하기					
⑥ 체위 변경하기					
⑦ 일어나 앉기					
⑧ 옮겨 앉기					
⑨ 방 밖으로 나오기					
⑩ 화장실 사용하기					
⑪ 대변 조절하기					
⑫ 소변 조절하기					
⑬ 머리감기					

2) 일상생활 자립도

장애노인(와상도)	□정상	□생활 자립	□준 와상 상태	□완전 와상 상태
치매노인(인지증)	□자립	□불완전 자립	□부분 의존	□완전 의존

※ 신청인의 평소 일상생활 자립정도를 종합하여 각각의 항목 해당 란에 ✓표로 표시함.

(제2쪽 앞면)

나. 사회생활기능(수단적 일상생활 기능) 영역

최근 한 달간의 상황을 종합하여 일상생활에서 다음과 같은 동작을 할 때 다른 사람의 도움을 받는 정도를 평가하여 해당란에 ✔표로 표시함.

항목	기능 자립 정도			
	완전 자립	부분 도움	완전 도움	수행하지 않음
① 집안일 하기				
② 식사 준비하기				
③ 빨래하기				
④ 금전 관리				

항목	완전 자립	적은 부분 도움	많은 부분 도움	완전 도움
⑤ 물건 사기				
⑥ 전화 사용하기				
⑦ 교통수단 이용하기				

항목	완전 자립	부분 도움	완전 도움
⑧ 근거리 외출하기			
⑨ 몸 단장하기			
⑩ 약 챙겨먹기			

(제2쪽 뒷면)

다. 인지기능 영역

최근 한 달간의 상황을 종합하여 신청인이 보였던 증상에 ✓표로 표시함.

항목	증상여부	
	예	아니오
① 방금 전에 들었던 이야기나 일을 잊는다.		
② 오늘이 몇 월 며칠인지 모른다.		
③ 자신이 있는 장소를 알지 못한다.		
④ 자신의 나이와 생일을 모른다.		
⑤ 지시를 이해하지 못한다.		
⑥ 주어진 상황에 대한 판단력이 떨어져 있다.		
⑦ 의사소통이나 전달에 장애가 있다.		
⑧ 계산을 하지 못한다.		
⑨ 하루 일과를 이해하지 못한다.		
⑩ 가족이나 친척을 알아보지 못한다.		

(제3쪽 앞면)

라. 행동변화영역

최근 한 달간의 상황을 종합하여 신청인이 보였던 증상에 ✓표로 표시함.

항 목	증상여부	
	예	아니오
① 사람들이 무엇을 훔쳤다고 믿거나 자기를 해하려 한다고 잘못 믿고 있다		
② 헛것을 보거나 환청을 듣는다		
③ 슬퍼 보이거나 기분이 처져 있으며 때로 울기도 한다		
④ 밤에 자다가 일어나 주위 사람을 깨우거나 아침에 너무 일찍 일어난다 또는 낮에는 지나치게 잠을 자고 밤에는 잠을 이루지 못한다		
⑤ 주위사람이 도와주려 할 때 도와주는 것에 저항한다		
⑥ 한군데 가만히 있지 못하고 서성거리거나 왔다 갔다 하며 안절부절 못한다		
⑦ 길을 잃거나 헤맨 적이 있다. 외출하면 집이나 병원, 시설로 혼자 들어올 수 없다		
⑧ 화를 내며 폭언이나 폭행을 하는 등 위협적인 행동을 보인다		
⑨ 혼자서 밖으로 나가려고 해서 눈을 뗄 수가 없다		
⑩ 물건을 망가트리거나 부순다		
⑪ 의미 없거나 부적절한 행동을 자주 보인다		
⑫ 돈이나 물건을 장롱같이 찾기 어려운 곳에 감춘다		
⑬ 옷을 부적절하게 입는다		
⑭ 대소변을 벽이나 옷에 바르는 등 행위를 한다		
⑮ 가스불이나 담뱃불, 연탄불과 같은 화기를 관리할 수 없다		
⑯혼자 있는 것을 두려워하여 누군가 옆에 있어야 한다		
⑰ 이유없이 크게 소리치고 고함을 친다		
⑱ 공공장소에서 부적절한 성적 행동을 한다		
⑲ 음식이 아닌 물건 등을 먹는다		
⑳ 쓸데없이 간섭하거나 참견한다		
㉑ 식습관 및 식욕변화를 보이거나 이유없이 식사를 거부한다		
㉒ 귀찮을 정도로 붙어 따라 다닌다		

(제3쪽 뒷면)

마. 간호처치 영역

최근 2주간의 상황을 종합하여 해당란에 ✓표로 표시함.

항목	증상 유무		항목	증상 유무	
	있다	없다		있다	없다
① 기관지 절개관 간호			⑥ 암성통증 간호		
② 흡인			⑦ 도뇨(導尿) 관리		
③ 산소요법			⑧ 장루 간호		
④ 욕창 간호			⑨ 투석 간호		
⑤ 경관 영양			⑩ 당뇨발 간호		

※ 암성통증 간호에 해당되지 않는 통증이 있을 경우 특기사항에 기록함.

※ 당뇨발 간호에 해당되지 않는 상처가 있을 경우 특기사항에 기록함.

바. 재활 영역

반드시 각 항목을 직접 신청인이 수행하도록 한 후 해당 란에 ✓표로 표시함.

항목	운동장애 정도		
	운동장애 없음	불완전 운동장애	완전 운동장애
① 우측상지			
② 좌측상지			
③ 우측하지			
④ 좌측하지			

항목	관절제한 정도		
	제한 없음	한쪽관절 제한	양관절 제한
⑤ 어깨관절			
⑥ 팔꿈치관절			
⑦ 손목 및 수지관절			
⑧ 고관절			
⑨ 무릎관절			
⑩ 발목관절			

(제4쪽 앞면)

사. 복지용구

현재 보유하고 있거나, 이용하기를 희망하는 복지용구에 ✓표로 표시함.

용구	보유	희망	용구	보유		희망	
				구입	대여	구입	대여
① 이동변기			⑪ 수동휠체어				
② 목욕의자							
③ 보행차			⑫ 전동침대				
④ 보행보조차							
⑤ 안전손잡이			⑬ 수동침대				
⑥ 미끄럼 방지용품*							
⑦ 간이변기(간이대변기·소변기)			⑭ 욕창예방 매트리스				
⑧ 지팡이							
⑨ 욕창예방 방석			⑮ 이동 욕조				
⑩ 자세변환 용구			⑯ 목욕리프트				
*미끄럼 방지용품: 미끄럼방지매트, 미끄럼방지액, 미끄럼방지양말							

※ 신청인이 필요하다고 생각하지만 급여이용을 희망하지 않거나 그 밖에 의견이 있다면 특기사항에 기록함.

아. 지원형태

① 주 수발자	□없음 □배우자 □부모 □자녀(며느리, 사위 포함) □손자녀 □친척 □친구·이웃 □간병인 □자원봉사자 □기타( )
② 주 수발자의 도움영역	□신체기능 □사회생활기능 □정서적 지지
③ 하루 종일 혼자 있음	□예 □아니오

자. 환경 평가

주거 상황이 건강에 해롭거나 지내기 어려운 환경을 만드는지 평가(조명, 바닥상태, 욕실 및 화장실 환경, 부엌환경, 냉방과 난방, 개인안전, 환기 등)	□양호 □불량

(제4쪽 뒷면)

차. 시력 · 청력상태

① 시력상태	□ ㄱ. 정상 □ ㄴ. 1미터 떨어진 달력은 읽을 수 있으나 더 먼 거리는 보이지 않는다. □ ㄷ. 눈앞에 근접한 글씨는 읽을 수 있으나 더 먼 거리는 보이지 않는다. □ ㄹ. 거의 보이지 않는다. □ ㅁ. 보이는지 판단 불능
② 청력상태	□ ㄱ. 정상 □ ㄴ. 보통의 소리를 듣기도 하고, 못 듣기도 한다. □ ㄷ. 큰 소리는 들을 수 있다. □ ㄹ. 거의 들리지 않는다. □ ㅁ. 들리는지 판단 불능

카. 질병 및 증상

신청인이 현재 앓고 있는 질병 또는 증상에 대해 해당 란에 ✓표로 표시함.

① 질병 및 증상	□ ㄱ. 없음 □ ㄴ. 치매 □ ㄷ. 중풍 (뇌졸중) □ ㄹ. 고혈압 □ ㅁ. 당뇨병 □ ㅂ. 관절염(퇴행성, 류마티스) □ ㅅ. 요통, 좌골통(디스크탈출증, 척수관협착증) □ ㅇ. 일상생활에 지장이 있을 정도의 호흡곤란(심부전, 만성폐질환, 천식) □ ㅈ. 난청 □ ㅊ. 백내장, 녹내장 등 시각 장애 □ ㅋ. 골절, 탈골 등 사고로 인한 후유증 □ ㅌ. 암 (진단명:) □ ㅍ. 기타 (진단명:)
② 주요 질병 및 증상 ①에서 파악된 내용 가운데 신청인의 현재 기능상태 저하에 가장 직접적인 원인이 되고 비중이 높은 항목 한 가지만 ✓표로 표시함 □ ㄱ. 치매 □ ㄴ. 중풍 □ ㄷ. 치매 + 중풍 □ ㄹ. 고혈압 □ ㅁ. 당뇨병 □ ㅂ. 관절염 □ ㅅ. 요통, 좌골통 □ ㅇ. 일상생활에 지장이 있을 정도의 호흡곤란 □ ㅈ. 난청 □ ㅊ. 백내장, 녹내장 등 시각 장애 □ ㅋ. 골절, 탈골 등 사고로 인한 후유증 □ ㅌ. 암 □ ㅍ. 기타 (진단명:) ※ 1가지 진단명만 기재하십시오.	

[**별지 제6호 서식**] 〈개정 2009. 7. 1〉

장기요양인정서	
성 명	
주민등록번호	
장기요양인정번호	
장기요양등급	
유 효 기 간	
장 기 요 양 급 여 의 종류 및 내용	
장기요양등급판정 위원회 의견	
국민건강보험공단 이사장(직인)	
전화번호: 주소: 홈페이지: www.longtermcare.or.kr	

발행일자:

수급자 안내사항

1. 수급자가 장기요양급여를 받기 위해서는 장기요양기관에 장기요양인정서를 제시하여야 합니다.
2. 법 제40조에 따라「국민기초생활보장법」상 수급권자는 본인일부부담금이 면제되고,「의료급여법」상 수급권자는 본인일부부담금이 50% 경감됩니다.
3. 장기요양급여 이용 시 월 한도액 범위 내에서 장기요양급여가 가능하며, 이를 초과하는 비용 및 비급여비용은 본인이 부담합니다.
4. 장기요양보험료를 6회 이상 납부하지 아니하면 장기요양급여를 받을 수 없습니다.
5. 장기요양인정 등급판정결과에 대해 이의가 있는 경우 통보를 받은 날로부터 90일 이내에 공단에 증명서류를 첨부하여 이의신청할 수 있습니다.
6. 장기요양인정의 갱신신청을 하고자 할 경우에는 유효기간이 끝나기 90일 전부터 30일 전까지의 기간에 공단에 신청하여야 합니다.

163㎜×127㎜[120g/㎡(보존용지 1종)]

제2장 부　　양

◇ 민　법 ◇ 〈법률 제9650호, 2009. 5. 8, 일부개정〉

제974조 (부양의무) 다음 각 호의 친족은 서로 부양의 의무가 있다.
1. **직계혈족 및 그 배우자간**
2. **삭제** 〈1990. 1. 13〉
3. **기타 친족간(생계를 같이 하는 경우에 한한다)**

[하급심 판례] **사별한 배우자와 친족 사이의 부양의무 여부**
배우자관계는 혼인의 성립에 의하여 발생하고, 당사자 일방의 사망, 혼인의 무효·취소, 이혼으로 인하여 소멸하지만, 민법 제775조 제2항에 의하면 부부의 일방이 사망한 경우에도 그 직계혈족과의 혼인으로 인하여 발생한 인척관계는 일단 그대로 유지되다가 생존한 배우자가 재혼한 때에 비로소 종료하도록 되어 있으므로, 부부의 일방이 사망하여 배우자관계가 소멸한 경우에 생존 배우자는 민법 제974조 제1호에서 정한 부양의무자인 '직계혈족 및 그 배우자간'에 있어서의 '배우자'는 아니므로 제1호에서 정한 부양의무자에는 해당하지 않고, 다만 생존 배우자가 재혼하지 않고 있는 경우에는 인척관계가 그대로 유지되어 민법 제974조 제3호에 의한 부양의무는 일단 존재한다고 볼 수 있으므로 생계를 같이하고 있는 경우에 한하여 친족간의 부양의무가 인정된다(대구지법 가정지원 2008. 7. 29, 2008느단801 심판).

제975조 (부양의무와 생활능력) 부양의 의무는 부양을 받을 자가 자기의 자력 또는 근로에 의하여 생활을 유지할 수 없는 경우에 한하여 이를 이행할 책임이 있다.

제976조 (부양의 순위) ① 부양의 의무 있는 자가 수인인 경우에 부양을 할 자의 순위에 관하여 당사자간에 협정이 없는 때에는 법원은 당사자의 청구에 의하여 이를 정한다. 부양을 받을 권리자가 수인인 경우에 부양의무자의 자력이 그 전원을 부양할 수 없는 때에도 같다.
② 전항의 경우에 법원은 수인의 부양의무자 또는 권리자를 선정할 수 있다.

제977조 (부양의 정도, 방법) 부양의 정도 또는 방법에 관하여 당사자간에 협정이 없는 때에는 법원은 당사자의 청구에 의하여 부양을 받을 자의 생활정도와 부양의무자의 자력 기타 제반사정을 참작하여 이를 정한다.

제978조 (부양관계의 변경 또는 취소) 부양을 할 자 또는 부양을 받을 자의 순위, 부양의 정도 또는 방법에 관한 당사자의 협정이나 법원의 판결이 있은 후 이에 관한 사정변경이 있는 때에는 법원은 당사자의 청구에 의하여 그 협정이나 판결을 취소 또는 변경할 수 있다.

제979조 (부양청구권처분의 금지) 부양을 받을 권리는 이를 처분하지 못한다.

◇ 가사소송법 ◇ 〈법률 제9652호, 2009. 5. 8, 일부개정〉

제2조 (가정법원의 관장사항) ① 다음 각 호의 사항(이하 "가사사건"이라 한다)에 대한 심리와 재판은 가정법원의 전속관할로 한다. 〈개정 2005. 3. 31, 2007. 12. 21〉

가. 가사소송사건

(1) 가류사건(생략)
(2) 나류사건(생략)
(3) 다류사건(생략)
나. 가사비송사건
(1) 라류사건(생략)
(2) 마류사건
1.-7.(생략)
8. 민법 제976조 내지 제978조의 규정에 의한 부양에 관한 처분
9. 이하 생략

◇ 가사소송규칙 ◇ 〈대법원규칙 제2256호, 2009. 11. 4, 일부개정〉

제 3 장 마류 가사비송사건

제 2 절 부부관계에 관한 사건

제96조 (당사자) 「민법」 제826조, 제833조의 규정에 의한 부부의 동거 · 부양 · 협조 또는 생활비용의 부담에 관한 심판, 「민법」 제829조 제3항의 규정에 의한 재산관리자의 변경 또는 공유재산의 분할의 심판 및 「민법」 제839조의2 제2항(제843조의 규정에 의하여 준용되는 경우 및 혼인취소를 원인으로 하는 경우를 포함한다)의 규정에 의한 재산분할의 심판은, 부부 중 일방이 다른 일방을 상대방으로 하여 청구하여야 한다. 〈개정 2006. 3. 23〉

제 6 절 부양에 관한 사건

제106조 (이해관계인의 참가) 「민법」 제976조 내지 제978조의 규정에 의한 부양에 관한 심판청구가 있는 경우에, 그 심판이 당사자 이외의 부양권리자 또는 부양의무자의 부양의 순위, 정도 및 방법

에 직접 관련되는 것인 때에는, 가정법원은 그 부양권리자 또는 부양의무자를 절차에 참가하게 하여야 한다. 〈개정 2006. 3. 23〉

제107조 (부양의 정도, 방법의 결정과 지시) 가정법원이 부양의 정도 또는 방법을 정하거나 이를 변경하는 심판을 하는 경우에는, 필요하다고 인정되는 지시를 할 수 있다.

제108조 (이행명령) 제97조의 규정은 부양에 관한 심판에 이를 준용한다.

제109조 (즉시항고) 부양에 관한 심판에 대하여는 당사자 또는 이해관계인이 즉시항고를 할 수 있다.

제3장 건　　강

◇ 건강가정기본법 ◇ 〈법률 제9932호, 2010. 1. 18, 타법 개정〉

제 3 조 (정의) 이 법에서 사용하는 용어의 정의는 다음과 같다.
1. "가족"이라 함은 혼인·혈연·입양으로 이루어진 사회의 기본단위를 말한다.
2. "가정"이라 함은 가족구성원이 생계 또는 주거를 함께 하는 생활공동체로서 구성원의 일상적인 부양·양육·보호·교육 등이 이루어지는 생활단위를 말한다.
3. "건강가정"이라 함은 가족구성원의 욕구가 충족되고 인간다운 삶이 보장되는 가정을 말한다.
4. "건강가정사업"이라 함은 건강가정을 저해하는 문제(이하 "가정문제"라 한다)의 발생을 예방하고 해결하기 위한 여러 가지 조치와 가족의 부양·양육·보호·교육 등의 가정기능을 강화하기 위한 사업을 말한다.

제21조 (가정에 대한 지원) ① 국가 및 지방자치단체는 가정이 원활한 기능을 수행하도록 지원하여야 한다.
② 제1항의 규정에 의하여 지원하여야 할 사항은 다음 각 호와 같다.
1. 가족구성원의 정신적·신체적 건강지원
2. 소득보장 등 경제생활의 안정
3. 안정된 주거생활
4. 태아검진 및 출산·양육의 지원
5. 직장과 가정의 양립

6. 음란물 · 유흥가 · 폭력 등 위해환경으로부터의 보호
7. 가정폭력으로부터의 보호
8. 가정친화적 사회분위기의 조성
9. 그 밖에 건강한 가정의 기능을 강화 · 지원할 수 있는 관련 사항

③ 국가 및 지방자치단체는 취업여성의 임신 · 출산 · 수유와 관련된 모성보호 및 부성보호를 위한 유급휴가시책이 확산되도록 노력하여야 한다.

④ 국가 및 지방자치단체는 한부모가족, 노인단독가정, 장애인가정, 미혼모가정, 공동생활가정, 자활공동체 등 사회적 보호를 필요로 하는 가정에 대하여 적극적으로 지원하여야 한다. 〈개정 2007. 10. 17〉

⑤ 제2항 및 제4항의 규정에 의한 국가 및 지방자치단체의 지원에 관한 세부적 사항은 관계 법률이 정하는 바에 의한다.

제24조 (가족의 건강증진) 국가 및 지방자치단체는 영 · 유아, 아동, 청소년, 중 · 장년 등 생애주기에 따르는 가족구성원의 종합적인 건강증진대책을 마련하여야 한다.

제25조 (가족부양의 지원) ① 국가 및 지방자치단체는 영 · 유아 혹은 노인 등 부양지원을 요하는 가족구성원이 있는 가정에 대하여 부양부담을 완화하기 위한 시책을 적극적으로 강구하여야 한다.

② 국가 및 지방자치단체는 질환이나 장애로 가족 내 수발을 요하는 가족구성원이 있는 가정을 적극 지원하며, 보호시설을 이용할 수 있도록 전문보호시설을 확대하여야 한다.

③ 국가 및 지방자치단체는 가족구성원 중 장기요양을 필요로 하는 질병이나 사고로 간병을 요할 경우 가족간호를 위한 휴가 등의 시책을 마련하여야 한다.

제29조 (가정의례) ① 개인과 가정은 건전한 가정의례를 확립하도록 노력하여야 한다.

② 국가 및 지방자치단체는 건전한 가정의례를 확립하기 위한 지

원정책을 수립하여야 한다.

제30조 (가정봉사원) ① **국가 및 지방자치단체는 건강한 가정을 유지하기 위하여 필요한 경우에는 가정을 방문하여 가사·육아·산후조리·간병 등을 돕는 가정봉사원(이하 "가정봉사원"이라 한다)을 지원할 수 있다.**
② **가정봉사원은 여성가족부령이 정하는 바에 따라 교육을 받아야 한다.** 〈개정 2005. 3. 24, 2008. 2. 29, 2010. 1. 18〉
③ **국가 및 지방자치단체는 가정봉사원에게 예산의 범위 안에서 일정금액을 지급할 수 있다.**
④ **가정봉사원의 지원에 관하여 필요한 사항은 여성가족부령으로 정한다.** 〈개정 2005. 3. 24, 2008. 2. 29, 2010. 1. 18〉

제 4 장 건강가정전담조직 등

제35조 (건강가정지원센터의 설치) ① **국가 및 지방자치단체는 가정문제의 예방·상담 및 치료, 건강가정의 유지를 위한 프로그램의 개발, 가족문화운동의 전개, 가정관련 정보 및 자료제공 등을 위하여 중앙, 시·도 및 시·군·구에 건강가정지원센터(이하 "센터"라 한다)를 둔다.**
② **센터에는 건강가정사업을 수행하기 위하여 관련분야에 대한 학식과 경험을 가진 전문가(이하 "건강가정사"라 한다)를 두어야 한다.**
③ **건강가정사는 대학 또는 이와 동등 이상의 학교에서 사회복지학·가정학·여성학 등 여성가족부령이 정하는 관련교과목을 이수하고 졸업한 자이어야 한다.** 〈개정 2005. 3. 24, 2008. 2. 29, 2010. 1. 18〉
④ **센터의 조직·운영 및 건강가정사의 자격·직무에 관하여 필요한 사항은 대통령령으로 정한다.**
⑤ **센터의 운영은 여성가족부령이 정하는 바에 의하여 민간에 위탁할 수 있다.** 〈개정 2005. 3. 24, 2008. 2. 29, 2010. 1. 18〉

부칙 (정부조직법) 〈제9932호, 2010. 1. 18〉

제1조 (시행일) 이 법은 공포 후 2개월이 경과한 날(2010년 3월 19일)부터 시행한다. (이하 생략)

◇ 가족친화 사회환경의 조성 촉진에 관한 법률 ◇ 〈법률 제9932호, 2010. 1. 18, 타법개정〉

제1조 (목적) 이 법은 가족친화 사회환경의 조성을 촉진함으로써 국민의 삶의 질 향상과 국가사회의 발전에 이바지함을 목적으로 한다.

제2조 (정의) 이 법에서 사용하는 용어의 뜻은 다음과 같다. 〈개정 2008. 2. 29, 2010. 1. 18〉

1. "가족친화 사회환경"이란 일과 가정생활을 조화롭게 병행할 수 있고, 아동양육 및 가족부양 등에 대한 책임을 사회적으로 분담할 수 있는 제반 환경을 말한다.
2. "가족친화 직장환경"이란 근로자가 일과 가정생활을 조화롭게 병행할 수 있도록 가족친화제도가 운영되고 있는 직장환경을 말한다.
3. "가족친화제도"란 다음 각 목의 제도를 말한다.
   가. 탄력적 근무제도: 시차출퇴근제, 재택근무제, 시간제 근무 등
   나. 자녀의 출산·양육 및 교육 지원 제도: 배우자 출산휴가제, 육아휴직제, 직장보육 지원, 자녀 교육지원프로그램 등
   다. 부양가족 지원제도: 부모 돌봄서비스, 가족간호휴직제 등
   라. 근로자 지원제도: 근로자 건강·교육·상담프로그램 등
   마. 그 밖에 여성가족부령으로 정하는 제도
4. "가족친화 마을환경"이란 노인부양이나 아동양육 등 가족 돌봄

을 지역사회차원에서 분담할 수 있는 환경 및 다양한 가족구성원이 필요로 하는 시설과 공간을 충족시킬 수 있는 가족생활 여건이 갖추어진 마을환경을 말한다.

제 3 조 (국가 등의 책무) ① 국가와 지방자치단체는 가족친화 사회환경의 조성을 위하여 필요한 종합적인 시책을 수립·시행하여야 한다.
② 국가와 지방자치단체는 제1항에 따른 책무를 다하기 위하여 이에 수반하는 예산상의 조치를 취하도록 노력하여야 한다.

제 4 조 (사업주의 책무) ① 사업주는 가족친화제도의 도입·확대 등 가족친화 직장환경의 조성을 위하여 노력하여야 한다.
② 사업주는 가족친화제도의 운영에 있어 근로자의 참여를 촉진하기 위하여 노력하여야 한다.

제 5 조 (가족친화 사회환경 조성 기본계획의 수립) ① 여성가족부장관은 가족친화 사회환경 조성을 촉진하기 위하여 관계 중앙행정기관의 장과 협의한 후 「건강가정기본법」 제13조에 따른 중앙건강가정정책위원회의 심의를 거쳐 5년마다 가족친화 사회환경 조성 기본계획(이하 "기본계획"이라 한다)을 수립하여야 한다. 〈개정 2008. 2. 29, 2010. 1. 18〉
② 기본계획에는 다음 각 호의 사항이 포함되어야 한다.
1. 가족친화 사회환경 조성정책의 기본방향 및 목표
2. 가족친화제도 도입 및 활성화에 관한 사항
3. 가족친화기업 지원에 관한 사항
4. 지역사회 가족 돌봄 환경 조성 촉진에 관한 사항
5. 가족친화 시설 조성에 관한 사항
6. 가족친화문화 확산에 관한 사항
7. 그 밖에 가족친화 사회환경의 조성을 위하여 필요한 사항
③ 기본계획의 수립절차 등에 필요한 사항은 대통령령으로 정한다.

제 9 조 (가족친화 사회환경 조성사업) 여성가족부장관은 기본계획 및 시행계획을 효율적으로 수행하기 위하여 관계 중앙행정기관의 장과 협의하여 다음 각 호의 사업을 추진할 수 있다. 〈개정 2008. 2. 29, 2010. 1. 18〉

1. 가족친화 직장환경 조성사업
2. 가족친화 마을환경 조성사업
3. 가족친화문화 조성 및 확산 사업
4. 가족친화 사회환경 조성에 필요한 전문인력 양성에 관한 사업
5. 그 밖에 가족친화 사회환경의 조성 촉진을 위하여 대통령령으로 정하는 사업

제11조 (가족친화 직장환경의 조성 촉진) ① 여성가족부장관은 가족친화 직장환경의 조성을 촉진하고 기업 등의 참여를 확산시키기 위하여 다음 각 호의 사항을 지원할 수 있다. 〈개정 2008. 2. 29, 2010. 1. 18〉

1. 가족친화제도 인식제고를 위한 홍보
2. 가족친화제도에 대한 컨설팅
3. 직장 내 가족친화 교육 실시 및 강사양성
4. 가족친화프로그램 개발 및 보급
5. 가족친화 우수기업 선정 및 포상
6. 그 밖에 가족친화 직장환경의 조성 촉진을 위하여 여성가족부령으로 정하는 사항

② 여성가족부장관은 제1항에 따른 지원을 할 경우 중소기업에 대하여 우선적으로 배려할 수 있다. 〈개정 2008. 2. 29, 2010. 1. 18〉

제12조 (산업단지의 가족친화 직장환경 조성 촉진) 여성가족부장관은「산업입지 및 개발에 관한 법률」에 따라 지정된 산업단지의 가족친화 직장환경 조성을 촉진하기 위하여 다음 각 호의 사업을 추진할 수 있다. 〈개정 2008. 2. 29, 2010. 1. 18〉

1. 기업이 공동으로 사용할 수 있는 보육시설 등의 설치 및 운영 지원
2. 가족친화프로그램의 개발 및 보급

3. 그 밖에 산업단지의 가족친화 직장환경 조성 촉진을 위하여 대통령령으로 정하는 사업

제13조 (가족친화 마을환경의 조성 촉진) ① 여성가족부장관은 가족친화 마을환경의 조성 촉진을 위하여 다음 각 호의 사업을 실시할 수 있다. 〈개정 2008. 2. 29, 2010. 1. 18〉
1. 가족친화 마을 모델의 개발 · 보급
2. 가족친화 시설 조성 지원
3. 지역사회 가족 돌봄프로그램 개발 · 지원
4. 마을환경의 가족친화적 요소에 대한 평가
5. 가족친화 마을환경의 인식제고를 위한 교육 · 홍보
② 시 · 도지사는 관할 지역 안에서 가족친화 마을환경이 조성될 수 있도록 지원할 수 있다.
③ 여성가족부장관은 예산의 범위 안에서 제2항에 따른 가족친화 마을환경 조성사업에 드는 비용의 전부 또는 일부를 지원할 수 있다. 〈개정 2008. 2. 29, 2010. 1. 18〉
④ 제3항에 따른 비용의 지원 기준 및 절차 등에 필요한 사항은 대통령령으로 정한다.

제15조 (가족친화기업 등 인증) ① 여성가족부장관은 가족친화 사회환경의 조성을 촉진하기 위하여 가족친화제도를 모범적으로 운영하고 있는 기업 또는 공공기관(이하 "기업등"이라 한다)에 대하여 가족친화인증(이하 "인증"이라 한다)을 할 수 있다. 〈개정 2008. 2. 29, 2010. 1. 18〉
② 인증을 받고자 하는 자는 대통령령으로 정하는 바에 따라 여성가족부장관에게 신청하여야 한다. 〈개정 2008. 2. 29, 2010. 1. 18〉
③ 인증을 받은 기업 등은 여성가족부령으로 정하는 바에 따라 인증의 표시를 할 수 있다. 〈개정 2008. 2. 29, 2010. 1. 18〉
④ 인증을 받지 아니한 기업 등은 인증표시 또는 이와 유사한 표시를 하여서는 아니 된다.
⑤ 여성가족부장관은 제2항에 따라 인증을 신청하는 자에게 여성가족부령으로 정하는 바에 따라 가족친화에 대한 심사 · 평가에

사용되는 비용을 부담하게 할 수 있다. 〈개정 2008. 2. 29, 2010. 1. 18〉
⑥ 인증의 기준 및 절차 등에 필요한 사항은 대통령령으로 정한다.

제19조 (가족친화지원센터의 지정 등) ① 여성가족부장관은 가족친화 사회환경 조성을 촉진하기 위하여 가족친화지원센터를 지정할 수 있다. 〈개정 2008. 2. 29, 2010. 1. 18〉
② 가족친화지원센터는 다음 각 호의 사업을 수행한다.
1. 가족친화 관련 전문인력의 양성
2. 가족친화프로그램의 개발
3. 가족친화제도에 대한 컨설팅
4. 가족친화제도 및 가족친화사례에 대한 정보의 수집·제공 등
5. 가족친화 사회환경의 조성 촉진을 위한 각종 연구, 조사 및 홍보
6. 그 밖에 가족친화 사회환경의 조성 촉진을 위하여 필요한 사업
③ 여성가족부장관은 제1항에 따라 지정한 가족친화지원센터에 대하여 예산의 범위 안에서 제2항 각 호의 업무를 수행하는 데 필요한 비용의 전부 또는 일부를 보조할 수 있다. 〈개정 2008. 2. 29, 2010. 1. 18〉
④ 가족친화지원센터의 지정 및 지정취소의 기준·절차, 지정기간, 운영 그 밖에 필요한 사항은 대통령령으로 정한다.

부칙 (정부조직법) 〈제9932호, 2010. 1. 18〉

제 1 조 (시행일) 이 법은 공포 후 2개월이 경과한 날(2010년 3월 19일)부터 시행한다. (이하 생략)

◇ 장애인 · 노인 · 임산부 등의 편의증진 보장에 관한 법률 ◇ 〈법률 제9932호, 2010. 1. 18, 타법개정〉

제 1 조 (목적) 이 법은 장애인 · 노인 · 임산부 등이 생활을 영위함에 있어 안전하고 편리하게 시설 및 설비를 이용하고 정보에 접근하도록 보장함으로써 이들의 사회활동참여와 복지증진에 이바지함을 목적으로 한다. 〈개정 2003. 12. 31〉

제 2 조 (정의) 이 법에서 사용하는 용어의 정의는 다음과 같다. 〈개정 2003. 5. 29, 2003. 12. 31, 2004. 12. 31, 2005. 3. 31〉

1. "장애인등"이라 함은 장애인 · 노인 · 임산부 등 생활을 영위함에 있어 이동과 시설이용 및 정보에의 접근 등에 불편을 느끼는 자를 말한다.
2. "편의시설"이라 함은 장애인등이 생활을 영위함에 있어 이동과 시설이용의 편리를 도모하고 정보에의 접근을 용이하게 하기 위한 시설과 설비를 말한다.
3. "시설주"라 함은 이 법에서 정하는 대상시설의 소유자 또는 관리자(당해 대상시설에 대한 별도의 관리의무자가 있는 경우에 한한다)를 말한다.
4. "시설주관기관"이라 함은 편의시설의 설치 및 운영에 관하여 지도와 감독을 행하는 중앙행정기관의 장과 특별시장 · 광역시장 · 도지사(이하 "시 · 도지사"라 한다) 및 시장 · 군수 · 구청장(자치구의 구청장에 한한다. 이하 같다)을 말한다.
5. 삭제 〈2005. 1. 27〉
6. "공원"이라 함은 자연공원법 제2조 제1호의 규정에 의한 자연공원 및 동조 제10호의 규정에 의한 공원시설과 「도시공원 및 녹지 등에 관한 법률」 제2조 제3호의 규정에 의한 도시공원 및 동조 제4호의 규정에 의한 공원시설을 말한다.
7. "공공건물 및 공중이용시설"이라 함은 불특정다수인이 이용하

는 건축물, 시설 및 그 부대시설로서 대통령령으로 정하는 건물 및 시설을 말한다.
8. "공동주택"이라 함은 주택법 제2조 제2호의 규정에 의한 공동주택을 말한다.
9. 삭제 〈2005. 1. 27〉
10. "통신시설"이라 함은 전기통신기본법 제2조 제2호의 규정에 의한 전기통신설비와 우편법 제14조의 규정에 의한 우편물 등 통신을 이용하는 데 필요한 시설을 말한다.

제3조 (편의시설 설치의 기본원칙) 시설주는 장애인등이 공공건물 및 공중이용시설을 이용함에 있어 가능한 최단거리로 이동할 수 있도록 편의시설을 설치하여야 한다.

제4조 (접근권) 장애인등은 인간으로서의 존엄과 가치 및 행복을 추구할 권리를 보장받기 위하여 장애인등이 아닌 사람들이 이용하는 시설과 설비를 동등하게 이용하고 정보에 자유롭게 접근할 수 있는 권리를 가진다. 〈개정 2003. 12. 31〉

제5조 (다른 법률과의 관계) 이 법에서 특별히 정하고 있지 아니한 편의시설에 관한 사항은 다른 법률이 정하는 바에 따른다.

제6조 (국가 및 지방자치단체의 의무) 국가 및 지방자치단체는 장애인등이 생활을 영위함에 있어 안전하고 편리하게 시설 및 설비를 이용하고 정보에 접근할 수 있도록 각종 시책을 마련하여야 한다.

제7조 (대상시설) 편의시설을 설치하여야 하는 대상(이하 "대상시설" 이라 한다)은 다음 각 호의 1에 해당하는 것으로서 대통령령으로 정하는 것을 말한다.
1. 삭제 〈2005. 1. 27〉

2. 공원
3. 공공건물 및 공중이용시설
4. 공동주택
5. 삭제 〈2005. 1. 27〉
6. 통신시설
7. 기타 장애인등의 편의를 위하여 편의시설의 설치가 필요한 건물 · 시설 및 그 부대시설

제 8 조 (편의시설의 설치기준) ① 대상시설별로 설치하여야 하는 편의시설의 종류는 대상시설의 규모, 용도 등을 고려하여 대통령령으로 정한다.
② 편의시설의 구조 · 재질 등에 관한 세부기준(이하 "세부기준"이라 한다)은 보건복지부령으로 정한다. 이 경우 편의시설에 대한 안내표시에 관한 사항을 함께 정할 수 있다. 〈개정 1999. 1. 21, 2008. 2. 29, 2010. 1. 18〉

제 9 조 (시설주의 의무) ① 시설주는 대상시설을 설치하거나 대통령령이 정하는 주요부분(용도변경을 포함한다)을 변경하는 때에는 장애인등이 항상 대상시설을 편리하게 이용할 수 있도록 편의시설을 제8조의 규정에 적합하게 설치하고 이를 유지 · 관리하여야 한다. 〈개정 1999. 1. 21〉
② 삭제 〈1999. 1. 21〉

제13조 (설치의 지원) ① 국가 및 지방자치단체는 민간의 편의시설 설치에 따른 부담을 경감하고 설치를 촉진하기 위하여 금융지원과 기술지원 등 필요한 조치를 강구하여야 한다.
② 법인 및 개인이 이 법에서 정하는 편의시설을 설치한 경우에는 당해 시설의 설치에 소요된 금액에 대하여 조세특례제한법, 지방세법 등 조세 관계 법령이 정하는 바에 의하여 조세를 감면한다. 〈개정 2003. 12. 31〉

제16조 (시설이용상의 편의제공) ① 장애인등의 이용이 많은 공공건물 및 공중이용시설의 시설주는 휠체어·점자안내책자·보청기기 등을 비치하여 장애인등이 당해 시설을 편리하게 이용할 수 있도록 하여야 한다. 〈개정 2003. 12. 31〉

② 제1항의 규정에 의하여 휠체어·점자안내책자·보청기기 등을 비치하여야 하는 공공건물 및 공중이용시설의 범위와 휠체어·점자안내책자·보청기기 등 비치하여야 할 용품의 종류 등에 관한 사항은 보건복지부령으로 정한다. 〈개정 2003. 12. 31, 2008. 2. 29, 2010. 1. 18〉

③ 제1항의 규정에 의한 휠체어·점자안내책자·보청기기 등의 이용료는 무료를 원칙으로 하되 수리에 소요되는 비용 등을 감안하여 실비로 할 수 있다. 〈개정 2003. 12. 31〉

부칙 〈제9932호, 2010. 1. 18〉

제1조 (시행일) 이 법은 공포 후 2개월이 경과한 날(2010년 3월 19일)부터 시행한다. (이하 생략)

제 7 부

여성과 죽음

제 1 장 호스피스

◇ 전문간호사 자격인정 등에 관한 규칙 ◇

〈보건복지부령 제1호, 2010. 3. 19, 타법개정〉

제 2 조 (자격구분) 전문간호사 자격은 보건 · 마취 · 정신 · 가정 · 감염관리 · 산업 · 응급 · 노인 · 중환자 · 호스피스 · 종양 · 임상 및 아동분야로 구분한다.

◇ 호스피스 · 완화의료에 관한 법률안 ◇[1)]

제 3 조 (정의) 이 법에서 사용하는 용어의 정의는 다음과 같다.
1. "말기암 환자"란 암환자로서 적극적인 치료에도 불구하고 근원적인 회복의 가능성이 없고 점차 악화되며 수개월 내에 사망할 것으로 의학적으로 진단받은 자를 말한다.
2. "호스피스 · 완화의료"란 완치를 목표로 하는 치료에 반응하지 아니하며 수개월 내 사망할 것으로 예상되는 말기암 환자와 그 가족들에게 질병의 마지막 과정에서 접하는 신체적, 정신적, 사회적, 영적 문제들을 해소하기 위하여 제공되는 총체적인 돌봄을 말한다.

제 7 조 (호스피스 · 완화의료에 대한 설명의무) ① 의사는 말기암 환자 또는 그 가족 등에게 호스피스 · 완화의료의 선택과 이용절차 및 사전의사결정서의 작성 등에 관하여 충분히 설명하여야 한다.
② 의사는 호스피스 · 완화의료를 시행하기 전에 반드시 치료 방침을 말기암 환자 및 그 가족 · 대리인에게 충분히 설명하여야 하며, 말기암 환자가 질병의 상태에 대하여 알고자 할 때에는 이를 설명하여야 한다.

제 8 조 (사전의사결정서의 작성) ① 제7조 제1항의 설명을 받은 말기암 환자는 본인의 장래에 발생할 수 있는 의학적 사건에 대하여 심폐소생술 등 생명연장치료에 대한 시행 여부 및 호스피스 · 완화의료 기관의 이용 여부 등에 대하여 미리 결정하는 사전의사결정서를 작성하여야 한다.
② 말기암 환자가 사전의사결정서를 작성한 경우 모든 의료인은 사전의사결정서에 명시된 사전결정 의사를 존중하고 그에 따라야 할 의무를 진다.
③ 말기암 환자는 언제든지 스스로 또는 대리인을 통하여 작성된 사전의사결정서의 내용을 변경하거나 철회할 수 있다.

제12조 (호스피스 · 완화의료기관의 의무) 호스피스 · 완화의료기관을 설치 · 운영하는 자가 말기암 환자 또는 그 가족 등으로부터 호스피스 · 완화의료 서비스의 제공을 요구받은 때에는 정당한 이유없이 이를 거부하여서는 아니 된다.

---

1) 김충환 국회의원 외 39명이 2008년 12월 9일 발의한 이 법률안은 보건복지위원회에 2009년 11월 20일 상정된 후 최근 제287회 국회(임시회) 제4차 법안심사소위에 상정되었음(2010. 2. 22).

제2장 존엄사

◇ 응급의료에 관한 법률 ◇ 〈법률 제9932호, 2010. 1. 18, 타법개정〉

제6조 (응급의료의 거부금지 등) ② 응급의료종사자는 업무 중에 응급의료를 요청 받거나 응급환자를 발견한 때에는 즉시 응급의료를 행하여야 하며 정당한 사유 없이 이를 거부하거나 기피하지 못한다. [전문개정 2002. 3. 25]

제9조 (응급의료의 설명 · 동의) ① 응급의료종사자는 다음 각 호의 1에 해당하는 경우를 제외하고는 응급환자에게 응급의료에 관하여 설명하고 그 동의를 얻어야 한다.
1. 응급환자가 의사결정능력이 없는 경우
2. 설명 및 동의절차로 인하여 응급의료가 지체되어 환자의 생명에 위험 또는 심신상의 중대한 장애를 초래하는 경우
② 응급의료종사자는 응급환자가 의사결정능력이 없는 경우 법정대리인이 동행한 때에는 그 법정대리인에게 응급의료에 관하여 설명하고 그 동의를 얻어야 하며, 법정대리인이 동행하지 아니한 경우에는 동행한 자에게 설명한 후 응급처치를 하고, 의사의 의학적 판단에 따라 응급진료를 행할 수 있다.

제10조 (응급의료중단의 금지) 응급의료종사자는 정당한 사유가 없는 한 응급환자에 대한 응급의료를 중단하여서는 아니 된다.

[대법원 판례] **의료계약에 따른 진료의무의 내용**
환자가 의사 또는 의료기관(이하 '의료인'이라 한다)에게 진료를 의

뢰하고 의료인이 그 요청에 응하여 치료행위를 개시하는 경우에 의료인과 환자 사이에는 의료계약이 성립된다. 의료계약에 따라 의료인은 질병의 치료 등을 위하여 모든 의료지식과 의료기술을 동원하여 환자를 진찰하고 치료할 의무를 부담하며 이에 대하여 환자 측은 보수를 지급할 의무를 부담한다. 질병의 진행과 환자 상태의 변화에 대응하여 이루어지는 가변적인 의료의 성질로 인하여, 계약 당시에는 진료의 내용 및 범위가 개괄적이고 추상적이지만, 이후 질병의 확인, 환자의 상태와 자연적 변화, 진료행위에 의한 생체반응 등에 따라 제공되는 진료의 내용이 구체화되므로, 의료인은 환자의 건강상태 등과 당시의 의료수준 그리고 자기의 지식경험에 따라 적절하다고 판단되는 진료방법을 선택할 수 있는 상당한 범위의 재량을 가진다. 그렇지만 환자의 수술과 같이 신체를 침해하는 진료행위를 하는 경우에는 질병의 증상, 치료방법의 내용 및 필요성, 발생이 예상되는 위험 등에 관하여 당시의 의료수준에 비추어 상당하다고 생각되는 사항을 설명하여, 당해 환자가 그 필요성이나 위험성을 충분히 비교해 보고 그 진료행위를 받을 것인지의 여부를 선택하도록 함으로써 그 진료행위에 대한 동의를 받아야 한다. 환자의 동의는 헌법 제10조에서 규정한 개인의 인격권과 행복추구권에 의하여 보호되는 자기결정권을 보장하기 위한 것으로서, 환자가 생명과 신체의 기능을 어떻게 유지할 것인지에 대하여 스스로 결정하고 진료행위를 선택하게 되므로, 의료계약에 의하여 제공되는 진료의 내용은 의료인의 설명과 환자의 동의에 의하여 구체화된다(대법원 2009. 5. 21, 2009다17417 전원합의체 판결).

[대법원 판례] **이른바 존엄사의 허용 기준**

(가) 의학적으로 환자가 의식의 회복가능성이 없고 생명과 관련된 중요한 생체기능의 상실을 회복할 수 없으며 환자의 신체상태에 비추어 짧은 시간 내에 사망에 이를 수 있음이 명백한 경우(이하 '회복불가능한 사망의 단계'라 한다)에 이루어지는 진료행위(이하 '연명치료'라 한다)는, 원인이 되는 질병의 호전을 목적으로 하는 것이 아니라 질병의 호전을 사실상 포기한 상태에서 오로지 현 상태를 유지하기 위하여 이루어지는 치료에 불과하므로, 그에 이르지 아니한 경우와는 다른 기준으로 진료중단 허용가능성을 판단하여야 한다. 이미 의식의 회복가능성을 상실하여 더 이상 인격체로서의 활동을 기대할 수 없고 자연적으로는 이미 죽음의 과정이 시작되었다고 볼 수 있는 회복불가능한 사망의 단계에 이른 후에는, 의학적으로 무의미한 신체침해행위에 해당하는 연명치료를 환자에게 강요하는 것이 오히려 인간의 존엄과 가치를 해하게 되므로, 이와 같은 예외적인

상황에서 죽음을 맞이하려는 환자의 의사결정을 존중하여 환자의 인간으로서의 존엄과 가치 및 행복추구권을 보호하는 것이 사회상규에 부합되고 헌법정신에도 어긋나지 아니한다. 그러므로 회복불가능한 사망의 단계에 이른 후에 환자가 인간으로서의 존엄과 가치 및 행복추구권에 기초하여 자기결정권을 행사하는 것으로 인정되는 경우에는 특별한 사정이 없는 한 연명치료의 중단이 허용될 수 있다. 한편, 환자가 회복불가능한 사망의 단계에 이르렀는지 여부는 주치의의 소견뿐 아니라 사실조회, 진료기록 감정 등에 나타난 다른 전문의사의 의학적 소견을 종합하여 신중하게 판단하여야 한다.

(나) 환자가 회복불가능한 사망의 단계에 이르렀을 경우에 대비하여 미리 의료인에게 자신의 연명치료 거부 내지 중단에 관한 의사를 밝힌 경우(이하 '사전의료지시'라 한다)에는, 비록 진료 중단 시점에서 자기결정권을 행사한 것은 아니지만 사전의료지시를 한 후 환자의 의사가 바뀌었다고 볼 만한 특별한 사정이 없는 한 사전의료지시에 의하여 자기결정권을 행사한 것으로 인정할 수 있다. 다만, 이러한 사전의료지시는 진정한 자기결정권 행사로 볼 수 있을 정도의 요건을 갖추어야 하므로 의사결정능력이 있는 환자가 의료인으로부터 직접 충분한 의학적 정보를 제공받은 후 그 의학적 정보를 바탕으로 자신의 고유한 가치관에 따라 진지하게 구체적인 진료행위에 관한 의사를 결정하여야 하며, 이와 같은 의사결정 과정이 환자 자신이 직접 의료인을 상대방으로 하여 작성한 서면이나 의료인이 환자를 진료하는 과정에서 위와 같은 의사결정 내용을 기재한 진료기록 등에 의하여 진료 중단 시점에서 명확하게 입증될 수 있어야 비로소 사전의료지시로서의 효력을 인정할 수 있다.

(다) 한편, 환자의 사전의료지시가 없는 상태에서 회복불가능한 사망의 단계에 진입한 경우에는 환자에게 의식의 회복가능성이 없으므로 더 이상 환자 자신이 자기결정권을 행사하여 진료행위의 내용 변경이나 중단을 요구하는 의사를 표시할 것을 기대할 수 없다. 그러나 환자의 평소 가치관이나 신념 등에 비추어 연명치료를 중단하는 것이 객관적으로 환자의 최선의 이익에 부합한다고 인정되어 환자에게 자기결정권을 행사할 수 있는 기회가 주어지더라도 연명치료의 중단을 선택하였을 것이라고 볼 수 있는 경우에는, 그 연명치료 중단에 관한 환자의 의사를 추정할 수 있다고 인정하는 것이 합리적이고 사회상규에 부합된다. 이러한 환자의 의사 추정은 객관적으로 이루어져야 한다. 따라서 환자의 의사를 확인할 수 있는 객관적인 자료가 있는 경우에는 반드시 이를 참고하여야 하고, 환자가 평소 일상생활을 통하여 가족, 친구 등에 대하여 한 의사표현, 타인에 대한 치료를 보고 환자가 보인 반응, 환자의 종교, 평소의 생활 태도

등을 환자의 나이, 치료의 부작용, 환자가 고통을 겪을 가능성, 회복불가능한 사망의 단계에 이르기까지의 치료과정, 질병의 정도, 현재의 환자상태 등 객관적인 사정과 종합하여, 환자가 현재의 신체상태에서 의학적으로 충분한 정보를 제공받는 경우 연명치료 중단을 선택하였을 것이라고 인정되는 경우라야 그 의사를 추정할 수 있다.

(라) 환자 측이 직접 법원에 소를 제기한 경우가 아니라면, 환자가 회복불가능한 사망의 단계에 이르렀는지 여부에 관하여는 전문의사 등으로 구성된 위원회 등의 판단을 거치는 것이 바람직하다(대법원 2009. 5. 21, 2009다17417 전원합의체 판결 다수의견. 반대의견: 생명에 직결되는 진료에서 환자의 자기결정권은 소극적으로 그 진료 내지 치료를 거부하는 방법으로는 행사될 수 있어도 이미 환자의 신체에 삽입, 장착되어 있는 인공호흡기 등의 생명유지장치를 제거하는 방법으로 치료를 중단하는 것과 같이 적극적인 방법으로 행사되는 것은 허용되지 아니한다. 환자가 인위적으로 생명을 유지, 연장하기 위한 생명유지장치의 삽입 또는 장착을 거부하는 경우, 특별한 사정이 없는 한, 비록 환자의 결정이 일반인의 관점에서는 비합리적인 것으로 보이더라도 의료인은 환자의 결정에 따라야 하고 일반적인 가치평가를 이유로 환자의 자기결정에 따른 명시적인 선택에 후견적으로 간섭하거나 개입하여서는 아니 된다. 그러나 이와는 달리, 이미 생명유지장치가 삽입 또는 장착되어 있는 환자로부터 생명유지장치를 제거하고 그 장치에 의한 치료를 중단하는 것은 환자의 현재 상태에 인위적인 변경을 가하여 사망을 초래하거나 사망시간을 앞당기는 것이므로, 이미 삽입 또는 장착되어 있는 생명유지장치를 제거하거나 그 장치에 의한 치료를 중단하라는 환자의 요구는 특별한 사정이 없는 한 자살로 평가되어야 하고, 이와 같은 환자의 요구에 응하여 생명유지장치를 제거하고 치료를 중단하는 것은 자살에 관여하는 것으로서 원칙적으로 허용되지 않는다. 다만, 생명유지장치가 삽입, 장착되어 있는 상태에서도 환자가 몇 시간 또는 며칠 내와 같이 비교적 아주 짧은 기간 내에 사망할 것으로 예측, 판단되는 경우에는, 환자가 이미 돌이킬 수 없는 사망의 과정에 진입하였고 생명유지장치에 의한 치료는 더 이상 의학적으로 의미가 없으며 생명의 유지, 보전에 아무런 도움도 주지 못하는 것이므로, 이때에는 생명유지장치를 제거하고 치료를 중단하는 것이 허용된다).

[대법원 판례] **연명치료 중단의 요건으로서 환자가 회복불가능한 사망의 단계에 진입하였고 연명치료 중단을 구하는 환자의 의사를 추정할 수 있는지?**

담당 주치의, 진료기록 감정의, 신체 감정의 등의 견해에 따르면 환자는 현재 지속적 식물인간상태로서 자발호흡이 없어 인공호흡기에 의하여 생명이 유지되는 상태로서 회복불가능한 사망의 단계에 진입하였고, 환자의 일상생활에서의 대화 및 현 상태 등에 비추어 볼 때 환자가 현재의 상황에 관한 정보를 충분히 제공받았을 경우 현재 시행되고 있는 연명치료를 중단하고자 하는 의사를 추정할 수 있다(대법원 2009. 5. 21, 2009다17417 전원합의체 판결 다수의견. 반대의견 1: 환자가 회복불가능한 사망의 단계에 이르렀는지를 판단할 때 환자를 계속적으로 진료하여 옴으로써 환자의 상태를 직접적으로 얻은 자료에 의하여 가장 잘 알고 있을 담당 주치의의 의견은 단지 의료기록만을 통하여 환자의 상태에 접근한 다른 전문가의 견해에 비교하여 그에 일정한 무게를 두지 않을 수 없는바, 담당 주치의의 의견에 의하면 환자가 회복불가능한 사망의 단계에 진입했다고 단정할 수 없고, 연명치료의 중단을 환자의 자기결정권에 의하여 정당화하는 한, 그 '추정적 의사'란 환자가 현실적으로 가지는 의사가 객관적인 정황으로부터 추단될 수 있는 경우에만 긍정될 수 있으며 다수의견이 말하는 바와 같은 '가정적 의사' 그 자체만으로 이를 인정할 수 없는바, 연명치료 중단에 관한 환자의 추정적 의사를 인정할 근거가 부족하다. 반대의견 2: 환자가 생명유지장치인 인공호흡기가 이미 삽입, 장착되어 있는 상태에서 그 장치의 제거를 구하는 것이 정당하려면 생명유지장치가 삽입, 장착되어 있는 상태에서도 환자가 비교적 아주 짧은 기간 내에 사망할 것으로 예측, 판단되는 돌이킬 수 없는 사망의 과정에 진입하였다는 점이 전제되어야 하는데, 환자가 아직 뇌사 상태에는 이르지 아니한 지속적 식물인간 상태이고 기대여명이 적어도 4개월 이상이므로, 이러한 경우 환자가 돌이킬 수 없는 사망의 과정에 진입하였다고 할 수는 없다).

제3장 장　례

◇ 건전가정의례의 정착 및 지원에 관한 법률 ◇ 〈법률 제9932호, 2010. 1. 18 타법개정〉

제 1 조 (목적) 이 법은 가정의례의 의식 절차를 합리화하고 건전한 가정의례의 보급·정착을 위한 사업과 활동을 지원·조장하여 허례허식을 없애고 건전한 사회 기풍을 조성하는 것을 목적으로 한다.

제 2 조(정의) 이 법에서 "가정의례"란 가정의 의례로서 행하는 성년례, 혼례, 상례, 제례, 회갑연 등을 말한다.

제 3 조 (가정의례에 관한 시책의 수립·시행) 국가와 지방자치단체는 제1조의 목적을 달성하기 위하여 다음 각 호의 사항이 포함된 가정의례의 정착 및 지원에 관한 시책을 수립·시행하여야 한다.
1. 건전한 가정의례의 개발·보급 및 실천과 그 지원에 관한 사항
2. 「고등교육법」 제2조 각 호에 따른 학교와 가정의례 관련 학술기관·단체 등의 가정의례에 관한 연구

제 5 조 (건전가정의례준칙 등) ① 여성가족부장관은 모든 국민이 가정의례의 참뜻을 구현할 수 있도록 가정의례의 의식 절차를 엄숙하고 간소하게 행하게 하는 것을 내용으로 하는 준칙(이하 "건전가정의례준칙"이라 한다)을 정하여야 한다. 〈개정 2010. 1. 18〉
② 공무원, 공공기관·단체의 임직원 및 사회 지도층의 위치에 있는 자는 건전가정의례준칙을 솔선하여 모범적으로 지켜야 한다.

③ 여성가족부장관은 국가기관의 장, 지방자치단체의 장, 공공기관·단체의 장에게 소속 공무원과 임직원이 건전가정의례준칙을 실천하는 것을 내용으로 하는 시행지침을 마련하도록 권고할 수 있다. 〈개정 2010. 1. 18〉
④ 건전가정의례준칙의 내용과 그 보급 및 실천에 필요한 사항은 대통령령으로 정한다.

제6조 (보조금의 지원) 국가와 지방자치단체는 제1조의 목적을 달성하기 위한 사업이나 활동을 하는 민간단체나 개인에게 필요한 경비를 보조할 수 있다.

부칙 〈제5837호, 1999. 2. 8〉

제1조 (시행일) 이 법은 공포 후 6월이 경과한 날부터 시행한다.
제2조 (다른 법률의 폐지 등) 「가정의례에관한법률」은 이를 폐지한다. 다만, 종전의 「가정의례에관한법률」 제5조 내지 제11조, 제14조와 법률 제4637호 「가정의례에관한법률개정법률」 부칙 제2항·제3항 전단의 규정중 의례식장영업(장례식장영업에 한한다. 이하 같다)에 관한 규정은 「매장및묘지등에관한법률개정법률」의 시행 전까지 이를 적용한다. (이하 생략)

부칙 〈제9932호, 2010. 1. 18〉

제1조 (시행일) 이 법은 공포 후 2개월이 경과한 날(2010년 3월 19일)부터 시행한다. (이하 생략)

◇ 가정의례준칙 ◇ 〈대통령령 제21083호, 2008. 10. 14, 전부개정〉

제 1 조 (목적) 이 영은 「건전가정의례의 정착 및 지원에 관한 법률」 제5조 제4항에 따라 건전가정의례준칙의 내용과 그 보급 및 실천에 관한 사항을 규정함을 목적으로 한다.

제 2 조 (정의) 이 영에서 사용하는 용어의 뜻은 다음과 같다.
1. "성년례(成年禮)"란 성인으로서의 사회적 책무를 일깨워 주기 위하여 하는 의식절차를 말한다.
2. "혼례(婚禮)"란 약혼 또는 혼인에서 신행(新行)까지의 의식절차를 말한다.
3. "상례(喪禮)"란 임종에서 탈상까지의 의식절차를 말한다.
4. "제례(祭禮)"란 기제사(忌祭祀) 및 명절에 지내는 차례(이하 "차례"라 한다)의 의식절차를 말한다.
5. "수연례(壽宴禮)"란 60세 이후의 생일을 기념하기 위하여 하는 의식절차를 말한다.
6. "주상(主喪)"이란 상례의 의식절차를 주관하는 사람을 말한다.
7. "제주(祭主)"란 제례의 의식절차를 주관하는 사람을 말한다.

제 3 조 (종교의식의 특례) 종교의식에 따라 가정의례를 하는 경우에는 이 영에서 정하는 건전가정의례준칙의 범위에서 해당 종교 고유의 의식절차에 따라 할 수 있다.

제 9 조 (상례) 사망 후 매장 또는 화장이 끝날 때까지 하는 예식은 발인제(發靷祭)와 위령제를 하되, 그 외의 노제(路祭)·반우제(返虞祭) 및 삼우제(三虞祭)의 예식은 생략할 수 있다.

제10조 (발인제) ① 발인제는 영구(靈柩)가 상가나 장례식장을 떠

나기 직전에 그 상가나 장례식장에서 한다.
② 발인제의 식장에서는 영구를 모시고 촛대, 향로, 향합, 그 밖에 이에 준하는 준비를 한다.

제11조 (위령제) 위령제는 다음 각 호의 구분에 따라 한다.
1. 매장의 경우: 성분(成墳)이 끝난 후 영정을 모시고 간소한 제수(祭需)를 차려놓고 분향, 헌주(獻酒), 축문 읽기 및 배례(拜禮)의 순서로 한다.
2. 화장의 경우: 화장이 끝난 후 유해함(遺骸函)을 모시고 제1호에 준하는 절차로 한다.

제12조 (장일) 장일(葬日)은 부득이한 경우를 제외하고는 사망한 날부터 3일이 되는 날로 한다.

제13조 (상기) ① 부모·조부모와 배우자의 상기(喪期)는 사망한 날부터 100일까지로 하고, 그 밖의 사람의 상기는 장일까지로 한다.
② 상기 중 신위(神位)를 모셔두는 궤연(几筵)은 설치하지 아니하고, 탈상제는 기제사에 준하여 한다.

제14조 (상복 등) ① 상복은 따로 마련하지 아니하되, 한복일 경우에는 흰색으로, 양복일 경우에는 검은색으로 하고, 가슴에 상장(喪章)을 달거나 두건을 쓴다. 다만, 부득이한 경우에는 평상복으로 할 수 있다.
② 상복을 입는 기간은 장일까지로 하고, 상장을 다는 기간은 탈상할 때까지로 한다.

제15조 (상제) ① 사망자의 배우자와 직계비속은 상제(喪制)가 된다.
② 주상은 배우자나 장자가 된다.
③ 사망자의 자손이 없는 경우에는 최근친자(最近親子)가 상례를

주관한다.

제16조 (부고) 신문에 부고를 게재할 때에는 행정기관 및 공공기관·단체의 명의를 사용하지 아니한다.

제17조 (운구) 운구(運柩)의 행렬순서는 명정(銘旌), 영정, 영구, 상제 및 조객의 순서로 하되, 상여로 할 경우 너무 많은 장식을 하지 아니한다.

제18조 (발인제의 식순 등) 발인제의 식순 및 상장의 규격은 별표 4와 같다.

제19조 (제례의 구분) 제례는 기제사 및 차례로 구분한다.

제20조 (기제사) ① 기제사의 대상은 제주부터 2대조까지로 한다.
② 기제사는 매년 조상이 사망한 날에 제주의 가정에서 지낸다.

제21조 (차례) ① 차례의 대상은 기제사를 지내는 조상으로 한다.
② 차례는 매년 명절의 아침에 맏손자의 가정에서 지낸다.

제22조 (제수) 제수는 평상시의 간소한 반상음식으로 자연스럽게 차린다.

제23조 (제례의 절차) 제례의 절차는 별표 5와 같다.

제24조 (성묘) 성묘는 각자의 편의대로 하되, 제수는 마련하지 아니하거나 간소하게 한다.

第25條 (회갑연 등) 회갑연 및 고희연 등의 수연례는 가정에서 친척과 친지가 모여 간소하게 한다.

부칙 〈제21083호, 2008. 10. 14〉

이 영은 공포한 날부터 시행한다.

[별표 4]

발인제의 식순 및 상장의 규격(제18조 관련)

1. 발인제의 식순
   가. 개식
   나. 주상 및 상제의 분향
   다. 헌주
   라. 조사(弔詞)
   마. 조객 분향
   바. 일동 경례
   사. 폐식
2. 상장의 규격
   가. 헝겊의 크기(두겹으로 한다)

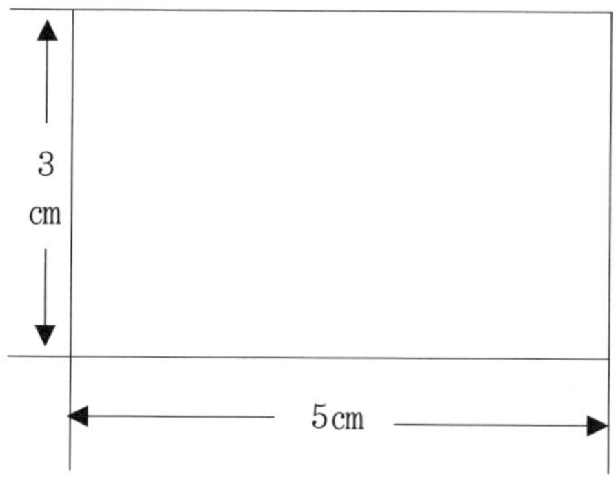

나. 접은 모양

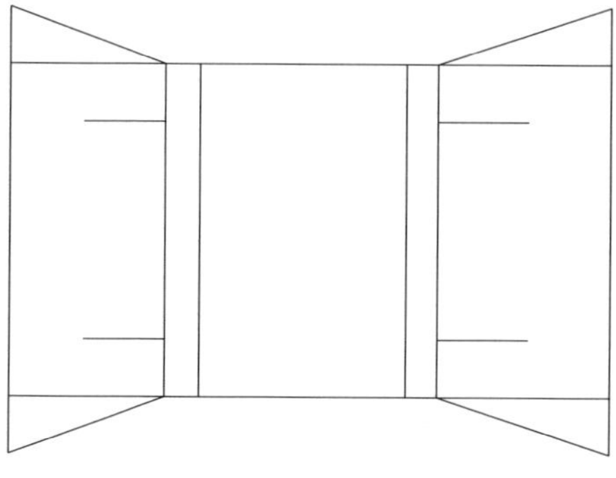

[별표 5]

제례의 절차(제23조 관련)

1. 일반절차
   가. 신위 모시기: 제주는 분향한 후 모사(茅沙)에 술을 붓고 참사자(參祀者)는 일제히 신위 앞에 재배(再拜)한다.
   나. 헌주: 술은 한 번 올린다.
   다. 축문 읽기: 축문을 읽은 후 묵념한다.
   라. 물림절: 참사자는 모두 신위 앞에 재배한다.
2. 신위 모시기
   신위는 사진으로 하되, 사진이 없는 경우에는 지방(紙榜)으로 대신한다. 지방은 한글로 흰 종이에 먹 등으로 작성하되, 다음 각 목에 따른다.

   가. 부모의 경우

아버님신위		어머님○○○○신위

   나. 배우자의 경우

부군신위		부인○○○○신위

   다. 차례(합동제사)의 경우

할아버님신위	할머님○○○○신위	아버님신위	어머님○○○○신위

비고 : 지방의 ○○○○에는 본관(本貫)과 성씨를 적는다.

◇ 장사 등에 관한 법률 ◇ 〈법률 제9847호, 2009. 12. 29 타법개정〉

제 1 조 (목적) 이 법은 장사(葬事)의 방법과 장사시설의 설치 · 조성 및 관리 등에 관한 사항을 정하여 보건위생상의 위해를 방지하고, 국토의 효율적 이용과 공공복리 증진에 이바지하는 것을 목적으로 한다.

제 2 조 (정의) 이 법에서 사용하는 용어의 뜻은 다음과 같다.

1. "매장"이란 시체(임신 4개월 이후에 죽은 태아를 포함한다. 이하 같다)나 유골을 땅에 묻어 장사(葬事)하는 것을 말한다.
2. "화장"이란 시체나 유골을 불에 태워 장사하는 것을 말한다.
3. "자연장(自然葬)"이란 화장한 유골의 골분(骨粉)을 수목 · 화초 · 잔디 등의 밑이나 주변에 묻어 장사하는 것을 말한다.
4. "개장"이란 매장한 시체나 유골을 다른 분묘 또는 봉안시설에 옮기거나 화장 또는 자연장하는 것을 말한다.
5. "봉안"이란 유골을 봉안시설에 안치하는 것을 말한다.
6. "분묘"란 시체나 유골을 매장하는 시설을 말한다.
7. "묘지"란 분묘를 설치하는 구역을 말한다.
8. "화장시설"이란 시체나 유골을 화장하기 위한 시설을 말한다.
9. "봉안시설"이란 봉안묘 · 봉안당 · 봉안탑 등 유골을 안치(매장은 제외한다)하는 시설을 말한다.
10. "봉안묘"란 분묘의 형태로 된 봉안시설을 말한다.
11. "봉안당"이란 「건축법」 제2조 제1항 제2호에 따른 건축물인 봉안시설을 말한다.
12. "봉안탑"이란 탑의 형태로 된 봉안시설을 말한다.
13. "자연장지(自然葬地)"란 자연장으로 장사할 수 있는 구역을 말한다.
14. "수목장림"이란 「산림자원의 조성 및 관리에 관한 법률」 제2조 제1호에 따른 산림에 조성하는 자연장지를 말한다.
15. "장사시설"이란 묘지 · 화장시설 · 봉안시설 · 자연장지 및 제29

조에 따른 장례식장을 말한다.
16. “연고자”란 사망한 자와 다음 각 목의 관계에 있던 자를 말하며, 연고자의 권리·의무는 다음 각 목의 순서로 행사한다. 다만, 순위가 같은 자녀 또는 직계비속이 2명 이상이면 최근친(最近親)의 연장자가 우선순위를 갖는다.
  가. 배우자
  나. 자녀
  다. 부모
  라. 자녀 외의 직계비속
  마. 부모 외의 직계존속
  바. 형제·자매
  사. 사망하기 전에 치료·보호 또는 관리하고 있었던 행정기관 또는 치료·보호기관의 장
  아. 가목부터 사목까지에 해당하지 아니하는 자로서 시체나 유골을 사실상 관리하는 자

제4조 (국가와 지방자치단체의 책무) ① 국가와 지방자치단체는 묘지 증가에 따른 국토 훼손을 방지하기 위하여 화장·봉안 및 자연장의 장려를 위한 시책을 강구·시행하여야 한다.
② 지방자치단체는 지역주민의 화장에 대한 수요를 충족할 수 있는 화장시설을 갖추어야 한다.

제6조 (매장 및 화장의 시기) 사망 또는 사산한 때부터 24시간이 지난 후가 아니면 매장 또는 화장을 하지 못한다. 다만, 다른 법률에 특별한 규정이 있거나 임신 7개월이 되기 전에 죽은 태아, 그 밖에 대통령령으로 정하는 시체의 경우에는 그러하지 아니하다.

제7조 (매장 및 화장의 장소) ① 누구든지 제13조 또는 제14조에 따른 묘지 외의 구역에 매장을 하여서는 아니 된다.
② 누구든지 화장시설 외의 시설 또는 장소에서 화장을 하여서는 아니 된다. 다만, 대통령령으로 정하는 경우로서 보건위생상의 위

해가 없는 경우에는 그러하지 아니하다.

제8조 (매장·화장 및 개장의 신고) ① 매장을 한 자는 매장 후 30일 이내에 매장지를 관할하는 특별자치도지사·시장·군수·구청장(이하 "시장등"이라 한다)에게 신고하여야 한다.
② 화장을 하려는 자는 화장시설(제7조 제2항 단서의 경우에는 화장을 하는 시설 또는 장소를 말한다)을 관할하는 시장등에게 신고하여야 한다.
③ 개장을 하려는 자는 다음 각 호의 구분에 따라 시체 또는 유골의 현존지(現存地) 또는 개장지를 관할하는 시장등에게 각각 신고하여야 한다.
1. 매장한 시체 또는 유골을 다른 분묘로 옮기거나 화장하는 경우: 시체 또는 유골의 현존지와 개장지
2. 매장한 시체 또는 유골을 봉안하거나 자연장하는 경우: 시체 또는 유골의 현존지
3. 봉안한 유골을 다른 분묘로 옮기는 경우: 개장지
④ 제13조 제1항에 따른 공설묘지·공설화장시설·공설봉안시설 또는 공설자연장지를 이용하는 경우에는 해당 공설묘지·공설화장시설·공설봉안시설 또는 공설자연장지를 설치·조성 또는 관리하는 시·도지사 또는 시장·군수·구청장에게 제1항부터 제3항까지의 규정에 따른 신고를 하여야 한다.
⑤ 시·도지사 또는 시장·군수·구청장은 제1항부터 제4항까지의 규정에 따른 신고를 받은 때에는 신고증명서를 내주어야 한다.
⑥ 제1항부터 제5항까지의 규정에 따른 신고 및 신고증명서의 교부에 관하여 필요한 사항은 보건복지부령으로 정한다.

제9조 (매장·화장 및 개장의 방법 등) ① 매장하려는 자가 시체에 대하여 약품처리하려면 보건복지부령으로 정하는 기준에 따라 위생적으로 처리하여야 한다.
② 매장·화장 및 개장을 하려는 자는 공중위생에 해를 끼치지 아니하도록 하여야 하며, 매장 깊이와 시체나 유골의 소각 정도 및 종전 분묘의 처리 등 그 구체적인 방법 및 기준에 관하여 필

요한 사항은 대통령령으로 정한다.

제10조 (자연장의 방법) ① 자연장을 하는 자는 화장한 유골을 묻기에 적합하도록 분골하여야 한다.
② 제1항에 따라 유골을 분골하여 용기에 담아 묻는 경우 그 용기는 생화학적으로 분해가 가능한 것이어야 한다.
③ 제1항 및 제2항에 따른 묻는 방법, 사용하는 용기의 기준 등에 관하여 필요한 사항은 대통령령으로 정한다.

제12조 (무연고 시체 등의 처리) ① 시장등은 관할 구역 안에 있는 시체로서 연고자가 없거나 연고자를 알 수 없는 시체에 대하여는 일정 기간 매장하거나 화장하여 봉안하여야 한다. 다만, 다른 법률에 특별한 규정이 있는 경우에는 그러하지 아니하다.
② 시장등은 제1항에 따라 무연고 시체(無緣故 屍體) 등을 처리한 때에는 보건복지부령으로 정하는 바에 따라 지체없이 공고하여야 한다.
③ 제1항에 따른 매장 또는 봉안의 기간과 그 기간이 끝난 후의 처리 방법 등에 관하여 필요한 사항은 대통령령으로 정한다.

제13조 (공설묘지 등의 설치) ① 시·도지사 및 시장·군수·구청장은 공설묘지·공설화장시설·공설봉안시설 및 공설자연장지를 설치·조성 및 관리하여야 한다.
② 시·도지사 또는 시장·군수·구청장은 지역 특성에 비추어 부득이하다고 인정되면 제1항에 따른 공설묘지·공설화장시설·공설봉안시설 및 공설자연장지의 전부 또는 일부를 다른 시·도지사 또는 시장·군수·구청장과 공동으로 설치·조성 및 관리할 수 있다.
③ 산림청장 또는 다른 중앙행정기관의 장은 국유림 등 국유지에 수목장림이나 그 밖의 자연장지를 조성·관리할 수 있다.
④ 산림청장, 다른 중앙행정기관의 장 또는 지방자치단체의 장이 수목장림이나 그 밖의 자연장지를 조성한 때에는 그 명칭, 위치,

지번, 면적 등 대통령령으로 정하는 사항을 고시하여야 한다.
⑤ 제1항부터 제3항까지의 규정에 따른 공설묘지·공설화장시설·공설봉안시설의 설치기준과 수목장림 등 자연장지의 조성기준 등에 관하여 필요한 사항은 대통령령으로 정한다.

제14조 (사설묘지의 설치 등) ① 국가, 시·도지사 또는 시장·군수·구청장이 아닌 자는 다음 각 호의 구분에 따른 묘지(이하 "사설묘지"라 한다)를 설치·관리할 수 있다.
1. 개인묘지: 1기의 분묘 또는 해당 분묘에 매장된 자와 배우자 관계였던 자의 분묘를 같은 구역 안에 설치하는 묘지
2. 가족묘지: 「민법」에 따라 친족관계였던 자의 분묘를 같은 구역 안에 설치하는 묘지
3. 종중·문중묘지: 종중이나 문중 구성원의 분묘를 같은 구역 안에 설치하는 묘지
4. 법인묘지: 법인이 불특정 다수인의 분묘를 같은 구역 안에 설치하는 묘지
② 개인묘지를 설치한 자는 보건복지부령으로 정하는 바에 따라 묘지를 설치한 후 30일 이내에 해당 묘지를 관할하는 시장 등에게 신고하여야 한다. 신고한 사항 중 대통령령으로 정하는 사항을 변경한 경우에도 또한 같다.
③ 가족묘지, 종중·문중묘지 또는 법인묘지를 설치·관리하려는 자는 보건복지부령으로 정하는 바에 따라 해당 묘지를 관할하는 시장등의 허가를 받아야 한다. 허가받은 사항 중 대통령령으로 정하는 사항을 변경하려는 경우에도 또한 같다.
④ 시장등은 묘지의 설치·관리를 목적으로 「민법」에 따라 설립된 재단법인에 한정하여 법인묘지의 설치·관리를 허가할 수 있다.
⑤ 시장등이 제3항에 따른 가족묘지, 종중·문중묘지 또는 법인묘지의 설치·관리를 허가한 때에는 「산지관리법」 제14조, 제15조에 따른 산지전용허가 및 산지전용신고와 「산림자원의 조성 및 관리에 관한 법률」 제36조 제1항·제4항에 따른 입목벌채 등의 허가·신고가 있는 것으로 본다. 다만, 대통령령으로 정하는 면적 이상의 묘지의 경우에는 그러하지 아니하다.

⑥ 사설묘지의 설치면적, 분묘의 형태, 설치장소, 그 밖의 설치기준 등에 관하여 필요한 사항은 대통령령으로 정한다.

제15조 (사설화장시설 등의 설치) ① 시·도지사 또는 시장·군수·구청장이 아닌 자가 화장시설(이하 "사설화장시설"이라 한다) 또는 봉안시설(이하 "사설봉안시설"이라 한다)을 설치·관리하려는 경우에는 보건복지부령으로 정하는 바에 따라 그 사설화장시설 또는 사설봉안시설을 관할하는 시장·군수·구청장에게 신고하여야 한다. 신고한 사항 중 대통령령으로 정하는 사항을 변경하려는 경우에도 또한 같다.
② 사설봉안시설의 시공자는 제1항에 따른 봉안시설 신고 여부를 확인하여야 한다.
③ 유골 500구 이상을 안치할 수 있는 사설봉안시설을 설치·관리하려는 자는 「민법」에 따라 봉안시설의 설치·관리를 목적으로 하는 재단법인을 설립하여야 한다. 다만, 대통령령으로 정하는 공공법인 또는 종교단체에서 설치·관리하는 경우이거나 「민법」에 따라 친족관계였던 자 또는 종중·문중의 구성원 관계였던 자의 유골만을 안치하는 시설을 설치·관리하는 경우에는 그러하지 아니하다.
④ 사설화장시설 및 사설봉안시설의 면적, 설치장소, 그 밖의 설치기준 등에 관하여 필요한 사항은 대통령령으로 정한다.

제16조 (자연장지의 조성 등) ① 국가, 시·도지사 또는 시장·군수·구청장이 아닌 자는 다음 각 호의 구분에 따라 수목장림 그 밖의 자연장지(이하 "사설자연장지"라 한다)를 조성할 수 있다.
1. 개인·가족자연장지: 면적이 100제곱미터 미만인 것으로서 1구의 유골을 자연장하거나 「민법」에 따라 친족관계였던 자의 유골을 같은 구역 안에 자연장할 수 있는 구역
2. 종중·문중자연장지: 종중이나 문중구성원의 유골을 같은 구역 안에 자연장할 수 있는 구역
3. 법인등자연장지: 법인이나 종교단체가 불특정 다수인의 유골을 같은 구역 안에 자연장할 수 있는 구역

② 개인 · 가족자연장지를 조성한 자는 자연장지의 조성을 마친 후 30일 이내에 보건복지부령으로 정하는 바에 따라 관할 시장등에게 신고하여야 한다. 신고한 사항 중 대통령령으로 정하는 사항을 변경하는 경우에도 또한 같다.
③ 종중 · 문중자연장지 또는 법인등자연장지를 조성하려는 자는 대통령령으로 정하는 바에 따라 시장등의 허가를 받아야 한다. 허가받은 사항을 변경하고자 하는 경우에도 또한 같다.
④ 시장등은 다음 각 호의 어느 하나에 해당하는 자에 한하여 법인등자연장지의 조성을 허가할 수 있다.
1. 자연장지의 조성 · 관리를 목적으로 「민법」에 따라 설립된 재단법인
2. 대통령령으로 정하는 공공법인 또는 종교단체
⑤ 자연장지에는 사망자 및 연고자의 이름 등을 기록한 표지와 편의시설 외의 시설을 설치하여서는 아니 된다.
⑥ 제1항에 따른 사설자연장지의 종류별 면적, 제5항에 따라 자연장지에 설치하는 표지의 규격, 사설자연장지에 설치가 허용되는 편의시설의 종류 및 설치기준 등에 관하여 필요한 사항은 대통령령으로 정한다.

제17조 (묘지 등의 설치 제한) 다음 각 호의 어느 하나에 해당하는 지역에는 묘지 · 화장시설 · 봉안시설 또는 자연장지를 설치 · 조성할 수 없다.
1. 「국토의 계획 및 이용에 관한 법률」 제36조 제1항 제1호 라목에 따른 녹지지역 중 대통령령으로 정하는 지역
2. 「수도법」 제7조 제1항에 따른 상수원보호구역. 다만, 기존의 사원 경내에 설치하는 봉안시설 또는 대통령령으로 정하는 지역주민이 설치하거나 조성하는 일정규모 미만의 개인, 가족 및 종중 · 문중의 봉안시설 또는 자연장지인 경우에는 그러하지 아니하다.
3. 「문화재보호법」 제9조 및 제71조에 따른 문화재보호구역. 다만, 대통령령으로 정하는 규모 미만의 자연장지로서 문화재청장의 허가를 받은 경우에는 그러하지 아니하다.
4. 그 밖에 대통령령으로 정하는 지역

제18조 (분묘 등의 점유면적 등) ① 공설묘지, 가족묘지, 종중·문중묘지 또는 법인묘지 안의 분묘 1기 및 그 분묘의 상석(床石)·비석 등 시설물을 설치하는 구역의 면적은 10제곱미터(합장하는 경우에는 15제곱미터)를 초과하여서는 아니 된다.
② 개인묘지는 30제곱미터를 초과하여서는 아니 된다.
③ 봉안시설 중 봉안묘의 높이는 70센티미터, 봉안묘의 1기당 면적은 2제곱미터를 초과하여서는 아니 된다.
④ 분묘, 봉안묘 또는 봉안탑 1기당 설치할 수 있는 상석·비석 등 시설물의 종류 및 크기 등에 관한 사항은 대통령령으로 정한다.

제19조 (분묘의 설치기간) ① 제13조에 따른 공설묘지 및 제14조에 따른 사설묘지에 설치된 분묘의 설치기간은 15년으로 한다.
② 제1항에 따른 설치기간이 지난 분묘의 연고자가 시·도지사, 시장·군수·구청장 또는 제14조 제3항에 따라 법인묘지의 설치·관리를 허가받은 자에게 그 설치기간의 연장을 신청하는 경우에는 한 번에 15년씩 3회에 한정하여 그 설치기간을 연장하여야 한다.
③ 제1항 및 제2항에 따른 설치기간을 계산할 때 합장 분묘인 경우에는 합장된 날을 기준으로 계산한다.
④ 제2항에도 불구하고 시·도지사 또는 시장·군수·구청장은 관할 구역 안의 묘지 수급을 위하여 필요하다고 인정되면 조례로 정하는 바에 따라 5년 이상 15년 미만의 기간 안에서 제2항에 따른 분묘 설치기간의 연장 기간을 단축할 수 있다.
⑤ 제2항에 따른 분묘 설치기간의 연장 신청에 관하여 필요한 사항은 보건복지부령으로 정한다.

제20조 (설치기간이 종료된 분묘의 처리) ① 제19조에 따른 설치기간이 끝난 분묘의 연고자는 설치기간이 끝난 날부터 1년 이내에 해당 분묘에 설치된 시설물을 철거하고 매장된 유골을 화장하거나 봉안하여야 한다.
② 공설묘지 또는 사설묘지의 설치자는 연고자가 제1항에 따른 철거 및 화장·봉안을 하지 아니한 때에는 해당 분묘에 설치된 시

설물을 철거하고 매장된 유골을 화장하여 일정 기간 봉안할 수 있다.
③ 공설묘지 또는 사설묘지의 설치자는 제2항에 따른 조치를 하려면 미리 기간을 정하여 해당 분묘의 연고자에게 알려야 한다. 다만, 연고자를 알 수 없으면 그 뜻을 공고하여야 한다.
④ 제3항에 따른 통보 및 공고의 기간 · 방법 · 절차 등에 관하여 필요한 사항은 보건복지부령으로 정한다.
⑤ 제2항에 따른 봉안에 관하여는 제12조 제3항을 준용한다.

제21조 (묘지의 사전 매매 등의 금지) 제13조에 따라 공설묘지를 설치 · 관리하는 시 · 도지사와 시장 · 군수 · 구청장 또는 제14조에 따라 사설묘지를 설치 · 관리하는 자는 매장될 자가 사망하기 전에는 묘지의 매매 · 양도 · 임대 · 사용계약 등을 할 수 없다. 다만, 70세 이상인 자가 사용하기 위하여 매매 등을 요청하는 경우 등 대통령령으로 정하는 경우에는 그러하지 아니하다.

제26조 (장사시설의 폐지 등) 제14조 제3항 또는 제16조 제3항에 따라 허가받은 사설묘지 또는 사설자연장지 및 제15조 제1항에 따라 신고된 사설화장시설 · 사설봉안시설을 폐지하려는 자는 관할 시장등에게 신고하여야 한다.

제27조 (타인의 토지 등에 설치된 분묘 등의 처리 등) ① 토지 소유자(점유자나 그 밖의 관리인을 포함한다. 이하 이 조에서 같다), 묘지 설치자 또는 연고자는 다음 각 호의 어느 하나에 해당하는 분묘에 대하여 보건복지부령으로 정하는 바에 따라 그 분묘를 관할하는 시장등의 허가를 받아 분묘에 매장된 시체 또는 유골을 개장할 수 있다.
1. 토지 소유자의 승낙 없이 해당 토지에 설치한 분묘
2. 묘지 설치자 또는 연고자의 승낙 없이 해당 묘지에 설치한 분묘
② 토지 소유자, 묘지 설치자 또는 연고자는 제1항에 따른 개장을 하려면 미리 3개월 이상의 기간을 정하여 그 뜻을 해당 분묘의

설치자 또는 연고자에게 알려야 한다. 다만, 해당 분묘의 연고자를 알 수 없으면 그 뜻을 공고하여야 한다.
③ 제1항 각 호의 어느 하나에 해당하는 분묘의 연고자는 해당 토지 소유자, 묘지 설치자 또는 연고자에게 토지 사용권이나 그 밖에 분묘의 보존을 위한 권리를 주장할 수 없다.
④ 토지 소유자 또는 자연장지 조성자의 승낙 없이 다른 사람 소유의 토지 또는 자연장지에 자연장을 한 자 또는 그 연고자는 당해 토지 소유자 또는 자연장지 조성자에 대하여 토지사용권이나 그 밖에 자연장의 보존을 위한 권리를 주장할 수 없다.
⑤ 제2항에 따른 통보 및 공고에 관하여 필요한 사항은 보건복지부령으로 정한다.

제28조 (무연분묘의 처리) ① 시·도지사 또는 시장·군수·구청장은 제11조에 따른 일제 조사 결과 연고자가 없는 분묘(이하 "무연분묘"라 한다)에 매장된 시체 또는 유골을 화장하여 일정 기간 봉안할 수 있다.
② 시·도지사 또는 시장·군수·구청장은 제1항에 따른 조치를 하려면 보건복지부령으로 정하는 바에 따라 그 뜻을 미리 공고하여야 한다.
③ 시·도지사 또는 시장·군수·구청장은 제1항에 따라 봉안한 유골의 연고자가 확인을 요구하면 그 요구에 따라야 한다.
④ 제1항에 따른 봉안에 관하여는 제12조 제3항을 준용한다.

부칙 〈제8489호, 2007. 5. 25〉

제 1 조 (시행일) 이 법은 공포 후 1년이 경과한 날부터 시행한다. (이하 생략)

부칙 〈제9847호, 2009. 12. 29〉

제 1 조 (시행일) 이 법은 공포 후 1년이 경과한 날(2010년 12월 30일)부터 시행한다. (이하 생략)

제 4 장 상속과 유언

◇ 민 법 ◇ 〈법률 제9650호, 2009. 5. 8 일부개정〉

제997조 (상속개시의 원인 〈개정 1990. 1. 13〉) 상속은 사망으로 인하여 개시된다. 〈개정 1990. 1. 13〉

제998조 (상속개시의 장소) 상속은 피상속인의 주소지에서 개시한다.

제998조의2 (상속비용) 상속에 관한 비용은 상속재산 중에서 지급한다.

제999조 (상속회복청구권) ① 상속권이 참칭상속권자로 인하여 침해된 때에는 상속권자 또는 그 법정대리인은 상속회복의 소를 제기할 수 있다.
② 제1항의 상속회복청구권은 그 침해를 안 날부터 3년, 상속권의 침해행위가 있은 날부터 10년을 경과하면 소멸된다. 〈개정 2002. 1. 14〉

제1000조 (상속의 순위 〈개정 1990. 1. 13〉) ① 상속에 있어서는 다음 순위로 상속인이 된다. 〈개정 1990. 1. 13〉
1. 피상속인의 직계비속
2. 피상속인의 직계존속
3. 피상속인의 형제자매

4. 피상속인의 4촌 이내의 방계혈족
② 전항의 경우에 동순위의 상속인이 수인인 때에는 최근친을 선순위로 하고 동친등(同親等)의 상속인이 수인인 때에는 공동상속인이 된다.
③ 태아는 상속순위에 관하여는 이미 출생한 것으로 본다. 〈개정 1990. 1. 13〉

第1001조 (대습상속) 전조 제1항 제1호와 제3호의 규정에 의하여 상속인이 될 직계비속 또는 형제자매가 상속개시 전에 사망하거나 결격자가 된 경우에 그 직계비속이 있는 때에는 그 직계비속이 사망하거나 결격된 자의 순위에 갈음하여 상속인이 된다.

[대법원 판례] **며느리의 대습상속과 사위의 대습상속**
우리나라에서는 전통적으로 오랫동안 며느리의 대습상속이 인정되어 왔고, 1958. 2. 22. 제정된 민법에서도 며느리의 대습상속을 인정하였으며, 1990. 1. 13. 개정된 민법에서 며느리에게만 대습상속을 인정하는 것은 남녀평등·부부평등에 반함을 근거로 사위에게도 대습상속을 인정하는 것으로 개정하였다. 헌법 제11조 제1항이 누구든지 성별에 의하여 정치적·경제적·사회적·문화적 생활의 모든 영역에 있어서 차별을 받지 아니한다고 규정하고 있고, 헌법 제36조 제1항이 혼인과 가족생활은 양성의 평등을 기초로 성립되고 유지되어야 하며 국가는 이를 보장한다고 규정하고 있다. 특히 피상속인의 방계혈족에 불과한 피상속인의 형제자매가 피상속인의 재산을 상속받을 것을 기대하는 지위는 피상속인의 직계혈족의 그러한 지위만큼 입법적으로 보호하여야 할 당위성이 강하지 않은 점 등을 볼 때, 외국에서 사위의 대습상속권을 인정한 입법례를 찾기 어렵더라도, 피상속인의 사위가 피상속인의 형제자매보다 우선하여 단독으로 대습상속할 수 있음이 규정된 민법 제1003조 제2항이 입법형성의 재량의 범위를 일탈하여 행복추구권이나 재산권보장 등에 관한 헌법규정에 위배되는 것이라고 할 수 없다(대법원 2001. 3. 9, 99다13157 판결).

[대법원 판례] **처가 부(父)와 동시사망 할 때 그 남편의 대습상속**
원래 대습상속제도는 대습자의 상속에 대한 기대를 보호함으로써 공평을 꾀하고 생존 배우자의 생계를 보장하여 주려는 것이고, 또한 동시사망 추정규정도 자연과학적으로 엄밀한 의미의 동시사망은 상상하기 어려운 것이나 사망의 선후를 입증할 수 없는 경우 동시에

사망한 것으로 다루는 것이 결과에 있어 가장 공평하고 합리적이라는 데에 그 입법 취지가 있는 것이다. 상속인이 될 직계비속이나 형제자매(=피대습자)의 직계비속이나 배우자(=대습자)는 피대습자가 상속개시 전에 사망한 경우에는 대습상속을 하고, 피대습자가 상속개시 후에 사망한 경우에는 피대습자를 거쳐 피상속인의 재산을 본위상속을 하므로 두 경우 모두 상속을 할 수 있다. 만일 피대습자가 피상속인의 사망, 즉 상속개시와 동시에 사망한 것으로 추정되는 경우에만 그 직계비속 또는 배우자가 본위상속과 대습상속의 어느 쪽도 하지 못하게 된다면 동시사망 추정 이외의 경우에 비하여 현저히 불공평하고 불합리한 것이라 할 것이다. 따라서 이는 대습상속제도 및 동시사망 추정규정의 입법 취지에도 반하는 것이므로 민법 제1001조의 '상속인이 될 직계비속이 상속개시 전에 사망한 경우'에 '상속인이 될 직계비속이 상속개시와 동시에 사망한 것으로 추정되는 경우'도 포함하는 것으로 합목적적으로 해석함이 상당하다(대법원 2001. 3. 9, 99다13157 판결).

제1003조 (배우자의 상속순위 〈개정 1990. 1. 13〉**) ① 피상속인의 배우자는 제1000조 제1항 제1호와 제2호의 규정에 의한 상속인이 있는 경우에는 그 상속인과 동순위로 공동상속인이 되고 그 상속인이 없는 때에는 단독상속인이 된다.** 〈개정 1990. 1. 13〉
② 제1001조의 경우에 상속개시 전에 사망 또는 결격된 자의 배우자는 동조의 규정에 의한 상속인과 동순위로 공동상속인이 되고 그 상속인이 없는 때에는 단독상속인이 된다. 〈개정 1990. 1. 13〉

제1004조 (상속인의 결격사유) 다음 각 호의 어느 하나에 해당한 자는 상속인이 되지 못한다. 〈개정 1990. 1. 13, 2005. 3. 31〉
1. 고의로 직계존속, 피상속인, 그 배우자 또는 상속의 선순위나 동순위에 있는 자를 살해하거나 살해하려한 자
2. 고의로 직계존속, 피상속인과 그 배우자에게 상해를 가하여 사망에 이르게 한 자
3. 사기 또는 강박으로 피상속인의 상속에 관한 유언 또는 유언의 철회를 방해한 자
4. 사기 또는 강박으로 피상속인의 상속에 관한 유언을 하게 한 자
5. 피상속인의 상속에 관한 유언서를 위조·변조·파기 또는 은닉

한 자

제1005조 (상속과 포괄적 권리의무의 승계) 상속인은 상속개시된 때로부터 피상속인의 재산에 관한 포괄적 권리의무를 승계한다. 그러나 피상속인의 일신에 전속한 것은 그러하지 아니하다. 〈개정 1990.1.13〉

제1006조 (공동상속과 재산의 공유) 상속인이 수인인 때에는 상속재산은 그 공유로 한다. 〈개정 1990. 1. 13〉

제1007조 (공동상속인의 권리의무 승계) 공동상속인은 각자의 상속분에 응하여 피상속인의 권리의무를 승계한다.

제1008조 (특별수익자의 상속분) 공동상속인 중에 피상속인으로부터 재산의 증여 또는 유증을 받은 자가 있는 경우에 그 수증재산이 자기의 상속분에 달하지 못한 때에는 그 부족한 부분의 한도에서 상속분이 있다. 〈개정 1977. 12. 31〉

제1008조의2 (기여분) ① 공동상속인 중에 상당한 기간 동거·간호 그 밖의 방법으로 피상속인을 특별히 부양하거나 피상속인의 재산의 유지 또는 증가에 특별히 기여한 자가 있을 때에는 상속개시 당시의 피상속인의 재산가액에서 공동상속인의 협의로 정한 그 자의 기여분을 공제한 것을 상속재산으로 보고 제1009조 및 제1010조에 의하여 산정한 상속분에 기여분을 가산한 액으로써 그 자의 상속분으로 한다. 〈개정 2005. 3. 31〉
② 제1항의 협의가 되지 아니하거나 협의할 수 없는 때에는 가정법원은 제1항에 규정된 기여자의 청구에 의하여 기여의 시기·방법 및 정도와 상속재산의 액 기타의 사정을 참작하여 기여분을 정한다.
③ 기여분은 상속이 개시된 때의 피상속인의 재산가액에서 유증

의 가액을 공제한 액을 넘지 못한다.
④ 제2항의 규정에 의한 청구는 제1013조 제2항의 규정에 의한 청구가 있을 경우 또는 제1014조에 규정하는 경우에 할 수 있다.

제1008조의3 (분묘등의 승계) 분묘에 속한 1정보 이내의 금양임야와 600평 이내의 묘토인 농지, 족보와 제구의 소유권은 제사를 주재하는 자가 이를 승계한다.

제1009조 (법정상속분) ① 동순위의 상속인이 수인인 때에는 그 상속분은 균분으로 한다. 〈개정 1977. 12. 31, 1990. 1. 13〉
② 피상속인의 배우자의 상속분은 직계비속과 공동으로 상속하는 때에는 직계비속의 상속분의 5할을 가산하고, 직계존속과 공동으로 상속하는 때에는 직계존속의 상속분의 5할을 가산한다. 〈개정 1990. 1. 13〉
③ 삭제 〈1990. 1. 13〉

제1010조 (대습상속분) ① 제1001조의 규정에 의하여 사망 또는 결격된 자에 갈음하여 상속인이 된 자의 상속분은 사망 또는 결격된 자의 상속분에 의한다.
② 전항의 경우에 사망 또는 결격된 자의 직계비속이 수인인 때에는 그 상속분은 사망 또는 결격된 자의 상속분의 한도에서 제1009조의 규정에 의하여 이를 정한다. 제1003조 제2항의 경우에도 또한 같다.

제1011조 (공동상속분의 양수) ① 공동상속인 중에 그 상속분을 제3자에게 양도한 자가 있는 때에는 다른 공동상속인은 그 가액과 양도비용을 상환하고 그 상속분을 양수할 수 있다.
② 전항의 권리는 그 사유를 안 날로부터 3월, 그 사유 있은 날로부터 1년 내에 행사하여야 한다.

제1012조 (유언에 의한 분할방법의 지정, 분할금지) 피상속인은 유언으로 상속재산의 분할방법을 정하거나 이를 정할 것을 제3자에게 위탁할 수 있고 상속개시의 날로부터 5년을 초과하지 아니하는 기간 내의 그 분할을 금지할 수 있다.

제1013조 (협의에 의한 분할) ① 전조의 경우 외에는 공동상속인은 언제든지 그 협의에 의하여 상속재산을 분할할 수 있다.
② 제269조의 규정은 전항의 상속재산의 분할에 준용한다.

제1014조 (분할 후의 피인지자등의 청구권) 상속개시 후의 인지 또는 재판의 확정에 의하여 공동상속인이 된 자가 상속재산의 분할을 청구할 경우에 다른 공동상속인이 이미 분할 기타 처분을 한 때에는 그 상속분에 상당한 가액의 지급을 청구할 권리가 있다.

제1015조 (분할의 소급효) 상속재산의 분할은 상속 개시된 때에 소급하여 그 효력이 있다. 그러나 제삼자의 권리를 해하지 못한다.

제1016조 (공동상속인의 담보책임) 공동상속인은 다른 공동상속인이 분할로 인하여 취득한 재산에 대하여 그 상속분에 응하여 매도인과 같은 담보책임이 있다.

제1017조 (상속채무자의 자력에 대한 담보책임) ① 공동상속인은 다른 상속인이 분할로 인하여 취득한 채권에 대하여 분할 당시의 채무자의 자력을 담보한다.
② 변제기에 달하지 아니한 채권이나 정지조건 있는 채권에 대하여는 변제를 청구할 수 있는 때의 채무자의 자력을 담보한다.

제1018조 (무자력공동상속인의 담보책임의 분담) 담보책임 있는 공동상속인 중에 상환의 자력이 없는 자가 있는 때에는 그 부담

부분은 구상권자와 자력 있는 다른 공동상속인이 그 상속분에 응하여 분담한다. 그러나 구상권자의 과실로 인하여 상환을 받지 못한 때에는 다른 공동상속인에게 분담을 청구하지 못한다.

제1019조 (승인, 포기의 기간) **① 상속인은 상속개시 있음을 안 날로부터 3월 내에 단순승인이나 한정승인 또는 포기를 할 수 있다. 그러나 그 기간은 이해관계인 또는 검사의 청구에 의하여 가정법원이 이를 연장할 수 있다.** 〈개정 1990. 1. 13〉
② 상속인은 제1항의 승인 또는 포기를 하기 전에 상속재산을 조사할 수 있다. 〈개정 2002. 1. 14〉
③ 제1항의 규정에 불구하고 상속인은 상속채무가 상속재산을 초과하는 사실을 중대한 과실 없이 제1항의 기간 내에 알지 못하고 단순승인(제1026조 제1호 및 제2호의 규정에 의하여 단순승인 한 것으로 보는 경우를 포함한다)을 한 경우에는 그 사실을 안 날부터 3월 내에 한정승인을 할 수 있다. 〈신설 2002. 1. 14〉

〈한정승인에 관한 헌법재판소의 결정과 민법 개정의 역사〉
1. 특별한정승인제도 신설과 소급적용(2002년 1월 14일 개정)
헌법불합치결정을 받은 상속에 있어서의 단순승인 의제조항을 헌법재판소 결정의 취지를 반영하여 정비하려는 것이다.
첫째, 상속인은 상속채무가 상속재산을 초과하는 사실을 중대한 과실 없이 상속개시일부터 3월의 기간 내에 알지 못하고 단순승인(제1026조 제1호 및 제2호의 규정에 의하여 단순승인한 것으로 보는 경우를 포함함)을 한 경우에는 그 사실을 안 날부터 3월 내에 한정승인을 할 수 있도록 함(제1019조 제3항 신설).
둘째, 1998년 5월 27일부터 이 법 시행 전까지 상속개시가 있음을 안 자 중 상속채무가 상속재산을 초과하는 사실을 중대한 과실 없이 상속개시일부터 3월의 기간 내에 알지 못하다가 이 법 시행 전에 그 사실을 알고도 한정승인 신고를 하지 아니한 자는 이 법 시행일부터 3월 내에 제1019조 제3항의 개정규정에 의한 한정승인을 할 수 있도록 함(부칙 제3조).
2. 특별한정승인제도의 소급특례부칙규정 개정(2005. 12. 29)
2002년 1월 14일에 신설된 「민법」 제1019조 제3항, 이른바 특별한정승인제도(단순승인을 하거나 단순승인으로 간주된 후 한정승인을 할 수 있는 제도)는 동법 부칙 제3항에서 그 소급적용의 범위를 "1998년 5월 27일부터 이 법 시행(2002. 1. 14.) 전까지 상속개시가 있음을 안 자"로 제한하고 있는데, 이러한 부칙 제3항은 1998년 5월 27일 전에 상속개시가 있음을 알았으나 그 이후에 상속채무가 상속재산을 초과하는 사실을 안 사람을 포함하는 소급적용에 관한 경과규정을 두지 않는 한 헌법에 위반된다는 헌법재판소의 결정이 있어 이에 해당하는 자에게도 특별한정승인의 기회를 부여하려는 것이다.

제1020조 (무능력자의 승인, 포기의 기간) 상속인이 무능력자인 때에는 전조 제1항의 기간은 그 법정대리인이 상속개시 있음을 안 날로부터 기산한다.

제1021조 (승인, 포기기간의 계산에 관한 특칙) 상속인이 승인이나 포기를 하지 아니하고 제1019조 제1항의 기간 내에 사망한 때에는 그의 상속인이 그 자기의 상속개시 있음을 안 날로부터 제1019조 제1항의 기간을 기산한다.

제1022조 (상속재산의 관리) 상속인은 그 고유재산에 대하는 것과 동일한 주의로 상속재산을 관리하여야 한다. 그러나 단순승인 또는 포기한 때에는 그러하지 아니하다.

제1023조 (상속재산보존에 필요한 처분) ① 법원은 이해관계인 또는 검사의 청구에 의하여 상속재산의 보존에 필요한 처분을 명할 수 있다.
② 법원이 재산관리인을 선임한 경우에는 제24조 내지 제26조의 규정을 준용한다.

제1024조 (승인, 포기의 취소금지) ① 상속의 승인이나 포기는 제1019조 제1항의 기간 내에도 이를 취소하지 못한다. 〈개정 1990. 1. 13〉
② 전항의 규정은 총칙편의 규정에 의한 취소에 영향을 미치지 아니한다. 그러나 그 취소권은 추인할 수 있는 날로부터 3월, 승인 또는 포기한 날로부터 1년 내에 행사하지 아니하면 시효로 인

하여 소멸된다.

第1025조 (단순승인의 효과) 상속인이 단순승인을 한 때에는 제한 없이 피상속인의 권리의무를 승계한다. 〈개정 1990. 1. 13〉

第1026조 (법정단순승인) 다음 각 호의 사유가 있는 경우에는 상속인이 단순승인을 한 것으로 본다. 〈개정 2002. 1. 14〉

1. 상속인이 상속재산에 대한 처분행위를 한 때
2. 상속인이 제1019조 제1항의 기간 내에 한정승인 또는 포기를 하지 아니한 때
3. 상속인이 한정승인 또는 포기를 한 후에 상속재산을 은닉하거나 부정소비하거나 고의로 재산목록에 기입하지 아니한 때

[헌법재판소 판례] **민법 제1026조 제2호의 위헌성**
상속인이 귀책사유 없이 상속채무가 적극재산을 초과하는 사실을 알지 못하여 상속개시 있음을 안 날로부터 3월 내에 한정승인 또는 포기를 하지 못한 경우에도 단순승인을 한 것으로 보는 민법 제1026조 제2호는 기본권제한의 입법한계를 일탈한 것으로 재산권을 보장한 헌법 제23조 제1항, 사적자치권을 보장한 헌법 제10조에 위반된다. 다만, 위 법률조항은 입법자가 1999. 12. 31.까지 개정하지 아니하면 2000. 1. 1.부터 그 효력을 상실하며, 법원 기타 국가기관 및 지방자치단체는 입법자가 개정할 때까지 위 법률조항의 적용을 중지하여야 한다(헌재 1998. 8. 27, 96헌가22, 97헌가2 · 3 · 9, 96헌바81, 98헌바24 · 25(병합)).

第1027조 (법정단순승인의 예외) 상속인이 상속을 포기함으로 인하여 차순위 상속인이 상속을 승인한 때에는 전조 제3호의 사유는 상속의 승인으로 보지 아니한다.

第1028조 (한정승인의 효과) 상속인은 상속으로 인하여 취득할 재산의 한도에서 피상속인의 채무와 유증을 변제할 것을 조건으로 상속을 승인할 수 있다. 〈개정 1990. 1. 13〉

제1029조 (공동상속인의 한정승인) 상속인이 수인인 때에는 각 상속인은 그 상속분에 응하여 취득할 재산의 한도에서 그 상속분에 의한 피상속인의 채무와 유증을 변제할 것을 조건으로 상속을 승인할 수 있다.

제1030조 (한정승인의 방식) ① 상속인이 한정승인을 함에는 제1019조 제1항 또는 제3항의 기간 내에 상속재산의 목록을 첨부하여 법원에 한정승인의 신고를 하여야 한다. 〈개정 2005. 3. 31〉
② 제1019조 제3항의 규정에 의하여 한정승인을 한 경우 상속재산 중 이미 처분한 재산이 있는 때에는 그 목록과 가액을 함께 제출하여야 한다. 〈신설 2005. 3. 31〉

제1031조 (한정승인과 재산상 권리의무의 불소멸) 상속인이 한정승인을 한 때에는 피상속인에 대한 상속인의 재산상 권리의무는 소멸하지 아니한다.

제1032조 (채권자에 대한 공고, 최고) ① 한정승인자는 한정승인을 한 날로부터 5일 내에 일반상속채권자와 유증 받은 자에 대하여 한정승인의 사실과 일정한 기간 내에 그 채권 또는 수증을 신고할 것을 공고하여야 한다. 그 기간은 2월 이상이어야 한다.
② 제88조 제2항 · 제3항과 제89조의 규정은 전항의 경우에 준용한다.

제1033조 (최고기간 중의 변제거절) 한정승인자는 전조 제1항의 기간만료 전에는 상속채권의 변제를 거절할 수 있다.

제1034조 (배당변제) ① 한정승인자는 제1032조 제1항의 기간만료 후에 상속재산으로서 그 기간 내에 신고한 채권자와 한정승인자가 알고 있는 채권자에 대하여 각 채권액의 비율로 변제하여야 한다. 그러나 우선권 있는 채권자의 권리를 해하지 못한다.

② 제1019조 제3항의 규정에 의하여 한정승인을 한 경우에는 그 상속인은 상속재산 중에서 남아 있는 상속재산과 함께 이미 처분한 재산의 가액을 합하여 제1항의 변제를 하여야 한다. 다만, 한정승인을 하기 전에 상속채권자나 유증받은 자에 대하여 변제한 가액은 이미 처분한 재산의 가액에서 제외한다. 〈신설 2005. 3. 31〉

제1035조 (변제기 전의 채무 등의 변제) ① 한정승인자는 변제기에 이르지 아니한 채권에 대하여도 전조의 규정에 의하여 변제하여야 한다.
② 조건 있는 채권이나 존속기간의 불확정한 채권은 법원의 선임한 감정인의 평가에 의하여 변제하여야 한다.

제1036조 (수증자에의 변제) 한정승인자는 전 2조의 규정에 의하여 상속채권자에 대한 변제를 완료한 후가 아니면 유증 받은 자에게 변제하지 못한다.

제1037조 (상속재산의 경매) 전 3조의 규정에 의한 변제를 하기 위하여 상속재산의 전부나 일부를 매각할 필요가 있는 때에는 민사집행법에 의하여 경매하여야 한다. 〈개정 1997. 12. 13, 2001. 12. 29〉

제1038조 (부당변제 등으로 인한 책임 〈개정 2005. 3. 31〉) ① 한정승인자가 제1032조의 규정에 의한 공고나 최고를 해태하거나 제1033조 내지 제1036조의 규정에 위반하여 어느 상속채권자나 유증 받은 자에게 변제함으로 인하여 다른 상속채권자나 유증 받은 자에 대하여 변제할 수 없게 된 때에는 한정승인자는 그 손해를 배상하여야 한다. 제1019조 제3항의 규정에 의하여 한정승인을 한 경우 그 이전에 상속채무가 상속재산을 초과함을 알지 못한데 과실이 있는 상속인이 상속채권자나 유증 받은 자에게 변제한 때에도 또한 같다. 〈개정 2005. 3. 31〉

② 제1항 전단의 경우에 변제를 받지 못한 상속채권자나 유증 받은 자는 그 사정을 알고 변제를 받은 상속채권자나 유증 받은 자에 대하여 구상권을 행사할 수 있다. 제1019조 제3항의 규정에 의하여 한정승인을 한 경우 그 이전에 상속채무가 상속재산을 초과함을 알고 변제받은 상속채권자나 유증 받은 자가 있는 때에도 또한 같다. 〈개정 2005. 3. 31〉
③ 제766조의 규정은 제1항 및 제2항의 경우에 준용한다. 〈개정 2005. 3. 31〉

제1039조 (신고하지 않은 채권자등) 제1032조 제1항의 기간 내에 신고하지 아니한 상속채권자 및 유증 받은 자로서 한정승인자가 알지 못한 자는 상속재산의 잔여가 있는 경우에 한하여 그 변제를 받을 수 있다. 그러나 상속재산에 대하여 특별담보권 있는 때에는 그러하지 아니하다.

제1040조 (공동상속재산과 그 관리인의 선임) ① 상속인이 수인인 경우에는 법원은 각 상속인 기타 이해관계인의 청구에 의하여 공동상속인 중에서 상속재산관리인을 선임할 수 있다.
② 법원이 선임한 관리인은 공동상속인을 대표하여 상속재산의 관리와 채무의 변제에 관한 모든 행위를 할 권리의무가 있다.
③ 제1022조, 제1032조 내지 전조의 규정은 전항의 관리인에 준용한다. 그러나 제1032조의 규정에 의하여 공고할 5일의 기간은 관리인이 그 선임을 안 날로부터 기산한다.

제1041조 (포기의 방식) 상속인이 상속을 포기할 때에는 제1019조 제1항의 기간 내에 가정법원에 포기의 신고를 하여야 한다. 〈개정 1990. 1. 13〉

제1042조 (포기의 소급효) 상속의 포기는 상속 개시된 때에 소급하여 그 효력이 있다.

제1043조 (포기한 상속재산의 귀속) 상속인이 수인인 경우에 어느 상속인이 상속을 포기한 때에는 그 상속분은 다른 상속인의 상속분의 비율로 그 상속인에게 귀속된다.

제1044조 (포기한 상속재산의 관리계속의무) ① 상속을 포기한 자는 그 포기로 인하여 상속인이 된 자가 상속재산을 관리할 수 있을 때까지 그 재산의 관리를 계속하여야 한다.
② 제1022조와 제1023조의 규정은 전항의 재산관리에 준용한다.

제1045조 (상속재산의 분리청구권) ① 상속채권자나 유증 받은 자 또는 상속인의 채권자는 상속개시된 날로부터 3월 내에 상속재산과 상속인의 고유재산의 분리를 법원에 청구할 수 있다.
② 상속인이 상속의 승인이나 포기를 하지 아니한 동안은 전항의 기간경과 후에도 재산의 분리를 법원에 청구할 수 있다. 〈개정 1990. 1. 13〉

제1046조 (분리명령과 채권자등에 대한 공고, 최고) ① 법원이 전조의 청구에 의하여 재산의 분리를 명한 때에는 그 청구자는 5일 내에 일반상속채권자와 유증 받은 자에 대하여 재산분리의 명령있은 사실과 일정한 기간 내에 그 채권 또는 수증을 신고할 것을 공고하여야 한다. 그 기간은 2월 이상이어야 한다.
② 제88조 제2항, 제3항과 제89조의 규정은 전항의 경우에 준용한다.

제1047조 (분리 후의 상속재산의 관리) ① 법원이 재산의 분리를 명한 때에는 상속재산의 관리에 관하여 필요한 처분을 명할 수 있다.
② 법원이 재산관리인을 선임한 경우에는 제24조 내지 제26조의 규정을 준용한다.

제1048조 (분리 후의 상속인의 관리의무) ① 상속인이 단순승인을 한 후에도 재산분리의 명령이 있는 때에는 상속재산에 대하여 자기의 고유재산과 동일한 주의로 관리하여야 한다.
② 제683조 내지 제685조 및 제688조 제1항, 제2항의 규정은 전항의 재산관리에 준용한다.

제1049조 (재산분리의 대항요건) 재산의 분리는 상속재산인 부동산에 관하여는 이를 등기하지 아니하면 제3자에게 대항하지 못한다.

제1050조 (재산분리와 권리의무의 불소멸) 재산분리의 명령이 있는 때에는 피상속인에 대한 상속인의 재산상 권리의무는 소멸하지 아니한다.

제1051조 (변제의 거절과 배당변제) ① 상속인은 제1045조 및 제1046조의 기간만료 전에는 상속채권자와 유증 받은 자에 대하여 변제를 거절할 수 있다.
② 전항의 기간만료 후에 상속인은 상속재산으로써 재산분리의 청구 또는 그 기간 내에 신고한 상속채권자, 유증 받은 자와 상속인이 알고 있는 상속채권자, 유증 받은 자에 대하여 각 채권액 또는 수증액의 비율로 변제하여야 한다. 그러나 우선권 있는 채권자의 권리를 해하지 못한다.
③ 제1035조 내지 제1038조의 규정은 전항의 경우에 준용한다.

제1052조 (고유재산으로부터의 변제) ① 전조의 규정에 의한 상속채권자와 유증 받은 자는 상속재산으로써 전액의 변제를 받을 수 없는 경우에 한하여 상속인의 고유재산으로부터 그 변제를 받을 수 있다.
② 전항의 경우에 상속인의 채권자는 상속인의 고유재산으로부터 우선변제를 받을 권리가 있다.

제1053조 (상속인 없는 재산의 관리인) ① 상속인의 존부가 분명하지 아니한 때에는 법원은 제777조의 규정에 의한 피상속인의 친족 기타 이해관계인 또는 검사의 청구에 의하여 상속재산관리인을 선임하고 지체없이 이를 공고하여야 한다. 〈개정 1990. 1. 13〉
② 제24조 내지 제26조의 규정은 전항의 재산관리인에 준용한다.

제1054조 (재산목록제시와 상황보고) 관리인은 상속채권자나 유증받은 자의 청구가 있는 때에는 언제든지 상속재산의 목록을 제시하고 그 상황을 보고하여야 한다.

제1055조 (상속인의 존재가 분명하여진 경우) ① 관리인의 임무는 그 상속인이 상속의 승인을 한 때에 종료한다.
② 전항의 경우에는 관리인은 지체없이 그 상속인에 대하여 관리의 계산을 하여야 한다.

제1056조 (상속인 없는 재산의 청산) ① 제1053조 제1항의 공고 있은 날로부터 3월 내에 상속인의 존부를 알 수 없는 때에는 관리인은 지체없이 일반상속채권자와 유증 받은 자에 대하여 일정한 기간 내에 그 채권 또는 수증을 신고할 것을 공고하여야 한다. 그 기간은 2월 이상이어야 한다.
② 제88조 제2항 · 제3항, 제89조, 제1033조 내지 제1039조의 규정은 전항의 경우에 준용한다.

제1057조 (상속인수색의 공고) 제1056조 제1항의 기간이 경과하여도 상속인의 존부를 알 수 없는 때에는 법원은 관리인의 청구에 의하여 상속인이 있으면 일정한 기간 내에 그 권리를 주장할 것을 공고하여야 한다. 그 기간은 1년 이상이어야 한다. 〈개정 2005. 3. 31〉

제1057조의2 (특별연고자에 대한 분여) ① 제1057조의 기간 내에

상속권을 주장하는 자가 없는 때에는 가정법원은 피상속인과 생계를 같이 하고 있던 자, 피상속인의 요양간호를 한 자 기타 피상속인과 특별한 연고가 있던 자의 청구에 의하여 상속재산의 전부 또는 일부를 분여할 수 있다. 〈개정 2005. 3. 31〉

② 제1항의 청구는 제1057조의 기간의 만료 후 2월 이내에 하여야 한다. 〈개정 2005. 3. 31〉

제1058조 (상속재산의 국가귀속) ① 제1057조의2의 규정에 의하여 분여되지 아니한 때에는 상속재산은 국가에 귀속한다. 〈개정 2005.3.31〉

② 제1055조 제2항의 규정은 제1항의 경우에 준용한다. 〈개정 2005. 3. 31〉

제1059조 (국가귀속재산에 대한 변제청구의 금지) 전조 제1항의 경우에는 상속재산으로 변제를 받지 못한 상속채권자나 유증을 받은 자가 있는 때에도 국가에 대하여 그 변제를 청구하지 못한다.

제1060조 (유언의 요식성) 유언은 본법의 정한 방식에 의하지 아니하면 효력이 생하지 아니한다.

제1061조 (유언적령) 만 17세에 달하지 못한 자는 유언을 하지 못한다.

제1062조 (무능력자와 유언) 제5조, 제10조와 제13조의 규정은 유언에 관하여는 이를 적용하지 아니한다.

제1063조 (금치산자의 유언능력) ① 금치산자는 그 의사능력이 회복된 때에 한하여 유언을 할 수 있다.

② 전항의 경우에는 의사가 심신회복의 상태를 유언서에 부기하고 서명날인하여야 한다.

제1064조 (유언과 태아, 상속결격자) 제1000조 제3항, 제1004조의 규정은 수증자에 준용한다. 〈개정 1990. 1. 13〉

제1065조 (유언의 보통방식) 유언의 방식은 자필증서, 녹음, 공정증서, 비밀증서와 구수증서의 5종으로 한다.

> [대법원 판례] **그 방식에 어긋난 유언의 효력**
> 민법 제1065조 내지 제1070조가 유언의 방식을 엄격하게 규정한 것은 유언자의 진의를 명확히 하고 그로 인한 법적 분쟁과 혼란을 예방하기 위한 것이므로 법정된 요건과 방식에 어긋난 유언은 그것이 유언자의 진정한 의사에 합치하더라도 무효라고 하지 않을 수 없다. 특히 민법 제1066조 제1항의 경우 연월일의 기재가 없는 자필유언증서는 효력이 없다. 그리고 자필유언증서의 연월일은 이를 작성한 날로서 유언능력의 유무를 판단하거나 다른 유언증서와 사이에 유언 성립의 선후를 결정하는 기준일이 되므로 그 작성일을 특정할 수 있게 기재하여야 한다. 따라서 연·월만 기재하고 일의 기재가 없는 자필유언증서는 그 작성일을 특정할 수 없으므로 효력이 없다(대법원 2009. 5. 14, 2009다9768 판결).

제1066조 (자필증서에 의한 유언) ① 자필증서에 의한 유언은 유언자가 그 전문과 연월일, 주소, 성명을 자서하고 날인하여야 한다.
② 전항의 증서에 문자의 삽입, 삭제 또는 변경을 함에는 유언자가 이를 자서하고 날인하여야 한다.

제1067조 (녹음에 의한 유언) 녹음에 의한 유언은 유언자가 유언의 취지, 그 성명과 연월일을 구술하고 이에 참여한 증인이 유언의 정확함과 그 성명을 구술하여야 한다.

제1068조 (공정증서에 의한 유언) 공정증서에 의한 유언은 유언자가 증인 2인이 참여한 공증인의 면전에서 유언의 취지를 구수하고 공증인이 이를 필기낭독하여 유언자와 증인이 그 정확함을 승인한 후 각자 서명 또는 기명날인하여야 한다.

제1069조 (비밀증서에 의한 유언) ① 비밀증서에 의한 유언은 유언자가 필자의 성명을 기입한 증서를 엄봉날인하고 이를 2인 이상의 증인의 면전에 제출하여 자기의 유언서임을 표시한 후 그 봉서표면에 제출 연월일을 기재하고 유언자와 증인이 각자 서명 또는 기명날인 하여야 한다.
② 전항의 방식에 의한 유언봉서는 그 표면에 기재된 날로부터 5일 내에 공증인 또는 법원서기에게 제출하여 그 봉인상에 확정일자인을 받아야 한다.

제1070조 (구수증서에 의한 유언) ① 구수증서에 의한 유언은 질병 기타 급박한 사유로 인하여 전 4조의 방식에 의할 수 없는 경우에 유언자가 2인 이상의 증인의 참여로 그 1인에게 유언의 취지를 구수하고 그 구수를 받은 자가 이를 필기낭독하여 유언자의 증인이 그 정확함을 승인한 후 각자 서명 또는 기명날인하여야 한다.
② 전항의 방식에 의한 유언은 그 증인 또는 이해관계인이 급박한 사유의 종료한 날로부터 7일 내에 법원에 그 검인을 신청하여야 한다.
③ 제1063조 제2항의 규정은 구수증서에 의한 유언에 적용하지 아니한다.

제1071조 (비밀증서에 의한 유언의 전환) 비밀증서에 의한 유언이 그 방식에 흠결이 있는 경우에 그 증서가 자필증서의 방식에 적합한 때에는 자필증서에 의한 유언으로 본다.

제1072조 (증인의 결격사유) ① 다음 각 호의 사항에 해당하는 자는 유언에 참여하는 증인이 되지 못한다.
1. 미성년자
2. 금치산자와 한정치산자
3. 유언에 의하여 이익을 받을 자, 그 배우자와 직계혈족
② 공정증서에 의한 유언에는 공증인법에 의한 결격자는 증인이

되지 못한다.

제1073조 (유언의 효력발생 시기) ① 유언은 유언자가 사망한 때로부터 그 효력이 생긴다.
② 유언에 정지조건이 있는 경우에 그 조건이 유언자의 사망 후에 성취한 때에는 그 조건성취한 때로부터 유언의 효력이 생긴다.

제1074조 (유증의 승인, 포기) ① 유증을 받을 자는 유언자의 사망 후에 언제든지 유증을 승인 또는 포기할 수 있다.
② 전항의 승인이나 포기는 유언자의 사망한 때에 소급하여 그 효력이 있다.

제1075조 (유증의 승인, 포기의 취소금지) ① 유증의 승인이나 포기는 취소하지 못한다.
② 제1024조 제2항의 규정은 유증의 승인과 포기에 준용한다.

제1076조 (수증자의 상속인의 승인, 포기) 수증자가 승인이나 포기를 하지 아니하고 사망한 때에는 그 상속인은 상속분의 한도에서 승인 또는 포기할 수 있다. 그러나 유언자가 유언으로 다른 의사를 표시한 때에는 그 의사에 의한다.

제1077조 (유증의무자의 최고권) ① 유증의무자나 이해관계인은 상당한 기간을 정하여 그 기간 내에 승인 또는 포기를 확답할 것을 수증자 또는 그 상속인에게 최고할 수 있다.
② 전항의 기간 내에 수증자 또는 상속인이 유증의무자에 대하여 최고에 대한 확답을 하지 아니한 때에는 유증을 승인한 것으로 본다.

제1078조 (포괄적 수증자의 권리의무) 포괄적 유증을 받은 자는

상속인과 동일한 권리의무가 있다. 〈개정 1990. 1. 13〉

제1079조 (수증자의 과실취득권) 수증자는 유증의 이행을 청구할 수 있는 때로부터 그 목적물의 과실을 취득한다. 그러나 유언자가 유언으로 다른 의사를 표시한 때에는 그 의사에 의한다.

제1080조 (과실수취비용의 상환청구권) 유증의무자가 유언자의 사망 후에 그 목적물의 과실을 수취하기 위하여 필요비를 지출한 때에는 그 과실의 가액의 한도에서 과실을 취득한 수증자에게 상환을 청구할 수 있다.

제1081조 (유증의무자의 비용상환청구권) 유증의무자가 유증자의 사망 후에 그 목적물에 대하여 비용을 지출한 때에는 제325조의 규정을 준용한다.

제1082조 (불특정물유증의무자의 담보책임) ① 불특정물을 유증의 목적으로 한 경우에는 유증의무자는 그 목적물에 대하여 매도인과 같은 담보책임이 있다.
② 전항의 경우에 목적물에 하자가 있는 때에는 유증의무자는 하자 없는 물건으로 인도하여야 한다.

제1083조 (유증의 물상대위성) 유증자가 유증목적물의 멸실, 훼손 또는 점유의 침해로 인하여 제삼자에게 손해배상을 청구할 권리가 있는 때에는 그 권리를 유증의 목적으로 한 것으로 본다.

제1084조 (채권의 유증의 물상대위성) ① 채권을 유증의 목적으로 한 경우에 유언자가 그 변제를 받은 물건이 상속재산 중에 있는 때에는 그 물건을 유증의 목적으로 한 것으로 본다.
② 전항의 채권이 금전을 목적으로 한 경우에는 그 변제받은 채

권액에 상당한 금전이 상속재산 중에 없는 때에도 그 금액을 유증의 목적으로 한 것으로 본다.

제1085조 (제3자의 권리의 목적인 물건 또는 권리의 유증) 유증의 목적인 물건이나 권리가 유언자의 사망 당시에 제3자의 권리의 목적인 경우에는 수증자는 유증의무자에 대하여 그 제3자의 권리를 소멸시킬 것을 청구하지 못한다.

제1086조 (유언자가 다른 의사표시를 한 경우) 전 3조의 경우에 유언자가 유언으로 다른 의사를 표시한 때에는 그 의사에 의한다.

제1087조 (상속재산에 속하지 아니한 권리의 유증) ① 유언의 목적이 된 권리가 유언자의 사망 당시에 상속재산에 속하지 아니한 때에는 유언은 그 효력이 없다. 그러나 유언자가 자기의 사망 당시에 그 목적물이 상속재산에 속하지 아니한 경우에도 유언의 효력이 있게 할 의사인 때에는 유증의무자는 그 권리를 취득하여 수증자에게 이전할 의무가 있다.
② 전항 단서의 경우에 그 권리를 취득할 수 없거나 그 취득에 과다한 비용을 요할 때에는 그 가액으로 변상할 수 있다.

제1088조 (부담 있는 유증과 수증자의 책임) ① 부담 있는 유증을 받은 자는 유증의 목적의 가액을 초과하지 아니한 한도에서 부담한 의무를 이행할 책임이 있다.
② 유증의 목적의 가액이 한정승인 또는 재산분리로 인하여 감소된 때에는 수증자는 그 감소된 한도에서 부담할 의무를 면한다.

제1089조 (유증효력발생 전의 수증자의 사망) ① 유증은 유언자의 사망 전에 수증자가 사망한 때에는 그 효력이 생기지 아니한다.
② 정지조건 있는 유증은 수증자가 그 조건 성취 전에 사망한 때에는 그 효력이 생기지 아니한다.

제1090조 (유증의 무효, 실효의 경우와 목적재산의 귀속) 유증이 그 효력이 생기지 아니하거나 수증자가 이를 포기한 때에는 유증의 목적인 재산은 상속인에게 귀속한다. 그러나 유언자가 유언으로 다른 의사를 표시한 때에는 그 의사에 의한다.

제1091조 (유언증서, 녹음의 검인) ① 유언의 증서나 녹음을 보관한 자 또는 이를 발견한 자는 유언자의 사망 후 지체 없이 법원에 제출하여 그 검인을 청구하여야 한다.
② 전항의 규정은 공정증서나 구수증서에 의한 유언에 적용하지 아니한다.

제1092조 (유언증서의 개봉) 법원이 봉인된 유언증서를 개봉할 때에는 유언자의 상속인, 그 대리인 기타 이해관계인의 참여가 있어야 한다.

제1093조 (유언집행자의 지정) 유언자는 유언으로 유언집행자를 지정할 수 있고 그 지정을 제3자에게 위탁할 수 있다.

제1094조 (위탁에 의한 유언집행자의 지정) ① 전조의 위탁을 받은 제3자는 그 위탁 있음을 안 후 지체없이 유언집행자를 지정하여 상속인에게 통지하여야 하며 그 위탁을 사퇴할 때에는 이를 상속인에게 통지하여야 한다.
② 상속인 기타 이해관계인은 상당한 기간을 정하여 그 기간 내에 유언집행자를 지정할 것을 위탁 받은 자에게 최고할 수 있다. 그 기간 내에 지정의 통지를 받지 못한 때에는 그 지정의 위탁을 사퇴한 것으로 본다.

제1095조 (지정유언집행자가 없는 경우) 전 2조의 규정에 의하여 지정된 유언집행자가 없는 때에는 상속인이 유언집행자가 된다.

제1096조 (법원에 의한 유언집행자의 선임) ① 유언집행자가 없거나 사망, 결격 기타 사유로 인하여 없게 된 때에는 법원은 이해관계인의 청구에 의하여 유언집행자를 선임하여야 한다.
② 법원이 유언집행자를 선임한 경우에는 그 임무에 관하여 필요한 처분을 명할 수 있다.

제1097조 (유언집행자의 승낙, 사퇴) ① 지정에 의한 유언집행자는 유언자의 사망 후 지체없이 이를 승낙하거나 사퇴할 것을 상속인에게 통지하여야 한다.
② 선임에 의한 유언집행자는 선임의 통지를 받은 후 지체없이 이를 승낙하거나 사퇴할 것을 법원에 통지하여야 한다.
③ 상속인 기타 이해관계인은 상당한 기간을 정하여 그 기간 내에 승낙 여부를 확답할 것을 지정 또는 선임에 의한 유언집행자에게 최고할 수 있다. 그 기간 내에 최고에 대한 확답을 받지 못한 때에는 유언집행자가 그 취임을 승낙한 것으로 본다.

제1098조 (유언집행자의 결격사유) 무능력자와 파산선고를 받은 자는 유언집행자가 되지 못한다. 〈개정 2005. 3. 31〉

제1099조 (유언집행자의 임무착수) 유언집행자가 그 취임을 승낙한 때에는 지체없이 그 임무를 이행하여야 한다.

제1100조 (재산목록작성) ① 유언이 재산에 관한 것인 때에는 지정 또는 선임에 의한 유언집행자는 지체없이 그 재산목록을 작성하여 상속인에게 교부하여야 한다.
② 상속인의 청구가 있는 때에는 전항의 재산목록작성에 상속인을 참여하게 하여야 한다.

제1101조 (유언집행자의 권리의무) 유언집행자는 유증의 목적인 재산의 관리 기타 유언의 집행에 필요한 행위를 할 권리의무가

있다.

제1102조 (공동유언집행) 유언집행자가 수인인 경우에는 임무의 집행은 그 과반수의 찬성으로써 결정한다. 그러나 보존행위는 각자가 이를 할 수 있다.

제1103조 (유언집행자의 지위) ① 지정 또는 선임에 의한 유언집행자는 상속인의 대리인으로 본다.
② 제681조 내지 제685조, 제687조, 제691조와 제692조의 규정은 유언집행자에 준용한다.

제1104조 (유언집행자의 보수) ① 유언자가 유언으로 그 집행자의 보수를 정하지 아니한 경우에는 법원은 상속재산의 상황 기타 사정을 참작하여 지정 또는 선임에 의한 유언집행자의 보수를 정할 수 있다.
② 유언집행자가 보수를 받는 경우에는 제686조 제2항 · 제3항의 규정을 준용한다.

제1105조 (유언집행자의 사퇴) 지정 또는 선임에 의한 유언집행자는 정당한 사유 있는 때에는 법원의 허가를 얻어 그 임무를 사퇴할 수 있다.

제1106조 (유언집행자의 해임) 지정 또는 선임에 의한 유언집행자에 그 임무를 해태하거나 적당하지 아니한 사유가 있는 때에는 법원은 상속인 기타 이해관계인의 청구에 의하여 유언집행자를 해임할 수 있다.

제1107조 (유언집행의 비용) 유언의 집행에 관한 비용은 상속재산 중에서 이를 지급한다.

제1108조 (유언의 철회) ① 유언자는 언제든지 유언 또는 생전행위로써 유언의 전부나 일부를 철회할 수 있다.
② 유언자는 그 유언을 철회할 권리를 포기하지 못한다.

제1109조 (유언의 저촉) 전후의 유언이 저촉되거나 유언 후의 생전행위가 유언과 저촉되는 경우에는 그 저촉된 부분의 전 유언은 이를 철회한 것으로 본다.

제1110조 (파훼로 인한 유언의 철회) 유언자가 고의로 유언증서 또는 유증의 목적물을 파훼한 때에는 그 파훼한 부분에 관한 유언은 이를 철회한 것으로 본다.

제1111조 (부담 있는 유언의 취소) 부담 있는 유증을 받은 자가 그 부담의무를 이행하지 아니한 때에는 상속인 또는 유언집행자는 상당한 기간을 정하여 이행할 것을 최고하고 그 기간 내에 이행하지 아니한 때에는 법원에 유언의 취소를 청구할 수 있다. 그러나 제3자의 이익을 해하지 못한다.

제1112조 (유류분의 권리자와 유류분) 상속인의 유류분은 다음 각 호에 의한다.
1. 피상속인의 직계비속은 그 법정상속분의 2분의 1
2. 피상속인의 배우자는 그 법정상속분의 2분의 1
3. 피상속인의 직계존속은 그 법정상속분의 3분의 1
4. 피상속인의 형제자매는 그 법정상속분의 3분의 1

제1113조 (유류분의 산정) ① 유류분은 피상속인의 상속개시시에 있어서 가진 재산의 가액에 증여재산의 가액을 가산하고 채무의 전액을 공제하여 이를 산정한다.
② 조건부의 권리 또는 존속기간이 불확정한 권리는 가정법원이 선임한 감정인의 평가에 의하여 그 가격을 정한다.

第1114조 (산입될 증여) 증여는 상속개시 전의 1년간에 행한 것에 한하여 제1113조의 규정에 의하여 그 가액을 산정한다. 당사자 쌍방이 유류분권리자에 손해를 가할 것을 알고 증여를 한 때에는 1년 전에 한 것도 같다.

第1115조 (유류분의 보전) ① 유류분권리자가 피상속인의 제1114조에 규정된 증여 및 유증으로 인하여 그 유류분에 부족이 생긴 때에는 부족한 한도에서 그 재산의 반환을 청구할 수 있다.
② 제1항의 경우에 증여 및 유증을 받은 자가 수인인 때에는 각자가 얻은 유증가액의 비례로 반환하여야 한다.

第1116조 (반환의 순서) 증여에 대하여는 유증을 반환받은 후가 아니면 이것을 청구할 수 없다.

第1117조 (소멸시효) 반환의 청구권은 유류분권리자가 상속의 개시와 반환하여야 할 증여 또는 유증을 한 사실을 안 때로부터 1년 내에 하지 아니하면 시효에 의하여 소멸한다. 상속이 개시한 때로부터 10년을 경과한 때도 같다.

第1118조 (준용규정) 제1001조, 제1008조, 제1010조의 규정은 유류분에 이를 준용한다.

부칙 〈제6591호, 2002. 1. 14〉

① (시행일) 이 법은 공포한 날부터 시행한다. (이하 생략)
④ (한정승인에 관한 특례) 1998년 5월 27일 전에 상속 개시가 있음을 알았으나 상속채무가 상속재산을 초과하는 사실(이하 "상속채무 초과사실"이라 한다)을 중대한 과실 없이 제1019조 제1항의 기간 이내에 알지 못하다가 1998년 5월 27일 이후 상속채무 초과사실을 안 자는 다음 각 호의 구분에 따라 제1019조 제3항의 규

정에 의한 한정승인을 할 수 있다. 다만, 각 호의 기간 이내에 한정승인을 하지 아니한 경우에는 단순승인을 한 것으로 본다.
1. 법률 제7765호 민법 일부개정법률(이하 "개정법률"이라 한다) 시행 전에 상속채무 초과사실을 알고도 한정승인을 하지 아니한 자는 개정법률 시행일부터 3월 내(구체적으로 3월 28일)
2. 개정법률 시행 이후 상속채무 초과사실을 알게 된 자는 그 사실을 안 날부터 3월 이내.

◇ 가사소송법 ◇ 〈법률 제9652호 2009. 5. 8 일부개정〉

제2조 (가정법원의 관장사항) ① 다음 각 호의 사항(이하 "가사사건"이라 한다)에 대한 심리와 재판은 가정법원의 전속관할로 한다. 〈개정 2005. 3. 31, 2007. 12. 21〉
가. 가사소송사건
(1) 가류사건 (생략)
(2) 나류사건 (생략)
(3) 다류사건 (생략)
나. 가사비송사건
(1) 라류사건
1-25(생략)
26. 민법 제1019조 제1항 단서의 규정에 의한 상속의 승인 또는 포기를 위한 기간의 연장허가
27. 민법 제1023조(동법 제1044조의 규정에 의하여 준용되는 경우를 포함한다)의 규정에 의한 상속재산보존을 위한 처분
28. 민법 제1024조 제2항, 동법 제1030조, 동법 제1041조의 규정에 의한 상속의 한정승인 또는 포기신고의 수리와 그 취소신고의 수리
29. 민법 제1035조 제2항(동법 제1040조 제3항, 동법 제

1051조 제3항, 동법 제1056조 제2항의 규정에 의하여 준용되는 경우를 포함한다), 동법 제1113조 제2항의 규정에 의한 감정인의 선임

30. 민법 제1040조 제1항의 규정에 의한 공동상속재산을 위한 관리인의 선임

31. 민법 제1045조의 규정에 의한 상속재산의 분리

32. 민법 제1047조의 규정에 의한 상속재산분리 후의 상속재산의 관리에 관한 처분

33. 민법 제1053조의 규정에 의한 관리인의 선임 및 그 공고와 재산관리에 관한 처분

34. 민법 제1057조의 규정에 의한 상속인수색의 공고

35. 민법 제1057조의2의 규정에 의한 상속재산의 분여

36. 민법 제1070조 제2항의 규정에 의한 유언의 검인

37. 민법 제1091조의 규정에 의한 유언의 증서 또는 녹음의 검인

38. 민법 제1092조의 규정에 의한 유언증서의 개봉

39. 민법 제1096조의 규정에 의한 유언집행자의 선임 및 그 임무에 관한 처분

40. 민법 제1097조 제2항의 규정에 의한 유언집행자의 승낙 또는 사퇴를 위한 통지의 수리

41. 민법 제1104조 제1항의 규정에 의한 유언집행자에 대한 보수의 결정

42. 민법 제1105조의 규정에 의한 유언집행자의 사퇴에 대한 허가

43. 민법 제1106조의 규정에 의한 유언집행자의 해임

44. 민법 제1111조의 규정에 의한 부담 있는 유언의 취소

(2) 마류사건

9. 민법 제1008조의2 제2항 및 제4항의 규정에 의한 기여분의 결정

10. 민법 제1013조 제2항의 규정에 의한 상속재산의 분할에 관한 처분

제44조 (관할) 라류 가사비송사건은 다음 각 호의 가정법원의 관할로 한다. 〈개정 2007. 12. 21〉

6. 상속에 관한 사건은 상속개시지의 가정법원
7. 유언에 관한 사건은 상속개시지의 가정법원. 다만, 민법 제1070조 제2항의 규정에 의한 유언의 검인사건은 상속개시지 또는 유언자의 주소지의 가정법원
8. 제1호 내지 제7호에 해당되지 아니하는 사건은 대법원규칙으로 정하는 가정법원

제45조 (심리방법) 라류 가사비송사건의 심판은 사건관계인을 심문하지 아니하고 할 수 있다.

제46조 (관할) 마류 가사비송사건은 상대방의 보통재판적소재지의 가정법원의 관할로 한다. 다만, 친족회의 결의에 대한 이의 사건은 피후견인의 주소지의 가정법원의 관할로 한다.

제47조 (공동소송에 관한 규정의 준용) 마류 가사비송사건의 청구인 또는 상대방이 수인일 때에는 민사소송법 중에 공동소송에 관한 규정을 준용한다.

제48조 (심리방법) 마류 가사비송사건의 심판은 특별한 사정이 없는 한 사건관계인을 심문하여 하여야 한다.

제48조의2 (재산명시) ① 가정법원은 재산분할, 부양료 및 미성년자녀의 양육비 청구사건을 위하여 특히 필요하다고 인정하는 때에는 직권 또는 당사자의 신청에 의하여 당사자에게 재산상태를 명시한 재산목록을 제출하도록 명할 수 있다.
② 제1항의 재산명시 절차, 방법 등에 대하여 필요한 사항은 대법원규칙으로 정한다.

제48조의3 (재산조회) ① 가정법원은 제48조의2의 재산명시절차에 따라 제출된 재산목록만으로는 재산분할, 부양료 및 미성년 자녀의 양육비 청구사건의 해결이 곤란하다고 인정할 경우에 직권 또는 당사자의 신청에 의하여 당사자 명의의 재산에 관하여 조회할 수 있다.
② 제1항의 재산조회에 관하여는 그 성질에 반하지 아니하는 범위에서 「민사집행법」 제74조를 준용한다.
③ 재산조회를 할 공공기관·금융기관·단체 등의 범위 및 조회절차, 당사자가 내야 할 비용, 조회결과의 관리에 관한 사항, 과태료의 부과절차 등은 대법원규칙으로 정한다.
④ 누구든지 재산조회의 결과를 심판 외의 목적으로 사용하여서는 아니 된다.

제49조 (준용법률) 가사조정에 관하여는 이 법에 특별한 규정이 있는 경우를 제외하고는 민사조정법의 규정을 준용한다. 다만, 민사조정법 제18조 및 제23조의 규정은 이를 준용하지 아니한다.

제50조 (조정전치주의) ① 나류 및 다류 가사소송사건과 마류 가사비송사건에 대하여 가정법원에 소를 제기하거나 심판을 청구하고자 하는 자는 먼저 조정을 신청하여야 한다.
② 제1항의 사건에 관하여 조정을 신청하지 아니하고 소를 제기하거나 심판을 청구한 때에는 가정법원은 그 사건을 조정에 회부하여야 한다. 다만, 공시송달에 의하지 아니하고는 당사자의 일방 또는 쌍방을 소환할 수 없거나 그 사건이 조정에 회부되더라도 조정이 성립될 수 없다고 인정할 때에는 그러하지 아니하다.

제51조 (관할) ① 가사조정사건은 그에 상응하는 가사소송사건이나 가사비송사건을 관할하는 가정법원 또는 당사자가 합의로 정한 가정법원의 관할로 한다.
② 제13조 제3항 내지 제5항의 규정은 가사조정사건에 준용한다.

제52조 (조정기관) ① 가사조정사건은 조정장 1인과 2인 이상의 조정위원으로 구성된 조정위원회가 처리한다.
② 조정담당판사는 상당한 이유가 있을 때에는 당사자가 반대의 의사를 명백하게 표시하지 아니하는 한 단독으로 조정할 수 있다.

제53조 (조정장등 및 조정위원의 지정) ① 조정장 또는 조정담당판사는 가정법원장 또는 가정법원 지원장이 그 관할법원의 판사 중에서 이를 지정한다.
② 조정위원회를 구성하는 조정위원은 학식과 덕망이 있는 자로서 매년 미리 가정법원장 또는 가정법원지원장이 위촉한 자 또는 당사자가 합의에 의하여 선정한 자 중에서 각 사건마다 조정장이 이를 지정한다.

제54조 (조정위원) 조정위원은 조정위원회에서 행하는 조정에 관여하는 외에 가정법원·조정위원회 또는 조정담당판사의 촉탁에 따라 다른 조정사건에 관하여 전문적 지식에 따른 의견을 진술하거나 분쟁의 해결을 위하여 사건관계인의 의견을 듣는다.

제55조 (조정의 신청) 조정의 신청에 관하여는 제36조 제2항 내지 제5항의 규정을 준용한다.

제56조 (사실의 사전조사) 조정장 또는 조정담당판사는 특별한 사정이 없는 한 조정을 하기 전에 기한을 정하여 가사조사관으로 하여금 사건에 관한 사실의 조사를 하게 하여야 한다.

제57조 (관련사건의 병합신청) ① 조정의 목적인 청구와 제14조에 규정된 관련관계에 있는 나류, 다류 및 마류 가사사건의 청구는 병합하여 조정신청 할 수 있다.
② 당사자간의 분쟁을 일시에 해결함에 필요한 때에는 당사자는 조정위원회 또는 조정담당판사의 허가를 받아 조정의 목적인 청구

와 관련 있는 민사사건의 청구를 병합하여 조정신청 할 수 있다.

제58조 (조정의 원칙) ① 조정위원회가 조정을 함에 있어서는 당사자의 이익 외에 조정으로 인하여 영향 받게 되는 모든 이해관계인의 이익을 고려하고 분쟁의 평화적·종국적 해결을 이룩할 수 있는 방안을 마련하여 당사자를 설득하여야 한다.
② 자(子)의 친권을 행사할 자의 지정과 변경, 양육방법의 결정 등 미성년자인 자의 이해와 직접 관련되는 사항을 조정함에 있어서는 미성년자인 자(子)의 복지가 우선적으로 고려되어야 한다.

제59조 (조정의 성립) ① 조정은 당사자 사이에 합의된 사항을 조서에 기재함으로써 성립한다.
② 조정 또는 확정된 조정에 갈음하는 결정은 재판상 화해와 동일한 효력이 있다. 다만, 당사자가 임의로 처분할 수 없는 사항에 대하여는 그러하지 아니하다.

제60조 (이의신청 등에 의한 소송으로의 이행 〈개정 1992. 11. 30〉) 제57조 제2항의 규정에 의하여 조정신청 된 민사사건의 청구에 관하여는 민사조정법 제36조의 규정을 준용한다. 이 경우 가정법원은 결정으로 당해 민사사건을 관할법원에 이송하여야 한다. 〈개정 1992. 11. 30〉

제61조 (조정장등의 의견첨부) 조정의 목적인 가사사건의 청구에 관하여 민사조정법 제36조의 규정에 따라 소가 제기된 것으로 의제되거나, 제50조 제2항의 규정에 의하여 조정에 회부된 사건을 다시 가정법원에 회부할 때에는 조정장 또는 조정담당판사는 의견을 첨부하여 기록을 관할가정법원에 송부하여야 한다. 〈개정 1992. 11. 30〉

제62조 (사전처분) ① 가사사건의 소의 제기, 심판청구 또는 조정

의 신청이 있는 경우에 가정법원·조정위원회 또는 조정담당판사는 사건의 해결을 위하여 특히 필요하다고 인정한 때에는 직권 또는 당사자의 신청에 의하여 상대방 기타 관계인에 대하여 현상을 변경하거나 물건을 처분하는 행위의 금지를 명할 수 있고, 사건에 관련된 재산의 보존을 위한 처분, 관계인의 감호와 양육을 위한 처분 등 적당하다고 인정되는 처분을 할 수 있다.
② 제1항의 처분을 함에 있어서는 제67조 제1항의 규정에 의한 제재를 고지하여야 한다.
③ 급박한 경우에는 재판장 또는 조정장은 단독으로 제1항의 처분을 할 수 있다.
④ 제1항 및 제3항의 처분에 대하여는 즉시항고를 할 수 있다.
⑤ 제1항의 처분은 집행력을 갖지 아니한다.

제63조 (가압류, 가처분) ① 가정법원은 제62조의 규정에 불구하고, 가사소송사건 또는 마류 가사비송사건을 본안사건으로 하여 가압류 또는 가처분을 할 수 있다. 이 경우 민사집행법 제276조 내지 제312조의 규정을 준용한다. 〈개정 2002. 1. 26〉
② 제1항의 재판은 담보를 제공하게 하지 아니하고 할 수 있다.
③ 민사집행법 제287조의 규정을 준용함에 있어서는 이 법에 의한 조정의 신청이 있으면 이를 본안의 제소가 있는 것으로 본다. 〈개정 2002. 1. 26〉

제63조의2 (양육비 직접지급명령) ① 가정법원은 양육비를 정기적으로 지급할 의무가 있는 사람(이하 "양육비채무자"라 한다)이 정당한 사유 없이 2회 이상 양육비를 지급하지 아니한 경우에 정기금 양육비 채권에 관한 집행권원을 가진 채권자(이하 "양육비채권자"라 한다)의 신청에 따라 양육비채무자에 대하여 정기적 급여채무를 부담하는 소득세원천징수의무자(이하 "소득세원천징수의무자"라 한다)에게 양육비채무자의 급여에서 정기적으로 양육비를 공제하여 양육비채권자에게 직접 지급하도록 명할 수 있다(이하 이 명령을 "양육비 직접지급명령"이라 한다).
② 양육비 직접지급명령은 「민사집행법」에 따라 압류명령 및 전

부명령을 동시에 명한 것과 같은 효력이 있고, 위 지급명령에 관하여는 압류명령 및 전부명령에 관한 「민사집행법」을 준용한다. 다만, 「민사집행법」 제40조 제1항에 관계 없이 해당 양육비 채권 중 기한이 도래하지 아니한 것에 대하여도 양육비 직접지급명령을 할 수 있다.
③ 가정법원은 양육비 직접지급명령의 목적을 달성하지 못할 우려가 있다고 인정할 만한 사정이 있는 때에는 양육비채권자의 신청에 따라 양육비 직접지급명령을 취소할 수 있다. 이 경우 양육비 직접지급명령은 장래에 향하여 그 효력을 잃는다.
④ 가정법원은 제1항 및 제3항의 명령을 양육비채무자와 소득세원천징수의무자에게 송달하여야 한다.
⑤ 제1항 및 제3항의 신청에 관한 재판에 대하여는 즉시항고를 할 수 있다.
⑥ 소득세원천징수의무자는 양육비채무자의 직장변경 등 주된 소득원의 변경사유가 발생한 경우에 그 사유가 발생한 날부터 1주 이내에 가정법원에 변경사실을 통지하여야 한다.

제63조의3 (담보제공명령 등) ① 가정법원은 양육비를 정기금으로 지급하게 하는 경우에 그 이행을 확보하기 위하여 양육비채무자에게 상당한 담보의 제공을 명할 수 있다.
② 가정법원은 양육비채무자가 정당한 사유 없이 그 이행을 하지 아니하는 때에는 양육비채권자의 신청에 의하여 양육비채무자에게 상당한 담보의 제공을 명할 수 있다.
③ 제2항의 결정에 대하여는 즉시항고를 할 수 있다.
④ 제1항 또는 제2항에 따라 양육비채무자가 담보를 제공하여야 할 기간 이내에 이를 제공하지 아니하는 때에는 가정법원은 양육비채권자의 신청에 의하여 양육비의 전부 또는 일부를 일시금으로 지급하도록 명할 수 있다.
⑤ 제2항 및 제4항의 명령에 관하여는 제64조 제2항을 준용한다.
⑥ 제1항 및 제2항의 담보에 관하여는 그 성질에 반하지 아니하는 범위에서 「민사소송법」 제120조 제1항, 제122조, 제123조, 제125조 및 제126조를 준용한다.

第64조 (이행명령) ① 가정법원은 판결·심판·조정조서·조정에 갈음하는 결정 또는 양육비부담조서에 의하여 금전의 지급 등 재산상의 의무, 유아의 인도의무 또는 자(子)와의 면접교섭허용의무를 이행하여야 할 자가 정당한 이유 없이 그 의무를 이행하지 아니할 때에는 당사자의 신청에 의하여 일정한 기간 내에 그 의무를 이행할 것을 명할 수 있다. 〈개정 2005. 3. 24, 2009. 5. 8〉

② 제1항의 명령을 함에는 특별한 사정이 없는 한 미리 당사자를 심문하고 그 의무이행을 권고하여야 하며, 제67조 제1항 및 제68조의 규정에 의한 제재를 고지하여야 한다.

第65조 (금전의 임치) ① 판결·심판·조정조서 또는 조정에 갈음하는 결정에 의하여 금전을 지급할 의무 있는 자는 권리자를 위하여 가정법원에 그 금전을 임치할 것을 신청할 수 있다.

② 가정법원은 제1항의 신청이 의무의 이행에 적합하다고 인정할 때에는 이를 허가하여야 한다. 이 허가에 대하여는 불복하지 못한다.

③ 제2항의 허가가 있는 경우에는 그 금전을 임치한 때에는 임치된 금액의 범위 안에서 의무자의 의무가 이행된 것으로 본다.

◇ 가사소송규칙 ◇ 〈대법원규칙 제2256호 2009. 11. 4 일부개정〉

제 2 장 라류 가사비송사건

제 4 절 실 종

第53조 (공시최고) 실종을 선고함에는 공시최고의 절차를 거쳐야 한다.

제54조 (공시최고의 기재 사항) ① 공시최고에는 다음 사항을 기재하여야 한다. 〈개정 2007. 12. 31〉
1. 청구인의 성명과 주소
2. 부재자의 성명, 출생년월일, 등록기준지 및 주소
3. 부재자는 공시최고 기일까지 그 생존의 신고를 할 것이며, 그 신고를 하지 않으면 실종의 선고를 받는다는 것
4. 부재자의 생사를 아는 자는 공시최고 기일까지 그 신고를 할 것
5. 공시최고 기일
② 공시최고의 기일은 공고종료일부터 6월 이후로 정하여야 한다.

제55조 (공시최고의 공고) 공시최고의 공고는 제26조의 규정에 의한다.

제56조 (사망간주일자의 기재) 실종선고의 심판서에는 부재자가 사망한 것으로 간주되는 일자를 기재하여야 한다.

제57조 (즉시항고) 실종을 선고한 심판과 실종선고의 취소청구를 기각한 심판에 대하여는 사건본인 또는 이해관계인이, 실종선고를 취소한 심판에 대하여는 이해관계인이 즉시항고를 할 수 있다.

제58조 (비용의 부담) 제52조의 규정은 실종선고의 심판이 있은 때의 절차비용에 이를 준용한다.

제59조 (심판의 공고) 제37조의 규정은 실종선고의 심판 및 실종선고의 취소심판에 이를 준용한다.

제10절 상속에 관한 사건 〈개정 2007. 12. 31〉

제75조 (한정승인 · 포기의 신고) ① 상속의 한정승인 또는 포기의 신고는 법 제36조 제3항에 규정한 사항 외에 다음 각 호의 사항

을 기재하고, 신고인 또는 대리인이 기명날인 또는 서명한 서면에 의하여야 한다. 〈개정 2002. 6. 28〉

1. 피상속인의 성명과 최후주소
2. 피상속인과의 관계
3. 상속개시 있음을 안 날
4. 상속의 한정승인 또는 포기를 하는 뜻

② 제1항의 신고서에는 신고인 또는 대리인의 인감증명서를 첨부하여야 한다.

③ 가정법원이 제1항의 신고를 수리할 때에는, 그 신고의 일자 및 대리인에 의한 신고인 경우에는 그 대리인의 주소와 성명을 기재한 심판서를 작성하여야 한다.

第76조 (한정승인 · 포기의 취소) ① 상속의 한정승인 또는 포기의 취소는, 제75조 제3항의 심판을 한 가정법원에 신고인 또는 대리인이 기명날인 또는 서명한 서면으로 신고함으로써 한다. 〈개정 2002. 6. 28〉

② 제1항의 신고서에는 제75조 제1항 제1호 및 제2호의 사항 외에 다음 각 호의 사항을 기재하여야 한다.

1. 상속의 한정승인 또는 포기신고가 수리된 일자
2. 상속의 한정승인 또는 포기를 취소하는 원인
3. 추인할 수 있게 된 날
4. 상속의 한정승인 또는 포기의 취소를 하는 뜻

③ 제75조 제2항 및 제3항의 규정은 제1항의 신고 및 그 수리에 이를 준용한다.

第77조 (상속재산의 분리) 상속재산과 상속인의 고유재산의 분리를 명한 심판에 대하여는 청구인 또는「민법」제1045조 제1항에 규정한 자가 즉시항고를 할 수 있다. 〈개정 2006. 3. 23〉

第78조 (상속재산의 관리와 보존) 제41조 내지 제52조의 규정은「민법」제1023조(제1044조의 규정에 의하여 준용되는 경우를 포함한다), 제1040조 제1항, 제1047조 및 「민법」 제1053조의 규정에 의한 상속재산의 관리와 보존에 관한 처분에 이를 준용한다.

제79조 (상속재산관리인의 공고) 「민법」 제1053조 제1항의 공고에는 다음 각 호의 사항을 기재하여야 한다. 〈개정 2006. 3. 23〉

1. 청구인의 성명과 주소
2. 피상속인의 성명, 직업과 최후주소
3. 피상속인의 출생과 사망장소 및 그 일자
4. 상속재산관리인의 성명과 주소

제80조 (상속인 수색의 공고) 「민법」 제1057조의 공고에는 다음 각 호의 사항을 기재하여야 한다. 〈개정 2006. 3. 23〉

1. 제79조 제1호 내지 제3호의 사항
2. 상속인은 일정한 기간 내에 그 권리를 주장하라는 뜻의 최고

제81조 (공고비용의 부담) 제79조 및 제80조의 공고에 필요한 비용은 상속재산의 부담으로 한다.

제82조 (감정인 선임 등의 비용의 부담) 「민법」 제1035조 제2항(제1040조 제3항, 제1051조 제3항, 제1056조 제2항의 규정에 의하여 준용되는 경우를 포함한다) 및 「민법」 제1113조 제2항의 규정에 의한 감정인의 선임과 그 감정인의 감정에 소요된 비용은 상속재산의 부담으로 한다. 〈개정 2006. 3. 23〉

제83조 (상속재산의 분여) 「민법」 제1057조의2의 규정에 의한 상속재산 분여의 심판에 대하여는 「민법」 제1057조의2 제1항에 규정한 자가 즉시항고를 할 수 있다. 〈개정 2006. 3. 23〉

제11절 유언에 관한 사건 〈개정 2007. 12. 31〉

제84조 (유언집행자의 선임 · 해임) ① 유언집행자를 선임한 심판에 대하여는 이해관계인이 즉시항고를 할 수 있다.
② 유언집행자를 해임할 때에는 그 유언집행자를 절차에 참가하게 하여야 한다.
③ 제2항의 심판에 대하여는 그 유언집행자가 즉시항고를 할 수 있다.

제85조 (구수증서에 의한 유언의 검인) ①「민법」제1070조 제2항의 규정에 의하여 유언을 검인함에 있어서는 유언방식에 관한 모든 사실을 조사하여야 한다. 〈개정 2006. 3. 23〉
② 유언검인의 심판에 대하여는 이해관계인이, 유언검인의 청구를 기각한 심판에 대하여는「민법」제1070조 제2항에 규정한 자가 즉시항고를 할 수 있다. 〈개정 2006. 3. 23〉

제86조(유언증서, 녹음의 검인) ①「민법」제1091조 제1항의 규정에 의한 유언의 증서 또는 녹음의 검인을 청구함에는 그 유언의 증서 또는 녹음대를 제출하여야 한다. 〈개정 2006. 3. 23〉
② 봉인한 유언증서를 개봉하고자 할 때에는 미리 그 기일을 정하여 상속인 또는 그 대리인을 소환하고, 기타 이해관계인에게 통지하여야 한다.
③ 유언의 증서 또는 녹음을 검인함에 있어서는 유언방식에 관한 모든 사실을 조사하여야 한다.

제87조(조서작성) ① 유언증서의 개봉과 검인에 관하여는 조서를 작성하여야 한다.
② 조서에는 다음 각 호의 사항을 기재하고, 판사, 법원사무관등이 기명날인하여야 한다. 〈개정 1998. 12. 4〉
1. 제출자의 성명과 주소
2. 제출, 개봉과 검인의 일자
3. 참여인의 성명과 주소

4. 심문한 증인, 감정인, 상속인, 기타 이해관계인의 성명, 주소와 그 진술의 요지
5. 사실조사의 결과

제88조 (불출석한 자 등에 대한 고지) 가정법원이 유언증서의 개봉과 검인을 한 때에는 출석하지 아니한 상속인 기타 유언의 내용에 관계 있는 자에게 그 사실을 고지하여야 한다.

제89조 (부담 있는 유언의 취소) ①「민법」 제1111조의 규정에 의한 부담 있는 유언의 취소의 심판을 할 때에는 수증자를 절차에 참가하게 하여야 한다. 〈개정 2006. 3. 23〉
② 제1항의 심판에 대하여는 수증자 기타 이해관계인이 즉시항고를 할 수 있다.

제90조 (비용의 부담) ① 가정법원이 유언에 관한 청구에 상응한 심판을 한 경우에 심판 전의 절차비용과 심판의 고지비용은 유언자 또는 상속재산의 부담으로 한다.
② 제1항의 규정은 항고법원이 항고인의 신청에 상응한 재판을 한 경우의 항고절차의 비용과 항고인의 부담이 된 제1심의 비용에 관하여 이를 준용한다.

제 3 장 마류 가사비송사건

제 7 절 상속에 관한 사건

제110조 (당사자)「민법」 제1008조의2 제2항 · 제4항의 규정에 의한 기여분의 결정 및「민법」 제1013조 제2항의 규정에 의한 상속재산의 분할에 관한 심판은 상속인 중의 1인 또는 수인이 나머지 상속인 전원을 상대방으로 하여 청구하여야 한다. 〈개정 2006. 3. 23〉

제111조 (기여분의 결정) 기여분의 결정을 구하는 심판청구서에는 제75조 제1항 제1호 및 제2호에 규정한 사항 외에 다음 각 호의 사항을 기재하여야 한다.
1. 기여의 시기, 방법, 정도 및 기타의 사정
2. 동일한 상속재산에 관한 다른 기여분 결정 청구사건 또는 상속재산분할 청구사건이 있는 경우에는 그 사건 및 가정법원의 표시

제112조 (사건의 병합) ① 동일한 상속재산에 관한 수개의 기여분 결정 청구 사건은 병합하여 심리, 재판하여야 한다.
② 기여분 결정 청구사건은 동일한 상속재산에 관한 상속재산분할청구사건에 병합하여 심리, 재판하여야 한다.
③ 제1항 및 제2항의 규정에 의하여 병합된 수개의 청구에 관하여는 1개의 심판으로 재판하여야 한다.

제113조 (청구기간의 지정) ① 상속재산 분할 청구가 있는 때에는, 가정법원은 당사자가 기여분의 결정을 청구할 수 있는 기간을 정하여 고지할 수 있다. 그 기간은 1월 이상이어야 한다.
② 가정법원은 제1항의 규정에 의하여 정한 기간을 도과하여 청구된 기여분 결정 청구는 이를 각하할 수 있다.

제114조 (상속재산의 분할청구) 상속재산 분할의 심판청구서에는 다음 각 호의 사항을 기재하여야 한다.
1. 이해관계인의 성명과 주소
2. 공동상속인 중 상속재산으로부터 증여 또는 유증을 받은 자가 있는 때에는 그 내용
3. 상속재산의 목록

제115조 (상속재산 분할의 심판) ① 가정법원은 제1심 심리종결시까지 분할이 청구된 모든 상속재산에 대하여 동시에 분할의 심판을 하여야 한다.

② 가정법원은 분할의 대상이 된 상속재산 중 특정의 재산을 1인 또는 수인의 상속인의 소유로 하고, 그의 상속분 및 기여분과 그 특정의 재산의 가액의 차액을 현금으로 정산할 것을 명할 수 있다.
③ 제97조의 규정은 상속재산분할의 심판에 이를 준용한다.

제116조 (즉시항고) ① 기여분 결정의 심판과 상속재산분할의 심판에 대하여는 당사자 또는 이해관계인이 즉시항고를 할 수 있다.
② 제112조 제3항 또는 제115조 제1항의 규정에 의한 심판이 있는 경우에, 즉시항고권자 중 1인의 즉시항고는 당사자 전원에 대하여 그 효력이 있고, 심판의 일부에 대한 즉시항고는 심판 전부에 대하여 그 효력이 있다.

서식색인

판례색인

사항색인

ㄱ

ㄴ

ㅂ

ㅇ

ㅊ

ㅋ

ㅌ

編 著 者

□ 사단법인 김해여성회 여성법전 편찬위원회 □

위원장 고영남(인제대학교 법학과 교수 / 사단법인 김해여성회 이사)
고려대학교 법과대학 및 동 대학원 졸업(법학박사)
'민법의 기본원리에 대한 의문' (1996),
'계약법에서 손해의 성질결정' (2006),
'학교법인의 정상화에 관한 종전이사의 이해관련성' (2010) 외 논문 다수
『민법총칙』(한국방송통신대학교출판부, 2009) 외 (공)저서 다수

편찬위원 김소진(인제대학교 대학원 법학과 박사과정 수료)
편찬위원 김수정(인제대학교 대학원 법학과 박사과정 수료)

□ 사단법인 김해여성회 임원 □

이 사 : 이정아(이사장), **이증여, 이영미, 김정희, 김혜경, 정혜영, 조임상, 김수찬, 박보근, 고영남, 이소영**(회장), **여명옥**(부회장), **김희경**(가정폭력상담소장).
감 사 : 박희숙(회계), **서은영**(사업)

여성법전

2010年 4月 10日 初 版 第 1 刷印刷
2010年 4月 15日 初 版 第 1 刷發行

編著者 사단법인 김해여성회 여성법전 편찬위원회
發行人 李 明 載
發行處 **新 潮 社**
서울특별시 마포구 염리동 161-5 201호
電話 (02) 713-0402 FAX (02) 713-0403
登錄 1994. 7. 4, 제17-179호(倫)
E-mail: sinjosa@sinjosa.co.kr http: //www.sinjosa.co.kr

편저자와 협의하여 인지첩부를 생략함

破本은 바꿔드립니다.

定價 30,000원 **ISBN 978-89-92841-21-4**